AF608361

TeleGen

Kunst und Fernsehen
Art and Television

HIRMER

TeleGen

Kunst und Fernsehen
Art and Television

Kunstmuseum Bonn
Kunstmuseum Liechtenstein

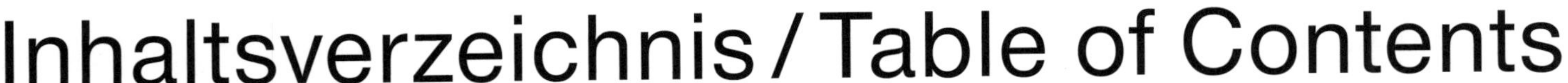

Inhaltsverzeichnis / Table of Contents

Werke / Works 1960–1965

Werke / Works 1990 – 2015

Anhang / Appendix

Vorwort

10 Stephan Berg
Dieter Daniels
Friedemann Malsch

Preface

TeleGen setzt sich mit der Bedeutung des Fernsehens für die bildende Kunst und die Veränderung unserer visuellen Kultur von den 1960er-Jahren bis heute auseinander. Im Vordergrund der Untersuchung steht nicht die Aufarbeitung des Fernsehens als Motiv der Kunst, sondern die künstlerische Auseinandersetzung mit den spezifischen Inhalten und bildkulturellen Prägungen, die das Medium Fernsehen entwickelt hat. Diesem strukturellen Ansatz folgend, beschränkt sich *TeleGen* deshalb nicht auf Arbeiten der TV- und Videokunst im engeren Sinn, sondern verfolgt die Reflexion des „Televisuellen" durch alle Gattungen, von der Malerei, Skulptur und Zeichnung über die Fotografie bis hin zu installativen Arbeiten.

Die Ausstellung geht von einem Initialmoment um 1963/64 aus und schlägt von hier die Brücke in die Gegenwart mit ihrer Pluralität der Bildplattformen und Online-Medien. Dabei versammelt der historische Teil künstlerische Ansätze der 1960er-Jahre, die sich direkt mit dem Fernsehbild oder dem Fernsehgerät als Objekt auseinandersetzen und die Auswirkung des Fernsehens auf Malerei, Skulptur, Installation, Fotografie, Film und Performance schon vor Beginn der Videokunst belegen. Am Ende des historischen Teils stehen Arbeiten, die exemplarisch sind für die ersten künstlerischen Positionen mit autonomer Videotechnik und damit für den Beginn der Ära der Videokunst, die in diesem Projekt ansonsten bewusst ausgeklammert wird.

Der zweite Teil setzt in der zeitgenössischen Kunst an und widmet sich den Auflösungserscheinungen des ehemals geradezu monolithischen Mediums Fernsehen im Zeitalter der Digitalisierung, Hybridisierung und Medienkonvergenz seit den frühen 1990er-Jahren. Das „Prinzip Fernsehen" wird dabei nicht in erster Linie im Sinne seiner technischen Massenmedialität verstanden, sondern als Instrument der Weltkonstruktion, als Denkraum und gesellschaftlicher Sinnstifter gleichermaßen. Die künstlerische Auseinandersetzung mit dem Fernsehen stellt sich somit als Spiegel der Veränderungen des Mediums dar. Im Unterschied zu thematisch verwandten Projekten wird deshalb kein chronologischer Überblick gegeben, sondern eine thesenhafte Gegenüberstellung: Sie zeigt die radikalen Umbrüche in der Relation von Fernsehen und visueller Kultur anhand künstlerischer Reflexionen.

Trotz — oder gerade wegen — dieser großen zeitlichen Klammer um die Entwicklung des Fernsehens verbindet die hier versammelten künstlerischen Arbeiten eine wichtige Gemeinsam-

Stephan Berg
Dieter Daniels
Friedemann Malsch

Vorwort
Preface

TeleGen examines the significance of television for the visual arts and the transformations of our visual culture from the 1960s to today. The focus of the analysis is not the treatment of television as a motif of art, but rather the artistic response to the specific contents and the visual-culture that the medium of television has developed. In accordance with this structural approach, *TeleGen* does not limit itself to television art and video art in the narrower sense but pursues the reflection of the "televisual" through all genres: from painting, sculpture, and drawing past photography all the way to installation.

The exhibition proceeds from an initial moment around 1963/64 and extends an arc from there into the present, with its plurality of visual platforms and online media. The historical part brings together artistic approaches from the 1960s that respond directly to the television image or the television set as an object and demonstrate the impact of television on painting, sculpture, installation, photography, film, and performance even before the beginning of video art. Featured at the end of the historical section are works which are exemplary of the first artistic positions with autonomous video technology and thereby represent the beginning of the era of video art, which is otherwise deliberately excluded from this project.

The second part turns to contemporary art and devotes itself to the manifestations of dissolution in the formerly downright monolithic medium of television in the era of digitalization, hybridization, and media convergence since the early 1990s. The "principle of television" is not considered here primarily in the sense of its technological mass-mediality, but instead as an instrument for constructing a world, as mental space and establisher of social significance in equal measure. The artistic investigation of television thus turns out to be a mirror of the changes in the medium. For this reason, in contrast to thematically related projects, no chronological overview is offered, but instead a thesis-like juxtaposition; it shows the radical upheavals in the relation between television and visual culture on the basis of artistic reflections.

In spite of — or precisely because of — this broad temporal bracket around the development of television, the artistic works assembled here evince an important commonality: they convey the observations by artists with regard to the visual language of television as well as to its material and visual presence. These extend from the materiality of the TV box and the superficial structure of the screen all the way to the spatial construct of the studio setting and the

keit: Sie geben die Betrachtungen zu der Bildsprache des Fernsehens sowie seiner materiellen und visuellen Präsenz von Künstlerinnen und Künstlern wieder. Diese reichen von der Materialität der TV-Kiste und der Oberflächenstruktur des Bildschirms bis zur Raumkonstruktion des Studiosettings und der Analyse oder Paraphrase von Formaten wie News, Talk oder Serie. Die Ausstellung *TeleGen* gliedert diese vielfältigen Ansätze in insgesamt sieben über verschiedene Ebenen miteinander verschränkte Kapitel, beginnend mit der Untersuchung der Struktur des Fernsehbildes (Das elektronische Lagerfeuer) und bis zur Auflösung des analogen Fernsehens und den neuen Entwicklungen der digitalen Ära (Switchover) reichend. Ob diese Form des Hybridfernsehens mit seiner Ausweitung televisueller Formen in andere Medienkanäle tatsächlich das verschiedentlich gemutmaßte baldige Ende des Fernsehens bedeuten könnte, bleibt angesichts der gegenwärtigen Entwicklungen eher fraglich. Jedenfalls wird in den multimedialen interaktiven Umgebungen des Smart TV oder Social TV durch den Second Screen das kollektive „Lagerfeuer"-Erlebnis des alten analogen Fernsehens ebenso reaktiviert wie die zunehmende Bedeutung des Live-Charakters von Sendeinhalten darauf hindeutet, dass — ungeachtet des rasanten Wandels der Distributionsformen — das Fernsehen selbst durchaus eine Zukunft hat.
Die über die letzten drei Jahre entwickelte Ausstellung, die begleitende Publikation und das in diesem Zusammenhang abgehaltene internationale Symposium in Zusammenarbeit mit der Universität in Köln wären ohne vielfältige Unterstützung nicht zu verwirklichen gewesen. Unser erster und größter Dank gilt an dieser Stelle den an dem Projekt beteiligten Künstlerinnen und Künstlern, deren zum Teil eigens für die Schau entwickelten Arbeiten das Unternehmen mit der nötigen künstlerischen Strahlkraft ausgestattet haben. Für die großzügige finanzielle Basis danken wir der Kulturstiftung des Bundes und hier namentlich Hortensia Völckers und Alexander Farenholtz ebenso herzlich wie der Kunststiftung NRW, namentlich Ursula Sinnreich und Barbara Könches.
Sarah Waldschmitt oblag die herausfordernde Aufgabe der Organisation und Steuerung des Gesamtprojekts, die sie bravourös bewältigte und dazu noch die Zeit für wichtige inhaltliche Anregungen und einen Katalogbeitrag aufbrachte. An die Katalogautorinnen und -autoren Ina Blom, Ursula Frohne, Christian Katti und Marc Ries geht unser großer Dank für ihre präzisen,

analysis or paraphrasing of such formats as news, talk, or series. The *TeleGen* exhibition divides these diverse approaches into seven chapters interlinked over various levels, beginning with an examination of the structure of the television image (the electronic campfire) and extending to the end of analog television and the new developments of the digital era (switchover). In view of contemporary developments, it remains questionable whether this form of hybrid television, with its expansion of televisual forms into other media channels, could in fact mean the incipient cessation of television that has been variously predicted. In any case, the multimedia, interactive environments of smart TV or social TV reactivate through the second screen the collective "campfire" experience of the old analog television, just as the increasing importance of the live character of broadcast contents indicates that — despite the rapid change of distribution forms — television itself certainly does have a future.
This exhibition, developed over the past three years, the accompanying publication, and the international symposium held in this context in collaboration with Cologne University would not have been possible without all sorts of support. Our foremost thanks go to the artists who are participating in the project and whose works, some of which were created specifically for this show, imbue the undertaking with the necessary artistic radiance. For the generous financial basis, we thank the Kulturstiftung des Bundes, especially Hortensia Völckers and Alexander Farenholtz, as well as the Kunststiftung NRW, in particular Ursula Sinnreich and Barbara Könches.
Sarah Waldschmitt was assigned the daunting task of organizing and managing the overall project; she not only rose to the challenge, but also found time for important inputs regarding contents, along with writing a catalog essay. Our thanks go to the catalog authors Ina Blom, Ursula Frohne, Christian Katti, and Marc Ries for their precise, illuminating contributions. We likewise thank Erec Gellautz, Irene Horn, Baptist Ohrtmann, Anna Schimke, Michael Stockhausen, and Olga Sviridenko for their descriptions of the individual works on display in the exhibition. We thank Brigitte Weingart and Benjamin Beil (Institut für Medienkultur und Theater), as well as Ursula Frohne and Corinna Kühn (Kunsthistorisches Institut) at Cologne University for their smoothly functioning, unremittingly helpful cooperation in preparing the symposium that will conclude the exhibition. Finally, our heartfelt gratitude for their

erhellenden Beiträge. Ebenso danken wir Erec Gellautz, Irene Horn, Baptist Ohrtmann, Anna Schimke, Michael Stockhausen und Olga Sviridenko für die Werkbeschreibungen zu den einzelnen in der Ausstellung gezeigten Arbeiten. Bei Brigitte Weingart und Benjamin Beil (Institut für Medienkultur und Theater) sowie bei Ursula Frohne und Corinna Kühn (Kunsthistorisches Institut) an der Universität Köln bedanken wir uns für die kollegiale und reibungslose Zusammenarbeit im Rahmen der Vorbereitung des Symposiums, das die Ausstellung abschließen wird. Den Grafikern Jakob Kirch und Florian Lamm, dem Hirmer Verlag mit der Verlagsleiterin Kerstin Ludolph sowie den Lektoren der deutschen bzw. englischen Ausgabe Barbara Delius und Danko Szabó gilt abschließend unser großer Dank für die engagierte Arbeit an dem umfassenden Katalog.

enthusiastic work on the extensive catalog goes to the graphic artists Jakob Kirch and Florian Lamm, the Hirmer Verlag and its publishing house manager Kerstin Ludolph, and the editors of the German and English editions, Barbara Delius and Danko Szabó.

Das Fernsehen anschauen (als Kunst)

14 Dieter Daniels

Viewing Television (as Art)

I Dem Fernsehen zuschauen

Ausstellungen und theoretische Beiträge zum Thema Kunst und Fernsehen nähern sich dem Thema meist aus der Perspektive der Kunst, während das Fernsehen oft als selbstverständlich und gegeben vorausgesetzt wird. Das Medium Fernsehen bildet jedoch keineswegs einen stabilen Referenzrahmen, sondern es unterliegt seit Mitte des 20. Jahrhunderts gravierenden Veränderung, in der sich technische, ökonomische, soziale, ästhetische und politische Faktoren auf das Engste miteinander verbinden. Die Dynamik und Pluralität dieser Entwicklung kann kaum in einer umfassenden Chronologie systematisiert werden, da sie durch nationale Medienpolitik, regionale Spezifika und technische Standards beeinflusst ist.

Vielleicht ist die Rede von „dem Fernsehen“— ebenso wie die Rede von „der Kunst“— in historischer und globaler Perspektive eine kaum haltbare Verallgemeinerung. Im Unterschied zum Kinofilm bildet Fernsehen kein relativ konstantes Dispositiv, vor dessen Folie eine historisch-chronologische Aufarbeitung im Sinne einer Geschichte der Kunst zum Thema Fernsehen Sinn ergeben würde, zumal die bildende Kunst sich seit den 1960er-Jahren ebenso tiefgreifend verändert hat.[1]

Die Ausstellung und die vorliegende Buchpublikation *TeleGen* verfolgen eine thesenartige Gegenüberstellung der wechselnden Relationen zwischen Massenmedium und Kunst, welche die Veränderungen und Umbrüche beider Seiten reflektiert. *TeleGen* setzt eine Klammer um ein halbes Jahrhundert, innerhalb dessen sich das, mit Begriffen Umberto Ecos gesprochen, Paläo- zum Neo-Fernsehen entwickelt hat. Eine Skizze dieses einschneidenden Wandels im ersten Teil des vorliegenden Textes bildet die Grundlage der Analyse historischer und aktueller künstlerischer Strategien im zweiten und dritten Teil.

Paläo-, Neo-, Hybrid- und Smart-TV

Im Unterschied zu Fotografie, Film und Radio kennt die Mediengeschichte des Fernsehens keine Phase der Offenheit, in der Technikamateure und Künstler einen experimentellen und visionären Umgang mit der Technologie hätten erproben können, ehe diese zum massenmedialen Mainstream formatiert wurde. Dies liegt einerseits am hohen technischen Aufwand,

1 Siehe den Beitrag von Marc Ries im vorliegenden Band, der einen neuen theoretischen Ansatz zum Dispositiv des Fernsehens entwickelt; vgl. außerdem Knut Hickethier, „Dispositiv Fernsehen. Skizze eines Modells“, in: Michael Grisko (Hg.), *Texte zur Theorie und Geschichte des Fernsehens*, Stuttgart 2009, S. 271–293.

I How to watch television

Most exhibitions and theoretical texts on the topic of art and television approach it from an arts perspective, while television itself is completely taken for granted. Yet television as a medium does not by any means offer a stable set of references. Since the mid-20th century it has seen fundamental changes due to closely interconnected technological, economic, social, aesthetic, and political factors. These developments have been too numerous and dynamic to be condensed into a systematic chronology here, dependent as they are on national media politics, regional specifics, and technological standards.

So perhaps it is a somewhat untenable oversimplification to talk of “television”— just as one cannot simply talk of “art”— from a historical and global perspective. In contrast to cinema, television is not a relatively fixed dispositif, and working on a chronological history of television-themed art does not promise to make much sense given the lack of such a foil, especially as the art world has also fundamentally changed since the 1960s.[1]

Both the *TeleGen* exhibition and the present book therefore attempt to throw spotlights on changes in the relations between mass medium and art, while reflecting on developments and upheavals in both fields. *TeleGen* encompasses works made over a half century during which Paleo-television developed into Neo-television, to use two terms coined by Umberto Eco. The first part of this text will offer a rough sketch of these far-reaching changes, and the second and third parts will build on that with analyses of historical and contemporary artistic approaches to television.

Paleo-, Neo-, hybrid, and smart television

In contrast to photography, film, or radio, television as a medium never knew an open age that would have seen technically interested amateurs and artists try out experimental, visionary approaches to the technology before it became formatted as a mainstream mass medium. This is because of the expensive, elaborate technology, which does not invite private experimentalism, but also because of the strong economical and political interests that have governed television since the first trial broadcasts of the 1930s: when regular broadcasts started up in

1 See the essay by Marc Ries in the present publication, in which he develops a new theory for the television dispositif; see also Knut Hickethier, “Dispositiv Fernsehen: Skizze eines Modells,” in *Texte zur Theorie und Geschichte des Fernsehens*, ed. Michael Grisko (Stuttgart: Reclam 2009), 271–293.

der private Experimente ausschließt, andererseits an den starken ökonomischen und politischen Interessen, denen das Fernsehen schon seit den ersten Sendeversuchen in den 1930er-Jahren unterworfen ist. Anfang der 1950er-Jahre beginnt in dem meisten Ländern Europas der regelmäßige Sendebetrieb auf Basis eines politisch kontrollierten, öffentlich-rechtlichen Modells, während in den USA bereits in den 1940er-Jahren eine stark kommerziell geprägte Fernsehlandschaft entstanden ist.

Anfang der 1960er-Jahre, zu der Zeit des Paläo-Fernsehens, in der die Werke des historischen Teils von *TeleGen* entstehen, sendet die ARD in der Bundesrepublik Deutschland nur ein Fernsehprogramm in Schwarz-Weiß während der Abendstunden. Als im April 1963 das ZDF hinzukommt, sind die westdeutschen Zuschauer erstmals vor die Qual der Wahl gestellt, zuvor war die einzige Alternative Fernsehen „an" oder Fernsehen „aus". Währenddessen konsumieren die US-amerikanischen Zuschauer bereits täglich circa fünf Stunden Fernsehen und haben je nach Region eine Auswahl von mehr als zehn kommerziellen und öffentlichen Programmen rund um die Uhr, seit 1957 zunehmend auch in Farbe. Nur schlaglichtartig seien damit die regionalen und kulturellen Unterschiede skizziert, um darauf hinzuweisen, dass künstlerische Arbeiten zum Thema Fernsehen jeweils in einem ganz anderen Kontext entstanden sind.

Das Paläo-Fernsehen verkörpert einen auktorialen Wahrheitsanspruch, da es sich im wörtlichen Sinne als ein In-die-Ferne-Sehen, somit als Fenster zur Welt versteht. Das Neo-Fernsehen entwickelt seit den 1980er-Jahren eine eigene visuelle Oberfläche mit einer Vielzahl von Handlungsoptionen und Interaktionsangeboten. Umberto Eco spricht deshalb im Zusammenhang mit dem Neo-Fernsehen von einer „verlorenen Transparenz".[2] Die Konkurrenz um die Einschaltquote führt im Neo-Fernsehen zu einer Verflachung der Unterschiede zwischen privaten und öffentlichen Sendern, zwischen Kulturauftrag und Kommerz, zwischen Privatem und Politischem. Die Aufmerksamkeitsökonomie, hier verstanden als durch die Einschaltquote hergestellte Äquivalenz von Geld und Beachtung, ist Mitte der 1920er-Jahre mit dem Radio entstanden und hat sich mit dem Fernsehen auf alle Bereiche der Kultur ausgeweitet, wie es nicht zuletzt die Forderung nach hohen Besucherzahlen bei Kunstausstellungen zeigt. Pierre Bourdieu konstatiert in seiner Kritik am Fernsehen das „Eindringen der Macht der Medien, das heißt der von den Medien dazu ermächtigten ökonomischen Mächte, in das Universum

2 Siehe den im vorliegenden Band wiedergegebenen Beitrag von Umberto Eco.

most European countries in the early 1950s, they were organized on a politically supervised model under public law, whereas in the United States the television landscape had been characterized by commercial uses already in the 1940s.

At the start of the 1960s—in the era of Paleo-TV, during which most of the works in the historical section of *TeleGen* were created—the Federal Republic of Germany had only a single TV station, named ARD, which broadcast a black-and-white program during the evening hours. When in April 1963 a second station commenced broadcasting, viewers in West Germany for the first time learned the agony of having to choose between alternatives—previously the only choice had been to switch the tube on or off. At that point in time, US viewers already consumed roughly five hours of television per day and, depending on where they lived, had a choice of more than ten public and commercial broadcasters around the clock, increasingly in color after 1957. From these few facts alone we can easily infer the regional and cultural differences that provided television-themed art of the era with a huge variety of contexts.

Paleo-TV had a claim to auctorial truth; it literally offered a vision of faraway things, a window to the world. In contrast, Neo-TV has, since the 1980s, developed its own visual surface with a multitude of possible actions and interactions. This is what made Umberto Eco speak of Neo-TV as having "lost transparency."[2] Due to the competition for audience ratings, differences between commercial and public stations, between cultural mandate and commerce, between the private and the political have become less pronounced. Attention economics—the equation of attention and money under the rule of rating numbers—was already applied in the mid-1920s with regard to radio and today has been carried into all fields of culture through television. Now, even art exhibitions are expected to attract large numbers of visitors. Accordingly, Pierre Bourdieu in his critique of television diagnoses "media intrusion—or rather, the intrusion of economic pressures as relayed by the media—even in the 'purest' science," and of course in art as well.[3]

Since the end of the 1990s, Neo-TV has been succeeded by digital media, often called hybrid TV, which have further diversified the televisual. It is becoming ever rarer for the generation of viewers under the age of 30 to use television in the traditional way, that is to say, watching

2 See the essay by Umberto Eco in the present publication.

3 Pierre Bourdieu, *On Television* (New York: The New Press, 1998), 60.

3 Pierre Bourdieu, *Über das Fernsehen*, Frankfurt a. M. 1998, S. 86.

4 Mit Dank an die Studierenden, die sich in meinen Seminaren mehrfach zu ihrem Fernsehkonsum befragen ließen.

5 Vgl. die im November 2014 publizierte Umfrage von Bitkom: „Videostreaming verdrängt nach und nach klassisches TV", http://www.bitkom.org/de/presse/81149_80851.aspx (abgerufen am 11.5.2015).

6 Hier kann nur auf die Quotenmessung der GfK in Deutschland eingegangen werden, da in anderen Ländern andere Verfahren zum Einsatz kommen. Die Genauigkeit und der Aufwand der Messverfahren unterliegen derzeit starker Kritik, siehe *Die Macht der Zuschauer*, Reportage von Frank Aischmann und Gregor Streiber, 3sat, 9.1.2014, http://www.3sat.de/page/?source=/wissenschaftsdoku/sendungen/174174/index.html (abgerufen am 11.5.2015).

auch der reinsten Wissenschaft" und ebenso der Kunst.[3] Auf das Neo-Fernsehen folgt seit Ende der 1990er-Jahre die Diversifizierung des Televisuellen im Digitalen, die auch als Hybrid-TV bezeichnet wird. Die Generation der unter 30-Jährigen nutzt immer weniger das Fernsehen, wie es einmal war, sie sehen eine Sendung also selten zur Zeit ihrer Ausstrahlung mit einem Empfangsgerät.[4] Statt über das klassische Broadcast-Medium finden televisuelle Inhalte ihr Publikum heute in einer Vielzahl von Formaten, von der klassischen DVD über Online-Plattformen, Video-on-Demand, Live-Streaming, Filesharing etc.[5] Über das Smart-TV oder den „Second Screen" verbinden sich die Zuschauer zeitgleich zu einer „Sendung" in sozialen Netzwerken. Die Möglichkeiten, dem Fernsehen zuzuschauen, sind heute komplex und vielgestaltig. Das gilt nicht nur für die technischen Aspekte der Distribution und Rezeption, sondern ebenso für die Entwicklung neuer televisueller Formate, die diesen individualisierten Rezeptionsbedingungen entsprechen.

Paradoxien der Passivität

Selbstverständlich ging man lange Zeit von passiven Fernsehzuschauern aus. Paradoxerweise bestimmen die Zuschauer via Einschaltquote über Erfolg oder Scheitern des Programms, das sie angeblich passiv konsumieren — dennoch werden sie zugleich von eben diesem Programm geprägt und manipuliert. Die Inhalte des Fernsehens sind also das Resultat einer ununterbrochenen Feedbackschleife von Programm und Konsum, einer fluiden Wechselwirkung von Produktion, Selektion und Rezeption. Die Quote wiederum bestimmt den Preis von Werbeminuten, sie liefert somit die ökonomische Basis für die Finanzierung des Programms. In Deutschland wird die Einschaltquote durch statistische Hochrechnungen aus dem Ein-, Um- und Ausschaltverhalten von nur circa 10 500 Personen ermittelt, deren Streuung durch alle Bevölkerungsteile sie angeblich zu „exemplarischen Zuschauern" macht.[6] Stellt man dazu ins Verhältnis die allein rund 30 000 Mitarbeiter von ARD und ZDF, so kommen zuzüglich der Privatsender mehr als drei Fernsehmitarbeiter auf einen dieser exemplarischen Zuschauer. Statistisch gesehen, bewertet somit eine Minderheit von Zuschauern eine Mehrheit von Produzenten. Erstaunlicherweise finden diese paradoxen Bedingungen der Quote medientheoretisch kaum Beachtung.

4 Thanks to my students for answering queries on their television habits in several seminars.

5 See the survey published by *Bitkom* in November 2014: "Videostreaming verdrängt nach und nach klassisches TV," http://www.bitkom.org/de/presse/81149_80851.aspx [accessed May 11, 2015].

a program at the time of its broadcast on a proper receiver.[4] Instead, televised content now reaches viewers across a large number of formats, from traditional DVDs to online platforms, video on demand, live streaming, file-sharing, and more.[5] On smart TV, or the second screen, viewers simultaneously connect with each other for an additional "program" through the social networks. Which is why there are many different and complex answers to the question of how to watch television today. This diversity concerns not only technological aspects of distribution and reception, but also the development of new televisual formats catering to these new, individualized forms of reception.

A David Hall, *TV Interruptions: 7 TV Pieces*, 16 mm Film, auf Video übertragen, sw, Ton / 16 mm film transferred to video, bw, sound, 22:44 min., 1971

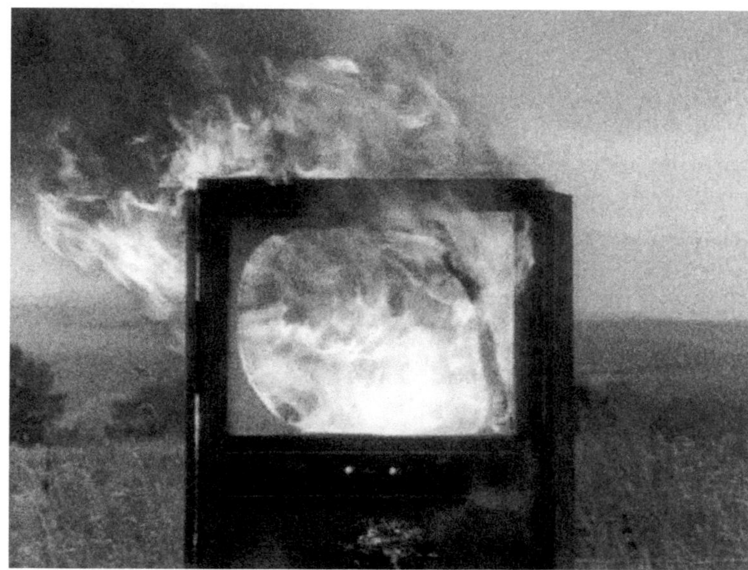

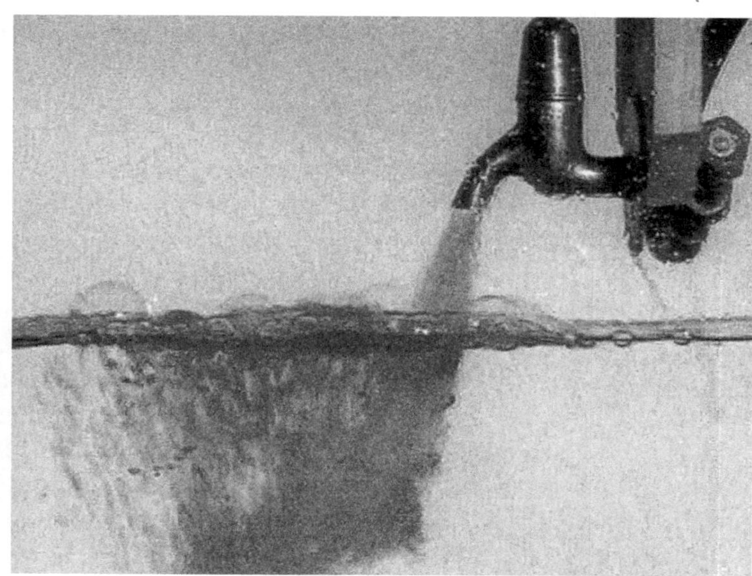

Die sozialen Online-Medien führen zu einem Paradigmenwechsel. Rein passives Zuschauen ist unmöglich, jeder Klick zählt, als Votum und zugleich als monetärer Wert. Die Nutzer bespielen als Konsumenten und—durch eigenen Content—als Prosumenten Plattformen, von denen sie vermeintlich Gratis-Dienstleistungen erhalten, aber zugleich ihre persönlichen Daten preisgeben. Mit dem internet-kompatiblen Smart-TV und der simultanen Nutzung von Fernsehen und sozialen Medien auf dem Second Screen wird das Klischee der Passivität des Fernsehzuschauers vollends obsolet. Die Erfassung des Nutzerverhaltens ist dabei schon in die Technologie implementiert, es muss also nicht mehr wie im Broadcast-Fernsehen durch komplexe, kostenintensive Messungen erhoben werden. Das seit den 1970er-Jahren immer wieder prophezeite emanzipatorische Potenzial medienbasierter Partizipation hat auf dem heutigen Stand der Technik somit den hohen Preis einer weitreichenden Kommerzialisierung. Die individuelle Freiheit selbstbestimmten Zuschauens wird sozusagen mit den persönlichen Daten der User bezahlt. Vielleicht kann das neue Interesse an Passivität in der Medientheorie und Philosophie auch als ein Symptom für das Ende der Ära des passiven Zuschauers gewertet werden.[7]

Fernsehen: Medium ohne Werk?

Marcel Duchamp gesteht Kunstbetrachtern eine Macht zu, die der oben beschriebenen der Fernsehzuschauer vergleichbar ist, wenn er 1956 schreibt, dass „ein Werk vollständig von denjenigen gemacht wird, die es betrachten oder es lesen und die es, durch ihren Beifall oder sogar durch ihre Verwerfung, überdauern lassen".[8] Allerdings geben die Fernsehzuschauer ihre Zustimmung oder Ablehnung gewissermaßen live und in Echtzeit während des laufenden Programms. Duchamp bezieht sich hingegen auf lange historische Prozesse der Kanonbildung und Musealisierung sowie der ständigen Neubewertung und Revision von scheinbar ewigen Werten. Nichts jedoch ist weiter entfernt vom Ewigkeitsanspruch eines Kunstwerks als aktuelle Fernsehprogramme.

Die Vergänglichkeit des Broadcasting markiert einen wesentlichen Unterschied zu Print- und Online-Medien. Mangels Referenzierbarkeit haben Fernsehprogramme keine Nachhaltigkeit, beispielsweise sind Zitate aus Internetquellen heute gängige Praxis, aber aus dem Fernsehen

7 Siehe zum „passive viewing" in der Videokunst seit den 1970er-Jahren den Beitrag von Ina Blom im vorliegenden Band; vgl. allgemein zum Thema Passivität Robert Pfaller, *Ästhetik der Interpassivität*, Hamburg 2008, sowie Kathrin Busch und Helmut Draxler (Hg.), *Theorien der Passivität*, Paderborn u.a. 2013.

8 Marcel Duchamp, *Die Schriften*, hg., übers. und komm. von Serge Stauffer, Zürich 1981, S. 202.

Paradoxes of passivity

For a long time, the essential passivity of the television viewer was never questioned. Paradoxically, viewers decide by way of the ratings on the success or failure of a program they are supposedly just passively consuming—while again being largely influenced and manipulated by that program. So the contents of a television broadcast grow out of an endless feedback loop between a program and its consumption, a fluid interaction between production, selection, and reception. Market shares also determine the cost of advertising time and thus form the basis for a program's funding. In Germany, market shares are determined by statistical extrapolations from the viewing behavior of a mere 10,500 presumably exemplary viewers, chosen to represent all parts of the populace.[6] Compared against the 30,000 employees of the two public broadcasters, ARD and ZDF, to which we still must add those of the private stations, there is a proportion of more than three television employees per one exemplary viewer. Statistically, a minority of viewers rate a majority of producers. Surprisingly enough, these paradoxical rating conditions have hardly been noticed so far by media theorists.

The web-based social media have led to a paradigm shift. Mere passive viewing is no longer possible, and every click of the mouse counts, both as a vote and as monetary value. Users meet on platforms that offer supposedly free services as consumers, and—if they contribute their own content—as prosumers, while at the same time these platforms record their personal data. Web-compatible smart TV and the simultaneous use of television and social media have rendered the cliché of the passive viewer completely meaningless. Automatic recording of viewer behavior is an integral part of the technology of the medium, and has no longer to be surveyed by complex, cost-intensive tests as in broadcast TV. Since the 1970s, we have time and again heard prophecies that focused on the emancipatory potential of audience participation in the media, but for today's participation technologies we pay the high price that participation itself has largely become commercialized. The individual freedom of choosing what to watch has to be paid with the user's personal data. And maybe the recent surge of interest in passivity as a topic of media theorists and philosophers is only one more symptom of the end of the age of the passive viewer.[7]

6 This describes only the measurement of ratings by the German society for consumer research, GfK. Other countries have different institutions and methods. The precision of, and expenses for, these measuring procedures have recently been criticized. See for example *Die Macht der Zuschauer*, a reportage by Frank Aischmann and Gregor Streiber, 3sat, January 9, 2014, http://www.3sat.de/page/?source=/wissenschaftsdoku/sendungen/174174/index.html [accessed May 11, 2015].

7 On the topic of "passive viewing" in video art since the 1970s, see the essay by Ina Blom in the present publication; on the broader theme of passivity, see also Robert Pfaller, *Ästhetik der Interpassivität* (Hamburg: Philo Fine Arts, 2008), as well as *Theorien der Passivität*, ed. Kathrin Busch and Helmut Draxler (Paderborn: Wilhelm Fink, 2013).

wird zumindest in der Wissenschaft nach wie vor nicht zitiert. Doch auch wenn die Flüchtigkeit der klassischen Sendung mittlerweile durch Online-Mediatheken und Videoarchive kompensiert wird, haben Fernsehinhalte aufgrund ihrer Struktur keinen Werkcharakter. Kriterien wie „Stil" oder „Autorschaft", die beim Film trotz komplexer kollektiver Produktionsprozesse gängig sind, greifen beim Fernsehen nicht. Wenn überhaupt, hat „Stil" im Fernsehen nur eine strategische Bedeutung, als „Stilisierung" der Corporate Identity eines Senders zur Unterscheidung von anderen Sendern und deren Angebot, jedoch schafft er keine differenzierbaren ästhetischen Objekte.[9] Die klassischen Medientheorien von Raymond Williams zum televisuellen „Flow" und von Stanley Cavell zum „Monitoring" als Permanenz der televisiuellen Beobachtung verdeutlichen diese strukturelle Unabschließbarkeit, durch die sich das Televisuelle dem klassischen Werkbegriff entzieht.

Obwohl das Fernsehen als prägendes Massenmedium der zweiten Hälfte des 20. Jahrhunderts gelten kann, hat sich kein Kunstdiskurs oder Bewusstsein für ein kulturelles Erbe entwickelt, der auch nur entfernt dem kulturellen Status von Film, Video oder auch Radio vergleichbar wäre. Als seltene Ausnahmen sind seit den 1980er-Jahren Musicclips in ausgewählten Beispielen zu musealen Ehren kommen. Erst am Ende der Fernsehära entstehen derzeit die Serienformate, die als neue Form der Hochkultur gefeiert werden. Brett Martin nennt Serien wie *The Sopranos*, *The Wire*, *Deadwood* oder *Mad Men* „the signature American art form of the first decade of the 21st century".[10]

9 Vgl. Ralf Adelmann und Markus Stauff, „Ästhetiken der Re-Visualsierung. Zur Selbststilisierung des Fernsehens", in: Lorenz Engell und Oliver Fahle (Hg.), *Philosophie des Fernsehens*, Paderborn u. a. 2006, S. 60, 67.

10 Brett Martin, *Difficult Men*, New York 2013, S. 11. Bemerkenswerterweise kam die Initiative dazu nicht von dem mit einem Kulturauftrag versehenen öffentlichen Fernsehen, sondern ging von dem US-amerikanischen Kabel-Kanal HBO aus, weil das bisherige Geschäftsmodell eines Abonnenten-Pay-TV durch den Verleih von Filmen auf Videotapes und DVDs sowie Pay-per-View Online-Angebote zusammengebrochen war.

II Künstler als exemplarische Zuschauer

In der Ausstellung und Publikation *TeleGen* finden sich zahlreiche Beispiele von Arbeiten, in denen Künstler aus dem Material des Fernsehens neue, eigene Werke generiert haben. Erst im Festhalten des „flow", als Verdichtung in einem „Werk", somit aus der Position der Kunst, können diese Arbeiten sich dem Fernsehen als Spiegel gegenüberstellen. Die meisten von ihnen lassen sich nicht ins Medium Fernsehen zurückspielen, denn sie entstehen aus der Perspektive der Zuschauer. Deshalb nehmen Künstler in diesen Arbeiten die Rolle eines exemplarischen Zuschauers ein, der als Leitmotiv für den zweiten Teil dieses Essays dienen soll.

Television: A medium with no works?

Marcel Duchamp ascribed a certain power to the viewer of an artwork, comparable to the power of the television viewer described above. In 1956, he wrote that "a work is made entirely by those who look at it or read it and who make it survive by their acclaim or even their condemnation."[8] Here it must be said that television viewers exercise their approval or rejection in real time during the broadcast, while Duchamp is talking about long-term historical processes of canonization and musealization, driven by an ongoing revaluation and revision of seemingly eternal values. There is nothing further from art's aspirations toward eternity than a topical TV broadcast.

The ephemerality of the broadcast marks its essential difference from print or online media. TV programs can still hardly be referenced and are rarely quoted, and they lack sustainability and intellectual resonance, while quotations from the Internet have become completely common. Today a broadcast will not necessarily vanish into thin air, but often be stored in online media libraries or video archives, and still the structure of television content does not lend it the character of a work. In film, despite highly complex collective production processes, criteria such as style or auctoriality are universally acknowledged, yet somehow this does not apply to television. If it matters at all, style has only strategic relevance, as stylization of a broadcaster's corporate brand that helps differentiate it from the others and their programming. In television, style does not create any definable aesthetic object.[9] This essential structural openness, by which the televisual eludes the traditional idea of the work, has been expressed in media theory, for example in Raymond Williams's seminal writings on televisual "flow" and Stanley Cavell's ideas on "monitoring" as a permanent act of televisual observation.

So despite the fact that television was the defining mass medium of the second half of the 20th century, it has provoked no art-theoretical discourse or conscious cultural heritage that could even remotely compare to the cultural standing of film, video, or even radio. There are rare exceptions: selected music videos have found their way into museum collections since the late 1980s. Only in the twilight era of the television medium are new serial formats now

8 Marcel Duchamp in a letter to Jean Mayoux from 1956, in *Affectueusement, Marcel: The Selected Correspondence of Marcel Duchamp*, eds. Francis M. Naumann and Hector Obalk (London: Thames & Hudson, 2000), 348.

9 See Ralf Adelmann and Markus Stauff, "Ästhetiken der Re-Visualsierung. Zur Selbststilisierung des Fernsehens," in *Philosophie des Fernsehens*, eds. Lorenz Engell and Oliver Fahle (Paderborn: Wilhelm Fink, 2006), 60, 67.

prae-/postmedial

Das Interesse der in *TeleGen* vertretenen Künstler richtet sich überwiegend auf die Wirkung des Fernsehens, weniger auf seine Veränderung durch experimentelle Programme oder alternative Sendeformen wie in den 1970er-Jahren.[11] Für die Entwicklung ab den 1990ern kann der Terminus „postmedia" trotz gewisser Unschärfen Verwendung finden: Mediale Transferprozesse und Hybridisierungen treten an die Stelle der in den 1970/80er-Jahren in der Kunst geforderten Medienspezifik.[12] Hingegen befindet sich die bildende Kunst bis 1965 gegenüber dem televisuellen und elektronischen Bild sozusagen in einem „Praemedia"-Zustand, weil sie vor der Entwicklung der Videotechnik keinen eigenen Zugriff auf dieses machtvolle neue Medium Fernsehen hat. Der historische Teil von *TeleGen* dokumentiert deshalb die Reflexion des Televisuellen in allen Gattungen und Medien, von der Malerei, Skulptur und Zeichnung über die Fotografie bis zu Literatur und Musik, noch vor Entstehung der TV- und Videokunst im engeren Sinn.

Die Position des Künstlers als exemplarischer Zuschauer markiert eine wesentliche Verbindung zwischen historischem und aktuellem Ausstellungsteil. Künstlerische Arbeiten verdichten Seherfahrungen, sie legen visuelle Codes frei, montieren Déjà-vu-Momente, selektieren Bilder, die schon zu oft gesehen wurden, um sie neu sichtbar zu machen. Wie die im dritten Teil dieses Textes behandelten Beispiele zeigen, kann die scheinbar passive Situation des Zuschauers in eine aktive Spiegelung des Mediums umschlagen, weil sie im Kunstkontext einen anderen Modus der Rezeption aktiviert. Der Besucher der Ausstellung *TeleGen* befindet sich somit in einer doppelten Rolle: Als Fernsehzuschauer verfügt er über einen Speicher televisueller Bilder, die er als Ausstellungsbesucher anhand von Kunstwerken reaktivieren und zugleich reflektieren kann.

Diese Rolle des Künstlers als exemplarischer Zuschauer erlaubt einen Seitenblick zur Medientheorie des Fernsehens. Während Fotografie, Film und digitale Medien zum Gegenstand komplexer Techniktheorien geworden sind, findet das Fernsehen, gemessen an seiner öffentlichen Wirkung, erstaunlich wenig theoretische Beachtung.[13] Bisher hat sich keine den Film studies entsprechende akademische Disziplin der Fernsehwissenschaften etabliert. Zwei

11 Vgl. dazu den Beitrag von Stephan Berg im vorliegenden Band.

12 Vgl. zu den begrifflichen Unschärfen Andreas Broeckmann, „‚Postmedia' Discourses. A Working Paper", 2013, http://www.mikro.in-berlin.de/wiki/tiki-index.php?page=Postmedia+-Discourses (abgerufen am 11.5.2015).

13 Siehe dazu ausführlicher Oliver Fahle, „Das Bild und das Sichtbare. Eine Bildtheorie des Fernsehens", in: Engell/Fahle (Hg.) 2006 (wie Anm. 9), S. 77, sowie Lorenz Engell, *Fernsehtheorie zur Einführung*, Hamburg 2012, S. 14.

being celebrated as original forms of high culture, which has led Brett Martin to describe series such as *The Sopranos*, *The Wire*, *Deadwood*, or *Mad Men* as "the signature American art form of the first decade of the 21st century."[10]

II The artist as exemplary viewer

The exhibition and publication *TeleGen* present numerous examples of artworks generated from television material. Only by stopping the flow and condensing it into a "work," by viewing television from an artistic position, can these pieces confront the medium with its mirror image. Most of the works do not feed back into television, as they have been produced from a viewer perspective, and the artist takes on the role of an exemplary viewer. This role will serve us as a theme for the second part of this essay.

Pre-/post-medial

The artists presented in *TeleGen* mostly focus on the effects of television, and less on interventions in the form of experimental broadcasts or alternative channels of transmission typical of the 1970s.[11] Developments from the 1990s on can be subsumed under the somewhat blurry term "post-media": transfer processes and hybridization replace the media specifity still expected from art in the 1970s and 1980s.[12] Up to 1965, the arts had been in what might be termed a pre-medial condition in regard to the televisual or electronic image. Before video technology, artists had no way of accessing the powerful new medium of television. The historical section of *TeleGen* therefore mostly documents a reflection on the televisual image in different media and genres—in painting, sculpture, and drawing, as well as in photography, literature, and music—before the advent of video art and television art in the proper sense.

The artist's role as an exemplary viewer forms a significant link between the historical and contemporary sections of *TeleGen*. Works of art condense visual experience, they reveal visual codes, they construct moments of déjà vu, they pick out images already seen too often in order to open them up for new ways of perception. Since the context of art initiates a different mode of reception, the seemingly passive role of the viewer can become an active reflection upon

10 Brett Martin, *Difficult Men* (New York: Penguin, 2013), 11. It is remarkable that the initiative did not come from public television and its cultural mission, but from the US cable station HBO, which had to react to the collapse of their business model of paid TV subscriptions due to rental videos and DVDs as well as pay-per-view offers online.

11 See Stephan Berg's essay in the present publication.

12 On the vagaries of terminology, see Andreas Broeckmann, "'Postmedia' Discourses. A Working Paper," 2013, http://www.mikro.in-berlin.de/wiki/tiki-index.php?page=Postmedia+-Discourses [accessed May 11, 2015].

14 K. O. Götz' Versuche, um das Jahr 1960 mittels Malerei und Film eine dem Fernsehbild verwandte Struktur zu erzeugen, stehen paradigmatisch für diese Unerreichbarkeit des Televisuellen in der Kunst. Videogeräte wurden von Künstlern erstmals 1965 genutzt, siehe zu Nam June Paik und Andy Warhol im zweiten Teil dieses Texts. Eine breitere Verfügbarkeit von Videotechnik setzt erst 1967 mit dem Sony Portapak ein.

15 Vgl. zu den utopischen Ansätzen der Medienkunst: Dieter Daniels, *Kunst als Sendung. Von der Telegrafie zum Internet*, München 2002, S. 232–249.

prominente Medientheorien zum Fernsehen könnte man jedoch als „Zuschauertheorien" bezeichnen: Umberto Eco und Marshall McLuhan untersuchen vor allem die Wahrnehmungswirkungen und die Rezeptionsbedingungen des Televisuellen. Beispielsweise macht McLuhan die Rasterstruktur des Bildschirms zum Argument für die aktive sensorische Syntheseleistung des Zuschauers, und bei Eco wird erstmals die Veränderung des Zuschauerverhaltens durch die Fernbedienung thematisiert. Vielleicht lässt sich die pauschale Verwendung des Sammelbegriffs „Fernsehen" trotz aller Diversität vor allem durch seine Bedeutung als Zuschauermedium rechtfertigen, das eine neue Form des Schauens entstehen lässt: eine paradoxe Kombination von Distanz und Nähe, von Passivität und Aktivität, von Kontemplation und Involviertheit.

prae-/postutopisch, prae-/postmodern

Sowohl im historischen wie im aktuellen Teil von *TeleGen* könnte man Exponate vermissen, in denen die Hoffnung auf eine künstlerische Alternative zum Mainstream oder subversive Veränderung des Mediums zum Ausdruck kommt, welche die Ansätze der Gegenöffentlichkeit und Medienkritik ab Ende der 1960er- bis in die 1970er-Jahre prägt. Im historischen Teil der Ausstellung werden bewusst nur Arbeiten bis Mitte der 1960er gezeigt, die vor der privaten Verfügbarkeit von Videotechnik entstanden sind. Künstler konnten bis dahin keine TV-Bilder erzeugen, sondern höchstens das empfangene Programm symbolisch auf einem einzelnen Gerät verfremden oder modifizieren.[14] Der auktoriale Status des Paläo-Fernsehens bleibt künstlerisch unangreifbar. Die bildende Kunst befindet sich in Relation zum Fernsehen also bis Mitte der 1960er-Jahre sozusagen in einem prae-utopischen Stadium, für welches eine „Kunst als Sendung", wie sie beispielsweise im Radiohörspiel bereits seit den 1920er-Jahren existiert, unerreichbar scheint.[15]

Demgegenüber nehmen Künstler seit den 1990ern eine dezidiert post-utopische Distanz zum Medium ein, dessen Tendenz zur Vereinnahmung und Verwertung alles Realen sich sowohl in Nachrichten und Talkshows wie auch im Reality TV so weit dem zuvor Unzeigbaren und Unsagbaren geöffnet hat, dass ein „Aufbrechen von Sehgewohnheiten", wie noch in den 1980ern oft gefordert, weitgehend obsolet geworden ist. So lässt sich beispielsweise fragen,

13 See in more detail Oliver Fahle, "Das Bild und das Sichtbare. Eine Bildtheorie des Fernsehens," in Engell/Fahle 2006 (see note 9), 77, as well as Lorenz Engell, *Fernsehtheorie zur Einführung* (Hamburg: Junius, 2012), 14.

14 Attempts by K. O. Götz to achieve surface structures comparable to the television image with the help of painting and film around 1960 paradigmatically show up the difficulties of rendering the televisual through other artistic means. Video was first used by artists in 1965—see the passages on Nam June Paik and Andy Warhol in the second part of this text. Video technology became more commonly available only with the Sony Portapak in 1967.

15 On utopian tendencies in media art, see Dieter Daniels, *Kunst als Sendung. Von der Telegrafie zum Internet* (Munich: C. H. Beck, 2002), 232–249.

the medium, as will become obvious in the third part of this essay. Visitors to the *TeleGen* exhibition are therefore in a dual position: their passive experiences watching television provide them with a reservoir of televisual images they can both draw on in the exhibition and actively reflect upon in front of the artworks. The artist as an exemplary viewer also allows us a sidelong glance toward the media theory of television. While there are complex theories of photography, film, and the digital media, television meets with a surprising dearth of theoretical engagement, especially considering its broad public impact.[13] Television studies are not an academic discipline on the level of film studies. Nevertheless, two of the most prominent media theories of television could be described as theories of the viewer: both Umberto Eco and Marshall McLuhan mainly explore televisual perception effects and reception conditions. McLuhan, for example, takes the television raster for an argument of the viewer's active effort of what he calls a "tactile" sensory synthesis. And Eco was the first to discuss changes in viewer behavior when using a remote control. Maybe "television" as a general term can still be justified, despite the diversity of the medium, primarily because all its aspects are directed toward a viewer—producing a new form of seeing, a paradoxical combination of distance and intimacy, of passivity and activity, of contemplation and involvement.

Pre-/post-utopian, pre-/post-modern

In both the historical and contemporary sections of *TeleGen*, we might hope to find exhibits expressing the longing for an artistic alternative to the mainstream, or for subversive changes to the television medium, concerns that characterized media criticism and whole counterpublics from the end of the 1960s through the 1970s. Yet the historical section of our exhibition purposefully focuses on work made until the mid-1960s, realized before video technology became privately accessible. During that time, artists could not produce television images themselves and could only symbolically modify or distort received broadcasts on a single screen.[14] Therefore art was unable to attack the auctorial status of Paleo-TV. Until the mid-1960s, art remained in a sort of pre-utopian state in relation to television. Art as mission and transmission, something that had been a factor for instance in radio plays since the 1920s, did not at all appear feasible.[15]

ob die in den 1960er- und 1970er-Jahren von Gerry Schum, Keith Arnatt, Jan Dibbets, David Hall [fig. A], Valie Export, Peter Weibel und Chris Burden praktizierten, unangekündigten Interventionen im laufenden Fernsehprogramm heute überhaupt noch jemandem auffallen würden.[16] Die Repräsentation des Neo-Fernsehens kann nicht mehr von außen gestört werden, denn sie ist ein schon per se gestörtes Bild, wie Oliver Fahle darlegt.[17] Eine vergleichbare Desillusionierung lässt sich anhand der Medientheorien von Umberto Eco oder Hans Magnus Enzensberger diagnostizieren. Ihre in den 1960/70er-Jahren artikulierte Hoffnung auf das emanzipatorische Potenzial einer Selbstermächtigung der Konsumenten durch aktive Nutzung der Medien haben beide ab den 1980ern mehrfach relativiert oder revidiert.[18]
Sind also Utopien unter dem Motto „Broadcast yourself" endgültig obsolet geworden, seit sich YouTube beziehungsweise Google diese als Slogan und Markenzeichen angeeignet haben? Zumindest gilt dies offenbar für die Mehrzahl der zeitgenössische Werke in der Ausstellung *TeleGen*. Die Arbeiten im aktuellen Teil sind dezidiert für den Kontext einer Ausstellung entstanden, nur einige wenige liefen zuvor als Sendung im Fernsehen. Während das Phänomen Fernsehen derzeit von Auflösungserscheinungen gekennzeichnet ist, gilt das Interesse aktueller bildender Kunst oftmals eher dem Status quo als der Zukunft des Mediums. Kunst kann damit die Funktion übernehmen, welche dem Fernsehen fehlt, als „TV-Museum" hält sie dem Medium den Spiegel vor, in dem die ästhetischen und formalen Veränderungen des Televisuellen umso deutlicher hervortreten, weil sie nicht den immanenten Zwängen des Mediums unterliegen.[19]

16 Vgl. Dieter Daniels, „Fernsehen – Kunst oder Antikunst? Konflikte und Kooperationen zwischen Avantgarde und Massenmedium in den 1960er / 1970er Jahren", in: Rudolf Frieling und Dieter Daniels (Hg.), *Medien Kunst Netz*, 2 Bde., Wien u. a. 2004 / 05, Bd. 1, *Medienkunst im Überblick*, 2004, S. 51–54. http://www.medienkunstnetz.de/themen/medienkunst_im_ueberblick/massenmedien/23/.

17 Oliver Fahle, „Das Bild und das Sichtbare. Eine Bildtheorie des Fernsehens", in: Engell / Fahle (Hg.) 2006 (wie Anm. 9), S. 82.

18 Siehe mit Bezug auf Enzensbergers Thesen zum Fernsehen als „Nullmedium" den Beitrag von Stephan Berg im vorliegenden Band.

19 Vgl. zu verwandten Überlegungen Maeve Connolly, *TV Museum: Contemporary Art and the Age of Television*, Bristol / Chicago 2014, S. 11, 16.

III Das Fernsehen ausstellen (als Kunst)

Welche Strategien erlauben es Künstlern, sich die Bildmächtigkeit der laufenden Programme des Fernsehens anzueignen, sie in Kunstwerken zu verarbeiten, zu reflektieren, zu paraphrasieren oder ihr etwas entgegen zu stellen? Die Verwendung von zeitbasiertem Fernsehmaterial in Kunstwerken soll abschließend anhand von Beispielen aus der Ausstellung *TeleGen* untersucht werden. Die technischen Möglichkeiten des Zugriffs auf Fernsehmaterial haben sich seit den 1960er-Jahren fundamental verändert, deshalb werden die Unterschiede

In contrast, artists since the 1990s have taken a decidedly post-utopian stance toward the medium. Television's tendency to usurp and exploit reality in news programs, talk shows, and especially in reality TV has moved so far into realms which could not previously be talked about or shown that certain objectives followed by artists well into the 1980s, such as "breaking up viewing habits," have now become largely obsolete. It is doubtful if unannounced interventions into running programs, as carried out in the 1960s and 1970s by the likes of Gerry Schum, Keith Arnatt, Jan Dibbets, David Hall [fig. A], Valie Export, Peter Weibel, or Chris Burden, would even be noticed by anyone watching a current broadcast today.[16] In Neo-TV, representation cannot be disrupted from the outside since the televisual image itself is already disrupted, as Oliver Fahle has shown.[17] Similar to the critical discourse in media art, we can diagnose a sense of disillusionment in the media theories of Umberto Eco and Hans Magnus Enzensberger. During the 1960s and 1970s, they articulated their hope for an emancipatory effect, enabling consumers to empower themselves with the active use of the media, but by the 1980s both had started qualifying or reversing their theories several times over.[18]
Has the utopian dimension of a motto like "broadcast yourself" therefore become permanently obsolete, ever since YouTube, today a subsidiary of Google, adopted these words as a slogan and trademark? At least that is what the majority of contemporary works on display in *TeleGen* seem to posit. These have explicitly been produced for an exhibition context; only a

16 See Dieter Daniels, "Television–Art or Anti-art. Conflict and Cooperation between the Avant-garde and the Mass Media in the 1960s and 1970s," in *Media Art Net 1: Survey of Media Art*, eds. Rudolf Frieling and Dieter Daniels (Vienna / New York: Springer, 2004), 73–76; http://www.medienkunstnetz.de/themes/overview_of_media_art/massmedia/23/ [accessed June 18, 2015].

17 Oliver Fahle, "Das Bild und das Sichtbare. Eine Bildtheorie des Fernsehens," in Engell / Fahle 2006 (see note 9), 82.

18 With regard to Enzensberger's thesis of television as a "zero medium," see the essay by Stephan Berg in the present publication.

B Wolf Vostell, *Sun in your head*, 1963 [→S./P. 175]

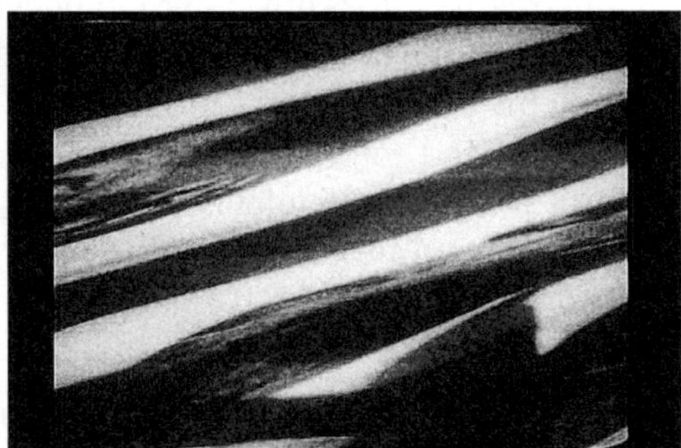
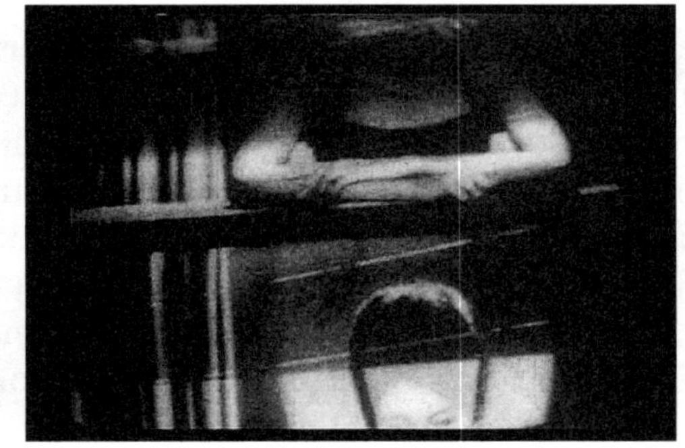
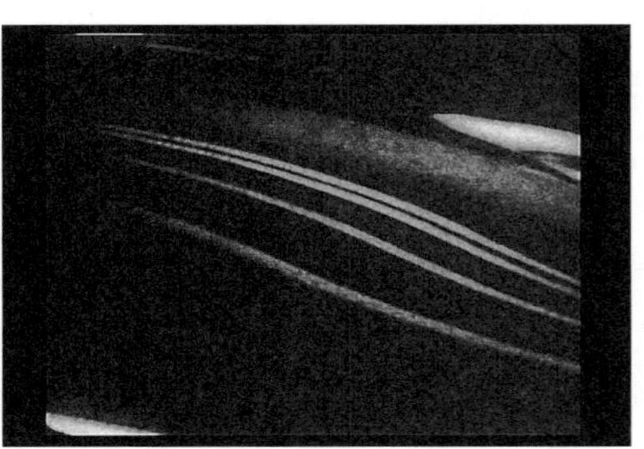

zwischen historischen und aktuellen Beispielen hier besonders deutlich. Dennoch liegen im Leitmotiv des Künstlers als exemplarischer Zuschauer auch Gemeinsamkeiten über einen Zeitraum von mehr als 50 Jahren. Die folgenden, schlaglichtartigen Untersuchungen von Kunstwerken liefern zugleich Stichproben zu den Umbrüchen der Technologien von Distribution und Zirkulation des Televisuellen in den vergangenen 50 Jahren. Kunst- und Mediengeschichte sind dabei als getrennte und dennoch aufeinander bezogene Entwicklungen zu sehen.

Vor dem Screen: Das Paläo-Fernsehen als Gegenstand der Kunst

Die einfachste Strategie, um das laufende Programm in ein Kunstwerk zu integrieren, verwendet Tom Wesselmann, der in vier seiner Gemälde 1962/63 einen funktionsfähigen Fernsehapparat einbaut.[20] Seine Serie von Interieurs zeigt Fernsehen als Teil des US-amerikanischen Alltags, das Programm wird nicht gezielt betrachtet, sondern läuft nebenher und gehört ebenso zum Ambiente wie die Möbel und die Bilder an der Wand. In den USA stehen Anfang der 1960er-Jahre schon den ganzen Tag über mehrere Programme zur Verfügung, sodass Wesselmanns Bild fast immer „funktioniert" und bis heute neue Konstellationen entstehen lässt, beispielsweise wenn die gemalten Porträts von Abraham Lincoln oder George Washington auf das aktuelle Fernsehbild von Barack Obama treffen. Im Unterschied zu Césars skulpturaler oder Vostells struktureller „Ausstellung" des laufenden Fernsehens verweist Wesselmanns Arbeit auf das ikonische Moment der Fernsehbilder.

Solange sich die Kunst in der genannten „Praemedia"-Phase der frühen 1960er befindet, gestaltet sich der direkte künstlerische Zugriff auf Fernsehmaterial, um damit eigenständige, zeitbasierte Werke zu schaffen, ausgesprochen schwierig. Drei mögliche Strategien, die im Folgenden kurz vorgestellt werden, sind die Abnahme vom Bildschirm mittels einer Filmkamera bei Bruce Conner und Wolf Vostell, die Aneignung von Found Footage-Fernsehmaterial auf Film bei Andy Warhol oder die ersten Experimente mit einer Weiterverarbeitung von Fernsehmaterial mittels Video bei Nam June Paik.

Bruce Conners Experimentalfilm *Report* (1963–67) montiert Bildmaterial, das er vom Fernsehschirm abgefilmt hat, mit dem Sound von Radiosendungen. Zentrales Thema sind die

20 *Great American Nude #39* (1962), *Great American Nude #43* (1963), *Still Life # 28* (1963) (mit Abraham-Lincoln-Porträt), *Still Life # 31* (1963) (mit George-Washington-Porträt); siehe den Beitrag von Marc Ries und Sarah Waldschmitt im vorliegenden Band.

few of them have been shown on television. Since television as a phenomenon is in a state of disintegration, contemporary artists are often more interested in the current state of affairs than in the future of the medium. Here, art can take over a function that television itself is lacking: as a "TV museum," it holds a mirror up to the medium, where aesthetic and formal changes of the televisual become more pronounced as they move outside of the medium's intrinsic dictates.[19]

III How to exhibit television (as art)

What are the strategies that enable artists to appropriate the powerful images of the television broadcast, to process them in their works of art, to reflect, to paraphrase, and oppose them? This third part of the essay will examine the use of time-based television material within artworks with the aid of examples from the *TeleGen* exhibition. The technological means of access to television material have completely changed since the 1960s, which is why differences between historical and contemporary examples become especially obvious. There are nonetheless commonalities connecting the works over a period of 50 years, such as the role of the artist as an exemplary viewer. The following short explorations of these artworks will at the same time function as sample tests for the radical changes in the technology of televisual distribution and circulation during this past half-century. The history of art and the history of the medium will be considered as separate yet interconnected developments.

In front of the screen: Paleo-TV as an art subject

The easiest possible strategy for integrating a live television broadcast into a work of art was used by Tom Wesselmann when he built a functioning TV set into four of his paintings in 1962/63.[20] His series of interiors present television as part and parcel of everyday life in the US, where the screen is not watched closely for a specific program but is simply kept running until it becomes part of the surroundings, like the furniture or the pictures on the wall. In the US, several stations began broadcasting around the clock in the early 1960s, so that Wesselmann's painting almost always "worked," such as when the painted likenesses of Abraham

19 See the related thoughts by Maeve Connolly in *TV Museum: Contemporary Art and the Age of Television* (Chicago: Chicago University Press, 2014), 11, 16.

20 *Great American Nude #39* (1962), *Great American Nude #43* (1963), *Still Life #28* (1963) (with a portrait of Abraham Lincoln), *Still Life #31* (1963) (with a portrait of George Washington); see the essays in the present publication by Marc Ries and Sarah Waldschmitt.

Ermordungen von John F. Kennedy und seinem mutmaßlichen Mörder Lee Harvey Oswald vor den laufenden Kameras der Fernsehöffentlichkeit. Für die Präsentation des thematisch verwandten Films *Television Assassination* (1963—64/1975) entwickelt Conner eine Installation, die das Filmbild auf die weiß bemalte Mattscheibe eines Fernsehapparats projiziert. Symptomatisch zeigt diese Installation die Situation des Künstlers gegenüber dem Paläo-Fernsehen: Er wirft die Bilder symbolisch zurück auf den Ort ihres Ursprungs, doch sie erscheinen nur als Projektion auf, nicht als Sendung im Fernsehen.
Wolf Vostell ließ den Kameramann Edo Jansen für den Film *Sun in your head* [fig. B] (1963) Material vom Fernsehbildschirm aufnehmen. Vostells zuvor an Werbeplakaten praktizierte Dé-coll/age wird durch Störung und Verzerrung des laufenden Programms erstmals auf das Fernsehen angewendet. Die in kurzen Schnittfolgen montierten Aufnahmen lassen nur fragmentierte Bilder und einige Wortfetzen sichtbar werden. Gegenüber Bruce Conners dramaturgisch komplex aufgebauten Experimentalfilmen zeigt *Sun in your head* kaum eine formale Entwicklung. Der Film entsteht für Vostells Happening *9-Nein-Dé-coll/agen* am 14.9.1963, hier dient er als Teil der Inszenierung in einem Kino, später wird er in verschiedenen Versionen als eigenständige Arbeit gezeigt, unter anderem als Teil der „Fluxfilm"-Kompilation von 1966.[21]
Zeitgleich verwenden Bruce Conner, Wolf Vostell und Edgar Reitz 1963 von der Mattscheibe abgenommene, filmische Aufnahmen des Fernsehens, um sie durch Schnitt und Montage in den Kontext eines Experimentalfilms zu integrieren.[22] Methodisch lassen diese Filme sich mit den medienanalytischen Fotografien des Fernsehbildschirms von Dennis Hopper oder Lee Friedlander vergleichen. Hingegen gelingt bald darauf Andy Warhol und Nam June Paik erstmals eine komplette Aneignung und Verarbeitung des zeitbasierten televisuellen Materials in Bild und Ton. Die Methoden ihres Zugriffs darauf sind dabei völlig unterschiedlich und zugleich symptomatisch für ihre jeweilige künstlerische Strategie. Für *Soap Opera* [fig. C] (1964) überlässt der Fernseh- und Filmproduzent Lester Persky Warhol einige seiner alten TV-Werbespots (u. a. für Pillsbury Cake Mix, Secret Deodorant und Beauty Set Shampoo), deshalb trägt Warhols Film den Untertitel *The Lester Persky Story*. Da Fernsehwerbung damals noch auf Film produziert wird, kann Warhol diese Found Footage einfach zwischen das selbst gedrehte

21 Später lässt Vostell den Film neu schneiden und 1971 auf Video übertragen; vgl. die ausführliche Werkbeschreibung von Sabine Maria Schmidt in: *40jahrevideokunst.de–Teil 1, Digitales Erbe: Videokunst in Deutschland von 1963 bis heute*, hg. von Rudolf Frieling und Wulf Herzogenrath, Ausst.-Kat. Düsseldorf 2006, Ostfildern 2006, S. 76–81. Dass *Sun in your head* als „erste künstlerische Arbeit mit aufgezeichneten bewegten Fernsehbildern" gelten könne (ebd. S. 76), wäre aber durch den Vergleich mit Bruce Conners Filmen zu relativieren.

22 Zu Edgar Reitz' Film *Geschwindigkeit* siehe S. 156.

Lincoln or George Washington meet Barack Obama's current screen image. In contrast to César's sculptural or Wolf Vostell's structural exhibitions of live television, Wesselmann's work refers to the iconicity of the television image.
During the pre-medial era of art in the early 1960s, direct artistic access to television material for the creation of autonomous, time-based artworks was still very complicated. Three strategies were nevertheless possible and will be sketched out here: recording the image from the television screen with the help of a film camera, as Bruce Conner and Wolf Vostell did; appropriation of found footage of televised material on film in Andy Warhol's work; and first experiments with the treatment of television material on video as premiered by Nam June Paik.
In Bruce Conner's experimental film *Report* (1963–67), images filmed from the TV screen are intercut with sound fragments of radio broadcasts. Forming the central topic are the on-camera assassination of John F. Kennedy and subsequent killing, in front of the television public, of his suspected murderer, Lee Harvey Oswald. For his presentation of the film *Television Assassination* (1963—64/75), which shares the same topic, Conner created an installation where the filmic image was projected onto a TV screen painted in white. This installation symptomatically describes the situation of the artist in regard to Paleo-TV—reflecting the images back to their source symbolically, but only as a projection, not as a real broadcast on television.

C Andy Warhol, *Soap Opera*, 1964 [→S./P. 183]

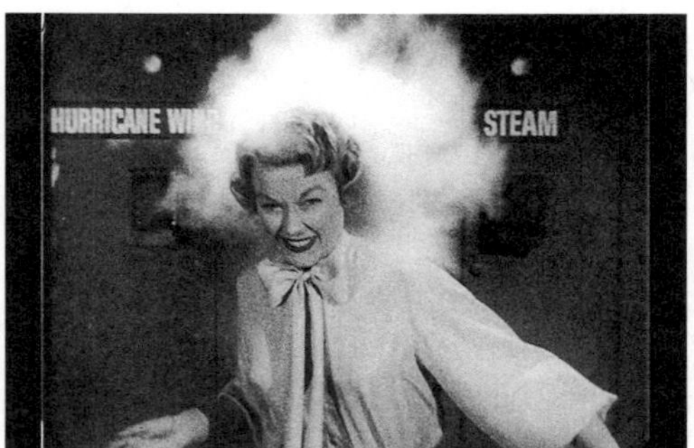

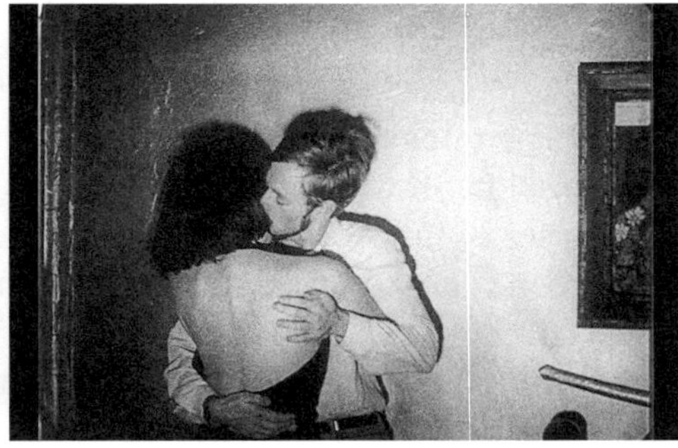

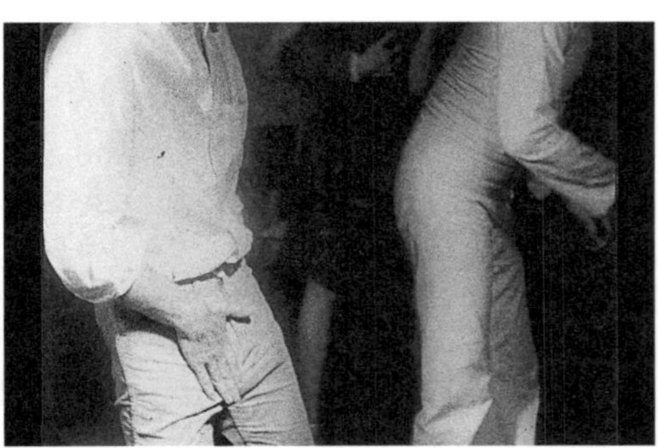

23 Lynn Spigel, *TV by Design: Modern Art and the Rise of Network Television*, Chicago 2008, S. 252.

24 Andy Warhol in einem Interview mit dem Magazin *Esquire* 1975: „[...] programming becomes too intense if there aren't enough commercials", zit. nach: *Warhol TV*, Judith Benhamou-Huet, Ausst.-Kat. Lissabon 2010, S. 187.

25 Auf die Frage „Do you speed through the commercials?", antwortete Warhol: „No, I love them. I speed through the show", siehe: Graig Uhlin, „TV, Time, and the Films of Andy Warhol", in: *Cinema Journal*, 49, 3, Frühjahr 2010, S. 11.

26 Vgl. die Recherchen von Andy Uhrich, „The Sony CV Videocorder: The Shared Origins, Uses and Marketing of Home Video and Video Art", 20.11.2008 http://www.nyu.edu/tisch/preservation/program/student_work/2008fall/08f_2920_Uhrich_a1a.doc. (abgerufen am 11.5.2015).

Filmmaterial montieren und erreicht damit den Effekt einer Fernsehsendung mit Werbeunterbrechungen. Warhols typische, amateurhaft mit statischer Kamera gedrehte Stummfilmszenen werden von der aufwendig gestylten Werbung mit prägnantem Sound überrollt. Die Hierarchie von Programm und Werbeunterbrechung kehrt sich um, die Werbung erscheint als eigentliche Botschaft, zu der die handlungsarme *Soap Opera* nur den Rahmen liefert. In diesem Sinne schreibt Lynn Spigel: „*Soap Opera* is one of the first (if not the first) theories of television aesthetics."[23] Auch als Fernsehzuschauer bevorzugt Warhol die großen Privatsender mit viel Werbung, er meidet ausdrücklich öffentliche Programme ohne Werbung.[24] In den 1980er-Jahren sieht sich der Künstler vorzugsweise auf Video aufgezeichnete Sendungen an, die er vorspulen kann, um in Ruhe die Werbespots anzuschauen.[25] Konsequenterweise tritt Warhol selbst in den 1980ern in Fernsehwerbung für TDK und Diet Coke auf. Seine künstlerische Praxis und die Selbstinszenierung seiner Person verbinden sich gleichermaßen mit seiner Rolle als exemplarischer Zuschauer.

Hinter dem Screen: Appropriation und Rekontextualisierung von Fernsehmaterial auf Video

Nam June Paiks berühmte *Exposition of Music. Electronic Television* von 1963 kann im wörtlichen Sinne als erste Ausstellung des Fernsehprogramms verstanden werden, denn die aktuellen Sendungen dienen als Basismaterial für die elektronmagnetischen Bildverformungen auf mehreren der ausgestellten Fernsehgeräte. Paik manipuliert die Schaltkreise in den Geräten und arbeitet direkt mit dem elektronischen Bildsignal, während Zeitgenossen wie Isidore Isou und Karl Gerstner sich auf von außen an die „Flimmerkiste" applizierte Modifikationen beschränken.

Zwei Jahre später kann Paik in New York dank eines Rockefeller-Stipendiums seinen ersten Videorekorder mit Videokamera erwerben. Es handelt sich laut aktuellen Recherchen um den Sony CV-2000/TCV-2010, oft als „the world's 1st domestic video recorder" bezeichnet, dessen Einführungspreis bei circa 1000 US-Dollar liegt.[26] In einer Werbeanzeige [fig. D] von 1965 preist Sony diese Kombination aus Rekorder, Kamera und Monitor mit den Worten an: „You can electronically record anything you see or hear and play it back instantly. You can

For *Sun in your head* [fig. B] (1963), Wolf Vostell asked his cameraman Edo Jansen to film material from a TV screen. Vostell had developed his approach, which he called dé-coll/age, with advertising posters; now he administered interferences and distortions to the television image for the first time. The footage is heavily intercut in short snippets, which show only fragments of flickering images and a few words. Different from the dramaturgically complex experimental films of Bruce Conner, *Sun in your head* follows hardly any formal development. The film was made for Vostell's happening *9-Nein-Dé-coll/agen*, performed on September 14, 1963, where it functioned as part of the mise-en-scène within a cinema hall. Later it was shown as a stand-alone work in various versions, notably as part of the *Fluxfilm* compilation of 1966.[21]

Thus in 1963, Bruce Conner, Wolf Vostell, and also Edgar Reitz[22] simultaneously used footage filmed from a TV screen to incorporate it into an experimental film through editing and montage. Methodically, their films can be compared to media-analytic photographs of running TV screens by Dennis Hopper or Lee Friedlander. Soon after, Andy Warhol and Nam June Paik would be the first to fully engage with time-based televisual material and work it over in image and sound. Their discrete approaches were symptomatic of their respective artistic strategies. For *Soap Opera* [fig. C] (1964), television and movie producer Lester Persky supplied Warhol with some of the TV commercials he had made (such as for Pillsbury Cake Mix, Secret Deodorant, and Beauty Set Shampoo), which is why the film was subtitled "The Lester Persky Story." Since TV commercials were still shot on film stock, the artist was able to simply intercut them with material he had filmed himself to achieve the effect of a television show interrupted by commercials. Warhol's typically amateurish silent movie scenes, filmed with a single static camera, are outperformed by the lavishly styled commercials and their punchy sound tracks. The usual hierarchy of content over advertising is stood on its head, and the commercials become the true message for which the mostly actionless *Soap Opera* delivers only the background. This reversal prompted Lynn Spigel to write: "*Soap Opera* is one of the first (if not the first) theories of television aesthetics."[23] Even when he watched television himself, Warhol preferred the large commercial broadcasters, which ran lots of commercials, and consciously avoided the Public Broadcasting Service with its lack

21 Vostell had the film reedited and then transferred to video in 1971; for a detailed account of the work, see Sabine Maria Schmidt, in *40years-videoart.de–part 1, digital heritage: video art in germany from 1963 to the present*, eds. Rudolf Frieling and Wulf Herzogenrath (Ostfildern: Hatje Cantz, 2006), 76–81. Her statement that *Sun in your head* can be considered the first artwork employing recordings of moving television images should be relativized in view of Bruce Conner's films.

22 On Edgar Reitz's film *Geschwindigkeit*, see p. 156.

23 Lynn Spigel, *TV by Design: Modern Art and the Rise of Network Television* (Chicago: University of Chicago Press, 2008".

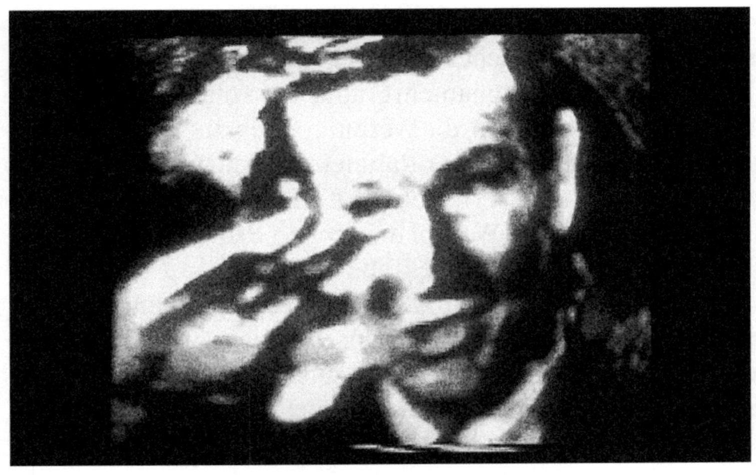
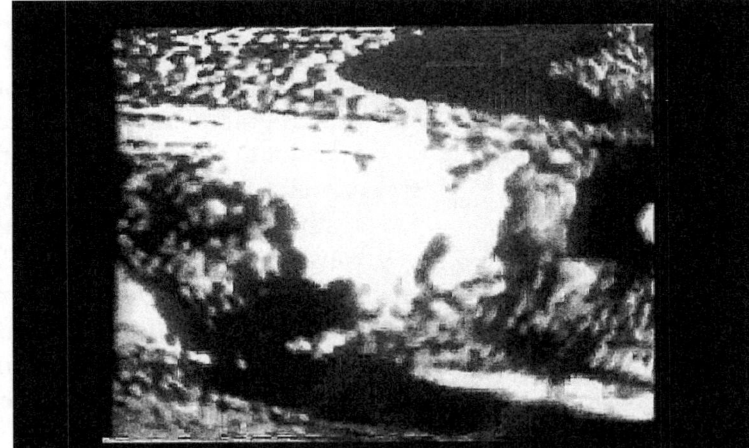

E Nam June Paik, *Study I–Mayor Lindsay*, 1965 [→S./P. 153]

record and keep anything you see on your TV set." Hingegen ist der ab 1967 erhältliche, sehr erfolgreiche, tragbare Portapak ein reines Kameraaufnahme-Gerät, Fernsehaufnahmen sind damit nicht möglich, und zum Abspielen der Tapes braucht man weiterhin ein Standgerät aus der Sony CV-2000-Serie.[27] Die privaten Kunden wie auch Künstler interessieren sich vor allem für die Möglichkeit der Kameraaufnahme, hingegen nutzt Paik die Funktion der Fernsehaufnahme für sein erstes erhaltenes Video.[28]

Paiks aus bearbeiteten Fernsehaufnahmen bestehendes Videotape *Study I — Mayor Lindsay* (1965) [fig. E] zeigt den US-amerikanischen Politiker John Vliet Lindsay, der als frisch gewählter Bürgermeister von New York zum ersten Fototermin vor die Presse- und Fernsehkameras tritt. Den ungeduldigen Fotoreportern ruft er zu: „As soon as I'm through I'll pose again." Mittels des Videorekorders verzerrt und loopt Paik das Fernsehmaterial und lässt Lindsay diesen Satz unendlich oft wiederholen. Damit gelingt es dem Künstler erstmals, Material aus dem Fernsehen künstlerisch zu bearbeiten, um es dann wieder auf die Mattscheibe zurückzuspielen. Während Conner und Vostell Fernsehmaterial noch mittels Film aufnehmen,

27 Vgl. die Informationen zu der Sony CV-2000-Serie auf der Website des Southwest Museum of Engineering, Communications and Computation, http://www.smecc.org/sony_cv_series_video.htm und des Museum of early consumer electronics, http://www.rewindmuseum.com/reeltoreelvideo.htm (abgerufen am 11.5.2015).

28 Paiks angeblich erste eigene Videoaufnahmen des Besuchs von Papst Paul VI. in New York am 4.10.1965 sind nicht erhalten. Da der Sony TCV-2010 nur am Stromnetz funktioniert, vermutet Andy Uhrich, dass es sich nicht um Kameraaufnahmen, sondern ebenfalls um Fernsehaufnahmen handelte; siehe Tom Sherman, „The Premature Birth of Video Art", 2007, https://mailman.thing.net/pipermail/idc/2007-January/000949.html (abgerufen am 11.5.2015).

of advertising.[24] In the 1980s, the artist started recording the programs on video so that he could fast-forward the tape between commercials and watch them at leisure.[25] Nothing if not consistent, Warhol himself appeared in TV ads for TDK tapes and Diet Coke. His artistic practice and self-stylization combined here with his role as an exemplary viewer.

Behind the screen: Appropriation and recontextualization of television material on video

Nam June Paik's famous *Exposition of Music. Electronic Television* from 1963 can be understood as the first exhibition of a television broadcast in the literal sense. On several of the exhibited TV sets, live programs served as the base material for electromagnetic image distortion. Paik manipulated the circuitry and worked directly on the electronic image signal, whereas contemporaries such as Isidore Isou and Karl Gerstner still limited their efforts to the outside of the set. Two years later in New York, Paik bought his first video recorder with a video camera, thanks to a grant from the Rockefeller Foundation. Recent studies suggest it was a Sony CV-2000/TCV-2010, often described as "the world's 1st domestic video recorder," which cost around US$ 1,000 when it was introduced to the market.[26] In a print ad [fig. D] from 1965, Sony pitches the combination of recorder, camera, and monitor with the words: "You can electronically record anything you see or hear and play it back instantly. You can record and keep anything you see on your TV set." In contrast, the very successful, portable Portapak, which became available in 1967, was a pure camera recorder which did not allow for recording broadcasts off the air, and it required a fixed player from the Sony CV-2000 series to play back the tape.[27] While private customers and most artists would mainly be interested in camera recordings, Paik used the option of recording from television for his first surviving video work.[28]

Paik's video piece *Study I — Mayor Lindsay* [fig. E] (1965) was assembled from manipulated television footage. It shows US politician John Vliet Lindsay at a press event for newspaper and TV cameras immediately after he had been elected mayor of New York. He calls out to the impatient reporters: "As soon as I'm through I'll pose again." Paik loops and distorts the television footage with the help of his video recorder, so that Lindsay endlessly repeats that

24 Andy Warhol in an interview with *Esquire Magazine*, 1975: "[...] programming becomes too intense if there aren't enough commercials." Quoted in Judith Benhamou-Huet, *Warhol TV* (Lisbon: Museu Coleção Berardo, 2010), 187.

25 Warhol was asked: "Do you speed through the commercials?" He answered: "No, I love them. I speed through the show." See Graig Uhlin, "TV, Time, and the Films of Andy Warhol," *Cinema Journal* 49, no. 3 (Spring 2010): 11.

26 See the research by Andy Uhrich, "The Sony CV Videocorder: The Shared Origins, Uses and Marketing of Home Video and Video Art," November 20, 2008; http://www.nyu.edu/tisch/preservation/program/student_work/2008fall/08f_2920_Uhrich_a1a.doc [accessed June 18, 2015].

27 For information on the Sony CV-2000 series, see the website of the Southwest Museum of Engineering, Communications and Computation, http://www.smecc.org/sony_cv_series_video.htm [accessed May 11, 2015] and the Museum of Early Consumer Electronics, http://www.rewindmuseum.com/reeltoreelvideo.htm [accessed May 11, 2015].

montieren und, wie im Fall von Conner, symbolisch auf das Fernsehen projizieren, markiert Paiks *Study I — Mayor Lindsay* den Beginn der künstlerischen Arbeit mit dem elektronischen, zeitbasierten Videobild und Sound.[29]

Mittels der Videotechnik können Künstler erstmals auch die „andere Seite" des Bildschirms bespielen, sie können direkt mit dem elektronischen Medium arbeiten, dem sie zuvor nur als exemplarischer Zuschauer gegenüberstanden. Jedoch bleibt Paiks direkter Bezug auf das Fernsehen im Kontext der frühen Videokunst eine Ausnahme. Weil die meisten Künstler ab 1967 das Sony Portapak Videogerät ausschließlich für eigene Kameraaufnahmen verwenden, entwickelt sich seit Beginn der Videokunst eine Teilung im Regime des Televisuellen — hier die Bilder der Kunst, dort die massenmedialen Fernsehbilder.

Symptomatisch kann hier der erste und zugleich einzige unter Verwendung von Video gedrehte Film Andy Warhols genannt werden, *Outer and Inner Space*, den er im August 1965 mit einem von der Firma Philips Norelco geliehenen Videogerät realisiert.[30] In der Film-Doppelprojektion steht die Darstellerin Edie Sedgwick neben einem auf einem Monitor zu sehenden Videobild von ihr selbst, sie spricht direkt in die Filmkamera und zeitgleich auf dem Video zu einer Person im Off. Obwohl es sich um einen Film, nicht um ein Videotape handelt, kann Warhol mit dieser Arbeit als Vorläufer der von Rosalind Krauss diagnostizierten „Ästhetik des Narzissmus" der Videokunst gelten.[31] In den 1960/70er-Jahren wird Video vor allem im Close-Circuit-Modus als elektronisches Spiegelbild eingesetzt, viele Künstler haben, im Unterschied zu Paik, kaum Interesse an dem massenmedialen Distributionspotenzial des Mediums. Auch der künstlerische und politische Medienaktivismus will in den 1960er/70er-Jahren dem Fernsehen eigene, authentischere Bilder entgegensetzen und versteht sich als Gegendarstellung zum Massenmedium.

Bisher wurden in der kunstwissenschaftlichen Literatur vor allem formalästhetische und inhaltliche Gründe für diese Selbstbezüglichkeit der Videokunst ins Feld geführt, es gibt jedoch auch wichtige technische Faktoren. Aus heutiger Perspektive fällt es schwer, sich vorzustellen, wie weit die technischen Systeme von Video und Fernsehen vor der Verbreitung der ½-Zoll-Heimvideosysteme (VHS, Betamax etc.) Anfang der 1980er-Jahre voneinander entfernt sind. Um für sein *Schleyerband* 1977—78 die Berichterstattung des Deutschen Fersehens zum

29 Zu Paiks *Study I – Mayor Lindsay* siehe auch S. 152.

30 Vgl. zu den Konditionen, unter denen Warhol das damals rund 10 000 US-Dollar teure High-End Philips Norelco Videoequipment auslieh (wenige Monate, bevor Paik sein wesentlich preiswerteres Sony-Gerät kaufte) Richard Dorment, „How Andy Warhol's Red Self-Portraits Were Made", in: *The New York Review of Books*, 18.8.2011, sowie Callie Angell, „Doubling the Screen: Andy Warhol's Outer and Inner Space", in: *Millennium Film Journal*, 38, Frühjahr 2002.

31 Rosalind E. Krauss, „Video: The Aesthetics of Narcissism", in: *October*, 1, Frühjahr 1976, S. 50–64.

same sentence. It is the first work to manipulate material from television and play it back over a television screen. While Conner and Vostell still filmed the broadcast before editing it and, in the case of Conner, projecting it symbolically onto a TV screen, Paik's *Study I — Mayor Lindsay* marks the beginning of direct artistic work on the electronic, time-based video image and sound.[29]

D Werbefotografie für den Sony Videocorder TCV-2010 / Advertising photos for the Sony Videocorder TCV-2010, 1965

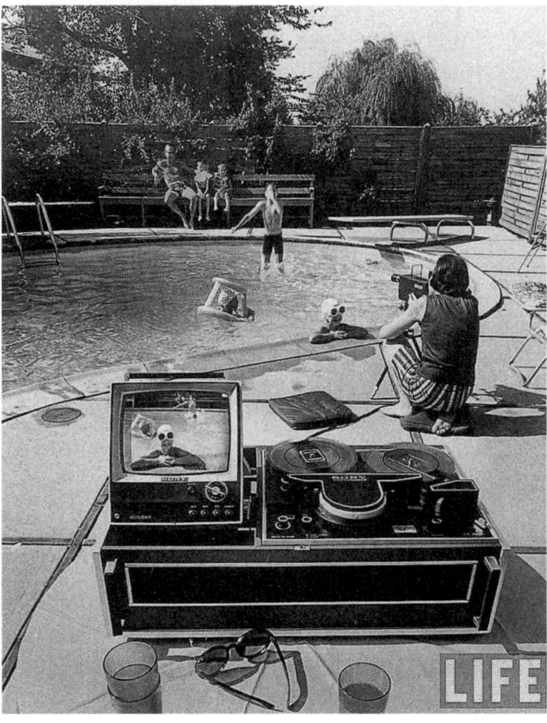

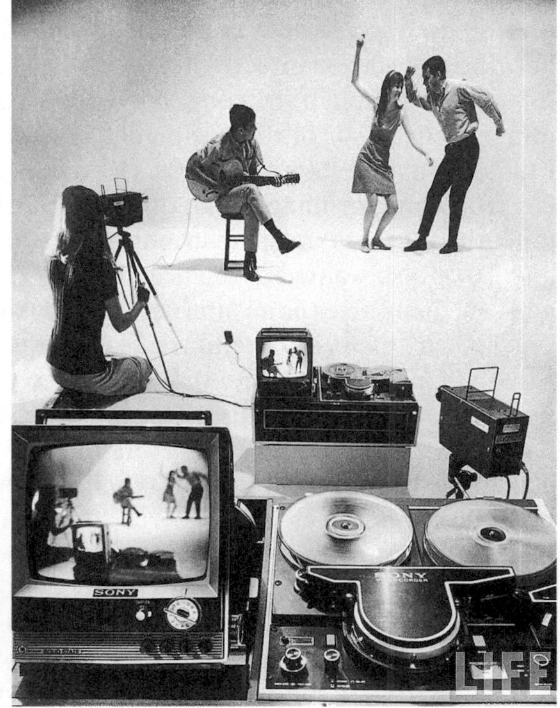

28 Paik presumably made his own first video recordings during a visit of Pope Paul VI to New York on October 4, 1965, but these no longer exist. Since the Sony TCV-2010 needs to be plugged into a power supply during operation, Andy Uhrich assumes that these were not camera recordings but television recordings as well. On on the earlier debate, see Tom Sherman, "The Premature Birth of Video Art," 2007, https://mailman.thing.net/pipermail/idc/2007-January/000949.html [accessed May 11, 2015].

29 On Paik's *Study I – Mayor Lindsay*, see also p. 152.

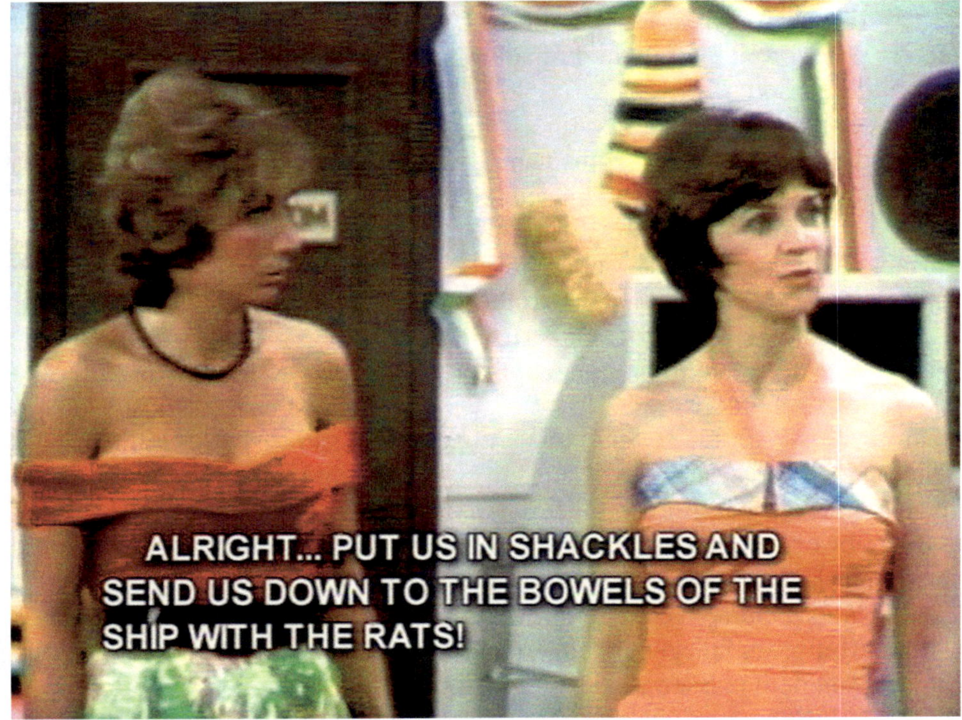

F Dara Birnbaum, *(A)Drift of Politics: Two Women Are Active in a Space*, 16 mm Film, auf DVD übertragen, Farbe, Ton / 16 mm film, transferred to DVD, color, sound, 3:00 min., Loop, 1978

RAF-Terror aufzuzeichnen, muss Klaus vom Bruch einen Studiomonitor mit TV-Out-Buchse nutzen, um von hier aus das Signal auf einem U-matic-Rekorder aufzuzeichnen, mit Kosten von 75 D-Mark je 60 Minuten Tape.[32] Zu dieser Zeit kann vom Bruch nur über dieses technisch komplizierte, zeit- und kostenintensive Verfahren ein Resultat erreichen, das heute die scheinbare Selbstverständlichkeit eines Fernsehmitschnitts hat. Dara Birnbaum berichtet ebenfalls von den Schwierigkeiten, 1978 für ihr Video *(A)Drift of Politics* [fig. F] Fernsehmaterial

32 Dieter Daniels, „Und ewig lockt die Lokomotive" (Klaus vom Bruch), in: Lothar Romain (Hg.), *Künstler, Kritisches Lexikon der Gegenwartskunst*, 14, München 1991, S. 3. Online: http://www.kvb.com/text/Daniels_Lexikon.html
Die für professionelle Anwendungen entwickelten U-matic-Videorekorder waren im Unterschied zu den frühen Consumergeräten der Sony CV-2000 Serie, wie sie u. a. Paik verwendet, nicht für die Aufnahme von Fernsehsendungen vorgesehen.

Video technology allows artists to work from the "other side" of the screen. They can operate with the electronic medium, which previously they had faced as exemplary viewers. Still, Paik's direct exploration of television remained an exception in early video art. Since most artists after 1967 used the Sony Portapak to shoot their own footage, from the early days of video the realm of the televisual has been divided—into art images on the one side and mass-media television images on the other.

Andy Warhol's first and only film for which he used video, albeit in a supporting role, can be seen as symptomatic for this divide. *Outer and Inner Space* was realized in August 1965 with video equipment loaned from the Philips Norelco company.[30] In the double projection of the film, on each screen actress Edie Sedgwick stands beside a monitor running a video image of her. The real actress directly addresses the camera, while her video image speaks to a person off-screen. Although the complete work is a film, and not a video piece, it can be seen as a direct predecessor of the "aesthetics of Narcissism" in video art, as diagnosed by Rosalind Krauss.[31] In the 1960s and 1970s, video was mostly used in closed-circuit mode as a kind of electronic mirror image, and, other than Paik, few artists had an interest in the medium's potential for mass-media distribution. The artistic and political media activism of the 1960s and 1970s also wanted to replace television imagery with their own, more authentic images, and saw themselves as an alternative to the mass media.

Previous art-historical literature has mostly described formal, aesthetic, or content-related reasons for the self-referentiality of video art, but there are also important technological factors. Today it is difficult to imagine the huge differences between the technological standards of video and television before the half-inch-tape home video systems (VHS, Betamax, etc.) at the beginning of the 1980s had established themselves. To be able to record German television reportages on the terrorist acts of the Red Army Faction for his *Schleyerband* (1977—78), Klaus vom Bruch had to use a studio monitor with a TV-out socket, plug it into a U-matic to record the signal, with costs of 75 German marks (roughly US$ 30) per 60 minutes of tape.[32] What today appears as a nice and easy recording of a TV broadcast was accomplished by vom Bruch via a technically complicated, labor- and cost-intensive process. Dara Birnbaum told of similar difficulties when she wanted to record material from the sitcom

30 For the conditions under which Warhol loaned the high-end Philips Norelco video equipment, which then cost around US$ 10,000 (only a few months before Paik bought his much more inexpensive Sony recorder), see Richard Dorment, "How Andy Warhol's Red Self-Portraits Were Made," *The New York Review of Books*, August 18, 2011, as well as Callie Angell, "Doubling the Screen: Andy Warhol's Outer and Inner Space," *Millennium Film Journal* 38 (Spring 2002).

31 Rosalind Krauss, "Video: The Aesthetics of Narcissism," *October* 1 (Spring 1976): 50–64.

32 Dieter Daniels, "Und ewig lockt die Lokomotive" (Klaus vom Bruch), in *Künstler, Kritisches Lexikon der Gegenwartskunst* 14, ed. Lothar Romain (Munich: Weltkunst and Bruckmann, 1991), 3. Online at http://www.kvb.com/text/Daniels_Lexikon.html [accessed June 18, 2015].
U-matic video recorders were developed for professional use and not designed for recording TV broadcasts, in contrast to the Sony CV-2000 series used by Paik and others, which was aimed at the private market.

33 Dara Birnbaum, *Rough Edits, Popular Image Video Works 1977–1980*, hg. von Benjamin H. D. Buchloh, Halifax 1987, S. 13.

34 Dara Birnbaum, in: *Talking Back to the Media*, Ausst.-Kat. Amsterdam 1985, S. 47.

35 Birnbaum 1987 (wie Anm. 33), S. 13.

36 Interview von Florence Gilbard mit Dara Birnbaum von 1983, in: *Dara Birnbaum*, Ausst.-Kat. Wien 1995, S. 119.

der Laverne & Shirley Sitcom aus der laufenden Sendung aufzuzeichnen.[33] Sie schildert auch, dass sie das Material nur dank Freunden beim Fernsehen erhalten konnte.[34] Erst durch den direkten, vermutlich nicht legalen Kontakt mit dem System gelingt Birnbaum also die künstlerische Aneignung der Fernsehsendung für ihre Videoarbeit. Wenige Jahre später, nach der Einführung von Heimvideorekordern, wandelt sich die Situation grundlegend. Dara Birnbaum berichtet: „In 1978 it was nearly impossible to have direct access to this imagery, while in 1986 it seems nearly impossible *not* to have that access."[35]
Birnbaums medienanalytische und -kritische Arbeiten über die Bildästhetik des Fernsehens werden Anfang der 1980er-Jahre oft noch als bloße Wiederholung des Fernsehens oder sogar als Werbung für das Fernsehen missverstanden, so ungewohnt wirkt Kunst, die sich ohne eigene Kamerabilder nur auf die Aneignung und Remontage von Fernsehen stützt.[36] Dara Birnbaum und Klaus vom Bruch gehören zu den wenigen Künstlern, die in den 1970er/80er-Jahren konsequent die Appropriation und Analyse der Bildsprache des Fernsehens in umfangreichen Werkserien vorantreiben. Die heutige, technisch gesehen universelle Verfügbarkeit von Fernsehmaterial und ebenso die Populärkultur der Remixe und Remakes auf YouTube hat unsere Wahrnehmung solcher Pionierarbeiten völlig verändert.

Die Anschauung (des Fernsehens) (als Kunst) ausstellen

Seit den frühen 1980er-Jahren vollziehen sich zeitgleich mit dem Übergang vom Paläo- zum Neo-Fernsehen auch auf der Zuschauerseite radikale Veränderungen. Der wachsenden Vielfalt der privaten und öffentlichen Programme sowie des Kabelfernsehens begegnen die Zuschauer mit dem „Zapping" durch die Kanäle mittels Fernbedienung. Die ab etwa 1980 zunehmende Verbreitung der Heimvideorekorder erlaubt einen neuen Modus des zeitautonomen, selbstbestimmten Zuschauens, der sich vom Programmschema der Sendezeiten entkoppelt. Der Vertrieb und Verleih von Videokassetten entwickelt sich zu einem eigenen Markt, der das Monopol des Fernsehens auf das televisuelle Bild bricht. Durch die bereits skizzierte Feedbackschleife von Konsum und Produktion sind diese Veränderungen auf der Zuschauerseite zugleich Ursache und Wirkung von Veränderungen auf der Senderseite, wie es Umberto Eco in seiner Analyse des Neo-Fernsehens bereits 1983 andeutet.

Laverne & Shirley live off the air in 1978 for her video *(A)Drift of Politics* [fig. F].[33] In the end, she was able to acquire some of the footage only by "having friends on the inside," who worked in television.[34] Only her personal, and probably not quite legal, contact with the system enabled Birnbaum to artistically appropriate the TV program she needed for her video piece. A few years later, after home video recorders had been introduced, the situation changed thoroughly. Birnbaum wrote: "In 1978 it was nearly impossible to have direct access to this imagery, while in 1986 it seems nearly impossible *not* to have that access."[35]
At the beginning of the 1980s, Birnbaum's media-analytical and critical works on the aesthetics of television imagery were often seen as a mere repetition or even an embracement of television. An art which did not generate its own images but appropriated and reassembled preexisting television images was just too strange to be properly understood.[36] Dara Birnbaum and Klaus vom Bruch belonged to the small group of artists who in the 1970s and 1980s consistently used appropriation and analysis of the visual language of television in comprehensive work series. The fact that today we have the technology for universal access to television material, and that there is a popular culture of the remix and the remake on portals like YouTube, has deeply altered our perception of these pioneering works.

Exhibiting the act of viewing (television) (as art)

During the transition from Paleo-TV to Neo-TV in the early 1980s, the role of the viewer changed radically. Viewers started reacting to the growing multitude of private and public stations and cable TV by zapping or channel surfing on the remote control. Home recording allowed a new mode of self-determined viewing in autonomous time, regardless of the program schedule. Distribution and rental of video cassettes grew into a lucrative market and broke up the monopoly that television had on the televisual image. In a feedback loop between consumption and production, already described above, such changes for the viewer were both cause and effect for changes on the side of the broadcaster, as implied by Umberto Eco in his analysis of Neo-TV as early as 1983.
The *TeleGen* exhibition presents numerous examples of works in which artists seize material from Neo-TV and manipulate it, or systematically condense it until it can be viewed differently.

33 Dara Birnbaum, *Rough Edits, Popular Image Video Works 1977–1980*, ed. Benjamin H. D. Buchloh (Halifax: Press of the Nova Scotia College of Art and Design, 1987), 13.

34 Dara Birnbaum in *Talking Back to the Media* (Amsterdam: de Appel, 1985), 47.

35 Birnbaum 1987 (see note 33), 13.

36 Interview with Dara Birnbaum by Florence Gilbard, 1983, in *Dara Birnbaum* (Vienna: Kunsthalle Wien, 1995), 119.

Die Ausstellung *TeleGen* zeigt zahlreiche Beispiele, in denen Künstler auf Fernsehmaterial des Neo-Fernsehens zugreifen, um es zu bearbeiten oder es im Wesentlichen unverändert durch systematische Verdichtung einer erneuten Betrachtung zuzuführen. Diese künstlerischen Strategien, „das Fernsehen auszustellen“, bilden ein Leitmotiv des aktuellen Teils der Ausstellung und sollen abschließend anhand einiger Beispiele genauer untersucht werden.
Harun Farocki montiert für *Ein Tag im Leben der Endverbraucher* (1993) Hunderte von Werbespots zusammen, die im Verlauf des Tages vom Frühstücksfernsehen bis zur Late Night Show immer das passende Produkt anpreisen. Ohne jeden Kommentar entsteht so im Verlauf von 40 Minuten das Porträt des idealen Konsumenten aus 40 Jahren Bundesrepublik. Im Unterschied zu Warhols *Soap Opera* hat Farocki sein Material durch direkte Zusammenarbeit mit den Fernsehsendern beziehungsweise den Herstellern der gezeigten Produkte erhalten, denn *Ein Tag im Leben der Endverbraucher* ist im Auftrag von SWF und WDR für die Ausstrahlung im Fernsehen entstanden. Als Abspann läuft etwa 1,5 Minuten lang ein Dank mit den Namen der Herstellerfirmen und Werbeagenturen, fast ein eigenständiges konzeptuelles Kunstwerk. Im Kontext einer Ausstellung verschiebt sich die Wahrnehmung dieser Arbeit von Farocki, statt als dokumentarische Sendung über das Fernsehen im Fernsehen erscheint sie als eine Appropriation von Werbung durch die Kunst.
Julian Rosefeld sammelt die Gesten von Akteuren in Soap Operas weltweit, somit wird *Global Soap* (2000—01) zu einer massenmedialen Fortsetzung von Aby Warburgs kulturübergreifendem Bildatlas der Pathosformeln. Bjørn Melhus (*The Oral Thing,* 2001) und Stefan Hurtig (*Challenge [Leider kein Foto]* 2012—14) greifen vor allem auf die Sprechakte des Fernsehens zurück, die sie in ihren Videoinstallationen akkumulieren, sezieren und verdichtet präsentieren, um damit die latente oder offensichtliche Gewalt spürbar zu machen, die Individuen im Fernsehen voyeuristisch exponiert und deren Leben einschneidend verändern kann. Yvon Chabrowski zeigt in *An interview with H. R. H. The Princess of Wales* (2008), wie eines der prominentesten Medienopfer, Lady Diana, mit einem radikalen, für ihren Stand einmaligen Akt der Selbstausstellung zum Befreiungsschlag gegen die Observation ihre Privatlebens ausholt.
Ulrich Polsters Videoinstallation *Report* [fig. G] ist eine Neuproduktion für *TeleGen*. Auf sieben Monitoren laufen parallel Ausschnitte der Fernsehberichte über die Jugoslawienkriege, vom

These artistic strategies for “exhibiting television” form a central theme of the contemporary section of the exhibition, for which we will look at some examples in closing.
A Day in the Life of a Consumer (1993) by Harun Farocki presents a montage of hundreds of commercials which always praise a suitable product for the time of day, from breakfast television to the late-night show. Without any added commentary, a portrait of the ideal consumer during 40 years of the Federal Republic of Germany emerges over the 40 minutes of the video. In contrast to Warhol’s *Soap Opera*, Farocki’s work was commissioned by public stations SWF and WDR for a television broadcast, and the artist received the material in direct collaboration with the stations and the production companies running the ads. The end credits list names of production companies and advertising agencies over one and a half minutes, almost resembling a conceptual work of art in itself. In an exhibition context, the perception of Farocki’s work again shifts: instead of a documentary on the topic of television shown as a TV broadcast, it is now an appropriation of advertising by art.
Julian Rosefeldt has collected gestures by soap opera actors from all over the world, which makes his *Global Soap* (2000—01) a mass-medial continuation of Aby Warburg’s *Atlas of Images*, comprising what Warburg called “pathos formulas” throughout the different cultures. Bjørn Melhus in *The Oral Thing* (2001) and Stefan Hurtig in *Challenge (Leider kein Foto)* (2012—14) mainly draw on televised speech acts, which they accumulate, dissect, and condense in their video installations. The implicit or open acts of violence, by which individuals on TV are voyeuristically exposed and which can often result in drastic changes to their lives, become especially apparent in these works. Yvon Chabrowski’s *An Interview with H.R.H. The Princess of Wales* (2008) focuses on one of the most prominent victims of the mass media, Lady Diana, who in an act of self-exposure unique for her class attempted a radical clearance from the constant observation of her private life.
The video installation *Report* [fig. G] (2015) by Ulrich Polster was specially produced for *TeleGen*. Seven monitors transmit excerpts from television coverage of the Yugoslav wars, from the ten-day war in Slovenia in June 1991 until the Srebrenica massacre in July 1995. For his installation, Polster recorded relevant repeats of the German news program *Die Tagesschau* twenty years later, as transmitted by the digital station tagesschau24 (still named ARD EinsExtra

37 Milly Buonanno 2008, zit. nach Connolly 2014 (wie Anm. 19), S. 13.

Zehntage-Krieg in Slowenien im Juni 1991 bis zum Massaker von Srebrenica im Juli 1995. Polster hat für diese Arbeit von Juni 2011 bis Juli 2015 einen Großteil der relevanten Wiederholungen der *Tagesschau vor 20 Jahren* des Digitalsenders tagesschau24 (bis 2012 ARD EinsExtra) aufgenommen. Aus diesen rund 200 Stunden Material hat er die Berichte zu Jugoslawien herausgefiltert, um sie in einer verdichteten Montage zeitgleich auf sieben Videokanälen neu sichtbar zu machen. Die schockierende Brutalität der Bilder lässt im Rückblick abermals die dringliche Frage aufkommen, wie die europäische Staatengemeinschaft so lange ohne eine Intervention dem offensichtlichen Völkermord zusehen konnte. Neben der technischen Basis des vollautomatischen digitalen Mitschnitts auf Festplatte bildet die Selbstwiederholung des Fernsehens eine wesentliche Voraussetzung für diese künstlerische Revision und politische Reaktualisierung der Jugoslawienkriege.

Epilog: Das Fernsehen stellt sich selbst aus

Die seit Anfang der 1990er bei vielen Sendern übliche Wiederholung des Programms von vor 20 oder 30 Jahren kann als Tendenz zur Historisierung oder vielleicht sogar zur Selbstmusealisierung des Mediums verstanden werden. In diesem Sinne schreibt die Fernsehhistorikerin Milly Buonanno zu dem mit Wiederholungen gestillten Hunger nach Programm: „[...] television becomes a living museum of itself."[37] Auch wenn die Motive vorrangig ökonomischer Natur sind, denn Wiederholungen von Eigenproduktionen kosten nichts, tritt das Fernsehen damit am Ende seiner Entwicklung in eine Phase der Selbstreflexion als historisches Medium. Das Fernsehen beginnt in gewissem Sinne, „sich selbst auszustellen", nicht im Kunstkontext, aber doch in seinem eigenen, durch die digitale Technik immens erweiterten Rahmen, dessen technische und ebenso programmatische Bandbreite eine zuvor ungekannte Parallelisierung von Aktualität und Historizität im Medium erlaubt. Diese historische Selbstreflexivität des Fernsehens wird immens verstärkt durch die Multiplikation von Fernsehinhalten auf Online-Plattformen wie YouTube.

Zeitgenössische Kunst muss sich heute nicht mehr den Zugang zu Fernsehmaterial erkämpfen, wie noch bis Ende der 1970er-Jahre, sondern sie kann sich im „imaginären TV-Museum" des Internet frei bedienen. Im Vergleich zu den Zeiten des unwiederholbaren Paläo-TV, das als

until 2012). The artist collected all reports on Yugoslavia from roughly 200 hours of material to present them in a condensed montage on all seven monitors simultaneously. In hindsight, the shocking brutality of these images presses the urgent question of why the European community would have watched this obvious genocide for so long without intervening. Aside from the technological aspects of a fully automated digital recording on hard drive, a central prerequisite of this artistic revision and political reactualization of the Yugoslav wars was the fact that TV programming will repeat itself.

G Ulrich Polster, *Report*, 2015 [→S./P. 301]

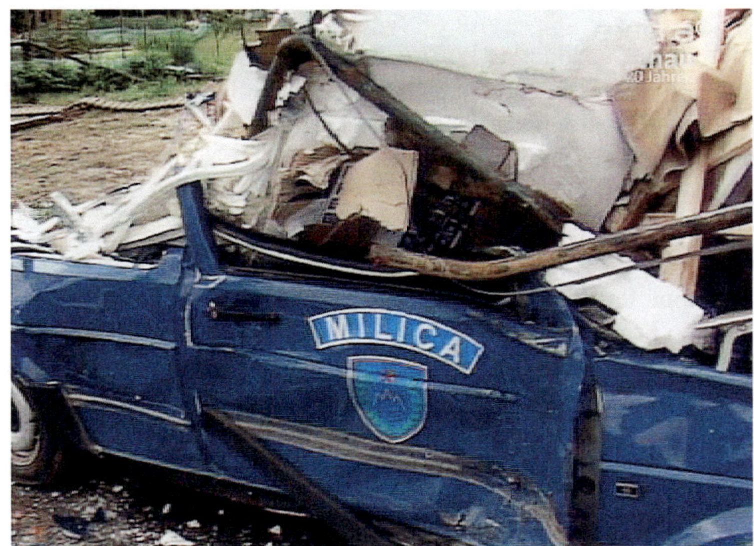

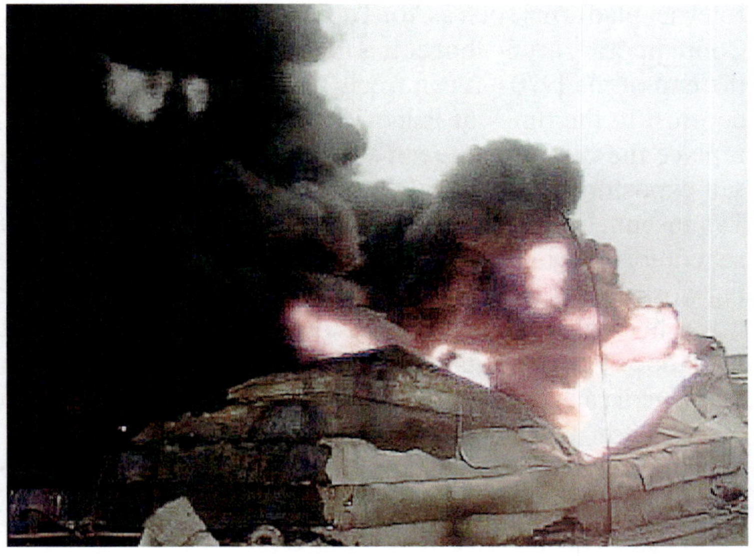

Ersatz für das Lagerfeuer einmalige „Live"-Erlebnisse versprach, könnte man in der heutigen Tendenz des Fernsehens zur Selbstwiederholung und „Selbstausstellung" auch ein Symptom für die veränderte Rolle der Zuschauer sehen. Als Flaneure im „imaginären TV-Museum" folgen sie (ebenso wie die Künstler) nicht mehr dem Diktat des Programmschemas, sondern nehmen sich die Freiheit des selbstbestimmten Sehens, die ihnen aus der Kunstbetrachtung vertraut ist. Während Umberto Eco Anfang der 1960er-Jahre in den unerwarteten Ereignissen des Live-Fernsehens noch ein Propädeutikum für das „offene Kunstwerk" zu finden hoffte, könnte man heute umgekehrt behaupten, dass der aus der Kunst bekannte Modus des autonomen Schauens derzeit die Massenmedien erobert und transformiert.[38] Die sich komplementär ergänzenden Entwicklungen der Selbsthistorisierung des Fernsehens und der Selbstbestimmtheit des Zuschauens markieren das Ende der Ursprungsidee von Fernsehen als einem In-die-Ferne-Sehen.[39] Beide Entwicklungen haben Künstler als exemplarische Zuschauer in den hier untersuchten Werken, die das Fernsehen ausstellen und es damit neu sichtbar machen, präfiguriert.

38 Umberto Eco, „Zufall und Handlung, Fernseherfahrung und Ästhetik", in: *Das offene Kunstwerk*, (1962) Frankfurt a. M. 1977, S. 186–211.

39 Medienarchäologisch lässt sich das Prinzip des In-die-Ferne-Sehens bis zu den ersten Fernseheideen bei Paul Nipkow und Albert Robida um 1883 verfolgen und ist damit sogar älter als der Kinofilm; siehe Dieter Daniels, *Kunst als Sendung. Von der Telegrafie zum Internet*, München 2002, S. 79–85.

Epilogue: Television exhibiting itself

Since the early 1990s, many stations have rebroadcast programs from 20 or 30 years ago. This can be seen as a tendency toward historization or even self-musealization of the medium. Television historian Milly Buonanno states that if a demand for televised content is thus satisfied with reruns, "television becomes a living museum of itself."[37] Even if the motivation behind such repeats is largely economic (they do not cost anything since the producer owns the rights to in-house productions), they confirm that television at the final stage of its development has become a self-reflexive, historical medium. Indeed, in a sense it has begun to "exhibit" itself, not within an art context, but within its own framework, which has been drastically widened by the advent of digital technology. Technological and programmatic pluralism allows for an unprecedented parallelization of topical and historical approaches. This historical self-reflexivity of the television medium becomes amplified by the multiplication of television content on Internet platforms such as YouTube.

Contemporary art no longer has to fight for an access to television material, as it had to before the end of the 1970s. It can freely partake of the "imaginary TV museum" of the Internet. In contrast to the times of Paleo-TV's unique broadcasts, which promised live experiences to replace the campfire, we can see television's current tendencies toward self-repetition and self-exposition as a symptom for the changed role of the viewer. As flaneurs in this "imaginary TV museum," we (just like the artists) no longer have to follow the dictates of the programming schedule, enjoying instead the freedom of self-determined viewing familiar to us from viewing works of art. Umberto Eco in the early 1960s hoped to find a propaedeutic for the "open work" in unexpected occurrences during live broadcasts. Today we can hope the reverse, that the mode of autonomic viewing known from an art context might conquer and transform the mass media and their reception.[38] The complementary developments of the self-historization of television and the self-determination of the viewer mark the end of the original idea of television as a view of distant places.[39] Both these processes have been anticipated by the artists as exemplary viewers in the works introduced here, works that exhibit television to make us see the medium with fresh eyes.

37 Milly Buonanno 2008, quoted in Connolly 2014 (see note 19), 13.

38 Umberto Eco, "Chance and Plot: Television and Aesthetics," in *The Open Work* (1962), (Cambridge, MA: Harvard University Press, 1989), 105–122.

39 If we dig deeper into media archaeology, the thought of looking into distant places leads back to the first ideas for television by Paul Nipkow and Albert Robida around 1883 and is older even than the cinema; see Dieter Daniels, *Kunst als Sendung. Von der Telegrafie zum Internet* (Munich: C.H. Beck, 2002), 79–85.

Die Kunst des Fern-Sehens

Stephan Berg 33

The Rumored Death of Television

„Objects in the mirror are closer than they appear." Mit diesem Satz sollen Autofahrer bekanntlich daran erinnert werden, dass im Rückspiegel auftauchende Fahrzeuge in Wirklichkeit sehr viel näher sind, als sie beim Blick in den spiegelnden Bildschirm erscheinen. Die darin enthaltene, geradezu philosophisch zu nennende Paradoxie, wonach das Spiegelbild der Wirklichkeit uns diese auf eine Distanz entrückt, die in Wahrheit nicht vorhanden ist, lässt sich, wenn man sie umkehrt, auch auf das Fernsehen anwenden: Das Medium täuscht eine Nähe vor, die uns vergessen lässt, wie weit seine Bilder in der Realität entfernt sind. Beim Fern-Sehen, so könnte man folgern, schauen wir in die Ferne, um die Welt zu uns nach Hause zu holen. Aber je näher uns diese Welt rückt, umso weniger direkt ist sie erfahrbar. Insofern ist Fernsehen, jedenfalls in der Form, in der es uns vor der Herrschaft des Internet-Zeitalters entgegentritt, tatsächlich ein paradoxes Lagerfeuer, um das wir uns auf der Suche nach gemeinsamer Erfahrung, Wärme und Nähe versammeln bzw. damals, in der „guten alten Fernsehzeit" versammelt haben, um jedoch sodann die Erfahrung zu machen, dass dieses Feuer nicht wirklich wärmt. Ein Großteil der harschen Medienkritik, die das Fernsehen seit jeher begleitet, hat strukturell mit dieser Enttäuschung zu tun: Dass das Medium seinem Auftrag, uns die Welt so, wie sie ist, zu zeigen, nicht nachkomme und uns stattdessen mit Surrogaten abspeise, die uns von der Wirklichkeit entfremden, indem sie diese verzerren, also statt Information Desinformation liefern. Richtig daran ist, dass der Übertragungsvorgang, der jedem Fernsehbild zugrunde liegt, sowohl in technischer wie in inhaltlicher Hinsicht jeweils entsprechend den Anforderungen des Mediums modelliert wird. Insofern ist der Realismus-Effekt, der sich aus der Übertragung ergibt,[1] eben nur ein Effekt, während das Medium in Wahrheit eine „ontologische Schleife" produziert, also die tatsächlich aufgenommene Lebenswirklichkeit durch die mediale Bearbeitung, die es in den Sendern erfährt, so mit sich selbst rückkoppelt, dass die Fernsehwirklichkeit nicht mehr als Verweis auf die dahinter oder davor liegende Realität verstanden wird, sondern als Wirklichkeit eigener Ordnung. Die prägende Kraft des Fernsehens liegt also wesentlich darin begründet, dass es mithilfe seiner Übertragungssysteme jeden Inhalt, den es produziert, zu einem Hybrid aus Wirklichkeit und Medienwirklichkeit transformiert und uns mit dieser Phantomisierung des Wirklichen gleichzeitig so direkt und umfassend durchdringen kann wie kein anderes Medium zuvor.

1 Siehe den Beitrag von Marc Ries im vorliegenden Band, S. 46.

"Objects in the mirror are closer than they appear." This well-known statement is supposed to remind drivers that vehicles seen in the rear-view mirror are actually very much closer than they seem when one glances at the reflecting surface. Bordering on the philosophical, this paradox, which asserts that the reflection of reality withdraws it from us to a distance that, in truth, does not exist, can also be applied in a reversed formulation to television: the medium simulates a proximity that allows us to forget how distant its images in fact are. It would be possible to conclude that, when watching television (in German: *fernsehen*, literally "distant viewing"), we gaze into the distance in order to fetch the world into our households. But the nearer this world comes, the less directly it can be experienced. In this sense, television, at least in the form in which we encounter it before the predominance of the Internet in our current era, is actually a paradoxical campfire around which, in search of shared experience, warmth, and closeness, we gather or, back then in the "good old television days," used to gather—only to discover, however, that this fire does not really warm us up. A large part of the harsh critique that has accompanied television from the very beginning is structurally involved with this disappointment, that this medium does not fulfill its task of presenting the world to us as it is, but instead induces us to accept surrogates that estrange us from reality by distorting it, that is to say, by furnishing disinformation instead of information.

What is true in this regard is that the transmission process on which every television image is based is modeled with respect to both technology and contents in accordance with the respective requirements of the medium. In this sense, the realism effect that arises out of the broadcast[1] is, after all, only an effect, while the medium in fact produces an "ontological loop,"—in other words, it imparts a feedback relationship to the recorded real life by means of the treatment that it receives from broadcasters, such that television reality is no longer understood as a reference to a reality lying behind or before it, but as a reality in its own right. Thus the constitutive power of television is essentially based on the fact that, with the aid of its transmission systems, it transforms all the contents it produces into a hybrid made out of reality and media reality and can simultaneously, with this phantasmal rendition of reality, penetrate us more directly and comprehensively than any medium heretofore.

1 See the essay by Marc Ries in the present publication, p. 46.

2 Hans Magnus Enzensberger, „Das Nullmedium oder Warum alle Klagen über das Fernsehen gegenstandslos sind“, in: ders., *Mittelmaß und Wahn. Gesammelte Zerstreuungen*, Frankfurt a. M. 1988, S. 89–105.

3 Ebd., S. 100.

Die Ubiquität des Mediums und seine Fähigkeit, jedweden Inhalt autoreferenziell medial zu formatieren, also in etwas zu verwandeln, was in erster Linie das Medium selbst beglaubigt, hat Hans Magnus Enzensberger in den späten 1980er-Jahren zu einer kritischen, ebenso eleganten wie angreifbaren Analyse des Fernsehens veranlasst.[2] Darin spricht der Autor dem Medium jegliche programmatische Struktur und Absicht ab. Was von den Sendeanstalten als Programm verkauft werde, sei in Wirklichkeit nicht mehr als eine extreme Heterogenität, eine nicht mehr auf den Begriff zu bringende Vielfalt. Neu an den Neuen Medien, so folgert Enzensberger, sei die „Tatsache, dass sie auf Programme nicht mehr angewiesen sind. Zu ihrer wahren Bestimmung kommen sie in dem Maß, in dem sie sich dem Zustand des Nullmediums annähern.“[3] Zwar ist der Begriff des Nullmediums seither auch zum geflügelten Wort für die Beschreibung des Fernsehens geworden, doch erinnert man sich heute kaum noch daran, dass Enzensberger diese Nullmedialität weitestgehend mit dem Selbstverständnis und den Erscheinungsweisen der abstrakten Kunst parallelisiert; deren Antrieb, sich und ihre Werke von jeder Bedeutung zu reinigen, erscheint ihm als Blaupause für die Inhaltslosigkeit des Fernsehens. In diesem Sinne verbindet sich der universale Anspruch des *Schwarzen Quadrats* von Malewitsch mit der universellen Verständlichkeit eines vollkommen inhaltsfreien Fernsehens. Das Medium sei, so schließt Enzensberger, eine buddhistische Maschine, welche „die vollkommene Leere“ produziere.

Dass der Autor die Autonomiebestrebungen der Kunst am Anfang des 20. Jahrhunderts mit der Entwicklung des Fernsehens gleichsetzt, mag aus heutiger Sicht einigermaßen abstrus und zudem ahistorisch wirken. Kein Zweifel besteht allerdings daran, dass die Vorstellung vom Fernsehen als inhaltslosem Nullmedium, das wahlweise als Droge oder Verdummungsapparat wirkt, auch den künstlerischen Umgang mit dem Medium seit den 1960er/70er-Jahren wesentlich geprägt hat. Erwähnt seien in diesem Zusammenhang beispielsweise Wolf Vostells *TV-Burying* (1963) [fig. A], Nam June Paiks *Zen for TV* (1963) und Jan Dibbets *TV as a Fireplace* (1969). Neben Enzensberger haben vor allem Herbert Marcuse und Theodor W. Adorno den theoretischen Unterbau für diese Sichtweise geliefert. Ihnen zufolge fungieren die Medien ausschließlich als Instrumente zur Kontrolle und Lenkung der Masse im Dienste des Kapitals und der politisch Mächtigen. Daraus hat sich seit den 1960er-Jahren ein virulenter Strang

2 Hans Magnus Enzensberger, “Das Nullmedium oder Warum alle Klagen über das Fernsehen gegenstandslos sind” in Enzensberger, *Mittelmaß und Wahn. Gesammelte Zerstreuungen* (Frankfurt am Main: Suhrkamp, 1988), 89–105.

3 Ibid., 100.

The omnipresence of the medium and its capacity for formatting each and every bit of content in a self-referential manner, namely, for transforming it into something that first of all authenticates the medium itself, induced Hans Magnus Enzensberger to write a critical analysis of television in the late 1980s that is both elegant and assailable.[2] The author disputes that the medium has any programmatic structure or intention whatsoever. He asserts that what is purveyed by broadcasters as programming is in reality nothing other than an extreme heterogeneity, a diversity that can no longer be cogently rendered. What is new in the New Media, according to Enzensberger, is the “fact that they are no longer dependent on programs. They fulfill their true calling to the degree that they approach the state of the zero medium.”[3] The concept of the zero medium (*Nullmedium*) has since become a catchword in German for describing television, but today one scarcely remembers that Enzensberger compares this zero mediality to the greatest possible extent with the self-definition of abstract art and the modes in which it assumes a concrete appearance. The impulse of abstract art to cleanse itself and its

A Wolf Vostell, *TV-Burying*, 1963 [→S./P. 172]

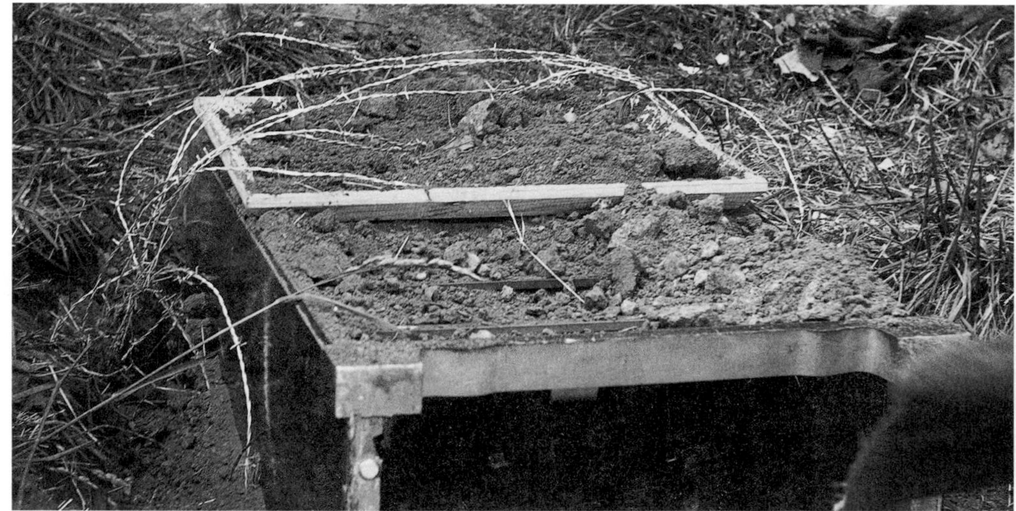

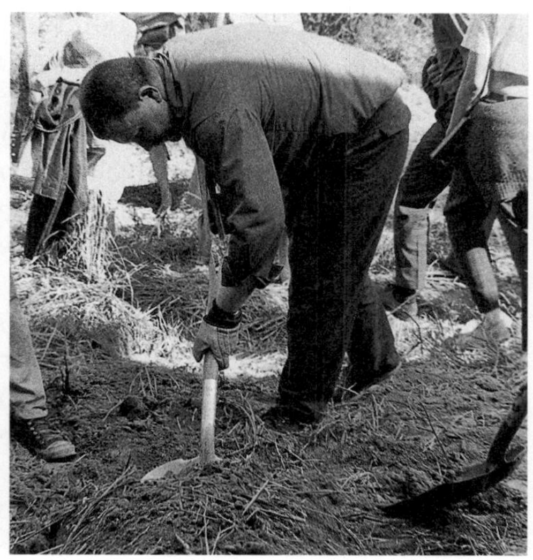

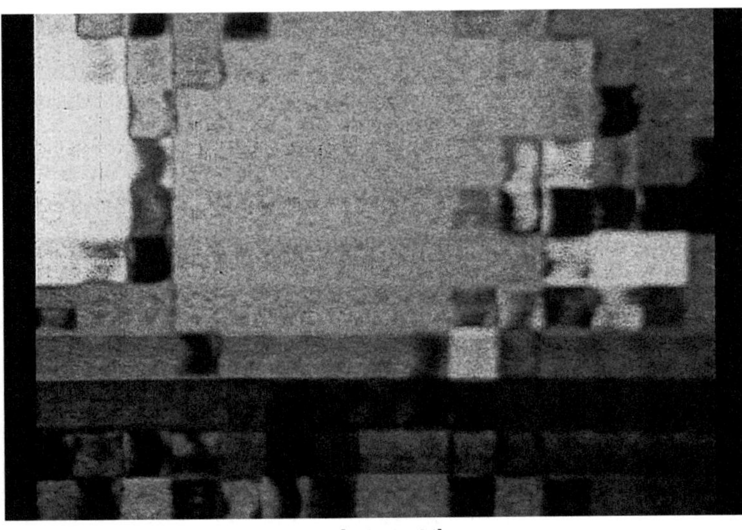
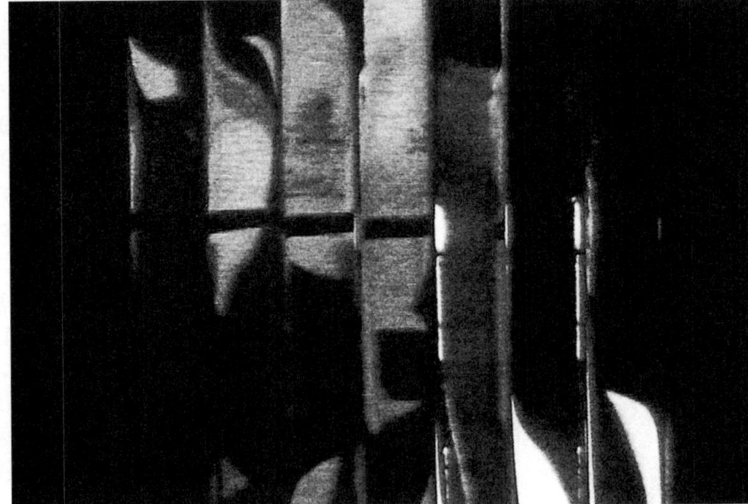

B Karl Gerstner, *Auto-Vision*, 1964 [→S./P. 124]

künstlerischer Arbeiten entwickelt, die durch Manipulationen des TV-Bildes, so etwa in Karl Gerstners *Auto-Vision* (1964) [fig. B], Störungen oder, ab 1968, durch ästhetische Transformationen substanzielle Kritik am Medium Fernsehen artikulieren. Im Medium Video erschaffen sie eine eigene, streng künstlerisch determinierte Gegenwelt, die formal am Fernsehapparat festhält, die darin verhandelten Themen aber komplett von den kommerziellen Fernsehinhalten und deren Kanälen abkoppelt.
Gegenläufig dazu etablierte sich ebenfalls in den 1960er- und frühen 1970er-Jahren eine Haltung, die analog zu Walter Benjamins Überlegungen zu Kunst, Medien und Gesellschaft in seinem Text „Das Kunstwerk im Zeitalter seiner Reproduzierbarkeit" versucht, diesen kulturellen Produktionsapparat zu benutzen, um ihn von innen heraus strukturell zu verändern. Auch hier steht die Kritik an der Inhaltsleere des Fernsehens im Vordergrund, im Unterschied zur erstgenannten Gruppe wird aber die massenmediale Übertragungsstruktur des Mediums und seine dadurch mögliche Ubiquität als Chance gesehen, die jeweils eigenen

works of all significance seems to him to be the blueprint for television's lack of contents. In this sense, there is a connection between the universal claim of Malevich's *Black Square* and the universal comprehensibility of a television that is utterly devoid of contents. Enzensberger concludes that the medium is a Buddhist machine that produces "complete emptiness."
The fact that the author finds an equivalence between art's endeavor to achieve autonomy at the beginning of the 20th century and the development of television may from a present perspective seem somewhat abstruse, as well as nonhistorical. But there is no doubt that the notion of television as an unsubstantial zero medium that can alternatively be said to be a drug or a dumbing-down apparatus has also had a fundamental impact on the artistic handling of the medium since the 1960s and 1970s. Mention should be made here of such examples as Wolf Vostell's *TV-Burying* (1963) [fig. A], Nam June Paik's *Zen for TV* (1963), and Jan Dibbet's *TV as a Fireplace* (1969). In addition to Enzensberger, it was above all Herbert Marcuse and Theodor W. Adorno who provided the theoretical foundation for this point of view. According to them, the medium functions solely as an instrument for controlling and manipulating the masses for the benefit of capital and the political power elite. This has given rise since the 1960s to a caustic series of artistic works that voice a harsh criticism of the medium of television through manipulations of the televised image, as in Karl Gerstner's *Auto-Vision* (1964) [fig. B], disturbances or, starting in 1968, aesthetic transformations. In the medium of video, they create their own, strictly artistic alternative world which retains the television monitor but completely detaches the themes it treats from the contents of commercial television and its channels.
Contrary to this, the 1960s and early 1970s likewise saw the rise of an attitude which, in analogy to Walter Benjamin's ruminations on art, media, and society in *The Work of Art in the Age of Mechanical Reproduction*, endeavors to use this apparatus of cultural production in order to effect structural changes on it from within. Here, too, a critique of the contentual emptiness of television comes to the fore but, in contrast to the aforementioned group, the mass-media structure of its transmissions and its omnipresence thus engendered are viewed as an opportunity for broadcasting the respective artist's contents via these channels. This approach, defined both by an enthusiasm for technology and a distinct didacticism, is paradigmatically evident in Gerry Schum's and Ursula Wevers's project of a television gallery based in principle

4 Vgl dazu Matthias Michalka, „Changing Channels. Zwischen Museum und Massenmedium", in: *Changing Channels. Kunst und Fernsehen 1963–1987*, hg. von Matthias Michalka, Ausst.-Kat. Museum Moderner Kunst Stiftung Ludwig Wien 2010, Köln 2010, S. 19–20.

Inhalte über diese Kanäle zu platzieren. Dieser sowohl von Technikbegeisterung wie von einer ausgeprägten Didaktik bestimmte Ansatz zeigt sich paradigmatisch in Gerry Schums und Ursula Wevers Projekt einer Fernsehgalerie, die im Prinzip auf der Gleichsetzung von Galerieraum und Senderaum beruht. Die dafür entwickelten TV-Produktionen *Land Art* und *Identifications* bestehen im Wesentlichen aus kurzen Filmbeiträgen der darin vorgestellten Land-Art- und Konzept-Künstler. Schum und Wevers versuchten, die Logik der konventionellen Fernsehpräsentationen zu brechen, indem sie einerseits den technischen Aufzeichnungsapparat zum Bestandteil der Sendung machten und andererseits innerhalb der Filme auf jeden erläuternden Kommentar verzichteten. Die damit verbundene Hoffnung, das Rezeptionsverhalten der Konsumenten zu verändern und sie zu aktiven, partizipierenden Dialogpartnern für das Projekt zu machen, erfüllte sich allerdings nur sehr bedingt. Schon nach der Ausstrahlung der zweiten Fernsehausstellung *Identifications* im Ersten Deutschen Fernsehen, die im November 1970 zunächst im Kunstverein Hannover eröffnet worden war, wurde die Zusammenarbeit vom Südwestfunk eingestellt.[4] Schums Fernsehgalerie wurde in der Folge ausschließlich im Kunstkontext gezeigt, beispielsweise auf der Documenta 5 und der Biennale Venedig, und bis 1973 konsequent als Videogalerie weitergeführt.

Grundsätzlich lässt sich sagen, dass die künstlerischen Versuche, das Fernsehen zu kapern, um dort eigene künstlerische Inhalte zu implementieren oder die Struktur des Fernsehens sozusagen von innen heraus zu transformieren, in nahezu allen Fällen an der Formatierungsmacht des Mediums scheiterten. General Ideas *Test Tube* (1979) [fig. C] ging von der These aus, es gebe kein Außerhalb des Fernsehsystems mehr, weswegen die einzige Möglichkeit für wirkungsvolle künstlerische Arbeit darin bestehe, das Format selbst zu besetzen und mit Inhalt zu füllen. Der wilde Mix aus Ausschnitten von Sitcoms, Werbespots mit Anspielungen auf Kunst und Alltagswirklichkeit, der ursprünglich für das holländische Fernsehen produziert wurde, brachte es allerdings nie zur Ausstrahlung. Bill Viola dagegen gelang es mit *Reverse Television—Portrait of Viewers* (1984) [fig. D] immerhin, ins Lokalfernsehen von Boston zu kommen. Seine Porträtserie von insgesamt 44 Personen, die, aufgenommen in ihren eigenen Wohnzimmern, schweigend in die Kamera blicken, wurde 1983 jeweils fünf Mal täglich ins laufende Fernsehprogramm eingespeist. Inwieweit der didaktische Versuch, den

on an assertion of the equivalence between gallery space and broadcaster space. The TV productions developed for this purpose, *Land Art* and *Identifications*, basically consist of brief films contributed by the Land Art and Conceptual Art artists presented therein. Schum and Wevers attempted to subvert the logic of conventional television shows on the one hand by making the technical recording apparatus a component of the broadcast, and on the other hand by refraining from any explanatory commentary within the films. The concomitant hope of altering the reception behavior of consumers and transforming them into dialogue partners actively participating in the project was fulfilled, however, only to a very limited degree. Already after the transmission on a nationwide German channel of the second television exhibition *Identifications*, which had first opened in November 1970 at the Kunstverein Hannover, the collaboration with the broadcaster Südwestfunk was canceled.[4] Schum's television gallery was subsequently shown exclusively in an artistic context, for example at documenta 5 and the Venice Biennale; it was regularly extended as a video gallery until 1973.

In general, it may be said that the artistic efforts to seize hold of television in order to implement the artist's own artistic contents there or to transform the structure of television from within, as it were, failed in almost every case because of the formatting power of the medium. General Idea's *Test Tube* (1979) [fig. C] proceeded from the thesis that there is no longer a space outside the television system, for which reason the only possibility for effective artistic work consists of occupying the format itself and filling it with contents. But this wild mix of excerpts from sitcoms and commercials with allusions to art and everyday life, which was originally produced for Dutch television, never went on air. Bill Viola, on the other hand, managed with *Reverse Television—Portrait of Viewers* (1984) [fig. D] to achieve a presence in the local television of Boston. His portrait series of a total of 44 persons, recorded in their own living rooms as they gazed silently into the camera, was fed into the ongoing television program five times a day during 1983. To what extent this didactic attempt to shake the television viewer out of his lethargy by mirroring his couch-potato existence in television itself was successful must remain an open question.

Here, too, it becomes clear, however, that in a majority of cases the artistic utilization of television channels occurred against the background that the actual programs of these channels

4 See Matthias Michalka, "Changing Channels. Zwischen Museum und Massenmedium," in *Changing Channels. Kunst und Fernsehen 1963–1987*, ed. Matthias Michalka, exh. cat. Museum Moderner Kunst Stiftung Ludwig Wien, Vienna 2010 and Cologne 2010, 19–20.

Fernsehzuschauer aus seiner Lethargie aufzurütteln, indem man ihm sein „Couch Potato"-Dasein im Fernsehen als Spiegel vorhielt, zum Erfolg geführt hat, muss offen bleiben.
Deutlich wird jedenfalls auch hier, dass die künstlerische Nutzung der Fernsehkanäle in der Mehrzahl der Fälle vor dem Hintergrund geschah, dass die eigentlichen Sendungen dieser Kanäle im Grunde keiner Beschäftigung wert waren. Daran änderten auch Ausstellungen wie *TV as a Creative Medium*, die 1969 von Howard Wise entwickelt wurde, nicht grundlegend etwas. Nicht zuletzt Marshall McLuhans damals vieldiskutierte These über das Medium, das sowohl Botschaft wie auch Massage (Message / Massage) sei,[5] führte dazu, dass der künstlerische Blick eher auf die Struktur des Mediums selbst als auf seine Inhalte konzentriert blieb. Einer der wenigen, die den Sprung vom Mikrofernsehen (Video) zum Makrofernsehen (Massenfernsehen)[6] schafften, war Andy Warhol, der in den 1980er-Jahren eine eigene Show auf MTV erhielt, die allerdings nicht an seine Fernsehprojekte der 1970er-Jahre heranreichte. Warhol war es auch, der verschiedene Anläufe unternahm, die spezifischen Inhalte des Fernsehens selbst zum Gegenstand zu machen, anstatt sie kritisch zu dekonstruieren oder künstlerisch zu transformieren. In seinem zwischen 1974 und 1977 intensiv geplanten, schlussendlich aber an Finanzierungsproblemen gescheiterten Projekt *Andy-Mat* arbeitete Warhol an der Idee einer Fastfood-Restaurant-Kette, in deren Filialen jeder Gast sein Essen in einer Einzelkabine vor einem Fernseher mit regulärem Programm einnehmen konnte. Statt auf Infiltration des Mediums setzte Warhol damit ebenso auf die Anerkennung von dessen Omnipräsenz wie er implizit und instinktiv McLuhans These, das Fernsehen verändere nicht nur den Modus, in dem bestimmte Inhalte erscheinen, sondern vielmehr diese Inhalte selbst, überaffirmativ umsetzte.[7]
Aus heutiger Sicht liegt vielleicht genau in der Untersuchung der selbstreflexiven Parallel-Wirklichkeit, die das Fernsehen erzeugt, das fruchtbarste Feld für die künstlerische Auseinandersetzung, weil sie da ansetzt, wo das Medium tatsächlich einzigartig ist. Eben diese Beschäftigung mit der spezifischen Inhaltlichkeit und Bildlichkeit des Fernsehens bildet denn auch einen Schwerpunkt in der zeitgenössischen Abteilung der Ausstellung *TeleGen*. Von Thomas Demand und Harun Farocki über Christian Jankowski und Bjørn Melhus bis hin zu Julian Rosefeldt und Christoph Schlingensief spannt sich ein weiter Bogen von Positionen,

5 Marshall McLuhan und Quentin Fiore, *Das Medium ist Massage* [1967], Frankfurt a. M. / Berlin 1969.

6 Vgl. dazu René Berger, „Video and the Restructuring of Myth", in: Douglas Davis und Allison Simmons (Hg.), *The New Television. A Public / Private Art*, Cambridge (MA) / London 1977, S. 207.

7 Marshall McLuhan, *Die magischen Kanäle. Understanding Media*, Düsseldorf / Wien 1968, S. 319.

were basically undeserving of any attention. Nor was this situation fundamentally altered by exhibitions such as *TV as a Creative Medium*, which was developed in 1969 by Howard Wise. Not least of all, Marshall McLuhan's thesis that the medium is the message, widely discussed at the time,[5] led to a continued focusing of artistic attention more on the structure of the medium than on its contents. One of the few who successfully made the leap from microtelevision (video) to macrotelevision (mass TV)[6] was Andy Warhol, who during the 1980s was given his own show on MTV. It did not, however, come up to the level of his television projects from the 1970s. And it was Warhol who made various attempts to take the specific contents of television themselves as his subject rather than critically deconstructing or artistically transforming them. In his project *Andy-Mat*, which was intensively planned between 1974 and 1977 but ultimately failed due to financial problems, Warhol worked on the idea of a chain of fast-food restaurants where each guest could consume his food in a single-person booth containing a television offering regular programming. Instead of infiltrating the medium, Warhol likewise chose to recognize its omnipresence, just as he implicitly and instinctively put into excessively affirmative practice McLuhan's thesis that television alters not only the mode in which certain contents appear, but to an even greater extent those contents themselves.[7]

5 Marshall McLuhan, Quentin Fiore, *Das Medium ist die Massage* [1967], (Frankfurt am Main / Berlin: Ullstein) 1969.

6 Cf. René Berger, "Video and the Restructuring of Myth," in *The New Television. A Public / Private Art*, ed. Douglas Davis and Allison Simmons (Cambridge, MA / London: MIT Press, 1977), 207.

7 Marshall McLuhan, *Die magischen Kanäle. Understanding Media* [1964] (Dusseldorf / Vienna: Econ, 1968), 319.

C General Idea, *Test Tube*
Video, Farbe, Ton / Video, color, sound, 28:15 min., 1979

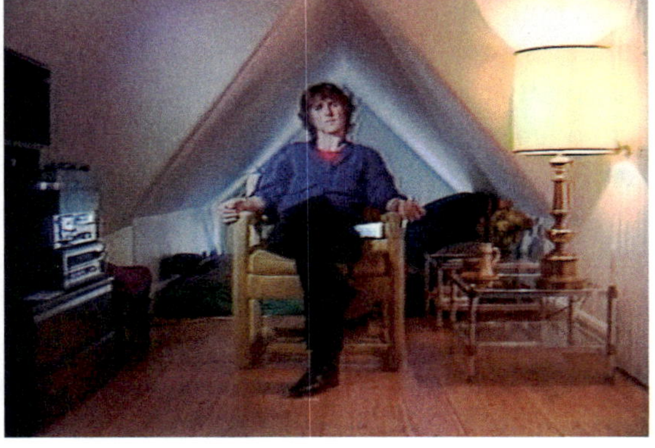

D Bill Viola, *Reverse Television – Portraits of Viewers (Compilation Tape)*, Video, Farbe, Ton / Video, color, sound, 15 min., 1984

8 Umberto Eco, „TV: La trasparenza perduta“ (1983), in: ders., *Sette anni di desiderio. Chronaca 1977–1983*, Mailand 1983, siehe im vorliegenden Band.

9 Ebd., siehe im vorliegenden Band, S. 197.

10 Ebd., siehe im vorliegenden Band, S. 199.

11 Vgl. dazu: Nina Pauer und Kilian Trotier, „Dieser Fernseher ist tot“, in: *Die Zeit*, 31.5.2013.

die, anstatt die reine Dekonstruktion des Mediums zu betreiben oder seine Nullmedialität vorzuführen, die Ikonografie und die selbstreflexive Inszenierungsweise des Fernsehens als produktives Material begreifen. Die historische Situation, die das Fernsehen in eine Phase überführt, in der es, anstatt über Wirklichkeit zu berichten und diese kommentierend zu begleiten, seine eigene Wirklichkeit auch da erzeugt, wo es sich scheinbar auf eine äußere Realität bezieht, hat Umberto Eco in einem in diesem Katalog erstmals auf Deutsch publizierten Essay aus dem Jahr 1983 hellsichtig analysiert. In „TV: La trasparenza perduta“[8] arbeitet Eco eine strukturelle Differenz zwischen dem von ihm als Paleo-TV bezeichneten alten, öffentlich-rechtlichen Fernsehen und dem durch immer mehr Privatsender und erweiterte elektronische Möglichkeiten gekennzeichneten Neo-TV heraus. Während Paleo-TV noch von einer Realität ausgeht, die durch das sie abbildende, kommentierende Fernsehfenster zu uns gebracht wird, beschäftigt sich das Neo-TV laut Eco immer weniger mit diesem Außen, sondern vornehmlich mit sich selbst. Diesen Wechsel illustriert er mit einer Vielzahl von Beispielen, die vor allem die Inszenierung des Mediums im Medium betreffen. Zusammenfassend kommt er zu dem Ergebnis, dass Paleo-TV peinlich genau darauf achtete, die Instrumente, mit denen es von der Wirklichkeit berichtete, nicht zu zeigen (z. B. Mikrofone, Kameras etc.), während Neo-TV genau diese Instrumente offen ausstellt. Dies führt aber nun eben nicht zu einem Aufklärungseffekt für den Zuschauer, der das Konstruierte der Fernsehrealität offen nachvollziehen kann, sondern zum Gegenteil: Zu einer nur mehr die Strukturen der fernsehtauglichen Inszenierung abbildenden, reinen Fernsehrealität, bei der beispielsweise schon der direkt in die Kamera schauende Sprecher den Eindruck erweckt, dass alles, was passiert, nur für das Fernsehen und auch nur solange geschieht, wie der Apparat eingeschaltet ist.[9] Aus der Paleo-Frage, ob Fernsehen die Wahrheit sagt, wird so laut Eco im Neo-TV die Feststellung, dass Fernsehen selbst wahr ist, also einen *closed circuit* erzeugt, in dem es sich selbst zugleich erschafft und abbildet.[10]

Dieses Thema ist und bleibt auch heute virulent, da sich das klassische Fernsehen unter den Bedingungen des digitalen Wandels aufgelöst hat und sich die Nekrologe auf das Medium häufen.[11] Tatsächlich ist unübersehbar, dass das virtuelle Lagerfeuer, um das wir uns allabendlich versammelten, um kollektiv zum Beispiel den Krimis von Francis Dubridge zu huldigen,

From today's perspective, it is perhaps the examination of the self-reflective parallel reality created by television that serves as the most fertile field for artistic investigation, because it begins there where the medium is indeed unique. And precisely this focus on the specific contentual and visual characteristics of television is what constitutes a major emphasis in the contemporary section of the exhibition *TeleGen*. Extending from Thomas Demand and Harun Farocki via Christian Jankowski and Bjørn Melhus all the way to Julian Rosefeldt and Christoph Schlingensief, it encompasses a wide array of positions which, instead of pursuing a simple deconstruction of the medium or demonstrating its zero mediality, find productive material in the iconography and self-reflective presentational mode of television. The historical situation that conveys television into a phase in which, instead of reporting about and commenting on reality, it also creates its own reality, where it seems to refer to an external reality, was analyzed clear-sightedly by Umberto Eco in an essay written in 1983 and published in English for the first time in this catalog. In "TV: La trasparenza perduta,"[8] Eco discerns a structural difference between a traditional television regulated by public law, which he calls Paleo-TV, and a Neo-TV characterized by proliferating private broadcasters and expanded electronic possibilities. While Paleo-TV is still based on the premise of a reality conveyed to us through a television window that depicts and commentates it, Neo-TV is considered by Eco to be concerned less and less with that external relation and principally with itself. He illustrates this shift with a variety of examples that have to do above all with the staging of the medium within the medium. He comes to the summarizing conclusion that Paleo-TV was scrupulously concerned with not showing the instruments it used to report about reality, whereas Neo-TV deliberately presents these very instruments to view. However, rather than having an enlightening effect on the viewer, who can openly comprehend the constructed nature of television reality, it has the opposite result and leads instead to a pure television reality which henceforth depicts the structures of a staging that is fit for television and in which, for example, even a speaker looking directly into the camera conveys the impression that everything taking place is happening only for television and only as long as the television set is switched on.[9] According to Eco, the Paleo-TV question as to whether television tells the truth yields in Neo-TV to the recognition that television itself is true, that it creates a closed circuit in which it simultaneously creates and depicts itself.[10]

8 Umberto Eco, "TV: La trasparenza perduta" (1983), in Eco, *Sette anni di desiderio. Chronaca 1977–1983* (Milan: Bompiani, 1983); see pp. 207–216 in the present publication.

9 Ibid., see p. 209 in the present publication.

10 Ibid., see p. 211 in the present publication.

wenn es nicht verloschen ist, inzwischen doch deutlich matter lodert. Als TV-Jockeys sind wir inzwischen unsere eigenen Programmgestalter, die sich aus der heterogenen Flut einer unüberschaubaren Menge von Kanälen via Internet und Portalen wie Netflix, Amazon Fire oder YouTube unsere jeweils spezifische Mischung zusammensuchen, die dann über den PC-Monitor oder das Tablet konsumiert wird. In dieser Internet-Welt, die aus „den Massenmedien eine Welt der Medienmassen gemacht hat“[12], entsteht—analog zu unserem Verhalten in den sozialen Medien—die Möglichkeit, dass sich jeder seine eigene, persönliche Öffentlichkeit schafft, in der Informationen alleine nach den Kriterien der subjektiven Relevanz geteilt werden.[13] Und doch muss bei allen berechtigten Hinweisen auf die Auflösung des Fernsehens als kollektives Referenzmedium die Frage erlaubt sein, ob sich dieser Auflösungsprozess nicht in Wahrheit mehr auf seine konventionellen Distributionskanäle bezieht als auf seine eigentümlich autoreferenzielle Form selbst, in der die Wirklichkeit produziert wird, über die eigentlich berichtet werden sollte? Die Behauptung könnte demnach lauten: Nicht die Fernsehbilder, ihre Inszenierungsinstrumente und inhaltlichen Suggestionen sind unwichtig oder irrelevant geworden, sondern möglicherweise haben sich „nur“ die Formen der Rezeption extrem individualisiert. An die Stelle prägender kollektiver „Lagerfeuer“-Erlebnisse tritt nun eine Fülle parzellierter Einzelerfahrungen, die gleichwohl auf dem Mechanismus einer Fernseherzeugten Wirklichkeit basiert. Aber selbst die These von der Auflösung der kollektiven Fernseherfahrung scheint nur partiell zuzutreffen. Jedenfalls lässt sich beobachten, dass in dem Maße, in dem sich der Medienkonsum individualisiert, auch das Bedürfnis nach kollektivem Erleben wächst. Das zeigt die zunehmende Bedeutung von Public Viewing bei großen Sportereignissen. Das zeigt aber auch das gerade in der jungen Generation verbreitete Ritual des gemeinsamen „Tatort“-Schauens am Sonntagabend. Es scheint eine anthropologische Konstante zu sein, dass der „Mensch ein soziales Wesen bleibt und ein Bedürfnis nach dem Teilen und Mitteilen von Eindrücken auch beim Fernseh-Gucken empfindet“[14]. In diesem Zusammenhang wird nicht nur der Live-Charakter von Sendungen wieder wichtiger, auch die dadurch gesetzte Definition eines Zeitraums, in dem das Live-Erlebnis gemeinsam wahrgenommen wird, gewinnt erheblich an Bedeutung: Das nachträgliche Betrachten eines Live-Erlebnisses entwertet dieses in gewisser Weise, weil es nicht nur den Live-Aspekt

12 Peter Glaser, „Über die Zukunft des Journalismus“, in: Süddeutsche Zeitung online, abgerufen am 13.6.2010.

13 Jan Hinrik Schmidt, „Konversation statt Publikation?“, in: *Sind wir noch auf Sendung?, Politik & Kultur Dossier: Der öffentlich rechtliche Rundfunk*, Berlin 2015, S. 24.

14 Barbara Sichtermann, „Das Fernsehen ist tot, es lebe das Fernsehen“, in: *Der Tagesspiegel*, 4.8.2014.

This theme is and remains even today all-pervading, because classic television has dissipated in the framework of the digital transformation, resulting in more and more obituaries for the medium.[11] Indeed, it cannot be overlooked that the virtual campfire around which we gathered evening after evening in order, for example, to render homage to the murder mysteries of Francis Durbridge, has meanwhile come to flicker much more fitfully—if, that is, it has not already been extinguished. As TV jockeys, we have in the meantime become our own program designers who, out of the heterogeneous flood of a vast number of channels via the Internet and portals such as Netflix, Amazon Fire, or YouTube, select our own specific mixture which is then consumed on a PC monitor or a tablet. In this Internet world, which “out of mass media has made a world of media masses,”[12] there arises—analogous to our behavior in social media—the possibility for each person to create his own, personalized public space in which information is apportioned solely in accordance to the criteria of subjective relevance.[13] And yet in spite of all justified references to the decline of television as a medium of collective orientation, one must nevertheless be permitted to ask whether this process of dissolution does not in fact impact more on its conventional channels of distribution than on the specific self-referential form itself, where the very reality is produced that is actually supposed to be reported on. The assertion would then be as follows: television images, the instruments of their staging, and contentual suggestions have not become unimportant or irrelevant, but perhaps it is “only” that the forms of reception have become extremely individualized. Arising in place of formative, collective “campfire” experiences is now an abundance of parceled-out individual experiences that are based nonetheless on the mechanism of a reality created by television. Yet even the thesis of the disappearance of a collective television experience seems to be only partially applicable. At least we are able to observe that the need for collective experience increases to the same degree that consumption of the media becomes individualized. This is demonstrated by the growing importance of public viewing at major sporting events. But it is also evident in the ritual, particularly widespread among the younger German generation, of getting together on Sunday evenings to watch the murder-mystery show *Tatort*. It seems to be an anthropological constant that the “human being remains a social creature and feels a need to share and communicate impressions, also when watching television.”[14] In this

11 Cf. Nina Pauer, Kilian Trotier, “Dieser Fernseher ist tot,” in *DIE ZEIT*, May 31, 2013.

12 Peter Glaser, “Über die Zukunft des Journalismus,” in *Süddeutsche Zeitung online*, June 13, 2010.

13 Jan Hinrik Schmidt, “Konversation statt Publikation?,” *Sind wir noch auf Sendung?, Politik & Kultur Dossier: Der öffentlich rechtliche Rundfunk* (Regensburg: ConBrio, 2015), 24.

14 Barbara Sichtermann, “Das Fernsehen ist tot, es lebe das Fernsehen,” in *Der Tagesspiegel*, August 4, 2014.

vermissen lässt, sondern auch dafür sorgt, dass die qualitative Dimension von Zeit verloren geht: Versetzte Zeit zersetzt sich und verliert ihr Faszinosum, erscheint als bereits „verbrauchte" Zeit.[15]

Selbst die über Jahrzehnte gepredigte These vom Nullmedium Fernsehen, das erbarmungslos alle dort eingespeisten Inhalte auf die Ebene autoreferenzieller Belanglosigkeit herunterbricht, scheint in bestimmter Hinsicht ins Wanken zu geraten. Verantwortlich dafür ist ausgerechnet das Format, das wie wenige andere für die Verflachung des Mediums stand: die Serie. Allerdings hat das, was in Form der US-amerikanischen, fast ausnahmslos für das Fernsehen produzierten Serienstaffeln wie *The Wire*, *True Detectives*, *Breaking Bad* oder *House of Cards* ein inzwischen weltweites und stetig wachsendes Publikum gefunden hat, nichts mehr mit dem zu tun, was die Struktur früherer Serien ausmachte. Die epischen Geschichten, die heute als Serien produziert werden, haben die Komplexität und Qualität großer Entwicklungsromane. Sie sind in ihrer narrativen Anlage, ihrer technischen und künstlerischen Finesse Kinoproduktionen, aber auch Romanen oft überlegen. Ihre sich über mehrere Staffeln entwickelnden Geschichten eröffnen den Raum, in dem sich genau die Art von Differenzierungen, rhizomatischen Verwebungen und fein facettiertem Spiel entfalten kann, die eine Fiktion zu einem nicht nur realitätsnahen, sondern auch realitätshaltigen Kunstwerk macht. David Fincher, Autor so einflussreicher Filme wie *Alien 3* oder *Fight Club* sowie Produzent und Regisseur des Pilotfilms zur hochdekorierten Polit-Serie *House of Cards,* hat vor Kurzem in einem Interview erklärt, dass die Serie das einzige Format sei, das Raum für künstlerische Innovation biete. Auf eindrucksvolle Weise beweist gerade *House of Cards*, das auf einer BBC-Miniserie aus dem Jahr 1990 basiert, nicht nur die formatierende, sondern eine geradezu wirklichkeitserzeugende Kraft des Fernsehens, indem sie alle Handlungselemente in Form von eingeblendeten Nachrichten oder Talkshows durch das Medium selbst entweder kommentiert oder direkt vorantreibt. Auf einer Metaebene zeigt diese Serie damit, dass sie nicht nur für das Fernsehen produziert wurde, sondern auch ihre Inhalte fast ausschließlich aus einer im und für das Fernsehen erzeugten Wirklichkeit bezieht. Ein ebenso perfekter wie perfider *closed circuit*, der darüber hinaus aber auch deutlich macht, dass es möglicherweise zu früh ist, vom Tod des Fernsehens zu sprechen.

15 Ebd.

context, it is not only the live character of broadcasts that once again becomes more important; the concomitant definition of a space of time in which the live experience is communally shared also increases considerably in significance. The subsequent viewing of a live event devalues the experience in a certain sense, because it not only lacks the temporally immediate aspect, but also causes the qualitative dimension of time to become lost: shifted time disintegrates and loses its fascination, appears as already "used-up" time.[15]

Even the thesis, propounded for decades now, asserting that television is a zero medium that inexorably reduces all the contents fed into it down to the level of self-referential inconsequentiality seems in a certain sense to have lost its footing. Responsible for this change is the very format that stood most of all for the superficiality of the medium: the series. But that which—in the form of American series produced almost exclusively for television, such as *The Wire, True Detectives, Breaking Bad*, or *House of Cards*—has meanwhile found a worldwide, constantly increasing audience no longer has anything to do with what defined the structure of earlier series. The epic stories that are today produced as series possess the complexity and quality of long, developmental novels. In their narrative structure, their technical and artistic finesse, they are however, often superior to cinematic productions, and even to novels. Their stories spanning several seasons open up a space in which precisely those kinds of differentiations, rhizomatic intertwinings, and subtly faceted play are able to unfold, which turn a fiction into a work of art that not only is close to reality, but also contains reality. David Fincher, the author of influential films such as *Alien 3* and *Fight Club*, and the producer and director of the pilot film to the award-winning political series *House of Cards*, recently explained in an interview that a series is the only format that offers space for artistic innovation. Particularly *House of Cards*, based on a BBC miniseries from 1990, demonstrates in an impressive manner not only the formatting, but also the veritable reality-creating power of television, inasmuch as through the medium itself the series either commentates or directly advances all narrative elements in the form of faded-in news reports or talk shows. This series thereby demonstrates on a metalevel not only that it was produced for television, but also that it derives its contents almost exclusively from a reality produced in and for television. This is both a perfect and perfidious closed circuit which in addition, however, clearly indicates that it may very well be too early to speak of the death of television.

15 Ibid.

Was muss man vom Fernsehen verstehen, um die Kunst zu verstehen, die sich auf das Fernsehen bezieht?

42 Marc Ries

What Must We Understand About Television in Order to Understand the Art That Makes Reference to It?

Dieser im Titel formulierten Frage möchte ich folgen, hierbei jedoch nicht, wie es oftmals in der Fernsehtheorie geschieht, die Geschichte des Mediums in voneinander zu unterscheidende Phasen unterteilen, sondern vielmehr die historisch-technischen und -semantischen Umbildungssprozesse als konzeptuelle Ausdifferenzierung langsam und graduell sich entfaltender Eigenschaften des Mediums begreifen, seine Modalitäten als hochbeweglichen Ausdruck intensiven Austauschs mit Gesellschaft verstehen. Diese Qualitäten gilt es zu skizzieren und künstlerische Positionen als Reaktion und Antwort auf sie darzustellen.

Schmutzige Pfützen

In den späten 1940er-Jahren tritt eine neue Bildlichkeit in Erscheinung, das *elektronische Bild*, das nur entfernt an das Kinobild erinnert und in seiner Präsenz eher dem Radio vergleichbar ist. Ein unruhiges Bild, unruhige, nicht stabile Bildketten oder in der technischen Sprache „Signaltransfers", die in einem klobigen Gehäuse ihre Anwesenheit in den privaten Räumen stets von Neuem vorbereiten und inszenieren, die *relational* sind, also mannigfaltig mit vielen Orten, Individuen und Ereignissen weltweit und in *Echtzeit* Beziehungen unterhalten, zudem ihre technisch-institutionelle Herkunft stets mitreferenzieren. Diese ist in entfernten, eigentümlichen Raumgebilden, den *Studios*, den Sendezentren verortet, ein autoritäres Gefüge, dessen kulturindustrieller Machtanspruch zwar unabweisbar ist, das jedoch von seiner Technologie und ihrer kulturellen Form, von dem, was Raymond Williams *flow* nannte, in eigentümlich paradoxer Weise eher abgeschwächt wird. Die Bilder werden übertragen und empfangen, in Gebrauch genommen so wie das Wasser oder das Gas und eben Radiowellen. Allein dieses ihr kontinuierliches Hereinströmen in die Haushalte macht sie, unabhängig von ihren Inhalten, bedeutsam, ihre Aufgabe ist es, zu verbinden, sich mit den Bewohnern zu assoziieren, ein „kosmopolitisches Fließsubjekt" (Peter Sloterdijk) zu entwerfen. Vieles, was das Fernsehen in seiner Programmstruktur zeigt, existiert in politischer, kultureller Zeitgenossenschaft mit den Empfängern. Da sich mit zunehmender Unübersichtlichkeit der Moderne auch die Frage nach den Bündnissen stellt, wird Fernsehen als transitär, als Schwellenmedium und als ein Verbündeter wahrgenommen, als Medium des Übergangs und Ins-Verhältnis-Setzens von einem sozialen *Dort* zu einem intimen *Hier*.

In pursuing the question framed in this title, I do not intend to proceed, as theories of television usually do, by dividing the history of the medium into separate phases. Instead I want to grasp its historical, technical, and semantic transformations as the conceptual differentiations of slowly and gradually unfolding properties of the medium. I want to understand its modalities as the highly flexible expression of an intensive exchange with society. The task here is to sketch out these qualities of television and interpret artistic positions as reactions and answers to them.

Dirty puddles

In the late 1940s a new type of image emerges: the *electronic image*, which was only vaguely reminiscent of the cinema image, with a sense of presence closer to that of radio. A restless image, restless and unstable chains of images, technically termed "signal transfers," inside a clunky casing ceaselessly preparing and staging their presence in private spaces; *relational* images, that is to say, images maintaining manifold relations with a multitude of places, individuals, and events worldwide and in *real time*, at the same time constantly self-reflecting their own technical and institutional origins. These origins are located in those strange, far-off spatial constructions, the *studios*, the broadcasting stations—an authoritarian setup with an admittedly irrefutable claim to power as part of the culture industry, but which nonetheless, in a peculiarly paradoxical way, tends instead to be weakened by its own technological and cultural form, its *flow*, as Raymond Williams called it. The images are transmitted and received, put to use, just like water or gas, and of course radio waves. This continuous influx into households is sufficient in itself to make these images significant regardless of their content, their task being to connect, to associate with the inhabitants, to project a "cosmopolitan flowing subject" (Peter Sloterdijk). Much of what television exhibits in its program structure is politically and culturally contemporary to its recipients. As modernity becomes increasingly difficult to take into view all at once, there arises the question of alliance, and television comes to be perceived as transitory, as a threshold medium and as an ally, as the medium of transition and of putting-into-relation from a social *There* to an intimate *Here*.

Diese prozesshafte Bildhaftigkeit irritiert die alten Bilder zunächst durch ihre Segmentierung, aus ihrer Perspektive zeigen diese sich unerwartet defizitär. Malerei, Fotografie und Kino wirken in ihrer Setzung als einheitliche Werke „alleingelassen". Sie verharren stets als dieselben in ihren Motiven und Formsprachen, sind einsame Bildobjekte, irgendwann abgeschlossen, aus der Hand gegeben. Das in Malerei und Objekten verdichtete, erzählte und geformte Leben, die Vorgabe an die Betrachtung, den Werken mit Konzentration zu begegnen, scheint angesichts eines stets mit seiner Allgegenwart und Unabgeschlossenheit, seiner Vitalität und Sozialität spielenden Mediums nur mehr wenig gesellschaftliche Resonanz hervorzubringen.
Zudem stört Fernsehen als Technik der Übertragung empfindsam das Originalitätsversprechen der bildenden Kunst. Mit dem Medium drängt die Einsicht in die Kultur, dass Bilder kein Verhältnis von Original und Kopie aufweisen müssen, dass es nicht das eine Original gibt, dem untergeordnete Abbilder folgen, sondern dass die Sendungen und ihre serielle Form dem Bildverständnis und Bildbegehren der Spätmoderne anders begegnen, ja es grundlegend verändern. Der *broadcasting*-Prozess regelt das Informieren von Energie mit bestimmten in einen technischen Code übersetzten Inhalten und ihrer gerichteten Verstreuung—beide Prozesse, die Informierung und die Aussendung, werden von einer Zentrale, dem Sender, gesteuert und kontrolliert. Ob auf einem Frequenzband oder als von einem Kabel geleitete Information, *die Sendung fließt überall dorthin, wohin sie übertragen beziehungsweise von wo sie „angerufen" wird*. Die Aufzeichnung und Sendung erlebt eine Vervielfältigung, ohne jedoch im alten Verständnis reproduziert zu werden. Sie wird nicht als ein Gleiches wieder und wieder hergestellt und verteilt, sondern sie bleibt stets dieselbe, sie teilt sich auf, beziehungsweise teilt sich, faltet sich beliebig oft in die Haushalte hinein.
Daselbst findet sich die porös-geschwätzige Bildhaftigkeit des Fernsehens überall vor, in allen Zimmern vermag sie sich einzurichten und Teil des Privat- und Alltagslebens zu werden. Sie gewinnt durch diese Möbelhaftigkeit einen noch größeren Zugriff auf ihre Benutzer, konstruiert einen Eigenwert als Koppelung von Empfangsstation und Empfänger/Empfängerin, deren Anwesenheit, Dabeisein in der Wohnung alleine ausreichen, um dem Wunsch und dem Empfinden, angeschlossen und verbunden zu sein, zu genügen. Es geht nicht darum, konkrete, für sich seiende Bilder für den privaten Raum und seine Wände anzubieten, sondern

This process-bound graphic quality unsettles the old images by virtue of its segmentation, revealing them as unexpectedly deficient. Painting, photography, and cinema, in their fixity as unified works, seem strangely "abandoned." They sustain themselves in the self-sameness of their motifs and formal language, lonely image-objects completed and relinquished by their makers at some time or other. The narrated and formed life concentrated in painting and objects, the demand made on viewing that it should encounter the works with attentiveness, appears no longer to produce much political resonance in the face of a medium ceaselessly playing with its omnipresence and incompleteness, its vitality and sociality.
Television, as a transmission technique, also severely disturbs visual art's promise of originality. With the medium of television, culture comes to realize that images do not need to display a relation of copy to original, that there is no one true original that then gives rise to subordinate copies, but that the broadcasts and their serial form encounter the late modern age's understanding and desire for images differently, indeed radically impact on them. The broadcasting process regulates the way energy is informed with specific content translated into a technical code and disseminated in a targeted fashion. The two processes, information and emission, are controlled and monitored by a central broadcaster. Whether the information is delivered over the airwaves or by cable, *the broadcast flows to everywhere it is carried or invoked*. Recording and transmission is multiplied without being reproduced in the old sense. It is not the same thing which is reproduced again and again and then distributed; it always remains itself, dividing or rather unfolding itself an unlimited number of times into different homes.
This porously chatty imagery of television pops up everywhere, ensconcing itself in every room and merging into private, everyday life. By virtue of this furniture character, it attains a stronger grip on the viewer, establishing its own worth as the nexus between the receiving station and the human receiver, whose presence and attention in the home is enough to fulfill the need for connection, for hook-up. It is not a question of providing concrete, self-sufficient images for the walls of private spaces, but rather *latent* images, infinitely many potential images, prepared to show and communicate themselves to all and sundry within the narrow confines of the screen. The program is not obliged to wait for its viewing public like all other previous images but rather turns up of its own accord in the dwelling places of humans. Even when the

1 Siehe auch Marc Ries, „Zitternde Oberwelt in der schmutzigen Pfütze. Fernsehspiele als Fernsehen", in: Sylvia Szely (Hg.), *Spiele und Wirklichkeiten. Rund um 50 Jahre Fernsehspiel und Fernsehfilm in Österreich*, Wien 2005, S. 221–226.

latente Bilder, unendliche viele potenzielle Bilder, die im schmalen Ausschnitt eines Bildschirms sich jedermann zu zeigen und mitzuteilen bereit sind. Die Sendung ist nicht genötigt, auf ihr Publikum und ihr *viewing* zu warten, wie alle vorherigen Bilder, sondern stellt sich von selbst in den Habitaten ein. Auch wenn das Gerät ausgeschaltet ist, weiß man, dass da Bilder und Töne warten, dass die epiphanische Anmutung einer Empfangsstation ausreicht, um sich als vom Medium adressiertes und—performativ—ausgeformtes Publikum zu verstehen. Das Fernsehen produziert dieserart also auch sein Massenpublikum mit, der Apparat entwirft für die Bewohner eine zweite, paradoxe Existenzform, die eines *privaten Öffentlichseins*.

Die energetische Bildhaftigkeit als Teil gesellschaftlich-technischer Produktivität, die Anwesenheit einer schwarzen Box in den Gehäusen der Kleinfamilien als latente Wunscherfüllung und Ausdruck libido-ökonomischer Ströme, die unverschämt direkte Adressierung des Volkes als *sein* intimes Publikum, damit seine Einführung als biotechnische Macht, diese drei Bedingungselemente machen das Fernsehen zu einem Medium äußerst ambivalenter Dienlichkeit. Konform und systemstabilisierend einerseits, offeriert es eine Verbundenheit mit der Welt, die ausgleichend, andererseits aber auch provokativ ist.

Verschoben gegenüber der Funktion der Repräsentation, die Bildern der—früheren—abbildenden Kunst, der Fotografie und des Films auszufüllen vorgegeben ist, ist das Fernsehen allererst der Funktion des *Zeigens* und des *Ereignisses* verpflichtet. Als eine audiovisuelle Sozialtechnik eignet sich das Fernsehen ausgezeichnet, um auf den Verkehr unter den Menschen, ihre Beziehungen zueinander, zu den Waren, den Institutionen und zur Natur zu zeigen und an seinem eigenen Ort, den Studios, all dieses nachzuspielen und in endlosen seriellen Rhythmen, Schleifen wieder in den Verkehr zurückzuübertragen. Zeigen meint nicht nur das in den Blick zu nehmen, was besonders, außergewöhnlich, vielleicht bedrohlich und beängstigend ist, sondern vor allem das Alltägliche, Ordinäre, Gewöhnliche, Unspektakuläre. Fernsehen ist aus sich heraus *Werbung*: Indem es auf alles zu zeigen sich vornimmt, wirbt es gleichermaßen für dessen Anerkennung. Denn das Fernsehen selbst ist als Sozialtechnik angepasst, es assimiliert sich dem Allergewöhnlichsten, Durchschnittlichen, Habituellen. Es selbst ist die „schmutzige Pfütze", in der sich die „zitternde Oberwelt" spiegelt.[1]

machine is turned off we know that sound and vision are still there, waiting, that the epiphanic presence of a receiving station is enough for us to find ourselves addressed as a performatively preformed audience. In this way, television also produces its own mass audience. The device provides the dweller with a second, paradox form of existence: a *private public*.

Three conditions make television a medium that serves us, albeit in a highly ambivalent sense. There is the energetic graphic quality as part of social and technical productivity; the presence of a black box in the nuclear family home as latent wish-fulfillment and expression of flows from the libido economy; and the unashamedly direct address to the people as *its* intimate audience, with which it emerges as a biotechnical power. It is, on the one hand, conformist and a system stabilizer, providing a connectivity with the world that acts as a balance but which, on the other hand, is also a provocation.

Television is somewhat removed from the representational function that the earlier visual arts, photography and film, had to fulfill. It is committed first of all to the function of *showing* and of the *event*. As an audiovisual, social technology, television is particularly well adapted to showing dealings between humans, their relations to one another, to commodities, institutions, and nature, replicating all this and reintroducing it into circulation in endless serial rhythms and loops from its home base at the studios. Showing does not just mean taking into view all that which is particular, out of the ordinary, even threatening and fearful. It also includes the everyday, the ordinary, habitual, unspectacular. Television is, in itself, *advertising*. By giving itself the task of showing everything, it simultaneously proposes that everything be accorded recognition and acceptance. For as a social technology, television itself is conformist, assimilating itself to the most ordinary, average, and customary. It is itself the "dirty puddle" in which the "tremulous upper world" is mirrored.[1]

With this ostentatiously plebian imagery—images that crawl into every corner, lighting up everything, wishing to depict every human type; the statistical average as well as the aggressive banality of an everyday world become commodity—a visual culture began to ensconce itself in the 1950s in the fabric of the postwar, middle-class way of life, which also introduced art to a new world of motifs. The everyday-prelingual-experienced and its general visibility in the medium of television reformulates itself into a task for art, the task of not just showing that

1 See also Marc Ries "Zitternde Oberwelt in der schmutzigen Pfütze. Fernsehspiele als Fernsehen," in *Spiele und Wirklichkeiten. Rund um 50 Jahre Fernsehspiel und Fernsehfilm in Österreich*, ed. Sylvia Szely (Vienna: Verlag Filmarchiv Austria, 2005), 221–226.

Mit dieser demonstrativ *plebejischen* Bildlichkeit — Bilder, die überall hineinkriechen, alles ausleuchten, jeden Typus Mensch zeigen wollen, statistischen Durchschnitt ebenso wie die aggressive Banalität eines kommodifizierten Alltags — beginnt in den 1950er-Jahren eine visuelle Kultur im Gefüge einer Öffentlichkeit der Nachkriegsbürgerlichkeit sich einzurichten, die auch der Kunst neue Motivwelten eröffnet. Das Alltäglich-Vorsprachlich-Routinierte und seine allgemeine Sichtbarkeit im Medium Fernsehen reformuliert sich zum Auftrag der Kunst, das Sich-Zeigende nun seinerseits nicht nur zu zeigen, sondern in seinen Formsprachen zu repräsentieren, wenngleich vorerst im alten Werkverständnis. Duane Hansons *Frau mit Einkaufswagen* (1969) ist ja Motiv und Publikum nicht der Kunst, sondern kleinbürgerlicher Lebenswelten und ihrer Darstellung in Massenmedien, sie wird aber in dieser ihrer plastischen Refiguration zu einer Realität, die auch über das Fernsehen, quasi aus ihm heraus, in den Raum der Kunst eintritt. Ähnliches lässt sich von der Geste des Fluxus sagen, den unbedeutenden, einfachen Dingen des Alltags eine Qualität epistemischer „Unterhaltung" im Kunstraum zuzugestehen. Auch kann man von der Ereignishaftigkeit einer Performance in den 1960erJahren eine perspektivische Fluchtlinie zu der performativen und zunehmend eventhaften Zudringlichkeit der TV-Sendungen ziehen, mit der diese auf ihr Publikum mit leiblicher Präsenz und Handlungsirritationen antworten.

In alledem ist ein Phänomen zu beobachten, das sich im Verlauf seiner Entwicklung als instituierende Kraft des Fernsehen etablieren wird. Das auf soziale Wirklichkeiten Zeigen, sie übertragen, bedeutet nicht nur einen nachrichtentechnischen Vorgang, sondern — in einer kulturtheoretischen Wahrnehmung — eine *ontologische Schleife*. Das eine Wirkliche wird aufgenommen und als medial Modelliertes wieder zu sich selbst in Beziehung gesetzt. Fernsehen hat dann eine seiner eigentlichsten Missionen erfüllt, wenn es das Publikum und seine Schaulust, seine Unsicherheiten und Ängste, seinen Willen zum Wissen dauerhaft über seine Vertreter, seine Agenten in den Studios mit sich selbst befriedet.

Welche Möglichkeiten hat die Kunst, auf die komplexe Visualität, die Verfügbarkeit und die Öffentlichkeit des Fernsehens zu reagieren? Ich möchte hierzu Künstler befragen, die vor allem am *Dispositiv* Fernsehen interessiert sind, sich also auf all jene Bedingungen beziehen, die das Fernsehen mit ermöglichen und die es selber mit hervorbringt.

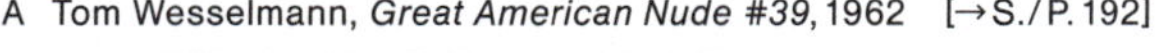

A Tom Wesselmann, *Great American Nude #39*, 1962 [→S./P. 192]

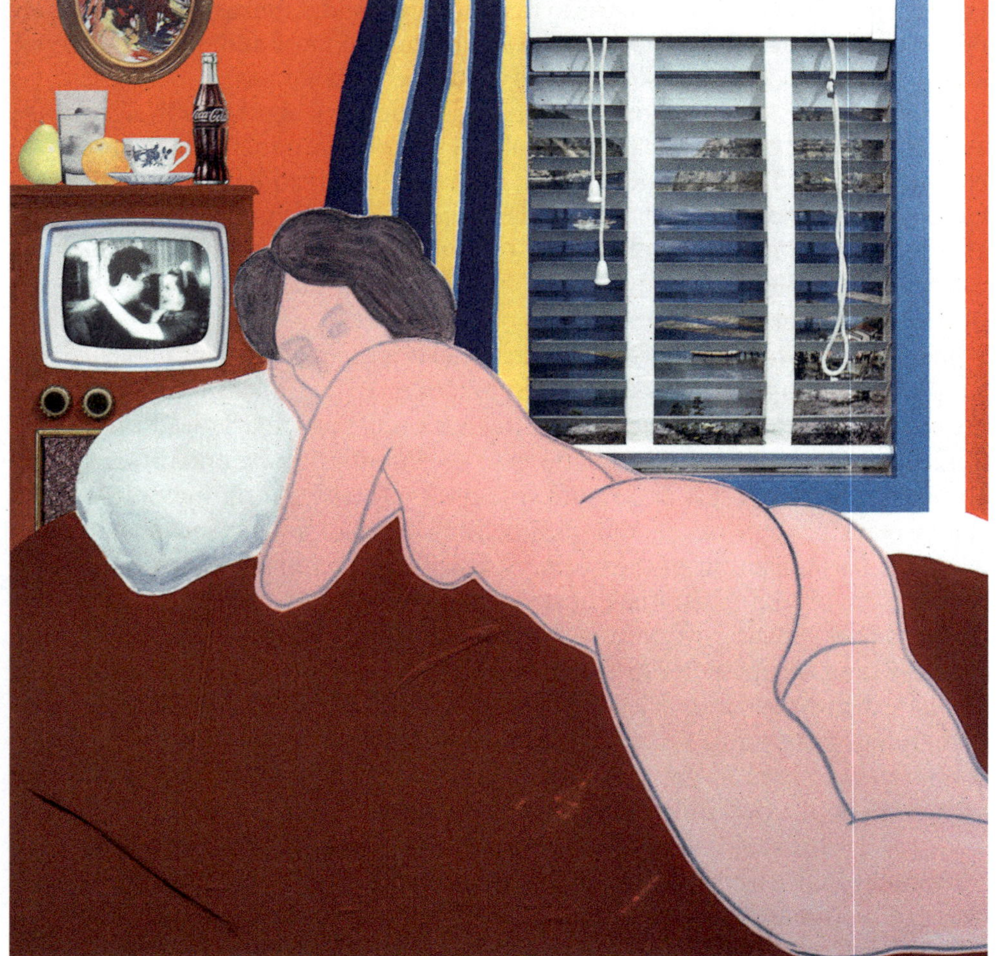

Kontextualisierung eines kalten Mediums: Tom Wesselmann

Tom Wesselmann macht einen radikalen Zugriff in seinen Serien *Still Life* und *Great American Nudes* [fig. A], die er Anfang der 1960er-Jahre beginnt. So selbstverständlich seine Interieurs erscheinen, ungewöhnlich sind sie allemal. Er praktiziert die ästhetische Aufnahme von Empfangsräumen, rekonstruiert die Interieurs im Widerschein ihrer Fernsehapparate. Wesselmann konzipiert seine Bilder als Ausschnitte von Lebenswelten; in Wohnzimmer, in Schlafzimmer lässt er die Illusion des Bildraums mit der Illusion eines mit allen Annehmlichkeiten der Moderne ausgestatteten Lebens zusammenfallen. Er lässt uns dort sein, wo wir uns jeden Tag selber vorfinden, in unserer Privatheit, mit unseren Dingen. Alle Dinge stehen angeordnet, arrangiert vor uns. In dieser ihrer Anordnung wirken sie jedoch weniger häuslich denn wie eine Ausstellung, eine tabellarische Darbietung dessen, was dieses Leben zu bieten hat, *ohne* das Leben selbst zu sein. Sie sind eben Teil eines *Still Life*, eines Stilllebens, also eines Formats, das die bildende Kunst auch zum Zwecke der Abstraktion entwickelt hat. Sie sind keine Fotografien und natürlich sind sie auch keine Wirklichkeit, sie sind Malerei, der jedoch Realität hinzugefügt wurde. Etwa die Realität der Übertragungsmedien: Der Fernseher wird Teil des Bildraums, ohne sich in ihm verleugnen zu müssen. Die Nation ist ein Kompositum aus Politik (George Washington, Abraham Lincoln), Obst, manchmal Bier, einem Fenster mit Aussicht, einem Haustier, auch mal einem banalen Heizkörper, eine Tischdecke ... und dem Fernseher. Es ist, als ob sich das Leben selbst im Fernseher abspielte beziehungsweise vergessen hat, wieder aus dem Fernseher zurückzukehren. Das Medium stört das Bild auf subtile Weise, bildet es doch jene Realität ab, die für den *homme moyen* eine viel größere Attraktivität hat als die der bildenden Kunst. Zeitgleich zur Suche nach „medialer Reinheit" (Clement Greenberg) in der Kunst als deren Voraussetzung und Legitimität, irritiert Wesselmanns Kollision figürlich-bunter Malerei mit der apparativen Impulsrealität des Fernsehens. Zudem wird auch Nacktheit in direkter Nähe zum Apparat ausgestellt: *Great American Nudes*. Das folgt der Rhetorik der Leistungsindizes einer Wettbewerbsgesellschaft: groß, größer, am größten. Insofern

which shows itself, but also representing it in its own pictorial syntaxes, albeit initially in the old types of works. Duane Hanson's *Supermarket Lady* (1969) is a motif not from an artistic viewing public but from the suburban middle-class realm of experience and its representation in mass media. But in this sculptural refiguration, the woman becomes a reality, passing through television, as it were, to enter the space of art. A similar account can be provided of the gesture made by Fluxus when it permits simple, everyday things to accrue a quality of epistemic "entertainment" in the art context. It is also possible to trace a line of flight from the event character of a 1960s performance, with its emphasis on corporeal presence and unexpected acts, to the performative and increasingly spectacle-like intrusiveness with which television programs impinge on their viewing public.

When considering all these factors, we must pay attention to the institutional force that television will establish in the course of its development. Showing and transmitting social reality implies more than just the technical procedure of news transmission. From the point of view of a theory of culture, television represents an ontological loop. A reality is recorded and modeled by the medium and put back into relation to itself. Television has fulfilled one of its innermost missions when it allows the audience itself to pacify its own curiosity, to calm its uncertainties and fears, its will to know, via its agents in the studios.

What capabilities does art have to react to television's complex visual form, to its accessibility and public openness? I want to treat this question with reference to artists whose main interest is in television as a *dispositif*, that is to say, who engage with those conditions that contribute to making television possible and which television itself contributes to bringing about.

Contextualizing a cold medium: Tom Wesselmann

Tom Wesselmann makes a radical move in his series *Still Life* and *Great American Nudes* [fig. A], which he began in the early 1960s. His interiors may appear natural at first, but they prove to be highly unusual. He performs the aesthetic appropriation of reception spaces, reconstructing these interiors in the reflected glow of their television sets. He conceives his images as excerpts from living environments, using living rooms and bedrooms as the sites of a

wirken die Bilder wie werbetechnisch illuminierte Schaufensterdekorationen. Wäre da nicht wiederum der Fernseher. Er ist zentraler Teil des Bildes, mal ist er gemalt, mal ist er als flimmerndes Realobjekt in die Malerei hineingesetzt. Es ist die Zeit des Schwarz-Weiß-Fernsehens, die Motive lassen auf Filme schließen, zumindest zeigt das Fernsehen zum Zeitpunkt der fotografischen Reproduktion der Bilder die Übertragung von Filmen oder Serien. Inmitten des Privattraums eines bunten Lebens aus amerikanisch-popkulturellen Versatzstücken wirkt die kalte Technik des Fernsehens wie etwas Fremdes, das erst an- und aufgenommen werden muss. Wenn McLuhan zuzustimmen ist, dass Fernsehen ein „kaltes Medium" ist, das angewiesen ist auf die Zuschauer, um seine karge Bildinformation zu ergänzen, zu vervollständigen, so kann Wesselmanns Serie auch verstanden werden als lebensweltliche Komplettierung des TV-Bildes. Das, was sich vor dem Apparat abspielt, ist vielleicht die Ursache und auch Legitimation dessen, was im Apparat zu sehen ist. Zu diesem Zeitpunkt war Fernsehen nicht bunt wie die Werbung in den Printmedien, aber es schuf die Voraussetzung für Buntheit. Doch warum müssen die *Nudes* nackt sein? Sie mögen kunsthistorische Verweise imitieren, doch vielleicht geht es auch um die ironische Zurschaustellung dessen, wie Fernsehen eine intime Öffentlichkeit in seiner Gegenwart ermöglicht. Was ich vor dem Apparat tue, sieht niemand außer mir, aber ich selber vermag zugleich unzählige Partikel der Welt außerhalb von mir zu sehen. Die Malerei Wesselmanns zeigt trotz eines opulenten, verführerischen Stils lapidar das, was das Fernsehen als Dispositiv mitkonstruiert—die häuslichen Bedingungen der Möglichkeit seiner Rezeption—und möglicherweise gleichermaßen zum Verschwinden bringt, die Differenz zu einem Leben außerhalb des Mediums.

Abstinenz, Hygiene und Häuslichkeit: Lee Friedlander

Lee Friedlanders Schwarz-Weiß-Fotografien der Serie *The Little Screens* [fig. B] zeigen, was der „kleine" Fernseher mit dem Lebensraum seines Publikums macht, wie er in diesem jene Richtung (hin)einsetzt, die fortan auch seinen Bewohnern Vorgabe ist. Im Wohnraum als eines unter vielen Objekt angeordnet, ist er das Einzige, das zusätzliches Leben, Zusatzleben anbietet

convergence of the pictorial illusion of space with the illusion of a life furnished with all modern conveniences. He allows us to settle into the space we find ourselves in every day: our private sphere, furnished with our private possessions. All the items are arranged and arrayed before us. The way they are ordered endows them with the appearance not so much of domestic objects as of objects in an exhibition, a tabularized display of everything life has to offer, though without being life itself. They are part of a still life, a genre developed by art for the purpose of allowing abstraction. They are not photographs and they are of course not reality; they are painting, to which, however, reality has been added. For example the reality of the medium of transmission: the television set becomes part of the pictorial space, though without having to deny itself. The nation is a composite of politics (George Washington, Abraham Lincoln), fruit, beer (occasionally), a window with a view, a pet, and sometimes a banal heater, a tablecloth ... and the television set. It is as though life itself were something that unfolded in the television set, or that has forgotten to come out of it again. The medium disturbs the image by subtle means, picturing that reality which is much more attractive to the *homme moyen*, the average person, than the reality of visual art. Wesselmann's collision of colorful, figurative painting with the electronic impulse reality of the apparatus appears at the time of the search for "media specificity" demanded by Clement Greenberg as the precondition and the justification of art. Furthermore, nudity, too, is exhibited in close proximity to the device: *Great American Nudes*. This follows the rhetoric of performance indicators in a society of competition; big, bigger, biggest. The images become like window decorations illuminated for advertising purposes. Or they would if it were not for the television set. The television is a central part of the image, sometimes painted, sometimes inserted as a real object, flickering, into the painting. It is the era of black-and-white television, the motifs suggest films; at least in the age of the photographic reproduction of images, television showed films or series. In the private space of a colorful life of fragments from American pop culture, the cold technique of television has the air of something foreign that needs first to be accepted and taken on board. If McLuhan is right about television being a "cold medium" that depends on the viewers to complete its meager pictorial information, then Wesselmann's series can also be understood as completing television by giving it expression

2 John Hartley, „Die Behausung des Fernsehens. Ein Film, ein Kühlschrank und Sozialdemokratie", in: Ralf Adelmann u. a. (Hg.), *Grundlagentexte zur Fernsehwissenschaft: Theorie – Geschichte – Analyse*, Konstanz 2002, S. 262.

3 Ebd., S. 263.

oder ein Leben mit Bildobjekten, die jederzeit in ihm zur Verfügung stehen. Seine Apparatur geht notwendige Allianzen ein mit den vorhandenen Möbelstücken, sie glücken nicht immer. Er benötigt nun einmal einen erhöhten Ort, eine Blickfreiheit, eine Nähe zum Mitbewohner und seinen Sitzmöbeln.

Friedlanders Fotoapparat zeigt, vergleichbar der oben skizzierten Geste der jeweiligen Sendungen, ein Interieur, er bezeugt eine Szene in ihren Funktionen — ein Wohnzimmer, ein Arbeits- oder Schlafzimmer, ein Bad — und mit ihren Akteuren, den Möbeln, Dingen und dem Fernseher, zeigt zudem, dass sich mit dem Apparat eine eigentümlich helle Flächigkeit dem Raum und dem Blick aufdrängt, die auf Lebendiges verweist beziehungsweise dieses verkörpert, aber eben im Zustand einer anderen ontologischen Qualität. Somit wirken die ausgestrahlten Gesichter oder auch Körper eher bildhaft denn organisch, als wären sie immer schon Teil des Mediums gewesen. Dieser Gestaltwechsel entspricht in gewisser Weise jenem Prozess, der von der Fotografie initiiert wurde: dem Wechsel des Aufgenommenen in sein Bildobjekt-Sein und das fortan in zweifacher Weise Existieren, organisch und bildhaft. Somit mag Friedlander hier auch an einer doppelten, ja mehrfachen Befragung des Gestaltwechsels Interesse haben, seine Fotografien verdoppeln eine Szene, die wiederum vom Fernseher (oder von den Spiegeln, die auffallend oft mitspielen) verdoppelt wird. Diese Arbeit macht zudem klar, dass die Fotografie sich ausgezeichnet dafür eignet, immer wieder als nachträglich-letztes und in ihrer Funktion als erstes Aufzeichnungsmedium Verwendung zu finden: Alle Bewegtbilder des Fernsehens lassen sich in ihrem fotografischen Ab- und Ausdruck sehr präzise, quasi synthetisch fixieren.

Wesselmann und Friedlander arbeiten in ihren Serien auf je unterschiedliche Weise einer Voraussetzung des Fernsehens zu, setzen diese ins Bild: „Was gebraucht wurde, bevor das Fernsehen als ein häusliches Medium erfunden werden konnte, war ‚Zuhause'. Fernsehen war ein Wohnzimmer-Medium, aber viele arbeitende Menschen hatten kein Wohnzimmer."[2] John Hartley beschwört die „Ideologie der Häuslichkeit, die ihr Vergnügen dort sicherstellt und nicht auf der Straße, im Pub, im Kino, im Varieté ... oder gar im Bordell oder im Kommunismus. Um diese Bedingung in der Praxis zu erfüllen, muss jedes Heim einen Kühlschrank besitzen."[3] Ausgehend von dieser Technik und ihrer Anwesenheit als Konsumptionsaggregat,

in artifacts of everyday life. The happenings in front of the set are perhaps the cause and also the justification of what is shown on it. At that time, television was not colored, like print advertising, and yet it created the precondition for colorfulness. But why do the *Nudes* have to be nude? They may be imitating models from art history, but it may also be the ironic exhibition of how the presence of television makes possible an intimate publicness. What I do in front of the set is seen by no-one but myself, but at the same time I can see countless particles of the outside world. Despite their opulent, seductive style, Wesselmann's paintings show succinctly the domestic conditions of the possibility of television's reception — the difference to life outside the medium, which television as a dispositif contributes to establishing, and to perhaps the same degree causes to disappear.

B Lee Friedlander, *The Little Screens*, 1961–70 [→ S. / P. 117]

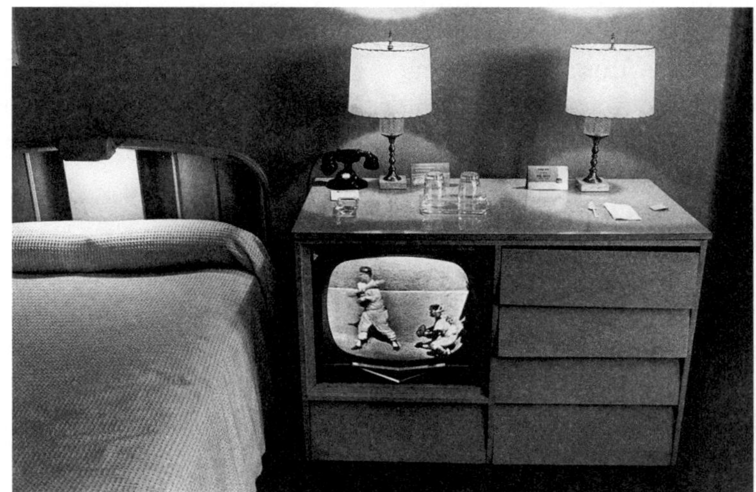

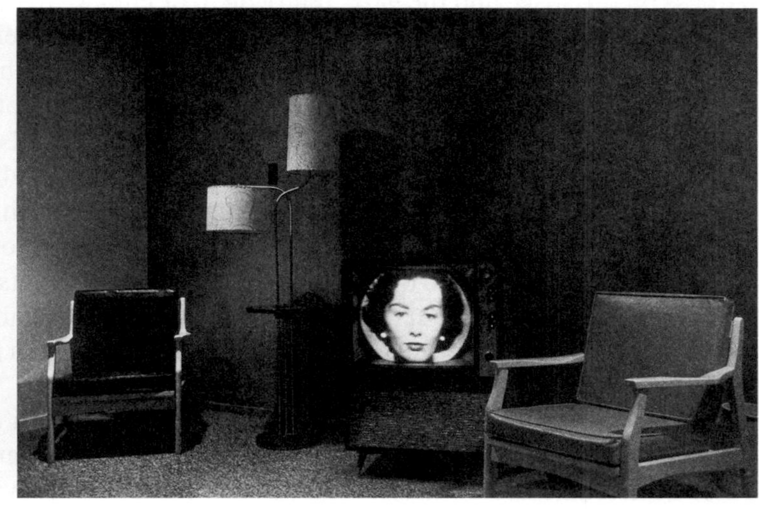

wird das Zuhausesein attraktiv, so wie in seiner Folge der Fernseher. Zudem demonstrieren jene Bilder Friedlanders, die den kleinen Apparat gleich neben einem klobigen Heizkörper zeigen, seine enge Verwandtschaft mit anderen Übertragungstechniken, die je unterschiedliche Bedürfnisse befriedigen. Aber auch die Fotografien, die außer dem Fernsehzimmer noch das geöffnete Bad zeigen, machen eigentümlich schnell klar, dass „Abstinenz, Hygiene und Häuslichkeit" eine idealtypische Verbindung eingehen.[4] Friedlanders Interieurs sind indessen eben oftmals gerade keine Privaträume, sondern Hotelzimmer, die ihre Anmutung aus einer verdichteten, kleinbürgerlichen, jedoch auch migrierten Lebenswelt gewinnen: alles ist da, auch der Kühlschrank, nur eben „enteignet". Möglicherweise spricht hier Adornos Diktum mit, dass sich in der Gegenwart eigentlich nur mehr im Hotel wohnen lässt, um „aus den aufgezwungenen Bedingungen der Emigration die lebenskluge Norm" zu machen.[5]
Diese leicht begehbare Zukunft des Wohnens scheint mit dem assoziierbar, was sich als Fernsehbild zeigt. Das Motiv auf dem Bildschirm ist oftmals die Großaufnahme eines Gesichts, als ob diese Köpfe, *talking heads* genannt, mit dem Bewohner, der Bewohnerin ein Gespräch suchten, oder aber gar nicht auf eine Einladung warteten, sondern direkt begännen, dem Zuschauer ihre Anwesenheit aufzudrängen. Vielleicht ist es ja auch so, dass all jene, die einst dort in diesen Hotelzimmern lebten, nun plötzlich entrückt sind, ihre Existenz im TV als eine Art Raumgedächtnis fortsetzen, nur mehr aus ihm heraus ihr alltägliches Leben wohnend teilen können?

Grammatik der Affekte: Julian Rosefeldt

Stanley Cavells Suche nach der *Tatsache des Fernsehens* ist eine Suche nach „der ästhetischen Bedeutung von Fernsehen", nach dem, „wie das Fernsehen sein Medium enthüllt".[6] Im Gegensatz zur Konzentration auf Einzelwerke oder Verkörperungen, wie sie in der Malerei oder im Kino üblich ist, gilt für das Fernsehen das Verständnis der „Sendung als solcher" und als seine materielle Basis ein „Strom simultaner Ereignisrezeptionen".[7] Cavell begreift die Wahrnehmungsform, die dieser materiellen Basis entspricht, als die Wahrnehmung des Überwachens (*monitoring*): „Seine erfolgreichen Formate können als Offenbarung (Anerkennung) der Voraussetzung des Überwachens verstanden werden."[8] Ein wichtiges Format nun sind die

4 Ebd., S. 272.

5 Theodor W. Adorno, *Gesammelte Schriften*, Bd. 4, *Minima Moralia. Reflexionen aus dem beschädigten Leben*, Frankfurt a. M. 1980, S. 42.

6 Stanley Cavell, „Die Tatsache des Fernsehens", in: Adelmann u. a. (Hg.) 2002 (wie Anm. 2), S. 142.

7 Ebd., S. 144.

8 Ebd.

Temperance, hygiene, and domesticity: Lee Friedlander

Lee Friedlander's series of black-and-white photographs *The Little Screens* [fig. B] shows how the "little" television affects the living environment of its viewers, and how it dictates the direction they now have to follow. In the living room the television is one object among many, but it is the only one to provide additional life, a life with pictorial objects that it commands at will and at any time. Its system must enter into alliances with the rest of the furniture and these alliances do not always succeed. It needs to be placed at a certain height, the view must be unobstructed, and it must be close enough to its coinhabitants and their seating arrangements.
Friedlander's camera shows interiors in way that testifies to their respective functions: a living room, a study or bedroom, a bathroom, and with its protagonists: the furniture, objects, and the television set, while also demonstrating the fact that the device imposes a peculiar bright flatness on the space and the gaze, referring to or embodying something living but in a different kind of ontological state. As such, the faces or bodies being broadcast appear pictorial rather than organic, as though they had always been part of the medium. This shape-shifting corresponds in a certain way to the process, begun by photography, of metamorphosing the thing photographed into a pictorial object that then leads two lives, an organic one and a pictorial one. So Friedlander may be interested in a double or even multiple querying of shape-shifting when his photographs duplicate a scene that is in turn duplicated by the television (or by the conspicuously frequent mirrors). His work also demonstrates that photography is ideally suited to being reused again and again in its function as the first recording medium but which subsequently proved also to be the last: all the moving images from television can be very precisely fixed, synthetically, so to speak, in their photographic impression and expression.
In their various series, Wesselmann and Friedlander deal in different ways with one of the preconditions of television and transfer it to the image: "What was needed, before television could be invented as a domestic medium was 'the home.' TV was a lounge-room medium, but

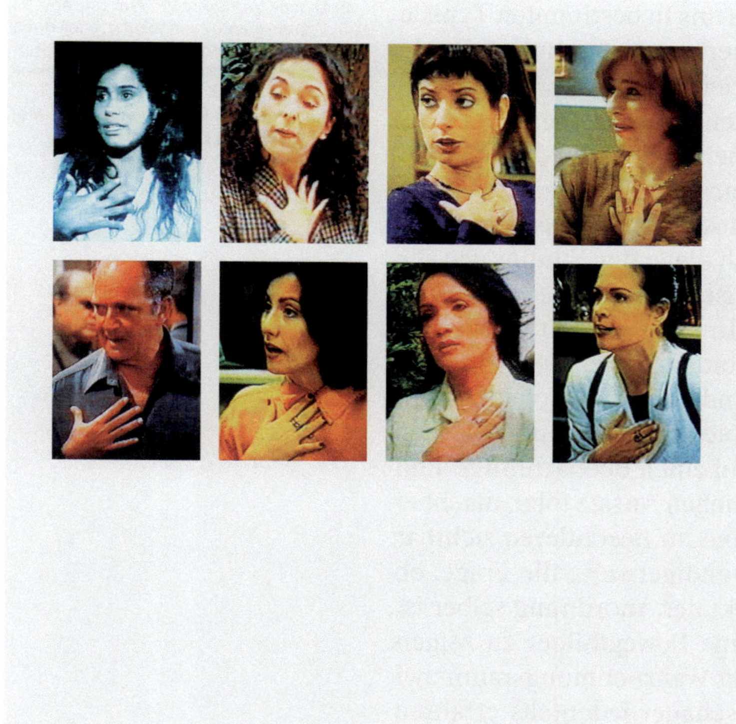

C Julian Rosefeldt, *Soap Sample IX*, 2000–01 [→S./P. 314]

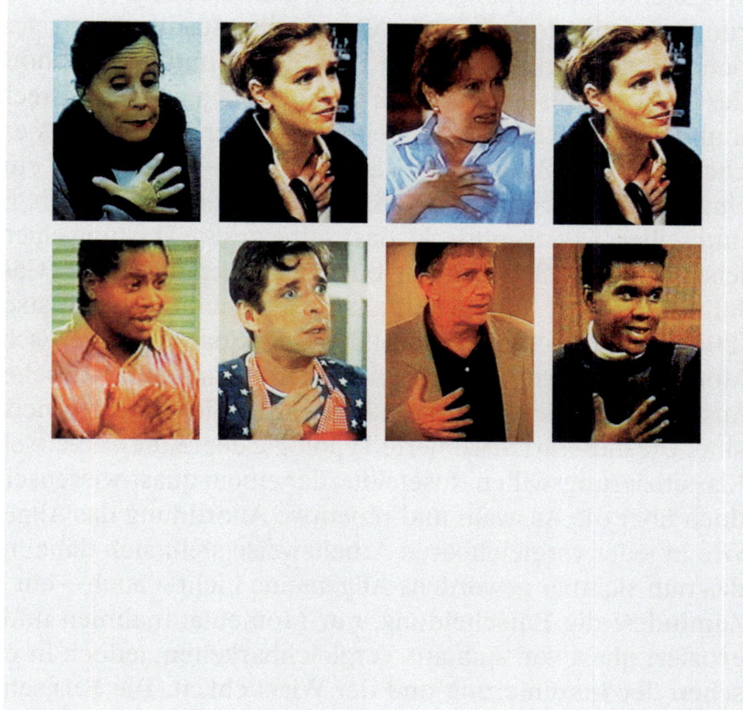

D Julian Rosefeldt, *Soap Sample VIII*, 2000–01 [→S./P. 313]

Soaps und ihre Derivate. Mit dem Vokabular von Cavell lässt sich die Vermutung formulieren, dass die in vielen dieser Serien ausgestellten Charaktere weder bestimmte, Ideen verkörpernde, ideelle Figuren sind wie im Kinofilm noch exemplarische, also an der Allgemeinheit orientierte Figuren wie in jenen Formaten, die man Fernsehspiele genannt hat. Vielmehr sind die Darsteller, ihre Rollen in den Soaps und anderswo im zeitgenössischen Fernsehen „exponentielle Individuen", Individuen also, die sich in ihrem Verhalten und in ihren Wünschen im

many working people didn't have a lounge."[2] John Hartley invokes "an 'ideology of domesticity' which would *maintain* their pleasures there, rather than in the street, pub, cinema, music-hall ... or even in brothels or communism. For the above conditions to be met in practice, every home had to have a refrigerator."[3] Due to this technology and its presence as an aggregate of consumption, being at home becomes attractive, and accordingly so, too, does television. Moreover, Friedlander's images showing the little appliance next to a chunky heater demonstrate its close affinity with other techniques of transmission, which each fulfill various needs. But even the photographs that show not only the television room, but also the open bathroom, have a peculiar way of quickly making clear that "temperance, hygiene, and domesticity" enter into a paradigmatic connection.[4] Friedlander's interiors are often not entirely private spaces but rather hotel rooms, the appearance of which derives from a concentrated, lower middle-class, but also migrated living environment. It's all there, even the fridge, but "expropriated." It may be Adorno's dictum speaking here: that in the present time we can only live in hotels, in order to obtain "a worldly-wise norm from the forced conditions of emigration."[5]

This walk-in future of living appears to be associable with what the television image shows. The motif on the screen is often the close-up of a face, as though these talking heads were seeking conversation with the inhabitant, or rather were not waiting to be invited in at all but simply imposing their visit on the viewer. Is it perhaps also the case that all those who once lived in these hotel rooms are now suddenly drawn into the television set, continuing their existence there as a kind of spatial memory, sharing their everyday lives from within it?

Grammar of the affects: Julian Rosefeldt

Stanley Cavell's search for the *Fact of Television* is a search for "the aesthetic interest of television," for "television's way of revealing its medium."[6] In contrast to the concentration on individual works or embodiments, as is usual in painting or cinema, in television's case, what applies is the understanding of the "program as such" and, as its material basis, "a current of simultaneous event reception."[7] Cavell understands the form of perception corresponding to

2 John Hartley, *Uses of Television* (London: Routledge, 1999), 99.

3 Ibid.

4 Ibid., 102.

5 Theodor W. Adorno, *Gesammelte Schriften*, vol. 4, *Minima Moralia. Reflexionen aus dem beschädigten Leben*, (Frankfurt am Main: Suhrkamp, 1980), 42.

6 Stanley Cavell, "The Fact of Television," *Daedalus*, vol. III, no. 4 (Fall, 1982): 75–96, here 84.

7 Ibid., 85.

Vergleich zu uns exponentiell überzogen verhalten. Wir erkennen uns in bestimmten Typisierungen wieder, jedoch ist der dargestellte Ausdruck stets gesteigert oder vermindert. Das in den Soaps erspielte und in den Talk-, Game- und Reality-Shows gelebte Sich-selber-Ausstellen des Individuums ist Ausdruck all jener Subjektivierungstechniken, die neo-liberale Lebens- und Arbeitsverhältnisse begleiten. Hier bereitet sich das exponentielle Individuum—gleichermaßen als Akteur und als Zuschauer—darauf vor, eine paradoxe Existenz zwischen Ungewissheit, Kontrolle und Selbstermächtigung zu leben. Es ist so, als habe das Fernsehen nun selber für sich entdeckt, dass seine größte Leistung eigentlich die in den Studios gewährleistete (Selbst-)Beobachtung oder Überwachung seiner „Gäste" ist.
Julian Rosefeldt folgt gleichfalls einem Sendungsbewusstsein. In seiner Arbeit *Global Soap* (2000—01) [fig. C+D] sind Einzelbilder aus Soaps nach gestisch-habitualisierten Formeln ihrer Motive in Rastern geordnet und seriell versammelt.[9] Zu sehen sind also Schauspieler, deren Ausdruck und Gestik vermeintlich universalen, da sich wiederholenden Codes unterworfen sind. Die dieserart inszenierte Typologie der *characters* verweist auf einen Beobachtungs- und Klassifizierungswillen Rosefeldts, der einem quasi-wissenschaftlichen Ansatz folgt, macht er doch über die Auswahl und repetitive Anordnung das Allgemeine im Besonderen sichtbar. Wie in jeder vergleichbaren Arbeitsweise stellt sich dabei notwendigerweise die Frage, ob das nun sichtbar gewordene Allgemeine nicht—auch—ein Effekt der Anordnung selber ist. Zumindest die Entscheidung, nur Momentaufnahmen und keine Bewegtbilder zu zeigen, evoziert quasi von sich aus Vergleichbarkeiten, jedoch in einem Wahrnehmungsraum zwischen der Inszenierung und der Wirklichkeit. Die Fernseh-Zuschauer jedenfalls erfahren anderes und vermutlich auch für sie Attraktiveres als die Reduktion auf eine Grammatik der Affekte. Überdies ist auch hier die oben skizzierte ontologische Schleife zu beobachten. Aus der Annahme, dass Serien dieser Art an der Darstellung exponentieller Individuen-Porträts interessiert sind, folgt, dass die einzelnen Sendungen die Aufgabe übernehmen, den Zuschauern ihre—überhöht-inszenierten—habitualisierten Ausdrucksformen *zurückzugeben*. Mit Cavell soll also das von Rosefeldt in der Tradition einer Found-Footage-Ästhetik zum Sprechen verführte Material gleichfalls als Resultat einer kontrollierenden und überwachenden Wahrnehmung hier wie dort, mit dem Massenmedium und mit der Kunst, verstanden

9 Dieses Verfahren ist dem von Aby Warburg entgegengesetzt, wird doch dessen – ikonologischer – Wunsch einer enzyklopädischen Typologisierung etwa von Gesten mit völlig heterogenem Material aus Kunst wie Populär- und Gebrauchsmedien realisiert.

this material basis as the perception of monitoring. He writes: "Its [television's] successful formats are to be understood as revelations (acknowledgments) of the conditions of monitoring."[8] The soaps and their derivatives are important genres. In Cavell's vocabulary, the surmise can be formulated that the many characters displayed in these series are neither specific, ideal figures embodying ideas, as in cinema, nor exemplary ideal figures oriented on general norms, such as in the television drama. Instead, both the actors and the characters they play in the soaps and elsewhere in contemporary television are *exponential Individuals*, in other words, individuals whose conduct and wishes are exponentially exaggerated in comparison to ours. We recognize ourselves in certain characterizations, but the expression is always heightened or minimized. In the soaps, talk shows, game shows, and reality shows, the way the individuals play at self-exhibition is the expression of all those techniques of subjectification that go with life and work in neo-liberalism. The exponential individual prepares himself, both as actor and viewer, for a paradox existence between uncertainty, control, and self-empowerment. It is as though television had found out that its biggest achievement is the (self-)observation, the monitoring of its studio "guests."
Julian Rosefeldt is also filled by a sense of mission. In his work *Global Soap* (2000—01) [figs. C+D], single shots from soaps are arranged on a grid according to their habitual, gestural formulas.[9] We see actors whose expression and gestures lay claim to universality by virtue of reiterating codes. The taxonomy of characters indicates Rosefeldt's drive to classify observations in an almost scientific manner, rendering the general visible in the particular by means of selection and the element of repetition within the layout. As in any comparable procedure, the question that must be asked is whether the general that has been made visible is not, at least in part, an effect of the taxonomy itself. At the very least, the decision to only show stills and no moving images tends to invite comparison, albeit in a perceptual space between the mise-en-scène and reality. The television viewers, at any rate, experience something else that presumably for them, too, is more attractive than the reduction to a grammar of the affects. Furthermore, we must also take account here of the above-mentioned ontological loop. From the premise that series of this kind are concerned with the presentation of exponential individual portraits, it follows that the individual programs take on the task of *restoring* to the

8 Ibid. 86.

9 This method is the opposite of Aby Warburg's, whose iconological desire for an encyclopaedic typologization of gestures, for example, is achieved with absolutely heterogeneous material from art and commercial-popular media.

werden. Jedenfalls wird der Betrachter im Galerieraum gleichermaßen in die Position einer beobachtenden, schließlich sich selbst überwachenden Instanz versetzt. Hier wird auch jene Unterscheidung von Cavell relevant, die Serialität und Ästhetik dieser Sendungen mit dem „Genre-als-Medium" gleichzusetzen—im Gegensatz zu jenen Serien, wie sie im Kino, aber auch in der Kunst zum Tragen kommen und die das „Genre-als-Zyklus" befördern, also mit hohem Ordnungssinn stets interessiert sind an der Hervorbringung von Neuem aus Seriellem.[10] Das Genre-als-Medium hingegen erfreut sich gerade am Wiederholen des Alltäglichen—als Redundantes wie auch als Kontingentes—aus dem Bewegungsgesetz des Mediums selbst heraus. Rosefeldt scheint also das dem Medium eingeschriebene Dispositiv der Überwachung mit einem kunsthistorisch-ikonografischen Kontroll-Habitus fortsetzen und auf diese explizite Weise das herausarbeiten oder ausstellen zu wollen, was sich tagtäglich in der Fernsehrezeption implizit ereignet, die exponentiell-formelhafte (Selbst-)Darstellung des spätmodernen Menschen. Insofern folgt seine Kunst gleichfalls einer Sendungslogik, die darin liegt, den Betrachter der Fotografien über die ästhetisch-kontrollierte Inszenierung von Soap-Sendungen mit sich selber in Kontakt zu setzen.

Studio: Yvon Chabrowski, Caroline Hake

Die Herstellungsräume der Kunst und die des Fernsehens haben eine gemeinsame begriffsgeschichtliche Wurzel. Man spricht ab der frühen Neuzeit vom „Studio" des Malers und meint damit jenen Raum, der es dem Künstler ermöglicht, seine Arbeit umzusetzen. Arbeits- und Schutzraum gleichermaßen, bietet das Studio jene Werkstatt- und Lichtverhältnisse, die Voraussetzung sind für die Arbeit am Bild, zugleich entzieht es sich den Blicken von außen, ermöglicht Werke in Abgeschlossenheit und Konzentration.[11] Eine jede Malerei wird stets auch aus dem Inspirations-, Denk- und Konstruktionsraum des Studios, des Ateliers heraus entworfen. In ihm versammeln sich, ähnlich wie im Raum der Kartografen, alle möglichen sinnlichen Daten der Außenwelt, ihre Analyse und Rekombination in ein Bild bedarf einer Abwendung vom Außen, einer Besinnung des Malers auf seine stilistische Grammatik, seine Techniken und Visionen, die allemal aus dem „Inneren" und „Innen" hervorgehen.[12] Zudem

10 Cavell 2002 (wie Anm. 6), S. 132–133.

11 Der Begriff *Studio*, in dieser Bedeutung zunächst vor allem im englischen Sprachraum verwendet, ist das Äquivalent des französischen *atelier*. Abgeleitet ist das Wort vom lat. *studium*, das sich dann in dem italienischen Architekturbegriff *studiolo* wiederfindet und zunächst einen Arbeitsraum für Gelehrte meint, in welchem Studien vorgesehen sind.

12 Siehe auch Marc Ries, „Studiose Welten. Zur Logik eines Raumes", in: Barbara Büscher, Verena Elisabet Eitel und Beatrix von Pilgrim (Hg.), *Raumverschiebung: Black Box – White Cube*, Hildesheim 2014, S. 201–210.

viewers—in heightened, staged form—their habitual forms of expression. Thus, the material seduced into speech by Rosefeldt, operating within the tradition of a found footage aesthetic, should equally be understood as the result of a monitoring perception, to use Cavell's terminology, at work in both the mass medium and in art. In any case, the viewer in the gallery space is made into both an observing and ultimately self-monitoring entity. This makes pertinent the distinction made by Cavell when he equates the seriality and the aesthetic of these programs with the "genre-as-medium," in opposition to those series in cinema as well as in art that promote "genre-as-cycle," that is, those with a strong sense of order and an interest in producing novelty from the serial.[10] The genre as medium, on the other hand, enjoys repeating the everyday—both as redundancy and as contingency—out of the medium's own law of motion. So Rosefeldt seems to want to prolong the dispositif of surveillance written into the medium with a gesture of art-historical and iconographical control, and in this explicit way to bring out and exhibit what occurs implicitly in everyday television viewing: the exponential, formulaic presentation and self-presentation of man in the late modern age. As such, his art likewise follows a logic of the mission by connecting the observer of the photographs to himself via the aesthetically controlled staging of soaps.

Studio: Yvon Chabrowski, Caroline Hake

The names for the production spaces of art and television have the same derivation. From the early modern period there is talk of the painter's "studio," meaning the space enabling the artist to produce work. Both a workspace and a protected space, the studio provides the necessary working and lighting conditions for the making of pictures and at the same time shuts out the view from outside, thus allowing work in isolation and concentration.[11] All painting is conceived in the studio as the space of inspiration, thought, and construction. The studio, like the space of the cartographer, is the place where all kinds of sensory data from the outside world are collected. In order to be analyzed and recombined in an image, this data requires turning away from the outside, so that the painters reflect on their stylistic grammar, their techniques, and their visions, which must always come from "inside."[12] The studio itself

10 Cavell 1982 (see note 6), 82.

11 It is derived from the Latin *studium*, which reoccurs in the Italian architectural term *studiolo*, originally meaning a workspace for scholars producing written works.

12 See also Marc Ries, "Studiose Welten. Zur Logik eines Raumes," in *Raumverschiebung: Black Box–White Cube*, ed. Barbara Büscher, Verena Elisabet Eitel, and Beatrix von Pilgrim (Hildesheim: Georg Olms, 2014), 201–210.

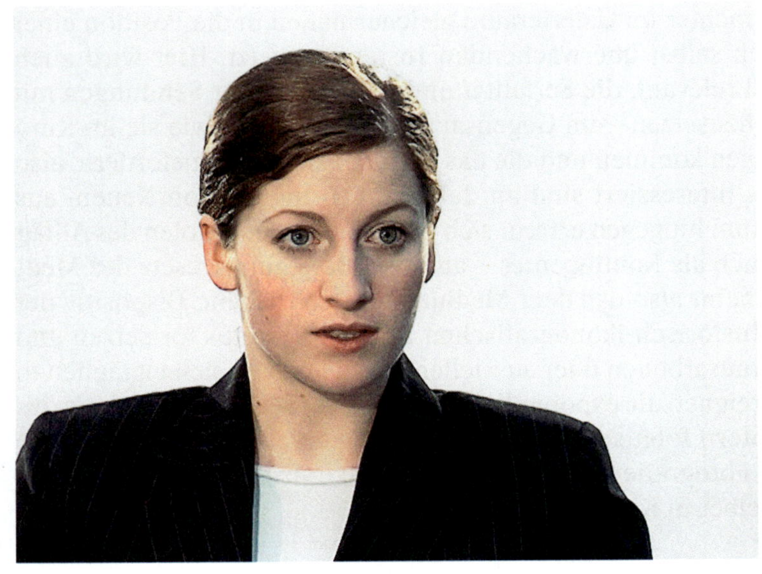
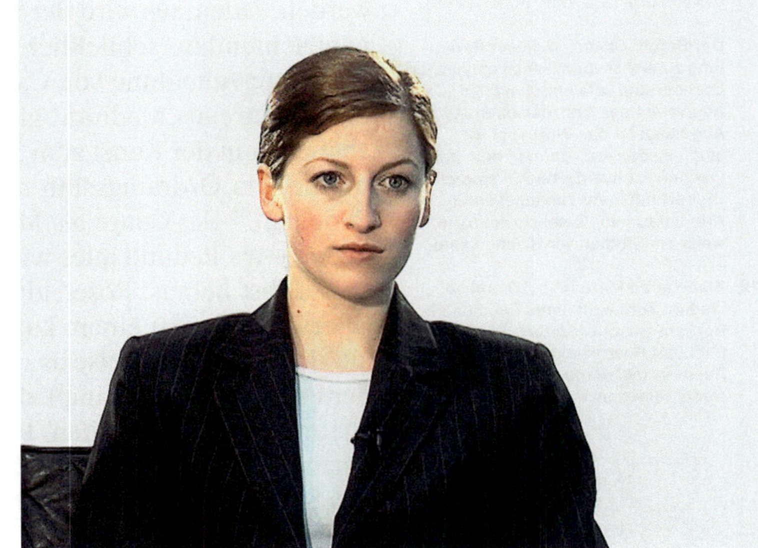

E Yvon Chabrowski, *An Interview with H.R.H. The Princess of Wales*, 2008 [→S./P. 233]

wird das Studio selber zum Motiv der Malerei, zunächst in seiner Funktion als Arbeitsraum für Gelehrte, die ja auch seiner ursprünglichen Denomination als „Studierraum" entspricht, etwa in dem Bild von Domenico Ghirlandaio, *Hl. Hieronymus im Gehäuse* (1480). Sodann, und in Ausbildung eines eigenen Genres im 19. Jahrhundert, wird es zum Begriff für jenen Raum, in dem das Bild selber hergestellt wird, selbstbezügliche Bilder entstehen, in denen das Studio zugleich als Produktions- und Bildraum figuriert. Gustave Courbets *Das Atelier des Künstlers* (1855) ist nicht zuletzt deswegen so bedeutungsvoll, weil sich in diesem Raum tatsächlich viele unterschiedliche Menschen vorfinden, die in Beziehung zum Maler und seinen Bildern stehen, also als potenzielle Sujets mit dem Akt des Malens und den Bildern selber zusammentreffen. Courbets Ausspruch: „Die Welt kommt in mein Atelier, um sich malen zu lassen" [13], lässt sich weit nach vorne in die Mitte des 20. Jahrhunderts projizieren, wo sich nunmehr die

13 Bezeichnend ist, dass das Atelier als Motiv der Malerei erst relativ spät auftritt und der Produktionsraum vermutlich dann erst als motivisches Raumbild interessant wird, als er sich bereits in einer ersten kritischen Phase befindet, im hochindustrialisierten 19. Jahrhundert, und zur Zeit als Thema, möglicherweise aus Gründen der Remythologisierung, in diversen Ausstellungen wiederentdeckt wird.

also became a subject of painting, at first in its function as a workspace for scholars in accord with its initial meaning as study room, for example in Domenico Ghirlandaio's *Saint Jerome in His Study* from 1480. When the studio emerged as a motif in its own right in the 19th century, it became the model for the space in which the image itself is produced—self-referential images were made in which the studio figures as both production and pictorial space. Gustave Courbet's *L'Atelier du peintre* from 1855 owes much of its importance to the fact that it features so many people who stand in relation to the painter and his paintings, converging, as potential subjects, with the act of painting and with the paintings themselves. Courbet's claim that "C'est le monde qui vient se faire peindre chez moi" [13] can be projected far off into the mid-20th century, where the television studios now "open up," initially gathering together television protagonists, experts, politicians, and other important persons, then increasingly taking in *l'homme moyen* and *la femme moyenne*, the average man and woman, asking them questions, putting them on stage, exhibiting them.[14] The difference to painting is that the space itself in which audiovisual objects are produced and transmitted to the viewers becomes an important point of reference. Not only are the viewers, via their representatives, copresent in the studios, they are also inducted, seduced, again and again, into television's own suggestive audiovisual movement as their substitute habitat, where they can take part in the world together with the moderators, who, as Cavell points out, they subject to monitoring. The studio becomes the only stable point in the run of the world. No place is more secure and shielded than the newsroom, where the reporters, with their analytic knowledge, and the political decision makers take us by the hand and keep us at a safe distance from wars, catastrophes, and crises. Here, we can repose in calm and relaxation while adding a "something" to our experience without becoming entangled in any particular event.

Yvon Chabrowski's video piece *An Interview with H.R.H. The Princess of Wales* (2008) [fig. E] is also an exciting work from the point of view of television theory. A woman, who in earlier times would certainly have been translated into representative images by a large number of portrait painters in studios or similar settings—that is to say, in silence—now finds herself in a living room, "at home," giving the BBC an interview. For the interests of television it is naturally not enough to make a maximally representative presentation of a spectacular

13 "The whole world comes to my studio to be painted." It is indicative that the studio emerged relatively late as a motif in painting, and that this production space presumably became interesting as a spatial image only after finding itself in its first critical phase, in the highly industrialized 19th century. It is now being rediscovered as a subject, as various exhibitions testify, possibly because it is once again being enveloped in myth.

14 This process of gathering and collecting corresponds to the other function of the studios that also came about in the early modern period: "In a process of opening to the outside, the *studiolo* changed both its functions and its meanings. The lonely cell became a collection space. Collectibles were appropriated, ordered, and designed. Directed outward, it become at the same time a place for producing and transmitting knowledge. The collector was here user and transmitter in one. The interaction between the space and the objects became the ideal condition for the presentation of the collection." Isabella d'Este's *studiolo* may serve here as model. See Tiziana Romelli, "Bewegendes Sammeln. Das *studiolo* von Isabella d'Este und das *petit cabinet* von Margarete von Österreich im bildungstheoretischen Vergleich" (2008); http://edoc.hu-berlin.de/dissertationen/romelli-tiziana-2008-07 03/PDF/romelli.pdf, p. 10 [accessed May 10, 2015].

Studios der Fernsehsender „öffnen" und zunächst Fernsehakteure, Experten, Politiker und wichtige Personen versammeln, um dann immer mehr den *homme* und die *femme moyen(ne)* aufzunehmen, sie zu befragen, sich inszenieren zu lassen, sie auszustellen.[14] Der Unterschied zur Malerei ist nun der, dass der Raum der Hervorbringung audiovisueller Objekte und ihrer Übertragung für die Zuschauer zu einem wichtigen Referenzraum wird. Nicht nur sind sie über ihre Vertreter in den Studios mit anwesend, sie werden auch in der dem Fernsehen eigenen, suggestiv audiovisuellen Bewegung stets von Neuem in das Studio als ihr Ersatzhabitat ge/verführt, können dort gemeinsam mit den Moderatoren teilnehmen an der Welt, sie, wie mit Cavell ausgeführt, einem *monitoring* unterwerfen. Das Studio wird zum einzigen stabilen Orten im Weltgeschehen, nirgendwo ist man geschützter und aufgehobener als in den Nachrichtenstudios, in denen das analytische Wissen der Reporter und die politischen Entscheidungsträger in sicherer Distanz zu den referenzierten Orten der Kriege, Katastrophen, Krisen uns an die Hand nehmen, wo wir still, entspannt „etwas" unserer Erfahrung aneignen können, ohne in eine bestimmte Handlung verstrickt zu werden.

Die Videoarbeit von Yvon Chabrowski, *An Interview with H.R.H. The Princess of Wales* (2008) [fig. E], ist auch fernsehtheoretisch ein aufregendes Werk. Jene Frau, die in früheren Zeiten sicherlich von vielen Porträtmalern repräsentativ im Atelier oder in atelier-ähnlichen Situationen — und zwar stumm — in Bilder übersetzt worden wäre, befindet sich in dem von Chabrowski zitierten Interview in einem Salon, also „zu Hause", und gibt BBC ein Interview. Natürlich genügt den televisuellen Interessen nicht nur eine möglichst repräsentative Darstellung einer spektakulären aristokratischen Macht- und Leidensfigur. Die Princess of Wales muss sich weitgehend als Frau mit eigenen Empfindungen und Selbstkommentaren präsentieren, also vor allem ihr Menschsein zeigen — oder simulieren —, dabei aber auch die Medien selber, also die, die ihr jene enorme Reputation verschafften, kritisieren. Chabrowskis Inszenierung setzt nun eine die Princess imitierende Schauspielerin in einen vollkommen weißen, requisiten-, also referenzlosen Raum, in welchem nach dem Wechsel von der halb-nahen Einstellung in die Totale auch einzelne technische Elemente zu sehen sind. Das Studio ist ein völlig neutralisierter, ein der Technik entsprechend affektloser Raum, in welchem das „Material", die Körper aus der Außenwelt, sukzessive eine fernsehgemäße Form annehmen, in eine Regenese

14 Dieser Prozess der Ver/Sammlung entspricht jenem anderen Funktionszusammenhang des Studios, der gleichfalls zu Beginn der Neuzeit sich einstellt: „In einem Prozess der Öffnung nach außen veränderten sich die Funktionen sowie die Bedeutungen des *studiolo*: Aus der einsamen Zelle wurde ein Sammlungsraum. Dafür wurde angeeignet, geordnet und gestaltet. Nach außen gerichtet, wurde es zugleich auch zum Ort der Wissensproduktion und der Wissensvermittlung. Der Sammler war hier Nutzer und Vermittler in einem. In einer Wechselwirkung zwischen Raum und Objekt wurde die ideale Bedingung für die Zurschaustellung der Sammlung geschaffen." Exemplarisch das *studiolo* von Isabella d'Este; siehe dazu Tiziana Romelli, „Bewegendes Sammeln. Das *studiolo* von Isabella d'Este und das *petit cabinet* von Margarete von Österreich im bildungstheoretischen Vergleich" (2008), http://edoc.hu-berlin.de/dissertationen/romelli-tiziana-2008-07 03/PDF/romelli.pdf, S. 10 (abgerufen am 10.5.2015).

figure of aristocratic power and suffering. The Princess of Wales must, to a large extent, also present herself as a woman with real feelings and capable of commenting on herself. She must above all show her humanity, or at least simulate it and at the same time criticize the media that has made her reputation. Chabrowski's dramatization places an actress playing the princess into a completely white room devoid of props and thus of reference. After a cut from a half close-up to a long-shot we also see single bits of technical equipment. The studio is a neutralized space; it has become emptied of emotion, just like the technology in which the "material," the bodies from the outside world, gradually assume a telegenic form, being regenerated within the stylistic grammar of the medium. The fictional dialogue becomes visible and legible as part of a cultural machine, emphasizing the entanglements of the different individuals in public discourses and politics and thus in the media. The actress, who overtly reads parts of the princess's speech from notes, imitates her gestures and expressions, and with this reenactment, which plays with the conditions of its own medium, creates a peculiar, paradoxically erotic distance. The actress's other face is akin to the nimbus of its archetype, the reading is reminiscent of the medium's casting shows, which promise that everyone can become a star. Does that mean the princess is replaceable? Must we, in turn as viewers, "warm up" the desemanticized studio with our imaginings, recollections, and wishes? At the same time, the white, defurnitured studio corresponds directly both to the video artist's studio and to the spaces in which the video will be shown to a public interested in art.

In contrast, Caroline Hake's series *Monitor* (1998 — 2003) [fig. F] works to unmask the real studio. The photographs show exclusively the "real" studio props. Without technical equipment and people they appear strangely insubstantial, cheap, like simulations, robbed of their familiar connotations as surveillance posts, protected space, stage. They become pure, functionless décor, whose colorful, partly shrill invasiveness suggests the intention of covering up the technology in order to preserve a necessary illusion. It is no longer La Mettrie's *homme machine* who is leading the media discourse; it is the human acting *inside* the machine, the individual settling into a media mode and at the same time making an effort to ignore the technology that makes it visible. The sets show how much the individual needs an "Umwelt,"

innerhalb der stilistischen Grammatik des Mediums überführt werden. Das inszenierte Gespräch wird als Teil einer kulturellen Maschine sichtbar und lesbar und verdeutlicht die Verstrickungen der jeweiligen Personen in die Diskurse der Öffentlichkeit, der Politik, damit der Medien. Die Schauspielerin, die den gesprochenen Text der Princess offensichtlich zu Teilen abliest, die Gestik und Mimik imitiert, dieses mit den eigenen medialen Bedingungen spielende Reenactment, schafft zudem eine eigenartig paradox-erotische Distanz. Das andere Gesicht der Darstellerin ist dem Nimbus des Vorbildes verwandt, das Ablesen erinnert an die Castingshows des Mediums, die das große Versprechen an jeden richten, ein Star zu werden. Ist also die Princess austauschbar? Müssen wir als Betrachter — wiederum — das entsemantisierte Studio „aufwärmen" mit unseren Vorstellungen, Erinnerungen, Wünschen? Zugleich hat das entmöblierte, weiße Studio eine direkte Äquivalenz in dem Studio der mit Video arbeitenden Künstlerin Yvon Chabrowski und jenen Räumen, in denen das Video wiederum einem kunstspezifischen Publikum gezeigt wird.
Demgegenüber arbeitet Caroline Hake mit ihrer Serie *Monitor* (1998 — 2003) [fig. F] an der Demaskierung der realen Studios. Hier sind es nun ausschließlich die „realen" Studiorequisiten, die die Fotografien zeigen. Ohne Technik, ohne Protagonisten wirken sie eigentümlich substanzlos, billig, wie Simulationen, ihrer vertrauten Konnotationen — Beobachterposten, Schutzraum oder Showhall — entleert. Sie werden zur puren, funktionslosen Dekoration, deren bunte, teils schrille Penetranz auf die Absicht schließen lässt, die Technik zugunsten einer bestimmten Illusion, einer notwendigen Täuschung verdeckt zu halten. Es ist nicht mehr der *homme machine* La Mettries, der den Mediendiskurs anführt, sondern der *in* einer Maschine sich vorfindende und handelnde Mensch, das in einer Medialität sich einrichtende Individuum, das sich jedoch bemüht, die es innerhalb des Dispositivs allererst zur Sichtbarkeit führende Technik zu ignorieren. Die Kulissen zeigen, wie sehr das Individuum eine „Umwelt" benötigt, deren Qualitäten weniger in ihrer Bedeutung und Kontextualität liegen als in der Tatsache, dass etwas Umgebendes dahinter sich zeigt, also sich um und hinter den Akteuren in den Studios etwas Drittes vorfindet, das sie gewissermaßen trägt, sie zu kodifizieren hilft — der überlange Schreibtisch der Nachrichtenstudios etwa muss einem wichtigen, wissenden Zeitgenossen Platz geben — und einer Aussage ihre Richtung gibt.

a "surrounding world," an environment whose qualities reside less in their meaning and context and more in the fact that some surrounding background thing is showing itself, that there is something tertiary lurking behind the agents in the studios and carrying them, as it were, helping them to codify — the extra-long news studio desks have to accommodate important and knowledgeable contemporary figures — and give direction to the message.
Yet Hake's piece also informs us about photography itself as a medium of testimonial that claims — on account of its unmoving, normatively articulating images poorly suited to fiction and always taken from a particular point — to disclose the ambivalence of the reality constructed by the mass media. Photography is certainly able to do this in the face of the entertainment programs with their pretend furnishings often reminiscent of the vaudeville and variety theater stages of early cinema, which at the same time promise spectacle, coziness, and seriousness and in so doing correspond to the hollowness and illusoriness of the contents presented in the television programs. The only problem is that the backdrops are not identical with the series that come to be produced in them and broadcast from them. The downside of what the photographs convey merely negatively is that relational aesthetic of television, whose mobility pursues not fictional and manipulative intentions, but rather those that are psychic and processual. The functional spaces of the studios, while enabling information and entertainment, continue to follow television's still highly credible logic of providing emotional care and support. Television cares for its viewers through the latter's attachment, generated by television's mediality, to an ambivalent structure. Switching on means drawing on orientation, information, or relief from elsewhere, from somewhere beyond our own space, from powerful centers. However, we do not perceive these bodies of information as unified bodies but rather as reassuring evidence that it is their having been transmitted which secures our attachment to the medium. While the information programs claim to obey the logic of rational, administered elucidation, the daily soaps and serials are bound to a partly ironical, self-reflective exaggeration of social conditions. As such, they care for and provide the viewers with fragments of their own reality, of their desired cohabitation with "major / minor key" worlds of things and with the quasi-therapeutic discourse of its participants.

Jedoch gibt die Arbeit von Hake gleichermaßen Auskunft über die Fotografie als solche, als jenes bezeugende Medium, das vorgibt, gerade ob seiner bewegungslosen, für Fiktion weniger anfälligen und von einer bestimmten Blickposition aus sich stets normativ artikulierenden Abbildung die Ambivalenz massenmedial konstruierter Wirklichkeiten aufzuzeigen. Dies vermag sie sicherlich angesichts der oftmals an die Bühnen der Vaudeville- und Varietétheater des *Early Cinema* erinnernden Raummaskeraden der Unterhaltungssendungen, die zugleich Spektakel, Wohnlichkeit und Seriosität versprechen und darin auch mit dem Hüllen- und Scheinhaften der in den Sendungen verbreiteten Inhalten korrespondieren. Allein, die Kulissen sind nicht identisch mit den in ihnen und von ihnen aus sich produzierenden Serien. Die Kehrseite dessen, was die Fotografien bloß negativ vermitteln, ist jene relationale Ästhetik des Fernsehens, deren Beweglichkeit nicht fiktional-manipulativen Absichten folgt, sondern psychisch-prozessualen. Die Information und Entertainment ermöglichenden Funktionsräume der Studios folgen der nach wie vor mit großer Überzeugungskraft ausgestatteten seelischen Betreuungs- und Versorgungslogik des Fernsehens. Fernsehen betreut seine Zuschauer entlang ihrer mit seiner Medialität erzeugten Anbindung an eine ambivalente Struktur. Einschalten bedeutet, sich von anderswo, von außerhalb des Eigenraums und von mächtigen Zentren aus Orientierung, Information oder Entlastung zu holen. Aber diese Daten werden nicht als einheitliche Körper wahrgenommen, sondern als versichernde Indizien dafür, dass es ihr Übertragen-Werden ist, das die Bindungskräfte an das Medium gewährleistet. Während die Informationssendungen den Gesetzen rationaler, verwalteter Aufklärung zu folgen vorgeben, sind die Daily Soaps oder Serials einer teils selbstreflexiv-ironischen Überbietung in der Darstellung gesellschaftlicher Zustände verpflichtet. Damit betreuen und versorgen sie die Zuschauer mit Versatzstücken seiner eigenen Realität, also seines Zusammenlebens mit „Dur/Moll"-Dingwelten, und mit dem quasi-therapeutischen Diskurs seiner Akteure.

Epilog

Nur im und als Fernsehen verfügen wir über die „beste aller Welten". Die Erscheinungsverdichtungen allen Übels und Unglücks dieser Welt im Ausschnitt/Zuschnitt meines

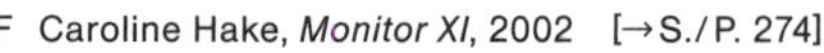
F Caroline Hake, *Monitor XI*, 2002 [→S./P. 274]

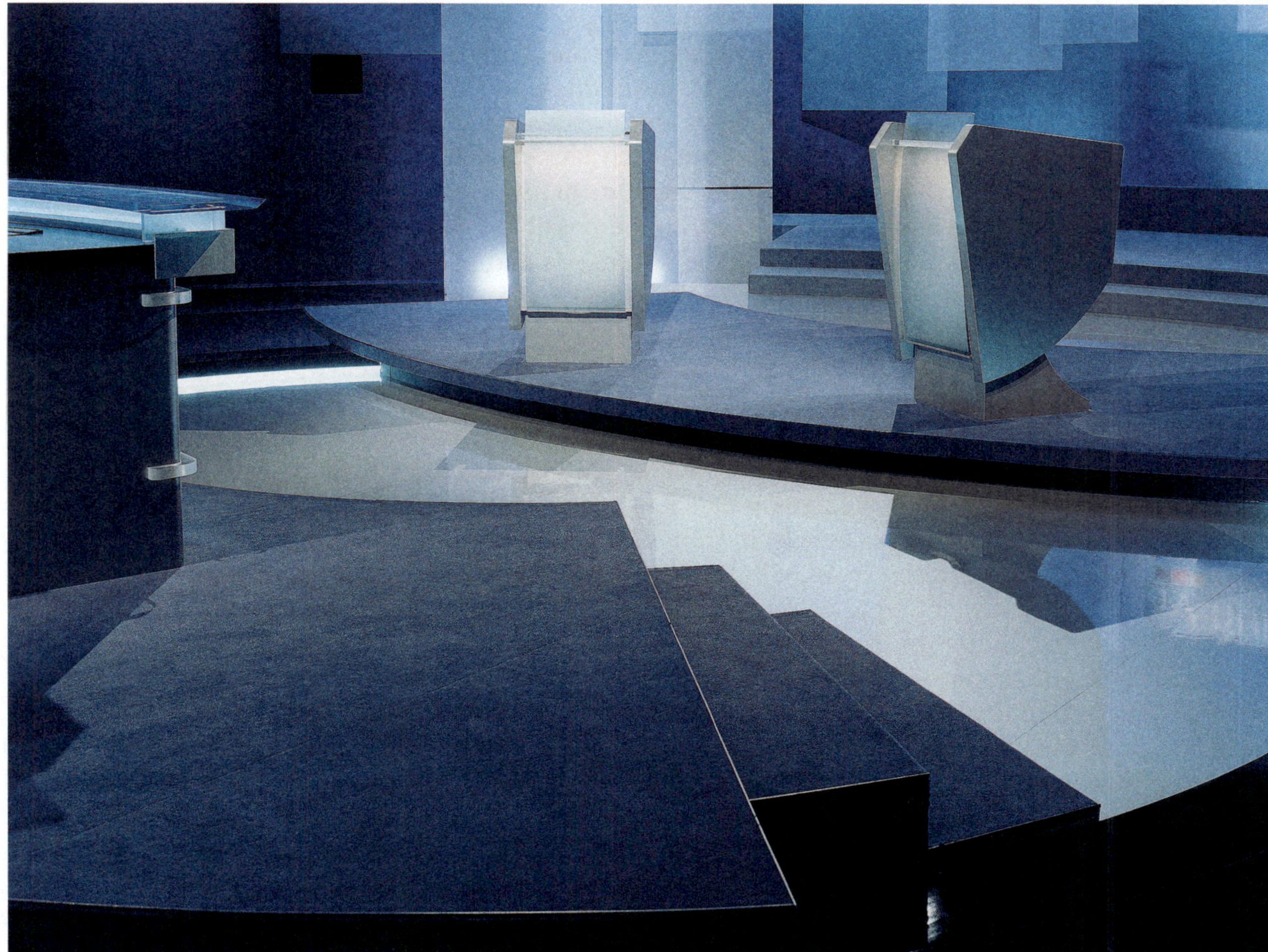

Fernsehapparates ist Bedingung der Möglichkeit von Erfahrung in der modernen Lebenswirklichkeit. Folgt man Odo Marquard, so generiert die Neuzeit unablässig Distanztechniken, die so etwas wie Tribunalisierung — d. h. Anklage *und* Rechtfertigung des Übels — als Theodizee-, also Rettungsmotiv überhaupt erst ermöglichen.[15] Die vom Medium TV gestaltete audiovisuelle Distanz zu den Widrigkeiten und Negativitäten im Innen und Außen, im Bürger, im Nationalstaat, in der globalisierten Welt, ermöglicht über die pure Visualisierung, Sonifizierung und Diskursivierung der Phänomene erst deren Anerkennung, damit ihre ins Positive gekippte Erfahrbarkeit, also: ihre mediale Rechtfertigung. Ohne Flachbildschirme und ihre „unterhaltsamen" Wirkungen gäbe es keine Spielräume für den in eine fragwürdige Autonomie entlassenen Einzelnen. Diese „Bonum-durch-malum-Figur" mit dem Gut-TV „entübelt" also alles Übel und entlastet so das Mängelwesen Mensch, mit dem Ergebnis, dass dieser sich in dieser Welt — zumindest vor dem Fernsehapparat — ganz gut einzurichten versteht.[16] Die Gegenwartskunst wiederum begreift — in einigen ihrer Ausformungen — ihre Aufgabe nun justament im „politischen Potenzial des ästhetischen Entautomatisierungseffekt[s]", den sie in der Angleichung an das Gewöhnliche der über das Medium vermittelten modernen Welt anwendet.[17] Im wiederholten und oftmals nur minimal gebrochenen Zeigen ihrer Brillo-Boxes, ihrer massenmedialen Artefakte, ihrer Geschlechterverhältnisse, ihrer Flüchtlinge, Arbeitslosen und sonstigen Alltagsrealitäten „werden uns die Automatismen unseres Verstehens, die Automatismen unserer gewöhnlichen Welthabe entzogen" und einer „Unheimlichkeit des Gewöhnlichen" (Cavell), mithin einer Unheimlichkeit der „besten aller Welten" überantwortet.[18]

15 Siehe Odo Marquard, „Entlastungen. Theodizeemotive in der neuzeitlichen Philosophie", in: ders., *Apologie des Zufälligen*, Stuttgart 1986, S. 11–33.

16 Siehe hierzu auch Marc Ries, „Glückliches Fernsehen", in: *herbst-Magazin* 2008.

17 Juliane Rebentisch, *Theorien der Gegenwartskunst zur Einführung*, Hamburg 2013, S. 134.

18 Ebd.

Epilogue

Only in television and as television do we have access to the "best of all possible worlds." The concentration of all instances of evil and misfortune in this world in the cut-out or cut-down frame of my television set is a condition for being able to experience the reality of modern life. If we agree with Odo Marquard, this is how the modern age ceaselessly generates techniques of distancing, without which a tribunal for the indictment *and* exoneration of evil — that is, theodicy, the motif of salvation — would not even be possible.[15] The audiovisual distance constructed by the medium of television to the adversities and negativity both inside and outside — in the citizen, in the nation state, in the globalized world — makes it possible, by metamorphosing the phenomena into pure sound, vision, and discourse, to recognize these phenomena, to make them accessible to experience and therefore to give them a positive lean, thus providing them with their medial justification. Without flat screens and their "entertainment" capabilities there would be no room to maneuver for the individual abandoned to a questionable autonomy. This is the *ex malum bonum* with which TV, as the good, voids the evil out of evil, bringing solace to humans as deficient beings, with the result that they are able to get on rather well in this world, at least in front of the set.[16] In some of its guises, contemporary art in turn sees its task precisely in the "political potential of the aesthetic effect(s) of de-automization," which it applies in adapting to the ordinariness of modern world as conveyed by the medium.[17] In the repeated and often only minimally broken exhibition of their Brillo boxes, their mass-media artifacts, their relations between the sexes, their refugees, unemployed, and sundry everyday realities, "the automatisms of our understanding, the automatisms of our usual way of taking hold of the world are taken away from us" and are given over to an "uncanniness of the ordinary" (Cavell), and thus to an uncanniness of the "best of all possible worlds."[18]

15 See Odo Marquard, "Entlastungen. Theodizeemotive in der neuzeitlichen Philosophie," in Odo Marquard, *Apologie des Zufälligen* (Stuttgart: Reclam, 1986), 11–33.

16 Here, see also Marc Ries, "Glückliches Fernsehen," *herbst-Magazin* (2008).

17 Juliane Rebentisch, *Theorien der Gegenwartskunst zur Einführung* (Hamburg: Junius, 2013), 134.

18 Ibid.

Sarah Waldschmitt 59

Liveness

Faszination Flüchtigkeit

Über 1000 filigrane Miniatur-Fernseher mit jeweils unterschiedlichen Szenen auf den Bildschirmen hat der Künstler Joe Biel minutiös mit Wasserfarbe und Gouache auf Papier gebracht. Die überwältigende, fast vier Meter breite Zeichnung *Veil* [fig. A], an der Biel von 2010 bis 2015 gearbeitet hat, zeugt von der Faszination, die seit jeher vom Fernsehen ausgeht, und die vielfach künstlerisches Potenzial entfacht. Wie in ein Monument gebannt, zeigen die einzelnen Szenen Fernseh- und Kinobilder oder Bilder der Kunstgeschichte und stehen damit für einen Fernseh-Konsum, durch den sich einzelne Eindrücke trotz der Flüchtigkeit des bewegten Bildes im kollektiven Gedächtnis festsetzen. Einen anderen Weg, dieser raschen Vergänglichkeit etwas entgegenzusetzen, wählt der in Köln lebende Künstler Matthias Groebel. Um sich mit Fragen der Wahrnehmung in einer sich rasant verändernden Medienwelt auseinanderzusetzen, entwickelte er eine Malmaschine, mit der er ab 1990 mittels einer digital gesteuerten Airbrush-Pistole aus Fernsehbildern Acrylbilder auf Leinwänden generierte. Im Mittelpunkt seines Interesses stand die damals aufkommende Flut von privaten und ausländischen Sendern, die über Satellit empfangen werden konnten. Groebel entwickelte Strategien der Bildfindung, die er selbst mit der Praxis des Dérive der Situationisten beschreibt: „Ich verlief mich vorsätzlich in einer medialen Umgebung. Ich zeichnete Programme über bestimmte Zeiträume auf, ich stellte den Ton grundsätzlich aus. An welche Bilder konnte ich mich erinnern?"[1] Während Biel und Groebel die Fernsehbilder durch sorgfältige Detailarbeit gewissermaßen zum Stillstand bringen, versucht der Künstler Angel Vergara, ihrer gerade im Fluss der Bewegung habhaft zu werden. Seine „Live-Bilder" entstehen simultan beziehungsweise symbiotisch mit den auf dem Bildschirm vorbeiziehenden Sequenzen. Von dem performativen Prozess des Malens vor dem Fernsehprogramm zeugen die dabei entstehenden Arbeiten auf Glas—abstrakte Striche und Formen, die vereinzelt Fragmente der (Fernseh-)Realität erahnen lassen [→S. 267].

1 Matthias Groebel, E-Mail an die Autorin, 15.6.2014.

The Fascination of Evanescence

Joel Biel applied watercolor and gouache to paper to create more than a thousand delicate, miniature televisions, each with a different scene on its screen. The massive, almost four-meter-wide drawing *Veil* [fig. A], on which Biel worked from 2010 to 2015, bears witness to the fascination that has always emanated from television and which unharnesses artistic potential in many ways. As if frozen in a monument, the individual scenes are depictions from television and cinema or pictures from art history; they thereby stand for a television culture which fixes individual impressions in the collective memory in spite of the evanescence of the moving

A Joe Biel, *Veil* [→S./P. 225]

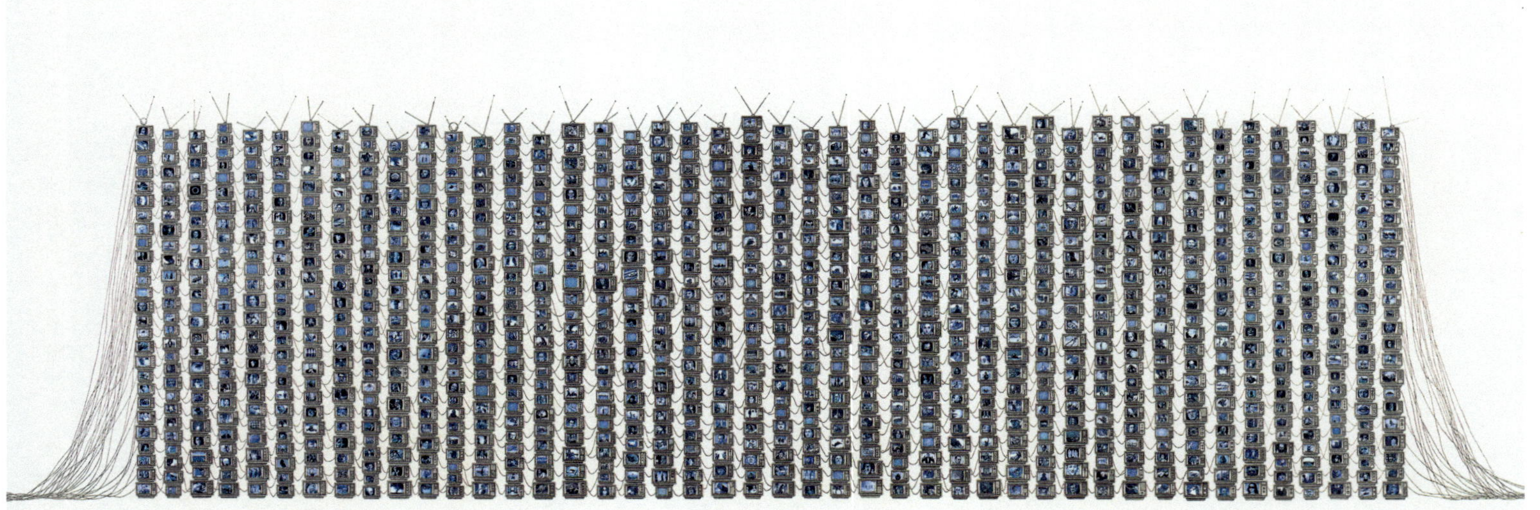

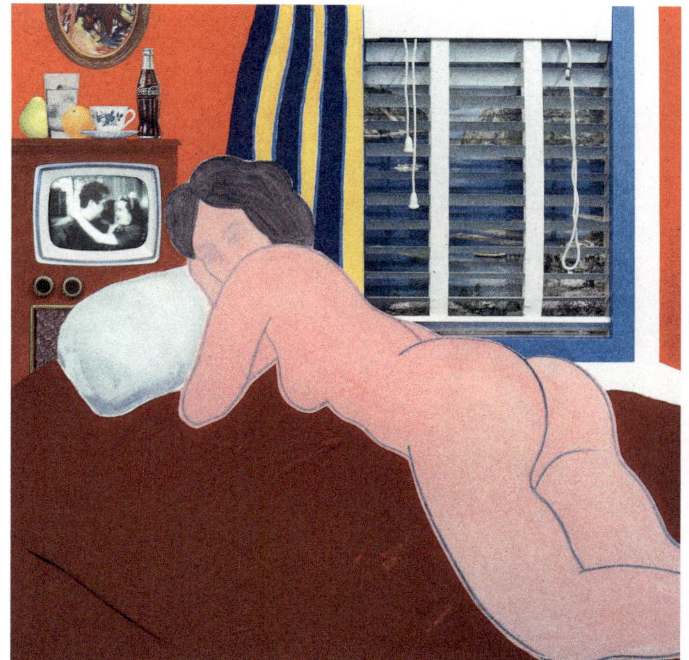

B Tom Wesselmann, *Great American Nude #39*, 1962 [→S./P. 192]

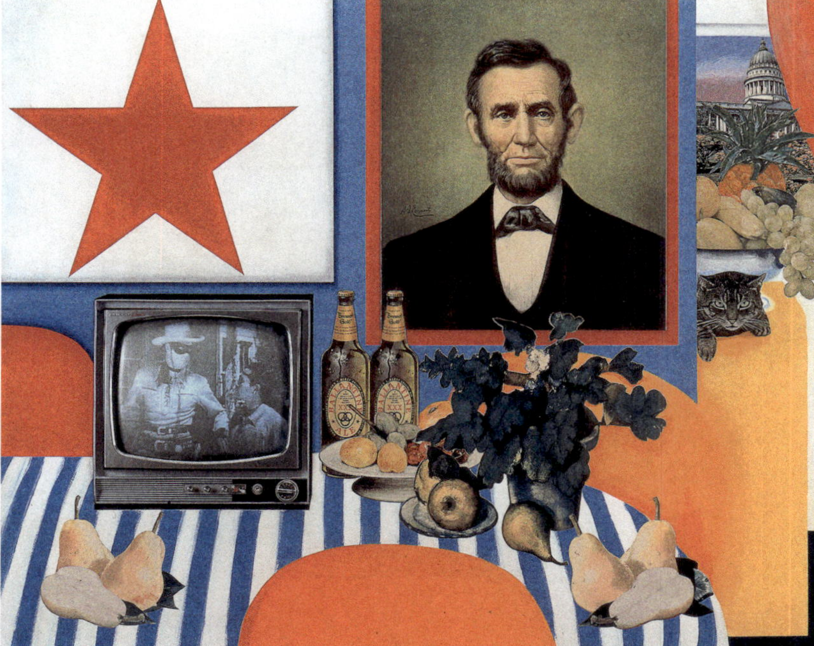

C Tom Wesselmann, *Still Life #28*, 1963 [→S./P. 190]

Im Kunstwerk fernsehen

Bei vielen Werken des historischen Teils der Ausstellung *TeleGen* zeigt sich eine sehr direkte Verarbeitung des Live-Aspekts des Fernsehens. Umberto Eco, der sich schon zu Beginn der 1960er-Jahre mit der ästhetischen Struktur einer Live-Sendung auseinandersetzte, beschreibt diese als „Übertragung eines Ereignisses in demselben Augenblick, in dem es geschieht".[2] Mehrere Kameras nehmen das Ereignis auf, aber nur das am besten geeignete Kamerabild wird gesendet. Das Wissen um die Einmaligkeit und Flüchtigkeit des Moments der Live-Über-

2 Umberto Eco, „Zufall und Handlung. Fernseherfahrung und Ästhetik", in: ders., *Das offene Kunstwerk* (1962), Frankfurt a. M. 2012, S. 188 f.

image. Matthias Groebel, an artist who lives in Cologne, selects another way of setting something against this rapid transience. For his investigation of issues of perception in a media world that changes with dizzying speed, he developed a painting machine with which, starting in 1990, he generated acrylic pictures out of television images by means of a digitally controlled airbrush-pistol. The focus of his interest was the flood of private and foreign broadcasters that were coming to the fore at that time and could be received via satellite. Groebel developed strategies of pictorial invention that he himself describes with reference to the practice of the dérive of the Situationists: "I deliberately lost my way in a media context. I recorded programs over certain periods of time; I consistently turned off the sound. Which images could I recall?"[1] Whereas Biel and Groebel in a certain sense bring the television images to a standstill through meticulously detailed work, the artist Angel Vergara endeavors to get hold of them precisely in the flow of their movement. His "live pictures" arise simultaneously or symbiotically with the sequences passing by on-screen. Testifying to the performative process of painting in front of the television program are works on glass—abstract lines and forms that individually adumbrate fragments of (television) reality [→P. 267].

Watching television in the work of art

Many works in the historical part of the exhibition *TeleGen* give evidence of a quite direct treatment of the live aspect of television. Umberto Eco, who already at the start of the 1960s investigated the aesthetic structure of a live broadcast, describes it as the "transmission of an event in the very instant when it occurs."[2] Several cameras record the event, but only the most suitable camera image is transmitted. The awareness of the uniqueness and fleetingness of the moment of a live broadcast—a soccer game, for example—constitutes its appeal, as is well known. All in all, both the theory and practice of television in the 1950s and 1960s was based to a large extent on the notion of television as *the* live medium par excellence. In fact, the production of television shows took place principally in the studio; the practice so common today of broadcasting previously produced programs was not yet so widespread. In addition, live-based artistic trends such as Performance, Fluxus, or Happenings arose at the

1 Matthias Groebel, email to the author, June 15, 2014.

2 Umberto Eco, "Zufall und Handlung. Fernseherfahrung und Ästhetik," in Eco, *Das offene Kunstwerk* (1962), (Frankfurt am Main: Suhrkamp, 2012), 188ff.

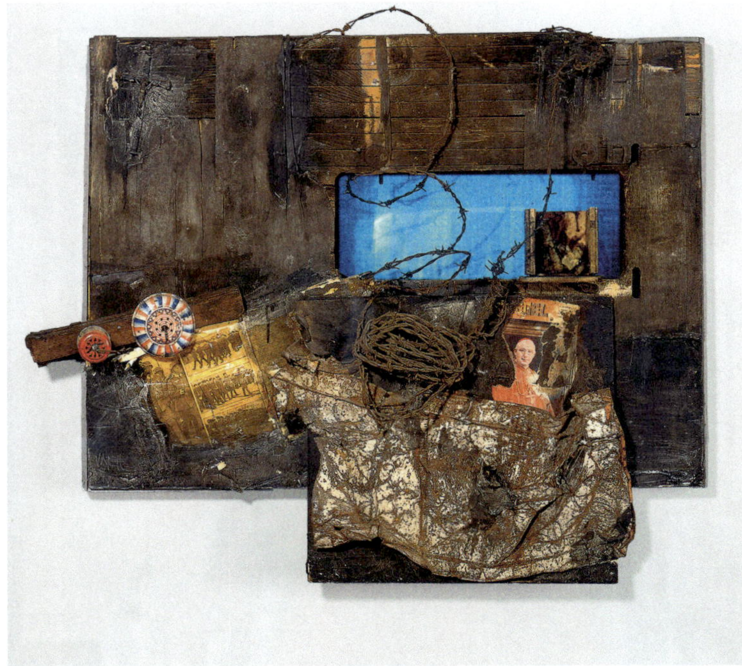

D Wolf Vostell, *Deutscher Ausblick*, 1958–59 [→S./P. 171]

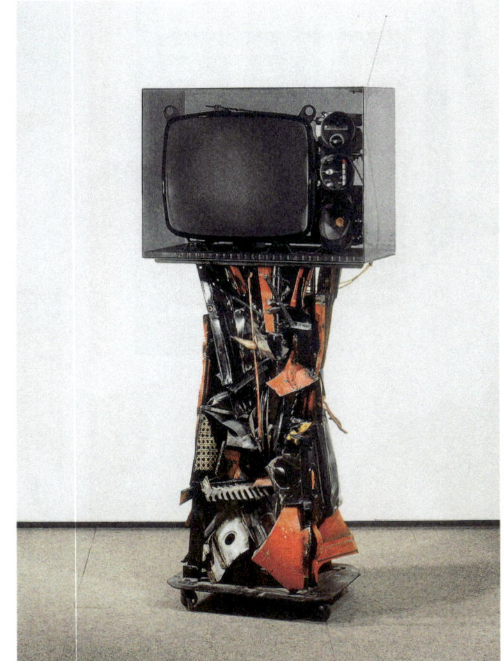

E César, *Ensemble de télévision*, 1962 [→S./P. 111]

tragung—etwa eines Fußballspiels—macht dabei bekanntlich den Reiz aus. Insgesamt basierte sowohl die Fernsehtheorie als auch die Praxis der 1950er- und 1960er-Jahre weitgehend auf dem Verständnis vom Fernsehen als *dem* Live-Medium schlechthin. Tatsächlich erfolgte die Produktion von Fernsehsendungen vorrangig live im Studio; die heute gängige Praxis der Ausstrahlung von vorproduzierten Sendungen war noch nicht verbreitet. Auch live-basierte Kunstrichtungen wie Performance, Fluxus-Aufführungen oder Happening entwickelten sich zu Beginn der 1960er-Jahre—jener Zeit, in der überdies die ersten Kunstwerke entstanden, die sich mit dem (Live-)Fernsehen auseinandersetzen. Dies erfolgte oftmals auf eine sehr

beginning of the 1960s—the era which, moreover, saw the creation of the first works of art that are based on an encounter with (live) television. This often occurred in a quite immediate manner, for instance with Tom Wesselmann, who integrated functioning television sets with ongoing programs in unchanged form into some of his works. In *Great American Nude #39* (1962) [fig. B], a painted female nude lies between the actual television set and a window with a blind, while in *Still Life #28* (1963) [fig. C], an American interior, dominated by the iconic portrait of Abraham Lincoln, is confronted with the current happenings on-screen. Here, the television, embedded in American symbolism, plays—as part of the surroundings—a more subsidiary role. Wolf Vostell, too, occasionally integrated switched-on television sets into his dé-coll/ages, for example in the work *Deutscher Ausblick* (1958—59) [fig. D]. In contrast to Wesselmann, Vostell's television sets clearly convey a socially critical, political message. For his part, César aimed mainly at the sculptural aspect, for instance in his work *Ensemble de télévision* (1962) [fig. E], where he placed a television without its casing on top of a junk sculpture. This multifaceted type of investigation of liveness is remarkable, given that in the visual arts, this element is basically excluded.

A theory related to Wolf Vostell's practice of dé-coll/age in terms of both time and contents may be found in Peter Bürger's book *Theorie der Avantgarde*, published in 1974.[3] In his observations about the avant-garde, Bürger refers principally to the concept of montage, which he derives from early Cubist collages: "The difference between this and the techniques of pictorial construction that have developed since the Renaissance is the introduction of fragments of reality into the picture, that is to say, of materials that have not been processed by the artist as subject."[4] In Picasso's *Still Life with Chair Caning* (1912), for example, there is a piece of caning which, according to Bürger, was selected with regard to a compositional intention. As caning, however, it remains "a piece of reality, the thing as it is which, without undergoing fundamental changes, is introduced into the picture."[5] Burger says that this undermines the representational system that has been valid since the Renaissance, because on the one hand, the artist refrains from designing the entire pictorial space, and on the other hand, parts of the picture no longer simply refer to reality but instead are themselves reality.[6] Bürger, however, does not mention that Picasso's collage does not contain an actual piece of caning but

3 Peter Bürger, *Theorie der Avantgarde* (Frankfurt am Main: Suhrkamp, 1974).

4 Ibid., 104.

5 Ibid.

6 Ibid., 105.

3 Peter Bürger, *Theorie der Avantgarde*, Frankfurt a. M. 1974.

4 Ebd., S. 104.

5 Ebd.

6 Vgl. ebd., S. 105.

unmittelbare Weise, etwa bei Tom Wesselmann, der funktionstüchtige Fernsehapparate mit laufendem Programm unverändert in einige seiner Werke integrierte. In *Great American Nude #39* (1962) [fig. B] liegt ein gemalter weiblicher Akt zwischen dem realen Fernseher und einem Fenster mit Jalousie, während bei *Still Life #28* (1963) [fig. C] ein amerikanisches Interieur, dominiert von dem ikonischen Porträt Abraham Lincolns, mit dem aktuellen Geschehen auf dem Bildschirm konfrontiert wird. Der Fernseher, eingebettet in amerikanische Symbolik, spielt hier — als Teil des Ambientes — allerdings eher eine Nebenrolle. Auch Wolf Vostell integrierte verschiedentlich laufende Fernseher in seine Dé-coll/agen, etwa bei der Arbeit *Deutscher Ausblick* (1958 — 59) [fig. D]. Anders als bei Wesselmann vermittelten Vostells Fernseher eindeutig eine sozialkritische, politische Botschaft. César wiederum zielte hauptsächlich auf den skulpturalen Aspekt, indem er bei seiner Arbeit *Ensemble de télévision* (1962) [fig. E] einen Fernseher ohne Gehäuse auf eine Schrottskulptur setzte. Diese vielseitige Art der Auseinandersetzung mit Liveness ist bemerkenswert, zumal dieses Element in der klassischen bildenden Kunst im Grunde ausgeschlossen ist.

Eine zeitlich und inhaltlich mit Wolf Vostells Praxis der Dé-coll/age verwandte Theorie findet sich in Peter Bürgers 1974 veröffentlichtem Buch *Theorie der Avantgarde*.[3] Bürger bezieht sich in seinen Darlegungen zur Avantgarde hauptsächlich auf den Begriff der Montage, den er von den frühen kubistischen Collagen ableitet: „Wodurch diese sich von den seit der Renaissance entwickelten Techniken der Bildkonstitution unterscheiden, ist die Einfügung von Realitätsfragmenten in das Bild, d.h. von Materialien, die nicht durch das Subjekt des Künstlers bearbeitet worden sind."[4] In Picassos *Stillleben mit Rohrstuhlgeflecht* (1912) findet sich beispielsweise ein Stück Korbgeflecht, das laut Bürger im Hinblick auf eine kompositorische Intention ausgewählt wurde. Als Korbgeflecht bleibe es jedoch „ein Stück Realität, das *telquel*, ohne wesentliche Veränderungen zu erfahren, dem Bild eingefügt" werde.[5] Hierdurch wird nach Bürger das seit der Renaissance gültige Darstellungssystem unterlaufen, denn zum einen verzichte der Künstler auf die Gestaltung des Bildganzen, zum anderen verwiesen Teile des Bildes nicht mehr nur auf die Wirklichkeit, sondern seien stattdessen selbst Wirklichkeit.[6] Bürger erwähnt jedoch nicht, dass es sich bei Picassos Collage keineswegs um ein reales Stück Korbgeflecht handelt, sondern um ein bedrucktes Wachstuch. Auf diese Weise bleibt in

instead an oilcloth with an imprint upon it. In this way, the collage maintains the illusion that the oilcloth still conveys the image of the real. The examples of works of art with integrated televisions accordingly differ from Picasso's collage, because here, real objects have in fact been introduced into the works. Nevertheless, they are related to the example of Picasso: as real objects that in turn convey images of reality. Above all, in Vostell's dé-coll/ages, the heterogenous elements are no longer subject to a common representational form, so that art and reality collide. Moreover, in *Deutscher Ausblick*, Vostell deliberately made use of news programs in order to open up to discussion social-political themes of the postwar era and their treatment in the mass media. Through the montage of the television set, he realized a connection between art and life in a very direct way.

Nam June Paik: Manipulated liveness

Already at the beginning of the 1960s, Nam June Paik made use of television programs for his artistic productions. There is a legendary aura to his first solo exhibition, *Exposition of Music. Electronic Television* [→P. 144], which took place in 1963 at the mansion of the architect Rolf Jährling in Wuppertal. Here, Paik presented for the first time his twelve variously modified television sets. Four of the apparatuses showed predominantly abstract form-events, with the visitors being able to some extent to further alter the image by turning the buttons. Other pieces of equipment were influenced by additional sources of impulses: radio, tape recorder, microphone. Explicitly designed to be used by the visitors were the two television sets that were connected respectively to a microphone and a foot-operated switch whose impulses, directed to an amplifier, created a "firework-display of points" on the screen.[7] Manuela Ammer, who has delved deeply into Paik's exhibition, points out that the distorted images can be considered to symbolize the manipulation of facts and falsification of reality by state-controlled television broadcasters.[8] It is clear that Paik was deliberately playing with the diversity of television programs: "I made intensive use of the live broadcasts of normal programs that were the most variable optical and semantic event of the 1960s. The beauty of a distorted image of Kennedy differs from the beauty of a football hero or a not always pretty, but always stupid

7 See Edith Decker, *Paik. Video* (Cologne: Dumont, 1988), 35–37.

8 See Manuela Ammer, "'Bei der Technik gibt es stets das andere, den Anderen,'" in *Nam June Paik. Exposition of Music, Electronic Television. Revisited*, ed. Susanne Neuburger, exh. cat. Vienna 2009 and Cologne 2009, 49.

der Collage die Illusion erhalten, da das Wachstuch immer noch das *Bild* des Realen wiedergibt. Die Beispiele der Kunstwerke mit integrierten Fernsehern unterscheiden sich folglich von Picassos Collage, da hier tatsächlich reale Objekte in die Werke montiert wurden. Verwandt sind sie dem Beispiel Picassos dennoch: Als reale Objekte, die ihrerseits Bilder der Realität wiedergeben. Vor allem bei Vostells Dé-coll/agen sind die heterogenen Elemente keiner gemeinsamen Darstellungsform mehr verpflichtet, wodurch Kunst und Realität kollidieren. Bei *Deutscher Ausblick* hat sich Vostell zudem bewusst des Nachrichtenprogramms bedient, um sozialpolitische Themen der Nachkriegszeit und deren Verhandlung in dem Massenmedium zur Diskussion zu stellen. Sein Streben nach einer Verbindung von Kunst und Leben hat er mit der Montage des Fernsehers auf eine sehr direkte Art umgesetzt.

Nam June Paik: manipulierte Liveness

Nam June Paik nutzte bereits Anfang der 1960er-Jahre das Fernsehprogramm für seine künstlerische Produktion. Legendär ist seine erste Einzelausstellung *Exposition of Music. Electronic Television* [→S. 144], die 1963 in der Villa des Architekten Rolf Jährlings in Wuppertal stattfand. Hier präsentierte Paik erstmals seine zwölf unterschiedlich modifizierten Fernseher. Vier der Apparate zeigten weitgehend abstrakte Formereignisse, wobei die Besucher das Bild zum Teil durch Drehen der Knöpfe weiter verändern konnten. Andere Geräte wurden durch zusätzliche Impulsgeber—Radio, Tonbandgerät und Mikrofon—beeinflusst. Explizit für die Benutzung durch die Besucher gedacht waren die beiden Fernseher, an die ein Mikrofon beziehungsweise Fußschalter angeschlossen war, deren Impulse, jeweils über einen Tonverstärker geleitet, ein „Punktefeuerwerk“ auf dem Bildschirm erzeugte.[7] Manuela Ammer, die sich intensiv mit der Ausstellung Paiks beschäftigt hat, weist darauf hin, dass die verzerrten Bilder sinnbildlich für die Verzerrung von Fakten und die Verfälschung der Wirklichkeit durch die staatlich gesteuerten Fernsehanstalten stehen können.[8] Fest steht, dass Paik bewusst mit der Diversität des Fernsehprogramms spielte: „Ich mache mir intensiv die Live-Übertragungen des normalen Programms zunutze, die das variabelste optische und semantische Ereignis der 60er Jahre sind. Die Schönheit des verzerrten Kennedy unterscheidet sich von der Schönheit eines

7 Vgl. Edith Decker, *Paik. Video*, Köln 1988, S. 35–37.

8 Vgl. Manuela Ammer, „Bei der Technik gibt es stets das andere, den Anderen'“, in: Nam *June Paik. Exposition of Music, Electronic Television. Revisited*, hg. von Susanne Neuburger, Ausst.-Kat. Wien 2009, Köln 2009, S. 49.

female announcer.”[9] The pertinent literature gives various answers to the question as to whether the opening times of the exhibition—each day from 7:30 p.m. to 9:30 p.m.—was oriented toward television schedules. Back then in Germany, there were two nationwide, publicly financed channels (ARD), the second of which only broadcast during the evening, which could have been the reason for the late opening-times.[10] It is also unclear whether Paik used both channels or tuned the television sets to the same program; no definitive answer is provided by the documentary photos which, along with newspaper articles and written recollections from Paik's life companion, define the image of the exhibition. Of especial importance are Peter Brötzmann's screen photographs of *the manipulated TV sets,* which are considered to be an important record of the first public presentation of Paik's television experiments [fig. F]. They show the historical screen effects that—disregarding the material and technical problems of maintaining the functionality of the television sets, which will be addressed later—are each unique

9 Nam June Paik, in "Nachspiel zur AUSSTELLUNG des EXPERIMENTELLEN FERNSEHENS," exh. cat. Vienna 2009 (see note 8), 146.

10 In his supposition that broadcast times affected opening times, Dieter Daniels makes reference to a conversation with Nam June Paik, who confirmed this. See Dieter Daniels, "Touching Television: Participation Media with Marshall McLuhan, John Cage and Nam June Paik," in *TV Commune, de- inter- trans-* (Gyeonggi-do [Korea]: Nam June Paik Art Center, 2011), 74; Manuela Ammer, on the other hand, proceeds from the assumption that the regular operations of the architectural office were the cause of the late opening times. See Ammer 2009 (see note 8), 50.

F Nam June Paik, *Exposition of Music. Electronic Televison*, Fotografien von manipulierten Live-Fernsehbildern / Photographs of manipulated live TV images [→S./P. 149]

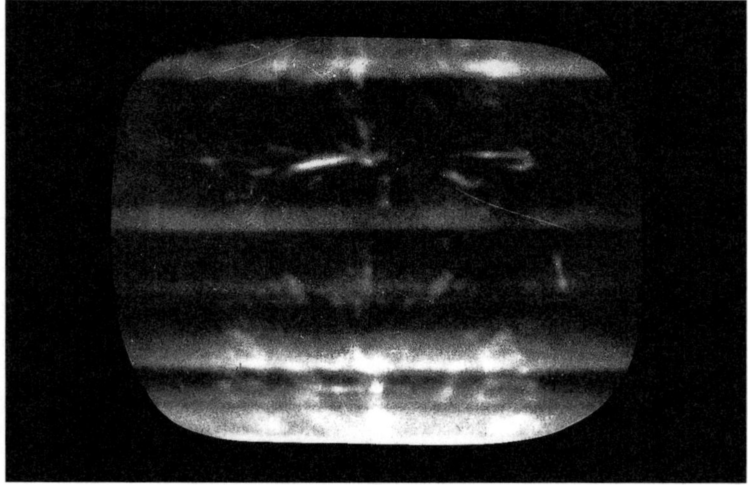

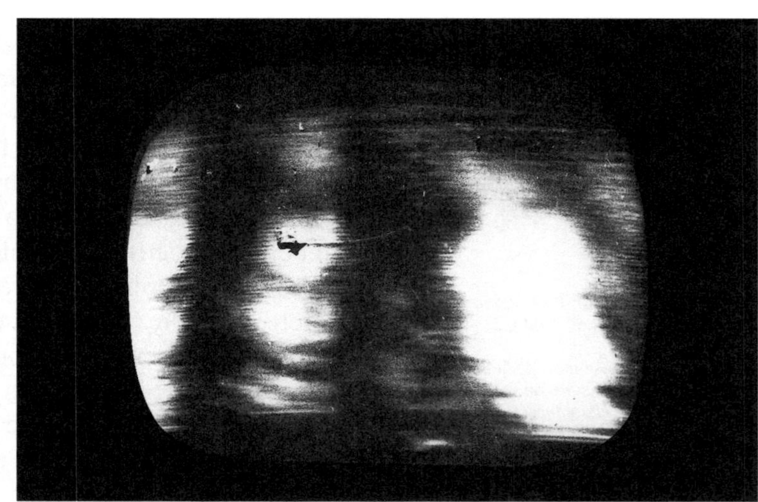

9 Nam June Paik, in: „Nachspiel zur AUSSTELLUNG des EXPERIMENTELLEN FERNSEHENS“, in: Ausst.-Kat. Wien 2009 (wie Anm. 8), S. 146.

10 Dieter Daniels bezieht sich mit seiner Vermutung, dass die Sendezeiten die Öffnungszeiten beeinflussten, auf ein Gespräch mit Nam June Paik, der dies bestätigte. Vgl. Dieter Daniels, „Touching television: Participation media with Marshall McLuhan, John Cage and Nam June Paik“, in: *TV Commune, de- inter- trans-*, Nam June Paik Art Center, Gyeonggi-do (Korea) 2011, S. 174; Manuela Ammer geht dagegen davon aus, dass der reguläre Betrieb des Architekturbüros ausschlaggebend war für die späten Öffnungszeiten; vgl. Ammer 2009 (wie Anm. 8), S. 50.

11 Vgl. Peggy Phelan, *Unmarked. The Politics of Performance*, New York und London 1996; Philip Auslander, *Liveness. Performance in a Mediatized Culture*, New York 2008.

Football-Helden oder der nicht immer hübschen, aber immer dummen Ansagerin.“[9] Die Frage, ob sich die Öffnungszeiten der Ausstellung — täglich von 19.30 bis 21.30 Uhr — nach den Fernsehzeiten richteten, wird in der Literatur unterschiedlich beantwortet. Damals existierten zwei ARD-Programme, wobei das zweite nur in den Abendstunden sendete, was die späten Öffnungszeiten begründen könnte.[10] Unklarheit besteht auch darüber, ob Paik überhaupt beide Kanäle nutzte oder die Fernseher auf dasselbe Programm einstellte, was aus den Dokumentationsfotos, die neben Zeitungsbeiträgen und Erinnerungsberichten von Paiks Weggefährten das Bild der Ausstellung prägen, nicht klar hervorgeht. Von besonderer Bedeutung sind die Fotografien, die der Fotograf Peter Brötzmann von den Bildschirmen der manipulierten Fernseher machte, die als wichtiges Zeugnis der ersten öffentlichen Präsentation der Fernsehexperimente Paiks gelten [fig. F]. Sie zeigen die historischen Bildschirm-Effekte, die — abgesehen von den materiellen, technischen Problemen der Instandhaltung der Fernseher, worauf später noch eingegangen wird — aufgrund des sich ständig verändernden Fernsehprogramms jeweils einmalig sind. Das Beispiel deutet auf die Komplexität der Reproduktion von Liveness — eine Debatte, die in dem Feld performativer Arbeiten hauptsächlich durch die Antipoden Philip Auslander und Peggy Phelan geprägt ist.[11] Während Phelan davon ausgeht, dass die Aufführung beziehungsweise Performance aufgrund ihrer Unmittelbarkeit und Flüchtigkeit weder dokumentierbar noch reproduzierbar ist, versteht Auslander die Aufführung, insbesondere ihre spezifische Materialität und Präsenz, als Effekt der Mediatisierung.

Kunst und Fernsehen. Zwei Welten?

Auch wenn die Montage eines laufenden Fernsehers in ein Kunstwerk heute nicht mehr im Sinne von Peter Bürger als Avantgarde gelten kann, bleibt sie ohne Zweifel eine radikale Geste, die bis heute fortwirkt. Tatsächlich prallen mit der Zusammenführung von Kunst und Fernsehen in einem Objekt zwei „Welten“ aufeinander, die gegensätzlicher kaum sein könnten. Die Vergänglichkeit des Broadcasts auf der einen Seite, der Ewigkeitsanspruch der Kunst auf der anderen Seite — darin besteht der wohl augenscheinlichste Unterschied. Vor allem die frühen Fernsehtheorien waren vom Live-Aspekt geprägt, während zu den Kernaufgaben

because of the constantly changing television program. This example indicates the complexity of the reproduction of liveness — a debate that, in the field of performative works, is chiefly marked by the opposing positions of Philip Auslander and Peggy Phelan.[11] Whereas Phelan argues that, because of its immediacy and transitoriness, the performance can be neither documented nor reproduced, Auslander considers the presentation, especially its specific materiality and presence, to be an effect of its mediality.

Art and Television: Two Worlds?

Even if today the inclusion of a television set in a work of art can no longer be considered avant-gardist in the sense of Peter Bürger, it certainly remains a radical gesture that still has an impact in the present. Indeed, the combination of art and television in a single object brings a confrontation between two worlds that could scarcely be more contrary. The fleeting nature of the broadcast on the one hand, art's claim to eternity on the other: this is the most striking difference. The early theories of television in particular were marked by the live aspect, while one of the fundamental tasks of museums is the care and preservation of artistic works whose material decay they try to counter with all possible techniques of art restoration. This stance becomes problematic with regard to ephemeral works of art or those that deliberately embrace decay, as well as to Fluxus and Performance Art, which are likewise based on elements of liveness.

A further difference between art and television may be discerned in their respective manners of production or reception. With works of art, there is often an extensive span of time between their production, which traditionally takes place in the studio, and their reception at exhibitions, whereas at least the live programs of television stand for a "simultaneity between creation and experience."[12] And although the witnessing of a television event, except in the case of public viewing, takes place primarily in front of individual television sets, it is nonetheless based primarily on a simultaneity that is due to fixed broadcasting schedules. The reception of art, on the other hand, most often occurs as an active and independent individual experience.

11 See Peggy Phelan, *Unmarked. The Politics of Performance* (New York and London: Routledge, 1993); Philip Auslander, *Liveness. Performance in a Mediatized Culture* (New York: Routledge, 2008).

12 Gerhard Eckert, "Die Kunst des Fernsehens," in *Texte zur Theorie und Geschichte des Fernsehen*, ed. Michael Grisko (Stuttgart: Reclam, 2009), 76.

der Museen die Pflege und Bewahrung der künstlerischen Werke zählt, deren materiellen Zerfall sie mit allen restauratorischen Mitteln entgegenwirken. Problematisch wird dies bei ephemeren oder bewusst auf Verfall ausgerichteten Kunstwerken sowie Fluxus- und Performancekunst, die ebenfalls auf Elementen der Liveness basieren. Eine weitere Differenz zwischen Kunst und Fernsehen lässt sich in der Produktionsweise sowie Rezeption ausmachen. Beim Kunstwerk liegen die Produktion, die klassischerweise im Atelier vonstatten geht, und die Rezeption in Ausstellungen zeitlich oftmals weit auseinander, wohingegen zumindest die Live-Programme des Fernsehens für eine „Gleichzeitigkeit von Entstehung und Erlebnis"[12] stehen. Das Erleben eines Fernsehereignisses wiederum findet, mit Ausnahme von Public Viewing, zwar überwiegend vor einzelnen Fernsehern statt, beruht aber dennoch auf einer Gleichzeitigkeit, die sich aus den festen Sendezeiten ergibt. Hingegen wird die Rezeption von Kunst meist als aktives und unabhängiges Individualerlebnis vollzogen.
Interessanterweise spricht Umberto Eco der Live-Sendung Kunstcharakter und ein gewisses ästhetisches Potenzial zu, wodurch sich Kunst und Fernsehen trotz aller Gegensätzlichkeit einander annähern.[13] Zwar müsse der Fernsehregisseur beim Bewegen der Fernsehkameras das Ereignis in eben dem Augenblick, in dem es tatsächlich geschehe, erfassen und gleichzeitig die Handlung erahnen und voraussehen.[14] Auf diese Weise habe er „im Unterschied selbst zum ‚realistischsten' Künstler keinerlei Raum für eine Reflexion *a posteriori* über die Ereignisse selbst, während ihm auf der anderen Seite die Möglichkeit, diese *a priori* einzurichten", fehle.[15] Allerdings könne der Regisseur einen Erzählstrang aus dem Kontext herausheben und so den Blick des Betrachters und damit auch die Interpretation eines Ereignisses lenken, wodurch ein gewisser Spielraum der Interpretation gegeben sei.[16]

Das unstete Kunstwerk

Außergewöhnlich an Kunstwerken mit integrierten Fernsehern ist die Tatsache, dass sich durch das laufende Programm ununterbrochen neue Konstellationen im Bild ergeben und sich das Kunstwerk somit kontinuierlich verändert. Die Beständigkeit des Kunstwerks wird unterwandert. Karl Gerstner spielt mit dem Effekt des sich verändernden Bildes, indem er

12 Gerhard Eckert, „Die Kunst des Fernsehens", in: Michael Grisko (Hg.), *Texte zur Theorie und Geschichte des Fernsehen*, Stuttgart 2009, S. 76.

13 Vgl. Eco 1962 (wie Anm. 2), S. 199.

14 Vgl. ebd., S. 198.

15 Ebd.

16 Vgl. ebd., S. 199.

It is interesting that Umberto Eco ascribes artistic character and a certain aesthetic potential to the live broadcast, so that art and television approach each other in spite of all the contrasts between them.[13] Admittedly, in the movement of the television camera, the director of a television program must react to the event in the very instant it actually happens, and simultaneously intuit and predict the actions to come.[14] In this sense, "in contrast to the 'realistic' artist, he has no space for a reflection *a posteriori* about the events themselves, while on the other hand, he does not have the possibility of setting them up *a priori*."[15] But Eco does credit the director with a certain potential for interpretation and improvisation in that he can, for example, single out a particular story line from the general context and thereby direct the viewer's attention and influence the interpretation of an event.[16]

13 Eco 1962 (see note 2), 199.

14 Ibid., 198.

15 Ibid.

16 Ibid., 199.

G Tobias Rehberger, *Lying around lazy. Not even moving for TV, sweets, Coke and vaseline*, 1999 (fig. links/left); 1996 (fig. rechts/right) [→S./P. 309]

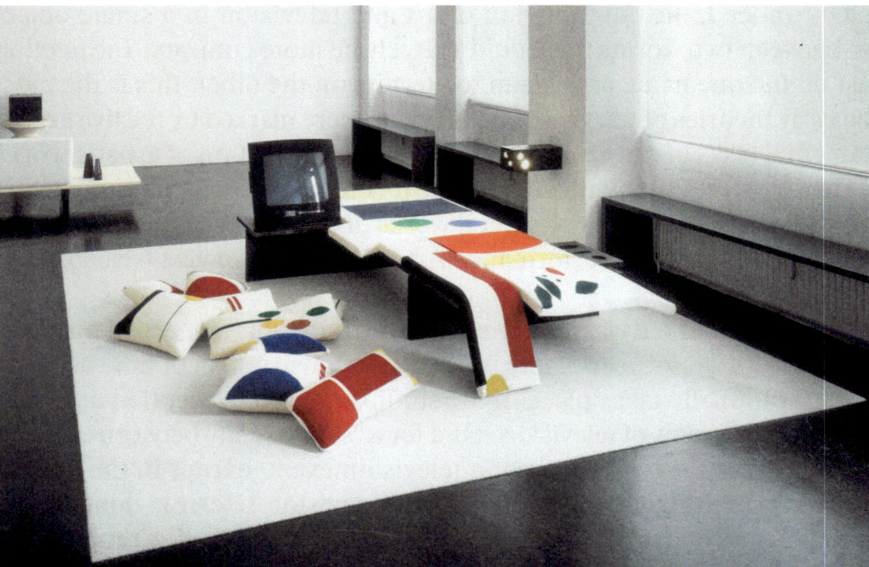

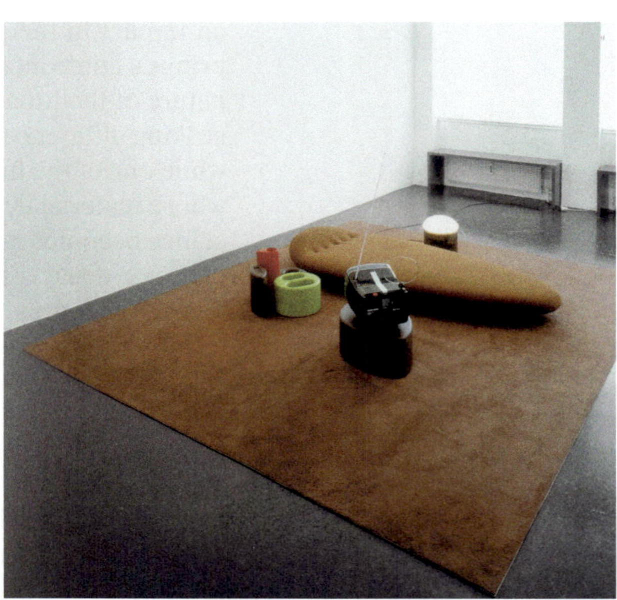

17 Tom Wesselmann, zit. nach Nicole Fritz, „Auf gleicher Wellenlänge? Der Einfluss von Radio und TV bei Tom Wesselmann und die Kunst der 1960er Jahre“, in: *Tom Wesselmann und die Pop Art,* Ausst.-Kat. Ravensburg 2008/09, Köln 2008, S. 24.

bei *Auto-Vision* (1964) [→S. 123] vor einen laufenden Fernseher optische Linsen anbringt, die das Fernsehbild durch Op-Art-Effekte verzerren. Auch Isidore Isous Werk *La Télévision déchiquetée ou l'Anti-crétinisation* (1962)—ein Fernseher, vor den eine Schablone montiert ist—erzeugt wechselnde Abstraktionen [→S. 133]. Bei Werken wie Wesselmanns *Still Life #31* (1963), dessen Alltags-Arrangement von einem Porträt George Washingtons dominiert wird, zeigt sich die Auswirkung des Live-Moments besonders deutlich anhand der Gegenüberstellung unterschiedlicher Reproduktionen. So sind in einer Abbildung mehrere Personen, vermutlich aus dem Bereich der Politik, auszumachen, während eine andere einen Moment einer Fernsehwerbung festzuhalten scheint. Mit ein wenig Fantasie sind hier die unterschiedlichsten, mitunter absurden Kombinationen denkbar, die auch die Aussage von Wesselmanns Werken maßgeblich verändern. Die Inhalte der Kunstwerke sind somit nicht nur unterschiedlich „lesbar“, wie es Umberto Eco für das „offene Kunstwerk“ postuliert, sondern in jedem Augenblick unterschiedlich. Auch Wesselmann schildert mit Bezug auf *Still Life #28* diesen faszinierenden Moment: „Es war für mich ein überraschender [...] Augenblick, als der [...] Kopf Kennedys auf dem Bildschirm erschien, fast genauso groß wie der Kopf Lincolns an der Wand [...]. Durch diesen Augenblick hat diese Arbeit für mich [...] eine emotionale Komponente bekommen.“[17] Vergleichbar ist dieses Prinzip mit dem Medium Ausstellung, das durch wechselnde Kontexte immer wieder neue Rezeptionsweisen ein und desselben Werkes hervorbringen kann. Der entscheidende Unterschied liegt aber ganz offensichtlich darin, dass sich die Rezeption bei den genannten Beispielen *innerhalb* des Werkes vollzieht. Da sich das Werk ständig verändert, nimmt es Eigenschaften von performativen und ephemeren Werken an, wobei dessen Materialität im Fall von Tom Wesselmann der Gattung des Gemäldes zuzuordnen ist. Auf ganz eigene Weise vermischen sich somit Eigenschaften unterschiedlicher Kunstgattungen und Kunstauffassungen innerhalb einer Arbeit.

Interessant, aber auch ziemlich abstrus ist die Vorstellung, auf der Mattscheibe von Césars Schrott-Skulptur *Ensemble de télévision* liefe eine Folge von Heidi Klums Castingshow *Germanys Next Topmodel*. In diesem Fall würde die raue Bildsprache des Nouveau Réalisme, die eindeutig den 1960er-Jahren zugehörig ist, auf ein Produkt unserer Gegenwart stoßen, da Castingshows erst in den 2000er-Jahren Einzug ins deutsche Fernsehen gehalten haben. Durch die Montage

The unstable work of art

What is unusual about works of art with integrated television sets is the fact that the ongoing program continuously generates new constellations in the picture, so that the work of art constantly changes. Karl Gerstner plays with the effect of the changing image in *Auto-Vision* (1964) [→P. 123], where he equips a television set with optical lenses that distort the televised image through Op Art effects. Shifting abstractions are also created in Isidore Isou's work *La Télévision déchiquetée ou l'Anti-crétinisation* (1962), a television set in front of which a patterned stencil is mounted [→P. 133]. In works such as Tom Wesselmann's *Still Life #31* (1963), whose arrangement of everyday objects is dominated by a portrait of George Washington, the impact of the live aspect is particularly evident in the juxtaposition of various reproductions. Thus in one reproduction, several persons, probably from the realm of politics, can be identified, while another seems to record the frozen image of a television commercial. With a little bit of imagination, it is possible to conceive of highly diverse, sometimes absurd combinations that also fundamentally alter the statement made by Wesselmann's works. Thus the contents of the works of art are not only variously “legible,” as Umberto Eco postulates for the “open work of art,” but also different in each moment. Wesselmann, too, describes this fascinating aspect in reference to *Still Life #28*: “It was a surprising [...] moment for me when [...] Kennedy's head appeared on the screen, almost as big as Lincoln's on the wall [...]. Because of this moment, the work acquired [...] an emotional component for me.”[17] This principle is comparable with the medium of the exhibition which, through changing contexts, can repeatedly engender new ways of receiving one and the same work. But the crucial difference apparently lies in the fact that with the aforementioned examples, the reception takes place within the work. Since the work constantly changes, it takes on characteristics of performative and ephemeral creations; but in the case of Tom Wesselmann, its materiality is to be ascribed to the genre of the painting. Thus in a quite individual manner, characteristics of different artistic genres and concepts of art are blended within a single work.

It is interesting, but also quite fanciful, to imagine that the screen of César's junk sculpture *Ensemble de télévision* could feature an episode of Heidi Klum's casting show, *Germany's Next*

17 Tom Wesselmann, quoted by Nicole Fritz, “Auf gleicher Wellenlänge? Der Einfluss von Radio und TV bei Tom Wesselmann und die Kunst der 1960er Jahre,” in *Tom Wesselmann und die Pop Art*, exh. cat. Ravensburg 2008/09 and Cologne 2008, 24.

eines Fernsehers mit Live-Bild entsteht eine Spannung zwischen dem Kontext der Entstehungszeit, der sich an den benutzten Materialien, Techniken und Inhalten zeigt, und dem Fernsehbild, das Geschehen der Jetztzeit spiegelt. Je weiter der Entstehungsprozess und die Präsentation des Werkes zeitlich auseinanderliegen, desto prägnanter wird die Diskrepanz, wobei jedoch auch ein inspirativer Gegenwartsbezug entsteht.

Wenn Fernseher altern. Zur Problematik der Konservierung von Live-Geräten

Leider bleibt den BesucherInnen der Ausstellung die Erfahrung des Zusammentreffens von Césars Skulptur mit aktuellen Fernsehprogrammen zum derzeitigen Zeitpunkt verwehrt. Der in die Jahre gekommene, eingebaute Fernseher ist irreparabel und konnte bislang auch durch kein anderes passendes Modell ausgetauscht werden. Vom Centre Pompidou, zu dessen Sammlung die Arbeit gehört, wurde daher entschieden, die Skulptur ohne laufendes Fernsehbild zu präsentieren.[18] Die Arbeit ist somit gewissermaßen verstummt. Diese Problematik ist kein Einzelfall, vielmehr gewinnt die Frage der Konservierung und Restaurierung medienbasierter Kunst zunehmend an Bedeutung. Für Vostells *Deutscher Ausblick* hat die Berlinische Galerie, in deren Besitz sich die Arbeit befindet, beschlossen, die Arbeit nicht mehr mit laufendem Fernsehgerät zu zeigen, sondern stattdessen einen Fernseher anzuschalten, auf dessen Mattscheibe nur mehr das „Bildrauschen" läuft, das meist bei Störung des Fernsehsignals auftritt. Das Beispiel von Césars unersetzbarem Fernseher deutet auf eine Problematik, die vermutlich alle Kunstwerke mit eingebautem Fernsehbild früher oder später betrifft. Tatsächlich altert der Fernsehapparat schnell, wobei sich dieser Prozess im Gegensatz zu Materialien wie Holz oder Farbe aufgrund der mangelnden Funktionalität noch viel klarer offenbart. Während das Fernsehbild in den oben beschriebenen Kunstwerken Tom Wesselmanns in der Gegenwart verankert ist, ist der Apparat selbst mit der Entstehungszeit des Werks verbunden—zumindest wenn der Künstler ein zu seiner Zeit hergestelltes Gerät verwendet hat. Die Diskrepanz zwischen Live-Bild und Apparat wird mit zunehmendem Alter des Kunstwerks folglich immer größer, zumal aus marktstrategischen Gründen ständig Fernseher mit neuer Technik und

18 Korrespondenz einer Mitarbeiterin des Centre Pompidou mit der Autorin.

Topmodel. In this case, the coarse pictorial language of Nouveau Réalisme, which clearly belongs to the 1960s, would encounter a product of our present era, because only in the years after 2000 did casting shows make their entrance into German television. The montage of a television set with a live picture creates a tension between the context of the time of creation, which is evident in the utilized materials, techniques, and contents, and the televised image, which mirrors contemporary events. The more separated the developmental process and the public presentation of the work are in time, the more striking is the aforementioned discrepancy, even though it gives rise to an inspirational relation to the present.

When television sets grow old. On the problem of preserving live equipment

Unfortunately, it is not possible at the present time for viewers to experience an encounter between César's sculpture and current television programs. The inserted television set is outdated, cannot be repaired, and up to now could not be replaced by an appropriate model. The Centre Pompidou, to whose collection the work belongs, accordingly decided to present the sculpture without a live television image.[18] So in a certain sense, the work has become mute. This problem is no isolated occurrence; instead, the issue of maintaining and restoring media-based art is becoming increasingly important. For Vostell's *Deutscher Ausblick*, the Berlinische Galerie, which owns the work, decided to no longer show the work with a television set tuned to a channel, but instead to switch on a television set on whose screen there is only the "snow," which mostly occurs when there is interference to the television signal.

The example of César's irreplaceable television set points to a problem that will most likely affect all works of art with built-in television images sooner or later. The fact is that television equipment ages rapidly; in contrast to materials such as wood or paint, this process comes to the fore much more clearly because of the lack of functionality. While the televised image in the works of Tom Wesselmann described above is anchored in the present, the apparatus itself is linked to the era when the work was created—at least if the artist used a piece of equipment manufactured in his own time. Consequently, the discrepancy between live image

18 From a Centre Pompidou employee's correspondence with the author.

19 Vgl. Decker 1988 (wie Anm. 7), S. 61.

20 Paik 2009 (wie Anm. 9).

Gestaltung entwickelt werden, die nach und nach die alten Modelle ersetzen. So mutet heute, im Zeitalter der immer flacher und größer werdenden HD-Geräte, ein Röhrenfernseher schon historisch an. Simon Denny hat diese Veränderung der Gehäuse in der Arbeit *Deap Sea Vaudeo* [→S. 249] visualisiert. Die rasante Entwicklung der Fernsehtechnik zeigt sich ebenfalls in einer über mehrere Jahre verfolgten Werkreihe Tobias Rehbergers, bei der er Fernseher in wechselnde Design-Arrangements integrierte. So hat die Arbeit *Lying around lazy* [fig. G] von 1996 nicht zuletzt aufgrund des kleinen Röhrenfernsehers der italienischen Marke Brionvega einen retroartigen Effekt, während *No need to fight about the channel. Together. Leant back.* aus dem Jahr 2009 mit der Gegenüberstellung zweier Flachbildschirme spielt.

Auch Nam June Paiks Werke aus den frühen 1960er-Jahren blieben nicht vom Wandel der Technik und den damit verbundenen konservatorischen Fragen verschont. Interessant ist zunächst, dass nur einer der zwölf modifizierten Fernseher aus dem Wuppertaler Ensemble —der *Kuba TV* [fig. H] —materiell überdauert hat. Allerdings fertigte Paik im Laufe der Jahre Rekonstruktionen beziehungsweise neue Versionen von vielen der Fernseher an. Ein interessantes Beispiel ist die Arbeit *Magnet TV*. Anfangs arbeitete Paik mit einem ringförmigen Elektromagneten, einem sogenannten Degaußer, der von Technikern dazu benutzt wurde, die elektrostatische Aufladung des Bildschirms zu zerstören. Seit 1965 verwendete er auch schwere Eisenmagnete, die er auf das Gehäuse legte oder vor dem Bildschirm anbrachte.[19] Der in der Ausstellung *TeleGen* präsentierte *Magnet TV* (1965/1995) stammt aus dem großen Ensemble rekonstruierter Fernseher, das Paik anlässlich einer Präsentation auf der Biennale in Lyon 1995 zusammenstellte. Die technische und konservatorische Problematik war mit Sicherheit ein Grund für die Anfertigung unterschiedlicher Versionen seiner frühen Fernseharbeiten, eine Praxis, die er von Beginn seines künstlerischen Schaffens an verfolgte. Der Künstler war sich darüber im Klaren, dass die verschiedenen Apparate neben ihrem unterschiedlichen äußeren Erscheinungsbild auch voneinander abweichende Bildqualiäten erzeugen und sich die Unterschiede somit auf das Kunstwerk als Ganzes auswirken: „Es gibt so viele Arten von TV-Stromkreisen, wie es französische Käsesorten gibt. Zum Beispiel erzeugen alte Modelle von 1952 eine bestimmte Art der Variation, die neue Modelle mit automatischer Frequenzkontrolle nicht hervorbringen können."[20]

and apparatus increases with the advancing age of the work of art, especially because marketing strategies dictate the constant development of television sets with new technology and trappings that gradually replace older models. Thus a tube TV set seems downright antiquated today in the era of increasingly flat and large HD models. Simon Denny has given visual form to this change in casings in the work *Deep Sea Vaudeo* [→P. 249]. The breathtakingly rapid development of television technology is likewise evident in a series of works, pursued by Tobias Rehberger over several years, in which he integrated television sets into shifting design arrangements. Thus the work *Lying around lazy* [fig. G] from 1996, not least of all because of the small tube TV set of the Italian brand Brionvega, has a retro effect, whereas *No need to fight about the channel. Together. Leant back* from 2009 plays with the juxtaposition of two flat screens.

Nam June Paik's works from the early 1960s also were not immune to developments in technology and the concomitant issues of preservation and maintenance. First of all, it is interesting that only one of the twelve modified television sets from the Wuppertal ensemble, namely,

H Nam June Paik, *Exposition of Music. Electronic Televison*, 1963
Ausstellungsansichten von *Kuba TV* / Exhibition views of *Kuba TV* [→S./P. 148]

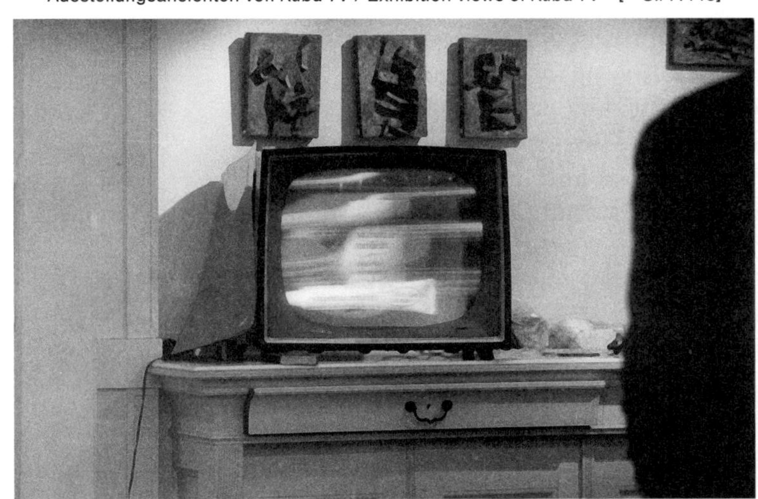

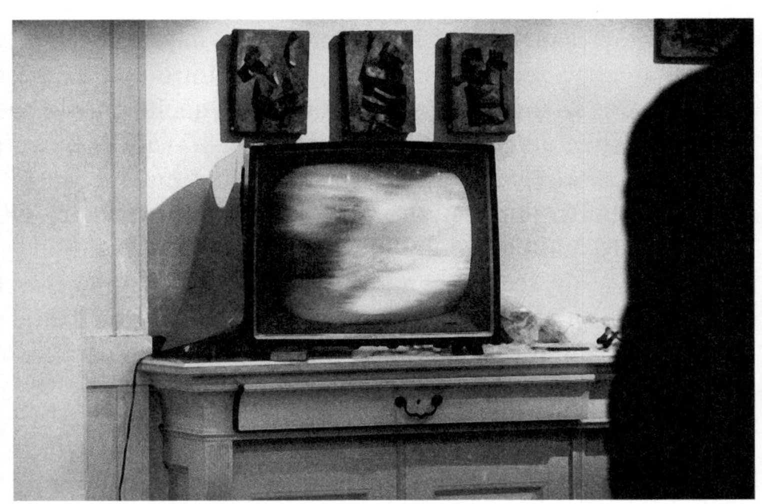

An diesen Beispielen wird deutlich, wie komplex schon die Instandhaltung von Werken mit eingebauten Fernsehgeräten, die ihrerseits Liveness in die Kunst bringen, in der Praxis ist. Nam June Paik war unter den genannten Künstlern derjenige, der diesen Anfechtungen zum Trotz am konsequentesten weiterhin Kunstwerke mit Live-Medialität entwickelte. Mit seiner Satelliten-Live-Sendung *Good Morning, Mr. Orwell* (1984) zwischen dem WNET 13 TV in New York und dem Centre Pompidou in Paris sowie einer Zuschaltung von Sendern in Deutschland und Korea erreichte er über 10 Millionen Menschen, inklusive der späteren Wiederholungen sogar über 25 Millionen weltweit.[21] Viele technische Pannen führten zu einem so nicht geplanten Resultat, doch dies steigert laut Paik sogar das Live-Feeling. Auf die Frage, was er an der Himmelspforte zu Petrus sagen werde, antwortete er ohne zu zögern, dass diese Live-Show „mein direkter Beitrag zum Überleben der Menschheit ist, und er wird mich reinlassen".[22]

21 Nam June Paik, zit. nach Dieter Daniels, in: Medienkunstnetz online, http://www.medienkunstnetz.de/werke/goog-morning/ (abgerufen am 5.5.2015)

22 Ebd.

Kuba TV [fig. H], has survived materially. But over the years, Paik produced reconstructions or new versions of many of the television sets. One interesting example is the work *Magnet TV*. The artist worked initially with a ring-shaped electromagnet, a so-called degausser, which is used by technicians to neutralize the electrostatic charge of a screen. From 1965 on, he also began using heavy iron magnets, which he placed on the casing or attached in front of the screen.[19] The work *Magnet TV* (1965/1995) featured in the exhibition *TeleGen* comes from the large ensemble of reconstructed television sets that Paik assembled on the occasion of a presentation at the Lyon Biennial in 1995. The challenges involving technology and restoration were certainly a reason for the production of various versions of his early television works, a practice that Paik followed from the very beginning of his artistic career. The artist clearly recognized that along with their diverse external appearances, the different apparatuses also generate divergent pictorial qualities, and that the differences thereby have an impact on the work of art in its entirety: "There are as many sorts of electrical circuits for televisions as there are types of French cheese. For example, old models from 1952 generate a certain sort of variation that new models with automatic frequency controls cannot produce."[20]

These examples make clear how complex it is in practice to preserve the functionality of works including television sets that, for their part, introduce liveness into art. Among the aforementioned artists, Nam June Paik was the one who, in spite of these hindrances, continued with the most deliberateness to develop works of art with live mediality. With his live broadcast via satellite *Good Morning, Mr. Orwell* (1984) between WNET 13 TV in New York and the Centre Pompidou in Paris, as well as a connection to broadcasters in Germany and Korea, he reached more than 10 million people, and even more than 25 million worldwide if the rebroadcasts are included.[21] Many technical mishaps led to a result other than the one planned, but according to Paik, this enhanced the live feeling. When asked what he would say to Saint Peter at the gates of heaven, the artist answered unhesitatingly that this live show "is my direct contribution to the survival of humanity, and so he will let me in."[22]

19 Decker 1988 (see note 7), 61.

20 Paik 2009 (see note 9).

21 Nam June Paik, quoted by Dieter Daniels, in Medienkunstnetz, online, http://www.medienkunstnetz.de/werke/goog-morning/ [accessed May 5, 2015].

22 Ibid.

Passives Schauen (Fernsehen denken)

Ina Blom 71

Passive Viewing (Thinking Television)

I

Was war Fernsehen? Eine elektronische Technik, bestehend aus Abtasten, Signalübertragung und Synchronisierung? Ein Modus für das Programmieren von Inhalten? Eine Schlüsseltechnologie der Globalisierung? Ein Zulieferer der wachsenden Privatisierung öffentlichen Lebens? Ein frühes Muster der vernetzten Informationswirtschaft? Ein Herrschaftsinstrument von Staat und Kapital? Eine neue Art und Weise, den Geist zu formatieren? Ein kulturelles „An-Archiv" für die Umorientierung der gesellschaftlichen Erinnerung auf mehr Gegenwärtigkeit, Fluss und lückenlose Erneuerung? Eine Verkaufsrampe? Eine Echtzeitumgebung?
Das uns bekannte Fernsehen ist im Verschwinden begriffen. Es geht langsam unter in der Vielfalt digitaler Medien, die bewegte Bilder und Ton über große Entfernungen ausstrahlen beziehungsweise streamen, in vielen Fällen live. Doch sein Verschwinden als zentralisiertes Produktions- und Vertriebsinstrument macht uns paradoxerweise bewusst, wie allgegenwärtig das Fernsehen ursprünglich war, wie weitreichend und breit angelegt seine Macht und sein Einfluss waren. Über viele Jahre konzentrierten sich Medientheorie und politische Theorie vor allem auf die Inhalte und institutionellen Strukturen des Fernsehens. Dennoch geriet dabei die breitere und vielleicht weniger unmittelbar erscheinende Wirklichkeit des Fernsehens nicht ganz aus dem Blick. Diese schlug sich beispielsweise in künstlerischen Experimenten und Vorstellungen nieder. Insofern könnten bedeutende Teile der Kunst des 20. Jahrhunderts künftig als Unterstrom eines „televisuellen Denkens" verstanden werden, der sich durch die unterschiedlichsten Medien, Stoffe und Kontexte zieht, darunter Malerei, Musik und Architektur.
Selbstverständlich gab es „Fernsehkunst" im engeren Sinne, und solche Kunst war häufig nicht zu unterscheiden von den Guerillastrategien alternativer Fernsehaktivisten mit ihrem Schwerpunkt auf Interventionen in offiziellen Medienräumen einerseits und dem Aufbau andersartiger Herstellungs- und Vertriebsstrukturen für Fernsehen andererseits. Diese Kunst reflektierte die soziologische Betrachtung von herrschaftsstabilisierenden Inhalten und Bedingungen medialer Botschaften.[1] Daher gründete sie auf Vorstellungen einer konterhegemonialen Medienproduktion: Fernsehen galt nun als neuer kritischer Vermittler, dessen Ziel es

1 Siehe beispielsweise Deidre Boyle, *Subject to Change. Guerilla Television Revisited*, New York 1997.

2 Video-Aktivismus bedeutete, sich die Mittel des Fernsehens für neue Arten öffentlichen Diskurses anzueignen. Hierfür gab es zwei Ansätze: Einerseits zahlreiche Versuche, in die ideologischen Strukturen des offiziellen Fernsehens einzugreifen, etwa wenn Valie Export das Video einer fernsehenden Familie in das Programm des Österreichischen Staatsfernsehens ORF einklinkte, also Zuschauer mit der spezifischen Heimeligkeit ihrer eigenen Gewohnheiten vorführt, oder wenn Chris Burden den üblichen Minutentarif an US-Sender bezahlte, um seine eigenen und eigentümlichen Werbungen zu schalten. Andererseits gab es das Bestreben, sowohl auf Ebene der Programmgestaltung als auch der Verwaltung und des Vertriebes Alternativen zu den offiziellen staatlichen oder privaten Sendern zu schaffen. Überzeugende, wenn auch kurzlebige Beispiele hierfür waren die alternative Berichterstattung von TVTV, das unauffällige Portapak-Kameras verwendete, um die Medienumgebung aufzudecken, die politische Ereignisse begleitet, oder die Ansätze von Gruppen wie Videofreex, die aufkommenden Kabelsender zu nutzen, um kleine Lokalsender zu schaffen.

I

What was television? An electronic technology, based on scanning, signal transmission and synchronization? A mode of content programming? A key technology of globalization? A purveyor of an increasingly privatized mode of public life? An early template for the networked information economy? A hegemonic instrument of state and capital? A new type of mental formatting? A cultural "an-archive" reorienting social memory toward presentness, flow, and constant updating? A platform for selling products? A real-time environment?
Television as we knew it is disappearing, increasingly lost in the variety of digital platforms that send or stream moving images and sound across distances—in many case "live." But its disappearance as a centralized instrument of production and distribution also, paradoxically, alerts us to the original pervasiveness of television, the depth and breadth of its power and influence. For many years, media theory and political analysis were predominantly focused on television's contents and institutional arrangements, yet the wider, and perhaps less immediately tangible, reality of television was not, for all that, lost from view. It registered, for instance, in artistic experimentation and imagination. As a result, significant sections of 20th-century art may come to be understood as a deep undercurrent of "televisual thinking" running through a variety of media, materials, and contexts, including painting, music, and architecture.
There was, of course "television art" proper, and such television art was in many cases indistinguishable from the guerilla strategies of the alternative television movements and their double emphasis on intervention in official media circuits and construction of different structures of televisual production and distribution. This was an art that mirrored the sociological preoccupation with the hegemonic contents and conditions of media messages.[1] For this reason, it was premised on the notions of counterhegemonic media production: television would now be a new critical agency whose purpose was to activate the much-deplored pacified audiences caught in the eternal televisual present of late capitalism.[2] The question, then, is what to think of the currents of televisual thinking—extending from the 1970s to the 2000s—that seem to mime the "passive" relation to television, to simply inhabit the televisual reality and the networked electronic environment? This was the relationship to television presented in a couple

1 See, for instance, Deidre Boyle, *Subject to Change. Guerilla Television Revisited* (New York: Oxford University Press, 1997).

2 Video activism meant appropriating the means of television for new types of public discourse, and tended to work along two axes. On the one hand, there were the many attempts to intervene in the ideological structures of official television, as when Valie Export inserted a clip of a TV-viewing family into the programming of the Austrian public service broadcaster ORF, confronting viewers with the peculiar domesticity of their viewing habits, or when Chris Burden broadcast his own, idiosyncratic TV commercials, paying the going per-minute rate to US television stations. On the other hand, there were the concerted efforts to establish alternatives to official state or corporate broadcasting, at the level of programming as well as at the level of organization and distribution. The alternative political reporting of TVTV, using unobtrusive Portapaks to trace the media environment subtending political events, or the attempts by groups such as the Videofreex to use the emergent cable networks to create small-scale community TV stations, were successful if relatively short-lived examples.

3 Stewart Wolpin, "The Race to Video," in *American Heritage of Invention and Technology* 10, no. 2 (Fall 1994): 53–62. The first commercially viable video recorder was the 1956 Ampex VRX 1000. RCA and BCE had demonstrated preliminary models in 1953 and 1955.

3 Stewart Wolpin, „The Race to Video“, in: *American Heritage of Invention and Technology*, 10, 2, Herbst 1994, S. 53–62. Der erste kommerziell angebotene Videorekorder für den Hausgebrauch war 1956 der Ampex VRX 1000. RCA und BCE hatten zwischen 1953 und 1955 Vorläufermodelle eingeführt. Zwischen 1952 und 1958 entwickelte die BBC ein lineares Hochgeschwindigkeits-Bandsystem (VERA), das sich allerdings als unbrauchbar erwies. All diese Systeme wurden nur von den Sendeanstalten verwendet. Video für den privaten Gebrauch kam erst Ende der 1960er-Jahre auf, relevant wurde der Markt dafür in den 1980er-Jahren.

4 Muntadas betonte nachdrücklich die enge Beziehung zwischen Video und Fernsehen. „Video, das nicht nur vom Fernsehen handelt, handelt auch vom Fernsehen“, schrieb er im Katalog zu einer Video-Ausstellung 1984 in Bologna mit dem Titel *From TV to video e Dal video alla TV*, hg. von Caterina Borelli, Bologna 1984, S. 18.

war, das vielbeklagte, ruhiggestellte Publikum, das in der ewigen televisuellen Gegenwart des Spätkapitalismus gefangen war, zu aktivieren.[2] Es stellt sich also die Frage, was von den Strömungen televisuellen Denkens der 1970er- bis 2000er-Jahre zu halten ist, die das „passive“ Verhältnis gegenüber dem Fernsehen nachahmten und sich anscheinend in der Fernsehwirklichkeit und der vernetzten elektronischen Umwelt eingerichtet hatten? Es war diese Beziehung zum Fernsehen, die Antoni Muntadas und Klaus vom Bruch in den 1970er-Jahren in einigen wegweisenden Videoarbeiten vorführten. Im Kontext der Kunstproduktion wurde Video — ursprünglich entwickelt, um Fernsehen mit dem bis dato fehlenden Gedächtnis auszustatten und ein regelrechtes elektronisches Archiv aus seinen flüchtigen Ausstrahlungen zu erschaffen[3] — vielfach als aus der Knechtschaft des Fernsehens befreit verstanden. Hier war Video ein freier Akteur, seine technischen Möglichkeiten der Erzeugung von Zeit und Erinnerung wurden für die verschiedensten unabhängig schöpferischen Zwecke umgenutzt. Doch in den Arbeiten von Muntadas und vom Bruch wurde das Video wieder ans offizielle Fernsehen gekoppelt.[4] Es zeichnete Fernsehen einfach auf, passiv und wahllos. Anders ausgedrückt, es nahm scheinbar die Rolle des Fernsehzuschauers ein, des treuen Untertans des Fernsehens, der alles anschaut, was ihm vorgesetzt wird, und dessen einzige aktive Reaktion das Umschalten zwischen den Kanälen ist. Muntadas hatte zunächst auf dem Wege der Intervention mit Fernsehen gearbeitet. 1974 versuchte er, mit einer ungenehmigten, selbst gemachten Lokalsendung über das Leben in der kleinen Urlaubsstadt Cadaqués aus den von Franco beherrschten spanischen Medien auszubrechen. 1977 jedoch schien der Inhalt seiner Videoarbeit Fernsehen lediglich aufzunehmen, sich gewissermaßen zurückzulehnen und den westeuropäischen öffentlich-rechtlichen Sendestrom oder die konzerngesteuerte Sendervielfalt Nordamerikas anzuschauen. Das Video *Liège*[fig. A] (1977) speist sich aus den drei Hauptsendern des dreisprachigen Belgien als kontinuierlicher Verweis des Mediums auf seine eigene Fähigkeit, zuzuschauen und aufzunehmen. Und in *On Subjectivity (About TV)*[fig. B] war das Video — so wie alle Bewohner Bostons und Umgebung — aufgrund der äußerst niedrigen Temperaturen und des Schnees gefangen im Fernsehzimmer. Die in diesem Zusammenhang entstandenen Aufnahmen dokumentieren vor allem das Aufkommen von Video als Quasi-Subjekt mit Gedächtnis, einem hirnähnlichen Wesen, das seine eigenen

Between 1952 and 58, the BBC developed a high-speed linear videotape system (VERA) that in the end did not prove feasible. All these systems were for broadcasting use only. Video for private use first emerged at the end of the 1960s, but a significant market did not develop until the 1980s.

4 Muntadas placed great emphasis on the close relation between video and TV: “Video not explicitly about TV is also about TV,” he wrote in the catalog to a 1984 video screening in Bologna entitled *From TV to video e Dal video alla TV*, exh. cat. Commune di Bologna 1984, 18.

of landmark 1970s video works by Antoni Muntadas and Klaus vom Bruch. In the context of art production, video — originally invented to provide television technology with the memory that it did not as yet have, in order to create a proper electronic archive out of its fleeting transmissions[3] — was often understood as liberated from televisual servitude. Here, video was a free agent — its technical affordances and their production of time and memory repurposed for all sorts of independently creative ends. Yet in the works of Muntadas and vom Bruch, video was once more tied to official television.[4] It was, quite simply, recording television, passively and indiscriminately. It seemed, in other words, to take on the role of the passive television viewer, the loyal subject of television who watches anything placed in front of him and whose most active response is that of changing channels. Muntadas's work with television had started at the interventionist end: in 1974, he attempted to break through Franco-dominated Spanish media by illegally broadcasting a self-produced community program on daily life in the small Catalan holiday town of Cadaqués. By 1977, however, Muntadas's video seemed content to simply take

A Antonio Muntadas, *Liége 12/9/77*, Video, Farbe Ton / Video, color, sound, 18:00 min., 1977

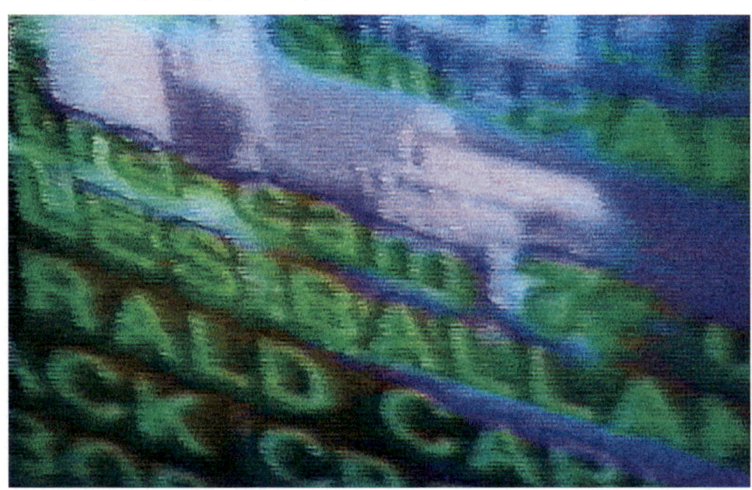

B Antonio Muntadas, *On Subjectivity (About TV)*, Video, Farbe Ton / Video, color, sound, 53:00 min., 1978

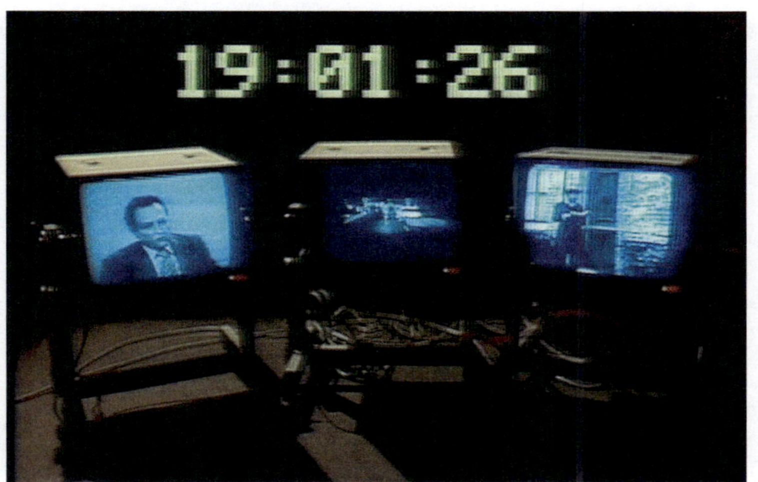

Verdichtungen televisueller Zeit hervorbringt. Bei *On Subjectivity* — vom Fernsehbildschirm abgefilmt mit einer Videokamera als Ersatz für das zuschauende Subjekt — handelt es sich im Wesentlichen um eine Abfolge televisueller Rhythmen, Brüche, Passagen und Pausen, die keiner der üblichen Programmnormen entsprechen; es ist sozusagen das Videogedächtnis im Rohzustand.[5] Dies ist nicht ein Archiv des Fernsehens, sondern es besteht in der Fähigkeit von Video, eine Leerstelle zu schaffen zwischen den Bewegungen, die es von den Fernsehprogrammen empfängt und jenen, die das Videogerät (Kamera / Rekorder) selber ausführt. In solchen Lücken oder Intervallen, Kontraktionen televisueller Zeit, besteht die Subjektivität des Videos, zumindest wenn wir dem Gedanken Bergsons folgen, demzufolge Subjektivität ein grundsätzlich heterogenes zeitliches Aggregat ist, das am Schnittpunkt von Kräften entsteht.[6]
Die „passive" Technizität von Muntadas fernsehendem Video enthält dennoch eine bestimmte Tätigkeit: einen Wahrnehmungsakt, wodurch das Video als (wenn auch ans Sofa gefesseltes) *denkendes* Wesen hervorgebracht wird. Dieses Gefüge unterscheidet sich grundsätzlich von einem an Handlung orientierten kinematografischen *Blickwinkel*, der eine bereits in irgendeiner Art definierte Persönlichkeit suggeriert. Indem *On Subjectivity* Passivität inszeniert, umgeht die Arbeit den psychologischen und phänomenologischen Rahmen, in dem sich Fragen zur Rezeption von Medienkunst meist bewegen. Subjektivität ist hier kein Grundzug menschlicher Individualität, die eine persönliche Weltsicht „hat". Es verhält sich vielmehr umgekehrt: Subjektivität entwickelt sich aus unpersönlichen, maschinenartigen Ereignissen der Wahrnehmung und der Erinnerung, wie sie zu jeder Art von technischem System gehören, das mit Eingriffen in Zeitströme arbeitet. Diese eher technische oder allgemeine Auffassung von Subjektivität wird in einem Augenblick der Geschichte zur Diskussion gestellt, in dem die Techniken der Subjektivierung und der Subjektivitätskonstituierung tiefgreifende Veränderungen durchlaufen und zunehmend mit Informationstechnologie in Verbindung gebracht werden. Daher identifiziert sich das Video, das für sich und in sicherer Entfernung von der tätigen, mobilisierten und grundsätzlich unruhigen Welt fernsieht, nicht nur mit den beklagten passiven Zuschauern der frühen Fernsehkultur, sondern es konfiguriert auch ihre politische und wirtschaftliche Rolle neu. Solche Zuschauer werden jetzt beinahe im technologischen Sinne gesehen. Wie das Video sind sie arbeitende Bestandteile der umfassenden produktiven

5 In den frühen 1970er-Jahren erfreute sich die Videoaufnahme zunehmender Beliebtheit unter Künstlern, weil sie die An- und Umordnung des aufgezeichneten Materials erleichterte, während sie auf der Ebene der technischen oder materiellen Organisation die gesamte „pulsierende" Kraft der unmittelbaren Wahrnehmung einfing. Diese Eigenschaft veranlasste Lazzarato einige Jahrzehnte später dazu, Video als die technische Entsprechung des bergsonschen Begriffs der Wahrnehmung zu bestimmen. So wie die Videokamera als „ein in das Zeitbild getauchter Körper" beschrieben wird, der den empfangenen Strom der Eindrücke auswählt und als zeitlich lineare Signale organisiert, werden Bewusstsein und Gedächtnis als Schnitte bzw. Selektionen in bzw. aus Bilderströmen verstanden, die zwischen bedeutenden und nicht-bedeutenden Strömen unterscheiden. Solche Selektionen stellen ein „persönliches" Zeitintervall dar, eine Falte in der Zeit. Maurizio Lazzarato, „Machines to Crystallize Time", in: *Theory, Culture & Society*, 24, 6, 2007, S. 93–122.

6 Lazzarato beruft sich hier auf Deleuze, der in seiner Arbeit über das Zeitbild postulierte, dass nicht-chronologische Zeit im Grunde die einzige Subjektivität ist. Gilles Deleuze, *L'Image-temps*. Paris 1985, S. 111, zit. in: Lazzarato 2007 (wie Anm. 5), S. 97.

in television itself — to lean back and watch the public broadcasting feeds of Western Europe or the corporate multichannel mediascape of North America. In *Liège*[fig. A] (1977), video feeds from the three major channels in trilingual Belgium, constantly referencing its own capacity for watching / recording. And in *On Subjectivity (About TV)*[fig. B], video — like other inhabitants of the Boston area in the winter of 1978 — was trapped in front of the TV set due to the exceptionally cold and snowy weather. The ensuing recording mainly documents the emergence of video *as* a memorizing quasi subject, a brain-like entity that produces its own contractions of televisual time. *On Subjectivity* — recorded off the TV screen by a video camera acting as a stand-in for a viewing subject — is essentially a sequence of televisual rhythms, breaks, passages, and pauses that do not comply with any standard programming norms: it is, so to speak, video memory in its raw state.[5] Video memory is not an archive *of* television, but consists in video's ability to create a gap between the movements it receives from the televisual feed and those that the video system (camera / recorder) itself carries out. Such gaps or intervals — contractions of televisual time — *are* video's subjectivity, at least if we follow the Bergsonian idea that subjectivity is essentially a heterogeneous temporal assembly, arising at the intersection of forces.[6]

5 In the early 1970s, videotaping was increasingly appreciated by artists for allowing easy organization and reorganization of recorded time materials while retaining—at the level of technical / material organization—all the "pulsating" force of live perception. It was this feature that, some decades later, triggered Lazzarato's description of video as the technical correlate to Bergson's concept of perception. Just as the video camera is described as "a body plunged into the time image," selecting and organizing the flow of impressions it receives into signals on a timeline, consciousness and memory are understood as cuts or selections in flows of image matter, creating a distinction between signifying and asignifying flows. Such selections constitute a "personal" time interval, a fold in time. Maurizio Lazzarato, "Machines to Crystallize Time," *Theory, Culture & Society* 24, no. 6 (2007): 93–122.

C Klaus vom Bruch, *Das Schleyerband*, Video, Farbe, Ton / *The Schleyer Tape*, video, color, sound, 112:00 min. 1977–78

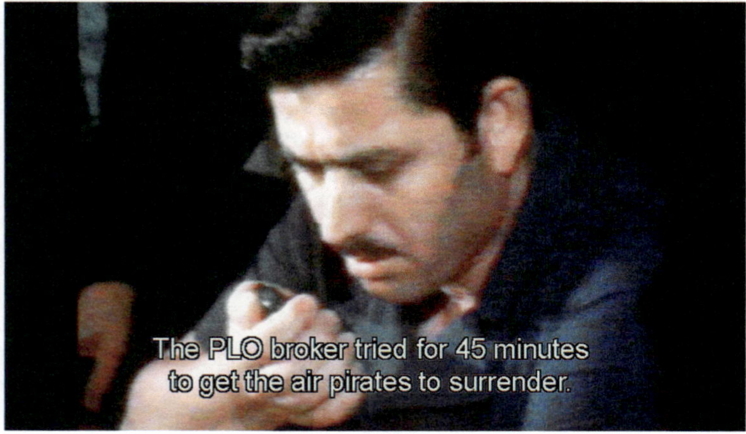

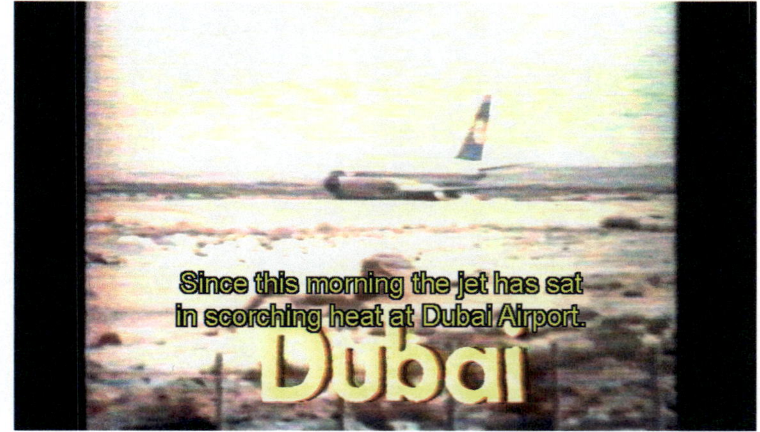

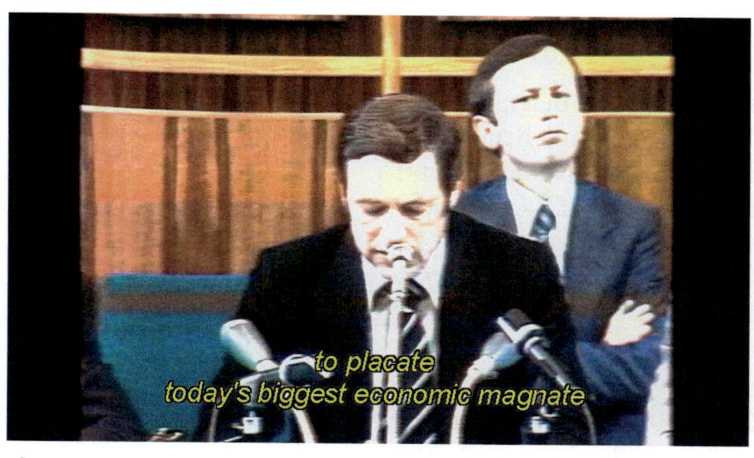

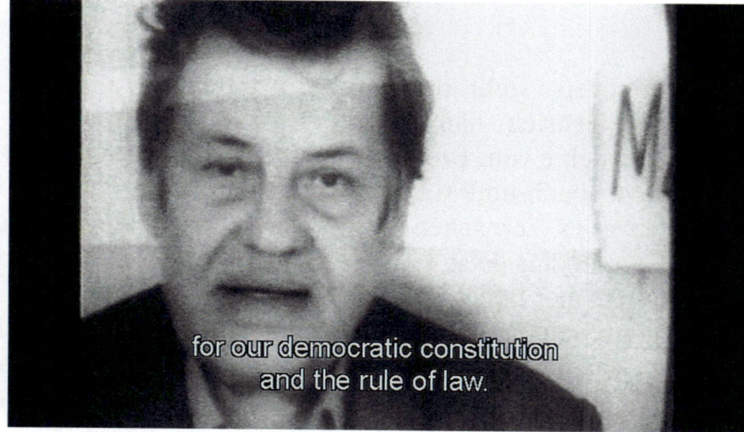

C Klaus vom Bruch, *Das Schleyerband*, Video, Farbe, Ton / *The Schleyer Tape*, video, color, sound, 112:00 min. 1977–78

Wahrnehmungs- und Erinnerungsmaschinerien, deren frühes Paradigma das Fernsehen war.[7] Die neue, mobile televisuelle Privatsphäre, ein Phänomen, das Raymond Williams überraschte,[8] erfährt hier eine besondere Ausformung: Der private Raum der Freizeit ist nun ein weiterer Ort der Arbeit. Solche Arbeit kann nach Einschaltquoten definiert werden, die Werbeeinnahmen generieren: Zuschauerstunden werden gezählt und für marktübliche Preise „verkauft", und insofern funktionieren sie ähnlich wie das mechanistische Konzept der Arbeitszeit im Industriezeitalter. Wie Maurizio Lazzarato jedoch gezeigt hat, ist diese Form der Arbeit nicht unabhängig von der nicht zu bemessenden Dauer mentaler Zeit zu verstehen, die strukturelle Analogien zur komplexen Modulation und Produktion von Zeit in elektronischen und digitalen Technologien aufweist.[9] In diesem Zusammenhang verkompliziert die eigenwillige Assoziation zwischen passivem Video und passiven Fernsehzuschauern die Vorstellung vom Privaten als „außerhalb", namentlich jenseits der televisuellen Öffentlichkeit und der Frage nach gesellschaftlichem und politischem Handeln im elektronischen Zeitalter, in dem die „subjektiven" Kräfte der Erinnerung ebenfalls und auf verschiedenen Ebenen produktiv sind.

7 Diese Ansicht der produktiven Seite von Zeittechnologien wird umrissen in Maurizio Lazzarato, *Videophilosophie. Zeitwahrnehmung im Postfordismus*, Berlin 2002.

8 Raymond Williams, *Television: Technology and Cultural Form*, London 2003, S. 19.

9 Lazzarato 2002 (wie Anm. 7).

The "passive" technicity of Muntadas's TV-viewing video does, in other words, involve a particular type of activity: a perceptual action that brings forth video as a *thinking* being (if sofa-bound). This set-up is very different from an action-oriented cinematographic *point of view* suggesting some kind of already defined personhood. By staging passivity, *On Subjectivity* circumvents the psychological and phenomenological frameworks that tend to underpin questions of media reception. Subjectivity, here, is not an inherent feature of human individuality that "has" a personal view of the world. It is the other way around: subjectivity is the evolving product of the impersonal, machinic events of perception and memory, the events of any kind of technical system that operates by intervening in temporal flows. This rather technical or general approach to subjectivity is brought forth at a historical moment when the very techniques of subjectivation and subjectivity production are undergoing radical changes, and are increasingly associated with information technologies. Hence, the video that watches TV in private, at a safe remove from the world of action, mobilization, and general unrest, does not just identify with the much-lamented passive viewers of early TV culture; it also reconfigures their political and economic role. Such viewers are now seen in quasi-technical terms: like video, they are working components in the larger productive machineries of perception and memory, of which television was the early, paradigmatic example.[7] The new form of mobile televisual privacy that mystified Raymond Williams[8] is here given a specific inflection: the private sphere of leisure is also another arena of labor. Such labor may be defined in terms of TV ratings generating advertising income: viewing hours are counted and "sold" at market price, and in this sense function in a manner similar to the mechanical concept of labor time in the industrial regime. Yet, as Maurizio Lazzarato has pointed out, this form of labor cannot be understood without reference to the incommensurable durations of mental time, which are structurally analogous to the complex modulation and production of time in electronic and digital technologies.[9] At this point, the curious association between passive video and passive TV viewers also complicates the imagined "outside" of privacy; notably the televisual public sphere and the question of social and political agency in an electronic age when the "subjective" forces of memory are also productive, at a number of different levels.

6 Lazzarato 2007 (see note 5), 97, underscores this with reference to Deleuze, who claimed in his work on the time image that "strictly speaking, nonchronological time is the only subjectivity," Gilles Deleuze, *L'Image-temps* (Paris: Les Éditions de Minuit, 1985), 111.

7 This view on the productive aspect of time technologies is outlined in Maurizio Lazzarato's *Videophilosophie. Zeitwahrnehmung in Postfordismus* (Berlin: B-Books, 2002).

8 Raymond Williams, *Television: Technology and Cultural Form* (London: Routledge, 2003), 19.

9 Lazzarato 2002 (see note 7).

II

Diese Sichtweise steht in engem Bezug zu einem anderen, dramatischeren Beispiel eines Videos, das fernsieht, nämlich zu *Das Schleyerband* [fig. C] (1977—78) von Klaus vom Bruch. Wie Muntadas suchte vom Bruch zunächst nach fernsehartigen Lösungen. 1975 gründete er mit Ulrike Rosenbach und Marcel Odenbach in Köln die Produzentengruppe ATV (Alternativ TV). Ziel war es, Fernsehen als kritisches Medium mit hohem künstlerischem Anspruch zu entwickeln, und es gelang dieser winzigen kulturellen Institution tatsächlich, ihr Qualitätsprodukt mit einer Reichweite von einigen Hundert Metern auszustrahlen.[10] Zwei Jahre später jedoch hatte sich dieser Anspruch mit dem *Schleyerband* offenbar ein wenig gelockert. Anstatt sich dem offiziellen Fernsehen entgegenzustellen, installierte vom Bruch diverse Antennen auf seinem Atelier, um so viele Kanäle wie möglich zu empfangen. Es ging nun darum, seine Videoaufzeichnungen von den Sendungen des führenden Fernsehens fluten zu lassen. Ausgerechnet war der Kontext, in dem dieses im Grunde passive Zuschauen beziehungsweise Aufzeichnen stattfand, von hochfrequenter Aktivität geprägt, nämlich von dem Kampf zwischen Aktivistenkunst, medialer Gegenkultur, dem terroristischen Untergrund und dem Staat, der weitgehend im Reich des Fernsehens ausgetragen wurde. Im Jahr 1977 führte die Rote Armee Fraktion (RAF) zwei Aufsehen erregende Geiselnahmen durch: im September von Hanns Martin Schleyer, Präsident der Bundesvereinigung der Deutschen Arbeitgeberverbände (BDA) und Vorsitzender des Bundesverbandes der Deutschen Industrie (BDI), und am 13. Oktober die Entführung die Lufthansa-Maschine „Landshut", auf die ein Rettungseinsatz der GSG 9 folgte sowie die Selbstmorde der inhaftierten RAF-Mitglieder Andreas Baader, Gudrun Ensslin und Jan-Carl Raspe und schließlich die Ermordung Schleyers. Die RAF-Geiselnahmen waren nicht lediglich Mittel zu bestimmten Zwecken, sondern eine allgemeine Strategie, um die Linksintellektuellen aus ihrem zahmen Schlummer zu rütteln und zu signalisieren, dass es an der Zeit war, von der Revolution nicht mehr bloß zu träumen, zu reden und darüber zu schreiben.[11] Die Zeit war reif, sich zu aufzulehnen und auf die Straße zu gehen. Die eingeführte Verbindung zwischen Aktivistenpolitik und den neuen Medientechnologien hätte die Strategie für dieses Video abgesichert. Doch in diesen Herbstwochen des Jahres

10 Anette Jael Lehmann, „Videorebels: Actions and Interventions of the German Video-Avant-Garde", in: Randal Halle und Reinhild Steingröver (Hg.), *After the Avant-Garde. Contemporary German and Austrian Experimental Film*, Rochester (NY) 2008, S. 80–94.

II

These perspectives have some pertinence in relation to another and more dramatic case of video watching TV—notably *The Schleyer Tape* [fig. C], made by Klaus vom Bruch in 1977–78. Like Muntadas, vom Bruch initially aimed for televisual alternatives: in 1975, he formed the video studio ATV (Alternative Television) in Cologne, together with Ulrike Rosenbach and Marcel Odenbach. The goal was to develop television as a critical medium with high artistic standards, and for a while this miniature cultural institution managed to broadcast its quality fare within a radius of a few hundred meters.[10] Two years later, however, *The Schleyer Tape* seems to represent a certain relaxing of those standards. Rather than stave off official TV, vom Bruch had mounted various antennae on top of his studio in order to take in as many channels as possible; the goal was evidently to allow his video recordings to be suffused by the dominant televisual flows. Paradoxically enough, the context in which this essentially passive viewing/recording took place was one of high-pitched action—a violent encounter between the activist art and media counterculture, the terrorist underground, and the state that, to a large extent, played out in the realm of television. 1977 was the year of two spectacular hostage-takings by Germany's Rote Armee Fraktion, or Red Army Faction (RAF): the September 5 kidnapping of Hanns-Martin Schleyer, president of the Confederation of German Employers' Associations and the Federation of German Industries, and the October 13 hijacking of Lufthansa Flight 181 with the ensuing rescue operation by German special forces, the suicides of imprisoned RAF members Andreas Baader, Gudrun Ensslin, and Jan-Carl Raspe, as well as the subsequent killing of Schleyer. The RAF hostage situations were not just a means to specified ends: they were also a general tactic to shock the intellectual left out of their mild-mannered stupor, to signal that it was time to stop simply dreaming, speaking, and writing about the revolution.[11] Time had come to rebel, to get active in the streets. The well-established association between activist politics and new media technologies would have ensured video's choice of strategy here. Yet, during these weeks in the fall of 1977, vom Bruch's video was glued to the television set, zapping from one news presentation to the next on all available channels, including Dutch and Belgian TV. Over 30 hours of TV news were taped,

10 Anette Jael Lehmann, "Videorebels: Actions and Interventions of the German Video-Avant-Garde," in *Contemporary German and Austrian Experimental Film*, ed. Randal Halle and Reinhild Steingröver (New York: Camden House, 2008), 80–94.

11 Slavoj Zizek makes this point in "A Holiday from History and Other Real Stories," an essay written to accompany the 2004 DVD release of Johan Grimonprez's *Dial H-I-S-T-O-R-Y* (1997), an essay film on the history of hijacking as portrayed by mainstream television.

1977 verharrte vom Bruchs Video vor dem Fernseher und schaltete von einer Nachrichtensendung zur nächsten auf allen verfügbaren Kanälen, auch den holländischen und belgischen. Über 30 Stunden Fernsehnachrichten wurden aufgezeichnet, sie endeten mit der Übertragung der Beisetzungen von Schleyer, dem Lufthansapiloten Jürgen Schumann und den drei RAF-Mitgliedern. Es war ein regelrechtes Fernseharchiv zu einem Medienereignis, direkt über die Anschlussbuchse eines Fernsehers auf 60-Minuten-U-matic-Kassetten aufgenommen, die je 75 D-Mark kosteten, eine damals beträchtliche Summe.[12]

1977 verfügten wenige private Haushalte über ein solches Equipment, und es dauerte noch Jahre, bis die private Videoaufnahme zum Alltag gehörte. Das Gefühl der Intimität, das von dem einstündigen Auszug mit dem Titel *Das Schleyerband* ausgeht, beruht vor allem auf der etwas beiläufigen Zuschauer-Haltung des Videos, wie sie für das Videoschauen zu Hause typisch ist und die im Kontrast steht zu dem affektgeladenen Stoff, der auf den Betrachter einstürmt. Im Herbst 1977 waren viele politisch links stehende Deutsche davon überzeugt, dass Baader, Ensslin und Raspe nicht Selbstmord begangen hatten, sondern im Gefängnis gefoltert und ermordet worden waren. Die Tausenden, die unter der strengen Kontrolle einer Tausendschaft der Polizei der Beerdigung auf dem Stuttgarter Waldfriedhof beiwohnten, sahen in den Mitgliedern der Gruppe die heldenhaften Opfer eines kapitalistisch-faschistischen Regimes, das sich nun dank seines erfolgreichen Eingriffs in die Geiselnahme der „Landshut" auf zwiespältige Weise siegreich wähnte. Diese Überzeugung trieb die Überreste der RAF an und stützte sie, und in den zehn Jahren nach diesem berühmten Showdown zwischen Linksradikalen und der Obrigkeit des demokratischen Westeuropas brachte es die Gruppe fertig, mehr Menschen ums Leben zu bringen als in den gesamten 1970er-Jahren.

Klaus vom Bruch's Video an sich weist allerdings keine bestimmten Überzeugungen oder Präferenzen auf. Weder deckt es die Rhetorik der öffentlich-rechtlichen Sender auf, die über das Ereignis berichten (der selbstgerechte Schrecken des nationalen „Wir"), noch schwelgt es in Nationalstolz oder nationaler Trauer. Es verherrlicht die Terroristen nicht und identifiziert sich weder mit ihren Zielen noch mit ihrer Not, verurteilt ihre Taten aber auch nicht. Es schaut einfach zu, nimmt einfach auf. Es zeichnet die Berichterstattung am Ort der Entführung mit den vier ermordeten Polizisten auf, speichert Diagramme vom

11 Slavoj Žižek macht dies geltend in seinem Text „A Holiday from History and Other Real Stories" im Booklet der 2004 erschienenen DVD zu Johan Grimonprez' *Dial H-I-S-T-O-R-Y* von 1997, einem Film-Essay zur Darstellung der Geschichte der Entführung im kommerziellen Fernsehen.

12 Technische Angaben zu *Das Schleyer-Band* in: Dieter Daniels, „Und ewig lockt die Lokomotive" – über Klaus vom Bruch", in: *Künstler, Kritisches Lexikon der Gegenwartskunst*, hg. von Lothar Romain u. a., München 1991, S. 3; http://www.kvb.com/text/Daniels_Lexikon.html (abgerufen am 10.5.2015).

ending with the televised funerals of Schleyer, the Lufthansa pilot Jürgen Schumann, and the three RAF members. This was a proper television archive of a media event, taped directly on a U-matic through the TV-out socket of a monitor, on 60-minute cassettes that cost 75 German marks (about US$ 30) a throw (a considerable sum at the time).[12]

In 1977, private homes rarely had access to such equipment; home taping as an everyday activity was still years off. The sense of privacy that emanates from the hour-long extract named *The Schleyer Tape* is mainly a function of video's somewhat distracted home-viewing mode, an attitude that contrasts with the onslaught of affect-charged materials. In the fall of 1977, many people on the political left believed that Baader, Ensslin, and Raspe had not actually committed suicide but had been tortured and killed in prison. The thousands who followed their funeral at Stuttgart's Waldfriedhof, closely controlled by a 1,000-strong police force, believed that the group members were the hero-victims of a capitalist-fascist regime, now perversely triumphant due to its successful intervention in the hijacking of LH 181. Belief fueled and supported what was left of the RAF, and in the decade that followed this famous showdown between the radical left and the democratic authorities of Western Europe, the organization managed to kill more people than it had done throughout the 1970s.

Klaus vom Bruch's video, however, displays no particular beliefs or sympathies. It does not expose the rhetoric of the national media that covered the event (the self-righteous horror of the national "we"), nor does it wallow in national pride or grief. It does not glamorize the terrorists, displays no identification with their cause, or their plight, but it does not pass judgments on their actions either. It is simply watching-taping. It records the on-the-spot reporting from the scene of the kidnapping with its four murdered policemen, registers diagrams of the crime scene and various police activities. It sits through rallying speeches from major politicians, and showers of commentary from journalists, social scientists, and lawyers. It registers the new level of tension that arises as a hijacked Lufthansa flight is shown waiting on a Dubai airstrip, with Minister of State Hans-Jürgen Wischnewski in the flight tower, ready to negotiate. It listens obediently as a representative of the Christian Social Union Party explains that the terrorists are not liberal since the true liberals are the members of the CSU; as Willy Brandt denounces attempts to use the terrorist attack in party political rivalry; as a group

12 The technical information about *The Schleyer Tape* is provided in Dieter Daniels, "Und ewig lockt die Lokomotive–über Klaus vom Bruch," in *Künstler, Kritisches Lexikon der Gegenwartskunst* 14 (Munich 1991): 3; http://www.kvb.com/text/Daniels_Lexikon.html [accessed 10 May 2015].

Tatort und verschiedene Tätigkeiten der Polizei ab. Es lässt Einigkeit heischende Reden führender Politiker über sich ergehen ebenso wie Unmengen Kommentare von Journalisten, Gesellschaftswissenschaftlern und Juristen. Es registriert einen neuen Grad der Anspannung, während eine entführte Lufthansa-Maschine auf einer Landebahn in Dubai und Staatsminister Hans-Jürgen Wischnewski verhandlungsbereit im Kontrollturm warten. Es hört artig zu, als ein Vertreter der CSU erklärt, dass die Terroristen nicht liberal sind, da die wahren Liberalen die Mitglieder der CSU sind, Willy Brandt Versuche anprangert, die Terrorangriffe für parteipolitische Auseinandersetzungen zu nutzen, und eine Gruppe von Privatbürgern sich für die Todesstrafe einsetzt und ihren Wunsch, die Terroristen selber zu jagen, erläutert. Es nimmt Werbungen für Autos, Lippenstifte und Rasierapparate auf, Interviews mit Leuten auf der Straße, die triumphale Rückkehr des Sondereinsatzkommandos und wiederholte Fragen zu Waffen auf der Pressekonferenz nach den RAF-Selbstmorden. Allerlei Menschen der Rechten und Linken sind unterwegs, vom Bruchs Video bleibt zu Hause.

Doch bietet das historische Zusammentreffen von Entführung und Fernsehen einen Zusammenhang, in dem die Haltung von Video neu bewertet werden kann. Fernsehzeit und der Zeitraum der Geiselnahmen erscheinen strukturell verwandt. Die zunehmende Vorherrschaft des Mediums Fernsehen ging mit einer steigenden Anzahl von Geiselnahmen als politische Waffe einher. Statistiken verzeichnen eine besonders hohe Zunahme von Flugzeugentführungen Ende der 1960er- und Anfang der 1970er-Jahre: von 27 auf 82 zwischen 1968 und 1969, mehr als doppelt so viele Versuche wie in den zwei Jahrzehnten davor zusammengenommen. Zwischen 1967 und 1976—den Jahren, in denen das Fernsehen in fast jeden privaten Haushalt vordrang—wurden nicht weniger als 385 Zwischenfälle verzeichnet. Flugzeugentführung schien das Mittel der Wahl für Radikale, die die Mühlen der demokratischen Entscheidungsfindung umgehen und die Präsenz des Fernsehens für ihre Sache einsetzen wollten.[13] Drahtlose Übertragung und Luftfahrt sind seit Beginn des 20. Jahrhunderts selbstverständlich als Schlüsseltechnologien moderner Mobilität und Augenblicklichkeit eng miteinander verbunden. Doch das Phänomen der Entführung nutzte wohl erstmals die besondere Beziehung zwischen der televisuellen Handhabe über die Gegenwart und der vorübergehenden Gefangenschaft der Reisenden im Flugzeug aus. Nur Fernsehen in Echtzeit —mit seinen Bildern

13 http://www.newworldencyclopedia.org/entry/Hijacking (abgerufen am 10.5.2015).

of private citizens talk about their initiative for the death penalty and their desire to hunt down the terrorists themselves. It takes in commercials for cars, lipsticks, and electric shavers, interviews with people on the street, the triumphant return of the German rescue force, repeated questions about guns at the press conference following the RAF suicides. It stares at the 6,000 people gathered in the center of Cologne to protest terror. People on the political right and left are out and about; vom Bruch's video stays in.

Yet the historical coincidence between hijacking and television provides a context in which video's passive stance may be reevaluated. TV time and hostage time seem to be structurally related. The increasing dominance of the television medium was accompanied by a steady increase in the use of hostage situations as a political weapon. Statistics record a particularly sharp increase in hijacking incidents in the late 1960s and early 1970s—from 27 to 82 between 1968 and 1969, more than twice the total number of attempts in the previous two decades. Between 1967 and 1976—the years during which television invaded almost every private home—no fewer than 385 incidents were recorded. Aircraft hijacking seemed to be the medium of choice for radical agents who felt the need to cut through the deliberative grind of democratic processes and appropriate the televisual present for their causes.[13] Since the early 20th century, wireless transmission and air flight have of course been closely associated as essential technologies of modern mobility and instantaneity. But it was perhaps the phenomenon of hijacking that first exploited the special relation between television's "hold" on the present and air flight's temporary imprisonment of travelers. Only real-time television could give a visceral sense of such imprisonment, with its images of hijacked airplanes waiting on tarmacs in blistering heat, and with viewers and politicians kept in bondage by the ticking clocks of news updates on possibly ticking bombs. Hijacking was, in other words, an essentially televisual weapon, one that served both revolutionary causes and the institution of TV.

Klaus vom Bruch's video seems to stage itself as part of the political event space of televisual imprisonment and time capture—the mediatic feedback loop between the German authorities and the terrorist organization. As Stefan Aust has pointed out, Germany did not have a revolutionary proletariat in the 1960s, so the RAF's call for revolution in Germany (in their

13 http://www.newworldencyclopedia.org/entry/Hijacking [accessed 10 May 2015].

14 Stefan Aust, *Der Baader-Meinhof-Komplex*, Hamburg 1985.

15 Ebd., Einzelheiten aus diesen Medienverhandlungen Kap. 5, passim.

von entführten Maschinen in Warteposition auf Asphaltbahnen in sengender Hitze, von Zuschauern und Politikern, die gleichermaßen von den tickenden Uhren der neuesten Nachrichten wie von den womöglich tickenden Bomben in Ketten gelegt waren—konnte eine solche Gefangenschaft spürbar machen. In anderen Worten, die Flugzeugentführung war im Grunde eine televisuelle Waffe, die sowohl der Revolution als auch der Institution des Fernsehens diente.

Klaus vom Bruchs Video scheint sich als Teil des politischen Ereignisraums televisueller Gefangenschaft und der Inbesitznahme von Zeit zu inszenieren, eine mediale Rückkopplungsschleife zwischen den deutschen Behörden und der Terrororganisation. Wie Stefan Aust gezeigt hat, gab es im Deutschland der 1960er-Jahre keine revolutionäre Arbeiterschaft, weshalb der Aufruf der RAF zur Revolution in dem (von ihr als faschistischer Polizeistaat unter einer dünnen Schicht demokratischer Tünche angesehenen) Land wenig Unterstützung fand. Dies änderte sich jedoch, als die RAF-Anführer im Gefängnis waren und Fernsehbilder der aufsehenerregenden Festnahmen und Prozesse in Umlauf kamen. Das Bundeskriminalamt nutzte die Gelegenheit, mit einem Schlag seine Krisenkompetenz hochzuspielen und seinen Etat zu erhöhen, wobei es die Grenze zwischen Polizeiarbeit und militärischer Überwachung zunehmend verwischte. Umgekehrt verstand sich die RAF als ein im eigentlichen Sinne „revolutionäres" Phänomen, Opfer und Beweis der Existenz eines faschistischen Polizeistaates.[14]

Fernsehen war das Medium, durch das die verschiedenen Modi der Gefangenschaft wahrnehmbar wurden, und zwar stärker als je zuvor in den dramatischen Wochen des Jahres 1977, als die Verhandlungen sich um den angemessenen Gebrauch elektronischer Kommunikationsmedien zu drehen schienen: von den Terroristen produzierte Video- und Tonbänder, Zugang zur Sendezeit, die Frage medialer „Information" und „Desinformation", die andauernd drängende Frage nach „Zeitgewinn" oder „-verlust".[15] In *Das Schleyerband* treffen in den Nachrichten ausgestrahlte Videoaufnahmen der RAF auf Fernseh-Archivmaterial zu Schleyer, dessen politische Laufbahn zum Gegenstand von Rückblicken wurde, sobald die Nachricht von seiner Entführung öffentlich bekannt war. Vom Bruchs Video hat einen bestimmten Augenblick aus diesem Quellenmaterial festgehalten, der an die selbstreferenzielle, technozentrische Ikonografie früher Videokunst erinnert. Es ist ein intimer Augenblick im Studio vor

view, a fascist police state hidden under a thin veneer of democratic makeup) had little support. But this changed as soon as the RAF leaders were all imprisoned and TV images of dramatic arrests and farcical trials began to circulate. The federal police bureau used the occasion to dramatize their powers of crisis control and expand their budgets at one fell swoop, increasingly blurring the boundaries between police work and military surveillance. By the same token, the RAF regarded itself as a proper "revolutionary" phenomenon, victim and proof of the existence of a fascist police state.[14]

Television was the medium through which the various terms of imprisonment were made sensible, and never more so than during the dramatic weeks of 1977, when negotiations seemed to revolve around the proper use of electronic communication media: videos and sound tapes produced by the terrorists, access to air time, the question of media "information" and "disinformation," the constant critical question of the "loss" or "gain" of time.[15] In *The Schleyer Tape*, broadcast RAF video footage intersects with archival TV footage of Schleyer, whose political life evidently became the subject of retrospective media commentary as soon as the news of his kidnapping broke. From this source material, vom Bruch's video retains a moment that recalls the self-referential, technocentric iconography of early video art. It is an intimate, off-the-air studio moment: a camera sweeps over a monitor showing Schleyer's live image: next to this monitor, Schleyer himself is seated, an icon of German capitalist power in suit and tie, preparing to go on TV. Having donned a suitably forceful facial expression, he combs his hair carefully, using a monitor for a mirror. At that moment, the video abruptly switches to the transmission of a more pathetic Schleyer, an unkempt victim on a terrorist tape, imploring the government to make decisions and stop their fruitless playing for time. The image, apparently relayed from multiple sources, changes from bluish-white to black-white, repeating a few seconds of the transmission. The video then slows down to an almost-freeze, closing in on Schleyer's face. These encounters between "official" TV and "activist" video—Schleyer on public TV versus Schleyer on terrorist videotape, seems to spur the type of self-involved electronic activity that used to be the hallmark of video's artistic independence, its free modulation of frequencies and scan patterns. The frozen video image of Schleyer is accompanied by some 45 seconds of high-pitched electronic noise, before TV viewing resumes.

14 Stefan Aust, *Baader-Meinhof. Historien om Röte Armé Fraksjon*, trans. Kjell Paulsen (Oslo: Schibsted, 2012).

15 Ibid. Details of these various mediatic negotiations are scattered across pages 453–612.

Beginn der Aufzeichnung. Ein Kameraschwenk über einen Monitor zeigt das Bild Schleyers in Echtzeit. Neben diesem Monitor sitzt Schleyer selbst, ein Inbild deutscher kapitalistischer Macht in Anzug und Krawatte, wie er sich auf seinen Auftritt vorbereitet. Er zeigt einen angemessen kraftvollen Gesichtsausdruck, kämmt sich sorgfältig die Haare, der Bildschirm dient ihm dabei als Spiegel. In diesem Augenblick schaltet das Video jäh zu der Übertragung eines mitleiderregenden Schleyer, eines verwahrlosten Opfers in einer Aufnahme der Terroristen, in der er die Regierung beschwört, Entscheidungen zu treffen und das ergebnislose Spielen auf Zeit zu beenden. Das anscheinend gleichzeitig von verschiedenen Quellen aus gesendete Bild wechselt von Bläulich-Weiß zu Schwarz-Weiß und wiederholt ein paar Sekunden der Übertragung. Es kommt dann beinahe zum völligen Stillstand und fokussiert Schleyers Gesicht bildfüllend. Diese Begegnungen zwischen „offiziellem" Fernsehen und „aktivistischem" Video — Schleyer im öffentlichen Fernsehen gegenüber Schleyer auf dem Videoband der Terroristen — mag die um sich selbst kreisende Beschäftigung mit Elektronik angeregt haben, einst das Erkennungszeichen der künstlerischen Unabhängigkeit von Video, seiner freien Modulation von Frequenzen und Scanmustern. Zu dem stillstehenden Videobild von Schleyer ist rund 45 Sekunden lang ein hoher elektronischer Ton zu hören, bevor das Bild wieder bewegt erscheint. Wie ein Zuschauer und somit Quasi-Subjekt markiert das Video seine technische und zeitliche Differenz gegenüber der Kontrolle des Fernsehens über den Augenblick, seine Fähigkeit also, im Prinzip stets *andere* Fernsehereignisse, eine andere Fernseherinnerung zu erschaffen. Dieses Differenzvermögen funktioniert jedoch offensichtlich nur innerhalb der Kreisläufe des Fernsehens selbst. Das Medium kann vom Aktivisten keine zeitlichen Alternativen „außerhalb" des Fernsehens erwarten. Die Terroristen und ihre Gegenspieler in der Regierung machen sich gleichermaßen schuldig, indem sie den Fernsehapparat zum Schlachtfeld machen, auf dem sie wie in einem Territorioalkrieg um die Kontrolle über die Zeit kämpfen. Zeit ist entweder „zu gewinnen" oder sie „geht aus". Sie unterliegt ständiger Messung und folgt der Uhr. Aufgezeichnete Ausschnitte elektronischer Echtzeit dienen als Nachweis für die Gefangenschaft oder es wird versucht, sie in den Programmablauf des Fernsehens einzuschieben. Angesichts der politischen Sackgasse, in der „Video-Aktivismus" sich jetzt zu befinden scheint, könnte Video-Passivität eine Alternative darstellen.

16 Ebd.

As a spectatorial quasi subject, video here demarcates its technical and temporal difference vis-à-vis the televisual grip on the moment: its ability — in principle — to always create *other* televisual events, a different televisual memory. Yet such capacity for difference clearly functions only *within* the circuits of television. Video cannot look to the activist "beyond" television for temporal alternatives: the terrorists and their government counterparts seem complicit in their reliance on the apparatus of television as a battleground in which time control is the terrain that is gained or lost. Time here is either "won" or "running out." It is subjected to constant measuring and is coordinated with clock time. Recorded slices of electronic real time serve as proof of imprisonment, and are inserted (or attempts are made to insert them) into TV's programming. Given the political cul-de-sac in which "video activism" now seemed to find itself, video passivity might seem like an equally viable option.

On Subjectivity and *The Schleyer Tape* then both turn around the difficult question of active and passive forces at work in the realm of networked real-time communications. Early on, the concepts of passivity and privacy were established as the default framework for understanding television viewing: the privacy of the modern home was increasingly associated with the passive consumption of entertainment. The mind at rest — freed from work — spent its leisure time digesting the televisual fare on offer in the home sphere. This was the sad, alienated "privacy" of capitalism, contrasting with Marx's view of privacy as something that could be obtained only as a result of *public* activities. True privacy would result from the collective work of shaping a state that could be "absorbed into society,"[16] allowing an autonomous public to obtain a "sphere of personal freedom, leisure, and freedom of movement."[17] Yet Marx's notebook fragments on machines, published in *Grundrisse,* contain the seeds for understanding the privacy of television viewing in different terms. In these writings, Marx describes the increasing obsolescence of workers in an age of complex industrial machines that are "*the organs of the human brain,* created by the human hand; the power of knowledge objectified." Such machines represent a distinct development of the fixed assets of capital — now "social knowledge has become a direct force of production."[18] The machines that attest to the increasing agency of the social brain seem in turn to have led to the creation of increasingly brain-like

16 Ibid.

17 Catherine Liu, "A Brief Genealogy of Privacy: CTRL (Space): Rhetorics of Surveillance from Bentham to Big Brother," in *Grey Room* 15 (Spring 2004): 109–110.

18 Karl Marx, *Grundrisse*, trans. Martin Nicolaus (London: Penguin Books, 1993), 706.

17 Catherine Liu, „A Brief Genealogy of Privacy: CTRL (Space): Rhetorics of Surveillance from Bentham to Big Brother", in: *Grey Room*, 15, Frühjahr 2004, S. 109f.

18 Karl Marx und Friedrich Engels, *Werke*, 43 Bde., Berlin 1974ff., Bd. 42, 1983, Karl Marx, *Ökonomische Manuskripte: 1857/1858*, „Das Kapitel vom Kapital" (sog. Maschinenfragment), Heft 6, S. 602.

19 Dem Operaismus zuzuordnende Neomarxisten wie Lazzarato, Michael Hardt, Antonio Negri und Paolo Virno haben diese Passagen der Grundrisse zum Ausgangspunkt alternativer Erklärungen sozialer Produktion und Zusammenarbeit genommen.

Sowohl in *On Subjectivity* als auch in *Das Schleyerband* geht es mithin um die schwierige Frage nach den aktiven und passiven Kräften, die im Reich der vernetzten Echtzeitkommunikation wirken. Die Begriffe Passivität und Privatheit waren früher die Grundannahme für das Verständnis des Fernsehen-Schauens. Der Privatbereich des zeitgenössischen Heims wurde zunehmend mit dem passiven Konsum von Unterhaltung in Verbindung gebracht. Der ruhende, von der Arbeit befreite Geist verbrachte seine Freizeit mit der Verdauung der ihm zu Hause gebotenen Fernsehkost. Das war die traurige, entfremdete „Privatsphäre" des Kapitalismus, gegensätzlich zur Marx'schen Auffassung des Privaten als etwas, das nur als Ergebnis *öffentlicher* Betätigung zu erlangen ist. Demzufolge könnte wahre Privatsphäre nur aus der kollektiven Arbeit an der Bildung eines Staates hervorgehen, den eine Gesellschaft vollständig „absorbiert"[16], sodass eine autonome Öffentlichkeit eine „Sphäre persönlicher Freiheit, Freizeit und Bewegungsfreiheit" erlangen würde.[17]
Doch in Marx' sogenanntem Maschinenfragment, das sich in *Grundrisse der Kritik der politischen Ökonomie* findet, formuliert er Grundgedanken für ein Verständnis der Privatheit des Fernsehen-Schauens in einer anderen Begrifflichkeit. Marx legt dar, dass Arbeiter in einem Zeitalter komplexer Industriemaschinen — „[...] *von der menschlichen Hand geschaffne[n] Organe[n] des menschlichen Hirns*; vergegenständlichte Wissenskraft" — zunehmend obsolet werden. Solche Maschinen stellen eine deutliche Entwicklung des Kapitalvermögens dar und zeigen an, inwieweit „das allgemeine gesellschaftliche Wissen, knowledge, zur *unmittelbaren Produktivkraft* geworden ist".[18] Die Maschinen, die von der gesteigerten Wirkkraft des gesellschaftlichen Hirns zeugen, scheinen wiederum zur Erschaffung zunehmend hirnähnlicher Maschinen geführt zu haben, den Zeit generierenden Maschinen des Informationszeitalters, deren „Produkt" Subjektivität ist, nicht mehr ökonomischer Wert im herkömmlichen Sinne.[19] Doch diese Perspektive hebt auch die Verbindungen zwischen Hirntätigkeit, Innerlichkeit und Privatheit auf. Charles Wolfe hat gezeigt, inwiefern Marx' Begriff vom gesellschaftlichen Hirn einen Dialog zwischen Neurowissenschaft und bestimmten Sichtweisen der Philosophie eröffnet, die beide die Innerlichkeit des kartesischen Cogito und das phänomenologische Selbst abgeschafft haben. Der marxistisch-spinozistische Begriff des „sozialistischen Kortex" von Aaron Zalkind etwa verortet das Hirn innerhalb eines größeren Netzwerks, das gesellschaftliche

19 Post-workerist Marxists like Lazzarato, Michael Hardt, Antonio Negri, and Paolo Virno have notably used these passages in *Grundrisse* as a point of departure for alternative accounts of social production and collaboration.

20 Charles Wolfe, "From Spinoza to the Socialist Cortex: Steps toward the Social Brain," in *Cognitive Architecture. From Biopolitics to Noopolitics. Architecture and the Mind in the Age of Communication and Information*, ed. Deborah Hauptmann and Warren Neidich (Rotterdam: 010 Publishers, 2010), 200.

21 Felicity Callard and Daniel S. Margulies, "The Industrious Subject: Cognitive Neuroscience's Revaluation of 'Rest'," in Hauptmann and Neidich 2010 (see note 20), 325–345. The migration of neuroscientific concepts into the political and cultural terminology of labor and leisure should not, however, be taken to indicate an identity between these realms. The tendency to talk of the resting brain as active, creative, and industrious is already, as Felicity Callard and Daniel S. Margulies have pointed out, a territorialization of its powers. But this cross-disciplinary play of metaphors may point to the political stakes of the contested terrain of brain-like time technologies in which video's self-discovery takes place. The networked real-time technologies that are not only the products of the social brain, but themselves increasingly brain-like in their operation, underpin a political horizon in which work is hard to distinguish from leisure, and in which new types of exploitation and new forms of autonomy struggle to emerge.

machines — the time-producing machines of the information age, whose "product" is subjectivity rather than economic value as traditionally understood.[19] But this perspective also displaces the association between brain activity, interiority, and privacy. As Charles Wolfe has shown, Marx's concept of the social brain opens up a dialogue between neuroscience and philosophical perspectives that displace both the interiority of the Cartesian cogito and the phenomenological self. Aaron Zalkind's Marxist-Spinozist concept of the "socialist cortex" locates the brain within broader networks of relations that include social relations: neurology supports the staunchly materialist concept of "the social brain." Mental states are not private, but attest to the mobility of passions or affects in a total causal network of humans and things. The brain is not an organ that mediates between mind and society: it is already social, a constituent feature of a social ontology.[20] As Felicity Callard and Daniel S. Margulies have shown, recent research also challenges prevalent notions of the "passivity" of the brain at leisure — that is to say, the brain that is not involved in goal-directed tasks. In fact, it has been documented that a number of regions, including the medial prefrontal, posterior cingulate/precuneus, and lateral parietal cortex, were actually *more* active when the brain was resting. The resting brain (distractedly processing TV feed, for instance) seems to be involved in various types of future-oriented thinking and mind-wandering that are increasingly seen as the "default mode" of the brain, a baseline activity that appears to be important for maintaining neural organization.[21]
Once the technical affordances of video are associated with social ontologies that do not automatically recognize the "interiority" of mental activity, the opposition between activist video and a seemingly passive inhabitation of TV reality is complicated, along with the respective hierarchy of values. Interaction with televisual time mainly opens onto a different account of agency: video's subjection to the powers of TV might point to a form of political action tailored to the specific modalities of violence that emerged alongside television. It opened up the technical-organizational underpinnings of such violence — notably television's hold on time, and its exploitation of perception and memory. These are, in particular, also the power sources mined by video itself and which video, with its rapidly growing artillery of time-processing tools, could access and explore in far more sophisticated ways

Bezüge einschließt. Also stützt die Neurologie die materialistische Vorstellung vom „gesellschaftlichen Hirn". Geistige Zustände sind nicht privat, denn sie zeugen von der Beweglichkeit von Leidenschaften und Affekten in einem kausalen Gesamtzusammenhang von Menschen und Dingen. Das Hirn ist kein Organ, das zwischen Geist und Gesellschaft vermittelt. Es ist immer schon gesellschaftlich, ein Grundzug sozialer Ontologie.[20] Felicity Callard und Daniel S. Margulies legen dar, dass neuere Forschungen die verbreitete Vorstellung von der Passivität des Hirns in der Freizeit, also des nicht mit zielgerichteten Aufgaben beschäftigten Hirns, infrage stellen. In der Tat wurde nachgewiesen, dass einige Hirnregionen (darunter der mediale präfrontale Kortex, der hintere Gyrus cinguli, der Precuneus und der Lobus parietalis) aktiver sind, wenn das Hirn sich in einer Ruhesituation befindet. Das ruhende Hirn (das zum Beispiel unaufmerksam Fernsehen konsumiert) scheint sich mit verschiedensten zukunftsorientierten Gedanken und Gedankenströmen zu beschäftigen. Zunehmend gilt die Auffassung, dass dieser Zustand den Standardmodus des Hirns darstellt, eine Grundtätigkeit, die einen wichtigen Beitrag zur Aufrechterhaltung neuronaler Strukturen zu leisten scheint.[21] Sind die technischen Möglichkeiten von Video einmal mit sozialen Ontologien verknüpft, die nicht-geistige Tätigkeit nicht automatisch als „innerlich" identifizieren, wird der Gegensatz zwischen Aktivistenvideo und einem anscheinend passiven Aufenthalt in der Fernsehwirklichkeit komplizierter, und Gleiches gilt für die damit verbundene Wertehierarchie. Der Umgang mit Fernsehzeit führt vor allem zu einem anderen Begriff von Handlung (*agency*): Video unterliegt den Kräften des Fernsehens in einer Weise, die möglicherweise auf eine Art politischen Handelns deutet, das an Gewaltformen angepasst ist, die mit dem Fernsehen aufkamen. Es deckte das technische und organisatorische Fundament solcher Gewalt auf, vor allem die Herrschaft des Fernsehens über die Zeit und seine Ausbeutung von Wahrnehmung und Erinnerung. Es sind insbesondere diese Machtquellen, die Video für sich nutzbar macht und in die es mit seiner schnell wachsenden Artillerie zeitverarbeitender Werkzeuge weitaus geschickter als das alte Echtzeitfernsehen eindringen und es erkunden konnte. Die technische Sensibilität von Video für die in diesem Kontext wirkenden Kräfte ist wesentlich stärker ausgeprägt als die Strategien des Eingreifens oder Unterbrechens, die vielfach in der aktionistischen Medienkunst verwendet wurden. Solche Unterbrechungen konnten Medienereignisse

20 Charles Wolfe, „From Spinoza to the Socialist Cortex: Steps toward the Social Brain", in: Deborah Hauptmann und Warren Neidich (Hg.), *Cognitive Architecture. From Biopolitics to Noopolitics. Architecture and the Mind in the Age of Communication and Information*, Rotterdam 2010, S. 200.

21 Felicity Callard und Daniel S. Margulies, „The Industrious Subject: Cognitive Neuroscience's Revaluation of ‚Rest'", in: Hauptmann / Neidich (Hg.) 2010 (wie Anm. 20), S. 324–345. Der Eingang neurowissenschaftlicher Konzepte in die politische und kulturelle Begrifflichkeit von Arbeit und Freizeit sollte jedoch nicht als Anzeichen dafür gedeutet werden, dass die Bereiche identisch wären. Callard und Margulies zeigen, dass die Gewohnheit, vom ruhenden Hirn als tätig, schöpferisch und arbeitsam zu sprechen, bereits eine Territorialisierung seiner Kräfte bedeutet. Doch dieses transdisziplinäre Gleichnisspiel könnte auf die politischen Implikationen dieses umstrittenen Feldes der hirnähnlichen Technologien, auf denen Video sich selbst entdeckt, hindeuten. Die vernetzten Echtzeittechnologien, die nicht nur Erzeugnisse des sozialen Hirns sind, sondern selber zunehmend hirnartig arbeiten, liegen einem politischen Horizont zugrunde, vor dem Arbeit schwer von Freizeit zu unterscheiden ist und in dem es zu neuen Arten der Ausbeutung und neuen Kämpfen für Selbstbestimmung kommt.

than pre-video real-time television. Video's technical sensitivity to the agencies at work in this context was quite simply more finely tuned than the broader strategies of intervention or interruption used in much actionist media art. Such interruption could engage with television's media events only at the macrotemporal level, miming television's interruption of "normal" programming in order to deliver real-time updates on dramatic events. In contrast, video had the capacity to magnify the truly indeterminate or noncontainable aspects of the media event of hijacking at the microtemporal level—namely, the level that is structurally reminiscent of the brain's memory. Vom Bruch's passive video (a key instance of "thinking television") could therefore operate as a quiet troublemaker, a complicating catalyst in a political situation where everything revolved around crisis containment—as seen in the various struggles to ensure that German audiences would perceive and memorize the crisis in the "right way." On the one hand, sympathy for the RAF should not be allowed to spread; on the other hand, nationalist calls for artificial and undemocratic unification of opinion and emotion should not meet with success. Worry about the uncontainable dynamics of this media event reached fever pitch the moment a formally democratic state challenged by terrorism found itself potentially understood as a fascist state. Here, the formal regulations of state institutions and media collided against the informal regularities of the domestic sphere, the rapidly changing movement of beliefs, desires, habits, and passions that signal the noncontainable nature of social and political action itself.[22] *The Schleyer Tape*—close to the operations of official TV and to the realm of affect—found itself at precisely that critical intersection where informal, volatile powers of subjective becoming make their public mark.

III

This particular relationship to television had its artistic aftermath in the 1990s and early 2000s, when television's real-time regime was being at once reinforced and transformed by the increasing ubiquity of other real-time technologies—most notably the constant updating and transfer functions of digital devices. Once more, the screen- and content-oriented

22 In his analysis of the transductive aspects of the media event, Brian Massumi draws on the distinction between regulations and regularities, codifications and coding–that is to say, what separates the power of institutions from that of the home sphere: the unfolding of a media event typically works across these different modalities of power. Massumi, *Parables for the Virtual. Movement, Affect, Sensation* (Durham: Duke University Press, 2002).

22 In seiner Analyse der transduktiven Seiten des Medienereignisses unterscheidet Brian Massumi zwischen Regulierungen und Regelmäßigkeiten, Kodifizierung und Kodierung, also zwischen dem, was die Macht der Institutionen von jener der Privatsphäre unterscheidet. Ein Medienereignis enfaltet sich üblicherweise in all diesen verschiedenen Modalitäten der Macht; Brian Massumi, *Parables for the Virtual. Movement, Affect, Sensation*, Durham (NC) 2002.

des Fernsehens nur auf der zeitlichen Makroebene angreifen, indem sie die Unterbrechung des „normalen" Fernsehprogramms nachahmten, die dazu dient, den aktuellen Stand zu dramatischen Ereignissen in Echtzeit zu liefern. Andererseits konnte Video die in der Tat unbestimmten, nicht eingrenzbaren Aspekte des medialen Ereignisses der Entführung auf der zeitlichen Mikroebene stärker gewichten, und zwar auf der Ebene, die an die Gedächtnisstruktur des Hirns erinnert. Das passive Video von Klaus vom Bruch, ein zentrales Beispiel „televisuellen Denkens", konnte deshalb als leiser Störfaktor wirken, als Auslöser von Verwicklungen in einer politischen Lage, in der es in erster Linie um Krisenbewältigung ging. Dies wurde deutlich in den verschiedenen Bemühungen darum sicherzustellen, dass die deutschen Zuschauer die Krise „richtig" wahrnehmen und erinnern. Einerseits sollte sich keine Sympathie für die RAF ausbreiten. Andererseits sollten nationalistische Rufe nach künstlicher und undemokratischer Vereinheitlichung von Meinung und Gefühl kein Gehör finden. Die Sorge, dass die Dynamik dieses medialen Ereignisses außer Kontrolle geraten könnte, kulminierte in dem Moment, da ein von Terror bedrohter, formal demokratischer Staat Gefahr lief, als faschistisch angesehen zu werden. An dieser Stelle kollidierten die Regularien staatlicher Institutionen und Medien mit den informellen Ordnungen der häuslichen Sphäre und ihren rasch wechselnden Überzeugungen, Begierden, Gewohnheiten und Leidenschaften, die das Nicht-Eindämmbare gesellschaftlichen und politischen Handelns markieren.[22] *Das Schleyerband* berührte durch seine Nähe zu den Vorgehensweisen des offiziellen Fernsehens und zum Affektiven just die Schnittstelle, an der die Subjektwerdung informeller, flüchtiger Kräfte sich öffentlich niederschlägt.

III

Diese besondere Beziehung zum Fernsehen fand ihren künstlerischen Nachhall in den 1990er- und Anfang der 2000er-Jahre, als das Echtzeitregime des Fernsehens schlagartig durch die Verbreitung anderer Echtzeittechnologien verstärkt und gleichzeitig verwandelt wurde, insbesondere dank der Aktualisierungs- und Übertragungsfunktionen digitaler Geräte. Erneut wurde der auf Screen und Inhalt fokussierte Umgang mit elektronischen Medien

approach to electronic media was displaced by what was, by all appearances, a more passive approach to the televisual environment. This environment was now defined in wider terms, yet still associated with the volatile and uncontainable "private" sphere of beliefs, desires, habits, and passions. Television's real-time networks, remediated in the post-1990 networks of information processing, infused architecture, design, and atmospherics: such elements were no longer thought of in terms of stable materials and structures, forms and shapes, but as the volatile materials of memory and affect, indicative of the accelerating production of subjectivity in the age of time technologies. A new form of media art emerged, one in which television was everywhere, yet rarely explicitly present as screen-based content. A lamp designed by Cerith Wyn Evans—apparently just a purveyor of pure atmosphere—would, for instance, be connected to a computer program transforming some informational material—such as a literary text—into Morse code signals, which were in turn used to control the distribution of lamplight. The blinking lamp bulbs indicate the real-time connection to informational networks, just like Pierre Huyghe's grid-like ceiling lamps that work like an Atari computer game, the huge wall grids by Angela Bulloch that are actually live pixel screens showing an infinitely small section of a live television image, or Olafur Eliasson's *TV Lamp*[fig. F] (2006), whose light "bulbs"—a grid of individual pixels taken from a television screen—simply consist of feed from whatever TV channel the lamp is tuned in to. Inversely, the many artist-designed environments created for watching video art in museums often presented the TV screen as a lamp-like function inside a furniture arrangement. In the 1997 *Rooms with a View* exhibition at the Guggenheim Museum SoHo, video screens were integrated into home-like environments with trendy 1970s retro furnishings: the glow from the TV screens created a cocoon-like atmosphere reinforced by glowing mood lamps. Videos were no longer presented as something you would "go and see," or even necessarily "sit and watch," but were enfolded within an expanded temporalizing movement that folded museum and home, artistic creativity and private lifestyling into one. Media content was relegated to the status of atmospheric surround, just as the screens that light up around the private home are not necessarily the object of attention, but emanations that provide a sort of pulse along which a number of daily activities take place.

durch ein dem Anschein nach passiveres Verhältnis zur Fernsehwelt ausgetauscht. Diese Welt wurde nun umfassender definiert, jedoch immer noch in Verbindung gebracht mit der unberechenbaren und unbegrenzbaren „privaten" Sphäre der Überzeugungen, Begierden, Gewohnheiten und Leidenschaften. Die Echtzeitnetzwerke des Fernsehens, die nach 1990 von den Netzwerken für Datenverarbeitung verdrängt wurden, drangen in die Architektur, Gestaltung und atmosphärische Anmutung (*atmospherics*) ein; solche Aspekte wurden nicht mehr im Sinne von beständigen Materialien und Strukturen, Formen und Gestalten verstanden, sondern als das überaus bewegliche Material der Erinnerung und des Affekts als Gradmesser einer beschleunigten Hervorbringung von Subjektivität im Zeitalter der Zeittechnologien. Es entstand eine neue Medienkunst, in der Fernsehen omnipräsent war, jedoch selten explizit als Content auf dem Monitor. Eine von Cerith Wyn Evans entworfene Leuchte, die auf den ersten Blick lediglich die Atmosphäre gestaltet, wird beispielsweise mit einem Computerprogramm für die Umwandlung von Information, etwa eines literarischen Texts, in Morsezeichen verbunden, die wiederum die Lichtstreuung steuern. Die blinkenden Lampen zeigen die Echtzeitverbindung zu Datennetzwerken, ähnlich wie Pierre Huyghes rasterförmig angeordnete Deckenlampen, die wie ein Atari-Computerspiel funktionieren, den riesigen Wandrastern von Angela Bulloch, die in Wirklichkeit aus Pixel Screens bestehen, die einen unendlich kleinen Ausschnitt eines TV-Livebildes zeigen, oder aber wie *TV Lamp* [fig. F] (2006) von Olafur Eliasson, dessen „Glühbirnen"— ein Raster aus einzelnen Pixeln von einem Fernsehbildschirm—lediglich von einem beliebigen Fernsehprogramm gespeist werden, auf die die Lampe eingestellt ist. Umgekehrt wurde der Fernseher in mehreren von Künstlern zur Betrachtung von Vidos gestalteten Environments in Museen als Teil der Einrichtung als Leuchte eingesetzt. In der Ausstellung *Rooms with a View* im Guggenheim Museum SoHo 1997 wurden Videobildschirme in Interiors mit modischen 1970er-Jahre-Retromöbeln eingebracht. Der Lichtschein der Screens schuf eine von glimmenden Stimmungsleuchten noch verstärkte, kokonartige Atmosphäre. Videos wurden nun nicht mehr als etwas zum „Hingehen und Anschauen" ausgestellt, nicht einmal zwingend als etwas zum „Hinsetzen und Anschauen", sondern sie waren Teil einer umfassenderen Bewegung der Verzeitlichung, die Museum und Privaträume, kreative Arbeit und die Gestaltung des privaten Lebensstils zu einer Einheit

What was at stake in such approaches was perhaps most succinctly articulated in Philippe Parreno's *Mont Analogue* [fig. E] (2001), a digital video film consisting only of changing color emanations that was screened inside an apartment in Paris, so that the screen lit up both the apartment and—through its windows—the night street outside. The work clearly mimicked the ambient light of TV screens across the urban landscape. Yet the rhythms and durations of the luminous color changes were also the end products of a complex series of mediations that bypass the focus on narrative content as the point of departure and end result of media production. The color changes are generated by Morse code signals that beat out the words of a text, a story. But this text is a story *about* another time-based media production: the film

D Angela Bulloch, *Macro World: One Hour3 and Canned*, 35 DMX-Module / 35 DMX modules, 253 × 355 × 50,7 cm, 2002
Ausstellungsansicht / Exhibition view, Schipper & Krome, Berlin 2002

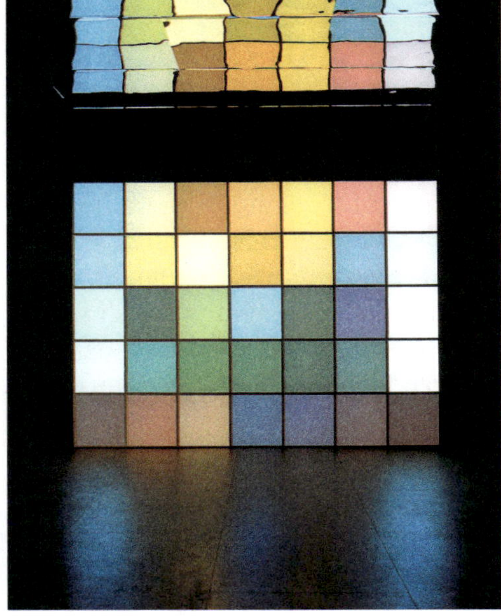

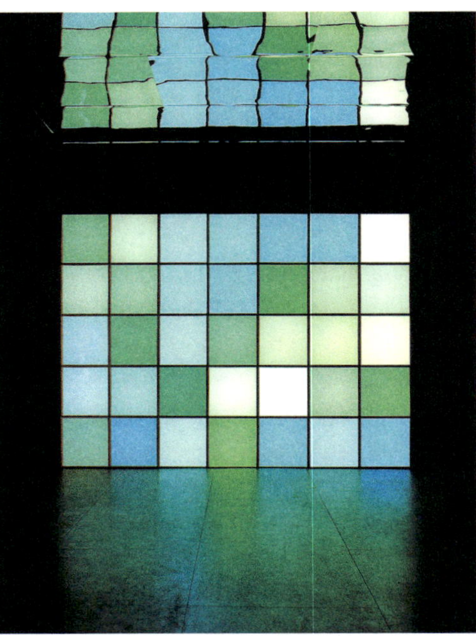

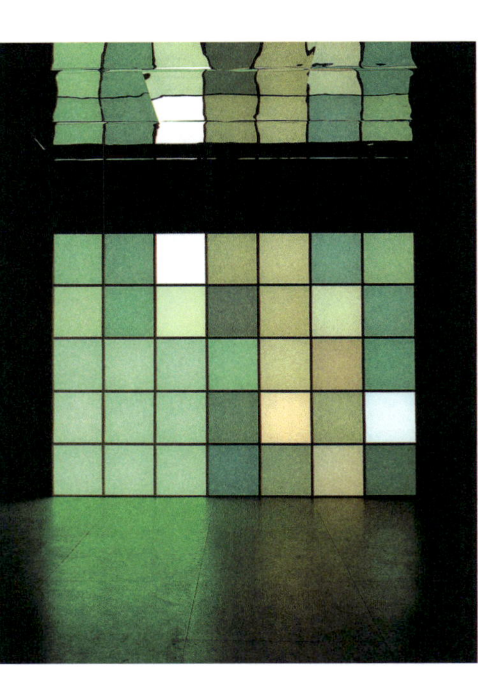

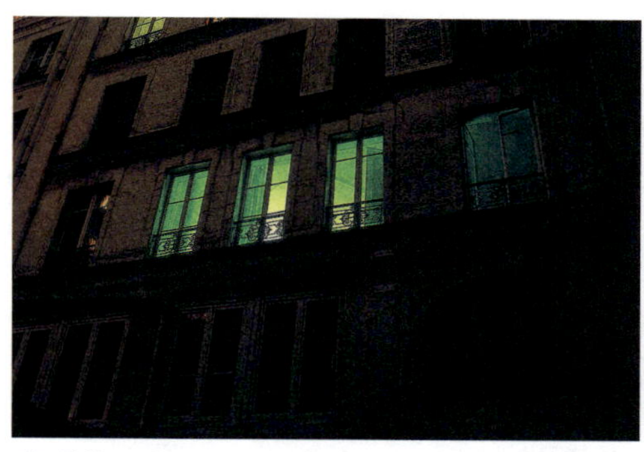
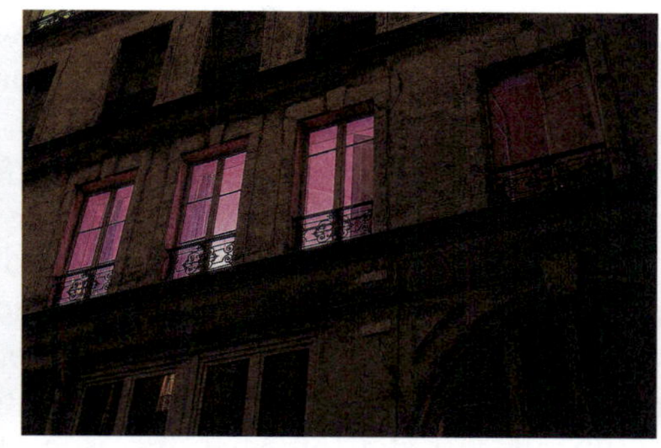
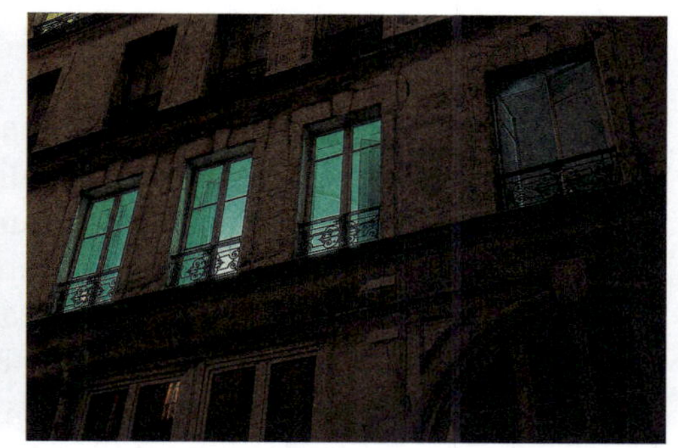

E Philippe Parreno, *Mont Analogue*, Videoprojektor ohne Linse, Betacam Digital-Video, auf DVD übertragen, Farbe, Maße variabel / Video projector without lens, Betacam digital video transferred to DVD, color, variable dimensions, 62:00 min., Loop, 2001

fügte. Der Inhalt der Medien wurde auf den Status eines stimmungsvollen Ambientes reduziert, so wie die ringsum zu Hause aufleuchtenden Bildschirme nicht eigentlich Gegenstand der Aufmerksamkeit sind, sondern eher eine Art Pulsieren erzeugen, in dessen Takt alltägliche Verrichtungen ablaufen.

Was bei solchen Ansätzen auf dem Spiel stand, brachte vielleicht am prägnantesten Philippe Parreno mit seiner Arbeit *Mont Analogue* [fig. E] (2001) zum Ausdruck, einem digitalen Videofilm aus sich wandelnden Farbausstrahlungen, der in einer Pariser Wohnung lief, sodass der Bildschirm sowohl die Innenräume als auch die nächtliche Straße vor dem Fenster beleuchtete. Die Arbeit ahmte das über die Stadtlandschaft verteilte Leuchten der Fernseher nach. Doch die Rhythmen und Intervalle der leuchtenden Farbwechsel waren auch das Ergebnis einer komplexen Abfolge von medialen Transformationen jenseits der üblichen Fokussierung auf Narration als Ausgangs- und Endpunkt einer Medienproduktion. Die Farbwechsel wurden durch Morsezeichen erzeugt, die die Wörter eines Erzähltexts verschlüsseln. Dieser handelt von einem anderen zeitbasierten Medienprodukt, der Verfilmung des unvollendeten, mystisch-spirituellen Romans *Mont Analogue* von dem französischen Surrealisten René Daumal, posthum erschienen 1952. Der Roman beschäftigt sich mit dem Reisen in Zeit und Raum und der geistigen Verarbeitung dieser Dimensionen. Wie der Untertitel *Roman d'aventures alpines,*

F Olafur Eliasson, *TV Lamp*, Rostfreier Stahl, Holz, TV-Bildschirm, TV-Receiver, Regler, LED-Leuchten, Kabel, Stativ / Stainless steel, wood, TV monitor, TV receiver, control unit, LED lights, cable, tripod, 180 × 60 × 60 cm, ø 60 cm, 2006

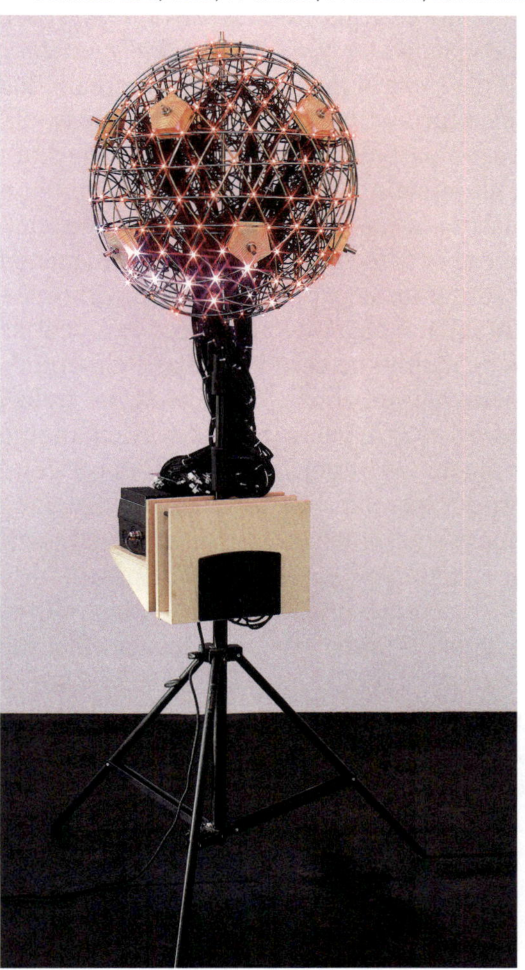
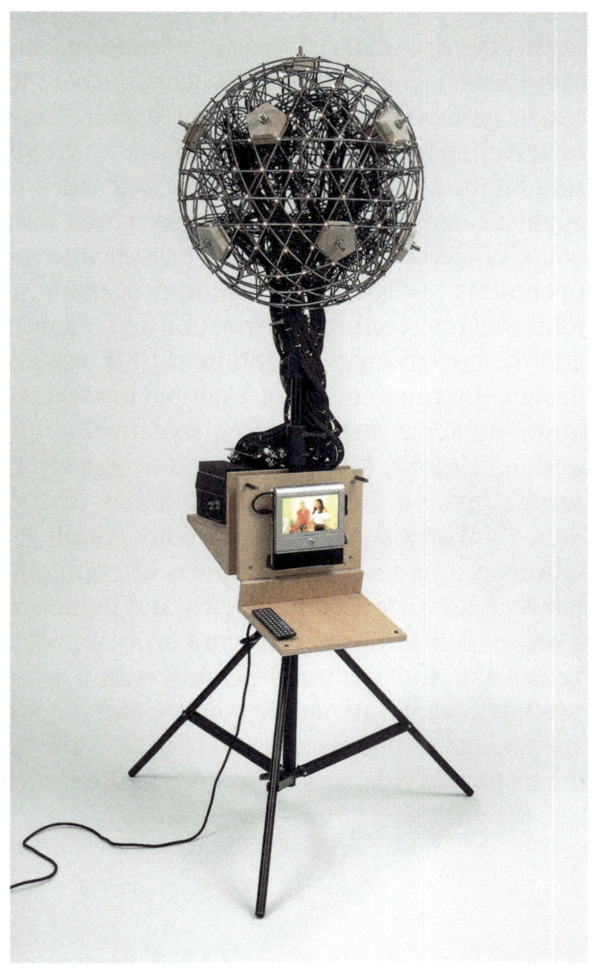

non euclidiennes et symboliquement authentiques (Roman über nicht-euklidische und symbolisch authentische Alpenabenteuer) andeutet, erzählt das Buch von der Besteigung eines Berges, den man nur wahrnehmen kann, wenn man sich vor Augen führt, dass man durch die Überquerung weiter gereist ist, als es der Fall wäre, wenn man einer geraden Linie gefolgt wäre. Der Berg ist überdies nur von einer bestimmten Stelle aus zu sehen, wenn die Sonnenstrahlen in einem bestimmten Winkel auf die Erde treffen. Anders gesagt, das vom Video erzeugte Licht, das die Pariser Wohnung wie elegante Stimmungsleuchten erfüllt, ist der zeichenhafte Überrest einer Kette von zeitlichen und räumlichen Verdichtungen, die eine Reihe technischer Stationen von geistigen Operationen bis zu digitaler Datenverarbeitung durchlaufen haben. Alles in der Arbeit findet innerhalb der Faltungen statt, die Informations- und Medienmaschinen, kognitive und affektive Funktionen wie auch die künstliche Umgebung miteinander verknüpfen. Das gilt genauso für die Design-Environments von Tobias Rehberger, etwa seine Serie personalisierter Umgebungen, in denen man fernsehen kann, stilvolle Lounge Areas, die alle fünf Jahre nach der Mode erneuert werden sollten. Architektur und Design sind eher Zeitmaschinen als Beispiele „guter Form", veränderliche Erinnerungstechnologien, die unentwegt neue Individuierungen namens „Stil" hervorbringen.[23] Solche Werke sind nicht lediglich einfallsreiche Gestaltungsübungen oder formalistische Betrachtungen über die technischen Grundlagen zeitgenössischer ästhetischer Ausdrucksformen. Die Verbindung von Licht, Zeittechnologie und Wohnumfeld, die in zahlreichen Arbeiten untersucht wird, ist vielmehr eine Methode, die Wirkkräfte und Prozesse der Übertragung auszulösen, die uns darauf aufmerksam machen, dass das „Televisuelle" heute als Bestandteil der größeren Zusammenhänge sozialer Produktion und Gedächtniskontrolle verstanden werden sollte und nicht nur im engeren Sinne als Verteiler bestimmter Botschaften und Bilder.[24] Der „passive" Umgang mit dem Fernsehen und seinen Nachfolgern in der Entwicklung der Videokunst ist die Geschichte der Entwicklung einer kritischen Sensibilität für diese Tatsache.

23 Für eine ausführlichere Besprechung siehe Ina Blom, *On the Style Site. Art, Sociality and Media Culture*, Berlin u. a. 2007.

24 Der Begriff Gedächtniskontrolle (*mnemonic control*) wurde von Luciana Parisi und Steve Goodman geprägt und bezeichnet die Verteilung des Gedächtnisses neuronaler Netzwerke, in denen Hirne und Medien miteinander verbunden sind. Gedächtniskontrolle ist eine Modalität der Macht, die die virtuellen Dimensionen des Gedächtnisses, dessen fortwährende Kraftaufwendung zugunsten künftigen Handelns ausnutzt. Luciana Parisi und Steve Goodman, „Mnemonic Control", in: Patricia Ticineto Clough und Craig Willse (Hg.), *Beyond Biopolitics. Essays on the Governance of Life and Death*, Durham (NC) 2011, S. 163–176.

version of French Surrealist René Daumal's unfinished mystical/spiritual novel *Mont Analogue* (published posthumously in 1952). As it happens, the novel deals with issues of time/space travel and the mental processing of time and space: also named *A Novel of Symbolically Authentic Non-Euclidian Adventures in Mountain Climbing,* it tells the story of the ascent of a mountain that can be perceived only by realizing that one has traveled further in traversing it than one would by traveling in a straight line, and can be viewed from a particular point only when the sun's rays hit the earth at a certain angle. The video light illuminating the Parisian apartment like a sophisticated mood lamp is, in other words, the signaletic residue of a series of interconnected contractions of time or memory, passing through a number of technical instances, from mental operations to digital information processing. Everything in the work takes place within the folds that interconnect information and media machines and cognitive and affective functions and the constructed environment. This was just as explicitly the case in Tobias Rehberger's design environments—for example his series of personalized zones for TV viewing, stylish lounging areas that would be stylistically updated every five years, in line with changing design fashions. Architecture and design are time machines rather than instances of "good form": mutable memory technologies forever producing the new individuations called "style."[23] Works such as these are not simply imaginative design exercises or formalist meditations on the technical supports of contemporary aesthetic expressions. The association between light, time technologies, and living spaces, traced in work after work, is, in contrast, a way of activating agencies and processes of transduction that alerts us to the fact that the "televisual," today, should be understood as an element in the wider frameworks of social production and mnemonic control, and not just in the more limited sense as a distributor of specific types of messages and images.[24] The "passive" approach to TV and its genealogies in the history of video art is the story of the evolving critical sensitivity to this reality.

23 For a more extensive discussion, see Ina Blom, *On the Style Site. Art, Sociality and Media Culture* (New York: Sternberg Press, 2007).

24 The term "mnemonic control" derives from Luciana Parisi and Steve Goodman, who use it to discuss the distribution of memory in neural networks where brains and media are interconnected. Mnemonic control is a modality of power that exploits the virtual dimensions of memory, its constant investment in future action. Luciana Parisi and Steve Goodman, "Mnemonic Control," in *Beyond Biopolitics. Essays on the Governance of Life and Death*, ed. Patricia Ticineto Clough and Craig Willse (Durham: Duke University Press, 2011): 163–176.

TV als Passion: Kontrolle, Exzess, Konstrukt

Ursula Frohne,
Christian Katti

87

TV as Passion: Control, Excess, Construct

„In der Tat werden in den [...] Künsten, [...] die wirklich interessanten Fragen über das Fernsehen am Ende des Jahrhunderts angesprochen — was hat die Fernsehkultur an sich, das wir so sehr hassen? Warum sind wir so in sie eingelassen, wenn wir sie so hassen? Was impliziert unser anhaltendes, freiwilliges Eingelassensein in Dinge, die wir hassen? Aber seltsamerweise werden sie auch vom Fernsehen selbst gestellt und beantwortet." [David Foster Wallace[1]]

Dem Televisuellen eignet ein scheinbares Überwachungsphänomen — die eigene Welt erscheint auf dem Screen. Dieser Zusammenhang ist grundlegender und er umfasst weitaus mehr als Closed-Circuit-Installationen oder selbstreflexive Medienverwendung. Der Fernsehbildschirm, der uns so vieles zeigt, scheint von einem allsehenden Auge gespeist. Der Betrachter vermag hier alles zu sehen, wird aber selbst nicht gesehen. David Foster Wallace hat diese scheinbar naiven Allmachtsfantasien in einem Essay von 1993 untersucht, als das Fernsehen noch selbstherrliches Zentralgestirn der öffentlichen Meinung und noch nicht vom Internet absorbiert war. Auch Schriftsteller — seine Vergleichsebene — sind Beobachter, denn es gehört zu ihrem Beruf, zwischenmenschlichen Situationen nachzuspüren. Für jemanden, der aus professionellen Gründen zwanghaft beobachtet und dabei ungern selbst beobachtet werden will, ist das Fernsehen ideal. Etwa, wenn man wissen möchte, was der amerikanischen Befindlichkeit als „normal" erscheint, welche Standards und Stereotypen gerade herrschen. Wer oder was könnte besser darüber Auskunft geben als das Fernsehen? Laut Foster Wallace ist das Fernsehen „ein Spiegel".[2] Dieser zeigt das aktuelle Bewusstsein und was darunter liegt: das Begehren — „das, als was sich die Amerikaner [...] um 1990 sehen wollen". Das kann dieser Spiegel nicht zuletzt aus dem Grund leisten, weil es im Fall des Fernsehens um viel Geld geht. Nur die besten Demografen und angewandten Mediensoziologen dürfen sich hier verwirklichen. Und wenn uns irgendjemand eine Ahnung davon vermitteln kann, was das Begehren der mächtigsten Volkswirtschaft und Bewusstseinsindustrie auf Erden umtreibt, dann diese erlesene Schar von Medienfunktionären. Obwohl es natürlich eine Illusion ist, dass man auf der Mattscheibe irgendetwas beobachten kann, ohne selbst gesehen zu werden, erscheint das Fernsehen dabei fast wie ein voyeuristisches Setting. Im Kern fokussierte die allgemeine Kritik oft genau diesen

1 David Foster Wallace, „E Unibus Pluram: Television and U.S. Fiction", in: *Review of Contemporary Fiction*, 13, 2, 1993, S. 157.

2 Ebd., S. 152 f.

"In fact it's in the [...] arts, [...] that the really interesting questions about end-of-the-century TV — What is it about televisual culture that we so hate? Why are we so immersed in it if we hate it so? What implications are there in our sustained voluntary immersion in stuff we hate? — are being addressed. But they are also, weirdly, being asked and answered by television itself." [David Foster Wallace[1]]

Inherent to the televisual mode is an apparent phenomenon of surveillance — one's own world appears on the screen. This correspondence is more fundamental and includes many more aspects than closed-circuit installations or a self-reflective use of the media. The television screen that shows us so much seems to be fed by an all-seeing eye. The viewer is able to see everything but is not seen himself. David Foster Wallace investigated these seemingly naïve fantasies of omnipotence in an essay in 1993, when television was still the autocratic, central celestial body of public opinion and had not yet been absorbed by the Internet. Writers as well — his level of comparison — are observers, because their profession involves seeking out interpersonal situations. Television is ideal for someone who, for professional reasons, observes compulsively but is himself loathe to be put on display — for example, if one wants to know what appears "normal" to American sensibility, what standards and stereotypes are currently predominant. Who or what could better convey information in this regard than television? According to Foster Wallace, television is "a mirror."[2] It reveals current consciousness and what lies underneath: desire — the "nervous self-perception" according to which "we [...] Americans in 1990 [...] want to see ourselves *as*." That can be accomplished by this mirror not least of all because television involves a great deal of money. Only the best demographers and applied social researchers have the prerogative of self-fulfillment here. And if anyone can convey to us an inkling of what animates the desires of the mightiest economy and awareness-manipulating industry on Earth, then it is this illustrious host of media functionaries. Although it is of course an illusion that one can watch anything on the box without being seen in the process, television nonetheless appears to be almost a voyeuristic setting. At its core, the widespread criticism of the medium focuses on precisely this reproach, arguing that television has "transformed us into a nation of sweaty, slack-jawed voyeurs."[3] But in

1 David Foster Wallace, "E Unibus Pluram: Television and U.S. Fiction," *Review of Contemporary Fiction* 13, no. 2 (1993), 157.

2 Ibid., 152.

3 Ibid.

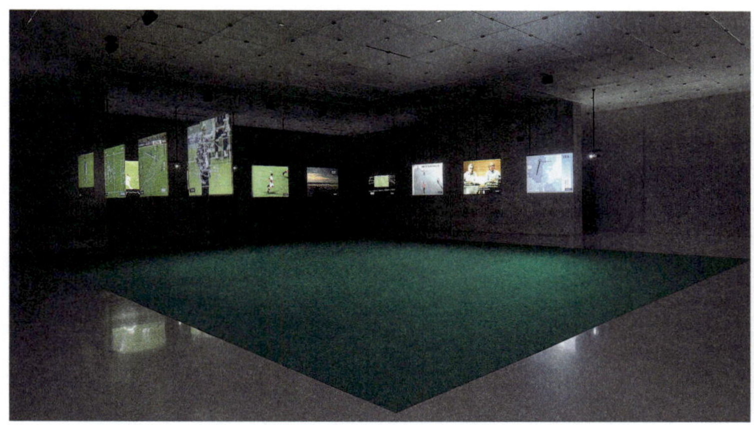

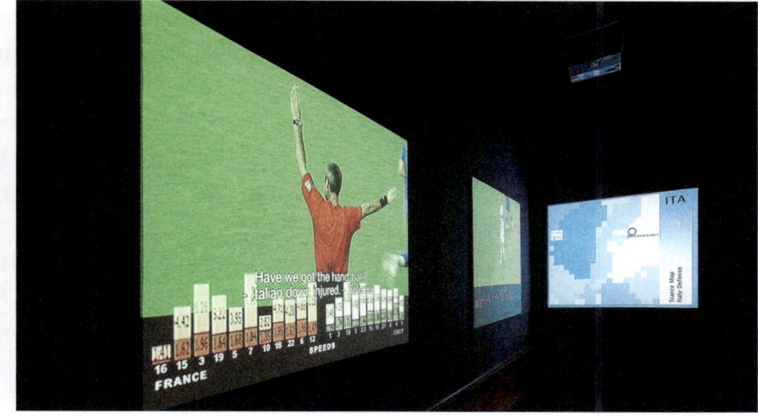

A Harun Farocki, *Deep Play*, 2007, Ausstellungsansicht / Exhibition view [→S./P. 258]

Vorwurf. Das Fernsehen habe „uns in eine Nation schwitziger Voyeure mit offenstehendem Mund verwandelt".[3] Doch in Wahrheit weiß jeder, der vor einer Kamera steht, dass er beobachtet wird—und das ist für befangene Autoren alles andere als angenehm. „Fernsehen ist Performance, Spektakel, was *per definitionem* Zuschauer voraussetzt. Wir sind hier also nicht im Geringsten Voyeure. Wir sind lediglich Zuschauer. Wir sind das Publikum, wir sind unzählig viele, doch meistens schauen wir ganz alleine fern."[4] Diese soziale Vereinzelung steht in reziprokem Verhältnis zu den Allmachtsfantasien, unbeobachtet alles sehen zu können, und ebenso zum allmächtigen Diktat der Quote, demzufolge etwas erst dann wirklich sehenswert ist, wenn viele es sehen. Fernsehen ist jedoch weder ausschließlich Seismograf noch ideologisches Machtinstrument. Gegenüber dieser von Foster Wallace konstatierten, einsamen Rezeption, die in der Literatur selbstverständlich ist, steht nicht nur der akkumulative *Second Screen*, sondern der Circus Maximus des Spektakels, wie schon Guy Debord wusste. Also multipliziert sich das Televisuelle in eine Vielzahl von Programmen, Angeboten, Sparten, Geräten und Zusatzgeräten. Dies vermag es jedoch nur, und um so effektiver, wenn es die Faszination und den Mythos der *liveness* aufrechterhält, der dem Spektakel und der Katastrophe geschuldet ist, wie noch auszuführen sein wird.

3 Ebd., S. 152.

4 Ebd. Hier invertiert Foster Wallace mit seinem Titel „E Unibus Pluram" (Aus Einem Vieles [machen]) das einstige Motto der Vereinigten Staaten „e pluribus unum", das sich immer noch auf Dienstsiegeln und Hoheitszeichen findet und in etwa „aus Vielen Eines" besagt. Er weist in einer Fußnote darauf hin, dass er dieses Wortspiel und also auch den Titel seines Essays einem Text Michael Sorkins verdankt, der in dem von Todd Gitlin 1987 herausgegeben Band *Watching Television* veröffentlicht ist.

reality, everyone who stands in front of a camera knows that he is being watched—and for self-conscious authors that is anything but comfortable. "Television is performance, spectacle, which by definition requires watchers. We're not voyeurs here at all. We're just viewers. We are the Audience, megametrically many, though most often we watch alone."[4] This social isolation stands in reciprocal relationship to the fantasies of omnipotence, of being able to watch everything while remaining unobserved, and likewise to the all-powerful dictates of the quota, according to which something is really worth watching only if it is seen by many. But television is exclusively neither a seismograph nor an ideological instrument of power. In contrast to the isolated reception identified by Foster Wallace that is considered to be natural within the genre of literature, there appears not only the accumulative second screen, but also the *circus maximus* of the spectacle, as Guy Debord already knew. In other words, the televisual aspect multiplies itself into a variety of programs, offerings, categories, apparatuses, and additional pieces of equipment. Television can do this, however, and can do it all the more effectively when it maintains the fascination and the myth of liveness that is inherent to spectacle and catastrophe—as is still to be elucidated.

In his twelve-channel installation *Deep Play* [fig. A] (2007), Harun Farocki restages the spectacle of the 2006 World Cup final in an overwhelming density, but with a high degree of analytical fanning-out. The event is captured in its social, media-related, athletic, tactical, and strategic dimensions from multiple perspectives, whereby Farocki inevitably cites a surveillance constellation behind which, however, there becomes legible precisely the hyper-construction by the media of what is ultimately broadcast. The fields of action between the two teams are measured and represented with statistics and diagrams in extreme detail through software and animations developed for the occasion. The cameras, the television studio, the stadium, the underground passageways, the evening sky, the audience, the unpredictable arcs of suspense, the dramatic tactics, the extreme soundscapes—all these elements are highly immersive and are summoned up in real time in Farocki's concentration and analysis. This gives rise to a complicated interplay between montage, analysis, documentation, and diagrams that depict the individual moves of the play for the purpose of immediate feedback. Farocki stages an overabundance of possibilities for comparative vision, inasmuch as images

4 Ibid., 153. Here, with his title "E Unibus Pluram" ("out of one [make] many"), Foster Wallace inverts the former motto of the United States, "e pluribus unum," which is still to be found on official seals and national emblems and more or less means "out of many, one." In a footnote, he explains that this play on words and hence also the title of his essay are inspired by a text by Michael Sorkin that was published in the volume *Watching Television* edited by Todd Gitlin in 1987.

Harun Farocki reinszeniert in seiner Zwölfkanal-Installation *Deep Play* [fig. A] (2007) das Spektakel des Fußball-WM-Finales von 2006 in einer überwältigenden Dichte, jedoch hochgradig analytisch aufgefächert. Das Ereignis wird in seiner sozialen, medialen, sportlichen, taktischen und strategischen Dimension multiperspektivisch eingefangen, womit Farocki zwangsläufig eine Überwachungskonstellation zitiert, hinter der jedoch gerade die mediale Hyperkonstruktion des am Ende Gesendeten lesbar wird. Die Aktionsfelder zwischen den Spielern auf dem Platz werden mithilfe von Software und eigens entwickelten Animationen, mit Statistiken und Diagrammen äußerst detailliert vermessen und dargestellt. Die Kameras, das TV-Studio, das Stadion, die Katakomben und Gänge, der Abendhimmel, das Publikum und die nicht vorhersehbaren Spannungsbögen beziehungsweise das gespannte Taktieren, die extreme Geräuschkulisse — all diese Elemente sind hoch immersiv und werden in Echtzeit in Farockis medialer Verdichtung und Analyse aufgerufen. Dabei ergibt sich ein kompliziertes Wechselverhältnis von Montage, Analyse, Dokumentation sowie einer Diagrammatik, welche die Spielzüge zum Zweck des unmittelbaren Feedbacks abbildet. Farocki inszeniert eine Überfülle von Möglichkeiten vergleichenden Sehens, indem Bilder von Bildern kommentiert, gerahmt oder schlichtweg begleitet werden. Die Vorstellung, dass sich ein derartiges Ereignis wie ein WM-Endspiel, das von 1,5 Milliarden Menschen live im Fernsehen verfolgt wird, medienreflexiv repräsentieren ließe, wird in einer analytischen Dekonstruktion des Spektakels als Installation aufgelöst. Das Endspiel und dessen Ereignischarakter — nochmals vergegenwärtigt in dem Kopfstoß Zinédine Zidanes und der roten Karte an ihn in der letzten Spielminute — verblasst schleichend als enigmatische Note der kollektiven Erinnerung, da es bei Farocki nicht um Einzelne, um Stars oder gar um das Ergebnis geht, sondern um die unsichtbaren Anteile des im Fernsehen Dargebotenen.
Douglas Gordon und Philippe Parreno hingegen schaffen mit *Zidane: A 21st Century Portrait* (2006) eine multiperspektivische televisionäre Portätstudie im Flow. Zidane wird während einer Begegnung der spanischen Ersten Liga von 17 synchronisierten, minutiös auf ihn konzentrieren und im Schnitt differenziert aufeinander abgestimmten Kameras porträtiert. Die schottische Postrock-Band Mogwai liefert den sphärischen Soundtrack zu dieser monumentalisierenden Studie. Doch auch in dieser überhöhenden Tendenz, die unausweichlich der

are commentated, framed, or simply accompanied by other images. The idea that an event such as a World Cup final, watched live on television by 1.5 billion viewers, could be represented in a media-reflective manner is contradicted by an analytical deconstruction of the spectacle as an installation. The final of the competition and its event character — brought to mind once more by Zinedine Zidane's headbutt and subsequent red card just ten minutes before the end of the match — gradually fades away as an enigmatic note of collective memory, inasmuch as Farocki is not concerned with individuals, with stars, or even with the final outcome, but instead with the invisible aspects of what is shown on the television screen.
Douglas Gordon and Philippe Parreno, on the other hand, create a multiperspectival television portrait study in flow with *Zidane: A 21st Century Portrait* (2006). During a Spanish Premier League match, Zidane is portrayed by 17 synchronized cameras minutely concentrated on him and harmonized by the montage in subtle differentiation. The Scottish post-rock band Mogwai provides the ethereal sound track to this monumentalizing study. But also remaining in this exaggeration that tends inevitably toward the creation of a myth is the perspective of surveillance: there is no movement, no mimic reaction possible that is beyond the reach of the camera arrangement. A historical model with a more modest pictorial rhetoric is offered by the celebrated documentary film *Fußball wie noch nie* (1970) by Hellmuth Costard, which focuses with six cameras over the course of an entire match on the British soccer star George Best. A new portrait genre is established here by means of the possibilities offered by television. In an almost sculptural manner, as a formation of movement in televisual space, it is not the image of a star that is generated; instead, the viewer becomes a witness of how, through the tracking procedure of the ceaseless camera recordings, the protagonist is inflated into a cult figure.

5 Lev Manovich, *The Language of New Media*, Cambridge (MA) 2001, S. 94.

Mythenbildung zuarbeitet, bleibt die Überwachungsperspektive bestehen; keine Bewegung, keine mimische Regung ist jenseits der Kameraanordnung möglich. Eine historische Vorgabe mit bescheidenerer Bildrhetorik liefert der gefeierte Dokumentarfilm *Fußball wie noch nie* (1970) von Hellmuth Costard, der mit sechs Kameras während der Länge eines gesamten Spiels ausschließlich den britischen Fußballstar George Best beobachtete. Ein neues Porträt-Genre wird hier über die Möglichkeiten des Fernsehens entworfen. Nahezu plastisch, als Bewegungsformation im televisuellen Raum, entsteht nicht das Bildnis des Stars, sondern der Zuschauer wird Zeuge, wie durch das Tracking-Verfahren der totalen Kameraaufzeichnung der Akteur zur Kultfigur überhöht wird.

Televisualität jenseits des Screens

> „Es lässt sich darüber debattieren, ob unsere Gesellschaft eine Gesellschaft des Spektakels oder der Simulation ist. Zweifellos jedoch ist sie eine Gesellschaft des Bildschirms.“ [Lev Manovich[5]]

Die Kultur des Fernsehens hat sich vom Bildschirm in die Vieldimensionalität der Installation begeben. Das einstige Möbelstück wird mit aufwendigen Soundystemen und Beamerkonstruktionen, konkaven Flatscreens, mobilen Einheiten und anderen Expansionen in den dreidimensionalen Raum gehoben. Diese Erweiterung des Televisuellen findet nicht nur im Kunstkontext, sondern auch in häuslichen sowie pseudoöffentlichen kommerziellen Räumen statt. Den Ausgangspunkt dieser Entwicklung bildet der Screen. Die Kathodenstrahlröhre war lange Zeit die technische Grundlage für den Inbegriff des Bildschirms. Seit den 1990er-Jahren hat sich jedoch eine derart dynamische Entwicklung von Bildschirmen, mobilen Geräten und Projektoren vollzogen, dass kaum vorstellbar ist, wie *ein* Bildschirmtypus weit über ein halbes Jahrhundert dominieren konnte. Verschiedenste Screen-Formate sind momentan nicht nur in der Kunst allgegenwärtig. Bildschirme, Projektionsflächen, Monitore und elektronische Displays bilden zentrale Vermittlungsinstanzen (Interfaces) der heutigen Lebenswelt und haben sich als Horizont der visuellen Kultur so rasant diversifiziert und aufgefächert, dass

Televisuality beyond the screen

> “We may debate whether our society is a society of spectacle or simulation, but undoubtedly, it is a society of the screen.” [Lev Manovich[5]]

The culture of television has moved from the screen into the multiple dimensionality of the installation. The former piece of furniture has been raised and ushered into three-dimensional space with elaborate sound systems and beamer constructions, concave flat screens, mobile units, and other expansions. This extension of the televisual element occurs not only in the context of art, but also in domestic spaces and the pseudo-public, commercial realm. The screen constitutes the point of departure for this development. For a long time, the cathode ray tube was the technical basis for the prototype of the screen. Ever since the 1990s, however, there has been such a dynamic development of screens, mobile devices, and projectors that it can scarcely be imagined how *one* type of screen was able to remain predominant for more than half a century. Not only in the field of art are highly diverse screen formats to be found everywhere. Screens, projection surfaces, monitors, and electronic displays constitute fundamental instruments of mediacy (interfaces) in today's world and have expanded and diversified so rapidly as horizons of visual culture that any conceptual summary must necessarily remain unspecific. Screens are ubiquitous today, so that their roles and manners of functioning have also multiplied into a confusing diversity—above all with PCs and smart phones. They are directly linked to cameras and microphones, provided with facial recognition software, connected to game consoles or automatic tellers, introduced into networks, and hooked up to archives. Consequently, the culture of the televisual element must be comprehended in more extensive terms than would be allowed by the appearance of a receiving apparatus equipped with a screen.[6] Many performative tendencies of contemporary art, all the way to the cult of selfies, are characterized by the representational compulsion and obsession with self-portrayal that are typical of television culture, just as the development of the media installation is not conceivable without the production logic of television. Paradigmatic in this regard is the development of Harun Farocki's

5 Lev Manovich, *The Language of New Media* (Cambridge, MA: MIT Press, 2001), 94.

6 See Maeve Connolly, *TV Museum: Contemporary Art and the Age of Television* (Bristol / Chicago: intellect, 2014).

jede begriffliche Zusammenfassung notwendig im Unspezifischen verbleibt. Screens sind heute ubiquitär, sodass sich auch ihre Rollen und Funktionsweisen zu einer unübersichtlichen Vielfalt vermehrt haben—allen voran mit PC und Smartphone. Sie sind direkt mit Kameras und Mikrofonen verkoppelt, mit Gesichtserkennungs-Software verschaltet, mit Spielekonsolen oder Bankomaten liiert, in Netzwerke eingelassen und mit Archiven kurzgeschlossen. Die Kultur des Televisuellen wird folglich weiter zu fassen sein als es das Erscheinungsbild eines Empfangsgerätes mit Bildschirm zuließe.[6] Viele performative Tendenzen der Gegenwartskunst bis hin zum Selfie-Kult sind vom Darstellungszwang und der Selbstdarstellungsmanie der Fernsehkultur geprägt, wie auch die Entwicklung der Medieninstallation nicht ohne die Produktionslogik des Fernsehens denkbar ist. Paradigmatisch hierfür ist etwa die Entwicklung von Harun Farockis Werk vom Film zur Medieninstallation. Aber auch das deutliche Interesse der bildenden Kunst für den Film hat mehr televisuelle Anteile als es der cineastischen Fixierung vielleicht lieb ist.

In der visuellen Kultur hat sich der Screen als ästhetische Hybridfigur etabliert. Aggregatförmig vernetzen sich Screens über die globalen Kommunikationsmedien und steuern als universale Interfaces die omnipräsenten technischen und sozialen Praktiken, deren enge Verflechtungen zwischen „Medien und Milieus“ schließlich auch künstlerisch reflektiert werden. Mit den polyfokalen Screen-Präsenzen und -Interaktionen verändern sich die Aufmerksamkeitskonzepte und das Wechselverhältnis zwischen Privatsphäre und Öffentlichkeit, denn ihre dispositiven Wirkungsweisen realisieren sich ebenso als Panoptikum wie als Maskierung, als Disziplinierungsinstanz wie als Projektionsfeld und Plattform individueller Selbstverwirklichung. Gleichzeitig vervielfältigen sich mit den Screens die Sichtbarkeiten und immersiven Simultaneitätserfahrungen. Sie konvergieren in dialektischen Bezügen zwischen Mobilisierung und Dislozierung, zwischen Überwachung und Navigation operativ, politisch wie ästhetisch.

Der Bildschirm scheint jenseits seiner physischen Realität und seiner Geschichte mindestens seit den 1960er-Jahren, ganz besonders aber seit der Jahrtausendwende auch eine metaphorische Kraft freizusetzen. Ähnlich wie die Metapher des Spiegels oder Metaphern des Lichts und die alles überragende Metapher des Bildes organisiert diese Metaphorik des Screens künstlerische Diskurse in ihrer innersten Struktur. Der Screen im übertragenen Sinn impliziert

6 Siehe Maeve Connolly, *TV Museum: Contemporary Art and the Age of Television*, Bristol / Chicago 2014.

oeuvre from film to media installation. But also the clearly evident interest of the visual arts for film has more televisual elements than the cinematic fixation of the art world is willing to admit.

In visual culture, the screen has established itself as an aesthetic hybrid figure. In aggregate form, screens become interconnected through the global communication media and, as universal interfaces, exercise a controlling influence over the omnipresent technical and social practices whose tight interweavings between “media and milieus” ultimately also attain artistic reflection. With the polyfocal screen presences and interactions, there are changes in the concepts of attention and in the reciprocal relationship between the private and public spheres, because their dispositive modes of functioning are realized both as panopticon and masking, both as disciplining authority and as projection-field and platform for individual self-realization. At the same time, visibilities and immersive experiences of simultaneity multiply themselves with the screens. They converge in dialectical relationships between mobilization and dislocation, between surveillance and navigation in operative, political, and aesthetic terms.

Beyond its physical reality and its history, the screen seems—at least since the 1960s, but especially since the turn of the millennium—to unleash a metaphorical power. In similarity to the metaphor of the mirror or images of light and the paramount metaphor of the picture, this metaphoric nature of the screen organizes artistic discourses in their innermost structure. In a figurative sense, the screen also implies a certain affinity with psychoanalysis and its theories of transference and projection. Jacques Lacan’s screen theory is worth mentioning in this regard. For its part, the screen metaphor is closely linked to the metaphors of light and of the picture. In this field as well, the screen—from the silver screen of cinema all the way to the technology of silk-screen printing—has diminished the importance of the television screen for contemporary art. This is not contradicted, however, by the hypothesis that the television screen provides the cultural paradigm for the aforementioned aesthetic forms. Against this background, we must keep in mind the question as to why and exactly how this screen, as well as the institution of television, could become so negative a cliché.

The screen theory of the 1970s consisted of film- and television-theoretical, semiotic, and psychoanalytical approaches. One cultural root of these theories may certainly be identified in Plato’s parable of the cave, in which imprisoned and chained viewers see shadowy images

7 Vgl. Jacques Lacan, *Das Seminar, Buch 11, Die vier Grundbegriffe der Psychoanalyse*, Olten 1978. Zu Lacans psychoanalytischer Untersuchung des visuellen Feldes und der Frage des Screen siehe auch Kaja Silverman, *The Threshold of the Visible World*, New York/London 1996.

8 Louis Althusser, *Für Marx*, Frankfurt a. M. 1968, S. 183 ff. (eine deutsche Neuausgabe, die eine erstmals vollständige Übersetzung enthält, erschien erst 2011). Siehe auch ders., *Ideologie und ideologische Staatsapparate. Aufsätze zur marxistischen Theorie*, Hamburg/Berlin 1977, sowie Slavoj Žižek, *The Sublime Object of Ideology*, London/New York 1989.

auch eine gewisse Annäherung an die Psychoanalyse mit ihren Übertragungs- und Projektionstheorien. Jacques Lacans Screen-Theorie sei hier erwähnt. Die Screen-Metapher ist ihrerseits mit der Metaphorik des Lichts und der des Bildes engstens verknüpft. Auch auf diesem Feld hat der Screen—vom Silver Screen des Kinos bis hin zur Technik des Silk Screen-Drucks—die Bedeutung des TV Screens für den Bereich der Gegenwartskunst zurückgedrängt. Dem widerspricht jedoch nicht die Hypothese, dass der Fernsehbildschirm das kulturelle Paradigma für die besagten ästhetischen Formen lieferte. Vor diesem Hintergrund müssen wir die Frage präsent halten, warum und wie genau dieser Schirm und auch die Institution des Fernsehens zu einem derart negativen Klischee werden konnten?
Die Screen Theory der 1970er-Jahre beinhaltete film- und fernsehtheoretische, semiotische und psychoanalytische Ansätze. Eine kulturelle Wurzel dieser Theorie darf wohl in Platons Höhlengleichnis gesehen werden, in welchem gefangene und gefesselte Betrachter Schattenbilder auf einer Höhlenwand sehen und darüber diskutieren, ohne dass sich diese eigenartige „Gesellschaft des Spektakels" über die Irrealität und den wahren Ursprung dieser Erscheinungen bewusst werden könnte. Da die Höhlenwand nicht nur Schattenbilder, sondern auch Schall zurückwirft, bietet sie einen optischen und einen akustischen Schirm, der natürlich nur vermeintliche Erkenntnis transportiert und in Wirklichkeit einen abgründigen Verblendungszusammenhang mobilisiert. Der Screen fungiert bereits hier in einer Doppelfunktion als Display und Maske, und er kann nur in einem größeren Kontext wirklich funktionieren: in einem Schattentheater, einer komplizierten Art von Studioinstallation, nämlich der Platonischen Höhle. Die erwähnte Screen Theory bezog sich auf Althusser und dessen Ideologiebegriff, der seinerseits wiederum auf Lacans *image écran*-Schema rekurrierte. In seiner Theorie des menschlichen Blicks bezeichnet Lacan den zentralen *image écran* als die „Kehrseite des Bewusstseins",[7] das sich selbst nur im Modus einer distanzierenden Erfahrung—über den im *image écran* dezentrierten Prozess—begegnen kann. Ideologien vermitteln jedoch Althusser zufolge selbst Bewusstsein und üben durch ihren Bezug zu den sogenannten ideologischen Staatsapparaten Macht auf Individuen aus, welche sich trotz oder gerade wegen ihrer Unterwerfung erst als Subjekte konstituieren und dadurch widersprüchlicherweise als frei verstehen. Ideologien sind nach Althusser „unbewußt".[8] Der Screen, den man hier metaphorisch

upon the wall of a cave and engage in discussion about them, without this "society of spectacle" being able to become aware of the nonreality and actual origin of these appearances. Since the wall of the cave reflects back not only shadows, but also sound, it constitutes an optical and acoustic screen that by nature conveys only supposed cognitive insight and in reality mobilizes an abysmal framework of bedazzlement. Already here, the screen operates in a double function as display and mask, and it can only really operate in a larger context—in a theater of shadowplay, in a complicated type of studio installation, namely, in Plato's cave. The aforementioned screen theory made reference to Althusser and his concept of ideology, which, for its part, went back to Lacan's *image écran* scheme. In his theory of human vision, Lacan designates the fundamental *image écran* as the "obverse of consciousness,"[7] which can encounter itself only in the mode of a distancing experience, through the process that is decentered by the *image écran*. But according to Althusser, ideologies themselves convey consciousness and, through their relationship to the so-called ideological state apparatuses, exercise power over individuals who, in spite of or precisely because of their subjection, only then constitute themselves as subjects and thus, in a contradictory manner, conceive of themselves as free. According to Althusser, ideologies are "unconscious."[8] The screen, which may be equated here in a metaphorical sense with the institution of television, is capable—in its ideolological, media-related, social, or aesthetic formation and in accordance with the specific context—of both rendering visible and concealing, of being both ambiguous and clarifying, of adhering both to the principle of surveillance and exposure and to the masking process, of having both a constitutive and a corrosive effect. Also in Lacan's famous scheme, on which Althusser builds, the screen constitutes the fundamental level of both mediation and misappraisal between the subject and its relationship to the world. It is here that the screen establishes itself through the interrelationship between two different discourses, that of representation and that of illusion. Warhol's extensive series of *Screen Tests* (1964–66), whose title-endowing terminology comes from the film industry, seems to intuitively reflect the "psycho-technological" aspects of a screen culture that has been omnipresent ever since the 1960s. His experimental investigation of the effects of star culture culminated in a parallel-projected film and video portrait of Edie Sedgwick, *Outer and Inner Space* (1965), which documents the painful endeavor to appropriate

7 See Jacques Lacan, *The Seminar, Book XI, The Four Fundamental Concepts of Psychoanalysis* (New York/London: W.W. Norton, 1978). Concerning Lacan's psychoanalytical investigation of the visual field and the question of the screen, see also Kaja Silverman, *The Threshold of the Visible World* (New York/London: Routledge, 1996).

8 Louis Althusser, *For Marx* (London: Verso, 2005). See also Althusser, *On Ideology* (London: Verso, 2008), 35; as well as Slavoj Žižek, *The Sublime Object of Ideology* (London/New York: Verso, 1989).

auch mit der Institution des Fernsehens kurzschließen kann, vermag in seiner ideologischen, medialen, sozialen oder ästhetischen Formation und je nach spezifischem Kontext ebenso sichtbarmachend wie verschleiernd, ebenso ambivalent wie aber auch verdeutlichend, ebenso dem Überwachungs- und Aufdeckungsprinzip wie der Maskierung verpflichtet, ebenso konstitutiv wie zersetzend zu wirken. Auch in Lacans berühmtem Schema, auf dem Althusser aufbaut, bildet der Screen die zentrale Vermittlungs- wie auch die Verkennungsebene zwischen Subjekt und Weltbezug. Hierin konstituiert sich der Screen durch die Verschränkung zweier unterschiedlicher Diskurse, dem der Repräsentation und dem der Illusion. Warhols umfangreiche Serie der *Screen Tests* (1964–66), deren titelgebender Terminus aus der Filmbranche stammt, scheint intuitiv die „psychotechnologischen" Aspekte einer seit den 1960er-Jahren allgegenwärtigen Screen-Kultur zu reflektieren. Seine experimentelle Auseinandersetzung mit den Effekten der Star-Kultur kulminiert in einem parallel projizierten Film- und Videoporträt von Edie Sedgwick, *Outer and Inner Space* (1965), das den schmerzhaften Versuch der Aneignung des televisionären Selbst in dem narzisstischen Begehren dokumentiert, dem idealisierten Screen Image performativ zu entsprechen. Man erlebt den Prozess der „Selbstgewahrwerdung" des Individuums in Aneignung seiner Screen-Persona, die, Warhols Modell der potenziellen Starfigur verkörpernd, das Wechselspiel von „Ich-Projektion", „Selbst-Konstruktion" und tragischer Entfremdung in Antizipation des medialen Blicks veranschaulicht. Die hierin dramatisierte Auflösung der Grenzen zwischen der inneren und äußeren Persönlichkeitsstruktur, die sich als frühe Diagnose medialer Subjektkonfigurationen liest, scheint nachträglich auch der aktuellen Kritik an einer vom Screen bestimmten Sozialität recht zu geben.

Jenseits der Oberflächenerscheinung des Screens, der in seiner Grundeigenschaft als ein Medium der Visualisierung von Bildern und Informationen dient, wird das Zusammenspiel von „Display und Dispositiv" für die Raumprojektionen des Expanded Cinema der 1970er-Jahre prägend und zwei Jahrzehnte später für die mit der neuen Video-Beamer-Technik ermöglichten kinematografischen Installationen[9] und ihre variablen Präsentationsästhetiken. Wie vielfach theoretisch reflektiert, verschränken Letztere auf neue Weise die verräumlichten Bewegtbild-Projektionen und ihre multiplen Screens mit den rahmenden

9 Vgl. Juliane Rebentisch, *Ästhetik der Installation*, Frankfurt a. M. 2003. Unter dem Titel *Display/Dispositiv. Ästhetische Ordnungen* erscheint 2015 ein Forschungsband, herausgegeben von Ursula Frohne, Lilian Haberer und Annette Urban.

the televisual self in a narcissistic desire to correspond in performative terms to the idealized screen image. One experiences the processual awareness of self-perception of the individual in the appropriation of her screen persona which, embodying Warhol's model of the potential star figure, brings to light the interplay between "ego projection," "self construction," and tragic alienation in anticipation of gaining the attention of the media. The hereby dramatized dissolution of the border between inner and outer personality structure, which may be read as an early diagnosis of subject configurations in the media, seems subsequently to confirm the current criticism of a social reality determined by the screen.

Beyond the surface appearance of the screen, which serves in its fundamental characteristic as a medium for the visualization of images and information, the interplay between "display and dispositive" has a formative influence on the spatial projections of the Expanded Cinema of the 1970s and, two decades later, on the cinematographic installations made possible by the new video-beamer technology[9] and their variable aesthetics of presentation. As has been theoretically reflected in many cases, the latter interlace in a new manner the spatialized moving-image projections and their multiple screens with the framing conditions of the act of exhibiting.[10] In this process, which has become highly differentiated since the 1990s, there arise new aesthetic arrangements that open extended transmedial and (trans)cultural perspectives. In the convergence between projection, installation, and exhibition, the newly created *dispositif* transcends distinctive screen media. Artistic installations become overlapped and reconfigure the formerly separated, both institutionally and spatially regulated *dispositifs* of viewing—in the museum, in the cinema, but also in television or in both the public and private realms, by means of Internet-based or mobile equipment respectively—through the blurring of spatial and media-related borders generated by varying screen formats. This is evident in the works of Harun Farocki and Melanie Gilligan, of Johan Grimonprez and Janet Cardiff, as well as of Angela Bulloch, Thomas Demand, and Mark Leckey. Emerging into the foreground in this way are intermedia logics of the program or of programming—both within and beyond actual broadcast or software formats—or the tactic of intervention as well as practically oriented forms of art that are linked to documentarisms or campaigning. This formation of Expanded Television renegotiates both the political element and the relational

9 See Juliane Rebentisch, *Aesthetics of Installation Art* (Berlin: Sternberg, 2012). A research volume entitled *Display/Dispositiv. Ästhetische Ordnungen*, edited by Ursula Frohne, Lilian Haberer, and Annette Urban, is forthcoming in 2015.

10 See Ursula Frohne and Lilian Haberer (eds.), *Kinematographische Räume: Installationsästhetik in Film und Kunst* (Munich: Fink, 2012), as well as Kate Mondloch, *Screens: Viewing Media Installation Art* (Minneapolis/London: University of Minnesota Press, 2010).

10 Vgl. Ursula Frohne und Lilian Haberer (Hg.), *Kinematographische Räume: Installationsästhetik in Film und Kunst*, München 2012, sowie Kate Mondloch, *Screens: Viewing Media Installation Art*, Minneapolis / London 2010.

Bedingungen des Ausstellens.[10] In diesem seit den 1990er-Jahren sich ausdifferenzierenden Prozess entstehen neue ästhetische Ordnungen, die erweiterte transmediale und (trans) kulturelle Perspektiven eröffnen. In der Konvergenz von Projektion, Installation und Ausstellung geht das neu geschaffene Dispositiv über einzelne Screen-Medien hinaus. Künstlerische Installationen überlagern und rekonfigurieren nun die ehemals getrennten, institutionell wie räumlich reglementierten Dispositive des Betrachtens—im Museum, im Kino, aber auch im Fernsehen oder im öffentlichen sowie im privaten Bereich jeweils über internetbasierte oder mobile Geräte—durch die von variierenden Screen-Formaten generierte Verschleifung räumlicher und medialer Grenzen. Dies ist an den Arbeiten von Harun Farocki oder Melanie Gilligan, von Johan Grimonprez und Janet Cardiff sowie von Angela Bulloch, Thomas Demand oder Mark Leckey ablesbar. Intermediale Logiken des Programms und Programmierens—diesseits wie jenseits tatsächlicher Sende- oder Softwareformate—oder die Taktik der Intervention sowie praxisorientierte Kunstformen, die an Dokumentarismen oder Campaigning anknüpfen, rücken hierdurch in den Vordergrund. Verhandelt werden in dieser Formation des Expanded Television das Politische ebenso wie die Beziehungslogik zwischen Technologie, den Kunstformen und der Lebenswelt—einer Lebenswelt, die schlechterdings ohne all diese Verflechtungen der Medien nicht mehr zu haben oder zu denken ist.

Schon in der Produktionslogik des Fernsehens ist das visuelle und akustische Produkt auf dem Bildschirm nur mittels einer komplizierten Installation und Interaktion möglich, nämlich dem Studio beziehungsweise Sender, wo mittels Schnitten, Skripten, Regieanweisungen und einem Sendekonzept nicht nur im Hintergrund agiert wird. Maßgeblich jedoch wird das Sichtfeld hinter der Kamera bestimmt. Das Studio folgt dem Modell eines Theaters, und ähnlich einer Bühne ist es für das Funktionieren eines so produzierten Fernsehbildes wichtig, dass man nicht alles zeigt, was es zu sehen gäbe. Auch die Guckkastenbühne verwehrt seitliche Einblicke, versteckt den Souffleur und wird mittels eines Vorhangs geöffnet und geschlossen. Ähnlich wie das Studio fungiert schließlich die Fernbedienung für den Zuschauer scheinbar als Ermächtigung, um seinen jeweiligen Rezeptionsfluss aufrechtzuerhalten, zu dirigieren oder umzulenken.

logic between technology, forms of art, and the lifeworld—a lifeworld which is utterly impossible to have or to conceive without all these interweavings of the media.

Already in the production logic of television, the visual and acoustic product is only possible on-screen by means of a complicated installation and interaction, namely, the studio or broadcaster, where montage, scripts, directorial instructions, and a broadcasting concept are not solely operative in the background. The field of vision, however, is fundamentally determined behind the camera. The studio conforms to the model of a theater and, similarly to a stage, it is important for the functioning of a television image thus generated that not everything be shown that could be seen. The proscenium arch stage, too, prohibits lateral views, hides the souffleur, and is opened and closed by means of a curtain. In similarity to the studio, the remote control ultimately functions for the viewer as an apparent source of power in order to maintain, direct, or divert his respective flow of reception.

The studio as theatrum mundi

For the identity and especially the recognition of any given broadcast, a striking studio decoration in front of the cameras, a sort of stage set, is indispensable. In *Studio* [fig. B] (1997), Thomas Demand displays to us the decoration used for Robert Lembke's show *Was bin ich?*, a classic of German bourgeois evening TV entertainment during the 1960s and 1970s. In Demand's adaptation of the characteristic setting of this utterly unspectacular but highly popular show, the background behind the wide table of the panel doing the guessing consists of colored stripes. The Baroque topos of the *theatrum mundi* is transposed to a televisual motif: the world as studio. What we are not privy to here is Demand's own studio, in which the elaborate paper models were created and photographed. The wall decorations of rainbow-like stripes in *Studio*, the wide table with the four chairs, which could also be used for a press conference—all this contains more allusions to a historical framework than simple references to a specific television show. According to Roxana Marcoci, the colored striping of the background "echoes the cool of Pop and the innovative hard-edged abstraction of the 1960s. In addition, it provides a compelling point of comparison with the colorist experiments of Bauhaus theorist Josef Albers,

Das Studio als Theatrum mundi

Für die Identität einer beliebigen Sendung ist vor den Kameras eine einprägsame Studiodekoration, eine Art Bühnenbild, gerade für die Wiedererkennung und Zuordnung der Inszenierung unerlässlich. Thomas Demand zeigt uns in *Studio* [fig. B] (1997) die Dekoration des Aufnahmestudios von Robert Lembkes Sendung *Was bin ich?*, einer Institution der bürgerlichen Fernseh-Abendunterhaltung der 1960er- und 1970er-Jahre. In Demands Adaption des charakteristischen Settings dieser gänzlich unspektakulären, dennoch populären Sendung erscheint der Hintergrund vor dem breiten Tisch des Rateteams in farbigen Streifen gestaltet. Der barocke Topos des *Theatrum mundi* wird auf ein televisuelles Motiv transponiert: Die Welt als Studio. Vorenthalten bleibt uns hier Demands eigenes Atelier, sein Studio, in dem die aufwendigen Papiermodelle gefertigt und fotografiert werden. Der Wandschmuck aus regenbogenartigen Streifen von *Studio*, der breite Tisch mit den vier Stühlen, der auch für eine Pressekonferenz genutzt werden könnte — all das birgt mehr zeithistorische Anspielungen als lediglich Referenzen auf die spezifische Sendung. Die Farbstreifen des Hintergrundes lassen nach Roxana Marcoci die „Coolness der Pop Ära und die innovative Hard-Edge Abstraktion der 1960er Jahre“ anklingen. „Zusätzlich liefern sie einen fesselnden Vergleichspunkt der Farbexperimente von Josef Albers [...] mit Ellsworth Kellys intensiven Spektralfarbenbildern seit 1968 und der unpersönlichen Faktur von Gerhard Richters Farbtafeln aus den 1960er und 1970er Jahren.“[11] Auch die in Regenbogenfarben gestalteten Einbände der Edition Suhrkamp kann man in den Farbstreifen anklingen sehen, wenn man Motive aus der bundesrepublikanischen Kulturgeschichte der 1960er- bis in die 1980er-Jahre versammeln möchte. Lembkes Quizsendung lief jedoch anfangs noch im Schwarz-Weiß-Fernsehen, sodass die Farbpalette der Streifen mit ihrem eindeutig historisch erscheinenden Retro-Chic doppelt seltsam anmuten kann. Im Schwarz-Weiß-Fernsehen erschienen die Streifen nur in abgestuften Grauwerten, wie ältere Ausschnitte und Standfotos zeigen. Sind die Farben also gänzlich imaginär? Die Farbgestaltung in Demands *Studio* sieht historisch so überzeugend aus, dass es schwer vorstellbar ist, dass sie im Fernsehen in dieser Weise nie zu sehen war.

11 Roxana Marcoci, „Paper Moon“, in: *Thomas Demand*, hg. von Roxana Marcoci, Ausst.-Kat. New York 2005, S. 27, siehe auch ebd. S. 18.

the intense spectrum paintings of Ellsworth Kelly from 1968 on, and the impersonal facture of Gerhard Richter's Color Charts from the 1960s and 1970s."[11] One can also sense an echo of the book covers of the Edition Suhrkamp in the colored stripes if one is inclined to collect motifs from the cultural history of the Federal Republic of Germany from the 1960s to the 1980s. Lembke's quiz show, however, was initially broadcast in black and white, so that the

11 Roxana Marcoci, "Paper Moon," in *Thomas Demand*, ed. Roxana Marcoci, exh. cat. New York 2005, 27; see also p. 18.

B Thomas Demand, *Studio*, 1997 [→S./P. 246]

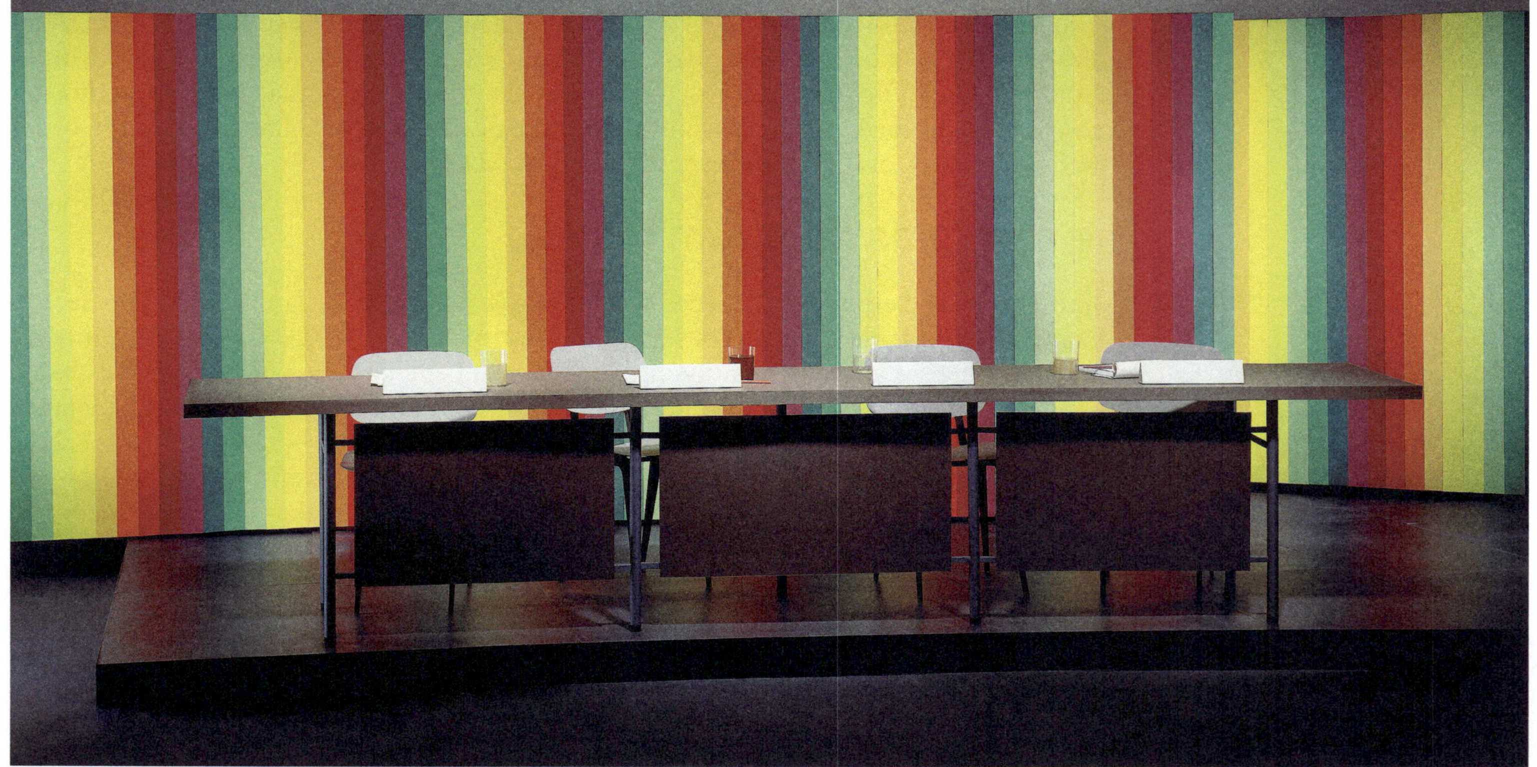

Demands Fotografien inszenieren bekanntlich kollektive Erinnerung. Bei diesem generellen Thema ist es für ihn und sein Werk wichtig, gerade nicht den Originalschauplatz zu dokumentieren. Erinnerung ist immer auch Konstruktion, Identitätsmodell, Zurichtung. Somit ist sie auf essenzialistische und indexikalische Art nicht zu haben. Aus diesem Grund fertigt Demand vergängliche und höchst fragile Papiermodelle für die jeweiligen Motive und fotografiert sie dann. Durch den konzeptuellen Modellbau ergibt sich eine pragmatische Reduktion, welche die historischen Sujets zu Modellen ihrer selbst werden lässt. Bei dieser „modellhaft" konstruierten Erinnerungsarbeit geht es gerade nicht um die Frage, ob das Abgebildete echt oder nur nachgemacht ist. Aus der Aufhebung dieses Unterschiedes erwächst auch dem Fernsehen—und auf ganz andere Weise der Kunst—seine beziehungsweise ihre jeweils spezifische Kraft.

Fifteen Minutes of Pain

> „I hate television. I hate it as much as peanuts. But I can't stop eating peanuts."
> [Orson Welles]

Es ist kein Fernsehstudio mit bunter Dekoration notwendig, um Realismus und Konvention einer Unterhaltungssendung zu erzeugen. Christoph Schlingensief drehte einige Folgen einer entfesselten Reality Show in der Berliner U-Bahn (*U 3000*). In seiner Funktionsweise ist dieses Setting einem Fernsehstudio erstaunlich nah verwandt. Warhols Diktum, dass jedem Menschen 15 Minuten Weltruhm zustünden, ist in Schlingensiefs medialen „Bekenntniszwang" umgeschlagen, der die 15-Minuten-Ökonomie der Aufmerksamkeit durch Sprengung von Konventionen und offensive Peinlichkeit erkaufte: Die Passion des Fernsehens erfüllt sich sowohl in dilettantischer Leidenschaft als auch in schmerzlicher Exponierung. Es ist nicht einfach, das Werk von Schlingensief zu verorten. Ungeachtet der Sparten Film, Theater, Oper, Fernsehen, Aktionskunst oder der Tätigkeitsfelder Regie, Produktion, Kamera und Schnitt, Autor, Darsteller, Impresario, Hochschuldozent oder gewisser Rollen als Talkmaster, Zeremonienmeister, Opernbesessener, Politiker, Provokateur oder Aktionist, mit denen er in

stripes' array of color can seem doubly strange in its clearly historical Retro Chic. In black-and-white television, the stripes appeared only in gradations of gray, as is evident from older excerpts and stills. So are the colors entirely imaginary? The coloration in Demand's *Studio* appears so convincing in historical terms that it is scarcely conceivable that it was never actually visible in television in this way.

It is well known that Demand's photographs stage collective remembrance. With regard to this general theme, it is important for him and his oeuvre precisely *not* to document the original scene. Memory is also always construction, identity model, adaptation. Thus it cannot be had in an essentialist and indexical manner. For this reason, Demand constructs ephemeral and highly fragile paper models for each respective motif and subsequently photographs them. This conceptual construction of models gives rise to a pragmatic reduction that causes the historical subjects to become models of themselves. In this "model-like" work of recollection, the point in question is not whether what is depicted is genuine or only reenacted. The cancellation of this difference also imparts to television—and in an entirely different manner to art—their respective specific powers.

Fifteen minutes of pain

> "I hate television. I hate it as much as peanuts. But I can't stop eating peanuts."
> [Orson Welles]

No television studio with colorful decoration is required in order to create the realism and convention of an entertainment program. Christoph Schlingensief filmed several episodes of a wild reality show in the Berlin subway (*U 3000*). In terms of the way it functions, this setting is amazingly closely related to a television studio. Warhol's dictum that every person has the right to be world-famous for fifteen minutes is transformed into Schlingensief's media-related "confessional compulsion," which bought this fifteen-minute economy of attention through offensive embarrassment and the subversion of conventions. The televisual passion, its emotional urgency, is fulfilled not only in dilettantish fervor, but also in painful exposure. It is not

Verbindung gebracht wird, trägt die Vielzahl seiner künstlerischen Ansätze und Projekte eine erstaunlich einheitliche Handschrift. Doch für seinen Ansatz sind Provokation und Überschreitung essenziell. Schlingensief beobachtete die Medien, ihre Formate und die öffentlichen Befindlichkeiten mit Scharfblick. In heilloser Übertreibung persiflierte und überbot er gewisse Sendeformen und -formate. Ob sich daraus gesellschaftliche Veränderung oder eine kathartische Wirkung, ob sich Kritik in homöopathischer bis hysterischer Dosierung oder schlicht Spaß und Unterhaltung ergaben, war in der Öffentlichkeit lange umstritten. Seine provokative Energie schien genauso übertrieben und unhaltbar wie sein Moralismus und die permanente Einforderung von Echtheit und Authentizität, wobei seine Ehrlichkeit überforderte. Das Katastrophische, Krisenhafte ist für Schlingensiefs Arbeit zentral. Katholizismus, „Drittes Reich", Wiedervereinigung, Krebserkrankung sind nur einige Schlagworte, die deutlichen Widerhall in seinem Werk gefunden haben.

Serial TV—Akkumulation und Zerstreuung—in the expanded field

Doch ist die Katastrophe nach Mary-Ann Doane eine der Grundlagen für die Logik des Fernsehens, die auch Melanie Gilligan in ihren Mini-Serien zu beherzigen scheint. Das Live-Fernsehen bemüht sich unablässig um die Teilhabe an der Katastrophe: „[...] das Fernsehen handelt [...] vom potentiellen Trauma und der Explosivität der Gegenwart [...], das ultimative Drama des Momenthaften—die Katastrophe—konstituiert gerade die Grenze seines Diskurses."[12] Nach Doanes Analyse konstituiert sich mittels dieser Grenze das Versprechen der Referenz, welches das Fernsehen aufrechtzuerhalten vermag, auch wenn dieses Versprechen nie einlösbar ist: „Das brennende Verlangen des Zuschauers ist im Gegensatz zu dem des Romanlesers nicht mehr ein Verlangen nach Bedeutung, sondern nach Referentialität, die gänzlich verloren scheint bei der enormen Expansion des Fernsehens, das immer einen Kontakt verspricht, der aber auf immer unerfüllt bleibt." Aus dieser Mechanik des verschobenen Verlangens vermag nicht nur das televisuelle Medium vielgestaltigen Mehrwert zu generieren. Durch das Versprechen der Interaktivität und die Verlockungen der sozialen Netze

12 Mary-Ann Doane, „Information, Krise, Katastrophe", in: Oliver Fahle und Lorenz Engell (Hg.), *Philosophie des Fernsehens*, München 1996, S. 102, 116f., vgl. auch Eva Horn, *Zukunft als Katastrophe*, Frankfurt a. M. 2014.

easy to situate Schlingensief's oeuvre. Notwithstanding the categories of film, theater, opera, television, action art, or the fields of direction, production, camera and montage, author, actor, impresario, art academy teacher, or certain roles with which he is linked—talk show host, master of ceremonies, opera-obsessed person, politician, provocateur, or actionist—the multiplicity of his artistic approaches and projects share an astoundingly consistent style. But provocation and transgression are essential to his approach. Schlingensief observed the media, their formats, and public sensibilities with a keen eye. In utter exaggeration, he satirized and surpassed certain broadcasting forms and formats. For a long time, there was public controversy as to whether this gave rise to social transformation or a cathartic effect, whether it was critique in homeopathic or hysterical dosage or simply fun and entertainment. His provocative energy seems to be just as exaggerated and insupportable as his moralism and permanent demand for genuineness and authenticity, whereby his honesty was overtaxing. The catastrophic and crisis-ridden element is essential to Schlingensief's work. Catholicism, the Third Reich, reunification, cancerous disease are only a few of the catchwords that found a clearly evident resonance in his oeuvre.

Serial TV—Accumulation and Distraction—in the Expanded Field

According to Mary-Ann Doane, however, catastrophe is one of the foundations for the logic of television that Melanie Gilligan seems to take to heart in her miniseries. Live television ceaselessly seeks to generate participation in catastrophe: "[...] television deals [...] with the potential trauma and explosiveness of the present [...]; the ultimate drama of the instantaneous—catastrophe—constitutes the very limit of its discourse."[12] According to Doane's analysis, this limit gives rise to the promise of referentiality, which television is capable of maintaining, even if this promise cannot be redeemed: "The viewer's consuming desire, unlike that of the novel reader, is no longer a desire for meaning but for a referentiality which seems to have been all but lost in the enormous expanse of a television which always promises a contact forever deferred." It is not only the televisual medium that is able to generate multishaped

12 Mary-Ann Doane, "Information, Crisis, Catastrophe," now in *New Media, Old Media: A History and Theory Reader*, ed. Wendy Hui Kyong Chun and Thomas Keenan (London/New York: Routledge, 2006), 251, 259; see also Eva Horn, *Zukunft als Katastrophe* (Frankfurt am Main: Fischer, 2014).

13 Magdalena Kröner, in: *Frieze*, 14, Mai 2014, http://frieze-magazin.de/archiv/kritik/melanie-gilligan/ (abgerufen am 2.6.2015).

14 www.crisisinthecreditsystem.org.uk

15 www.popularunrest.org

potenzieren sich in den digitalen Medien diese televisuellen Referenzversprechungen. Verschiebung und Wiederholung erzeugen dabei Serialität. Eines der genuinen Formate des Televisuellen ist heute mehr denn je die Serie. Melanie Gilligan hat sich in einigen Arbeiten an diesem Format orientiert. Setting und Handlungsstränge ihrer Episodendramen sind fast übertrieben abstrus, dabei genauso „aktuell" und „brisant" wie „politisch".[13] Gilligans experimentelle Mini-Serie *The Common Sense*[fig. C] (2014) ersinnt eine Welt, in der es mittels einer technischen Prothese, genannt „The Patch", möglich ist, die Affekte, die physischen Wahrnehmungen und Gedanken anderer zu erfahren und unmittelbar zu teilen. „The Patch" hebt alles in den Bereichen des Sozialen, der Arbeit, Kommunikation und zwischenmenschlichen Beziehungen aus den Angeln. Der Plot entwickelt technologische Utopien, die in totalitäre Fantasien umschlagen, doch schon längst soziale Wirklichkeit geworden zu sein scheinen. Massive Desorientierung, erhöhter Arbeitsdruck, Vereinzelung und Vereinsamung sind die Folge des „Patch". Sinnvoller Austausch jenseits des offenbar omnipotenten Systems erscheint unmöglich. Was mit Habermas einmal „herrschaftsfreier Diskurs" hieß, ist erinnernungslos von der Bildfläche verschwunden. Die Serie teilt sich schließlich in zwei Stränge, Anpassung steht versus Verweigerung und sozialen Widerstand. Eine derartige Entwicklungsdynamik lässt sich leicht in die 1960er-Jahre rückprojizieren. Die Proliferation von TV, Mobilität und Telekommunikation erreicht ab den 1960er-Jahren eine Qualität, die das zwischenmenschliche sowie das technologische Weltbild grundlegend veränderte. Vor der Drohkulisse des Wettrüstens ist eine Potenzierung des Katastrophischen und ein quasi destruktionsfixiertes Sicherheitsbestreben, das sich ein häusliches Pendant ersehnt, kulturell ablesbar. Gilligan setzt sich nicht nur vor diesem historischen Horizont mit Totalitätsfantasien auseinander. Avisierte technologische Allmacht transformiert sich bei ihr zu sozialer und psychologischer Ohnmacht. Diese spannungsvolle, allegorisch kritische sowie dystopische Wechselwirkung ist schon in früheren Arbeiten präsent, so bei *Crisis in the Credit System*[fig. D] (2008)[14] oder *Self-capital* (2009).

In *Popular Unrest* (2010)[15] werden alle sozialen Verbindungen und Interaktionen von einem schrecklichen Indefinitum namens „The Spirit" durchdrungen, das nicht nur eine ironische Anspielung auf Hegels Begriff des Weltgeistes enthält, der jedoch im Reich Marx'scher

added value out of this mechanism of shifted and deferred yearning. Through the promise of interactivity and the seductions of the social networks, these televisual promises of referentiality rise to a higher power in the digital media. Deferral and repetition create seriality. Today more than ever, one of the genuine formats of the televisual is the series. Melanie Gilligan has oriented herself to this format in several works. The settings and story lines of her episodic dramas are almost exaggeratedly abstruse, but just as "current" and "explosive" as they are "political."[13] Gilligan's experimental miniseries *The Common Sense*[fig. C] (2014) imagines a world in which it is possible, by means of a technical prosthesis called The Patch, to experience and directly share the affects, physical sensations, and thoughts of others. The Patch unhinges everything in the areas of society, work, communication, and interpersonal relations. The plot develops technological utopias that switch into totalitarian fantasies but seem to have already become social reality. Massive disorientation, increased work pressure, isolation, and loneliness are the consequence of The Patch. Meaningful exchange outside the bounds of the apparently omnipotent system seems impossible. What Habermas once called "domination-free discourse" has disappeared from the pictorial surface, leaving no memory behind. The series ultimately divides into two tendencies: conformity versus refusal and social resistance. This sort of developmental dynamism may easily be projected back into the 1960s. The proliferation of television, mobility, and telecommunications attained a quality, starting in the 1960s, that fundamentally altered both the interpersonal and the technological world pictures. Against the threatening backdrop of the global arms race, it becomes possible to read a potentiation of the catastrophic and an almost destruction-fixated urge for security that longs for a domestic counterpart. It is not only against this historical horizon that Gilligan investigates totalitarian fantasies. Alleged technological omnipotence is in return transformed into social and psychological impotence. This tension-filled, allegorically critical and dystopian reciprocity is already present in earlier works, for example in *Crisis in the Credit System*[fig. D] (2008)[14] or *Self-capital* (2009).

In *Popular Unrest* (2010),[15] all social connections and interactions are permeated by a horrible unknown called The Spirit, which contains not only an ironical allusion to Hegel's concept of the world spirit that, however, seems to be perverted in the realm of Marxist hypercapitalization.

13 Magdalena Kröner, in *Frieze*, May 14, 2014; http://frieze-magazin.de/archiv/kritik/melanie-gilligan/ [accessed June 2, 2015].

14 www.crisisinthecreditsystem.org.uk.

15 www.popularunrest.org.

Hyperkapitalisierung pervertiert scheint. Gilligans Arbeiten funktionieren auch losgelöst von ihrer installativen Kondensation — und es ist wiederum kein Zufall, dass das Internet, das als Allegorie hinter den sozialen Dezentrierungen von „The Spirit" und „The Patch" steht, zum niederschwelligen Arbeitsarchiv einiger der Mini-Serien wird, die auch im Netz zugänglich sind. Doch bleiben Gilligans Arbeiten nicht in der Tendenz ihrer vordergründig kapitalismuskritischen Aussagen gefangen. Die narrative Sogwirkung ihrer Szenarien geht nicht im katastrophischen Tenor mit sämtlichen Symptomatiken einer entfremdeten, post-kapitalistischen Gesellschaft auf, vielmehr speist sie sich auch aus einem gleichsam utopischen, nie aufgehenden Rest jener somnambulen menschlichen Neigung, sich der disziplinierenden Übermacht des alles beherrschenden Systems durch intuitive, nicht-rationale Zusammenschlüsse in Mikro-Gemeinschaften zu entziehen.

Wie schon in der Screen Theory durchwirkt eine psychoanalytische Grundierung ihre Plots in Form von Analyse- und Reflexionsfiguren totalisierender Formierungen. Bereits Derrida parallelisierte in *Glas*[16] Hegels „absolutes Wissen" mit dem Freud'schen „Unbewussten", und Gilligan kombiniert diese Begriffsspannung mit Momenten archaischer Gewalt sowie ökonomischer Grausamkeit und systemischer Kälte. Der entsubstanzialisierte Tauschwert dominiert vollständig alle Lebensverhältnisse, die bürgerliche Subjektivierung ist zu einem zombiehaften Schatten ihrer selbst geworden. Selbst das Durchschauen dieser brutalen Mechanismen vermag keinen ironischen Mehrwert zu erzeugen. Individualisierung ist nur noch falscher Schein. Das ökonomische System hat die Tendenz, sich absolut zu setzen, alles in sich aufnehmen zu wollen — eine Potenz, so zweifelhaft sie auch sein mag, die dem Kunstsystem ebenso eigen ist, wie den sogenannten Leitmedien, dem Fernsehen oder, in selbstbestimmter Erbfolge, den auch nicht mehr ganz so Neuen Medien. In diesem Reich der Kälte berühren sich Katastrophe, Naturzustand und Kultur.

In jeder Fernsehserie, die sich mit einer gewissen Dynamik entwickelt, entsteht indessen ein gleichsam ausgesparter Kern, eine *mise en abyme*, welcher es den Folgen und den Personen erlaubt, um ein thematisches Zentrum zu kreisen und eine andere als nur die lineare Entwicklung zu nehmen. Zu diesem Zentrum des Unerklärlichen und Unerklärten kehren die Folgen notwendig und sehr ökonomisch immer wieder zurück. In dieser Beziehungssetzung

16 Jacques Derrida, *Glas: Totenglocke*, München 2006.

Gilligan's works also function detached from installational condensation and in turn, it is not by chance that the Internet, which stands as an allegory behind the social misalignment of The Spirit and The Patch, becomes the low-threshold work archive of some of the miniseries that are also accessible online. But Gilligan's works do not remain caught in the tendency of their statements that are ostensibly critical of capitalism. The narrative undertow of their scenarios does not become entirely absorbed in the catastrophic ambience with all the symptoms of an alienated, post-capitalist society; instead it derives energy from a utopian, never disappearing remnant of the somnambulant human inclination to retreat from the disciplining preponderance of power of a completely dominant system through intuitive, nonrational conjoinings in microcommunities.

As was already the case in screen theory, a psychoanalytical foundation penetrates her plots in the form of analysis- and reflection-figures of totalizing formations. In *Glas*,[16] Derrida already discerned parallels between Hegel's "absolute knowledge" and the Freudian "unconscious," and Gilligan combines this conceptual tension with moments of archaic violence as well as economic cruelty and systemic coldness. The desubstantialized exchange value completely

16 Jacques Derrida, *Glas* (Lincoln / London: University of Nebraska Press, 1986). See also the translator's companion volume *Glassary* by John P. Leavey.

C Melanie Gilligan, *The Common Sense*, 2014 [→S. / P. 262]

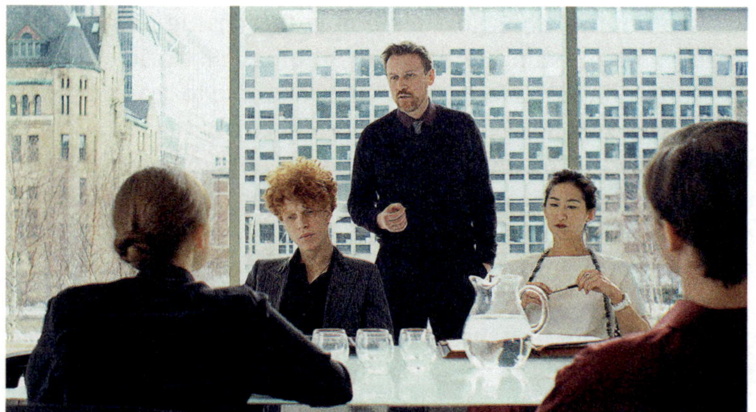

D Melanie Gilligan, *Crisis in the Credit System*, HD-Video mit vier Episoden, Farbe, Ton / HD video in four episodes, color, sound, 37:00 min., 2008

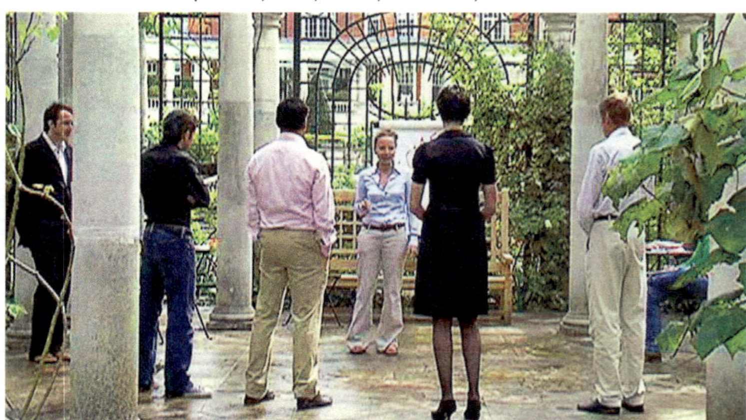

17 Vgl. Michael Luethy, „Expanded Field / Rosalind Krauss", in *skulptur projekte münster 07*, Brigitte Franzen, Kaspar König und Carina Plath (Hg.), Ausst.-Kat. Münster 2007, Köln 2007, S. 356. Spyros Papapetros und Julian Rose (Hg.), *Retracing the Expanded Field: Encounters Between Art and Architecture*, Cambridge (MA) 2014.

lassen sie sich neu auffächern und akkumulieren. Durch die serielle Struktur dieser Verschiebungslogik wie auch die Überschreitung der medialen Bedingungen dehnt sich das televisuelle Narrativ aus dem leeren Zentrum über die eigenen Grenzen aus und wird zu Expanded Television, um sich darüber hinaus gleichsam zum „TV in the expanded field" aufzuweiten, das in der Ausdehnung die eigene serielle Akkumulation, jenseits von Genre- und Medienspezifik fortlaufend dynamisiert. Die Zeitgleichheit der *liveness*—„besessen [...] von der Idee einer Passage durch Zeit und Raum"[17]—wird jenseits aller Medienspezifik zur Ubiquität des Digitalen, das den televisuellen Schatten des Katastrophischen längst internalisiert hat. Zeitliche Disziplinierung und Normalisierung, die Fernsehserien in ihrer klassischen Form der wöchentlichen TV-Ausstrahlung noch auszuüben vermochten, hatten eine die Verhältnisse stützende Funktion. Mit der DVD, dem Streaming und dem Internet transformiert sich diese normalisierende Ordnung in eine ortlose Gleichzeitigkeit, deren permanenter Online-Zwang auch die Vorlage für ein Leben zwischen Medienpräsenz, Selbstpräsentation und Überwachbarkeit liefert. Die Episoden einer Serie werden—soweit die Geschichte und das Begehren tragen—an einem Stück konsumierbar. *En bloc* gesehen, verschmelzen sie zu einer Parallelrealität, die wiederum in verschiedenen Staffeln akkumuliert wird. Akkumulation jedoch war schon immer eines der erfolgreichsten Substitute von Totalisierung, nicht nur in monetären und zeitökonomischen Dimensionen. Doch der dystopische Fortschrittsgeist arbeitet immer auch am Zerfall dieser Akkumulationen.

dominates all relationships of life; bourgeois subjectivity has become a zombie-like shadow of itself. Even seeing through these brutal mechanisms does not create any ironical added value. Individualization is now only a false appearance. The economic system has the tendency of assigning an absolute status to itself, of seeking to include everything in itself—a potency, as dubious as it may be, that is just as typical of the art system as of the so-called leading media, of television or, in a self-assigned succession, the no longer so utterly New Media. In this realm of coldness, there is an encounter between catastrophe, state of nature, and culture.

In every television series that develops with a certain dynamism, there arises, however, an omitted core, a *mise en abyme* that allows the episodes and the persons to revolve around a thematic center and to embark upon something different than a linear development. The episodes necessarily and quite economically return to this center of the inexplicable and unexplained again and again. Through this entry into relatedness, they can be newly expanded and accumulated. Through the serial structure of this logic of deferral, as well as through the transcendence of media-related preconditions, the televisual narrative extends past its own borders and becomes Expanded Television, whereupon it grows further, as it were, into "TV in the expanded field," which in the expansion continuously dynamizes its own serial accumulation beyond all specific characteristics of genre and media. The simultaneity of liveness—"obsessed [...] with the idea of a passage through time and space"[17]—becomes, beyond all media specificities, the ubiquity of the digital, which for a good while now has internalized the televisual shadow of the catastrophic. Temporal discipline and normalization, which television series were still able to enforce in their classic form of weekly TV broadcasts, exercised a function of supporting relationships. With the DVD, streaming, and the Internet, this standardizing order is transformed into a siteless simultaneity whose permanent online compulsion also provides the model for a life oscillating between media presence, self-presentation, and subjection to surveillance. The episodes of a series—insofar as the story and desire permit—can be consumed in one piece. Seen en bloc, they blend into a parallel reality which in turn is accumulated into various seasons. Accumulation, however, was always one of the most successful substitutes for totalization—not only in monetary and temporal-economic dimensions. But the spirit of dystopian progress always works as well toward the distintegration of these accumulations.

17 See Michael Luethy, "Expanded Field / Rosalind Krauss," in *skulptur projekte münster 07*, ed. Brigitte Franzen, Kaspar König, and Carina Plath, exh. cat. Münster 2007 / Cologne 2007, 356. Spyros Papapetros and Julian Rose (eds.), *Retracing the Expanded Field: Encounters Between Art and Architecture* (Cambridge, MA: MIT Press, 2014).

Symposium: Expanded Television

Das Symposium ist eine Kooperation der Universität Köln (Institut für Medienkultur und Theater, Kunsthistorisches Institut) mit dem Kunstmuseum Bonn unter Federführung von Benjamin Beil, Stephan Berg, Dieter Daniels, Ursula Frohne und Brigitte Weingart.

Veranstaltungsorte	Kunstmuseum Bonn, 14. Januar 2016 Universität Köln, 15. Januar 2016

Symposium: Expanded Television

The symposium is a collaboration between Cologne University (Institut für Medienkultur und Theater, Kunsthistorisches Institut) and the Kunstmuseum Bonn, conceived by Benjamin Beil, Stephan Berg, Dieter Daniels, Ursula Frohne, and Brigitte Weingart.

Locations	Kunstmuseum Bonn, January 14, 2016 Cologne University, January 15, 2016

1 Gene Youngblood, *Expanded Cinema*, New York 1970, S. 78.

In Ergänzung zu der Ausstellung *TeleGen* beschäftigt sich das Symposium *Expanded Television* mit den nicht ausstellbaren Aspekten künstlerischer Medienarbeit im Kontext des derzeitigen digitalen Umbruchs. So wie die von Umberto Eco geprägte chronologische Abfolge von Paläo- zum Neo-Fernsehen ein Leitmotiv der Ausstellung mit historischen und aktuellen Künstlerpositionen bildet, liefert René Bergers Unterscheidung in Makro-, Meso- und Mikrofernsehen einen historischen Rahmen für das Symposium.

Wenn gegenwärtig einerseits häufig vom „neuen Fernsehen“ die Rede ist, so stehen diesen Beschwörungen einer lebendigen Zukunft des Mediums andererseits die Diagnosen seines Ablebens gegenüber: Diesen zufolge wäre das einstige Leitmedium längst zu einem „Medienleitfossil“ (Goedart Palm) mutiert, vom Internet aus dem medialen Aufmerksamkeitsfokus verdrängt. Und auch wenn etwa William Uricchio von „The Future of a Medium Once Known as Television“ spricht, geht es bereits um den vermeintlichen Thronfolger YouTube, der in den neuesten Smart-TV-Geräten schon verlinkt ist. Und doch gibt es offenbar gute Gründe, die vermeintliche Auflösung des Mediums unter Bedingungen seiner digitalen Entgrenzung noch unter der Bezeichnung Fernsehen zu verhandeln. So haben bereits 2004 Lynn Spigel und Jan Olsson die fortschreitende Destabilisierung der ehemals eindeutigen medialen Konfiguration des Fernsehens als „Television after TV“ beschrieben; das Fernsehen der „post-network era“ (Amanda Lotz), das im neuen digitalen Medienverbund aufgeht, wird zum *Transmedia Television* oder zum *Television 2.0*; der vertraute *Television-Flow* mutiert im *Post TV* zum *Hyperflow*.

Es spricht also einiges dafür, die Diagnose vom Ende des Fernsehens, die sich häufig implizit auf die plakative Vorstellung vom Wohnzimmer-Apparat bezieht, mit den diversen Erweiterungen und produktiven Auflösungserscheinungen zu konfrontieren, die keineswegs erst mit den gegenwärtigen Entwicklungen des Fernsehens innerhalb einer digital geprägten *Convergence Culture* einsetzen. In genau diesem Sinne hat sich Gene Youngblood, der die medienübergreifenden Kunstpraktiken seiner Zeit 1970 mit seinem Konzept des *Expanded Cinema* auf den Begriff brachte, in seinem gleichnamigen Buch auch zum Fernsehen geäußert: „Television is the software of the earth. Television is invisible. It's not an object. It's not a piece of furniture. The television set is irrelevant to the phenomenon of television.“[1]

As a supplement to the *TeleGen* exhibition, the symposium *Expanded Television* focuses on TV-related artistic work that cannot easily be exhibited, with special regard to the current digital upheaval. While the exhibition refers to Umberto Eco's chronological sequence from Paleo-TV to Neo-TV, the symposium takes up René Berger's differentiation between macro-, meso-, and micro-television as a conceptual framework.

On the one hand, we hear frequent talk of the "new television." On the other, these evocations of a vital future are countered by diagnoses of the medium's demise—according to this historical narrative, the former "Leitmedium" has long since become a "Medienleitfossil" ("leading media fossil") (Goedart Palm), with media attention having moved on to the Internet. And if William Uricchio, for example, speaks of "The Future of a Medium Once Known as Television," he is referring to the supposed successor to the throne, YouTube, to which recent smart TVs have direct, built-in access. And yet there are apparently good reasons to continue to label the seeming dissolution of the medium in the digital era as "television": As early as 2004, Lynn Spigel and Jan Olsson were describing the ongoing destabilization of what formerly appeared to be a clear-cut media configuration as "Television after TV"; the television of the "post-network era" (Amanda Lotz) turns into "Transmedia Television" or "Television 2.0"; under "Post-TV" conditions, the familiar "television flow" is transformed into "hyperflow."

So there are some grounds for confronting the diagnosis of television's demise—which often relies on the oversimplified notion of the box in the corner of the living room—with the diverse extensions and productive manifestations of dissolution that actually predate a digitally marked convergence culture. It was exactly in this sense that Gene Youngblood, who in 1970 coined the term "expanded cinema" for the media-transcending artistic practices of his era, also expressed himself with regard to television: "Television is the software of the earth. Television is invisible. It's not an object. It's not a piece of furniture. The television set is irrelevant to the phenomenon of television."[1]

In line with this (itself visionary) notion of "tele-vision," it was especially the do-it-yourself television produced within the art world that brought forth practical forms which—with recourse to the aforementioned distinction formulated by René Berger—may be considered as either micro-television or as experimental interventions in the context of macro-television.

1 Gene Youngblood, *Expanded Cinema* (New York: E. P. Dutton, 1970) 78.

Im Einklang mit dieser ihrerseits visionären Vorstellung von „Television" hat insbesondere das von Künstler/innen „selbst gemachte", das Do-it-yourself-Fernsehen Praxisformen hervorgebracht, die man — unter Rekurs auf die genannte Unterscheidung von René Berger — zum einen als Mikrofernsehen, zum anderen als experimentelle Interventionen im Kontext des Makrofernsehens auffassen kann. So eröffnen vor allem die von Künstler/innen im 21. Jahrhundert entwickelten DIY-Sendeformen partizipative, soziale, politische und technologische Alternativen zum Mainstream. Sie widersetzen sich zugleich dem Format der Ausstellung, da sie als Sendung beziehungsweise Intervention im Medium Fernsehen respektive Internet stattfinden. Nicht zuletzt spiegeln die künstlerischen DIY-Fernsehprojekte der vergangenen 20 Jahre die technischen und gesellschaftlichen Veränderungen der Sender-Empfänger-Hierarchie wider: das analoge Lowtech-Piraten-TV (Kanal X, Leipzig), die Hightech-Implementierung von Interaktion noch vor dem Internet (Piazza Virtuale), die Besetzung der nach dem analog-digitalen Switchover frei werdenden analogen Frequenzen (tv-tv, Kopenhagen), die Wiederentdeckung des Live-Faktors via Internet Streaming (Auto Italia LIVE, London; E.S.P. TV, New York). Dass die Experimente seit den 1990er-Jahren, ungeachtet einiger Verweise auf Konzepte des Medienaktivismus und der Gegenöffentlichkeit der 1970er-Jahre, eher auf einem post-utopischen Selbstverständnis basieren, ist nicht der einzige Hinweis auf mögliche Konvergenzen und Komplizenschaften mit den gegenwärtigen Ausprägungen einer erweiterten TV-Landschaft jenseits des Kunstbereichs; diese ebenso wie die Unterschiede wären genauer zu bestimmen.
Das Symposium widmet sich sowohl Gegenwartsanalysen eines Mediums im Wandel wie auch (medien-)historischen Lesarten und künstlerischen Reflexionen eines *Expanded Television*. Sie führt Positionen und Werke von Medientheoretiker/innen und Medienkünstler/innen zusammen, die sich insbesondere mit der Verschiebung der klassischen Kategorien des TV-Konsums seit den 1990er-Jahren auseinandersetzen: mit der Entkoppelung von der Zeit- und Ortsbindung der Rezeption, mit den verschwimmenden Grenzen zwischen Makro-, Meso- und Mikrofernsehen, mit der Wandlung des Konsumenten zum Prosumenten mit eigener Medienkompetenz, mit der Rückkoppelung von Broadcast TV und Social Media (Second Screen) als neuer Form der Live-Interaktion.

The DIY broadcasting forms developed by 21st-century artists open participatory, social, political, and technological alternatives to the mainstream. At the same time, they oppose the format of the exhibition, because as broadcast or intervention they occur in the media of television or the Internet respectively. Not least of all, the artistic DIY television projects of the last 20 years mirror the technical and social transformations in the broadcaster-recipient hierarchy: the analog low-tech Pirate TV (Kanal X, Leipzig), the high-tech implementation of interaction even before the Internet (Piazza Virtuale, Van Gogh TV), the takeover of analog frequencies freed up by the switchover from analog to digital (tv-tv, Copenhagen), the rediscovery of the live factor via Internet streaming (Auto Italia LIVE, London; E.S.P. TV, New York). At the same time, these experiments, ongoing since the 1990s, tend to be based on a post-utopian self-understanding, despite some references to 1970s concepts of media activism and an alternative public. This is not the only hint toward possible convergences and complicities with current formulations of an expanded television landscape which is situated beyond the realm of art; both the intersections and the differences will require a closer definition.
The symposium focuses both on current analyses of a medium in the process of change and on (media-)historical readings and artistic reflections of an "expanded television." It brings together positions and works of media artists and theorists concerned with the shift in the classic categories of television consumption since the 1990s: with the decoupling of the time- and space-bound reception, with the blurred borders between macro-, meso-, and micro-television, with the transformation of the consumer into a prosumer with his or her own media competency, with the feedback between broadcast TV and social media (second screen) as a new form of live interaction.

Werke / Works 1960–1965

Schon in den 1930er-Jahren verfasste Cage Kompositionen, die ausschließlich für die Sendung im Radio bestimmt waren. Seit *Imaginary Landscape No. 4* (1951) für zwölf Radiogeräte setzte er die elektronischen Massen-medien live als Klangquelle für seine Musik ein. Für Live-Aufführungen im Fernsehen entstanden Ende der 1950er-Jahre drei Kompositionen: *TV Köln* (Premiere durch David Tudor, NWDR-TV Köln, 1958) *Sounds of Venice* (Premiere durch John Cage, RAI TV, Mailand, 1958) und *Water Walk* (Premiere durch John Cage, RAI TV, Mailand, Januar 1959, in der italienischen Rate-Show *Lascia o Raddoppia*, danach mehrfach auch in den USA). Radio und Fernsehen werden von Cage gleichermaßen als Live-Medien eingesetzt. Nam June Paik schreibt dazu: „Der beste Teil von Cages Werk ist seine elektronische Musik LIVE, die eine komplette ZEIT-RAUM-Kunst ist, die niemals auf eine Audio- oder Videodisc gepresst werden kann."[1] Bei *Water Walk* handelt es sich um eine für das Fernsehen adaptierte Version von Cages *Water Music* (1952), dem ersten von Cages „theatre pieces". *Water Walk* kann als Vorläufer der Happenings verstanden werden. Die Klangerzeugung durch Alltagsgegenstände, unter anderem durch einen Dampfdruckkochtopf, eine Gießkanne, einen Elektromixer und ein Sodasiphon, entwickelt dabei eine performative, visuelle und ebenso unterhaltsame Dimension. In dem einzigen erhaltenen Mitschnitt einer Fernsehaufführung von *Water Walk* sagt Garry Moore, der Host von *I've Got a Secret* zu Cage: „These are nice people, but some of them are going to laugh. Is that alright?" „Of course!" antwortet Cage mit einem charismatischen Lächeln, „I consider laughter preferable to tears." Cages Kombination von menschlichem Humor und künstlerischer Ernsthaftigkeit verhalf der Fernsehaufführung von *Water Walk* zu erstaunlicher Popularität, ohne dabei in Klamauk abzugleiten. Damit gelang der oftmals publikumsfernen Neuen Musik ein seltener Brückenschlag von der E- zur U-Kultur. [DD]

1 Nam June Paik (1980), *Niederschriften eines Kulturnomaden*, hg. von Edith Decker, Köln 1992, S. 152.

John Cage 106

John Cage wrote compositions specifically for radio airplay as early as the 1930s. He started using the electronic mass medium as a sound source in performances of his music with *Imaginary Landscape No. 4* for twelve radios in 1951. At the end of the 1950s, he wrote three compositions for live performance on television: *TV Köln* (premiered by David Tudor, NWDR-TV, Cologne, 1958), *Sounds of Venice* (premiered by John Cage, RAI TV, Milan, 1958), and *Water Walk* (premiered by John Cage, RAI TV, Milan, January 1959, in the Italian quiz show *Lascia o Raddoppia*, with several repeat performances on US television).

Cage used both radio and television as media for live performances. "The best part of Cage's work," wrote Nam June Paik, "is his electronic music LIVE, which is a complete TIME-SPACE art that can never be pressed on an audio or video disk."[1] *Water Walk* was an adaptation for television of the earlier composition *Water Music* (1952), the earliest of Cage's "theater pieces," and can be seen as a precursor of the happening. Sounds are produced through everyday objects – including a pressure cooker, a watering can, a blender, and a soda siphon – which adds a performative, highly visual, and entertaining dimension to the composition. In the only recording of a television performance to survive, Garry Moore, the host of the show *I've Got a Secret*, warns Cage: "These are nice people, but some of them are going to laugh. Is that alright?" "Of course," Cage answers with a charismatic smile, "I consider laughter preferable to tears." His combination of personal humor and artistic sincerity made *Water Walk* a surprisingly popular television event without resorting to any kind of slapstick. For once, experimental music – usually keeping its distance from larger audiences – managed to bridge the gap toward popular culture. [DD]

1 Nam June Paik, "Random Access Information," *Artforum* 19, no. 1 (September 1980): 46–49.

Water Walk

Water Walk: for solo television performer, 1959
Video, sw, Ton / Video, bw, sound, 9:22 min.
Aufgeführt anlässlich der amerikanischen Game Show *I've Got a Secret*, 24.2.1960 / Performed on the American game show *I've Got a Secret*, Feb. 24, 1960

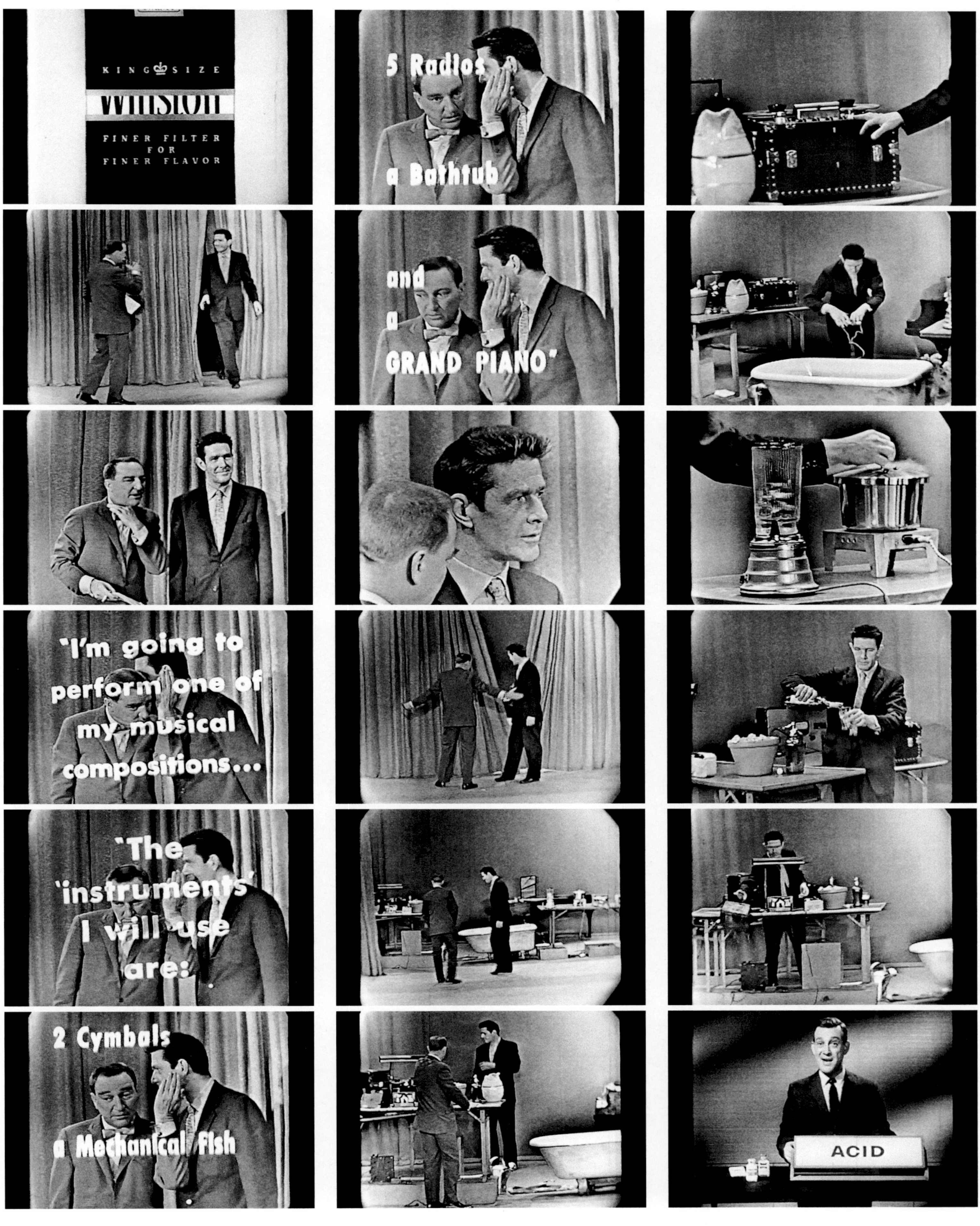

Water Walk

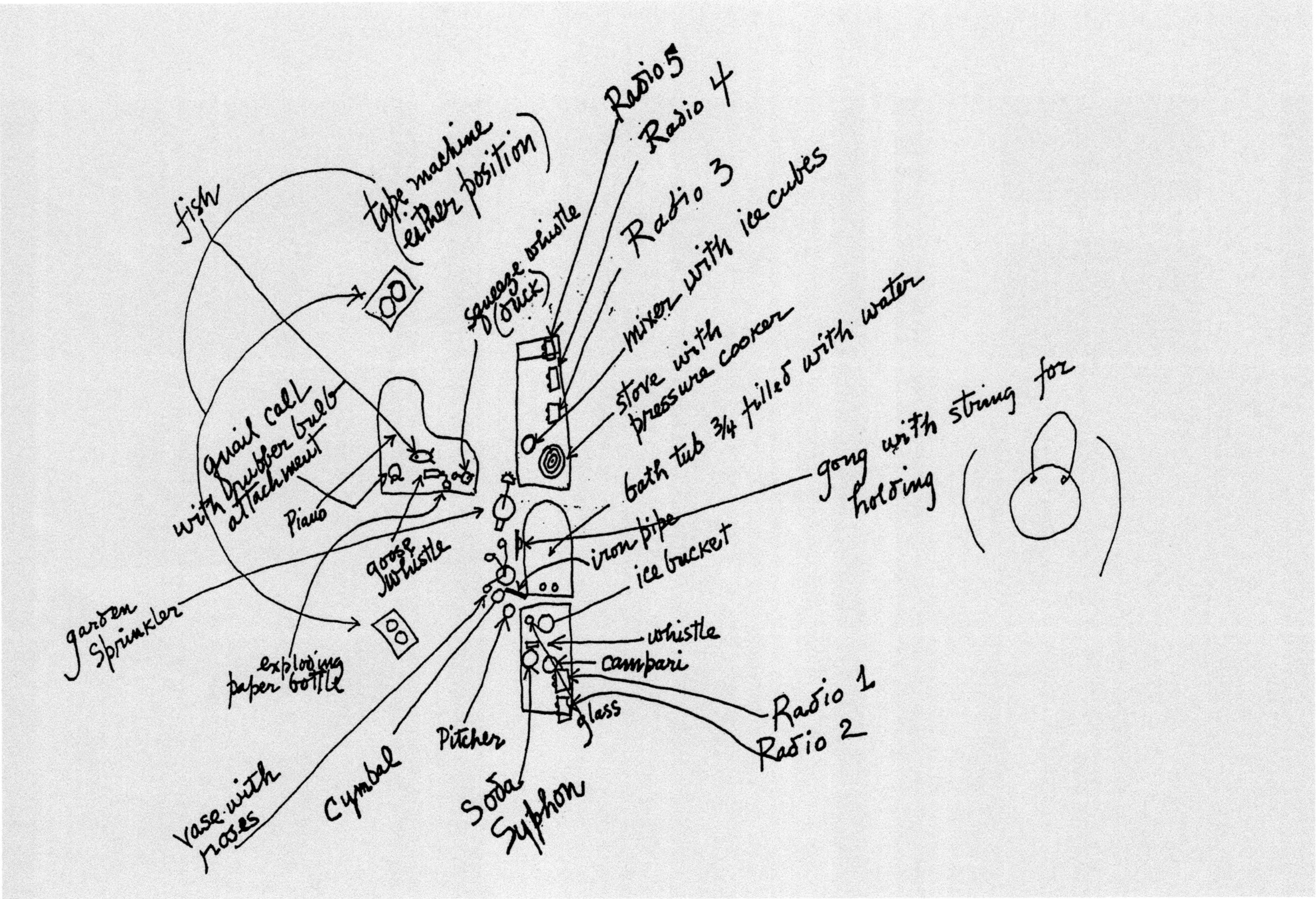

Radio 5
Radio 4
Radio 3
mixer with ice cubes
stove with pressure cooker
bath tub 3/4 filled with water
gong with string for holding
tape machine (either position)
fish
squeeze whistle (duck)
quail call with rubber bulb attachment
Piano
goose whistle
garden sprinkler
exploding paper bottle
iron pipe
ice bucket
whistle
campari
Radio 1
Radio 2
glass
Pitcher
Soda Syphon
Cymbal
vase with roses

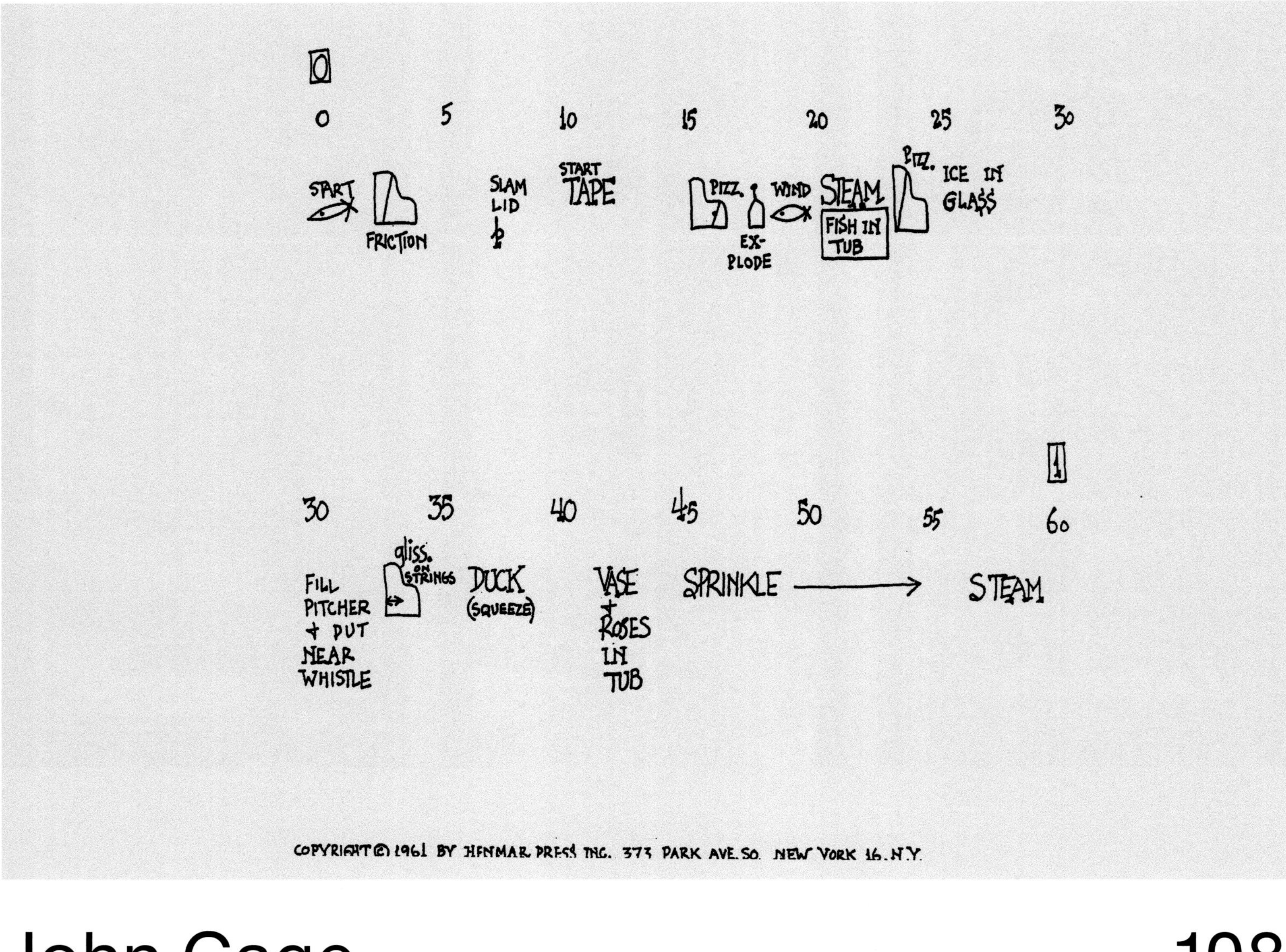

0

0 5 10 15 20 25 30

START
FRICTION
SLAM LID
START TAPE
PIZZ.
EX-PLODE
WIND
STEAM
FISH IN TUB
PIZZ.
ICE IN GLASS

1

30 35 40 45 50 55 60

FILL PITCHER + PUT NEAR WHISTLE
gliss. ON STRINGS
DUCK (SQUEEZE)
VASE + ROSES IN TUB
SPRINKLE ⟶
STEAM

Partitur (Auszug) / Musical score (excerpt), C. F. Peters No. 6771, 30 × 23 cm, 1959

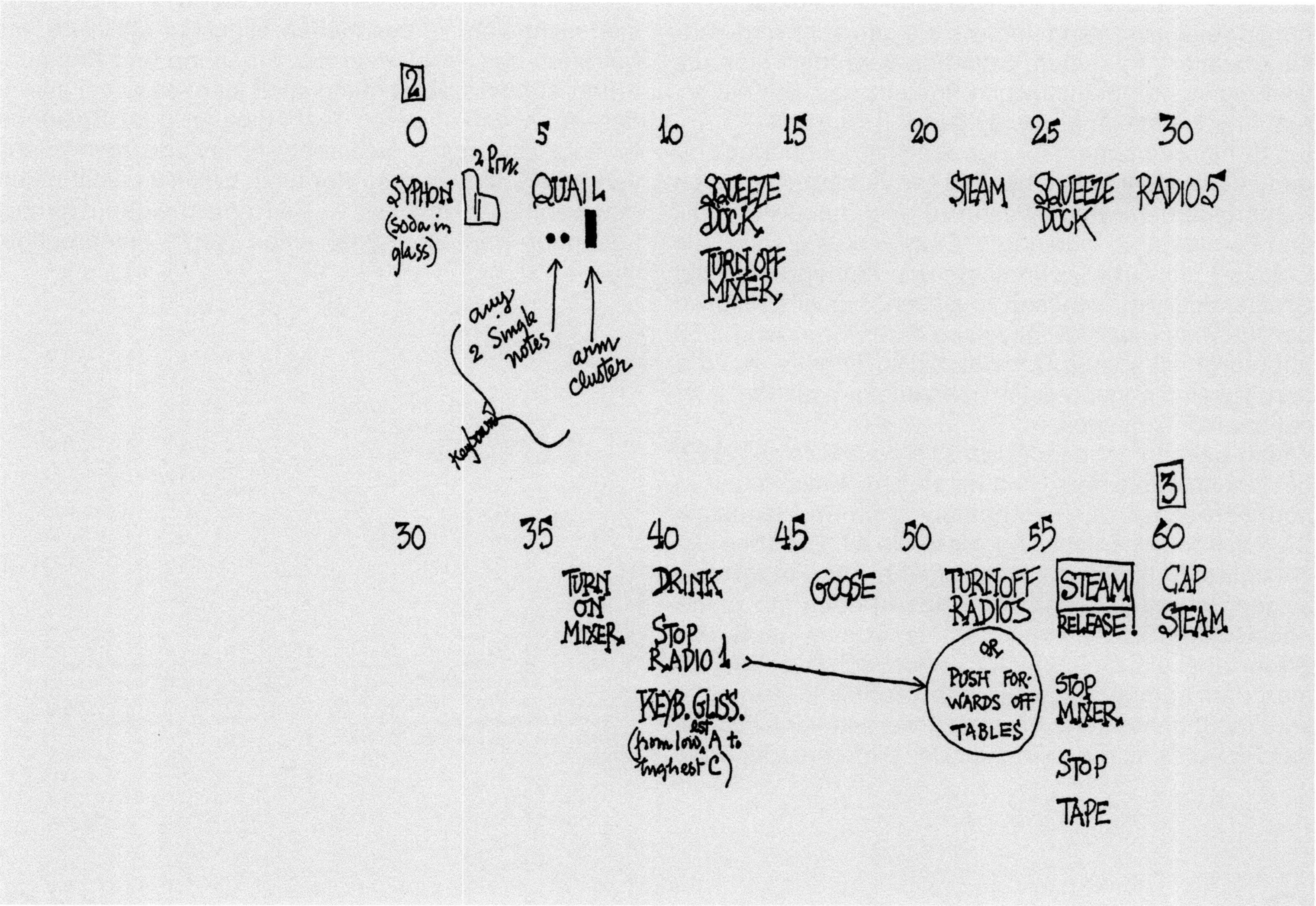

2

0 5 10 15 20 25 30

SYPHON (soda in glass)
2 Pnos
QUAIL
SQUEEZE DUCK
TURN OFF MIXER
STEAM
SQUEEZE DUCK
RADIO 5
any 2 single notes
arm cluster
keyboard

3

30 35 40 45 50 55 60

TURN ON MIXER
DRINK
STOP RADIO 1
KEYB. GLISS. (from lowest A to highest C)
GOOSE
TURN OFF RADIOS
OR PUSH FORWARDS OFF TABLES
STEAM RELEASE!
STOP MIXER
STOP TAPE
CAP STEAM

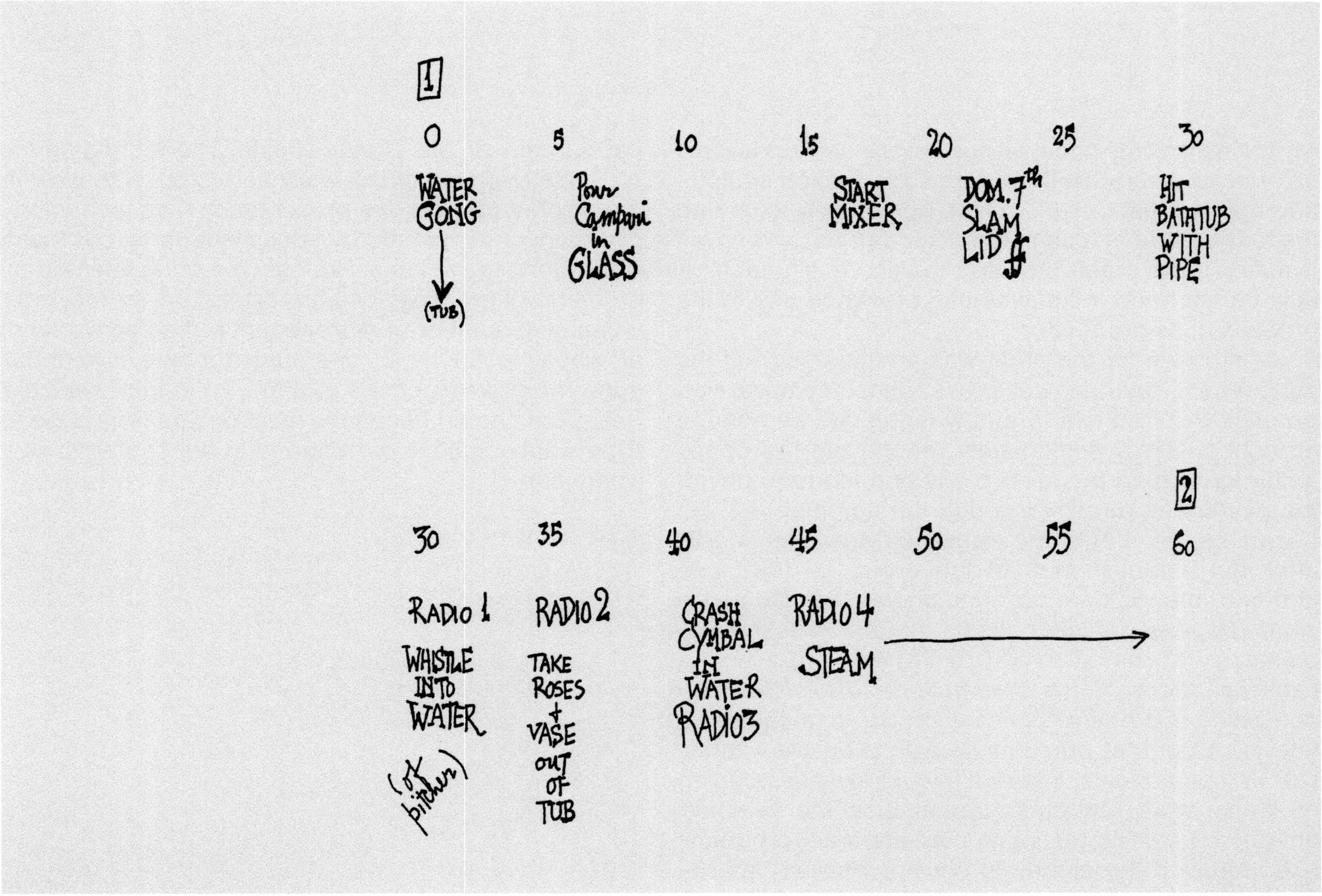

1

0 5 10 15 20 25 30

WATER GONG (TUB)
Pour Campari in GLASS
START MIXER
DOM. 7th SLAM LID ff
HIT BATHTUB WITH PIPE

2

30 35 40 45 50 55 60

RADIO 1
WHISTLE INTO WATER (of pitcher)
RADIO 2
TAKE ROSES + VASE OUT OF TUB
CRASH CYMBAL IN WATER
RADIO 3
RADIO 4
STEAM

„Mein Thema ist nicht Akt, Auto oder Landschaft, nein, es ist die Skulptur an sich", erklärt der französische Bildhauer und Objektkünstler César.[1] Tatsächlich hat er das Verständnis davon, was eine Skulptur ist beziehungsweise sein kann und wie sie gemacht wird, radikal erweitert. In seinem Schaffen verändert sich die Gattung in ihrer ästhetischen Präsenz und den Verfahren ihrer Herstellung grundlegend.
Ein Schlüsselmoment für den Künstler ist die Besichtigung der neuesten amerikanischen Autopresse, deren Komprimierungsverfahren ihn zu einer neuen Technik und Formgebung inspirieren. César erkennt sofort die Chance, „im Auto Technologie und Ikonographie der Großstadt direkt sprechen zu lassen".[2] Er wird Mitglied der Nouveau Réalistes kurz nach deren Gründung 1960 und sorgt mit seinen *Compressions Dirigées*, zu Quadern zusammengepressten Fahrzeugkarosserien, international für Aufsehen.
Wenig bekannt ist sein *Ensemble de télévision* (1962), bestehend aus einem Brett mit Rollen, Alteisen und einem Fernseher, das uns heute vor ein Problem stellt. Die TV-Komponenten, eingelassen in ein Gehäuse aus Plexiglas, funktionieren nicht mehr. Alte Fotografien zeigen den eingeschalteten Apparat noch mit zeitgenössischem Programm—doch steckt man heute das Stromkabel ein, bleibt der Bildschirm schwarz. Wie soll man damit umgehen, wenn alte Technik in Kunstwerken kaputtgeht und nicht ersetzt werden kann? Durch das Plexiglas sind der Trichter der Bildröhre, der Trafo und der Kondensator gut zu sehen. Die Technik ist immanenter Bestandteil des Werks und wird in der vitrinenartigen Präsentation offen zur Schau gestellt. Nur durch baugleiche Teile könnte man sie ersetzen. Diese aber sind nicht mehr zu beschaffen. Nicht nur alte Kunst ist betroffen von Problemen der Erhaltung und Restaurierung, sondern zunehmend auch jene jüngeren, alternden Kunstwerke, deren Technologien oder Speicherformate sich rasch weiterentwickeln und nicht mehr verfügbar sind. RestauratorInnen und KunsthistorikerInnen müssen von Fall zu Fall entscheiden, welche Lösungen dem Charakter eines Werks entsprechen. [EG]

1 „Mon thème, ce n'est pas un nu, une automobile, un paysage, non, c'est la sculpture en soi.", *César (1970) in: César. Rétrospective des sculptures*, Ausst.-Kat. Genf u. a. 1976/77, Genf 1976, S. 92.

2 Manfred Schneckenburger, „Skulpturen und Objekte", in: Ingo F. Walther (Hg.), *Kunst des 20. Jahrhunderts*, Bd. 2, Köln 2000, S. 520.

César

"My theme isn't the nude, an automobile or a landscape; no, it is sculpture itself," explains the French sculptor and object artist César.[1] In fact, he radically extended the notion of what a sculpture is or can be, and how it is made. In his creative output, the genre is fundamentally transformed in its aesthetic presence and in the process of its production.
A key moment for the artist was an inspection of the most recent American car press, whose compression process inspired him to a new technique and shape formation. César immediately recognized the opportunity for "letting the technology and iconography of the city speak directly through the automobile."[2] He became a member of the Nouveaux Réalistes shortly after the establishment of the group in 1960 and attained international recognition with his *Compressions Dirigées*, vehicle chassis that are pressed into cubes.
Less well known is his *Ensemble de télévision* (1961), consisting of a board with castors, scrap metal, and a television set that presents us with a problem today. The TV components, inserted into a Plexiglas housing, no longer work. Old photographs show the switched-on apparatus still presenting contemporary programs—but today, if the electrical cord is inserted into an outlet, the screen remains dark. What should the response be when old technology is broken in works of art and cannot be replaced? Through the Plexiglas, the funnel-shaped picture tube, the transformer, and the condenser are clearly visible. The technology is an immanent part of the work and is open to view in the display-cabinet-like presentation. The technology could only be replaced by equivalent parts, but these are no longer available. Not only old art is affected by problems of preservation and restoration; so, too, is an increasing number of more recent but aging works of art whose technologies or storage formats have undergone rapid development and are no longer available. Restorers and art historians must decide from case to case what solutions correspond to the character of a work. [EG]

1 "Mon thème, ce n'est pas un nu, une automobile, un paysage, non, c'est la sculpture en soi." César (1970) in *César. Rétrospective des sculptures*, exh. cat. Geneva and other cities, 1976/77, Geneva 1976, 92.

2 Manfred Schneckenburger, "Skulpturen und Objekte," *Kunst des 20. Jahrhunderts*, vol. 2, ed. Ingo F. Walther (Cologne: Taschen Verlag, 2000), 520.

Ensemble de télévision

Bemaltes und geschweißtes Blech, Fernseher hinter Plexiglas / Painted and welded sheet, TV set behind Plexiglas, 166 × 76 × 50 cm, Antenne / Antenna 45,5 cm, 1962

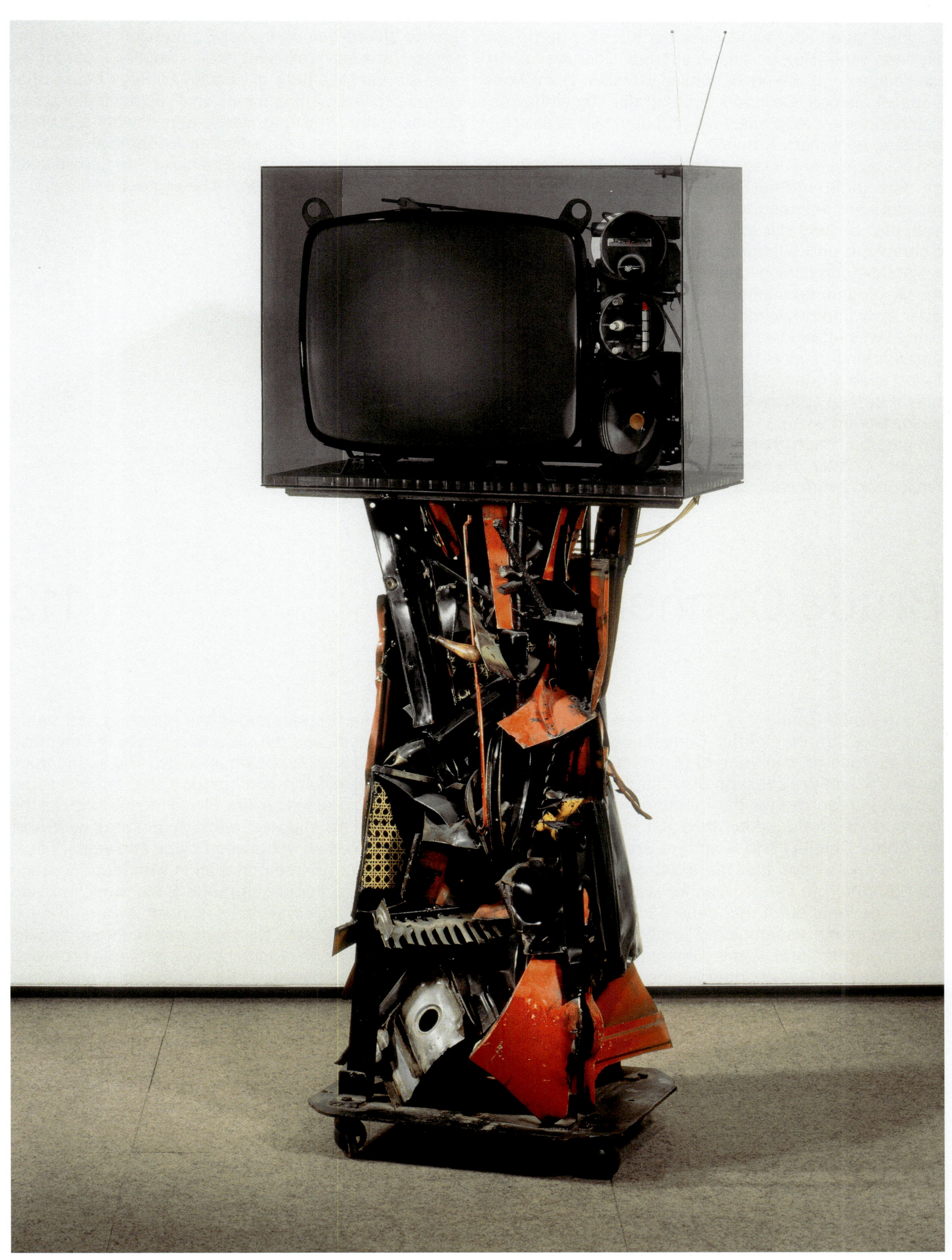

Wer ist Bruce Conner? 1962 plante ein Künstler dieses Namens eine „Bruce Conner Convention“, zu der er alle Namensvettern, die er in den USA finden konnte, einladen wollte. Doch ganz geklärt werden sollte die Frage nach der Identität wohl nicht: Die Veranstaltung fand nie statt. Zwei dafür produzierte Buttons mit den Slogans „I am Bruce Conner“ und „I am not Bruce Conner“ legen aber nahe, dass der Künstler gerne am eigenen (Anti-)Helden-Image strickte. Conner war ein vielseitiger und unkonventionller Künstler. Sein Werk umfasst Malerei, Collagen, Druckgrafik, Assemblagen, Zeichnungen, Fotografie, Film und dem Verfall preisgegebene, ephemere Arbeiten.
Mit seiner *Found Footage*-Compilation *A Movie* schrieb er 1958 Independent-Filmgeschichte. Das Montagemeisterwerk entstand, ohne dass er eine Kamera besaß, und besteht nur aus gefundenen Wochenschau-Schnipseln und Filmausschnitten. Die innovative Bewegtbild-Komposition—hinterlegt mit orchestraler Filmmusik—suggeriert momenthaft narrative Strukturen, die aber fortwährend wieder dekonstruiert werden. „Ever since I was fifteen years old, I'd been watching movies and thinking of ways to play with their story lines“, erinnert sich Conner.[1] Seine filmische Remix-Ästhetik nimmt bereits spätere Videoclip-Formate und das Musikfernsehen vorweg.
Unmittelbar nach dem Attentat auf John F. Kennedy begann Conner, die Fernsehaufnahmen vom Anschlag filmisch zu bearbeiten. Sein Film *Report* (1963–67) existierte über Jahre als *work in progress* in verschiedenen Versionen und lässt sich inhaltlich in zwei Sektionen teilen: Die erste schildert Ermordung und Tod des Prä-si-denten, die zweite bezieht sich auf dessen posthume Mythisierung.[2] Die Tonspur besteht aus dem Fernsehkommentar und originalen Radioberichten des dramatischen Geschehens. Filmische Mittel, wie stakkatohafte Wiederholung kurzer Sequenzen, stroboskopartige Schwarz-Weiß-Wechsel, visueller Countdown oder die Verschaltung mit *Found Footage* eines Stierkampfes, älteren Aufnahmen vom Präsidenten und zeitgenössischer Werbung, verweisen sowohl auf Verarbeitungsprozesse traumatischer Erlebnisse als auch auf die psychologische Macht medialer Berichterstattung und das manipulative Potenzial bewegter Bilder. [EG]

1 Bruce Conner, zit. nach Noel Daniel (Hg.), *Broken Screen: 26 Conversations with Doug Aitken*, Gespräch mit Bruce Conner, S. 86.

2 Vgl. Kevin Hatch, *Looking for Bruce Conner*, Cambridge (MA)/London 2012, S. 157–166.

Bruce Conner

112

Who is Bruce Conner? In 1962, an artist of that name planned a “Bruce Conner Convention,” to which he want-ed to invite everyone of that name he could find in the US. But the question of identity was destined to remain unresolved for the meeting never took place. Two buttons produced for the event with the slogans “I am Bruce Conner” and “I am not Bruce Conner” convey the impression that the artist was cultivating his own (anti)heroic image. Conner was a versatile and unconventional artist. His oeuvre comprises painting, collages, prints, assemblages, drawings, photographs, film, and ephemeral works subject to decay.
With his found footage compilation *A Movie*, he made independent-film history in 1958. This masterpiece of montage arose without his even owning a camera; it consists solely of found excerpts from weekly news programs and films. The innovative moving-picture composition—set to orchestral film music—suggests momentary narrative structures which, however, are constantly deconstructed. “Ever since I was fifteen years old, I'd been watching movies and thinking of ways to play with their story lines,” Conner remembers.[1] His filmic remix aesthetic already anticipates later video clip formats and music television.
Directly after the assassination of John F. Kennedy, Conner began to record and edit the television coverage of the shooting. His film *Report* (1963–67) existed for years in various versions as a work in progress; on the basis of its contents, it can be divided into two sections. The first describes the shooting and death of the president, and the second refers to the mythical status that he attained posthumously.[2] The sound track consists of television commentary and original radio reports of the dramatic event. Filmic means such as the staccato-like repetition of short sequences, a stroboscope-like alternation between black and white, visual countdowns or an interconnection with found footage of a bullfight, earlier photographs of the president, and contemporary advertisements all point toward processes of working through traumatic experiences, as well as toward the psychological power of media reporting and the manipulative potential of moving images. [EG]

1 Bruce Conner, as quoted by Noel Daniel (ed.), *Broken Screen: 26 Conversations with Doug Aitken*; conversation with Bruce Conner, 86.

2 See Kevin Hatch, *Looking for Bruce Conner* (Cambridge, MA/London: MIT Press, 2012), 157–166.

Report

16 mm Film, sw, Ton / 16 mm film, bw, sound, 13:00 min., 1963–67
Übertragen auf Video / Transferred to video

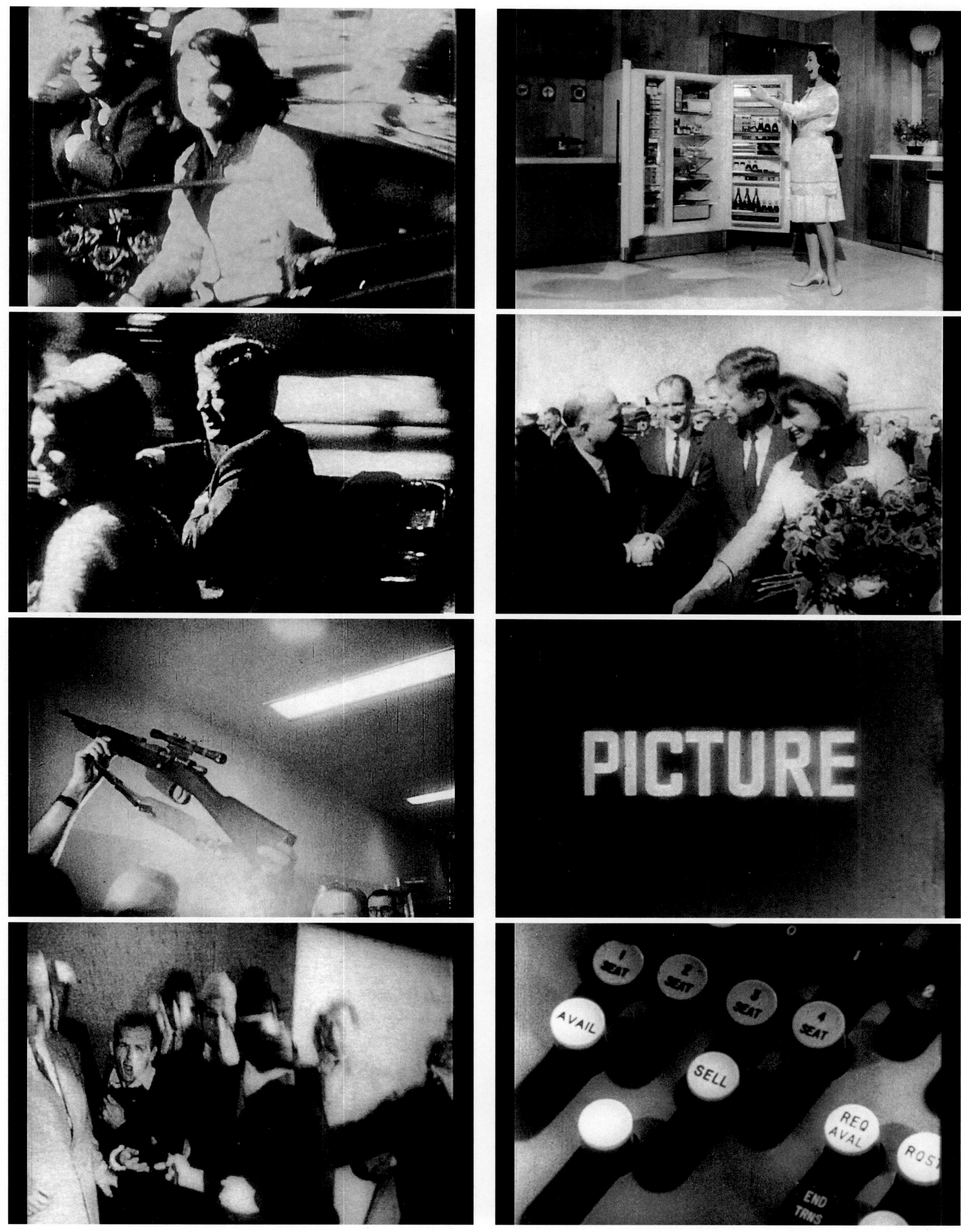

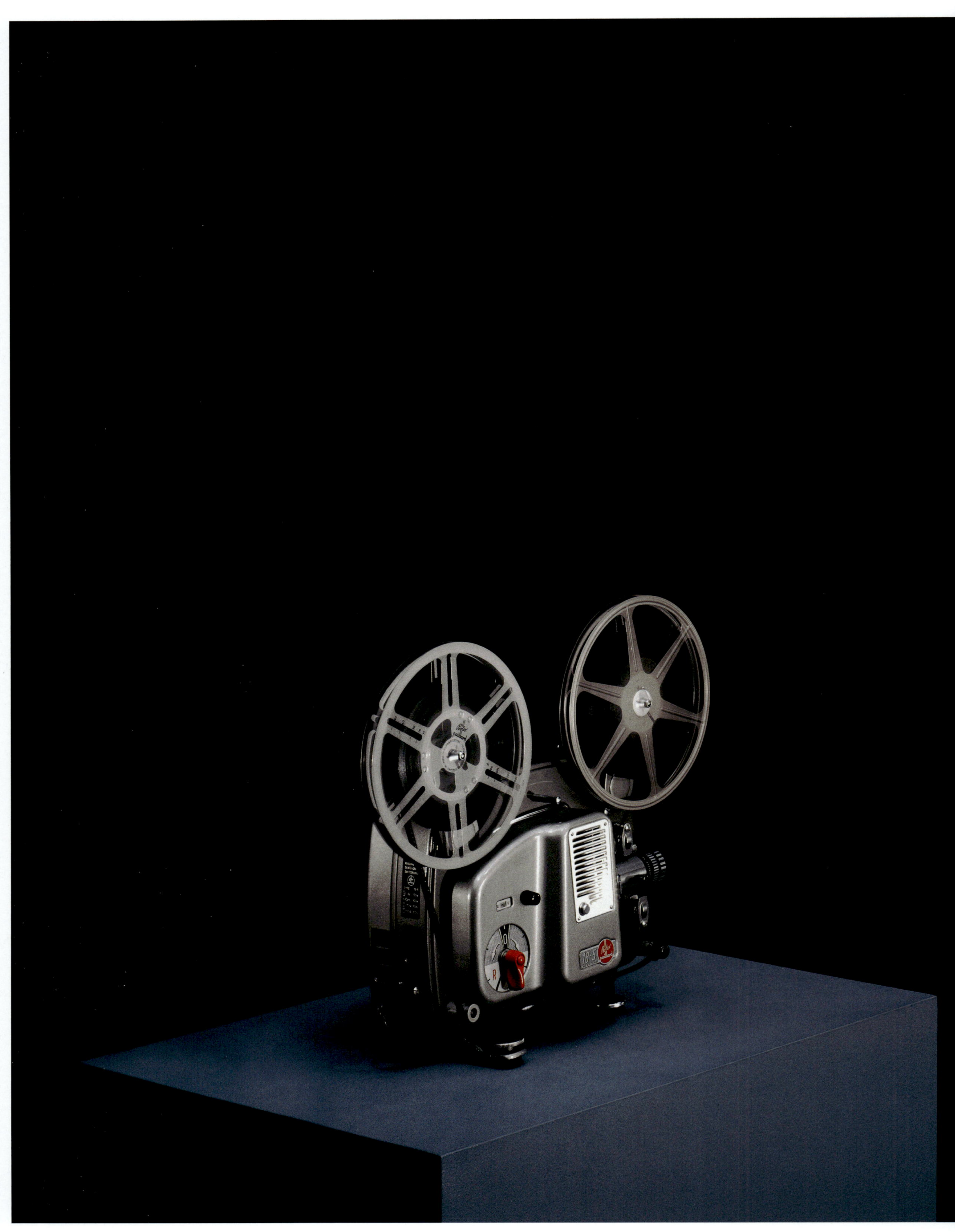

8 mm Film, sw, ohne Ton, Bolex Filmprojektor, Filmrolle, Zenith-Fernseher mit bemaltem Bildschirm, Stromkabel / 8 mm film, bw, silent, Bolex film projector, film reel, Zenith TV set with painted screen, electric cord, 1963–64/75

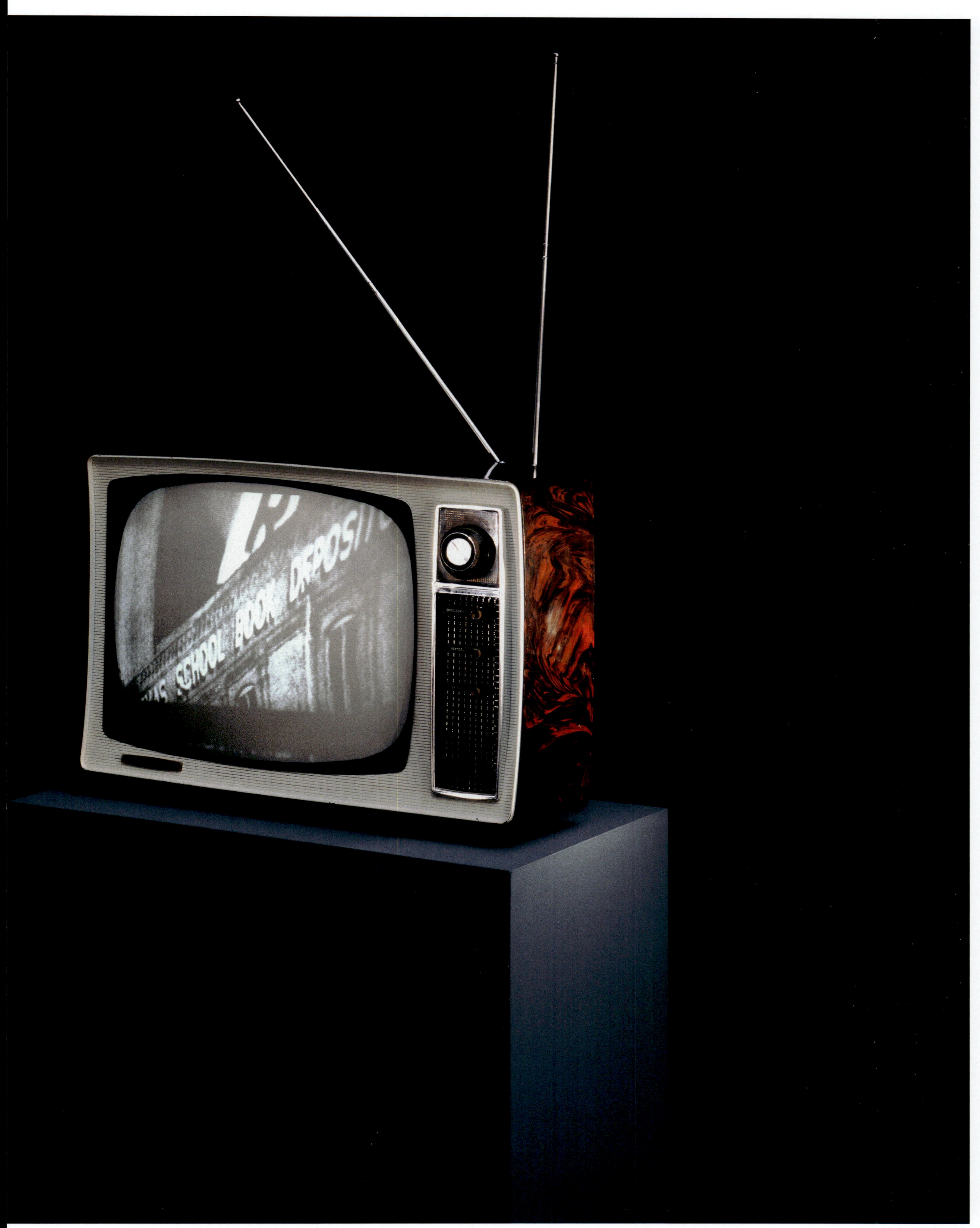

In den frühen 1960er-Jahren sendet das US-amerikanische Fernsehen bereits rund um die Uhr auf über zehn Kanälen in Farbe. Die durchschnittliche Familie sieht ganze fünf Stunden täglich in die Röhre.
Aus diesen Jahren, in denen das Fernsehen zum integralen Bestandteil des „American Way of Life" wird, stammt die Fotoserie *The Little Screens* (1961–70) von Lee Friedlander. Auf seinen Reisen entlang der Ostküste findet er die Apparate auf Beistelltischen und Kommoden in den Hotelzimmern vor. Friedlander interessiert sich erklärtermaßen für „the American social landscape and its conditions"[1] und entdeckt das neue Massenmedium als Motiv und neuen Bestandteil des Interieurs.
Die rasch wechselnden Bilder müssen in ihm den Impuls ausgelöst haben, diese festzuhalten. Oft macht er mehrere Aufnahmen direkt nacheinander. So entstehen in beinahe identischem Ausschnitt und unveränderter Perspektive zwei bis drei fast gleiche Bilder, die sich wesentlich nur im gezeigten TV-Bild unterscheiden. Durch die Variation wird augenfällig, wie stark das Fernsehbild die Stimmung und die Wahrnehmung der Raumsituation prägt. Als „mediale Collage" verknüpft die Fotografie Fernsehbild und Realraum miteinander: Eine bildliche Liaison, in deren Gegenüberstellung sich kleine Geschichten entdecken lassen, zum Beispiel wenn sich im Fernsehen eine Frau auf dem Boden räkelt und im Spiegel daneben ein zerwühltes Hotelbett zu sehen ist. Der Mensch tritt in diesen Fotos (fast) nur auf Bildschirmen hervor und nicht als Zuschauer des Programms oder Bewohner der Hotelzimmer.
Teile der Serie *The Little Screens* werden 1963 in der Zeitschrift *Harper's Bazaar* mit einem Kommentar von Walker Evans veröffentlicht. Daraufhin erhält Friedlander, der zwar von der Fotografie lebt, aber noch nie einen Abzug verkauft hat, per Post eine begeisterte Kaufanfrage. Sein erstes verkauftes Foto zeigt einen Fernseher. Der Käufer heißt Jim Dine.[2] [EG]

1 Zit. nach *12 Photographers of the american social landscape*, „Acknowledgments", Ausst.-Kat. Waltham (MA) 1967, o. S.

2 Vgl. Peter Galassi, „You Have to Change to Stay the Same", in: *Friedlander*, Ausst.-Kat. New York 2005, S. 40.

Lee Friedlander

116

During the early 1960s, American television was already broadcasting in color 24 hours a day on more than ten channels. The average family sat in front of the flickering screen five hours per day.
The photographic series *The Little Screens* (1961–70) by Lee Friedlander comes from the years in which television became an integral part of the American way of life. On his travels along the East Coast, he finds the apparatus on end tables and dressers in hotel rooms. Friedlander is interested in what he calls "the American social landscape and its conditions"[1] and discovers the new mass medium as a motif and new component of interiors.
The rapidly changing images must have triggered the impulse in him to record them. Often he takes several pictures right after each other. This gives rise to two to three almost identical photos, with a nearly identical segment and unaltered perspective, which essentially differ only in the displayed TV image. The variations make it strikingly clear how strongly the television picture impacts on the mood and perception of the spatial situation. As a "collage of media," the photograph connects television image and real space with each other: a pictorial liaison in whose juxtaposition little stories may be discovered—for example, when on the television screen a woman sprawls upon the floor and, in the mirror alongside, a mussed-up hotel bed can be seen. Human beings appear in these photographs (almost) only on-screen, and not as viewers of the program or inhabitants of the hotel rooms. Parts of the series *The Little Screens* were published in 1963 in *Harper's Bazaar* with a commentary by Walker Evans. Friedlander, who lives from photography but has never sold a print, subsequently received an enthusiastic purchase inquiry in the mail. The first photograph he sold shows a television set. The buyer's name was Jim Dine.[2] [EG]

1 As quoted in "Acknowledgments" in *12 Photographers of the American Social Landscape*, exh. cat. Waltham, MA 1967, n.p.

2 See Peter Galassi, "You Have to Change to Stay the Same," in *Friedlander*, exh. cat. New York 2005, 40.

The Little Screens

Silbergelatineabzüge / Gelatin silver prints, 35 × 27,9 cm & 27,9 × 35 cm, 1961–70

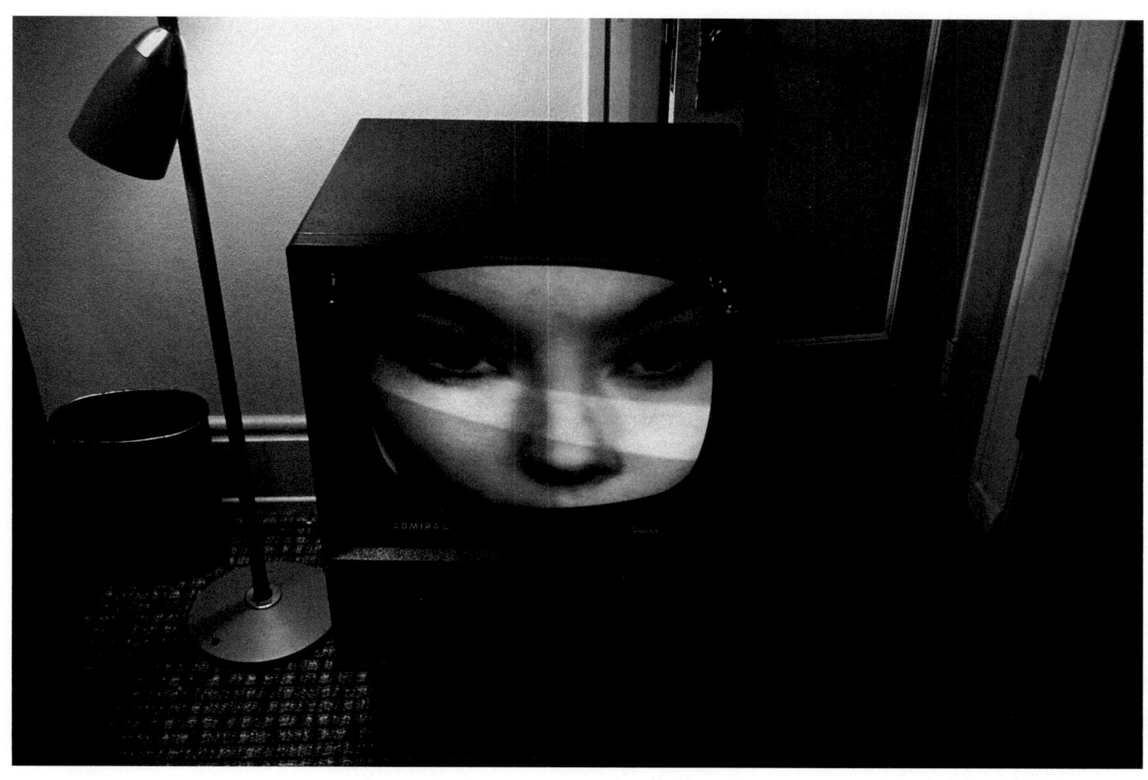

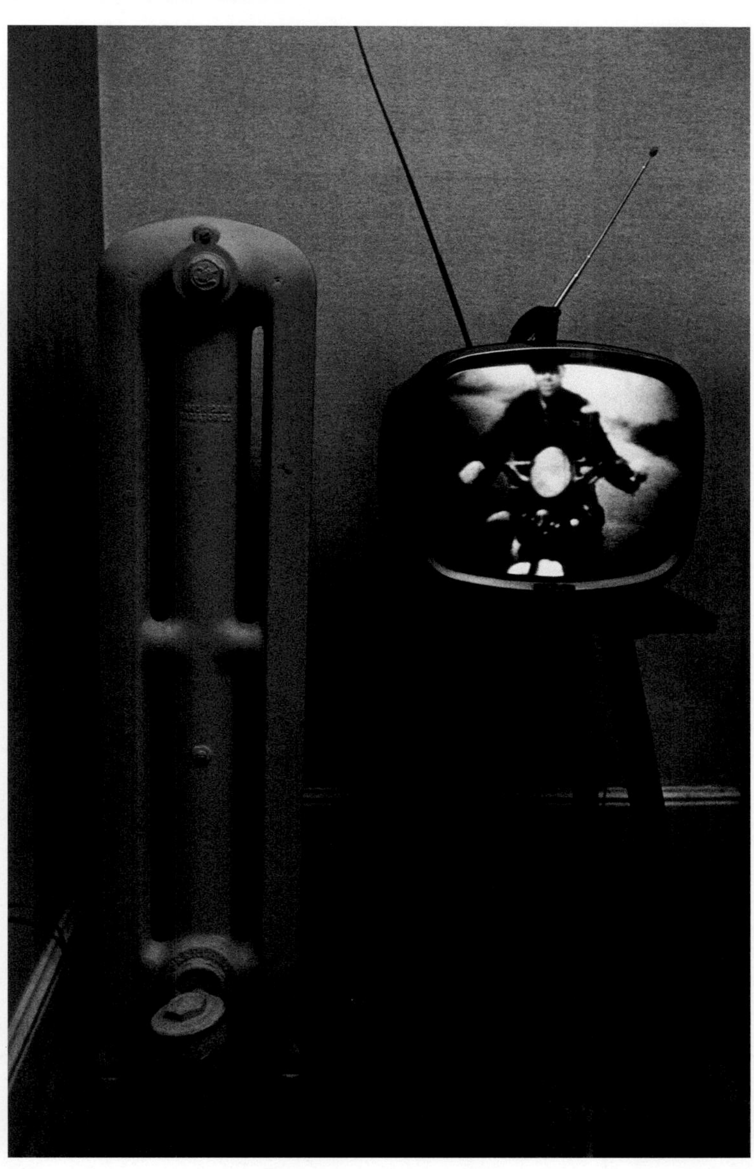

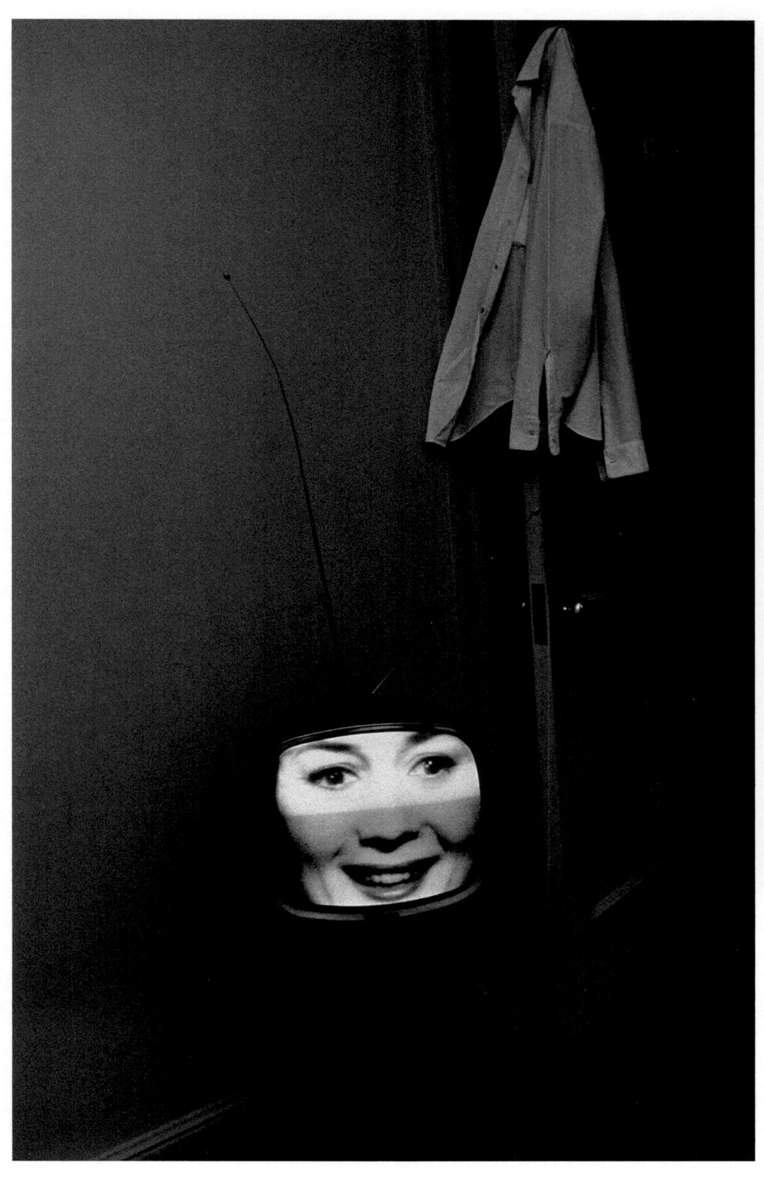

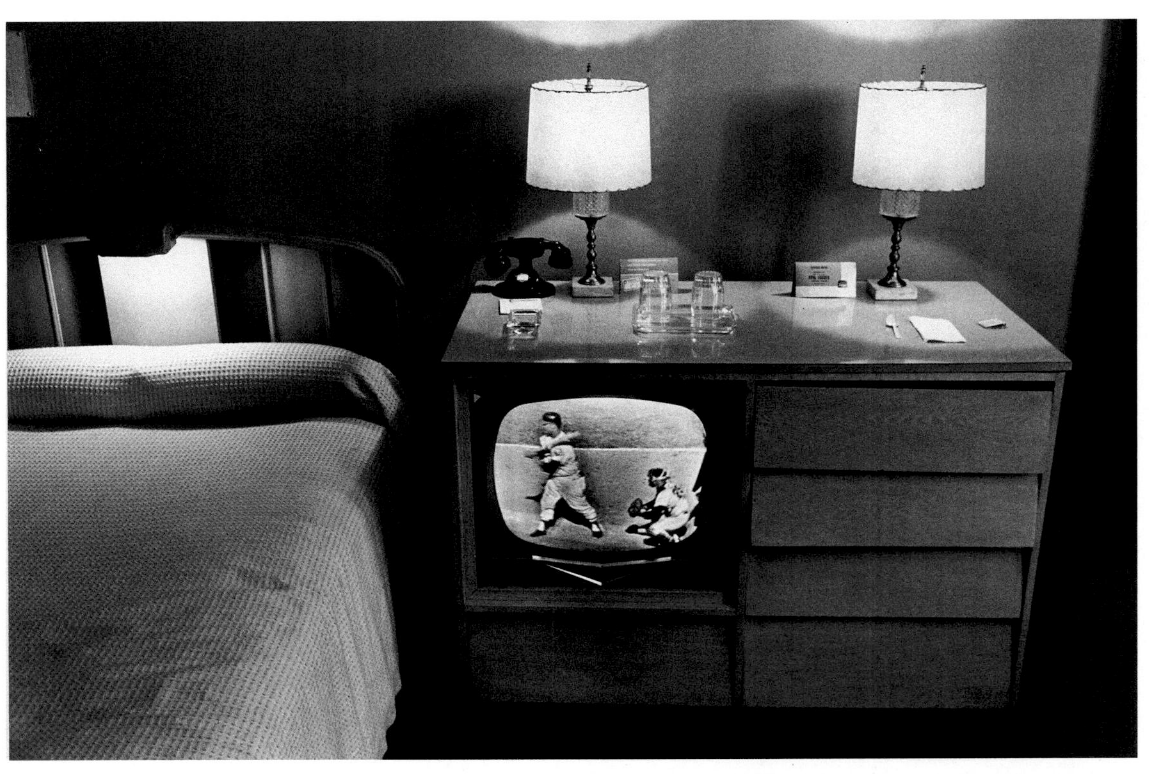

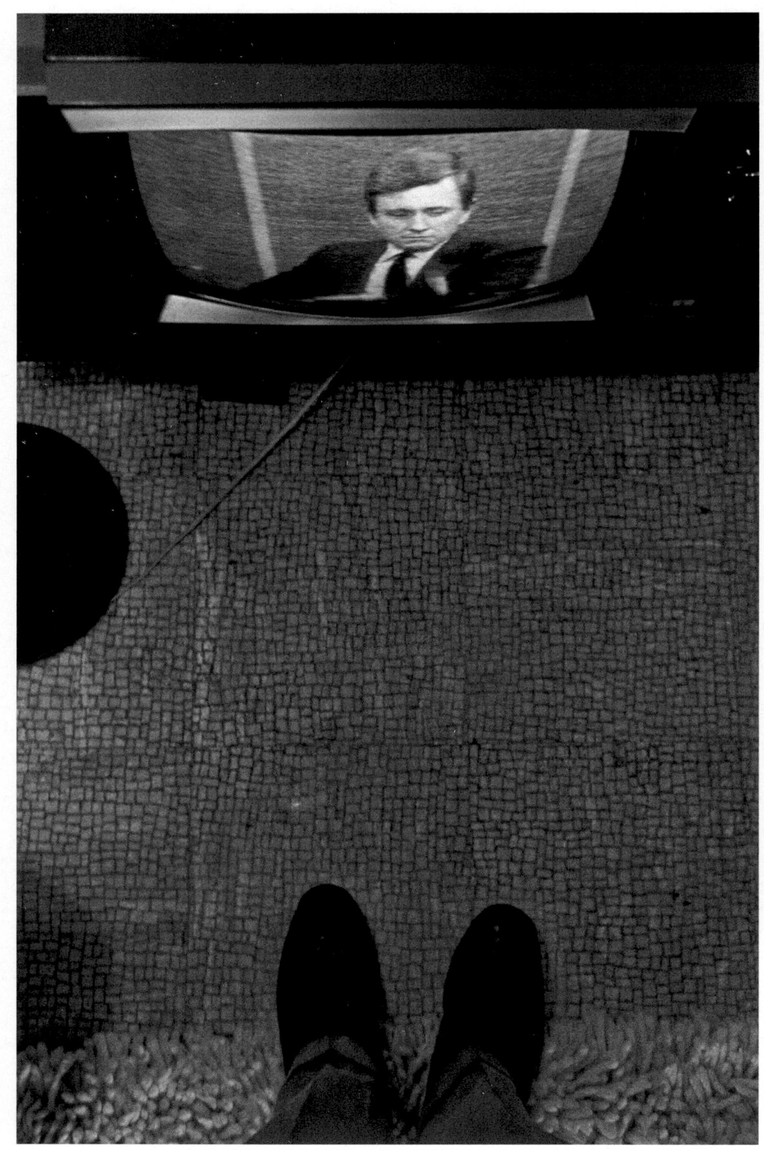

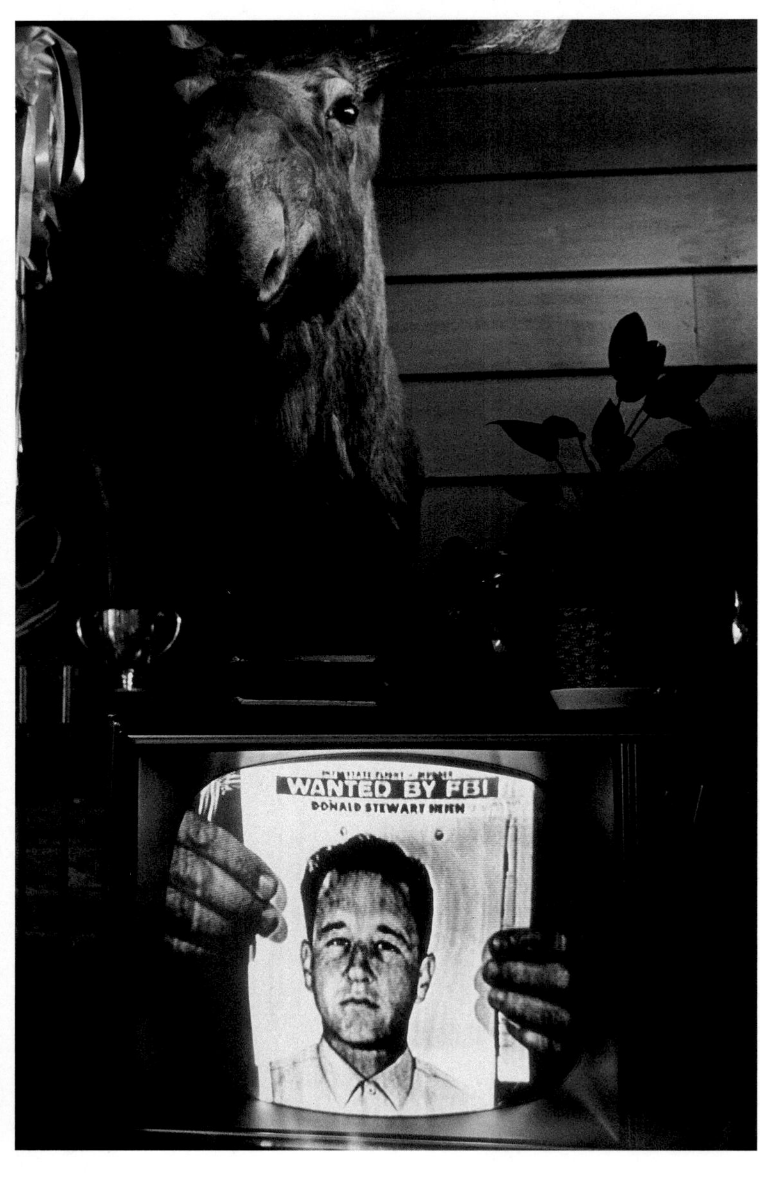
WANTED BY FBI

Silbergelatineabzüge / Gelatin silver prints, 35 × 27,9 cm & 27,9 × 35 cm, 1961–70

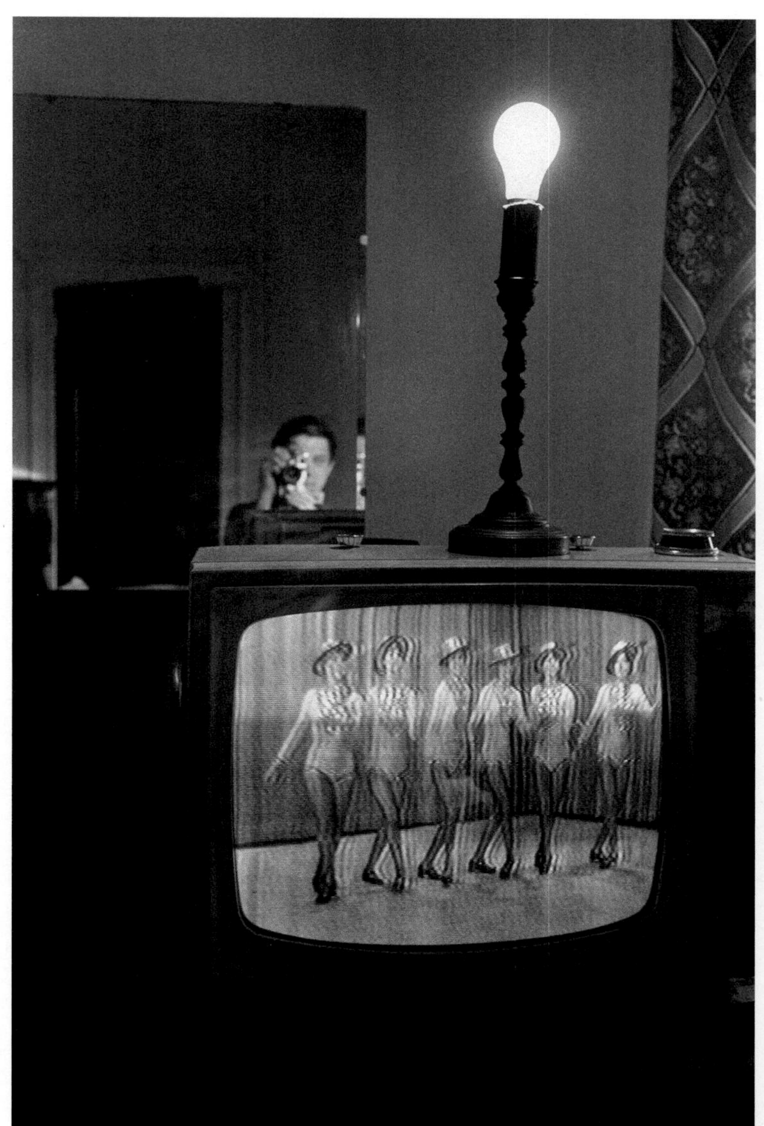

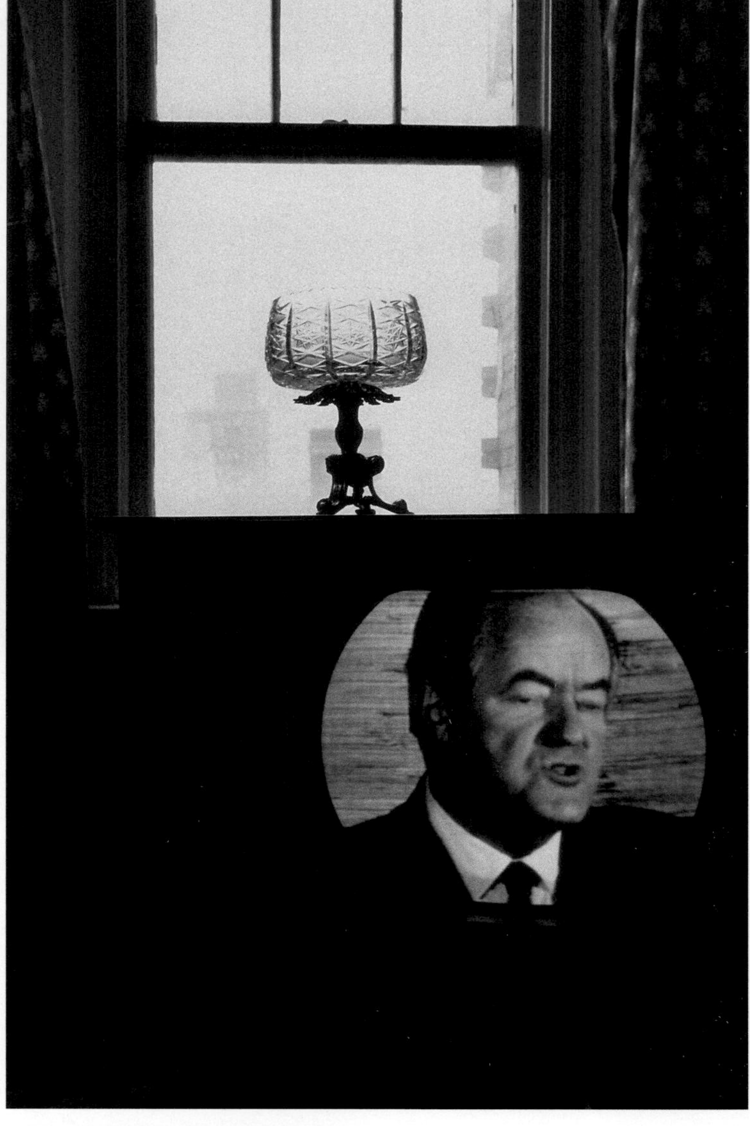

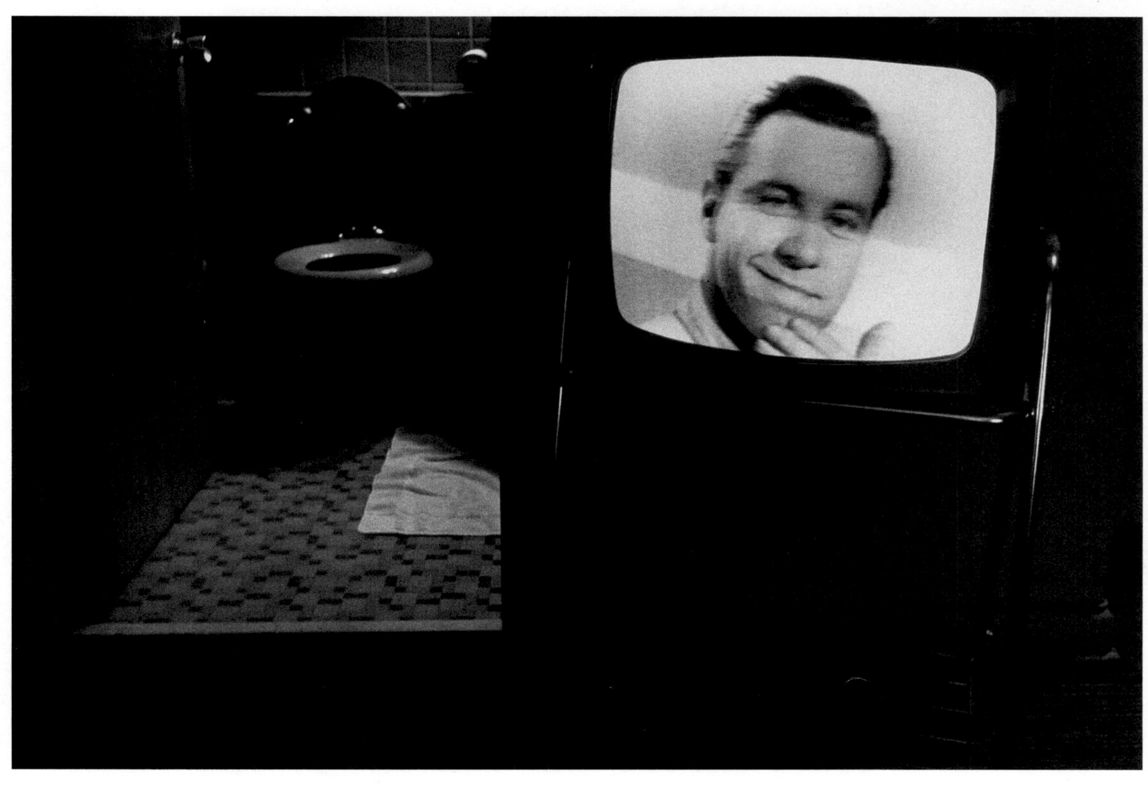

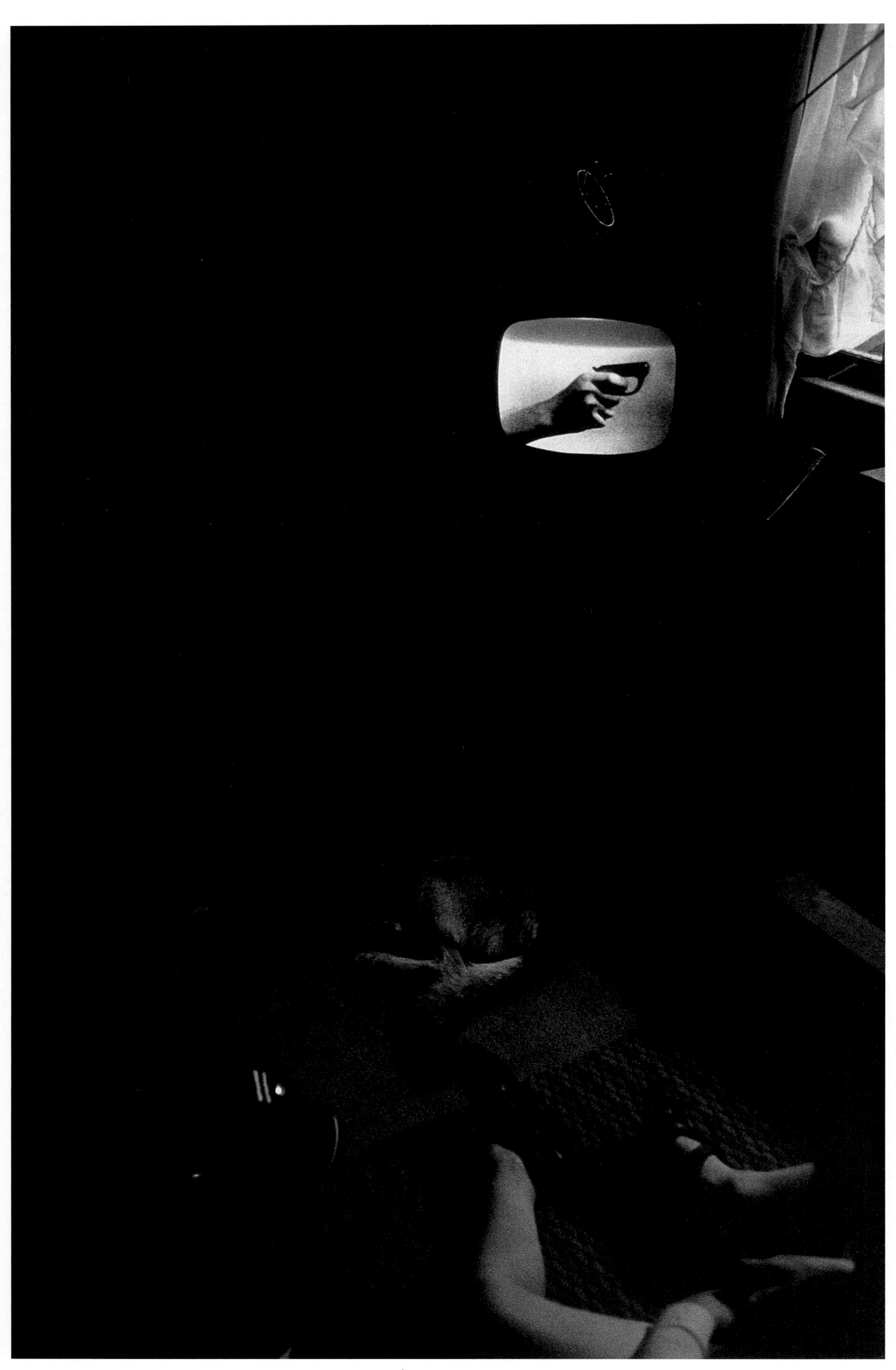

Silbergelatineabzüge / Gelatin silver prints, 35 × 27,9 cm & 27,9 × 35 cm, 1961–70

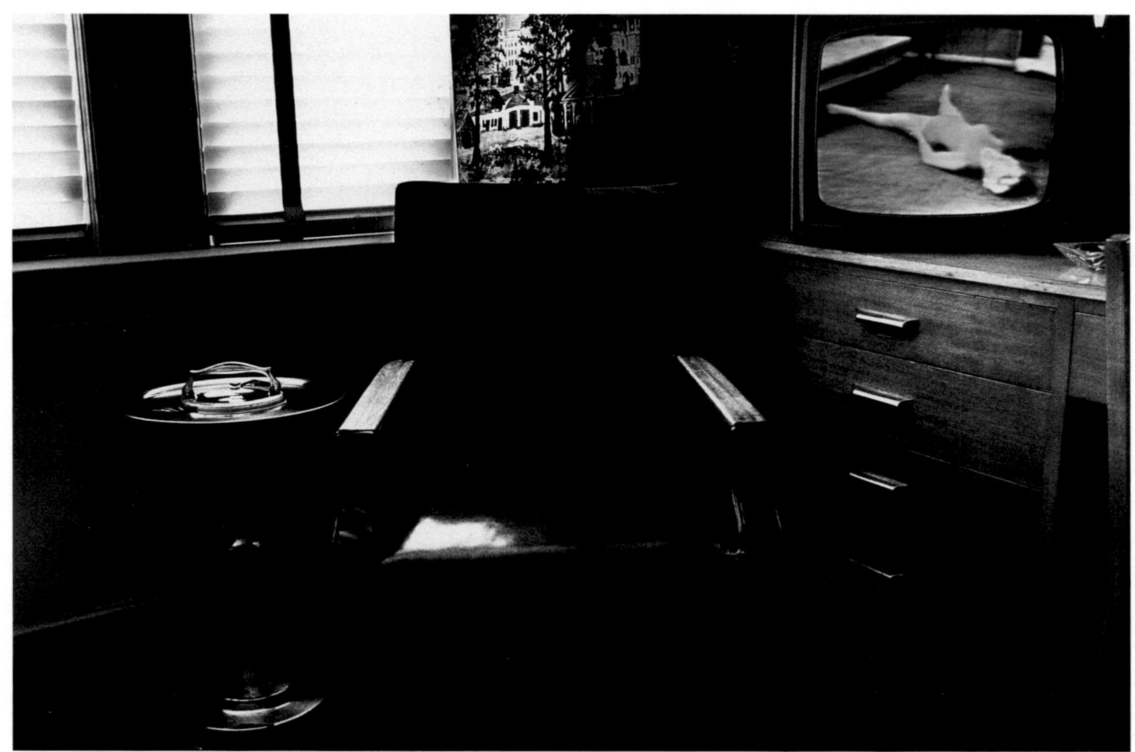

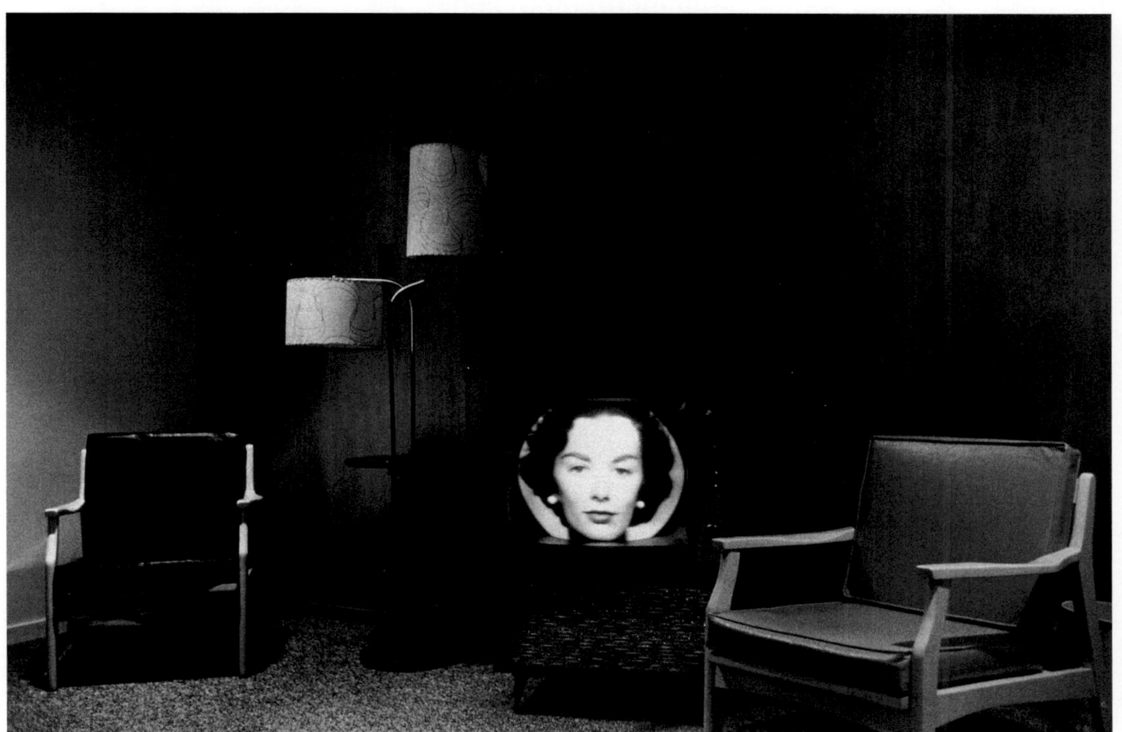

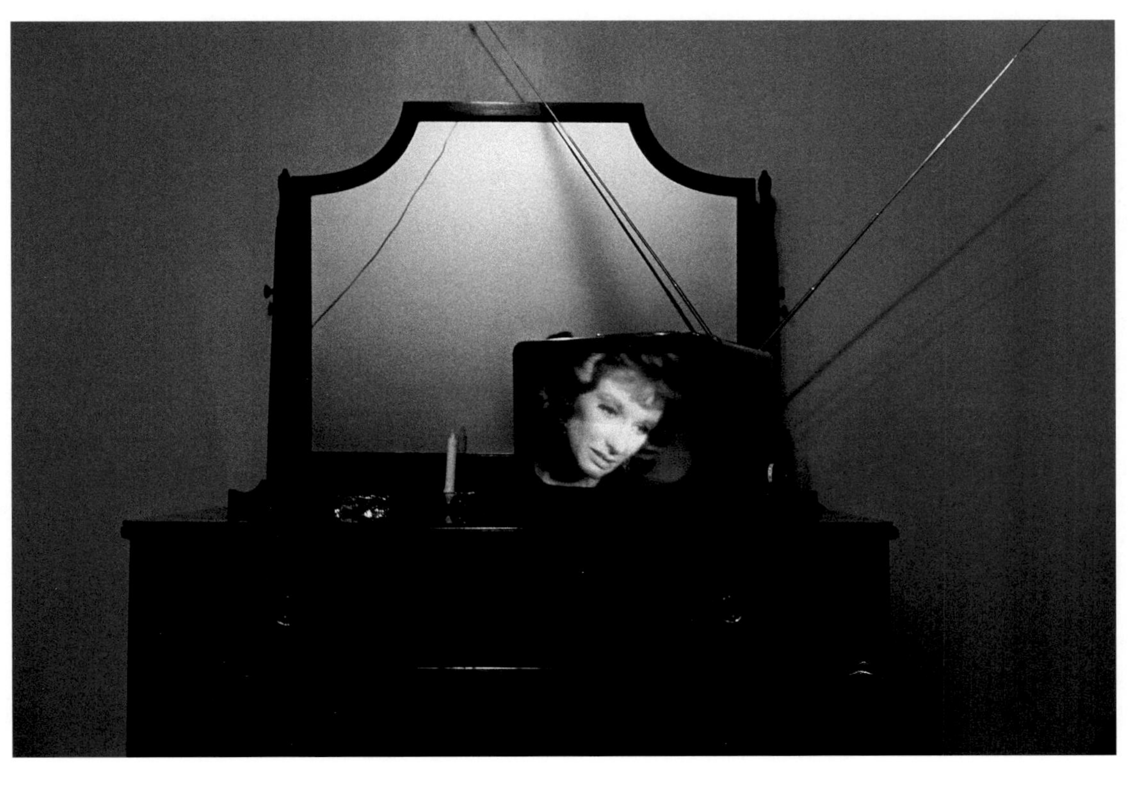

Auf einem schlanken Aluminiumfuß sitzt ein kastenförmiger Korpus, in dem sich ein Fernsehgerät befindet. Eine rechteckige Aussparung auf der Vorderseite des Kastens gibt den Blick auf den Bildschirm des Fernsehers frei. Der Schweizer Karl Gerstner gehört zu den ersten Künstlern in Europa, die sich Anfang der 1960er-Jahre mit dem seinerzeit jungen Medium Fernsehen auseinandergesetzt und dessen künstlerisches Potenzial erprobt haben. Während sich Gerstner ebenso wie beispielsweise Nam June Paik an der Manipulation des Fernsehbildes versuchte, wendete er, anders als jener, kein technisches, sondern ein rein optisches Verfahren an: Unterschiedlich strukturierte Plexiglaslinsen können an der Vorderseite des schwarzen Kastens eingesetzt werden, wodurch das Fernsehbild auf simple, aber äußerst effektvolle Weise eine Abstraktion erfährt. Eine gerasterte Linse beispielsweise belegt das Fernsehbild mit einem pixelartigen Mosaikeffekt, eine andere lässt das Bild wie durch ein Kaleidoskop zerspringen—so manches Ergebnis erinnert an die hypnotische Optik der zeitgleich entwickelten Op-Art.

Mit dem Titel *Auto-Vision* möchte Gerstner auf den Unterschied zur „Television" verweisen: „Es geht nicht um die Übertragung von Programmen, sondern um die unmittelbare Erzeugung von Programmen. Dazu dienen die täglichen Fernsehsendungen, die durch eine ‚Brille' abstrahiert, bis zur Ungegenständlichkeit verfremdet werden."[1] Zusätzlich zur Installation *Auto-Vision* entstand 1965 ein gleichnamiger Film. Darin hält Gerstner zunächst einen kurzen Vortrag über die Frage, mit welchem Medium ein Künstler Kunst schaffen kann. In seinen Ausführungen verweist er darauf, dass es nicht das Fernsehen selbst ist, das zur Kunst erhoben werden soll, sondern der Fernsehbildschirm beziehungsweise das, was darauf zu sehen ist, die eigentliche Arbeitsgrundlage des Künstlers ist. Um seine These zu veranschaulichen, demonstriert Gerstner im zweiten Teil des Films die Funktionsweise seiner Installation *Auto-Vision* anhand eines Fernsehers, in dem die Aktion in simultaner Übertragung zu sehen ist. [IH]

1 Henri Stierlin (Hg.), *Der Geist der Farbe. Karl Gerstner und seine Kunst*, Stuttgart 1981, S. 140.

Karl Gerstner 122

A box-shaped body sits on a slender aluminum base and contains a television set. A rectangular section removed from the front side of the box opens up a view onto the screen of the television set. Karl Gerstner from Switzerland was one of the first artists in Europe who, at the beginning of the 1960s, investigated the medium of television in its early years, and tried out its artistic potential. Like Nam June Paik, for example, Gerstner tried out ways of manipulating the televised image; in contrast to Paik, however, he used not a technical but a purely optical procedure, attaching variously structured Plexiglas lenses to the front of the black box, so as to impart an abstract aspect to the television image in a simple but extremely effective manner. A gridded lens, for instance, creates a pixel-like mosaic effect in the television image, while another causes the picture to burst apart as if through the agency of a kaleidoscope. Various results are reminiscent of the hypnotizing optics of Op Art, which developed at the same time.

Using the title *Auto-Vision* is Gerstner's way of pointing out the difference to television: "It is not a matter of the broadcasting of programs, but instead of the direct creation of programs. Serving this purpose are daily television broadcasts which, abstracted by 'eyeglasses,' are distorted to the point of no longer featuring recognizable objects."[1] In addition to the installation *Auto-Vision*, a film of the same name was created in 1965, in which Gerstner first delivers a brief lecture concerning the question of what medium an artist can use to create art. In his elucidation, he points out that it is not television itself that is supposed to be ennobled to the state of art, but that the television screen, or whatever may be seen upon it, provides the actual basis for the work of the artist. In order to illustrate his thesis, Gerstner demonstrates in the second part of the film the manner in which his installation *Auto-Vision* functions by means of a television set on which the action may be seen in a simultaneous broadcast. [IH]

1 Henri Stierlin (ed.), *Der Geist der Farbe. Karl Gerstner und seine Kunst* (Stuttgart: DVA, 1981), 140.

Auto-Vision

Vortrags-Demonstration / Lecture demonstration
16 mm Film, sw, Ton / 16 mm film, bw, sound, 11:16 min., 1965
Übertragen auf Video / Transferred to video

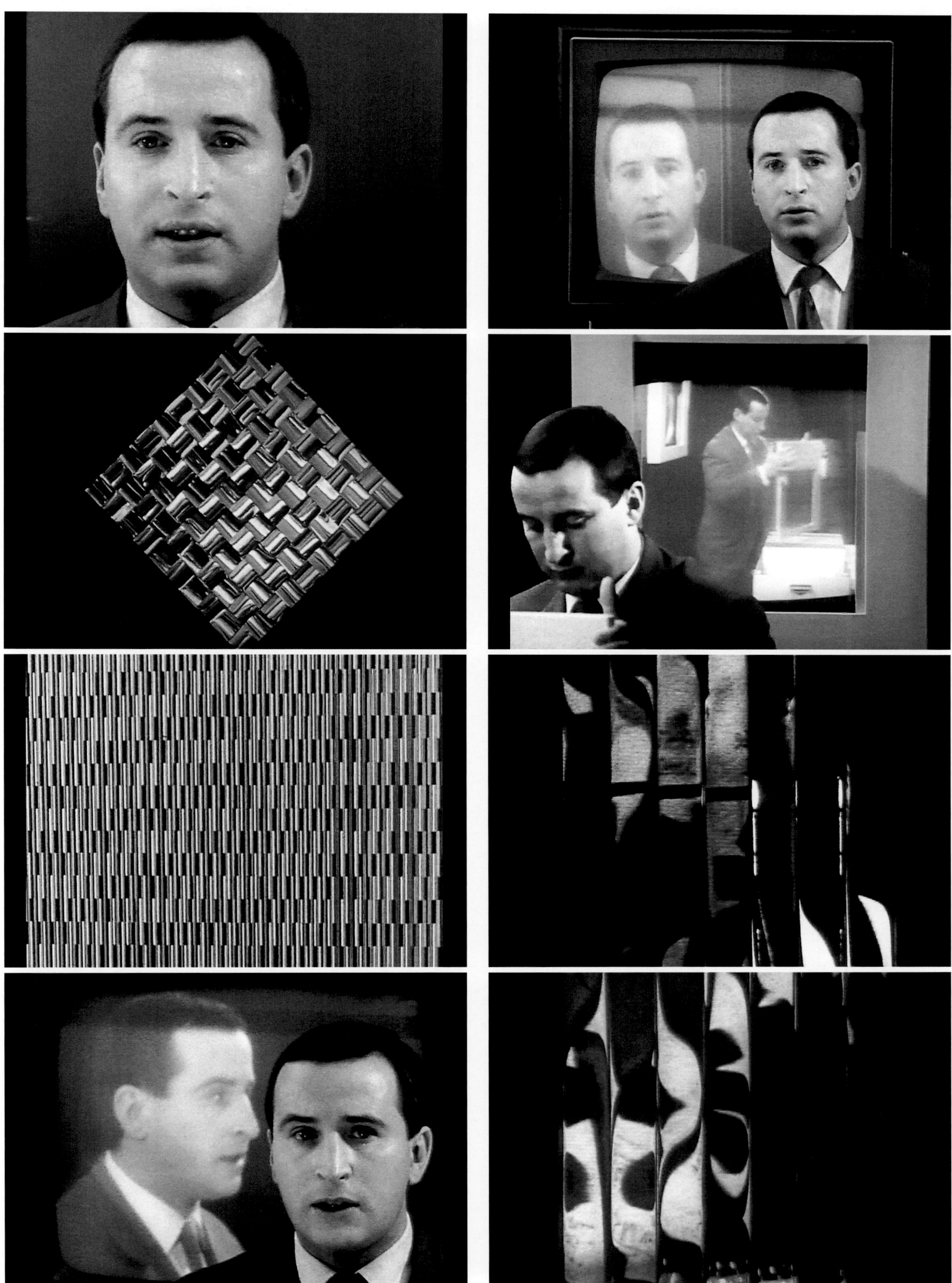

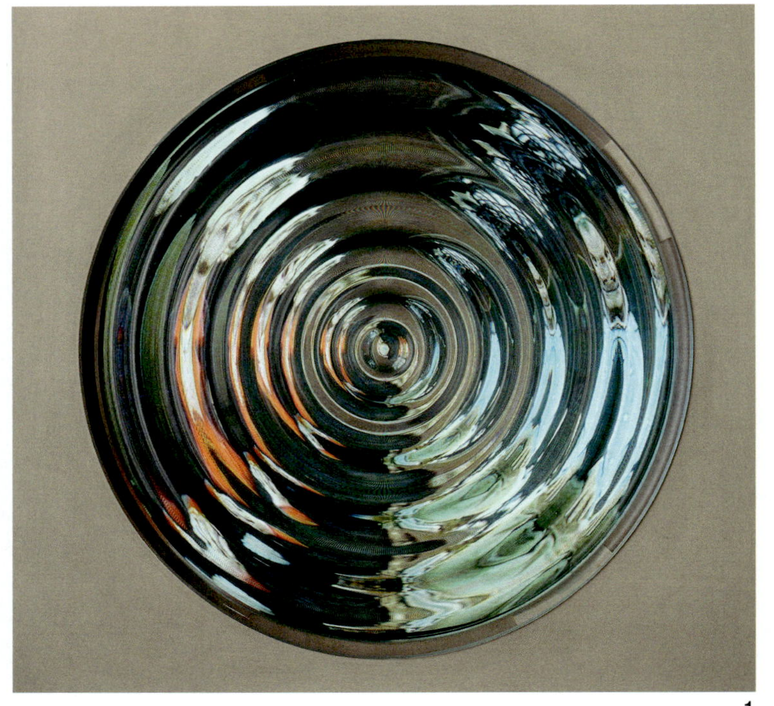

1

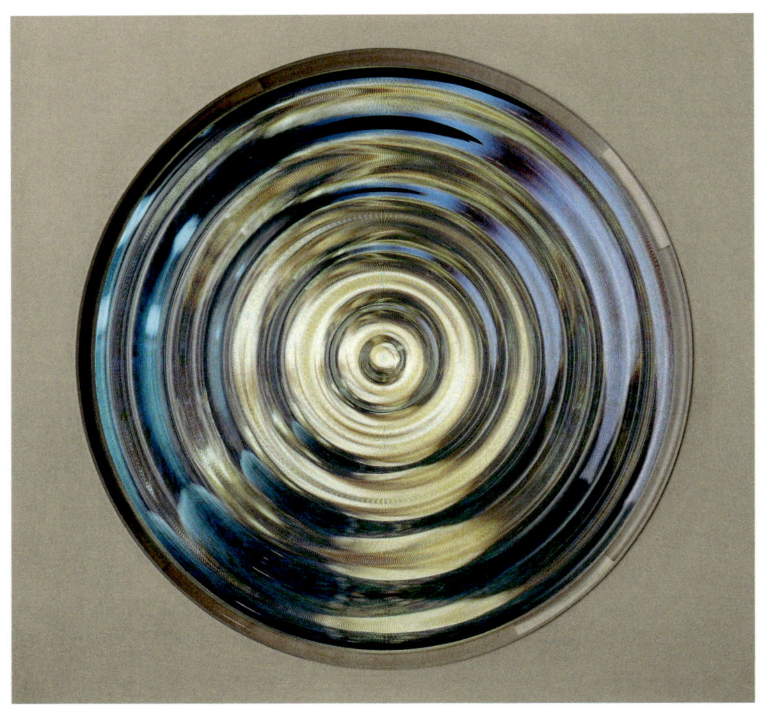

2

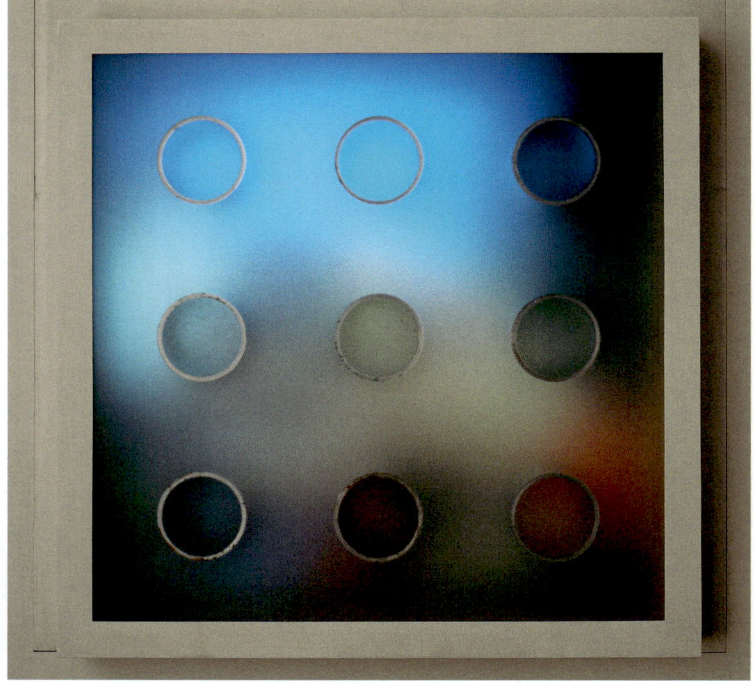

3

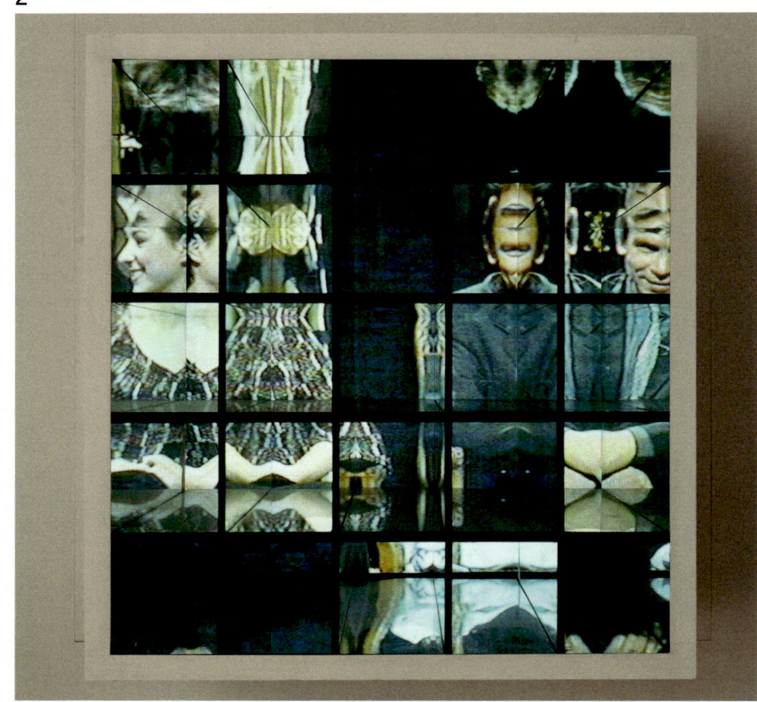

4

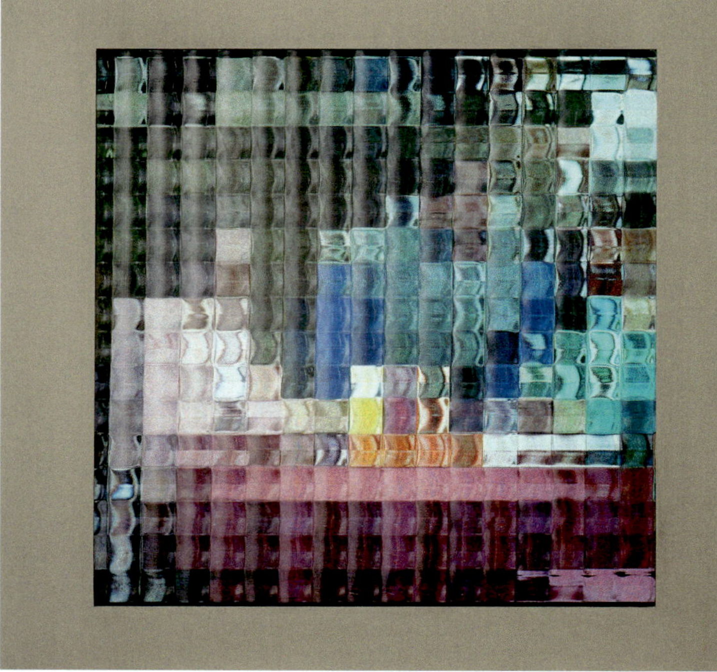

5

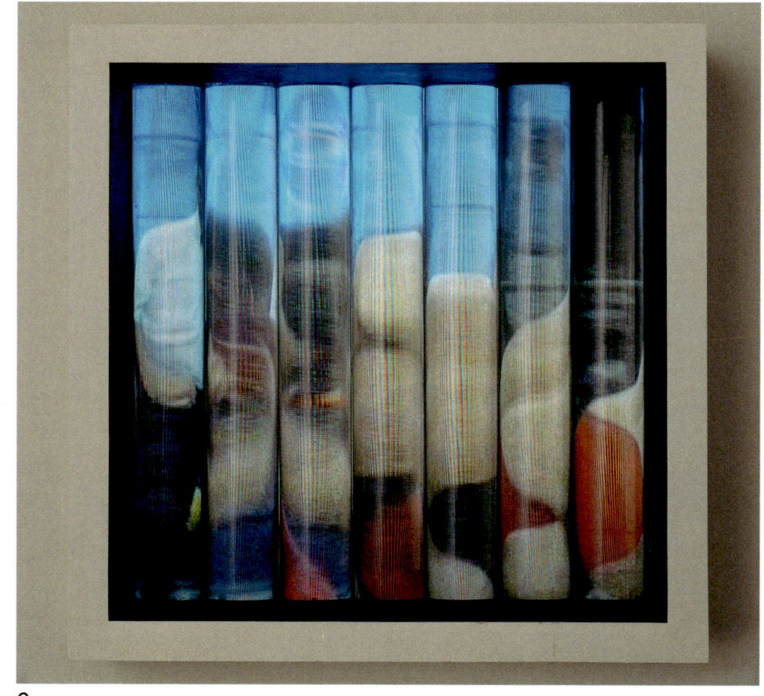

6

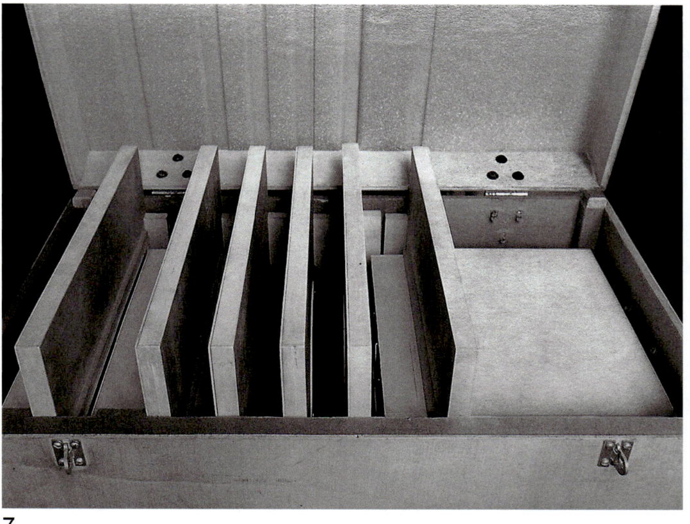
7

1, 2 Acrylglas-Linse mit wellenförmigem Profil. Nach Angaben des Künstlers auf der Drehbank geschnitten und optisch klar poliert, Tiefe der Welle ca. 5 cm / Acrylic glass lens with waved profile. According to the artist, created and polished on a lathe, depth of waves approx. 5 cm

3 2 Mattscheiben mit eingeklebten Aluminium-Rohrstücken / 2 diffusing screens with aluminum tube glued inside

4 Kaleidoskop, bestehend aus 100 in einen Kasten eingeklebten Spiegeln / Kaleidoscope consisting of 100 mirrors glued inside a box

5 Ornamentglas / Figured glass

6 Acrylglasstäbe rund, nebeneinander in einem Kasten montiert / Round acrylic glass poles, installed side by side in a box

7 Aufbewahrungs- und Transportkiste für die 6 „Brillen" von *Auto-Vision* von 1964 / Storage and transportation box for the 6 "glasses" from *Auto-Vision*, 1964

8, 9, 10 sw-Fernseher, verschiedene Materialien / Black-and-white TV set, mixed media, 54 × 61,5 × 34 cm ohne Fuß / Without pedestal, 1964

8

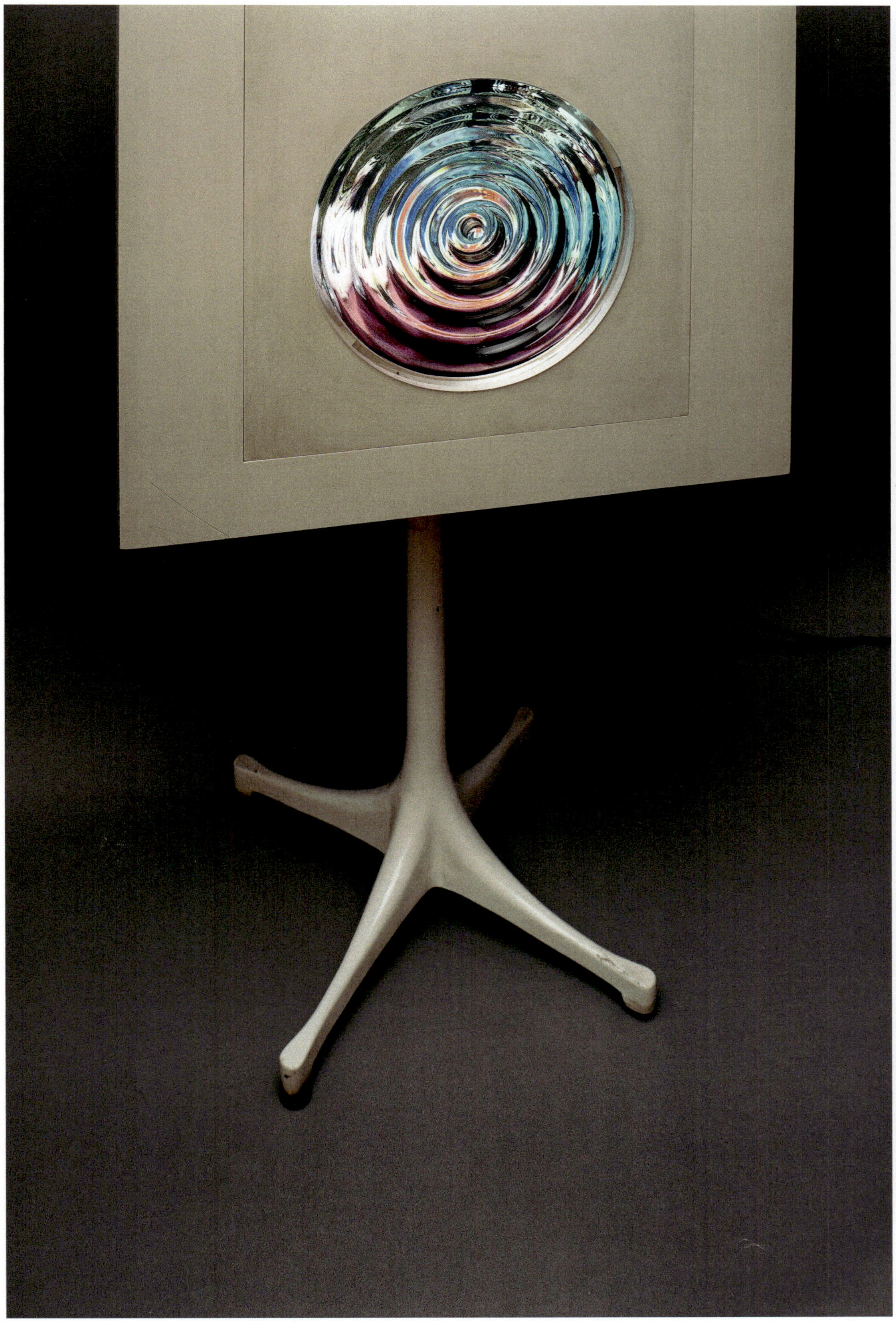

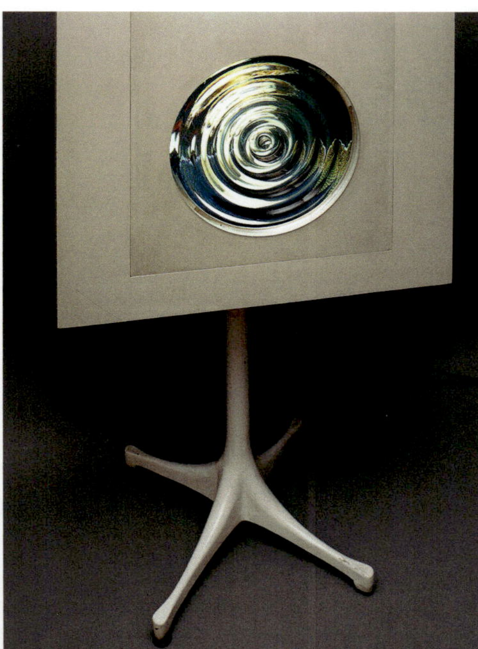
9

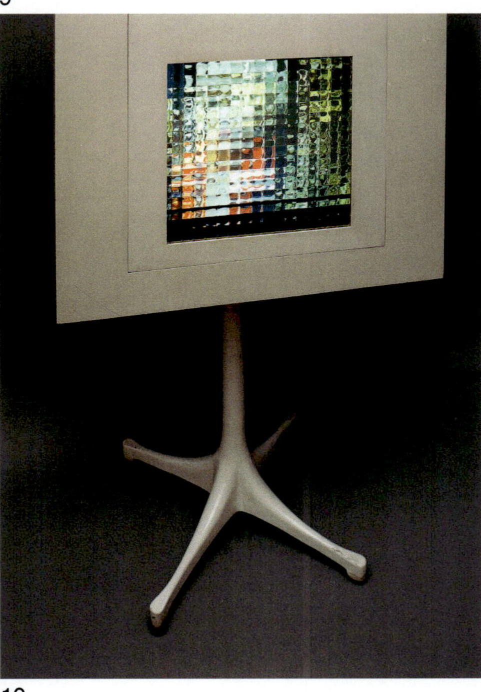
10

Ein Fernsehbild bestand Anfang der 1960er-Jahre aus rund 450 000 Bildpunkten. Mit Störeffekten reduzierte sich die Zahl auf 400 000, gestaffelt in etwa 40 Helligkeitsstufen.[1] Mit dem Ziel, ein vergleichbares Bild mit analogen Mitteln herzustellen, experimentierte K. O. Götz Ende der 1950er-Jahre mit statistisch-metrischen Modulationen und Rasterbildern. Ein Beispiel hierfür ist *Density 10:3:2:1*, das annähernd diese Punktezahl erreicht und als elektronisches Fernsehbild umsetzbar wäre. Mithilfe mehrerer seiner Studenten entstand ein großes Rasterbild (200 × 260 cm) aus 16 Bristolkartons, genannt Superfelder, die sich jeweils aus 16 Großfeldern zusammensetzten. Die insgesamt 256 Großfelder waren wiederum in je 16 Kleinfelder aufgeteilt. Das Bild enthielt somit 4096 Kleinfelder, die aus je 16 Bausteinen mit je sechs Elementen bestanden. Durch Wahrscheinlichkeitsrechnung wurden die Verteilung der Felder sowie deren Dichtegrade berechnet. Der Titel *Density 10:3:2:1* bezeichnet das Verhältnis der vier Dichtegrade von dunkel über mittlere und geringe Dichte bis zu dem Grad „sehr hell". Durch die Aufnahme der Permutationen dieser Mikro- und Makrostruktur mit einer Super-8-Filmkamera an einem Tricktisch entstand der Rasterfilm *Density 10:2:2:1*, ein scheinbar bewegtes, rauschendes, elektronisches Bild.[2]

Diese experimentellen Rasterbilder stellen eine Vorstufe zum elektronisch programmierten, beweglichen Bild dar, das aufgrund fehlender technischer Möglichkeiten damals nicht realisiert werden konnte. In erster Linie bekannt für seine informelle Malerei, nimmt Götz eine singuläre Position innerhalb der frühen Medienkunst ein. Während Karl Gerstner oder Nam June Paik das elektronische Bild als künstlerisches Material verwenden, um damit ihre Kritik am Medium zu formulieren, generiert Götz das statisch-materielle Bild, um es als einen dynamisch-immateriellen Prozess ähnlich wie in seiner informellen Malerei zu behandeln. Objektive, visuell-ästhetische Probleme, Algorithmen sowie das Moment der Kinetik stehen dabei im Vordergrund und werden zu einem essenziellen Bestandteil seiner Versuche.[3] [AS]

1 K. O. Götz, „Elektronische Malerei und ihre Programmierung", in: *Das Kunstwerk*, 12, 1961, S. 14–23.

2 K. O. Götz, *Erinnerungen und Werk*, Bd. 1, Düsseldorf 1983, S. 854 ff., 867 ff., 897 ff.

3 Franz Mon, „Das Problem des kinetischen Bildes. Zu den Bildern von K. O. Götz", in: *Das Kunstwerk*, 14, 1960/61, S. 13 f.

K. O. Götz

126

In the early 1960s, a television image consisted of approximately 450,000 dots. Interference reduced the number to around 400,000, in about 40 gradations of brightness.[1] With the aim of producing a comparable image using analog devices, K. O. Götz experimented in the late 1950s with statistic-metric modulations and grid images. An example of this is *Density 10:3:2:1*, which approximates the sum total of dots and would be capable of being produced as an electronic television image. With the aid of a group of his students, Götz made a large grid image (200 × 260 cm) consisting of 16 Bristol boards, termed by Götz "super-fields," each consisting of 16 "large fields." The total of 256 large fields was further divided into 16 "small fields." The image then had a total of 4,096 small fields, each consisting of 16 components, each of these containing a further six elements. The distribution and grade of density of the fields was determined by a probability calculation. The title *Density 10:3:2:1* refers to the relation of the four grades of density going from dark, middle and low density to very bright. The grid film Density 10:2:2:1 – a seemingly moving, scintillating electronic image – was created by photographing the permutations of this micro- and macrostructure with a Super 8 camera on an animation table.[2]

These experimental grid images prefigure the kind of electronically programmed, moving image that could not be produced at the time due to the lack of appropriate technical means. Mainly known for his informalist painting, Götz assumes a place of his own within the context of early media art. While Karl Gerstner or Nam June Paik employed the electronic image as artistic material for launching a critique of the medium, Götz generated the static-material image by treating it as a dynamic, immaterial process in a similar way to his informalist painting. Objective, visual-aesthetic problems, algorithms, and kinetics are pulled into the foreground and become essential components of his experimental setup.[3] [AS]

1 K. O. Götz, "Elektronische Malerei und ihre Programmierung," *Das Kunstwerk* 12 (1961): 14–23.

2 K. O. Götz, *Erinnerungen und Werk*, vol. 1 (Düsseldorf: Concept Verlag, 1983), 854ff., 867ff., 897ff.

3 Franz Mon, "Das Problem des kinetischen Bildes. Zu den Bildern von K. O. Götz," *Das Kunstwerk* 14 (1960/61): 13–14.

Density 10:3:2:1

Filzstift und Tusche auf Bristolkarton, aufgezogen auf Leinwand / Felt-tip pen and tusche on Bristol board, 200 × 260 cm, 1961

Density 10:2:2:1

8 mm Film, digitalisiert, sw, ohne Ton / 8 mm film, transferred to digital, bw, silent, 15:57 min., 1962–63

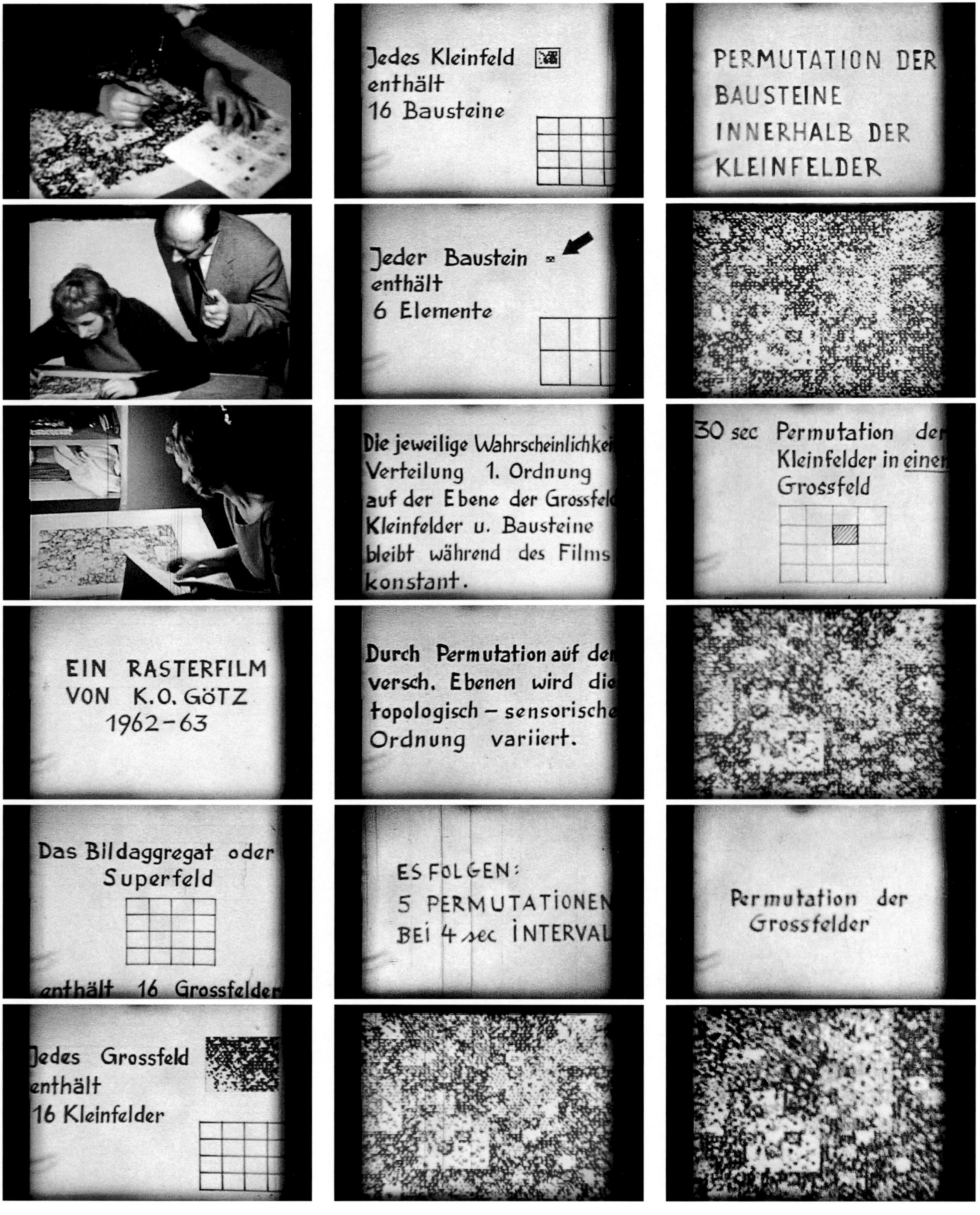

Statistisch metrische Modulation

Tempera auf Leinwand / Tempera on canvas, 100 × 130 cm, 1961

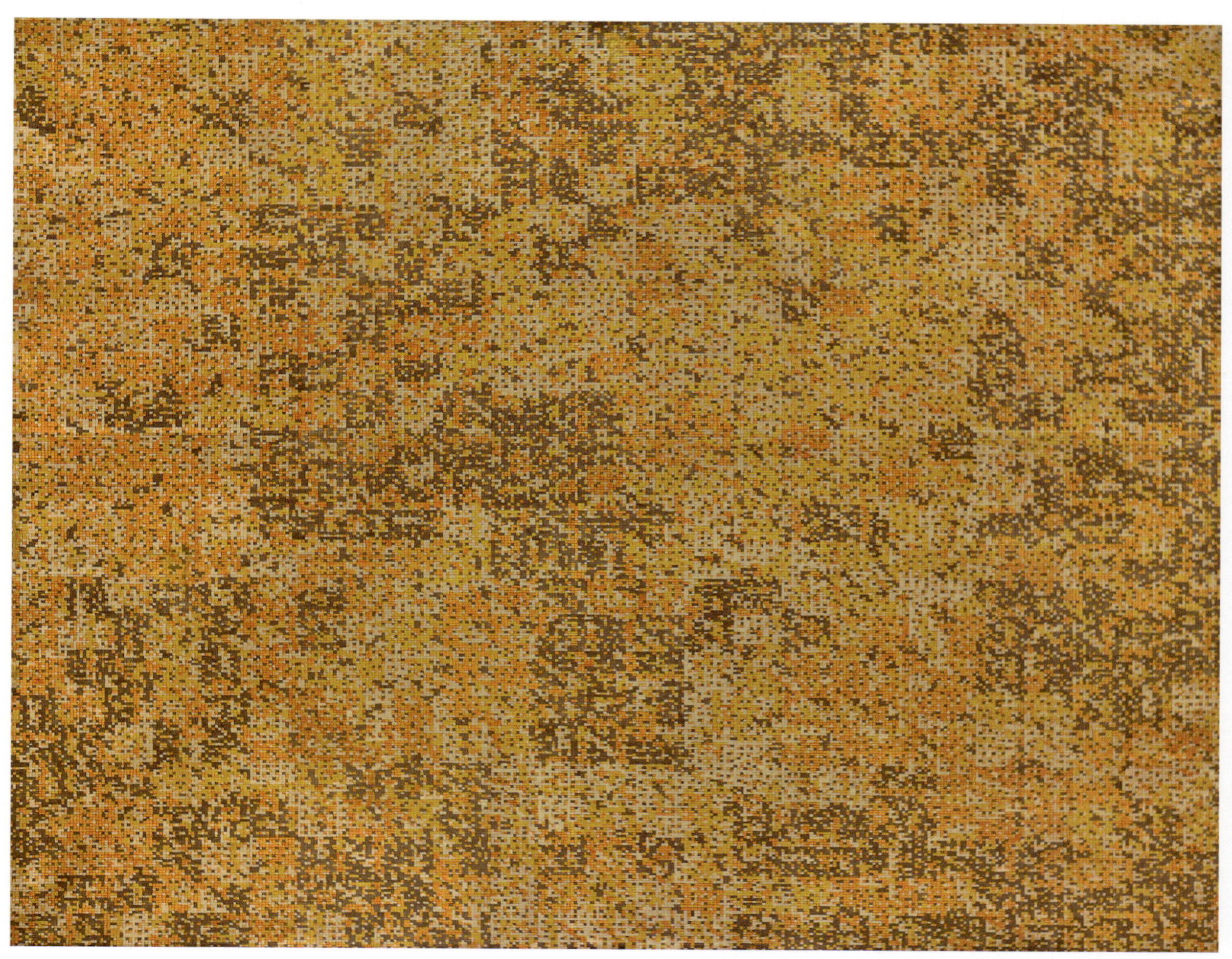

Statistisch metrische Modulation

Filzstift auf Karton / Felt-tip pen on cardboard, 50 × 65 cm, 1961

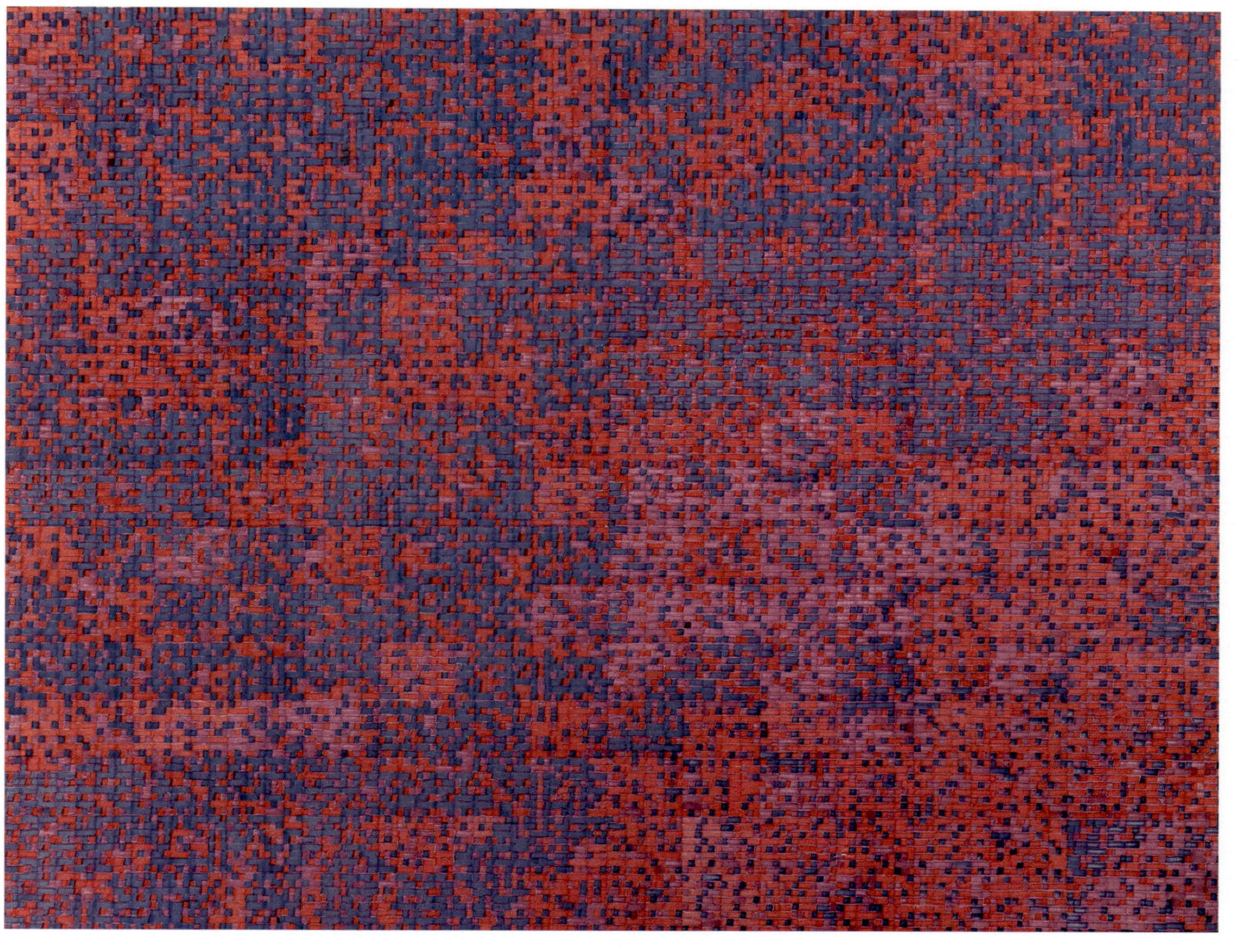

Als John F. Kennedy am 22.11.1963 ermordet wurde, saßen Millionen US-Amerikaner vor dem Fernseher und verfolgten die Nachrichten. Es war ein schockierendes Ereignis, das sich in das kollektive Gedächtnis einer ganzen Nation eingebrannt hat und auch in der Kunst rezipiert wurde. Für die Fotoserie *Kennedy Suite* fotografierte der US-amerikanische Schauspieler und Künstler Dennis Hopper die Beerdigung des Präsidenten von seinem TV-Bildschirm ab. Für die Schwarz-Weiß-Aufnahmen fokussierte er die Mattscheibe als Hauptmotiv. Hände, die die amerikanische Flagge auf dem Sarg des Präsidenten drapieren, eine Großaufnahme von Kennedys Gesicht sowie Aufnahmen der Beerdigung werden in Hoppers Fotografien zum Bild vom (Fernseh-)Bild.
Kennedy war schon zu Lebzeiten durch seine mediale Inszenierung zur Ikone der Populärkultur geworden. In den Fotografien von Dennis Hopper rückt die Person allerdings in den Hintergrund, der Fernseher spielt die Hauptrolle. So gelingt es dem Künstler, unterschiedliche Bedeutungsebenen miteinander zu verknüpfen und den Bildern ikonischen, zeitlosen Charakter zu verleihen.
Ob Hopper damals jedoch eine kritische Auseinandersetzung mit dem Medium Fernsehen als neue meinungsbildende Macht im Sinn hatte oder ob er lediglich ein bedeutendes historisches Ereignis mit dem einzigen Mittel, das ihm zur Verfügung stand, aufzeichnete, bleibt offen. Auf die Ermordung des Präsidenten und deren mediale Rezeption im Fernsehen beziehen sich auch Künstler wie Bruce Conner und Andy Warhol in ihren Filmen *Report* (1963–67) beziehungsweise *Since* (1966), die auf kritische und medienreflexive Weise einen Kommentar zum „Mythos Kennedy" darstellen und den Mord an dem Politiker als Medienereignis thematisieren, gewissermaßen zum Fernsehtod stilisiert.
Der Aufbruch der „Apollo 11" zum Mond 1969 wurde zum größten Live-Event in der TV-Geschichte, an dem rund 500 Millionen Menschen weltweit teilnahmen. Den Wettlauf zum Mond, der durch die mediale Aufarbeitung geradezu an eine Doku-Soap erinnert, dokumentierte Hopper in einer weiteren Fotoserie von Fernsehbildern. Für ihn repräsentiert diese Reihe die 1960er-Jahre mit ihren charakteristischen „Sensationen" wie dem Mordanschlag auf einen Präsidenten und der Mondlandung. [OS]

Dennis Hopper

130

When John F. Kennedy was assassinated on November 22, 1963, millions of Americans remained glued to their television sets to follow news reports of the shooting. The shocking event engraved itself in the collective memory of the entire nation and was also taken up in art. For the photo series *Kennedy Suite*, the American actor and artist Dennis Hopper photographed Kennedy's burial from his television screen. The black and white images focus the screen itself as their central motif. Hands draping the flag over the president's coffin, a close-up of Kennedy's face, as well as images of the funeral, become, in Hopper's photographs, images of the television image.
During his lifetime, Kennedy's media presence had already made him an icon of popular culture. In Hopper's photographs, however, the person drops into the background while the television plays the main part. In this way the artist succeeds in connecting different levels of meaning and endowing the images with an iconic, timeless character.
It remains open, however, whether Hopper intended a critical investigation of the television medium as a new force for the molding of opinion or was just recording an important historical event with the only means at his disposal. Artists such as Bruce Conner and Andy Warhol also reacted to the assassination and its media uptake in television in their films *Report* (1963–67) and *Since* (1966) respectively, which represent a critical and media-reflexive commentary on the Kennedy myth and thematize the transformation of the assassination into a media event: a television death.
The launch of Apollo 11 to the moon in 1969 became the largest live event in television history, with about 500 million people watching worldwide. The media staging of the race to the moon, which makes it in retrospect reminiscent of reality television, is documented by Hopper in a further series of television photos. For Hopper, this series represents the 1960s, with the assassination and the moon landing featuring as characteristic "sensations." [OS]

JFK Funeral Suite

Silbergelatineabzug / Gelatin silver print, 40 × 60 cm, 1961

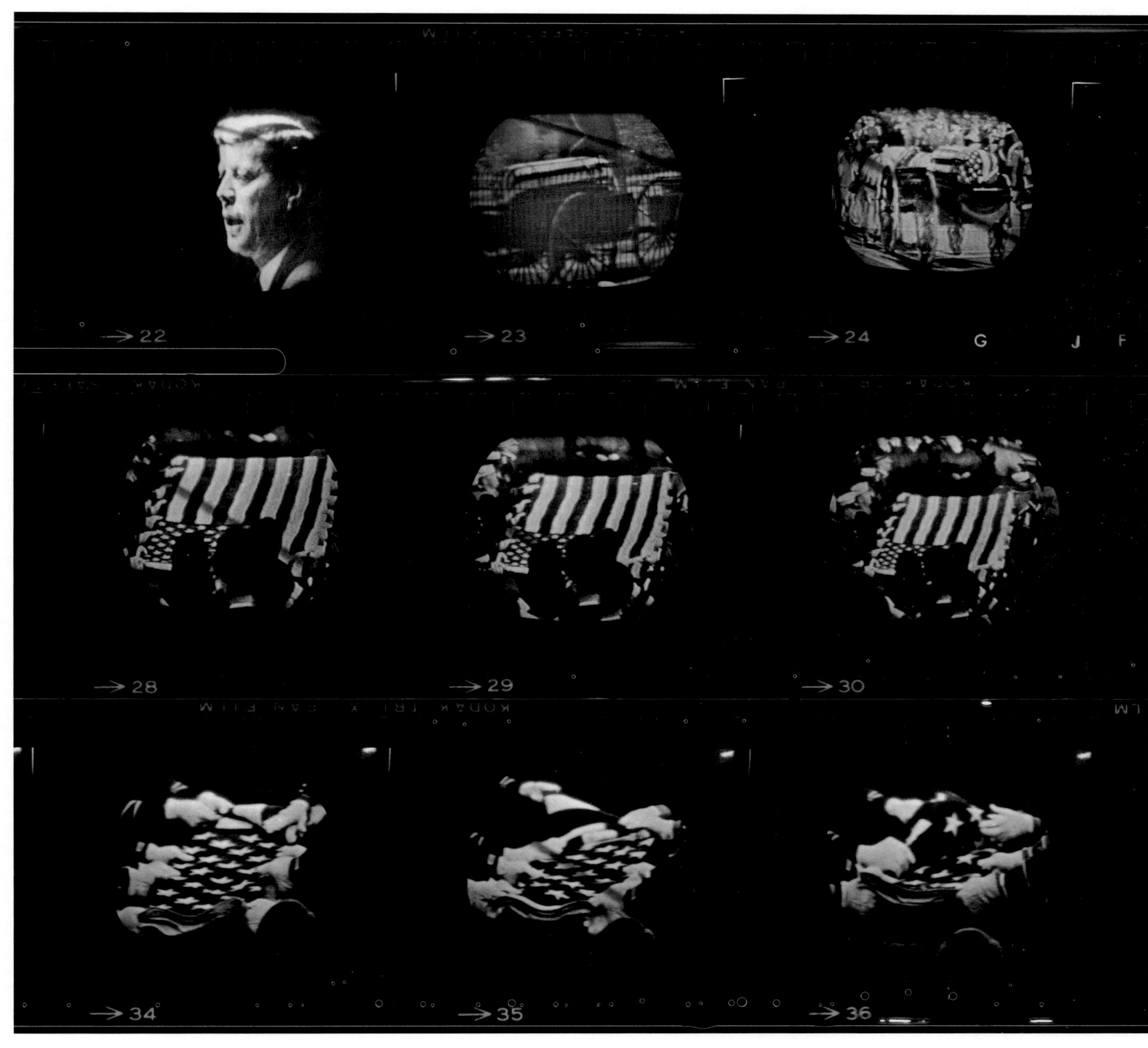

Sie bedeutet nichts, und doch bringt sie eine malerische Poesie hervor: Die hypergrafische Zeichenschrift wurzelt im lateinischen Buchstaben und ist das Handwerkszeug der lettristischen Bewegung, die nach dem Zweiten Weltkrieg von Isidore Isou nach dadaistischem Vorbild ins Leben gerufen wurde. Doch so zeichenhaft-grafisch die fließend ineinander übergehenden Strukturen sind, so malerisch-kunstvoll ist zugleich ihre Erscheinung. Von Funktion und Bedeutung befreit, verbinden sie Malerei und Literatur mit dem Ziel, alle Künste und die Gesellschaft zu erneuern.
Das heute nur als Rekonstruktion erhaltene Objekt *La Télévision dechiquetée ou L'Anti-crétinisation* (Das zerstückelte Fernsehen oder die Anti-Idiotisierung) von 1962 ist ein Beispiel für die Ausweitung der bereits 1951 beobachteten Zerstörung des Films auf das aktuelle Medium TV. In seinem Film *Traité de bave et d'éternité* (Traktat über Geifer und Ewigkeit) fügt Isou selbst gedrehte Szenen mit gefundenem Bildmaterial zu einer skurrilen Filmmontage zusammen, die auf dem Filmfestival in Cannes einen Skandal auslöste. Tonspur und Filmbilder, in die zum Teil bedeutungslose Zeichen oder Striche gekratzt wurden, werden unabhängig voneinander abgespielt. Dieser Film bewegt schließlich den jungen Guy Debord zur Radikalisierung des lettristischen Films, indem er in *Geheul für Sade* kein einziges Bild zeigt, sondern lediglich alternierend helle Abschnitte, die von gesprochenen Dialogen begleitet werden, und dunkle Sequenzen.
Diese kritisch-destruktive Montagetechnik wendet Isou auch beim bewegten TV-Bild an. Er bedeckt dabei die Mattscheibe eines TV-Geräts mit den in eine Folie geschnittenen Konturen hypergrafischer Zeichen. Das laufende Programm wird durch die Überlagerung dieser Matrix gestört und zerstückelt. Ergebnis ist ein schier unbegrenzter Vorrat an sich immer neu generierenden Zeichen, die nichts mehr mit dem ursprünglichen Fernsehbild gemeinsam haben. Die Inhaltlosigkeit und Leere des Bildes bedeuten hier nicht etwa meditativen Freiraum, sondern sie sind radikale Kritik der Mediengesellschaft. [AS]

Isidore Isou

It signifies nothing yet it generates a painterly poetry: the hypergraphic script is rooted in the Latin alphabet and provides the Letterist movement—launched after World War II by Isidore Isou on a Dadaist model—with the tools of its craft. The smoothly merging structures are graphic, linear, yet at the same time painterly and artful. Freed from function and meaning, they combine painting and literature with the aim of renewing all the arts and society as a whole.
The 1962 object *La Télévision déchiquetée ou L'Anti-crétinisation* (Jagged Television or Anti-Cretinization), today extant only as a reproduction, is an example of the increasing destruction of film by television already discernible in 1951. In his film *Traité de bave et d'éternité* (Venom and Eternity), Isou combines scenes he shot himself with found visual material into a weird collage that produced a scandal at the Cannes Film Festival. The sound track and the film, containing meaningless signs and dashes, were played separately. The film ended up moving Guy Debord to radicalize Letterist film, dispensing with images altogether in *Hurlements en faveur de Sade* (Howls for Sade), which consisted instead of bright sequences accompanied by spoken dialogue alternating with dark intervals.
Isou also applied this critical, destructive montage technique to the moving image in the form of television. He covers the television screen with the contours of hypergraphic signs cut into a plastic sheet. The superimposition of the sheet disturbs and fragments the program visible underneath. The result is an almost unlimited and constant source of newly generated signs that have nothing in common with the original television image. The image's lack of content, its emptiness, is not the provision of a meditative, free space. It is instead a radical critique of media culture.[AS]

La Télévision déchiquetée ou L'Anti-crétinisation

Schwarzes Canson-Papier, geschnitten, sw-Fernseher / Cut black Canson paper, bw TV set, 49 × 68,5 × 39 cm, Auflage / Edition: 1/3, 1962 (Rekonstruktion / Reconstruction, 1987)

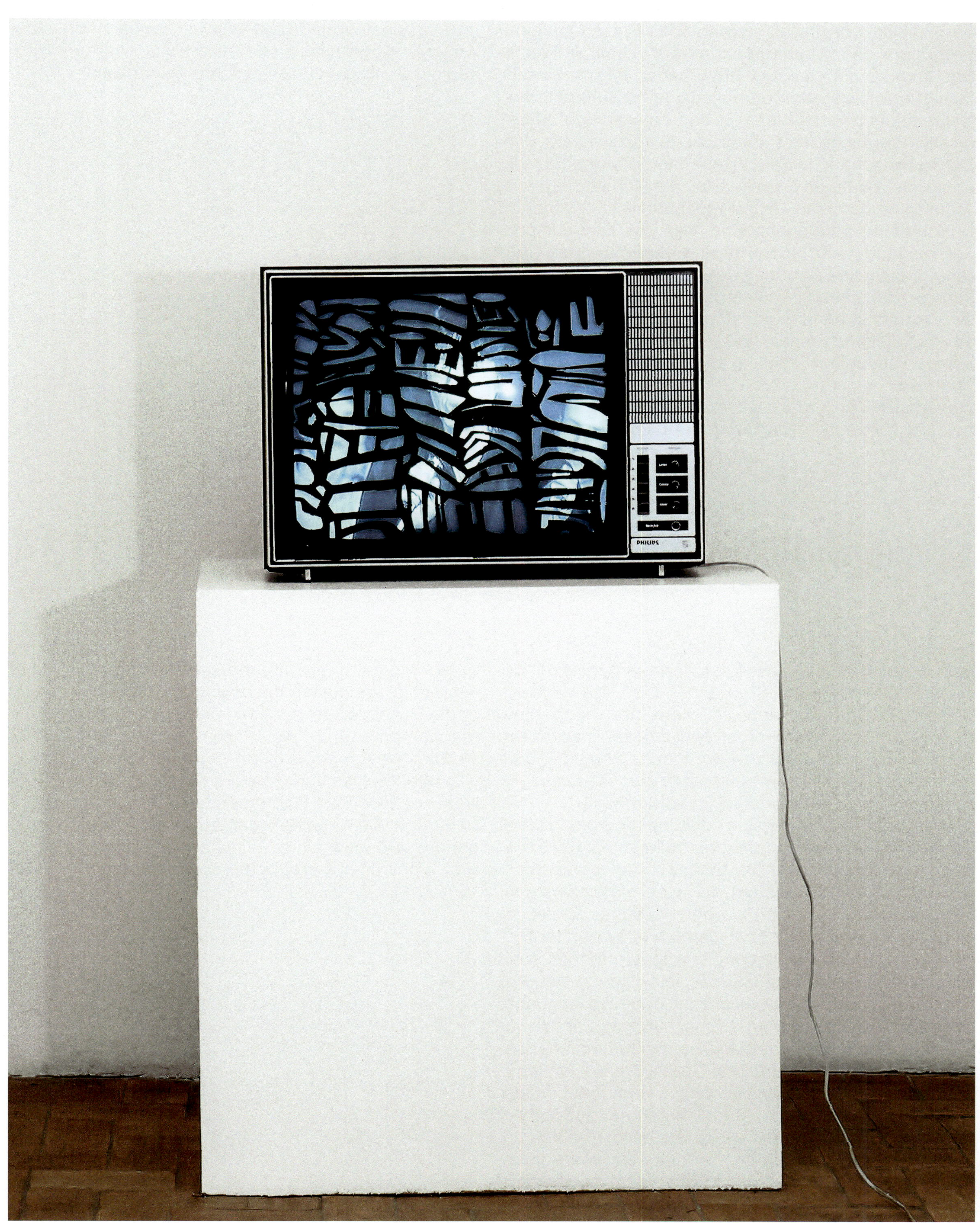

„Nennen Sie es, wie Sie wollen: Ostfernsehen, Ulbrichtschimmer, der 5. Kanal, DFF, den westlichen Brückenkopf von Intervision–, es ist doch da und passiert täglich […].“[1] Mit diesen Worten leitet Uwe Johnson die erste von insgesamt 99 Rezensionen ein, die er im Jahr 1964 für die Westberliner Tageszeitung *Tagesspiegel* über das ostdeutsche Fernsehprogramm schrieb.
Während im Westen Berlins das DDR-Fernsehen durchaus zu empfangen war, wurde das Programm trotzdem in keiner der städtischen Tageszeitungen abgedruckt –schließlich verfuhr die ostdeutsche Presse mit dem Programm des Westfernsehens auf dieselbe Weise. Das änderte sich im Juni 1964, nachdem der Schriftsteller einwilligte, eine regelmäßige Fernsehkritik des Ostdeutschen Fernsehens für den *Tagesspiegel* zu verfassen–vorausgesetzt, dass dieser fortan auch das DDR-Fernsehen in den Programmteil aufnahm. Mit scharfem Blick und pointierter Sprache analysiert Johnson Nachrichten, Filme, Propaganda-, Informations-, Unterhaltungssendungen und was die Ostdeutsche Fernsehlandschaft sonst noch zu bieten hatte. Während er sich eine Sendung auf dem Fernsehgerät, das ihm von der Zeitung gestellt wurde, ansah, machte er sich zunächst handschriftliche Notizen, anhand derer er anschließend seinen Text verfasste, den die *Tagesspiegel*-Redaktion schließlich in die Druckfassung übertrug.
Vom 4. Juni bis zum 3. Dezember 1964 entstanden so beinahe 100 Kritiken, die durchaus als politische Geste verstanden werden können. Denn Johnson formulierte seine Bedingung an den *Tagesspiegel* als einen bewussten Eingriff in bestehende Verhältnisse–„aus Interesse an Veränderung der Umgebung […], aus Interesse an der Vervollständigung der Nachrichten in dieser Zeitung“.[2] Und auch wenn Johnsons Kritiken bei seinen Westberliner Lesern kaum eine Reaktion hervorriefen, zeigte sein Einsatz für die Ost-West-Verständigung der ganz eigenen Art auf pressepolitischer Ebene trotzdem Erfolg: Weil das DDR-Fernsehprogramm im Tagesspiegel abgedruckt wurde, zogen nach einer längeren Kontroverse schließlich auch andere Westberliner Zeitungen und Zeitschriften nach. [IH]

1 Uwe Johnson, *Der 5. Kanal*, Frankfurt a. M. 1987, S. 7.

2 Ebd., S. 7 f.

Uwe Johnson

134

“Call it whatever you like: East German television, Ulbricht flickering, the fifth channel, DFF, the Western bridgehead of Intervision: it’s there, and happening daily […].”[1] With these words, Uwe Johnson introduced the first of a total of 99 reviews that he wrote in 1964 for the West Berlin daily newspaper *Der Tagesspiegel* about the East German television programs.
While East German television could be received in West Berlin, the program was not printed in any of the city’s daily newspapers, and the East German press dealt with the program of Western television in the same way. This changed in June 1964, when the writer agreed to write regular reviews of East German television for *Der Tagesspiegel*–under the condition that from then on it include a listing of East German television in the program section. With acute insights and pointed language, Johnson analyzes new programs, films, and shows involving propaganda, information, and entertainment, as well as whatever else the East German television landscape had to offer. While watching a broadcast on the TV set that was provided to him by the newspaper, he first made handwritten notes, on the basis of which he then composed the text, which the *Tagesspiegel* editors finally transferred into the printed version.
From June 4 to December 3, 1964, Johnson used this procedure to write almost a hundred reviews that can definitely be regarded as a political gesture. For Johnson had formulated his stipulation to *Der Tagesspiegel* as a deliberate intervention into existing conditions: “in the interest of altering the surroundings […] out of interest in completing the news reporting in this newspaper.”[2] And even if Johnson’s reviews caused little reaction among his West Berlin readers, his plea for an East-West reconciliation of a quite individual kind was nonetheless successful on the level of press politics: because East Germany’s television program was printed in *Der Tagesspiegel*, other West Berlin newspapers and magazines ultimately began doing so as well, albeit after a protracted controversy. [IH]

1 Uwe Johnson, *Der 5. Kanal* (Frankfurt am Main: Suhrkamp, 1987), 7.

2 Ibid., 7–8.

Notizen von Uwe Johnson zum Programm des DDR-Fernsehens am 16.10.1964 / Notes by Uwe Johnson about East Germany's television program on October 16, 1964

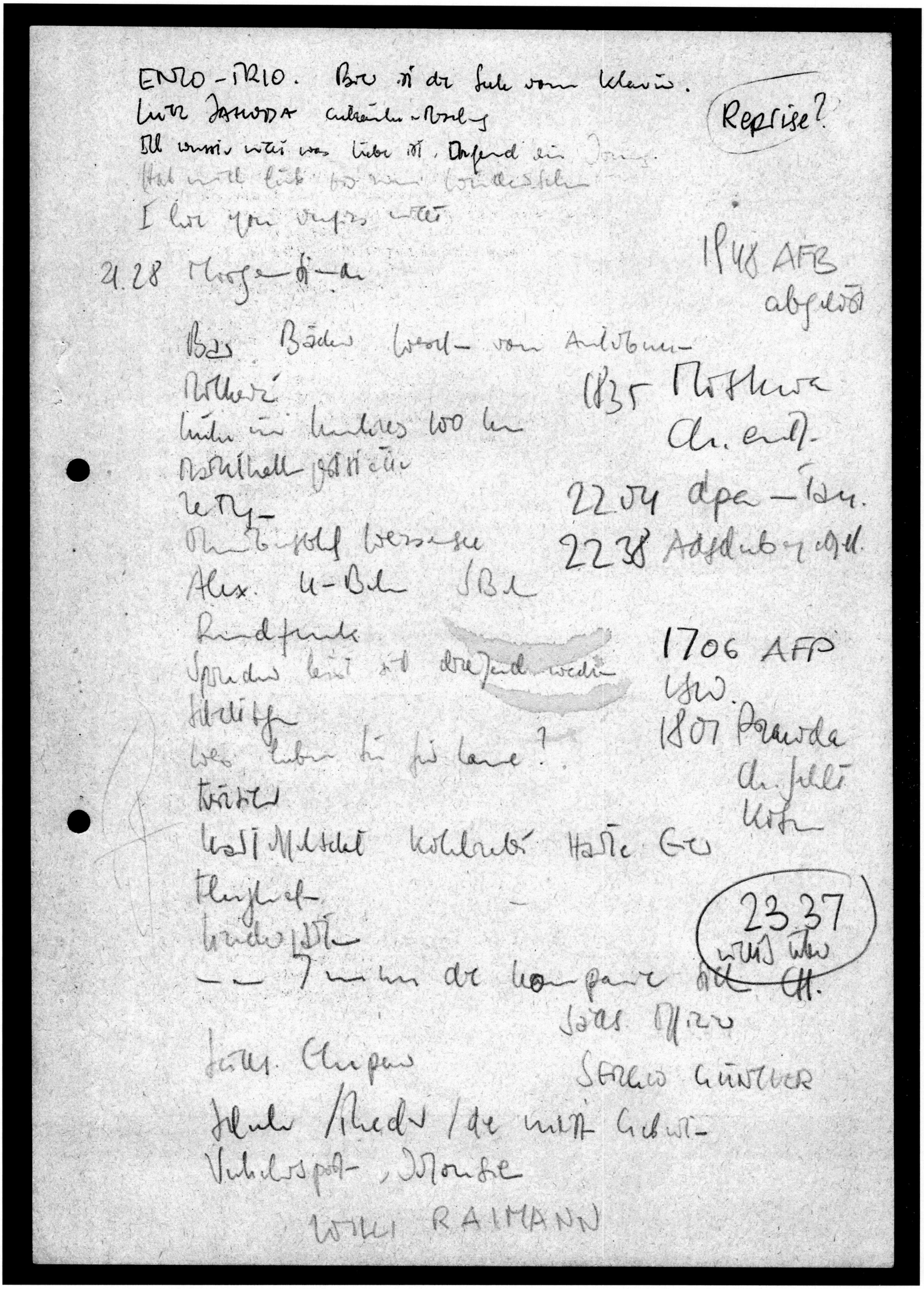

Typoskript *Warten auf Chruschtschow* mit handschriftlichen Korrekturen von Uwe Johnson, 16.10.1964 / Typescript *Warten auf Chruschtschow* with handwritten corrections by Uwe Johnson, October 16, 1964

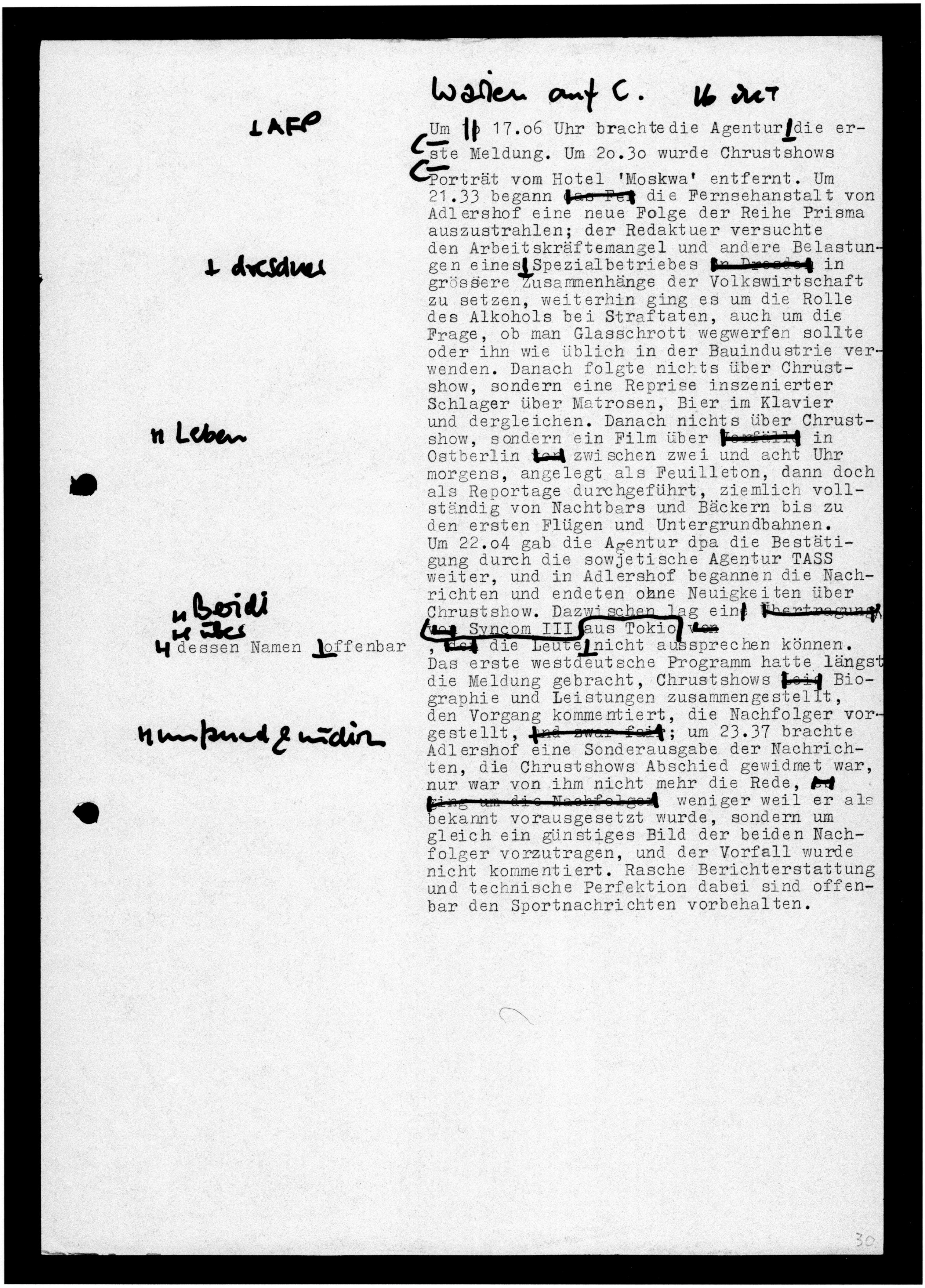

Warten auf C. 16 oct

Um 17.o6 Uhr brachte die Agentur die erste Meldung. Um 2o.3o wurde Chrustshows Porträt vom Hotel 'Moskwa' entfernt. Um 21.33 begann ~~das Fe~~ die Fernsehanstalt von Adlershof eine neue Folge der Reihe Prisma auszustrahlen; der Redaktuer versuchte den Arbeitskräftemangel und andere Belastungen eines Spezialbetriebes ~~in Dresden~~ in grössere Zusammenhänge der Volkswirtschaft zu setzen, weiterhin ging es um die Rolle des Alkohols bei Straftaten, auch um die Frage, ob man Glasschrott wegwerfen sollte oder ihn wie üblich in der Bauindustrie verwenden. Danach folgte nichts über Chrustshow, sondern eine Reprise inszenierter Schlager über Matrosen, Bier im Klavier und dergleichen. Danach nichts über Chrustshow, sondern ein Film über ~~Vorfälle~~ in Ostberlin ~~tag~~ zwischen zwei und acht Uhr morgens, angelegt als Feuilleton, dann doch als Reportage durchgeführt, ziemlich vollständig von Nachtbars und Bäckern bis zu den ersten Flügen und Untergrundbahnen. Um 22.o4 gab die Agentur dpa die Bestätigung durch die sowjetische Agentur TASS weiter, und in Adlershof begannen die Nachrichten und endeten ohne Neuigkeiten über Chrustshow. Dazwischen lag eine ~~Übertragung~~ ~~von~~ Syncom III aus Tokio ~~von~~ , ~~der~~ die Leute nicht aussprechen können. Das erste westdeutsche Programm hatte längst die Meldung gebracht, Chrustshows ~~Lei~~ Biographie und Leistungen zusammengestellt, den Vorgang kommentiert, die Nachfolger vorgestellt, ~~und zwar fest~~; um 23.37 brachte Adlershof eine Sonderausgabe der Nachrichten, die Chrustshows Abschied gewidmet war, nur war von ihm nicht mehr die Rede, ~~es~~ ~~ging um die Nachfolger~~ weniger weil er als bekannt vorausgesetzt wurde, sondern um gleich ein günstiges Bild der beiden Nachfolger vorzutragen, und der Vorfall wurde nicht kommentiert. Rasche Berichterstattung und technische Perfektion dabei sind offenbar den Sportnachrichten vorbehalten.

4 dessen Namen offenbar

30

Zeitungsausschnitt aus *Der Tagesspiegel* mit handschriftlichen Anmerkungen von Uwe Johnson, 17.10.1964 / Newspaper clipping from *Der Tagesspiegel* with handwritten comments by Uwe Johnson, October 17, 1964

OST:

17.10.

Warten auf Chruschtschow

Am Donnerstag um 17 Uhr 06 brachte die Agentur AFP die erste Meldung. Um 20 Uhr 30 wurde Chruschtschows Porträt in Moskau vom gleichnamigen Hotel entfernt. Um 20 Uhr 33 begann die Fernsehanstalt von Adlershof eine neue Folge der Reihe Prisma auszustrahlen; der Redakteur versuchte den Arbeitskräftemangel und andere Belastungen eines Dresdener Spezialbetriebes in größere Zusammenhänge der Volkswirtschaft zu setzen, weiterhin ging es um die Rolle des Alkohols bei Straftaten, auch um die Frage, ob man Glasschrott wegwerfen oder ihn wie üblich in der Bauindustrie verwenden soll. Danach folgte nichts über Chruschtschow, sondern eine Reprise inszenierter Schlager über Matrosen, Bier im Klavier und dergleichen. Danach nichts über Chruschtschow, sondern ein Film über Leben in Ost-Berlin zwischen zwei und acht Uhr morgens, angelegt als Feuilleton, dann doch als Reportage durchgeführt, ziemlich vollständig von Nachtbars und Bäckern bis zu den ersten Flügen und Untergrundbahnen. Um 22 Uhr 04 gab die Agentur dpa die erste Bestätigung durch die sowjetische Agentur TASS weiter, und in Adlershof begannen die Nachrichten und endeten ohne Neuigkeiten über Chruschtschow. Dazwischen lag ein Bericht aus Tokio über Syncom III, dessen Namen die Leute offenbar nicht aussprechen können. Das erste westdeutsche Programm hatte längst die Meldung gebracht, Chruschtschows Biographie und Leistungen zusammengestellt, den Vorgang kommentiert, die Nachfolger vorgestellt, umfassend und nüchtern; um 23 Uhr 37 brachte

Adlershof eine Sonderausgabe der Nachrichten, die Chruschtschows Abschied gewidmet war, nur war von ihm nicht viel die Rede, weniger weil er als bekannt vorausgesetzt wurde, sondern um gleich ein günstiges Bild der beiden Nachfolger aufzubauen, und der Vorfall wurde nicht kommentiert. Rasche Berichterstattung und technische Perfektion dabei sind offenbar sportlichen Ereignissen vorbehalten.

Uwe Johnson

Den Anstoß zu dieser Arbeit gab ein Zeitungsartikel des Kunstkritikers Henry Seldis in der *Los Angeles Times* 1961. Seldis stand der neueren Kunstszene der US-amerikanischen Westküste äußerst verhalten gegenüber. In seinem Verriss von Kienholz' Arbeiten sprach er diesen jeden ästhetischen Wert ab und bezeichnete sie polemisch als Teil einer „Broken toy school". Kienholz schuf die Assemblage-Skulptur als bittere wie humorvolle Antwort. Auf einem alten Fernsehschrank befindet sich eine Ausgabe der *New York Times*, daneben ein gefüllter Aschenbecher sowie das Figürchen eines Toreros mit Gitarre. Auf dem Bildschirm aufgeklebt ist eine vom Künstler umgeschriebene Passage des Dramentexts *Cyrano de Bergerac*. Im Originaltext zeigt sich der Protagonist wenig beeindruckt von den Beschimpfungen eines Zuschauers und gibt Beispiele dafür, wie man ihn weitaus treffender und kunstvoller beleidigen könnte. Die Überschrift *Pantimes 90* sowie der weiße, vor dem Bildschirm baumelnde Stern spielen auf das Logo der damals in den USA sehr beliebten Fernsehdramen-Anthologie *Playhouse 90* an. Kienholz persifliert so die medial ausgetragene Privatfehde mit dem ungeliebten Kritiker als Soap-Opera, spielt mit der Inszenierung von öffentlichem und privatem Raum.
The Big Eye (Homage to H. S.) ist die erste einer Reihe von Arbeiten des Künstlers, in denen ein Fernseher das zentrale Motiv ist—als Ikone amerikanisch-kleinbürgerlicher Wohnzimmerexistenz und des sich dort vollziehenden Konsums medial vermittelter gesellschaftlicher Themen. Seine sehr narrativen Tableaus und Objekte aus ausrangierten, stark bearbeiteten Alltagsgegenständen erzeugen vordergründig vertraute Szenarien. Doch tragen sie ebenso Spuren einer unheimlichen Anwesenheit und scheinen ins leicht Verstörende und Morbide gerückt. Sie zielen auf affektive Betrachterreaktionen und Konfrontation, auf eine Form von involvierter und teilhabender Zeugenschaft. Einer Desensibilisierung von Erfahrung und dem rein passiven Konsum von Zeitgeschehen setzt Kienholz die aggressive ästhetische Geste entgegen. [BO]

Edward Kienholz 138

The impulse for this work was provided by a 1961 review in the *Los Angeles Times* by the art critic Henry Seldis. Seldis was exceedingly reserved in his enthusiasm for the newer West Coast art scene. His damning review of Kienholz's work denied it any aesthetic quality, qualifying it polemically as a "broken toy school." Kienholz's assemblage sculpture was the bitter and humoristic response. On an old television cabinet is an edition of *The New York Times*, next to it a full ashtray and the figurine of a torero with a guitar. A passage from the drama *Cyrano de Bergerac* is glued to the screen, the text altered by the artist. In the original text the protagonist demonstrates how unperturbed he is by the insults of a spectator and furnishes examples of how he could be more much effectively and artfully criticized. The heading "Pantimes 90" and the white star hanging in front of the screen play on the title and the logo of the popular contemporary US television drama anthology *Playhouse 90*. Kienholz is satirically framing the private feud with the uncomfortable critic as a soap opera, playing with the staging of public and private space.
The Big Eye (Homage to H. S.) is the first in a series of works by the artist in which a television is the central motif, featuring as the icon of the American petit bourgeois living room, site of the consumption of social themes conveyed by the media. Kienholz's narrative tableaus and his arrangements of discarded and intensely reworked objects of everyday life generate seemingly familiar scenarios. Yet they also bear the traces of some unsettling presence, tending toward the disturbing and the morbid. They are confrontational, aiming to provoke emotional responses on the part of observers, to involve them and make them participate, witness. This aggressive aesthetic gesture runs counter to the desensitization of experience in the passive consumption of current events. [BO]

The Big Eye (Homage to H. S.)

Bemalte Fernsehkonsole, Zeitung, Figur und Plastik / Painted TV console, newspaper, figurine and plastic, 142 × 64 × 76 cm, 1961

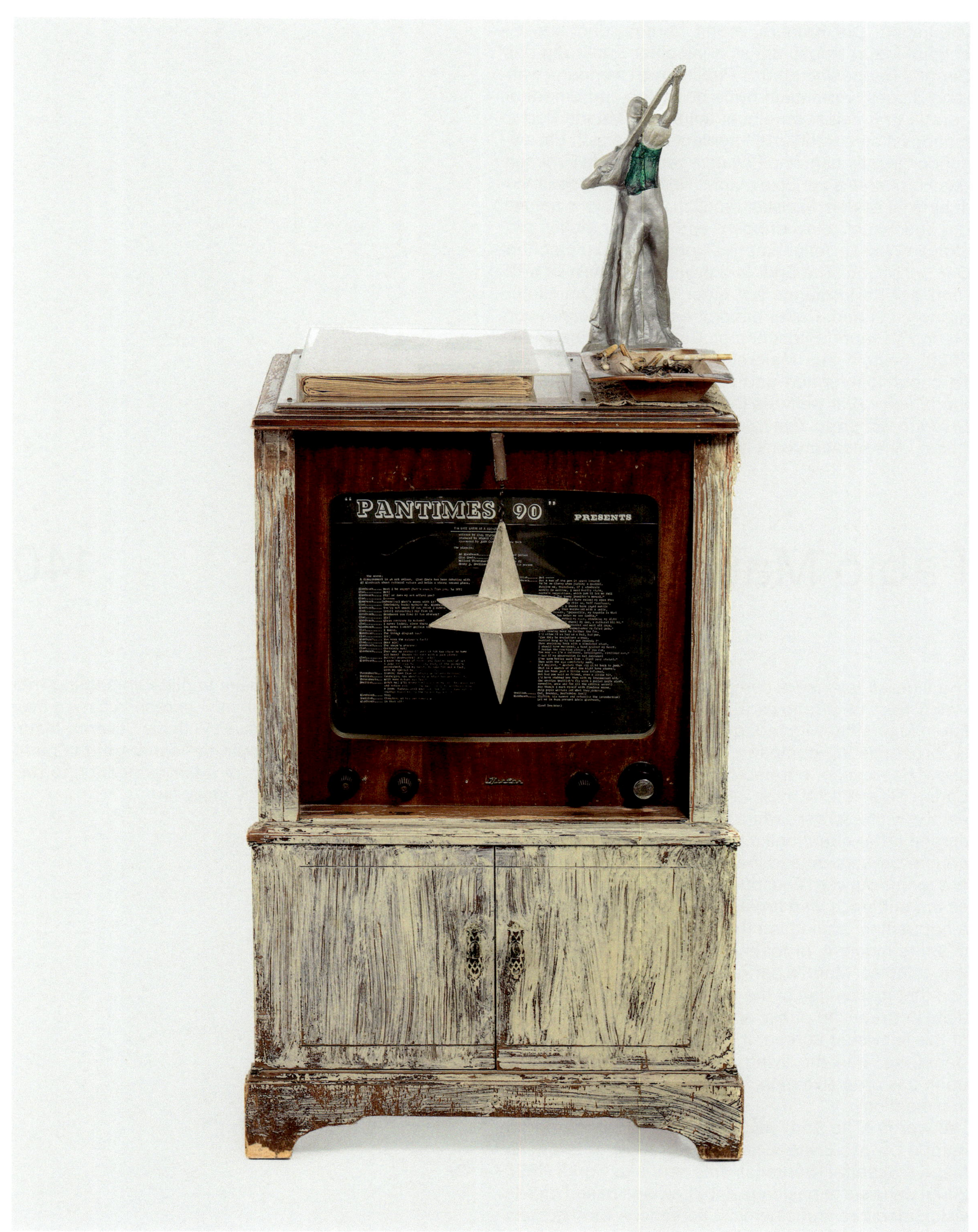

Das Video *Il televisore che piange* (Das weinende Fernsehen) (1972), zeigt eine Performance des Künstlers Fabio Mauri, die im Rahmen der Sendung *Happening*, kuratiert von Paquito del Bosco und Enrico Rossetti, von dem italienischen Fernsehsender RAI ausgestrahlt wurde. Zu sehen ist zunächst nichts als ein leerer, weißer Bildschirm, während aus dem Off Weinen zu hören ist. Nach etwa einer halben Minute erscheinen die Worte „The End" auf dem Bildschirm und das Weinen verstummt. Die Kamera zoomt heraus, und nun erscheint Mauri selbst, um sich mit einer Erklärung des Begriffs *Happening* an das Publikum zu wenden—während dieses, vermutlich ohne es gleich zu bemerken, gerade erst selbst an einem teilnimmt. Mauris Performance ist eine raffinierte Intervention, die sich die zwischen Öffentlichem und Privatem vermittelnde Funktion des Fernsehens zunutze macht. Über den Fernsehbildschirm ist es dem Künstler möglich, in die Wohnzimmer der Zuschauer „einzudringen" und sie über diesen proaktiven Weg zu Teilnehmern seiner Aktion zu machen. Der Schriftzug „The End" in schwarzen Lettern ist während der Performance auf einer Leinwand im Hintergrund zu sehen. Dabei handelt es sich um einen von Mauris *Schermi* (Bildschirme). Diese Werkreihe (1957–2005) besteht aus Malereien und Zeichnungen, die Fernsehbildschirmen und Kinoleinwänden nachempfunden sind. Ein weiteres Beispiel hierfür ist die Arbeit *Disegno schermo fine* (Zeichnung Bildschirm Ende) (1962), eine monochrome Malerei in der Optik eines Abspanns. Weiße Buchstaben auf schwarzem Grund: *FINE*, das Ende—wovon, bleibt offen. Ein Ende impliziert immer auch ein zeitliches „Davor", womit die Leinwand für die Imagination des Betrachters freigegeben wird. Mit seinen *Schermi* verweist Mauri auf das Potenzial der Leinwand—die des gemalten Bildes und die der Filmprojektion—, jedes Bild zu zeigen, jede Geschichte zu erzählen. [IH]

Fabio Mauri

The video *Il televisore che piange* (The Weeping Television Set; 1972) shows a performance by the artist Fabio Mauri that was broadcast by Italy's national public broadcasting company, RAI, in the context of the show *Happening*, curated by Paquito del Bosco and Enrico Rossetti. At first, all that can be seen is an empty, white screen, while weeping can be heard offscreen. After about half a minute, the words "The End" appear on-screen, and the weeping ceases. The camera zooms outward and focuses on Mauri, who addresses the audience with an explanation of the concept of a happening, something the audience is participating in at the moment, probably without even knowing that it is doing so. Mauri's performance is a subtle intervention that makes use of the function of television to mediate between the public and private realms. By means of the television screen, it is possible for the artist to "penetrate" into the living rooms of the viewers and, upon this proactive path, to turn them into participants in his action.

The words "The End" may be seen during the performance on a canvas in the background. It is one of Mauri's *Schermi* (Screens). This series of works (1957–2005) consists of paintings and drawings based on television monitors and cinematic screens. A further example is the work *Disegno schermo fine* (Drawing Screen End; 1962), a monochrome painting with the optical characteristics of the end credits in a film. White letters on a black background: *FINE*. The end—it remains unclear of what. An end always implies something that occurs beforehand, whereby the screen is turned over to the imagination of the viewer. With his *Schermi*, Mauri points to the potential of both the canvas of the painted picture and the screen of a film projection to represent any image, to tell any story. [IH]

Schermo

Verschiedene Materialien auf Papier / Mixed media on paper, 58 × 59 cm, 1960er-Jahre / 1960s

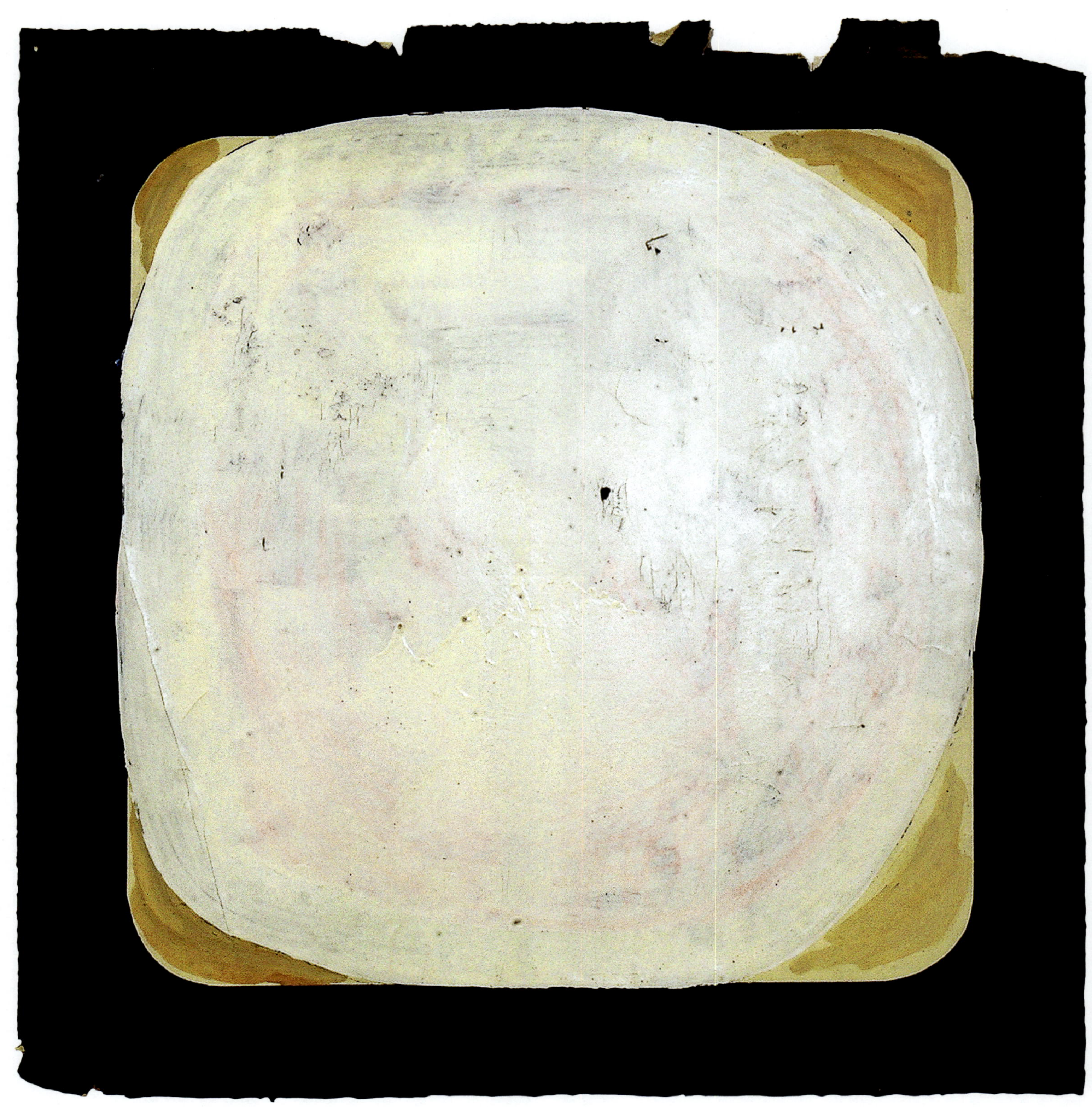

Il televisore che piange

Aus der Sendung / From the program *Happening*, RAI TV2, Rom / Rome, 1972

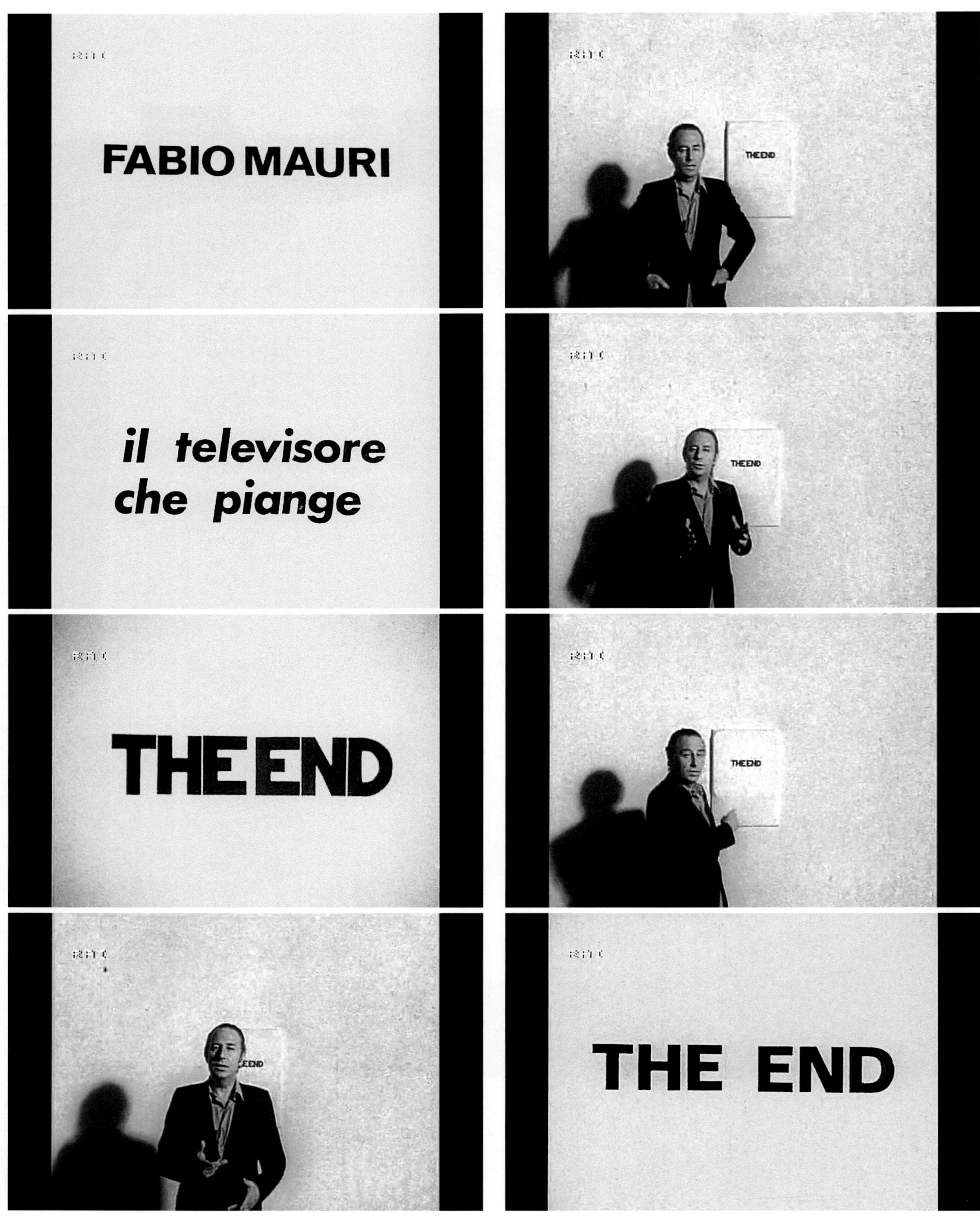

Disegno schermo fine

Tempera auf Papier / Tempera on paper, 70 × 100 cm, 1962

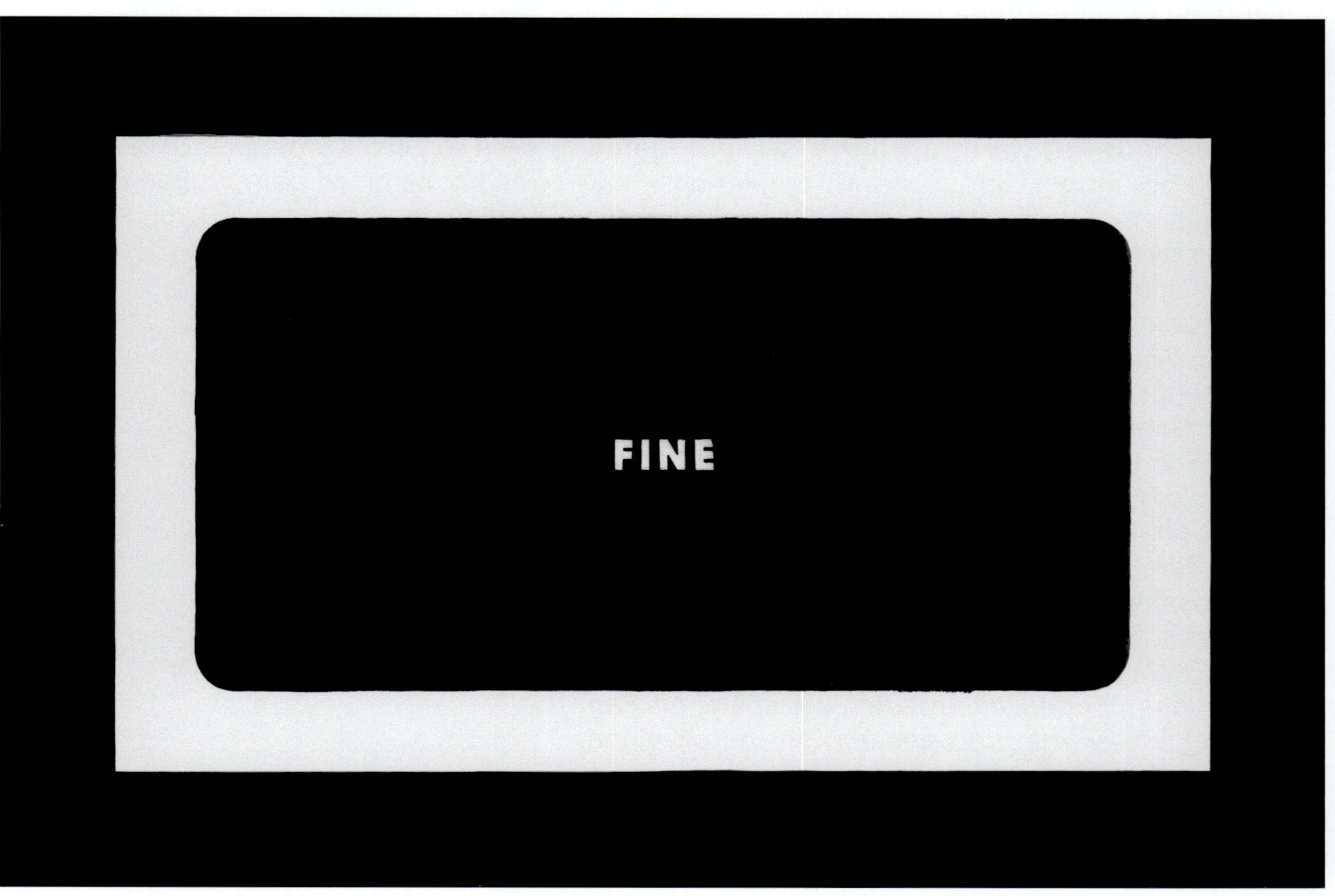

Schermo

Verschiedene Materialien auf Papier / Mixed media on paper, 70 × 100 cm, 1960er-Jahre / 1960s

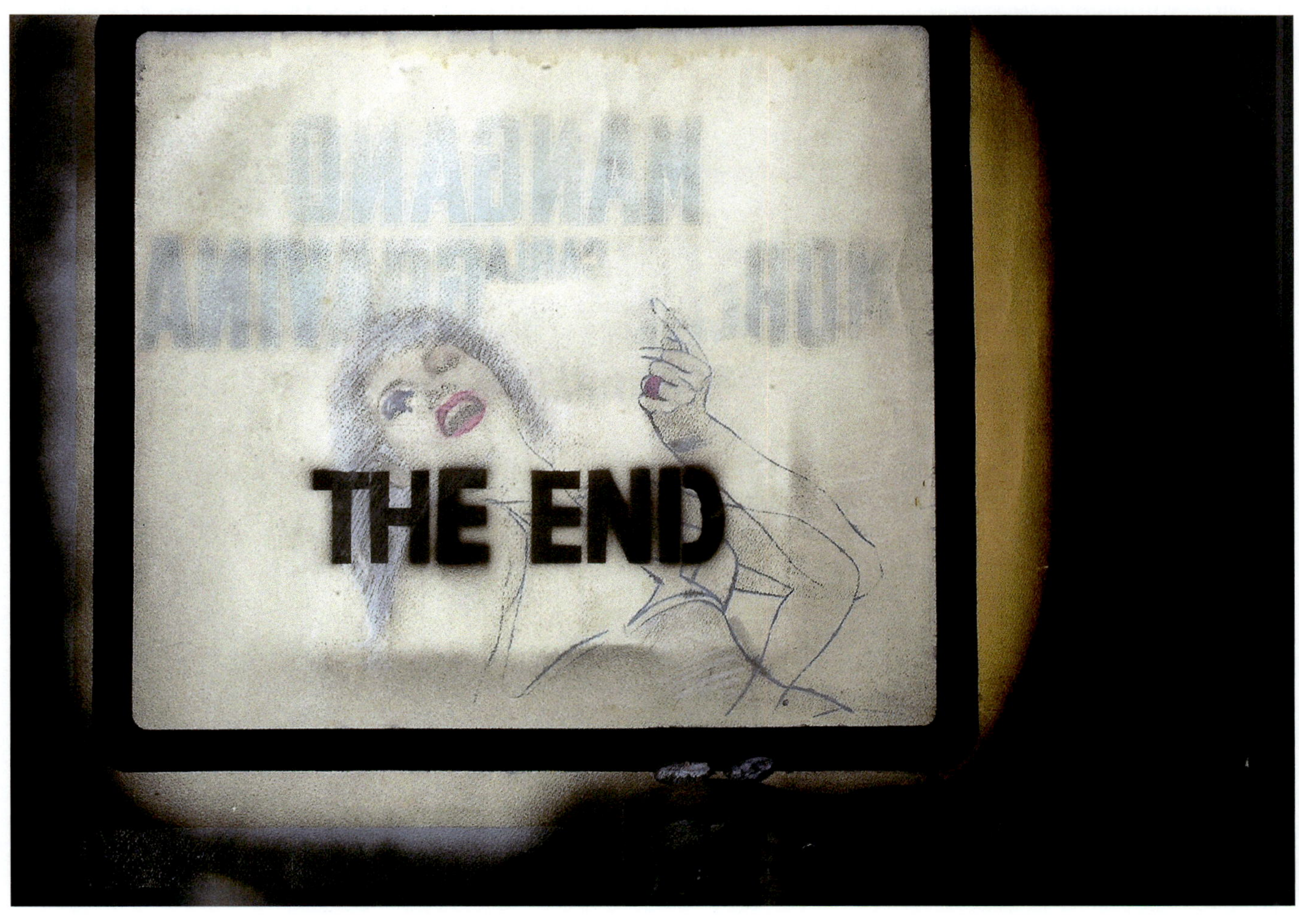

Vom 11. bis 20. März 1963 inszenierte Nam June Paik seine erste bedeutende Einzelausstellung, *Exposition of Music. Electronic Television,* in der Villa des Architekten Rolf Jährling in Wuppertal. Die legendäre Ausstellung, die als Meilenstein in der Entwicklung elektronischer und gattungsübergreifender Kunst rezipiert wird, beschlagnahmte die bürgerliche Villa vom Keller bis unters Dach. Am Eingang wurden die überraschten Besucher vom Kopf eines frisch geschlachteten Rindes empfangen. Über drei Stockwerke hinweg installierte Paik unter anderem vier präparierte Klaviere, deren Tasten bei Berührung Geräusch- und Lichteffekte auslösten, mehrere Schallplatten- und Tonbandinstallationen sowie zwölf unterschiedlich modifizierte Fernseher. Letztere sollten für Paiks weitere Entwicklung von großer Bedeutung sein, auch wenn sie zu seiner Enttäuschung in Wuppertal kaum Aufmerksamkeit erregten. Die Fernseher zeigten abstrakte Bilder und gelten heute als erster Schritt in der künstlerischen Erzeugung und Manipulation eines bewegten Fernsehbildes, noch vor Erfindung der Videokunst. In Wuppertal waren die Geräte scheinbar wahllos über den Fußboden des sogenannten Gartenzimmers verteilt. Beim Transport waren zwei Fernseher beschädigt worden, was Paik jedoch nicht davon abhielt, sie in das Arrangement zu integrieren. Einen platzierte er mit dem Bildschirm nach unten auf den Boden, den anderen, der später als *Zen for TV* bekannt wurde und dessen Bild durch einen Defekt der Kathodenstrahlröhre auf eine horizontale Linie reduziert war, stellte er hochkant auf. Bei anderen Fernsehapparaten wurden externe Geräte angeschlossen, so bei *Sound Wave Input on Two TV Sets* ein Rundfunkempfänger, dessen Schwingungen auf die zwei aufeinandergestellten Monitore einwirkten, während das *Kuba TV* an ein Tonbandgerät gekoppelt war. Ausgehend von diesen frühen Experimenten, entwickelte Paik weitere modifizierte Fernseher in unterschiedlichen Versionen, etwa die bekannte Arbeit *Magnet TV*, bei der das Bild anfangs mit einem Degaußer, später mit Magneten verzerrt wurde. Die Objekte der Ausstellung *TeleGen* entstammen dem großen Ensemble, das Paik anlässlich der Biennale von Lyon 1995 als Rekonstruktion anfertigte. [SW]

Nam June Paik

144

From March 11 to 20, 1963, Nam June Paik staged his first important solo exhibition, *Exposition of Music. Electronic Television*, at the residence of the architect Rolf Jährling in Wuppertal. The legendary exhibition, which was considered at the time to be a milestone in the development of electronic and genre-transcending art, commandeered Keller's house from cellar to rooftop. At the entrance, the surprised visitor was met by the head of a freshly butchered cow. On three floors, Paik set up such objects as four retooled pianos whose keys, upon being touched, triggered sound and light effects, several record and tape-recorder installations, and twelve variously modified television sets. They would turn out to be of crucial importance for Paik's further development even if, to his disappointment, they received scarcely any attention. The television sets showed abstract images and are today regarded as representing the first step toward the artistic creation and manipulation of a moving television picture, even before the invention of video art. In Wuppertal, the apparatuses seemed to have been distributed at random across the floor of the so-called garden room. During the transport, two pieces of equipment were damaged; Paik nonetheless integrated them into the arrangement. He placed one of them on the floor with its screen facing downward, and upended the other set, which would later become known as *Zen for TV*; because of a defect in the cathode-ray tube, its picture was reduced to a horizontal line. In the case of other television sets, external equipment was attached. With *Sound Wave Input on Two TV Sets*, this was a radio receiver whose oscillations affected two monitors stacked on top of each other; *Kuba TV* was attached to a tape recorder. Proceeding from these early experiments, Paik developed further modified television sets in various versions, for example the familiar work *Magnet TV*, in which the picture was initially distorted with a degausser, later with magnets. The objects featured in the *TeleGen* exhibition come from the large ensemble that Paik prepared as a reconstruction on the occasion of the Lyon Biennial in 1995. [SW]

Exposition of Music. Electronic Televison

Plakat zur Ausstellung in der Galerie Parnass, Wuppertal /
Exhibition poster for the Galerie Parnass, Wuppertal
Siebdruck / Silkscreen, 57,6 × 42 cm, 1963

NAM JUNE PAIK

EXPosition of music

ELectronic television

11.–20. März 1963

Wuppertal-Elberfeld Moltkestraße 67 Tel. 35241

Galerie Parnass

Kindergarten der »Alten«	How to be satisfied with 70%
Féticism of »idea«	Erinnerung an das 20. Jahrhundert
objets sonores	sonolized room
Instruments for Zen-exercise	Prepared W. C.
Bagatèlles americaines etc.	que sais-je?
Do it your . . .	HOMMAGE à Rudolf Augstein
Freigegeben ab 18 Jahre	Synchronisation als ein Prinzip akausaler Verbindungen
Is the TIME without contents possible?	A study of German Idiotology etc.

MANFRED MONTWE ← Artistic Collaborators . . . Thomas Schmitt
Frank Trowbridge
PETER BRÖTZMANN ← Technic . . . . Günther Schmitz
M. Zenzen

Exposition of Music. Electronic Televison

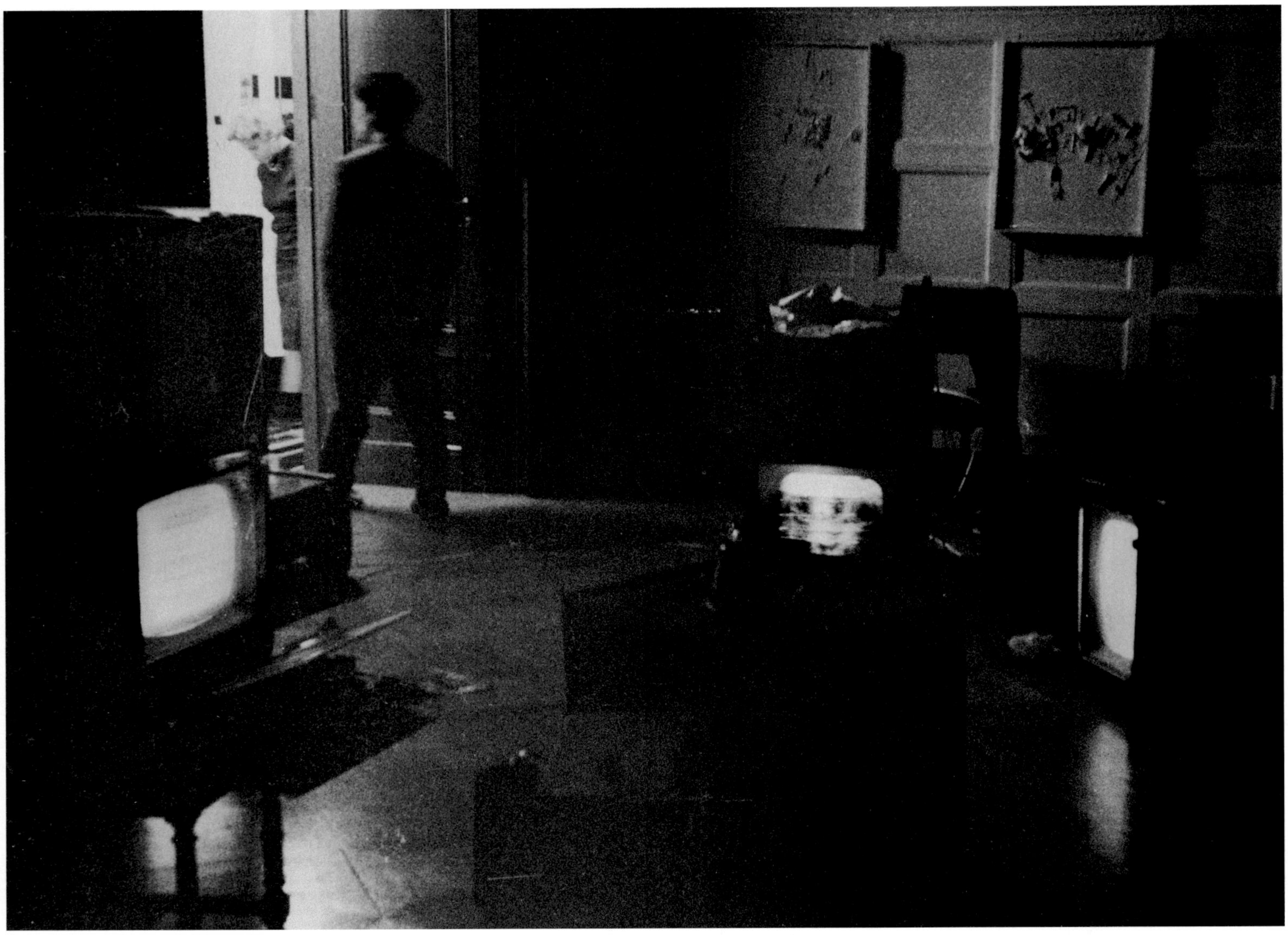

1

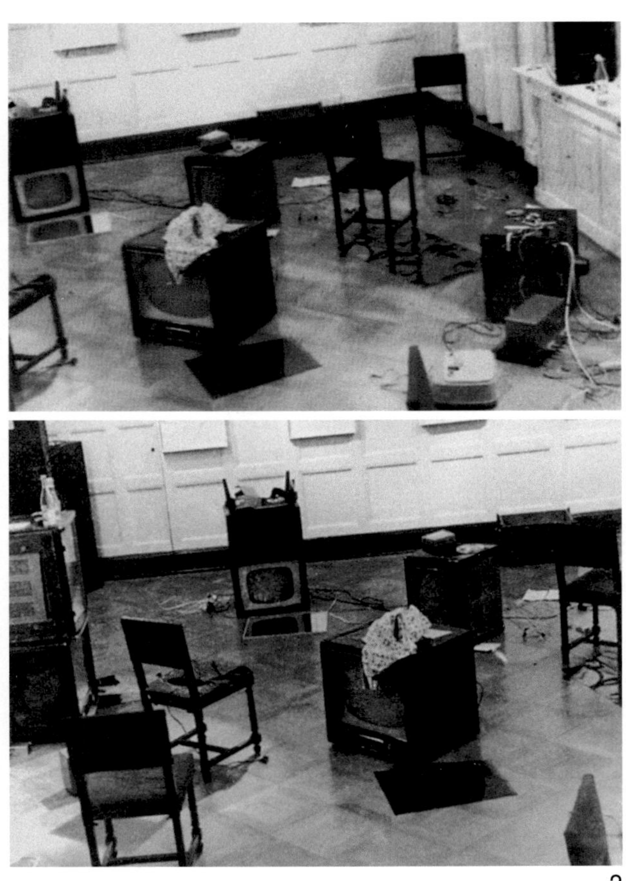

2

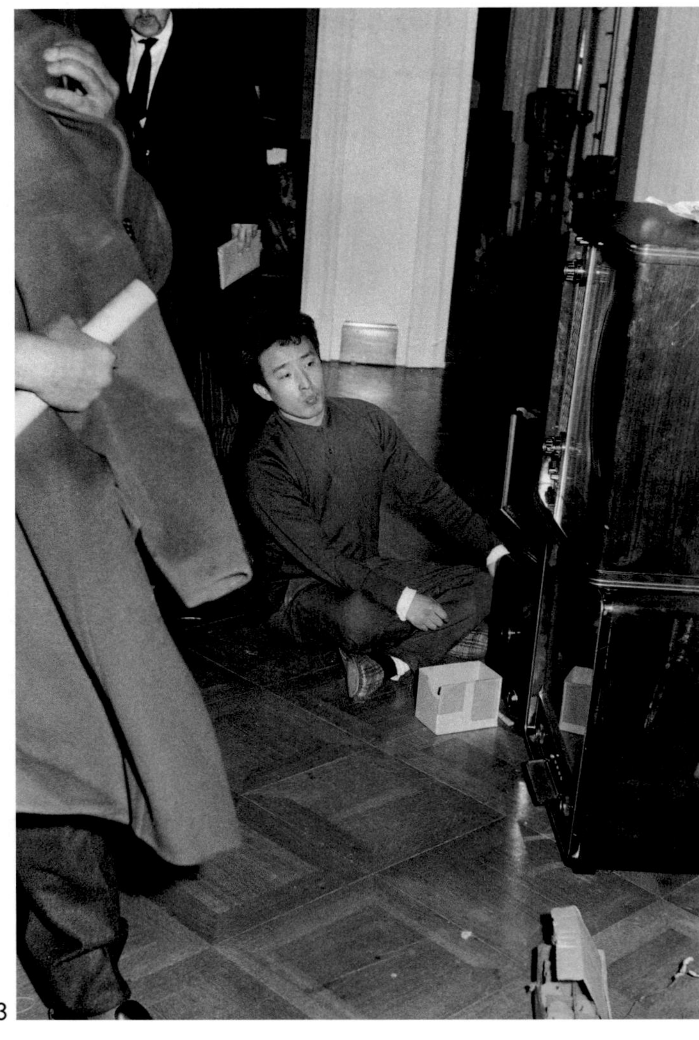

3

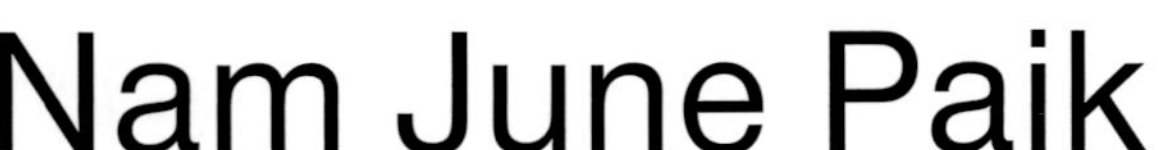

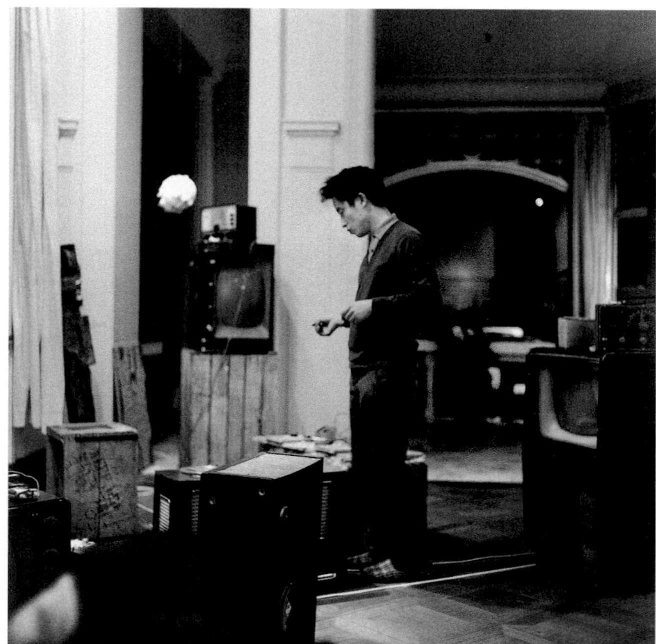

4

1 Nam June Paik beim Verlassen des Fernsehraums / Nam June Paik leaving the TV room (1963)
2 Fernsehraum / TV room (1963)
3, 4 Nam June Paik im Fernsehraum / Nam June Paik in the TV room (1963)
5 Nam June Paik am Tonbandgerät von *Kuba TV* / Nam June Paik at the tape recorder of *Kuba TV* (1963)
6 Nam June Paik hinter *Rembrandt-Automatik* / Nam June Paik behind *Rembrandt-Automatik* (1963)

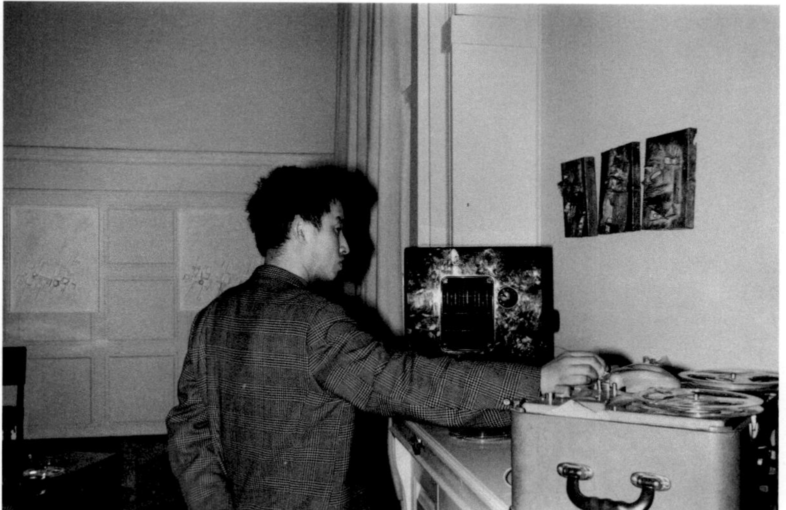

5

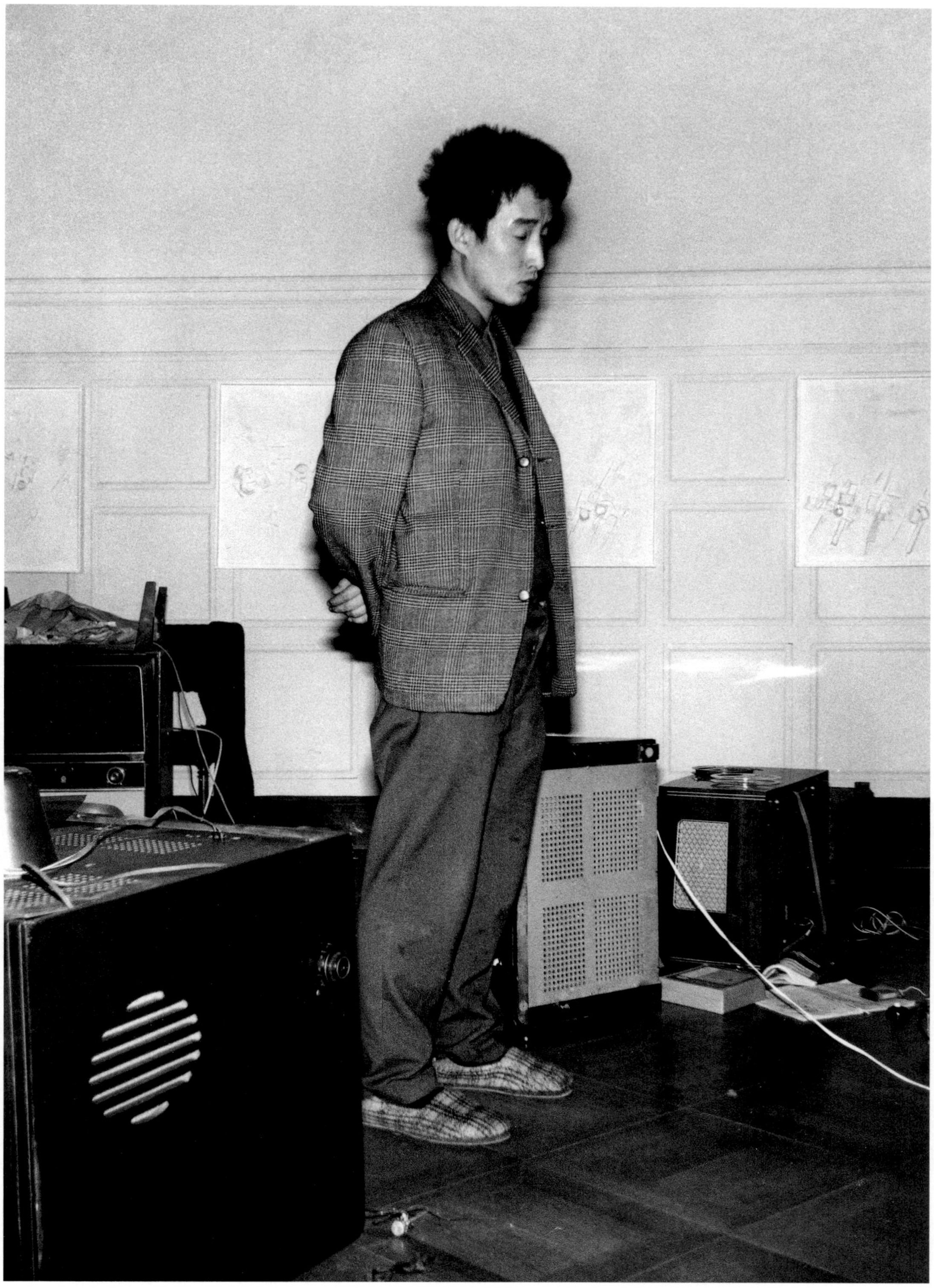

6

Ausstellungsansichten von *Kuba TV* / Exhibition view of *Kuba TV* (1963)

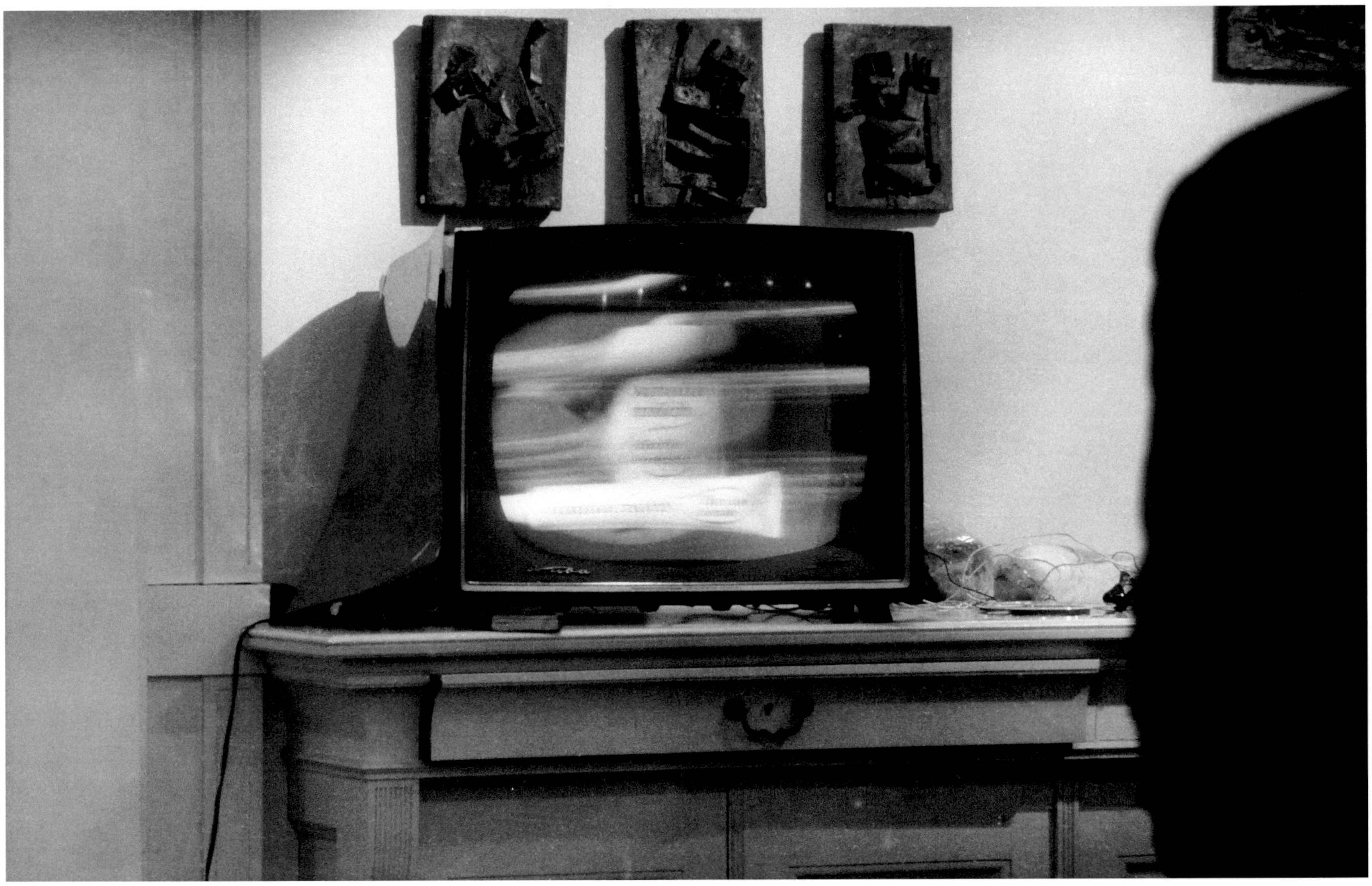

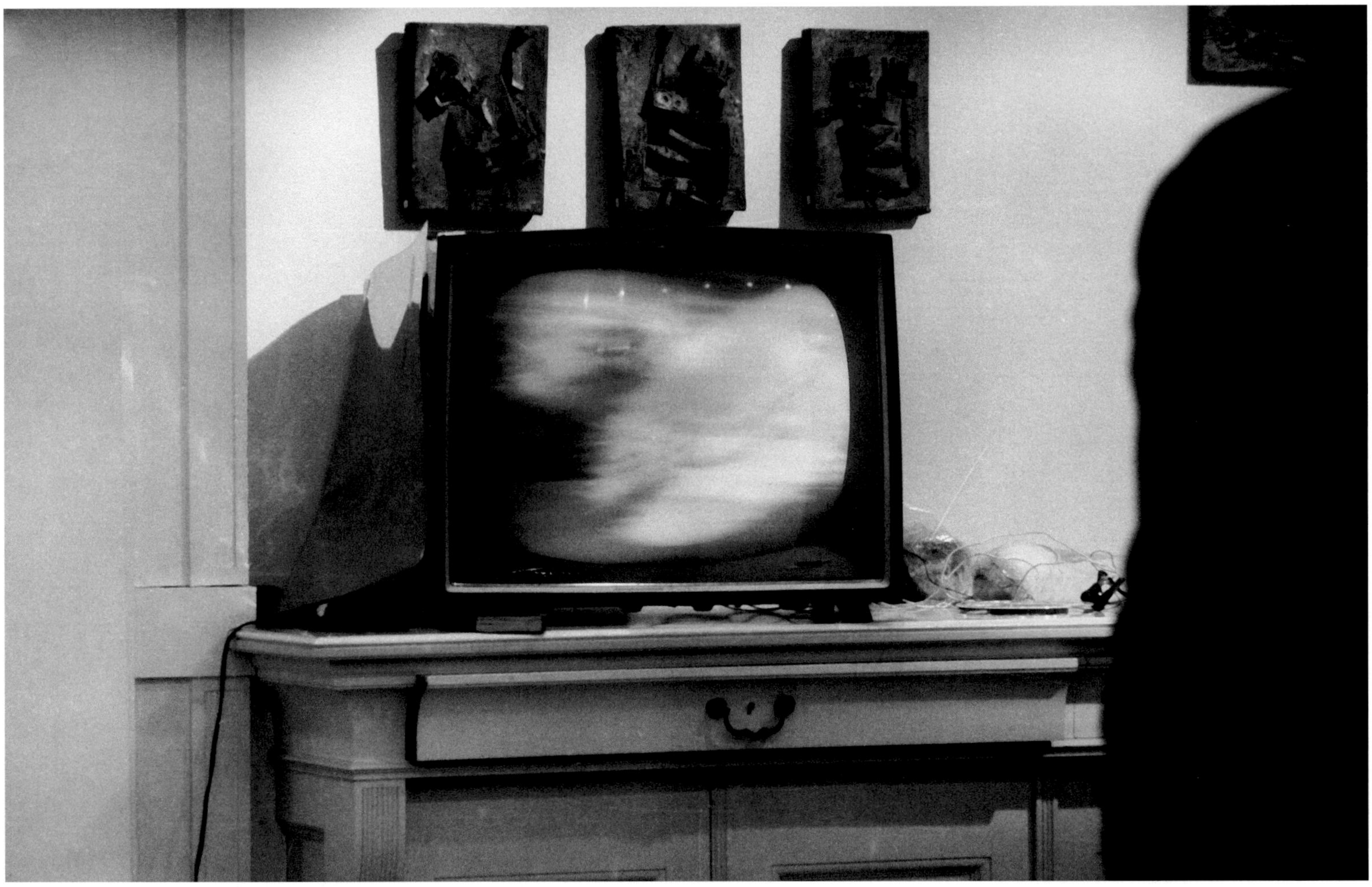

Exposition of Music. Electronic Televison

Fotografien von manipulierten Live-Fernsehbildern / Photographs of modified live TV images (1963)

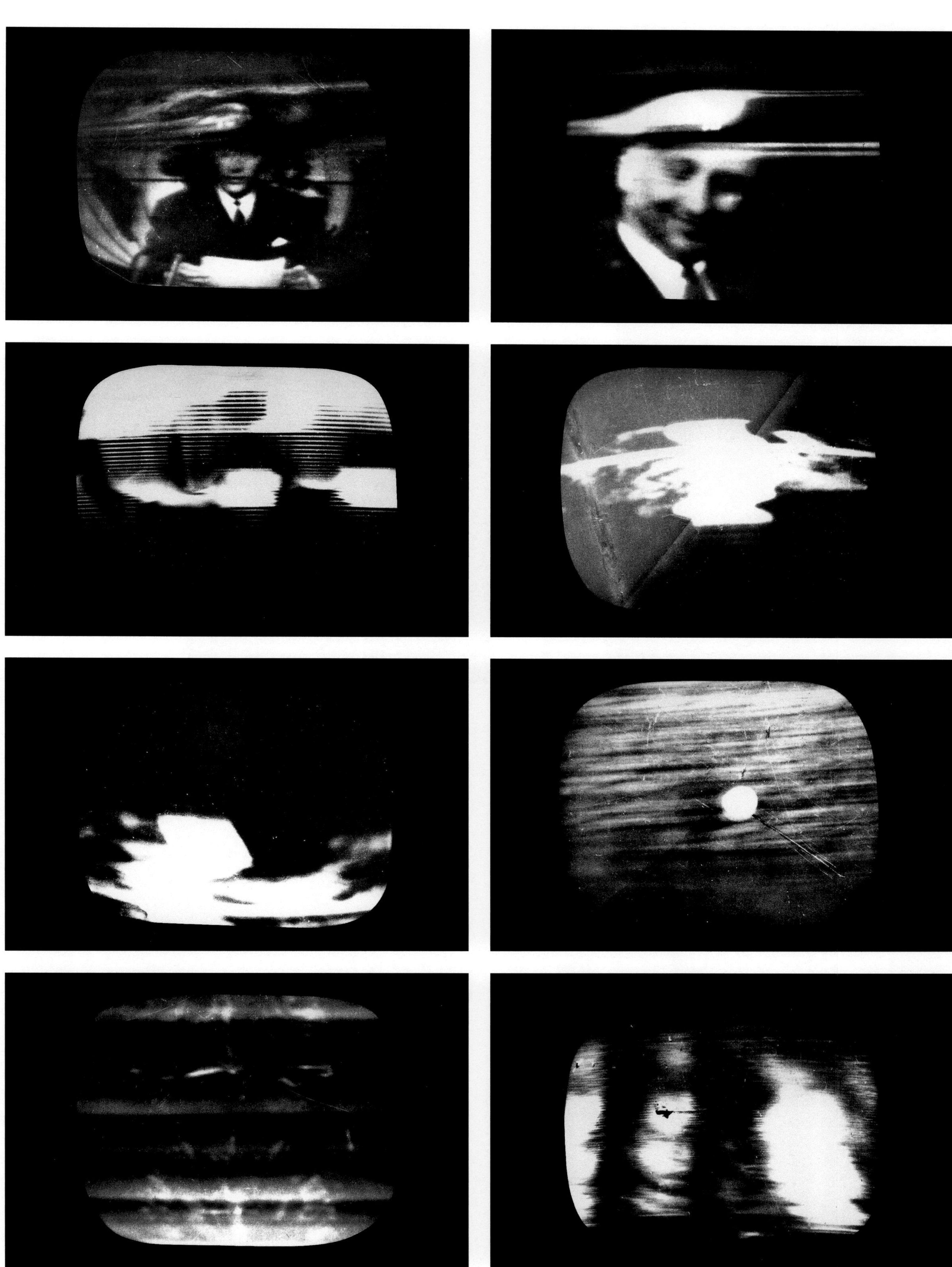

Exposition of Music. Electronic Televison (Rekonstruktion / Reconstruction)

Rekonstruktion manipulierter Fernsehmodelle aus der *Exposition of Music. Electronic Televison* (1963) sowie spätere Partizipation TV Modelle, 1995 / Reconstruction of modified TV sets from the *Exposition of Music. Electronic Television* (1963) and of later participation TV models, 1995

1 Sound Wave Input on Two TV Sets (vertical / horizontal)
2 modifizierte Fernseher, 2 Tonbandkassetten /
2 modified TV sets, 2 audio cassettes,
174 × 51 × 51 cm, 1963/1995

2 *Zen for TV*
modifizierter Fernseher / Modified TV set,
50 × 48 × 50 cm, 1963/1995

3 Ausstellungsansicht / Exhibition view, macLYON, 1998

4, 6 *Magnet TV*
modifizierter Fernseher, Magnet, Spiegel / Modified TV set, magnet, mirror, 105 × 60 × 120 cm, 1965/1995

5 TV Experiment (Mixed Microphones)
modifizierter Fernseher, 2 Verstärker, 2 Mikrofone /
Modified TV set, 2 amplifiers, 2 microphones,
185 × 50 × 55 cm, 1969/1995

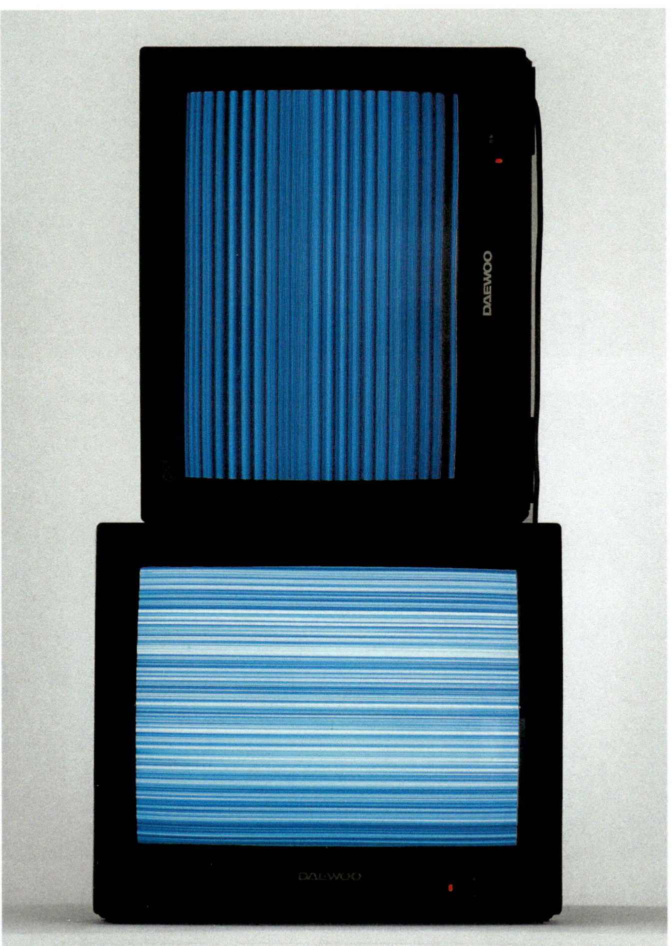

1

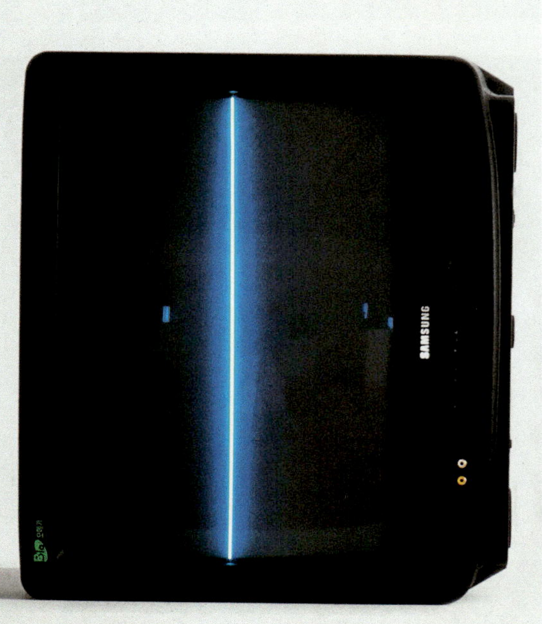

2

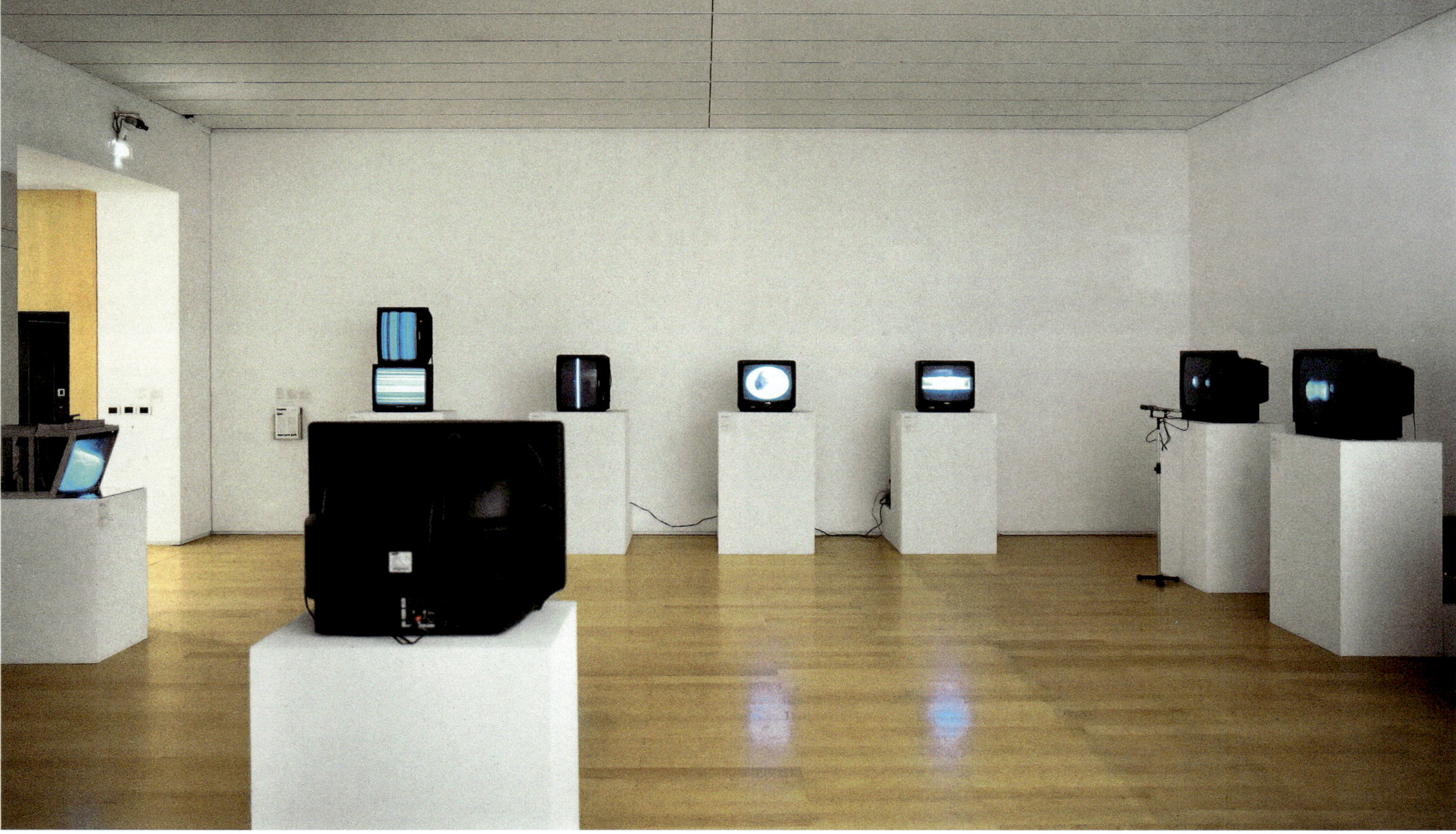

3

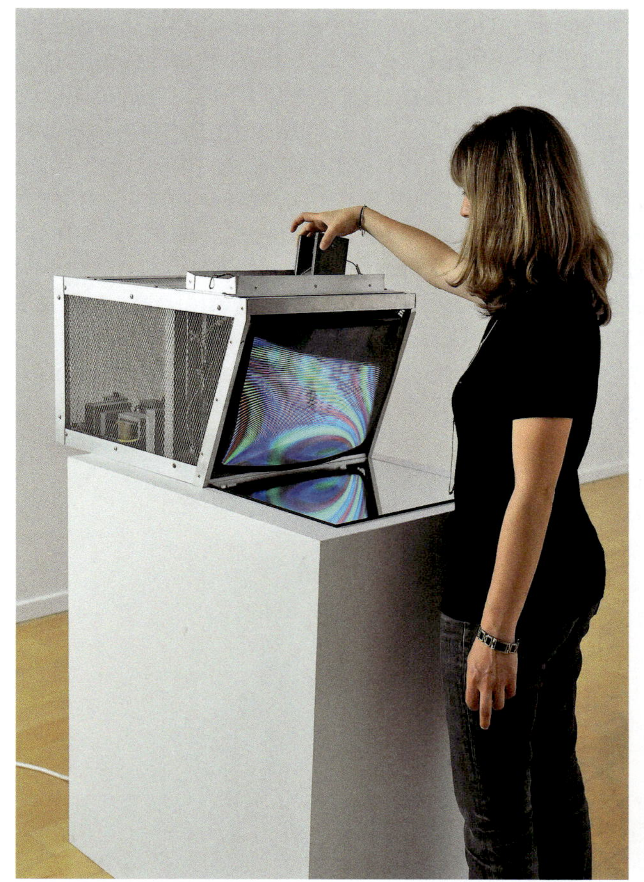

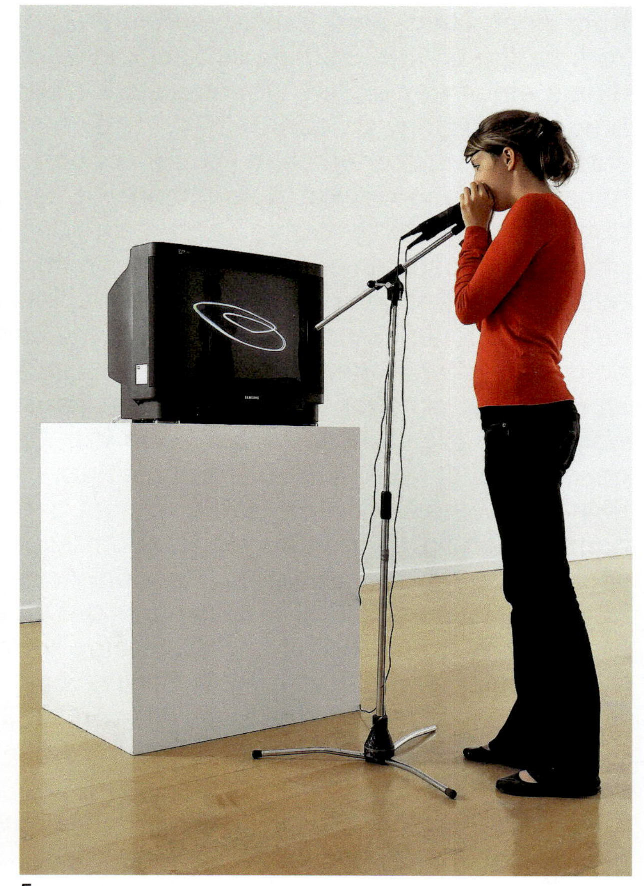

4 5

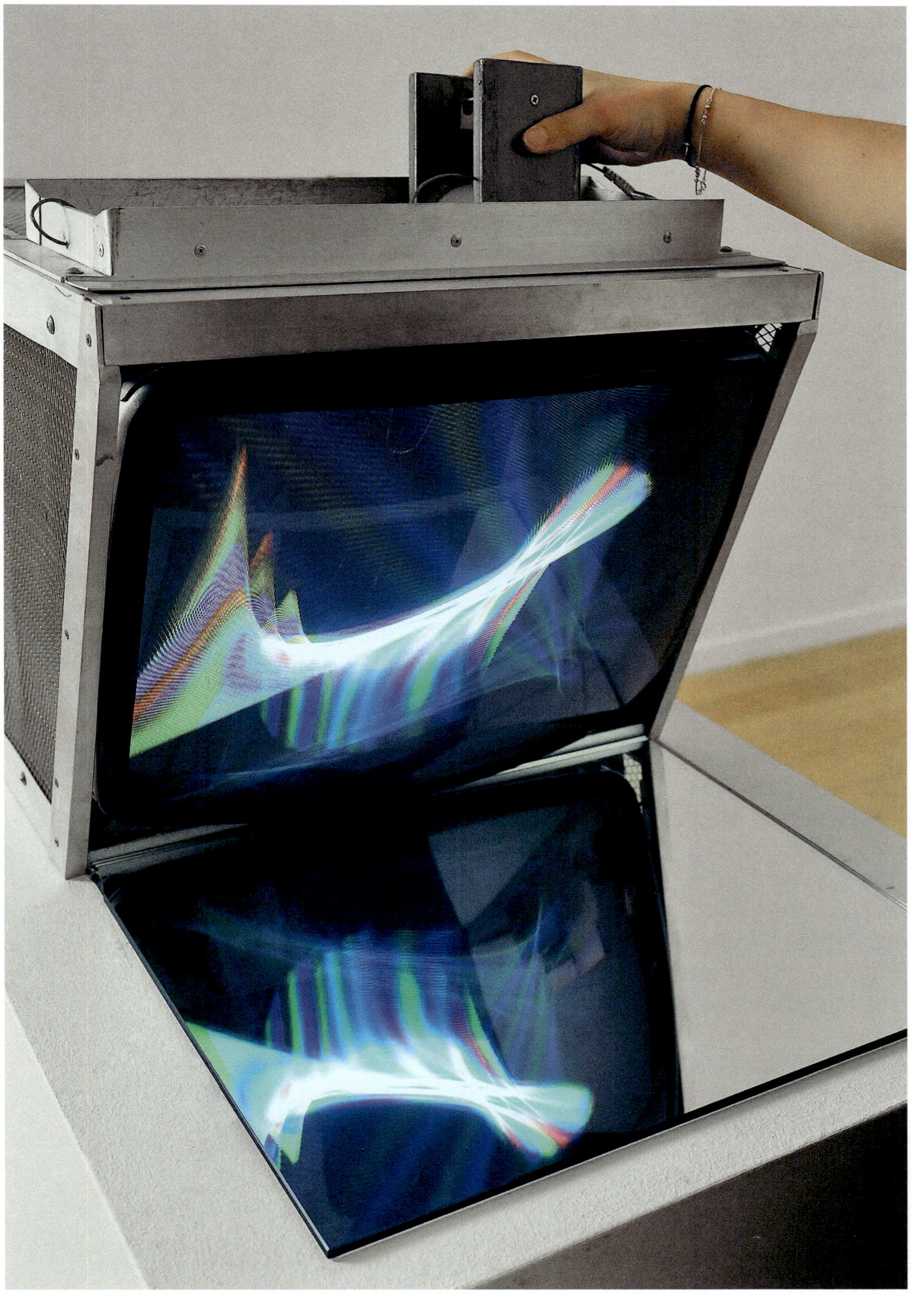

6

Kurz nach Nam June Paiks Übersiedlung nach New York kaufte er 1965 mithilfe seines Rockefeller-Stipendiums eines der ersten Videogeräte für den Heimgebrauch, den Sony CV-2000/TCV-2010, der im Gegensatz zu dem späteren Sony Portapak noch nicht tragbar war, jedoch direkte Aufnahmen von Fernsehsendungen „off the air" erlaubte. Dieses einfache Gerät mit offenen Videospulen erlaubte keine Schnitte, Montagen oder Verfremdungen des Bildes. Paik manipulierte deshalb den offenen Bandlauf, um Störeffekte und Wiederholungen zu erzeugen. *Study I – Mayor Lindsay* (1965) ist das erste erhaltene Beispiel dieser neuen Arbeitsweise und zugleich der erste Loop der Videokunstgeschichte. Er wurde 1965 in Echtzeit über einen von Paik selbst konstruierten Mechanismus generiert. Es handelt sich sozusagen um ein Random Access Video, vergleichbar Paiks interaktiven Random Access Audiotape Installationen von 1963. Das nur in der Videosammlung des Neuen Berliner Kunstvereins vorhandene Videotape entstand erst 1974 im Studio von WNET TV durch die Bearbeitung des Materials von 1965 und hat diesen Loopeffekt auf einem linearen Video gespeichert.[1]

Paik verwendete in *Study I – Mayor Lindsay* tagesaktuelles Fernsehmaterial aus dem November 1965. Während Bruce Conner und Wolf Vostell das Material noch mittels Film aufnahmen und montierten, gelang es Paik erstmals, Material aus dem Fernsehen ohne diesen Zwischenschritt künstlerisch zu bearbeiten, um es dann wieder auf die Mattscheibe zurückzuspielen. Sein Video zeigt den US-amerikanischen Politiker John Vliet Lindsay, der als frisch gewählter Bürgermeister von New York zu seinem ersten Fototermin vor die Presse- und Fernsehkameras tritt. Den ungeduldigen Fotoreportern ruft er zu: „As soon as I'm through I'll pose again." Durch die ständige Wiederholung dieses Satzes analysiert Paik Prozesse der öffentlichen Bildproduktion. Das Video lässt sich vielleicht auch als eine Selbstreflexion des neuen Mediums Fernsehen im Verhältnis zum alten Medium der Fotografie verstehen: Nur das Fernsehen zeigt das Posieren des Politikers für die Pressefotografen, die Presse hingegen präsentiert das fertige Bild. [DD]

1 Zu der Verwendung eines „unique loop device" 1965 und dem Re-editing 1974 bei WNET siehe: Pressemitteilung des Museum of Modern Art, 21.2.1975 zu *Projects: Video III*.

Nam June Paik

152

In 1965, shortly after Nam June Paik had moved to New York, he used a grant from the Rockefeller Foundation to buy one of the first home video recorders, the Sony CV-2000/TCV-2010. It was not yet portable, like the Sony Portapak would be only a couple of years later, but it enabled users to record TV broadcasts directly off the air. The simple open-reel device did not allow for editing, montage, or adding visual effects to the image, so Paik had to manipulate the bare tape to get interference effects and to repeat material. *Study I – Mayor Lindsay* (1965) is the earliest still-extant example of this new approach. It also offers the first loop in video art history, created in real time with a mechanism that Paik had built himself. It is a "random access" video, comparable to Paik's interactive "random access" audio tape installations of 1963. The work has survived on a video made in 1974 in the studios of WNET TV, which is an edit of the original material and today is found only in the collection of the Neuer Berliner Kunstverein. In this edit, the loop effect has been saved to a linear video.[1]

For *Study I – Mayor Lindsay*, Paik worked with topical television broadcasts from November 1965. Bruce Conner and Wolf Vostell had used similar materials, but still recorded and edited them on film. Paik was the first to artistically treat television images and play them back on a TV screen without the intermediate step. His video shows US politician John Vliet Lindsay on a photo shoot for newspaper and television immediately after he had been elected mayor of New York. He calls out to the impatient reporters: "As soon as I'm through I'll pose again." Endlessly repeating that sentence, Paik explores the processes that produce a public image. The video can also be understood as a metareflection on television as the new medium after photography: what the television images show is the politician striking a pose for the press photographers, whereas the press itself merely presents the finished image. [DD]

1 On Paik's use of a "unique loop device" in 1965 and the reediting done at WNET in 1974, see the Museum of Modern Art's press release on *Projects: Video III*, New York, February 21, 1975.

Study I — Mayor Lindsay

Video, NTSC, sw, Ton / Video, NTSC, bw, sound, 4:33 min., 1965

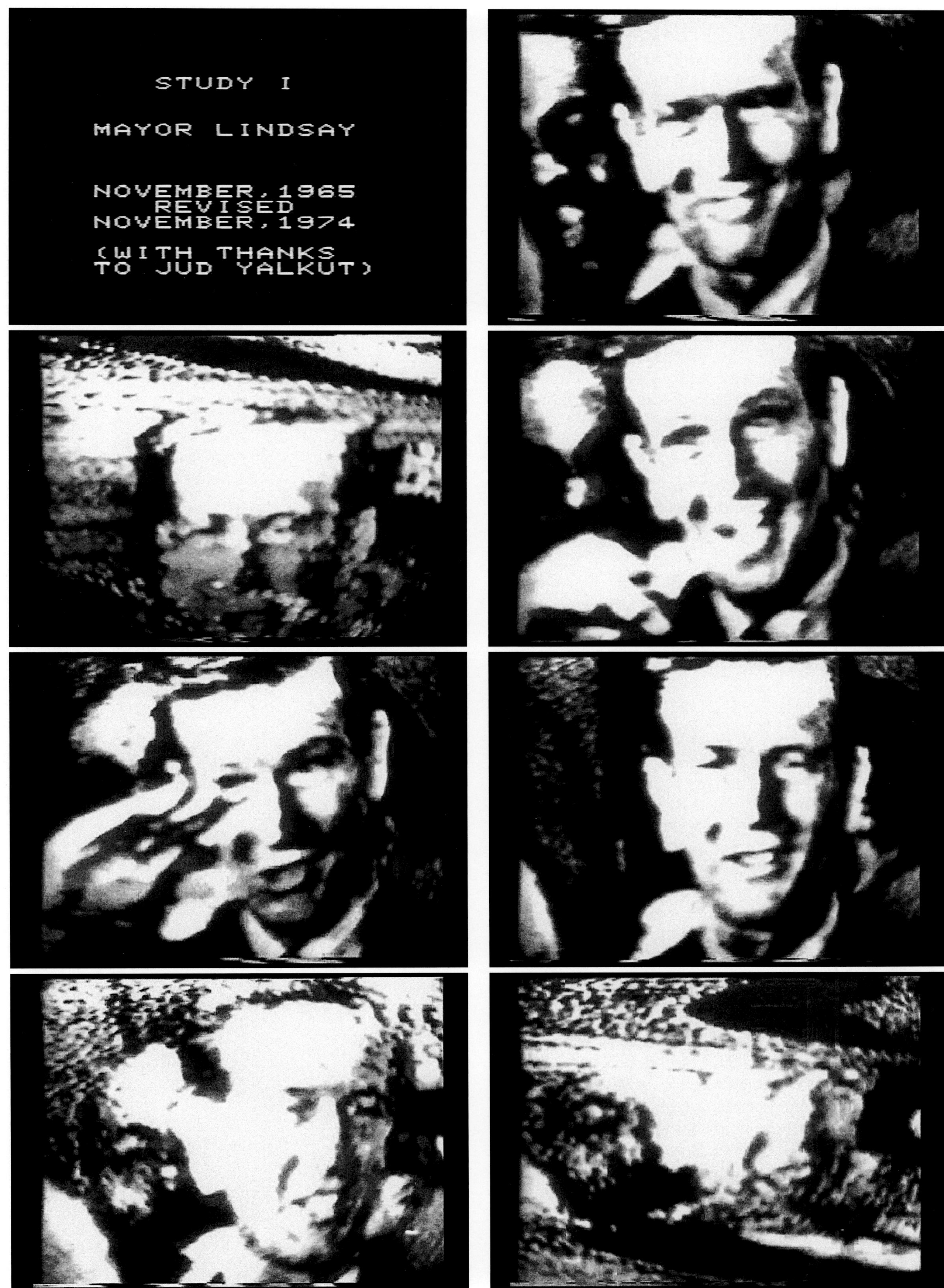

À propos de New York en Peinturama (1965) ist eine hybride Collage, in der Martial Raysse Malerei, Film, Fernsehen und Objekt miteinander kombiniert. Das zweigeteilte Werk besteht aus einem an der Wand hängenden Gemälde auf Leinwand und einem Film- beziehungsweise Fernsehausschnitt, der auf die angrenzende Wand projiziert wird. Auf der Leinwand sind zwei Männer zu sehen, Raysse selbst und sein Künstlerkollege Jean Tinguely, an dessen Wange ein pinkfarbener Pompom haftet. Tinguely hält seine Hände so, als halte er eine Kamera und richte sie nach rechts, während Raysse ebenfalls nach rechts, in Richtung des projizierten Films weist. Die Köpfe der beiden und Tinguelys ausgestreckter Arm ragen über die Leinwand hinaus. Anfang der 1960er-Jahre kam Raysse, einer der Mitbegründer des Nouveau Réalisme, mit der Pop-Art in den USA in Kontakt, was sich nicht zuletzt in der Farbgebung seiner Malereien niederschlug: Der Bildhintergrund ist hier flächendeckend orange, die Haut der Figuren in knalligem Grün und Pink gehalten.
Der zweite Teil der Arbeit besteht aus einem Film mit dem Titel *Les Monstres du samedi soir*. Hierfür nahm Raysse bei einem Aufenthalt in New York mit einer Super-8-Kamera eine Fernsehwerbung auf, während er am laufenden Apparat das Bild verfremdete. Gemälde und Fernsehwerbung ergeben ein abstraktes Diptychon, dessen Hälften durch die Gesten der Figuren auf der Leinwand miteinander verbunden werden: Raysse zeigt in Richtung der Fernsehwerbung, und Tinguely scheint das aufzunehmen, was sich dort neben ihm abspielt. Auf diese Weise vollzieht sich eine formale und inhaltliche Verschränkung der beiden Werkteile sowie auch der Medien Malerei und Fernsehen. Eben das macht dieses Werk zu einem bemerkenswerten Beispiel für das gattungsübergreifende Experiment, in dem gemalte und bewegte Bilder miteinander in Verbindung treten. [IH]

Martial Raysse

154

À propos de New York en Peinturama (1965) is a hybrid collage in which Martial Raysse combines painting, film, television, and object. The two-part work consists of a painted canvas hanging on a wall and a film or television clip that is projected onto the adjoining wall. To be seen on the canvas are two men: Raysse himself and his artist colleague Jean Tinguely, on whose cheek a pink-colored pompom is stuck. Tinguely's hands look as if they were holding a camera and pointing it to the right, while Raysse likewise points to the right, in the direction of the projected film. Both their heads, as well as Tinguely's outstretched arm, project beyond the canvas. At the beginning of the 1960s, Raysse, one of the cofounders of Nouveau Réalisme, came into contact with Pop Art in the US, an encounter whose effect can be seen not least of all in the coloration of his paintings: here, the pictorial background is covered in orange, while the skin of the figures is a gaudy green and pink.
The second part of the work consists of a film entitled *Les Monstres du samedi soir*. During a stay in New York, Raysse recorded a TV commercial with a Super 8 camera and distorted the image as the equipment was running. The painting and the television commercial give rise to an abstract diptych whose halves are connected by the gestures of the figures on the canvas: Raysse points in the direction of the commercial, and Tinguely seems to be recording what is taking place next to him. In this way, the two parts of the work are intermingled in terms of both form and content, as are the media of painting and television. It is this blending that makes the work a remarkable example of a genre-transcending experiment in which painted and moving pictures enter into a relation with each other. [IH]

À propos de New York en peinturama

Assemblage: Flocking auf Leinwand und Super-8-Film /
Assemblage: flocking on canvas and Super 8 film, 103 × 167,5 cm,
1965

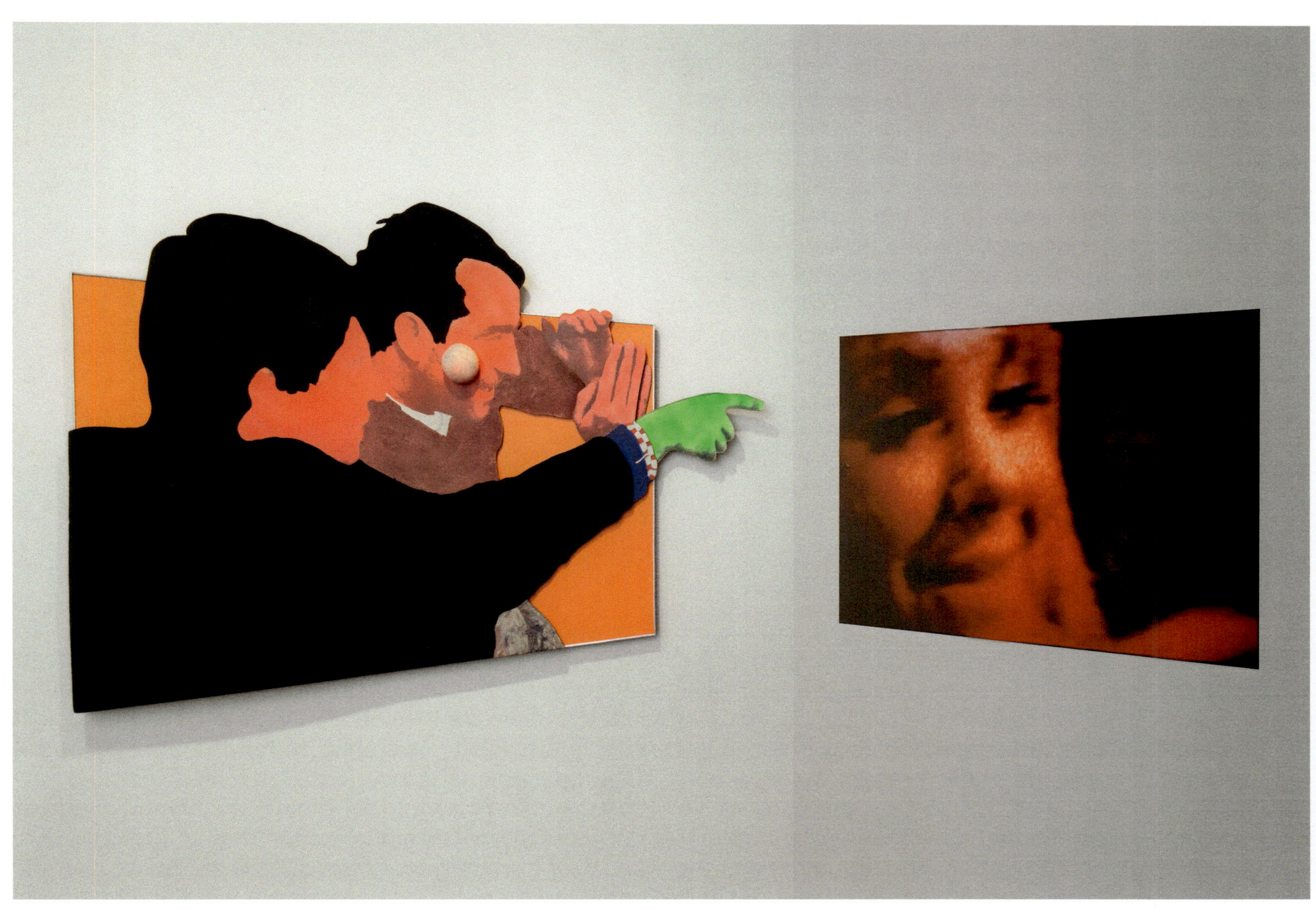

„Geschwindigkeit ist eine neue Realität. Sie mußte in der Sprache des Films realisiert werden." (E. Reitz) Der Filmemacher beschäftigt sich in dieser Arbeit mit der im vergangenen Jahrhundert radikal veränderten Wahrnehmung von Raum und Zeit. Diese Dimensionen sollen im Film analytisch dargestellt werden. In gewisser Weise ist die Kamera, ihr Blick und ihre Bewegung, der Hauptakteur des Films. In immer schnellerem Rhythmus bewegt sie sich durch natürliche, urbane und industrielle Landschaften, überwindet enorme Distanzen, rast über Brücken und durch Wälder. Harte Montagen überlagern sich zu einem Zuviel an Information, einer Bildfolge, deren Tempo sich steigert, bis diese Dynamik gegen Ende umschlägt. Die Eindrücke verlieren sich in fragmentarischen Kürzeln, die Zeit scheint zu kollabieren, bis allein das gleißende, weiße Licht der Leinwand bleibt. Der Film zeigt die neue Realität als Wahrnehmungskrise–als zeitliche Überforderung und räumliche Entgrenzung. Der Film rafft Zeit und Raum.
Gegen Ende des Films sind Fernsehbilder montiert, die auf Beschleunigung als ebenfalls mediales Phänomen verweisen. Da zu dieser Zeit noch keine Videotechnik verfügbar war, filmte Reitz, ähnlich wie Wolf Vostell und Bruce Conner, das Material vom Bildschirm ab. Der Filmemacher experimentierte für die Arbeit nicht nur mit extremen Aufnahmegeschwindigkeiten, er entwickelte auch neue Verfahren der Schnitttechnik–der nur 13-minütige Film besteht aus 347 Schnitten. Um diese Konzentration auf den Bildrhythmus zu realisieren, erarbeitete Reitz eine Film-Partitur, die eine genaue zeitliche Organisation erlaubte. Eine Komposition für Solo-Schlagzeug von Josef Anton Riedl bildet die Tonspur. Sie folgt nicht der visuellen Dramaturgie, sondern führt ein Eigenleben. Zur Entstehungszeit von *Geschwindigkeit* formulierte Reitz im Umkreis der Oberhausener Gruppe Ideen einer neuen filmischen Form–eine ins Utopische gerichtete „Theorie vom Kino". Diese sollte das deutsche Nachkriegskino aus seinem Provinzialismus, das Medium aus der Sackgasse konventioneller Filmsprache befreien. Rückblickend erscheinen viele der zentralen ästhetischen Mittel, beispielsweise die Absage an übliche Zeitformate oder die Art der Montage, wegweisend für die spätere Entwicklung des Mediums Fernsehen. [BO]

Edgar Reitz

"Speed is a new reality. It needed to be realized in the language of film."–E. Reitz. In this work, the filmmaker Edgar Reitz is concerned with the radical changes in the perception of time and space that took place in the last century. The intention is to present these dimensions analytically in the film. In a way, the camera, its gaze and its movement, is the film's main protagonist. It moves through natural, urban, and industrial spaces at an ever faster pace, overcoming enormous distances, racing over bridges and through forests. Hard cuts pile up to produce an excess of information, a suite of images whose increasing tempo ends by collapsing on itself. The sensations get lost in fragmentary abbreviations, and time seems to implode until only the blinding white of the screen remains. The film shows the new reality as a crisis of perception–time becomes incomprehensible and space breaks its banks. The film condenses time and space.
Television images are inserted toward the end of the film, suggesting that acceleration is also a media phenomenon. There was no video technology at the time, so Reitz, like Wolf Vostell and Bruce Conner, filmed the material directly from the television screen. The filmmaker experimented in this work not only with filming at extremely high speed, but also developed new cutting techniques–the 13-minute film contains 347 cuts. To achieve this concentration on visual rhythm, Reitz employed a music sound track that allowed for an exact organization of the time sequence: a composition for solo percussion by Josef Anton Riedl, but instead of following the visual dramaturgy, the composition leads its own life instead. At the time *Geschwindigkeit* was made, Reitz, operating within the context of the "Oberhausener Gruppe," formulated ideas about a new cinematic form, a utopian "theory of cinema," intended to free postwar German cinema from its provincialism and film generally from the cul-de-sac of its conventional language. In retrospect, many of the techniques employed by Reitz, such as the avoidance of the usual time formats and his editing method, can be seen to have paved the way for developments in the medium of television. [BO]

Geschwindigkeit

35 mm Film, Cinemascope, sw, Ton / 35 mm film, Cinemascope, bw, sound, 13:00 min., 1963

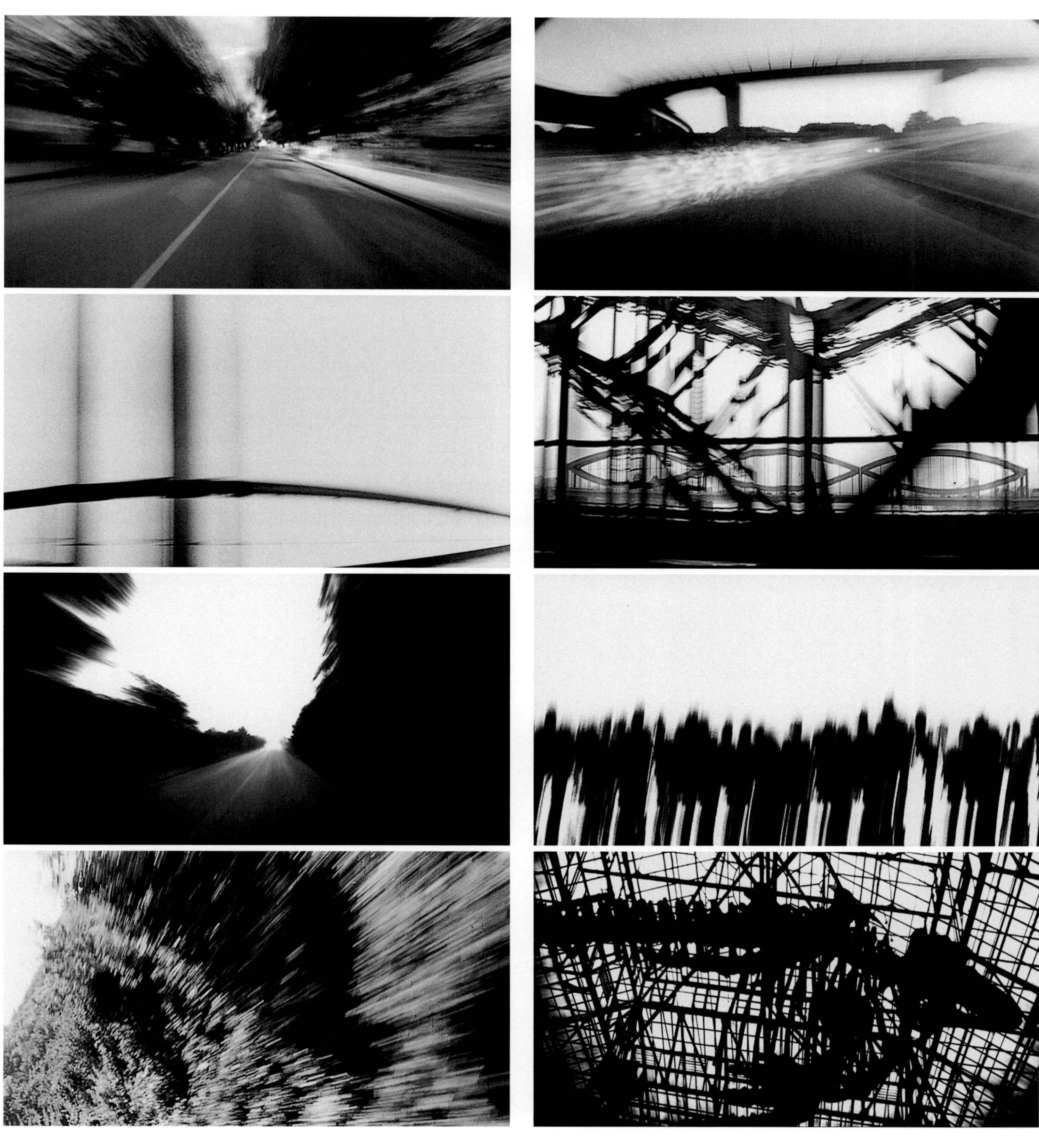

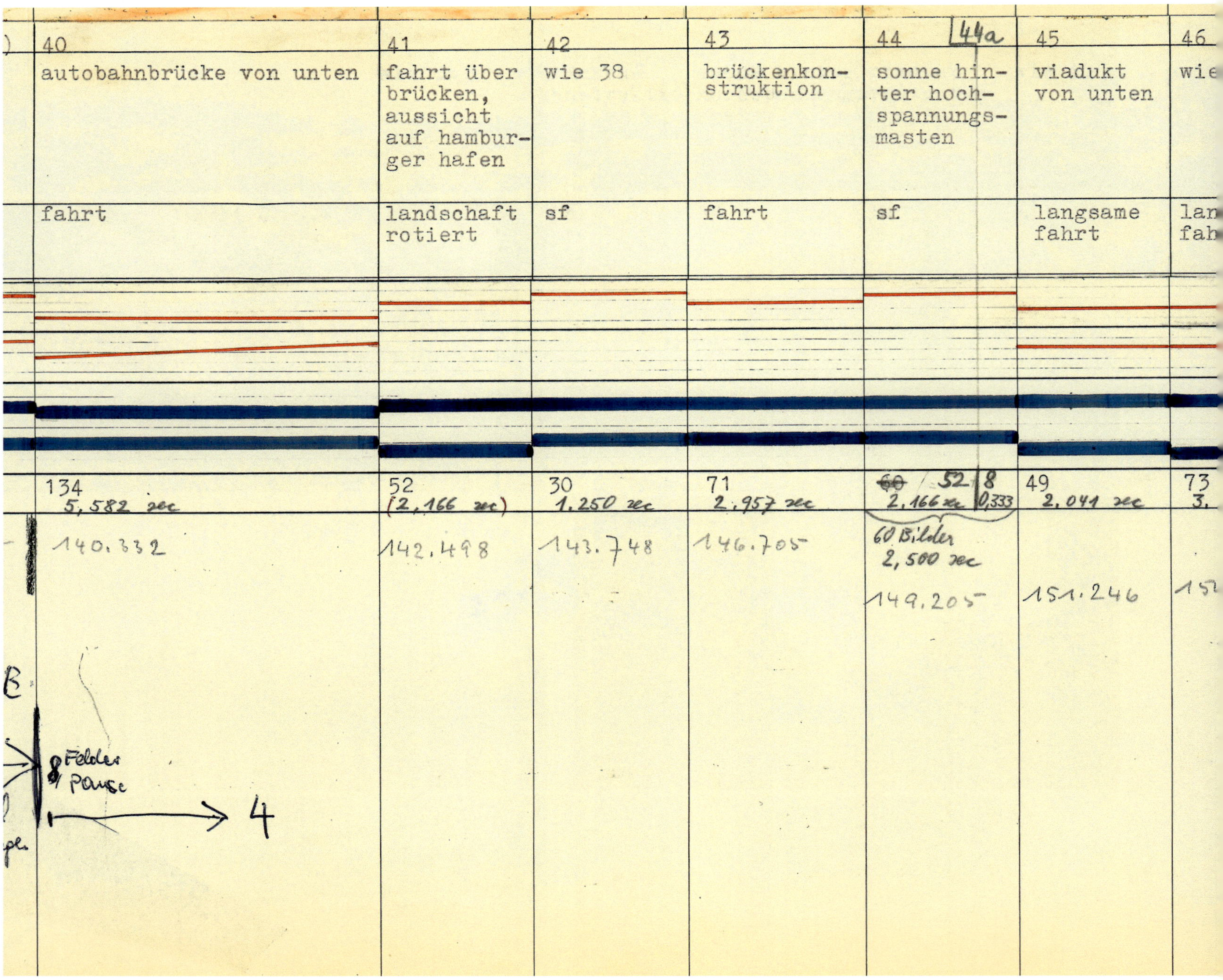

40	41	42	43	44 / 44a	45	46
autobahnbrücke von unten	fahrt über brücken, aussicht auf hamburger hafen	wie 38	brückenkonstruktion	sonne hinter hochspannungsmasten	viadukt von unten	wie
fahrt	landschaft rotiert	sf	fahrt	sf	langsame fahrt	lan fah
134 5,582 sec	52 (2,166 sec)	30 1,250 sec	71 2,957 sec	~~60~~ 52 | 8 2,166 sec | 0,333	49 2,041 sec	73 3,
140.332	142.498	143.748	146.705	60 Bilder 2,500 sec 149.205	151.246	15

B

8 Felder Pause → 4

47	(47)	48	49	50	51	52
	konstruktion unscharf	kräne im hafen	kräne im hafen	kran von unten, abstrakte form	abstr. formen	brücke von innen mit blick auf hafen
	fahrt	ssf	ssf	rasende bewegung	kamera fährt + kreist	kamerafahrt, erst starr, dann kreisend.
97 4.041		27 1.125 sec	19 0.791 sec	11 0.457 sec	19 0.791 sec	154 6.416 sec
	158.328	159.453	160.244	160.701	161.492	167.908

87

Akzent
Ende 4

Zwei Herren im Anzug sitzen in einem bürgerlichen Wohnzimmer und sehen sich offenkundig gelangweilt die *Tagesschau* an. Auf dem Tisch vor ihnen stehen Bierflaschen in einer Plastiktüte, Marmorkuchen und ein Kaffeeservice. Es handelt sich nicht um einen gemütlichen Fernsehabend, sondern um die legendäre Aktion von Gerhard Richter und Konrad Lueg *Leben mit Pop. Eine Demonstration für den Kapitalistischen Realismus* im Düsseldorfer Möbelhaus Berges von 1963. Die Besucher mussten zunächst in einem Wartezimmer Platz nehmen, in dem Hirschgeweihe an der Wand hingen und Tannennadelduft versprüht wurde. Dort traf man auf John F. Kennedy und den Galeristen Alfred Schmela als lebensgroße Pappfiguren und erhielt eine Wartenummer sowie einen Programmzettel. Anschließend betrat man einen Raum, in dem die Künstler auf weißen Sockeln positionierte Möbel und sich selbst zur Schau stellten.

Als Dekoration zwischen den Einrichtungsgegenständen hingen an den Wänden jeweils vier Gemälde von Lueg und Richter sowie ein Filzanzug von Joseph Beuys. „Ich wollte mich als Bewohner ausstellen, als Spießer, mit dieser armseligen Decke auf dem Sofa“[1], so beschrieb Richter seine Rolle im „Haus der guten Möbel“. Die Künstler inszenierten sich explizit als Spießbürger, die dem Betrachter seine eigene Spießbürgerlichkeit in einem Kaufhaus vor Augen führten. Dabei akzentuierten sie durch den laufenden Fernseher, der pünktlich um 20.00 Uhr die *Tagesschau* übertrug, die zunehmende Bedeutung der Massenmedien und vor allem des Fernsehgeräts. In Fotografien von der Aktion flimmert der Apparat unübersehbar im Hintergrund und verleiht dem Ausstellungsraum den Charakter einer Studiokulisse, während die beiden Protagonisten Richter und Lueg wie Gäste einer TV-Talkshow wirken.

Die *Demonstration* beanspruchte für sich die Mittel von Fluxus-Happenings, indem sie mit den Grenzen zwischen Leben und Kunst, Realität und Fiktion oder Ironie und Kritik spielte. Sie griff zentrale Themen des Kapitalistischen Realismus auf, der hier eher als ironischer Gegenentwurf zum sozialistischen Realismus verstanden werden kann.

Es geht darum, bürgerliche Klischees und Werte sowie Macht- und Manipulationsmechanismen der von den Künstlern als konsumorientiert wahrgenommenen Nachkriegsgesellschaft zu beleuchten. Durch einen ironischen Umgang mit den eigenen Werken und dem Status als Künstler schufen Lueg und Richter eine Verbindung zu Aspekten der US-amerikanischen Pop-Art und trugen damit wesentlich zur Entwicklung einer westdeutschen Pop-Art bei. [OS]

1 Dietmar Elger, *Gerhard Richter, Maler*, Köln 2008, S. 83.

Gerhard Richter, Konrad Lueg

160

Two gentlemen in suits are sitting in a middle-class lounge room watching the news in a state of evident boredom. Beer bottles in a plastic bag, marble cake, and a coffee set are standing on a table in front of them. This is not a relaxed evening of television viewing but rather the legendary happening by Gerhard Richter and Konrad Lueg—*Leben mit Pop. Eine Demonstration für den Kapitalistischen Realismus* (Living with Pop. A Demonstration for Capitalist Realism)—held in the Berges furniture store in Düsseldorf in 1963. Visitors had first to gather in a waiting room furnished with deer antlers on the walls and scented with fir tree room spray. They were greeted by life-size cardboard figures of John F. Kennedy and the art dealer Alfred Schmela, and were given both a waiting number and a program guide before entering a room in which furniture and the artists themselves were on display on white pedestals.

Four paintings each by Lueg and Richter were hung as decoration among the furniture and fixtures, as well as a felt suit belonging to Joseph Beuys. Describing his role in the House of Good Furniture, as the store styled itself, Richter said: “I wanted to exhibit myself as a house dweller, a bourgeois, with this pathetic-looking cover over the sofa.”[1] The artists explicitly staged themselves as bourgeois to bring home to the onlookers the bourgeoisness of their own lives. The television broadcasting the evening news punctually at 8 p.m. emphasizes the increasing significance of the mass media and the television set in particular. In photographs from the happening, the set is flickering conspicuously in the background, lending the exhibition space the character of a studio set, while the two protagonists, Richter and Lueg, have the appearance of talk show guests.

The “demonstration” appropriated the instruments of the Fluxus happenings, playing with the borders between life and art, reality and fiction, irony and critique. They adopted central themes from capitalist realism, which can be understood here as an ironic alternative to socialist realism.

The intention was to cast light on bourgeois clichés and values and on the mechanisms of power and manipulation in a postwar society the artists viewed as consumption-oriented. By their satirical treatment of their own work and person, Lueg and Richter created a connection to aspects of US Pop Art and made a significant contribution to the development of a West German Pop Art. [OS]

1 Dietmar Elger, *Gerhard Richter, Maler* (Cologne: DuMont, 2008), 83.

Leben mit Pop.

Eine Demonstration für den Kapitalistischen Realismus.
Aktion von Konrad Lueg und Gerhard Richter, 11.10.1963 /
Happening by Konrad Lueg and Gerhard Richter, October 11, 1963
Möbelhaus Berges, Düsseldorf

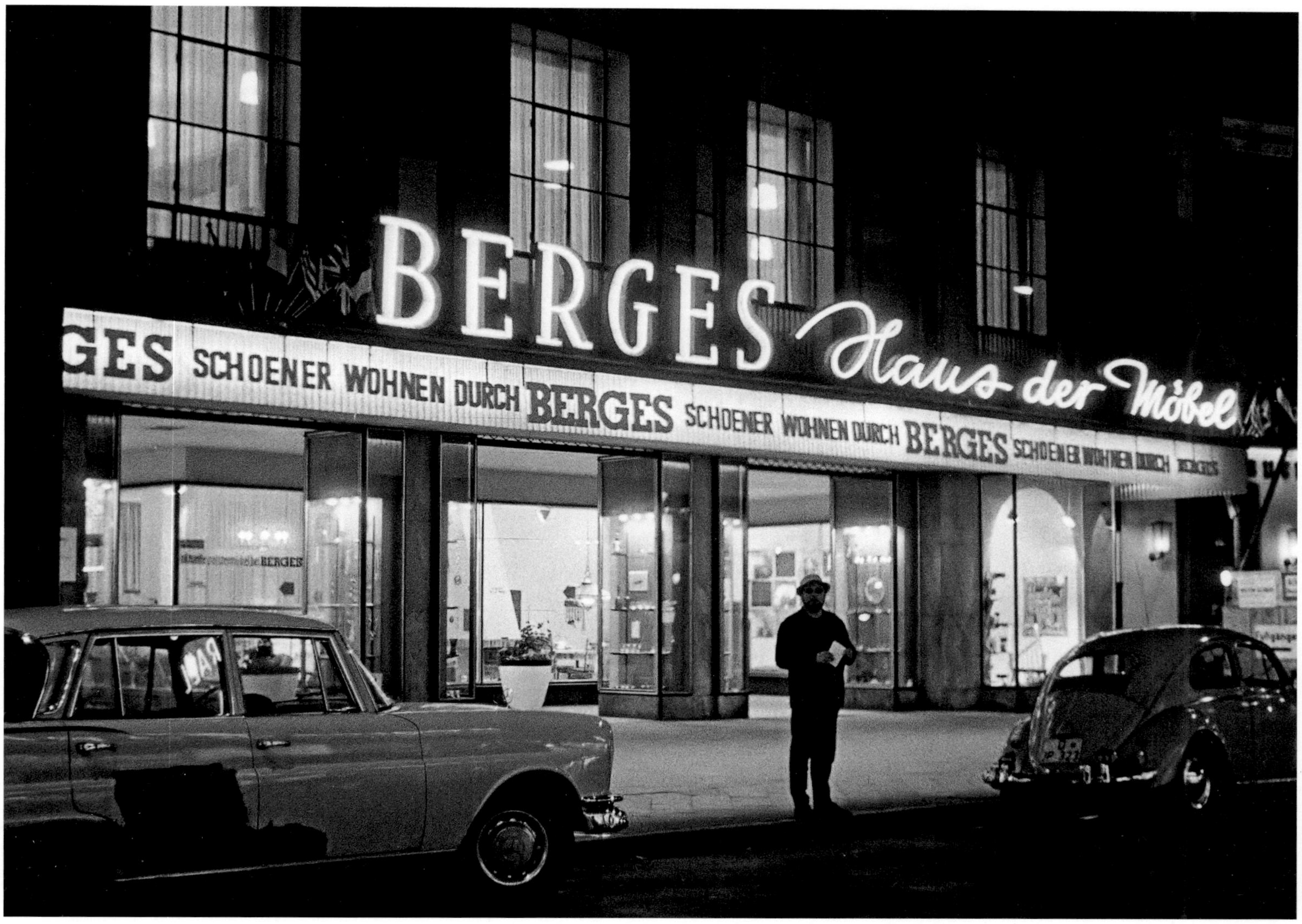

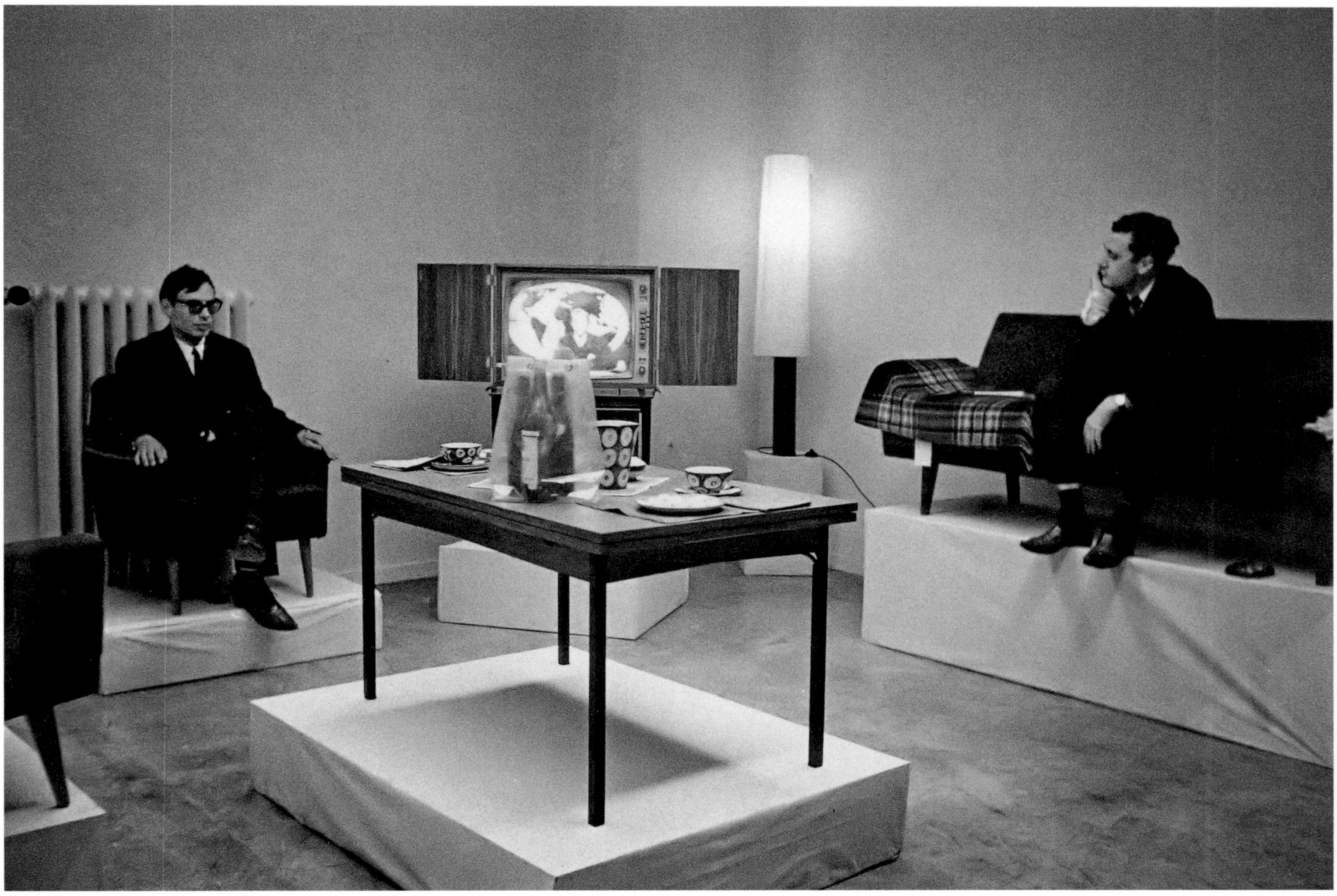

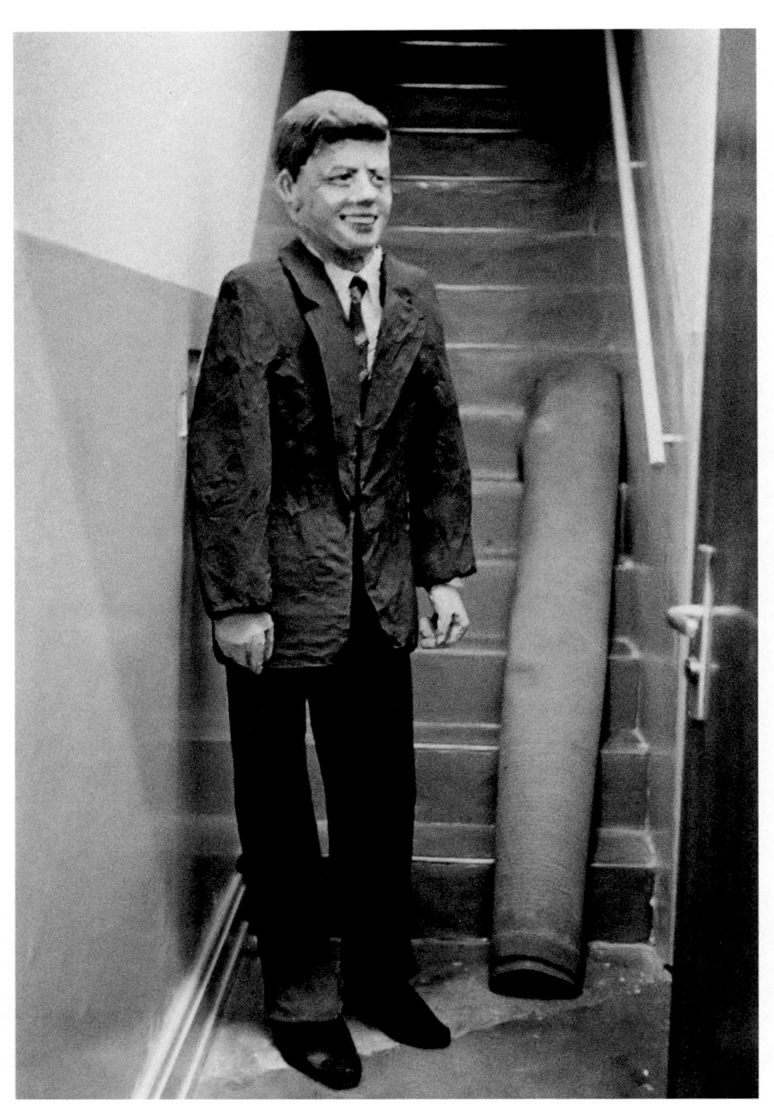

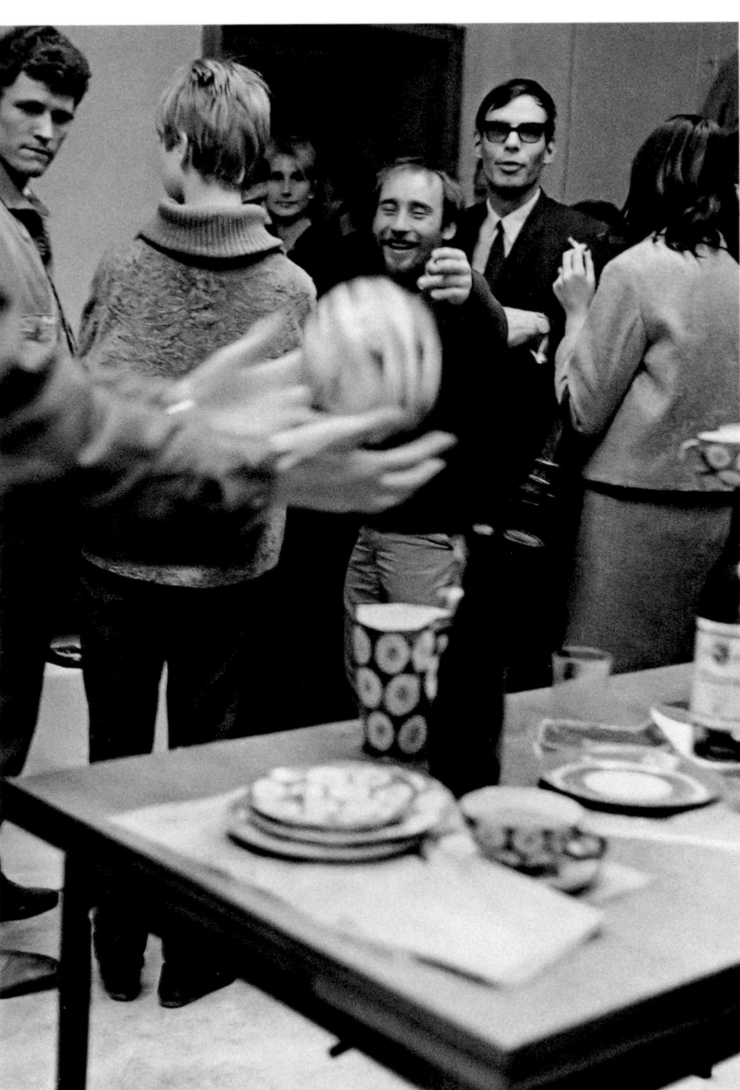

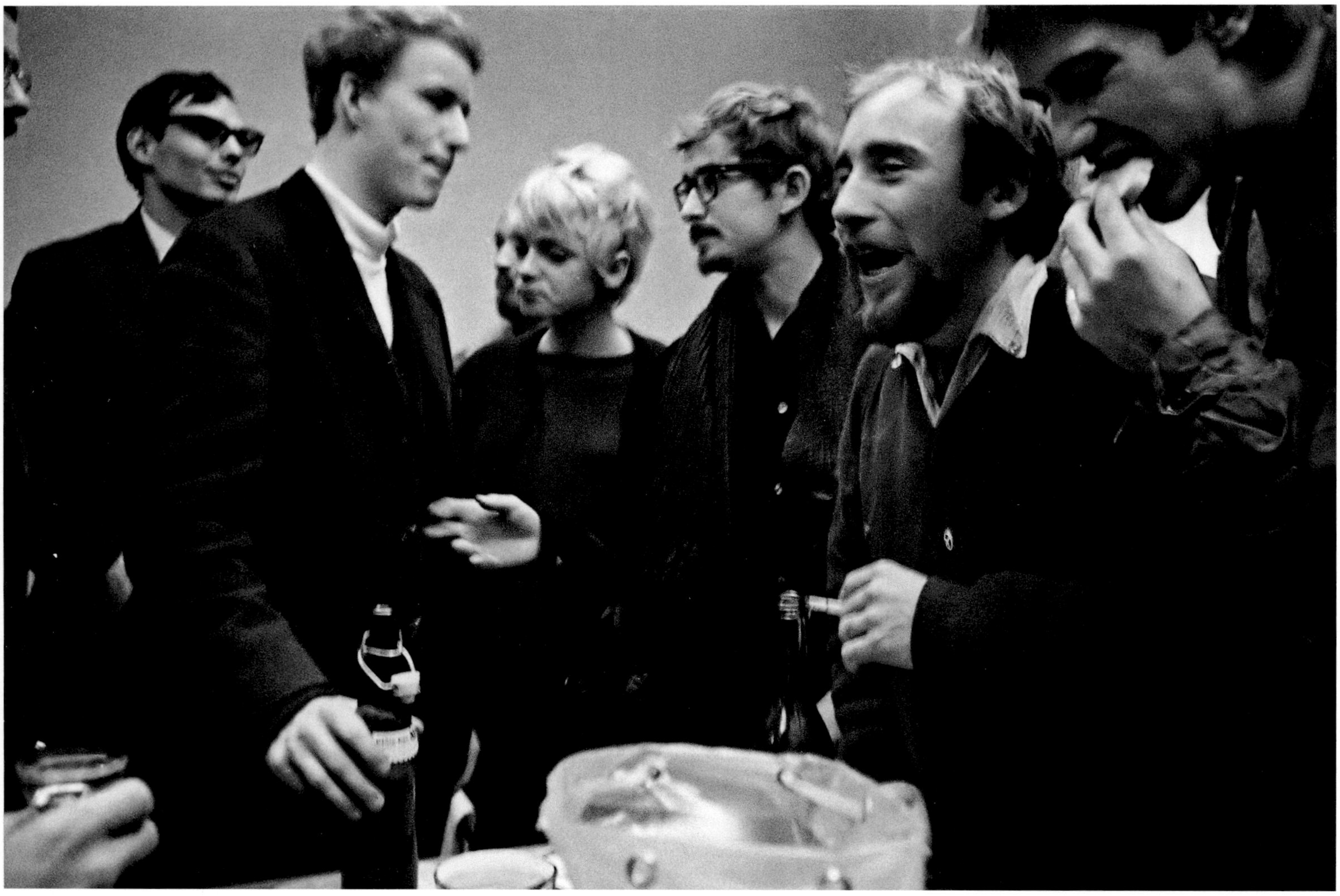

Eine Demonstration für den Kapitalistischen Realismus.
Aktion von Konrad Lueg und Gerhard Richter, 11.10.1963 /
Happening by Konrad Lueg and Gerhard Richter, October 11, 1963
Möbelhaus Berges, Düsseldorf

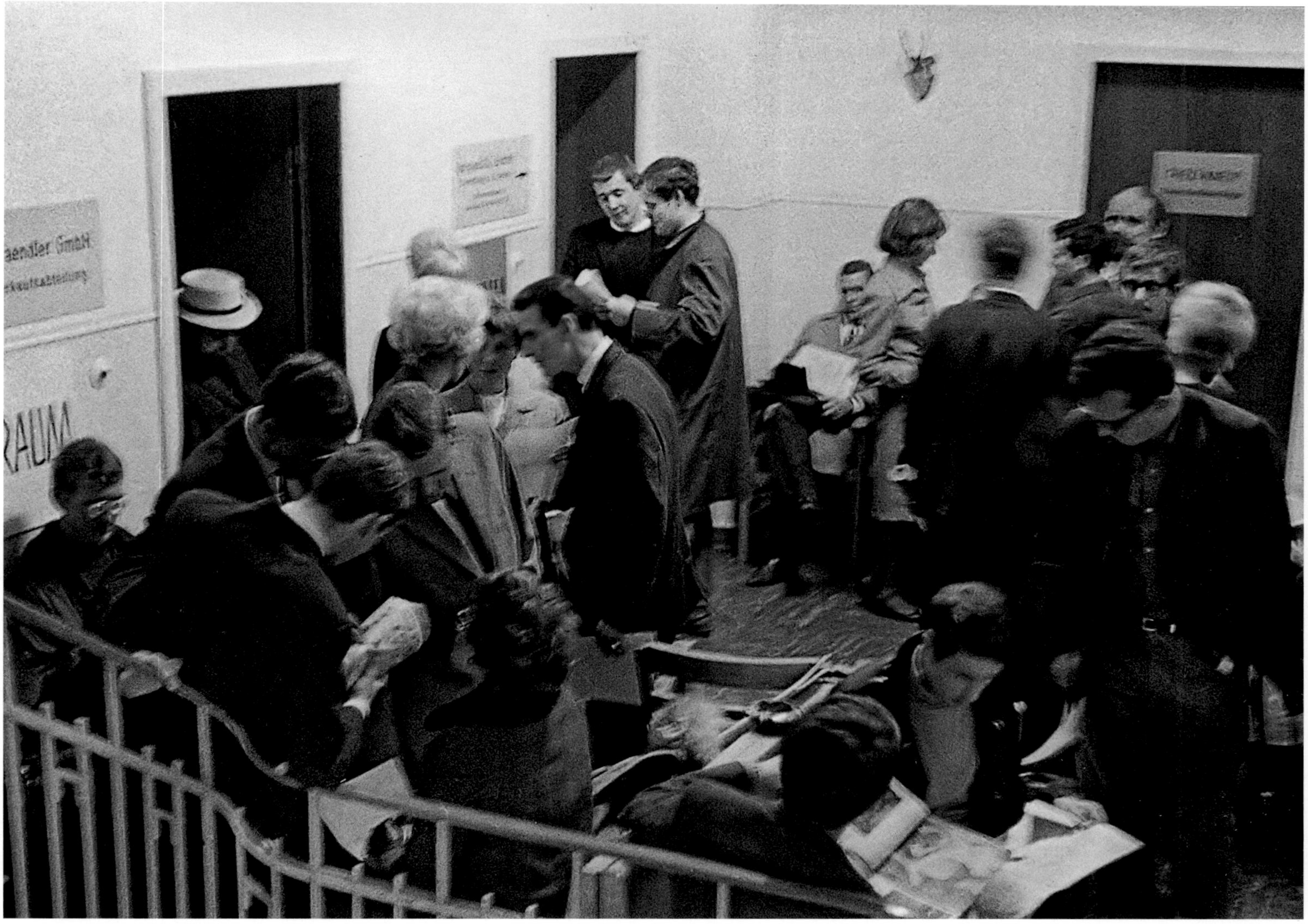

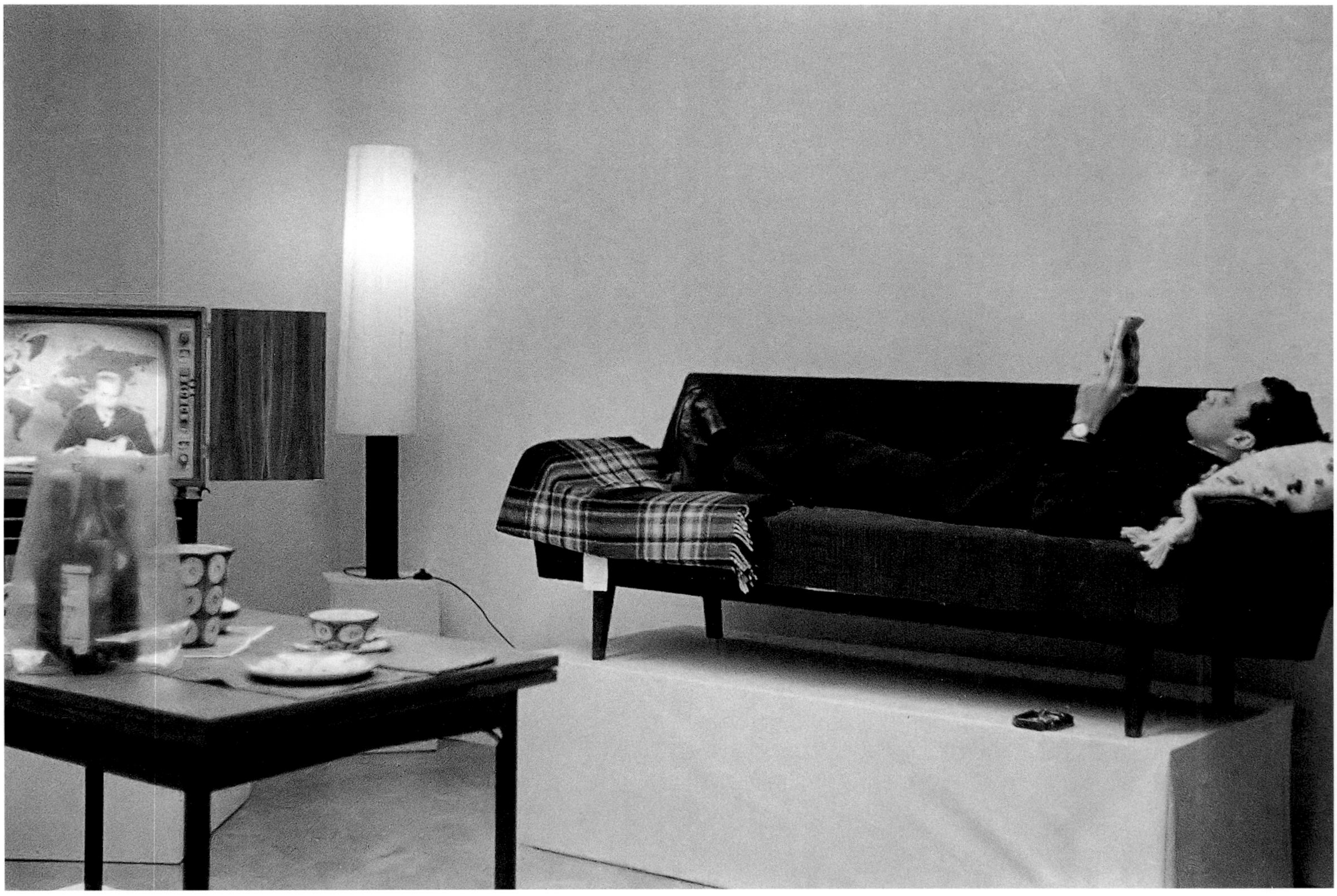

Für die um 1963 entstandene Serie *Television Analyzations* hat Paul Thek einzelne Bildmomente aus dem laufenden Fernseher gewählt, um sie in Gemälde zu überführen. Eines dieser Bilder zeigt weitgehend unverändert den Close-up auf Mund und Hals einer Frau mit Perlenkette. Andere Werke weisen deutliche Modifikationen auf, beispielsweise eine Vervielfachung des Motivs, wie sie in ähnlicher Form bei Empfangsstörungen im Fernsehen auftreten kann. „Isoliert und umgestellt bieten diese Bilder eine reiche und für mich aufregende Quelle dessen, was ich für eine neue Mythologie halte", schreibt Thek dazu.[1] Diese techno-mythologischen Gemälde verweisen bereits auf seine späteren Objekte unter dem Sammelbegriff „Technological Reliquaries". Die vierteilige Werkgruppe, die Thek auf seiner Europareise in Rom schuf, zeigt jeweils Frauenbilder in ausschnitthaften Nahaufnahmen. Der Fokus richtet sich dabei auf Kinn- und Halspartie samt Schmuck. Es ist die malerische Inszenierung von Kameraeinstellungen: Momentaufnahme, Detailauswahl des Motivs, Fokussierung der Linse. Der Close-up-Charakter und die dadurch bedingte ausschnitthafte Darstellung der Motive erinnert an die Stilmittel der US-amerikanischen Pop-Art, ohne dass Thek das Thema Werbung zum Bildgegen-stand machte. Ohnehin lässt sich Thek keiner Stilgattung eindeutig zuordnen, weil sich der Maler, Zeichner, Bildhauer, Installationskünstler und Schöpfer raumgreifender Environments durch eine ungeheure Vielseitigkeit und Komplexität auszeichnet. [OS]

1 *Paul Thek. The wonderful world that almost was*, Ausst.-Kat. Rotterdam 1995; Zürich 1996, Berlin 1995, S. 185.

Paul Thek

164

For his 1963 series *Television Analyzations*, Paul Thek selected single momentary images from a television broadcast as prototypes for paintings. One of these images shows the more or less unaltered close-up of the mouth and throat of a woman wearing a pearl necklace. Other works exhibit obvious modification, such as the kind of multiplication of the motif that can occur when the reception is disturbed. As Thek writes: "Isolated and reversed, these images offer me a wealth of exciting sources that I even consider a new mythology."[1] These techno-mythological paintings prefigure his later objects collectively titled "technological reliquaries." The four-part work group Thek created in Rome during his visit to Europe shows images of women in cropped close-ups. The focus is on the chin and throat and includes jewelry. They constitute the painterly staging of the camera angle: the momentary shot, choice of details, lens focus. The cropped close-up form is reminiscent of the style of US Pop Art, although Thek does not opt for its typical advertising themes. Thek's multifaceted and complex work, ranging from painting, drawing, and sculpture to installation and environment art, is principally resistant to categorization in terms of genre. [OS]

1 *Paul Thek. The wonderful world that almost was*, exh. cat. Rotterdam 1995, Zurich 1996, and Berlin 1995, 185.

Untitled (from the series *Television Analyzations*)

Öl auf Leinwand / Oil on canvas, 104 × 104 cm, 1963

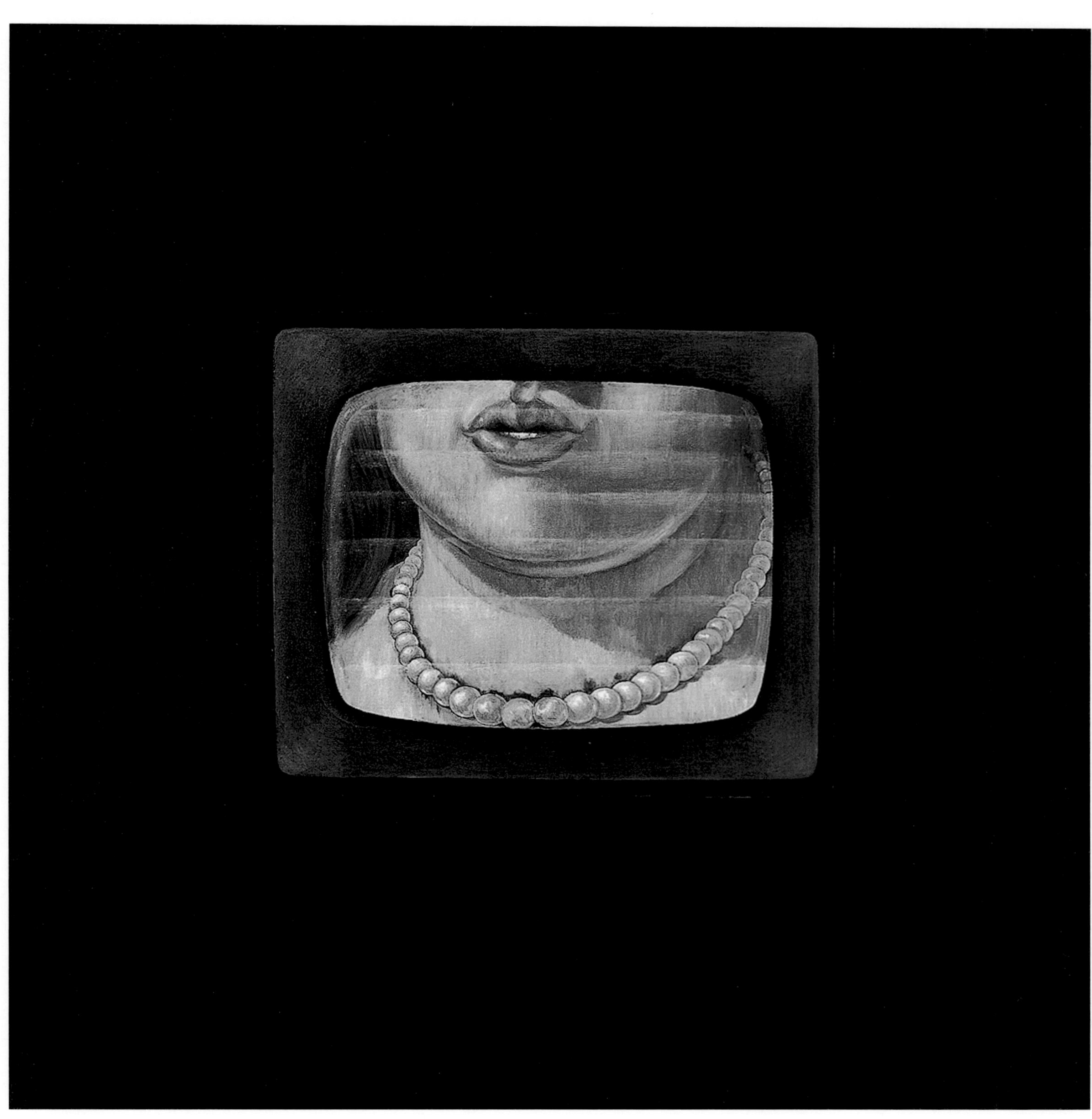

Untitled (Woman with Pearl and Ruby Necklace)

Acryl auf Leinwand / Acrylic on canvas, 150 × 150 cm, ca. 1963

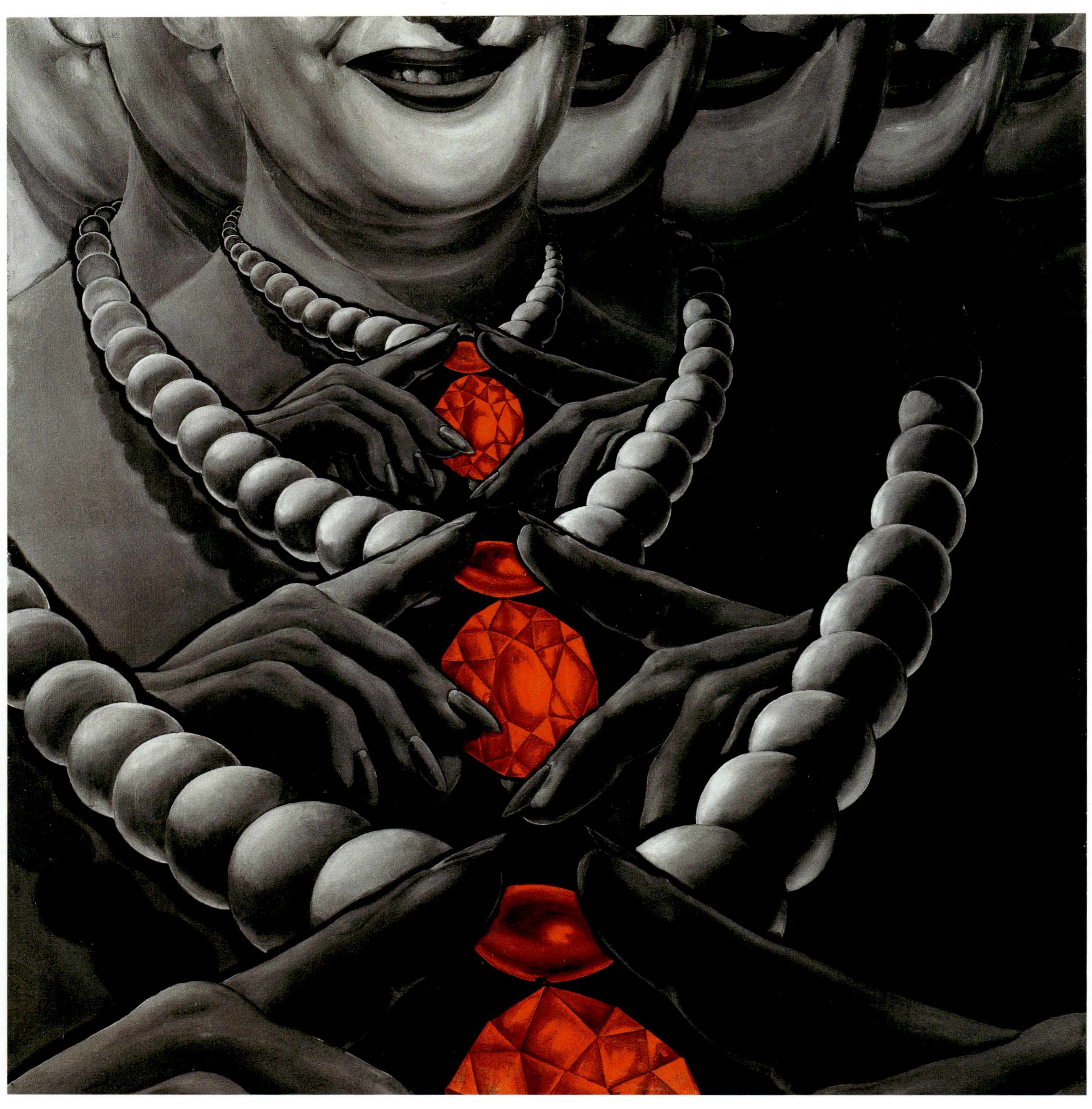

Study — Rama

Öl auf Leinwand / Oil on canvas, 76 × 76 cm, ca. 1963

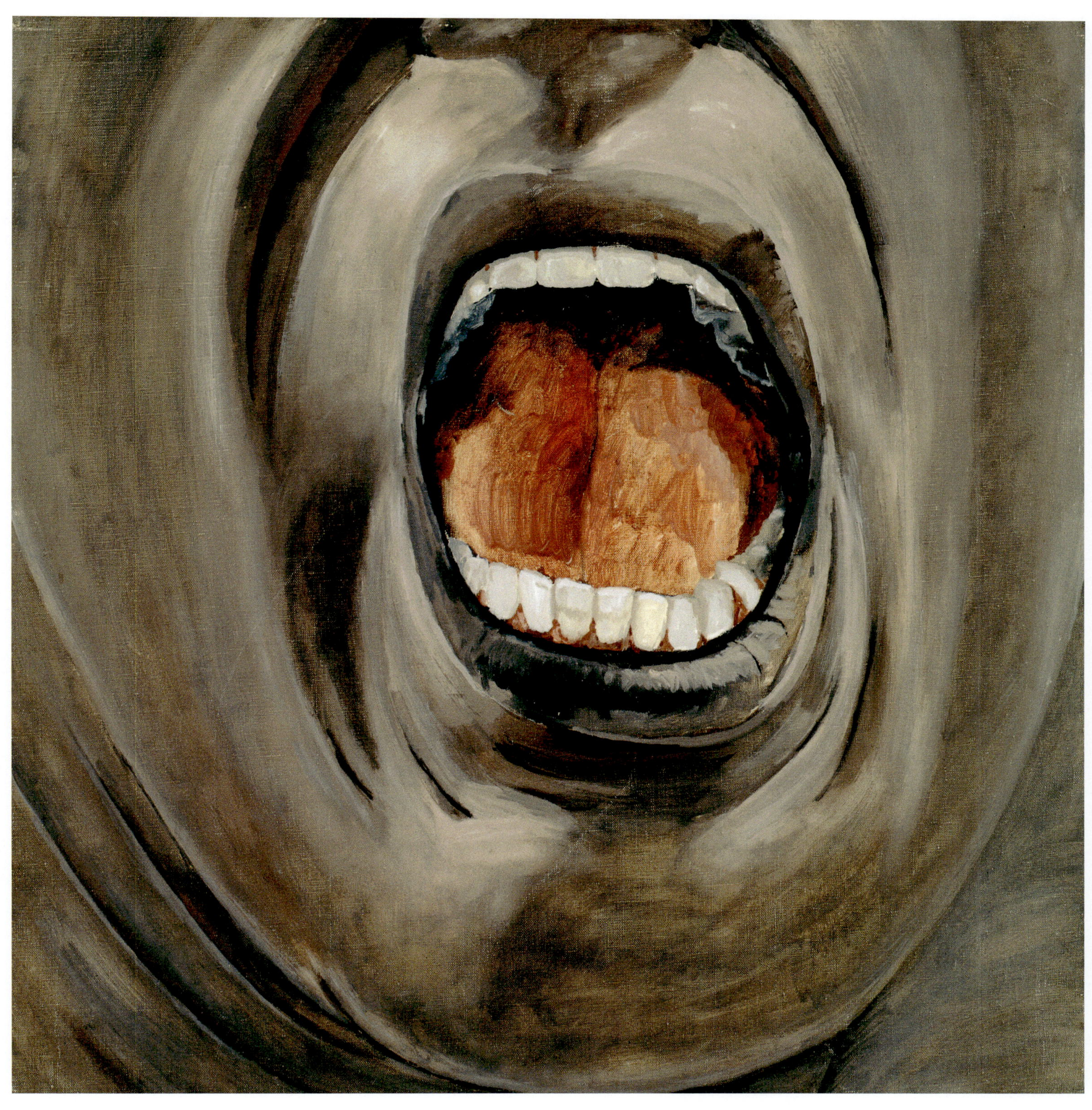

Nicht das Programm, sondern das Fernsehgehäuse wird in *TV* (1963) zum Ziel einer ästhetischen Aggression. Für den Hessischen Rundfunk inszenierte Uecker den Kauf des Apparats in einem Elektronikgeschäft und hielt die Transaktion mithilfe eines Kamerateams fest. Anschließend trug Uecker den Apparat in die Frankfurter Galerie d, wuchtete ihn auf den Tisch, trieb dann Nägel in die makellos glänzende Oberfläche in Nussbaum-Optik und bemalte diese schließlich mit weißer Farbe. Fremdartig museal wirkte das Objekt nach der Behandlung, das als Teil der Ausstellung *Sintflut der Nägel* zwischen zahlreichen nahezu vollständig mit Nägeln bedeckten Möbelstücken präsentiert wurde.[1]
Uecker brach ein Tabu. Indem er dieses für die Gesellschaft äußerst wertvolle Prestige-Objekt malträtierte und im Wohnzimmer-Ensemble mit Piano, Hocker oder Tisch – uns vertrauten, alltäglichen Gegenständen – ausstellte, verletzte er gleichsam unser Verständnis häuslicher Intimität. Im Moment der Aggression, wenn der Nagel das glatte Äußere durchdringt, offenbart sich Ueckers Kritik an unserem rezeptiven, passiven Verhalten während des TV-Konsums, das in den 1960er-Jahren zahlreiche Künstler beschäftigte. Anders aber als bei Wolf Vostell, der in *TV-Burying* (1963) ein mit Stacheldraht umwickeltes Gerät beerdigt, das pflichtbewusst bis zum Schluss sein Programm ausstrahlt, bedeutet bei Uecker der eigentlich gewaltsame Akt nicht den Tod des Apparats, sondern seine Neudefinition. Schmerzlich erscheint uns zwar die gewaltvolle Behandlung, doch ist dieser Schmerz auch befreiender Akt sowie Mittel und Notwendigkeit für eine Re-Sensibilisierung unserer gewohnten Sehweise. Wir erfahren das uns nun unvertraute Objekt als entfremdet und entfunktionalisiert. Der Nagel wirkt somit wie ein befreiender Denkanstoß gegen unseren abgestumpften TV-Konsum und die Funktionsgebundenheit des Fernsehapparats. [AS]

1 Ausstellung in der Galerie d von Rochus Kowallek, Frankfurt a. M. 1963. Laut Uecker entstanden zu dieser Zeit drei überarbeitete Fernseher sowie ein Klavier nach diesem Prinzip der Übernagelung, zum Teil zusätzlich mit Weißungen (Mitteilung Ueckers an Dieter Daniels, siehe http://www.medienkunstnetz.de/themen/medienkunst_im_ueberblick/massenmedien/13/#ftn33 [abgerufen am 8.5.2015]).

Günther Uecker

In *TV* (1963), it is not a program but the television set itself that becomes the object of aesthetic aggression. For the broadcasting corporation of Germany's state of Hesse, Uecker had a camera team document his purchase of a television set in an electronics shop. He then carried the set into the Frankfurt art gallery Galerie d, heaved it onto the table, drove nails into the impeccably shiny nut wood finish, and painted it white. The object took on a strangely museum-like quality after being so treated and was displayed as part of the exhibition *Sintflut der Nägel* among other pieces of furniture that had been almost completely covered with nails.[1]
Uecker broke a taboo. By mistreating this highly important prestige object and exhibiting it in a living room context with a piano, bar stool, and table—familiar, everyday objects—he offended our sensibility for domestic intimacy, so to speak. In the moment of violence, when the nails penetrate the smooth surface, Uecker's critique of the receptive passivity of television consumption, which had concerned many artists in the 1960s, becomes manifest. In contrast to Wolf Vostell, who in *TV-Burying* (1963) buries a television set wrapped in barbed wire that dutifully continues to run its program to the bitter end, Uecker's act of real violence does not mean the death of the appliance but rather its redefinition. The brutal treatment may appear painful to us but this pain is also an act of liberation, and a necessary means for regenerating our habitual visual sensibilities. We experience the now unfamiliar object as alienated and robbed of its function. The nail thus serves as a liberating and thought-provoking impulse against our blunted television consumption and the functional limitations of the television set. [AS]

1 Exhibition in Rochus Kowallek's Galerie d in Frankfurt am Main in 1963. According to Uecker, he worked over three televisions and a piano in this period using this covering-with-nails method, partly with additional whiting (conversation between Uecker and Dieter Daniels; see http://www.medienkunstnetz.de/themen/medienkunst_im_ueberblick/massenmedien/13/#ftn33 [accessed May 8, 2015]).

TV

Holz, Fernseher, Nägel, Klebstoff / Wood, TV set, nails, glue,
Höhe / Height: 120 cm, Ø 100 cm, 1963

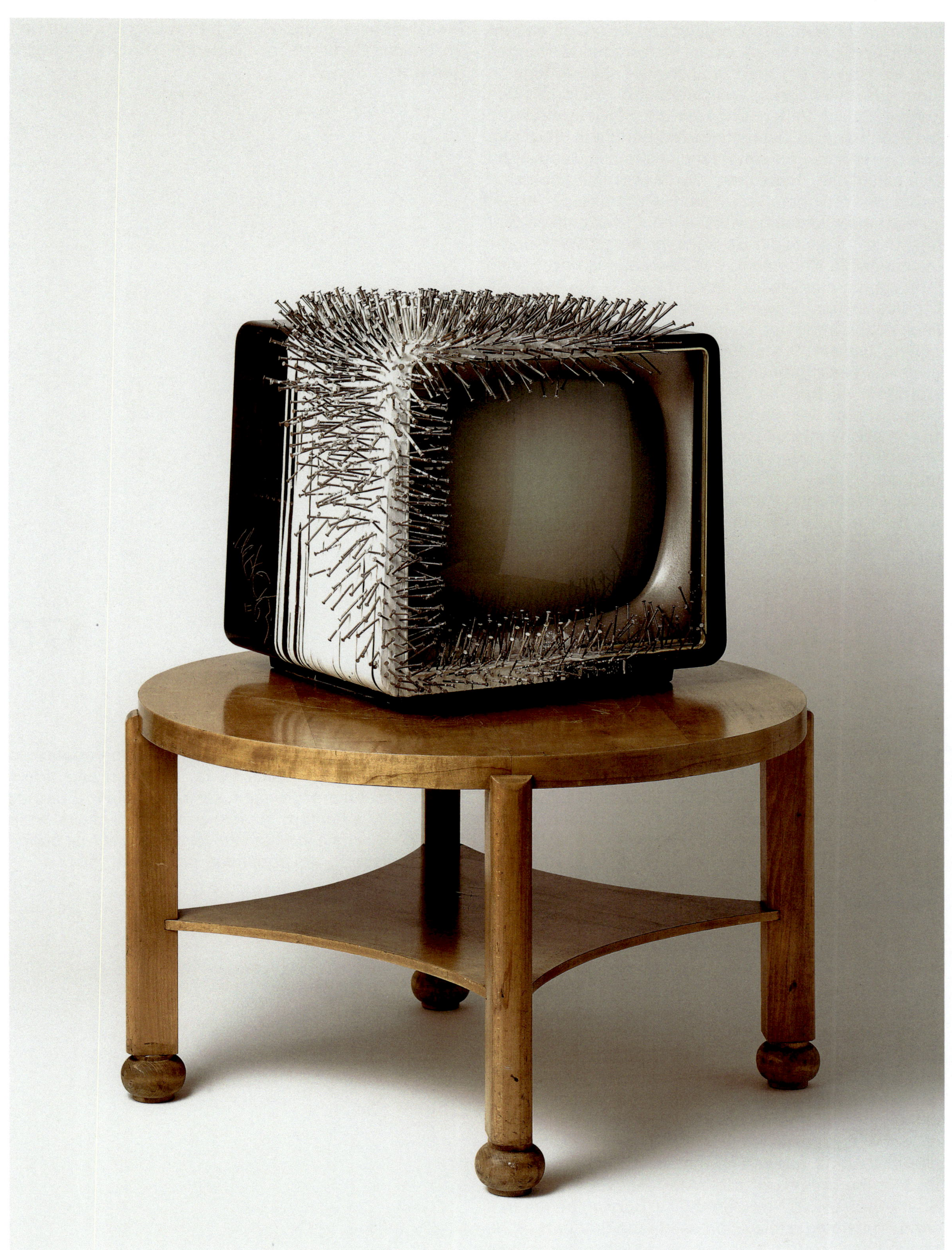

Wolf Vostell gilt als erster Künstler, der einen laufenden Fernseher in ein Kunstwerk integrierte: *Deutscher Ausblick* (1958–59) bildet zusammen mit zwei weiteren Assemblagen (*Treblinka* [1958] und *Auschwitz-Scheinwerfer* [1958–59]) den Zyklus *Das schwarze Zimmer*. Das Environment besteht aus Fundstücken wie Stacheldraht, einem TV-Gerät, Filmen, einem Motorradteil, Zeitungen und Holzteilen, die der Künstler als Entsprechung zu einer „dé-collagierten Welt" verstand. Analog zu den Zeitungsausschnitten, die über die Sowjetarmee und die Volkspartei in Ostdeutschland berichten, überträgt das eingebaute Fernsehgerät das aktuelle Geschehen. Das alltägliche „Rauschen" der Massenmedien liefert damit im wörtlichen Sinne den Hintergrund der Arbeit, zu dem Wolf Vostell bewusst auch sozialpolitisch Stellung bezog. Mittels der Dé-coll/age thematisierte er die institutionelle Bedeutung des Fernsehens und seinen Einfluss auf die Gesellschaft.

Die Destruktion, die sich bei der Arbeit *Deutscher Ausblick* schon andeutet, steigerte Vostell bei einem Happening, das am 19. Mai 1963 im Rahmen des YAM-Festivals auf einer Farm in South Brunswick, New Jersey, stattfand. *TV-Burying* begann in einem Schuppen, in dem ein Fernseher stand. Im ersten Teil des Happenings wurde das Gerät mit Sahnetorte beworfen, mit Putenschnitzel bestückt, ein Bilderrahmen wurde angebracht und das Objekt mit Stacheldraht umwickelt, wodurch das TV-Programm auf der Mattscheibe „dé-coll/agiert" wurde. In diesem Stadium erinnerte der so verfremdete Fernseher an den *Deutschen Ausblick*. Das Happening gipfelte in der Bestattung des Apparats. Gemeinsam mit Dick Higgins, Ay-O, Al Hansen und anderen trug Vostell den Fernseher in einer parodistischen Beisetzungszeremonie auf ein Feld. Dort wurde mithilfe von Presslufthammer und Schaufel ein Loch ausgehoben, in dem das Gerät mit noch laufendem Programm begraben wurde. [SW]

Wolf Vostell 170

Wolf Vostell is considered to be the first artist to have integrated a switched-on television set into a work of art: *Deutscher Ausblick* (1958–59) constitutes, together with two further assemblages – *Treblinka* (1958) and *Auschwitz-Scheinwerfer* (1958–59) – the cycle *Das schwarze Zimmer*. The environment consists of found objects such as barbed wire, a television set, films, part of a motorcycle, newspapers, and pieces of wood, which the artist regarded as corresponding to a "dé-coll/aged" world. In analogy to the newspaper clippings, which report about the Soviet Army and the People's Party in East Germany, the built-in television set broadcasts current events. Thus the everyday "white noise" of the mass media quite literally provides the background for the work; in this regard, Wolf Vostell consciously also took a sociopolitical stand. By means of the dé-coll/age, he addressed the issue of the institutional significance of television and its influence on society. Vostell heightened the destruction already hinted at in *Deutscher Ausblick* through a happening that took place on May 19, 1963 in the context of the YAM festival on a farm in South Brunswick, New Jersey. *TV-Burying* began in a shed containing a television set. In the first part of the happening, the apparatus was pelted with cream cakes and covered with slices of turkey; a picture frame was attached to it, and the object was surrounded by barbed wire, so that the television program on the screen was "dé-coll/aged." At this stage, the deracinated, distorted television set is reminiscent of *Deutscher Ausblick*. The happening culminated in the burying of the apparatus. Together with Dick Higgins, Ay-O, Al Hansen, and others, Vostell carried the television set into a field in a parody of a funeral ceremony. A jackhammer and shovel were used to dig a hole in which the television set was buried even as its program continued on-screen. [SW]

Deutscher Ausblick

Aus dem Environment / From the environment *Das schwarze Zimmer*, Dé-coll/age, Holz, Stacheldraht, Blech, Zeitung, Knochen, Fernseher mit Haube / Dé-coll/age, wood, barbed wire, metal sheet, newspaper, bone, TV set with hood, 115 × 130 × 30 cm, 1958–59

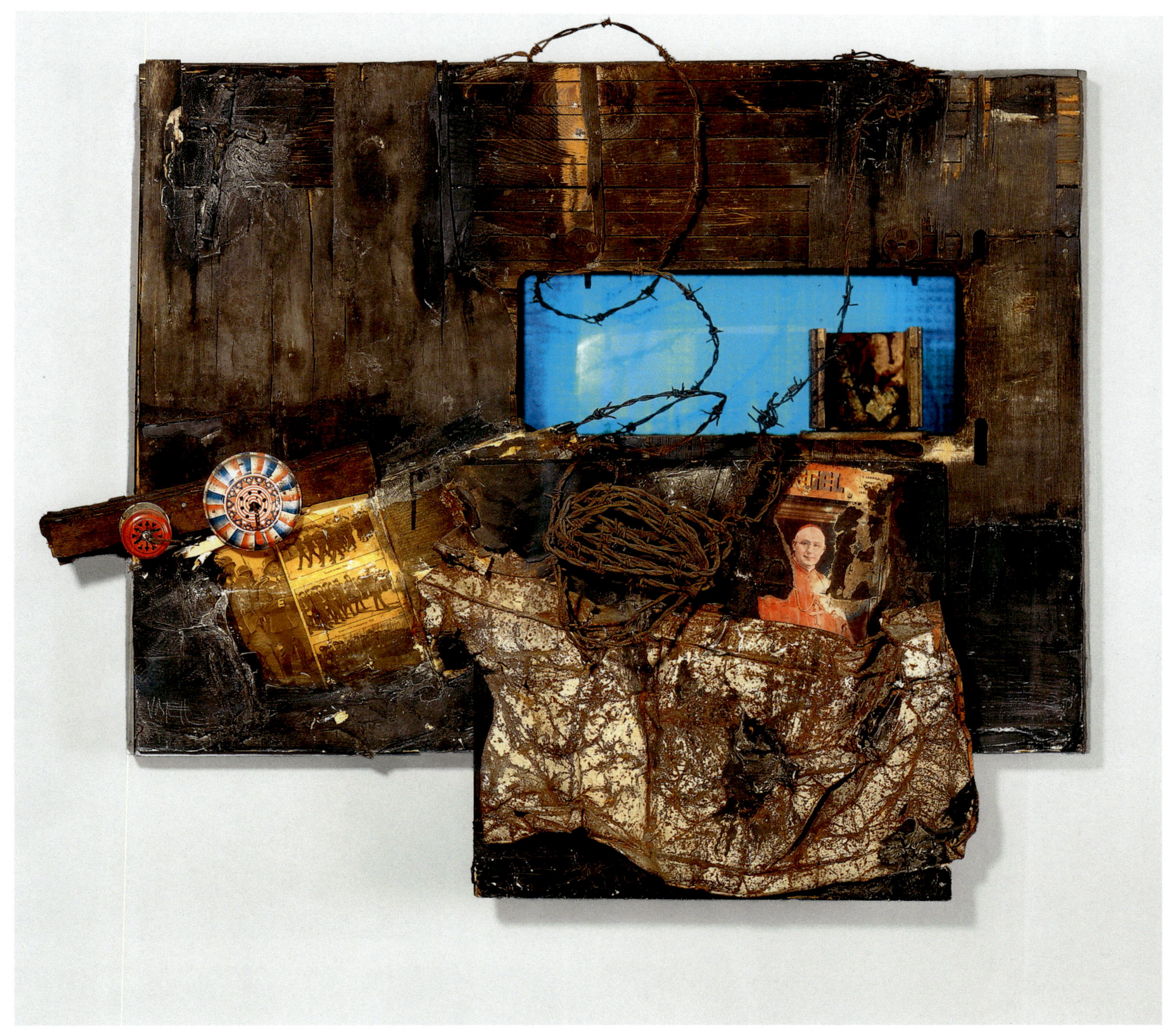

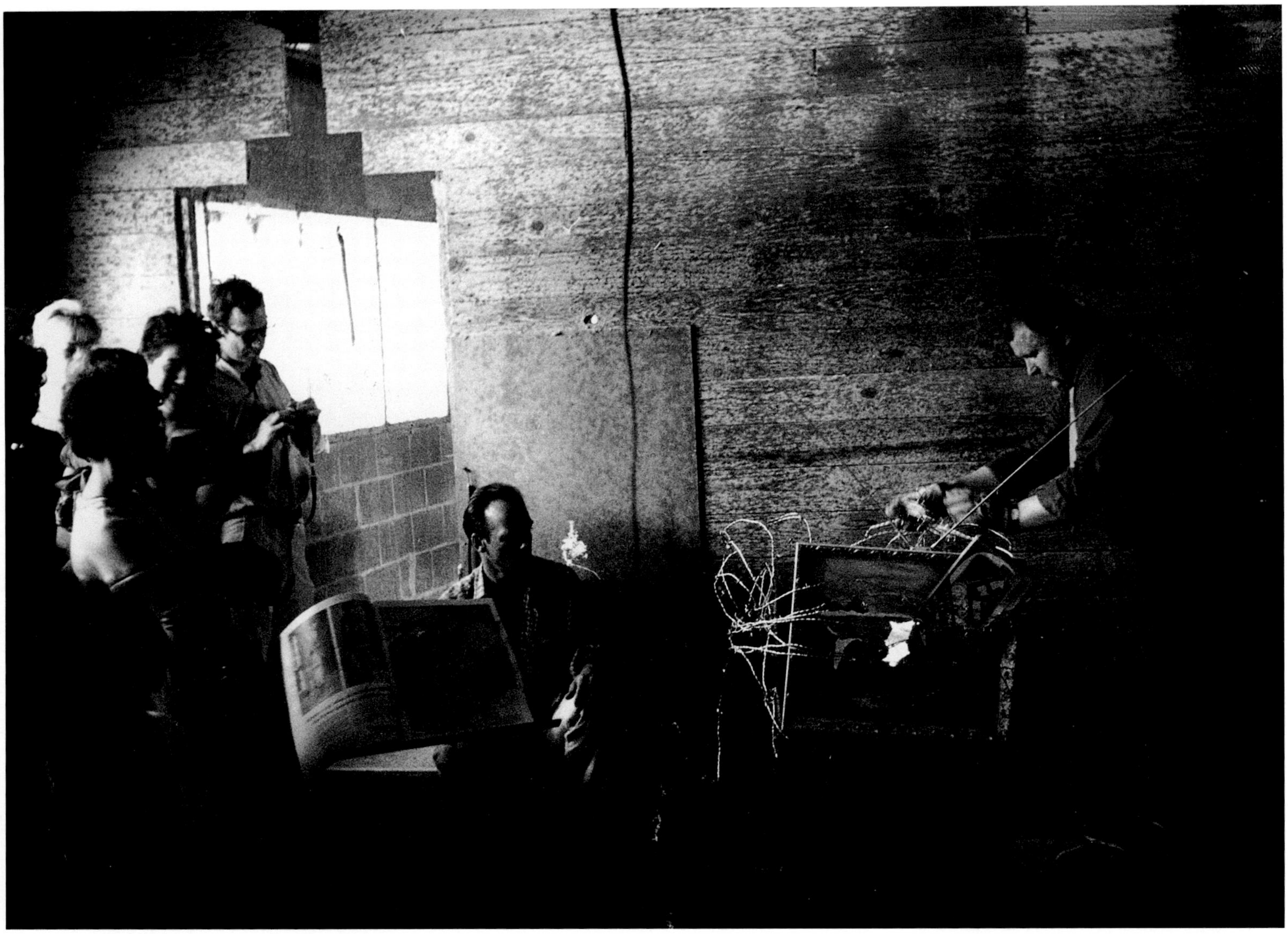

TV-Burying

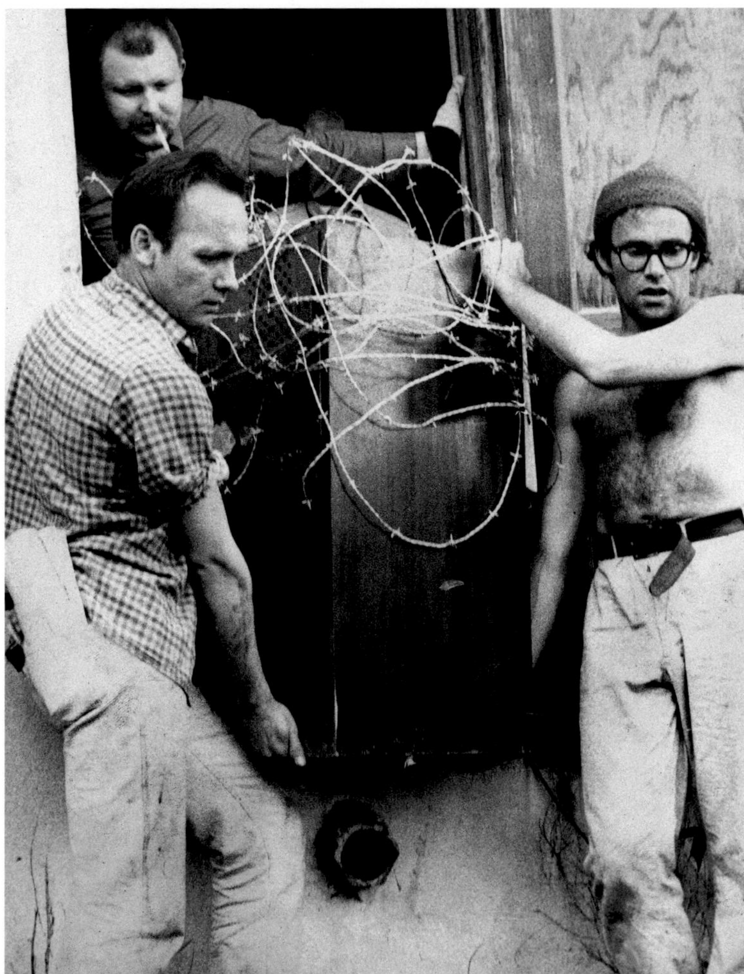

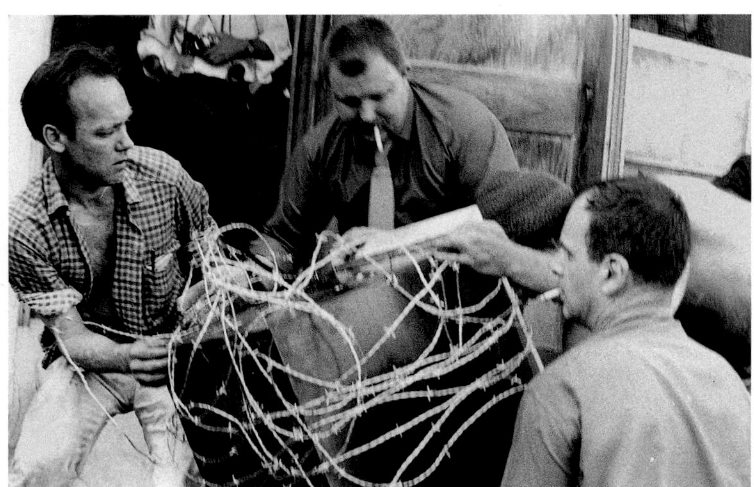

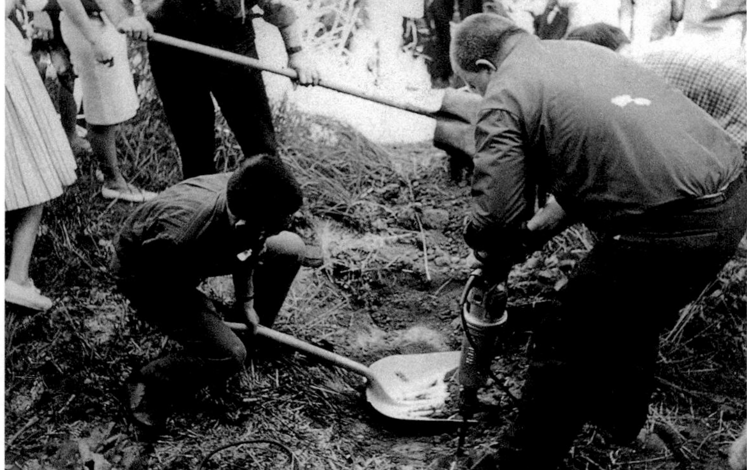

Dé-coll/age-Happening, Segals Farm, New Brunswick/
New York, 1963

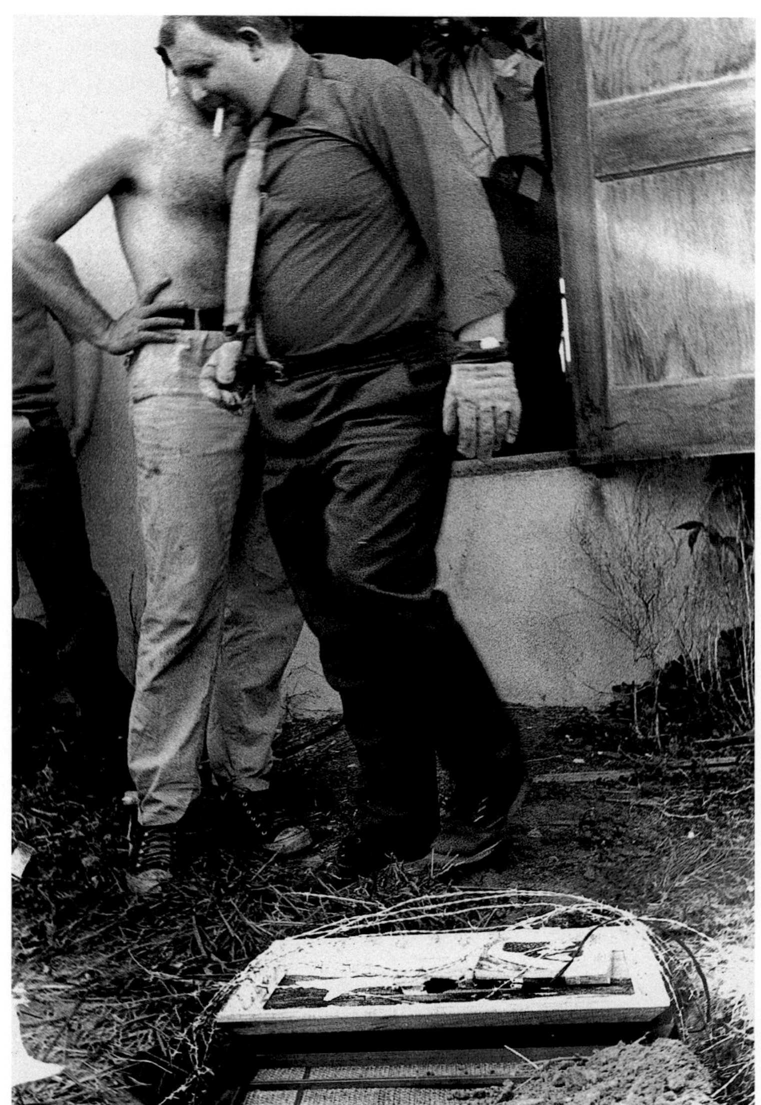

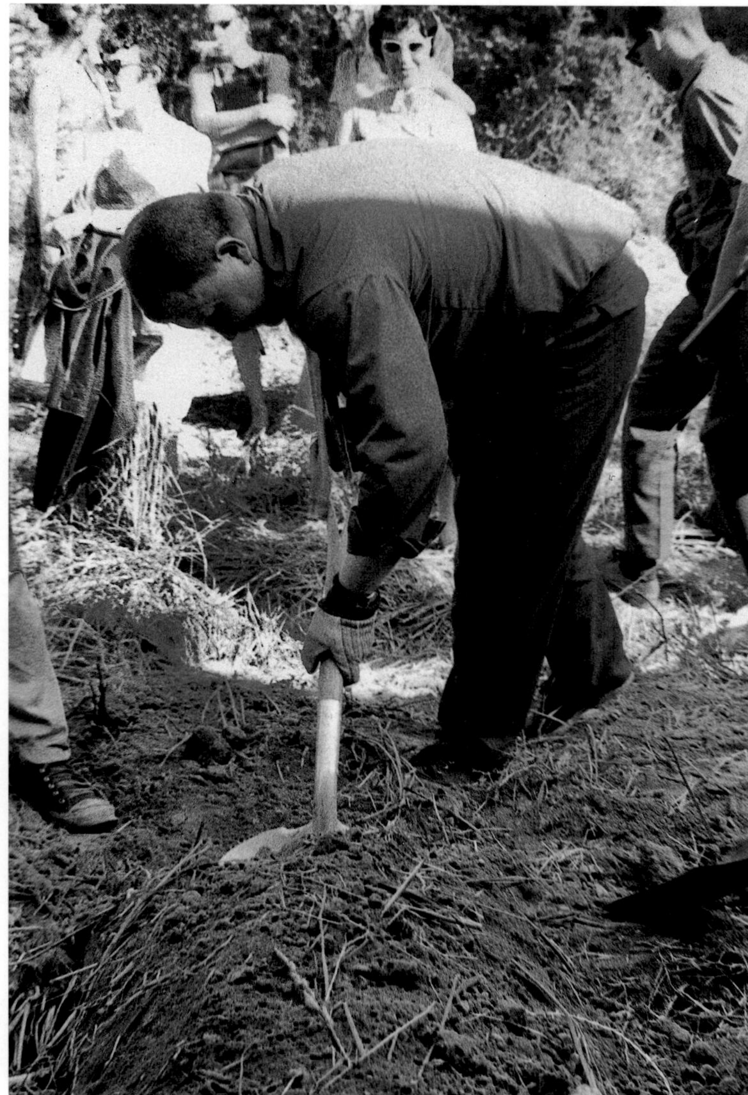

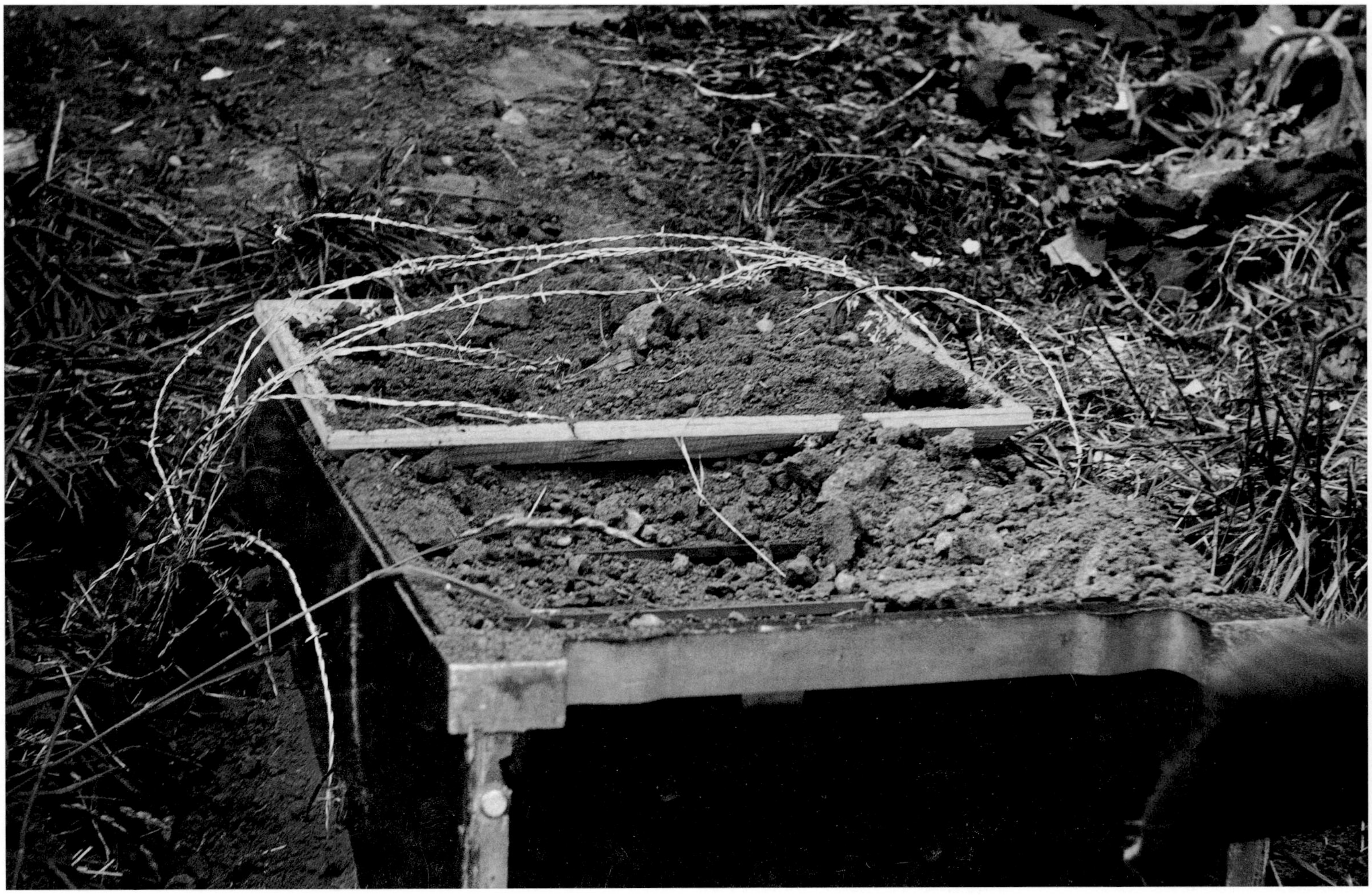

Wolf Vostells Kunstwerke und Aktionen der 1960er-Jahre gelten heute als frühe Beispiele einer wachsenden Kritik am Massenmedium Fernsehen, das damals für viele Künstler zu einer politisch konformen, hegemonialen Institution verkommen war. Auf der Suche nach unmittelbarer Erfahrung und der Verknüpfung von Kunst mit dem realen Leben integrierte Vostell mehrfach Fernseher in seine Kunstwerke und Happenings, die er im Sinne eines umfassenden Kunstbegriffs „Dé-coll/agen" nannte.

Vostells bis dato größte Aktion, *9-Nein-Dé-coll/agen*, die am 14. November 1963 stattfand, beinhaltete mehrere bedeutende Bezüge zum Fernsehen. Treffpunkt der Aktion war die Galerie Parnass in Wuppertal, von wo aus die über 100 Teilnehmer/innen in Bussen zu den 9 Aktionsorten gebracht wurden. Erste Station war das Kino „Camera", wo die Uraufführung von Vostells erstem Dé-coll/age-Film *Sun in your head* stattfand, mit dem er das Prinzip dieser Kunstform auf das bewegte Bild überträgt. Da die Videotechnologie 1963 noch nicht zur Verfügung stand, hatte Vostell den Kameramann Udo Jansen „décollagierte", also gestörte, verzerrte Fernsehbilder vom Monitor abfilmen lassen, die im Kino als siebenminütige Sequenz im Loop projiziert wurden. Die in kurzen Schnittfolgen montierten Aufnahmen enthalten nur fragmentierte Bilder und einige Satzfetzen, wodurch der ursprüngliche Bezugsrahmen unkenntlich wird. Während der Vorführung war das Kino von lauten, zuvor aufgezeichneten Geräuschen erfüllt. Vostell selbst sorgte mit Schreckschusspatronen für zusätzliche Irritation. Die vermutlich bekannteste und spektakulärste Aktion im Rahmen von *9-Nein*-Dé-collagen fand auf einem Rangierbahnhof in Wuppertal-Vohwinkel statt. Dabei rammten zwei aneinander gekoppelte Lokomotiven einen quer auf die Schienen abgestellten Mercedes Modell 52. Das Ergebnis dieser Kollision verarbeitete Vostell zu seiner ersten Unfallskulptur, *130 à l'heure*. Zur Eröffnung um 20.00 Uhr desselben Tages fand sich das Publikum schließlich in einem Steinbruch zu der Aktion *Is that the wall*? ein. Aus weiter Ferne war ein eingeschalteter Fernseher zu sehen, den Vostell durch einen gezielten Schuss implodieren ließ. Eine „Fernseherschießung" als symbolische Auslöschung des Mediums! [SW]

Wolf Vostell

Wolf Vostell's works of art and his actions from the 1960s are viewed today as early examples of a growing critique of the mass medium of television, which many artists at the time felt had degenerated into a politically conformist, hegemonic institution. In search of immediate experience and a connection between art and real life, Vostell repeatedly integrated television sets in his artworks and happenings which, in the sense of a comprehensive concept of art, he called "dé-coll/ages."

Vostell's most extensive action to date, *9-Nein-Dé-coll/agen*, which occurred on November 14, 1963, includes several important points of reference to television. The meeting place for the action was the Galerie Parnass in Wuppertal, from where the more than one hundred participants were conveyed in buses to the nine action sites. The first stop was the "Camera" cinema, where the premiere took place of Vostell's first dé-coll/age film, *Sun in your head*, with which he transferred the principle of this art form onto the moving image. Since video technology was not yet available in 1963, Vostell had told the cameraman Udo Jansen to film "décollaged" – that is to say, distorted – television images from the monitor, which were shown in the cinema as a looped seven-minute sequence. The shots mounted in brief series of cuts contain only fragmented images and a few shreds of sentences, so that the original relational framework becomes unrecognizable. During the screening, the cinema was filled with loud, previously recorded noises. Vostell himself caused additional irritation by shooting off a blank-cartridge pistol. What is probably the best-known and most spectacular action in the context of *9-Dé-coll/agen* took place at a railroad shunting yard in Wuppertal-Vohwinkel. Two linked locomotives rammed their way through a Mercedes Model 52 parked sideways on the tracks. Vostell turned the result of this collision into his first accident sculpture, *130 à l'heure*. For the opening at 8 p.m. on the same day, the audience entered a quarry for the final action, *Is that the wall?*, where from far away they could see a switched-on television which Vostell then caused to implode by deliberately firing a shot at it. A "television execution" as the symbolic extinguishing of the medium! [SW]

Sun in your head

Dé-coll/age-Film, sw, Ton / Dé-coll/age film, bw, sound, 5:30 min., 1963
Übertragen auf Video / Transferred to video

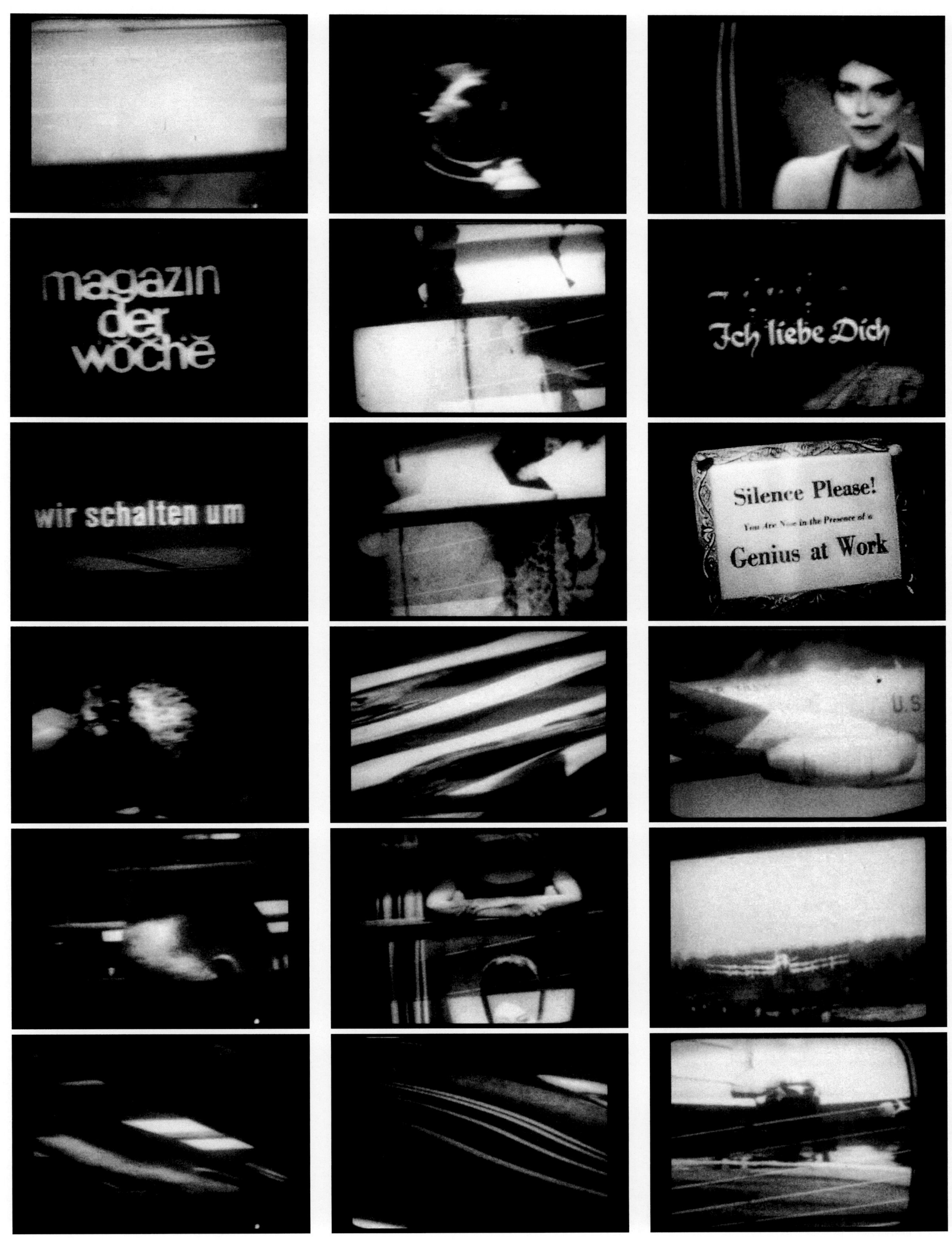

9-Nein-Dé-coll/agen

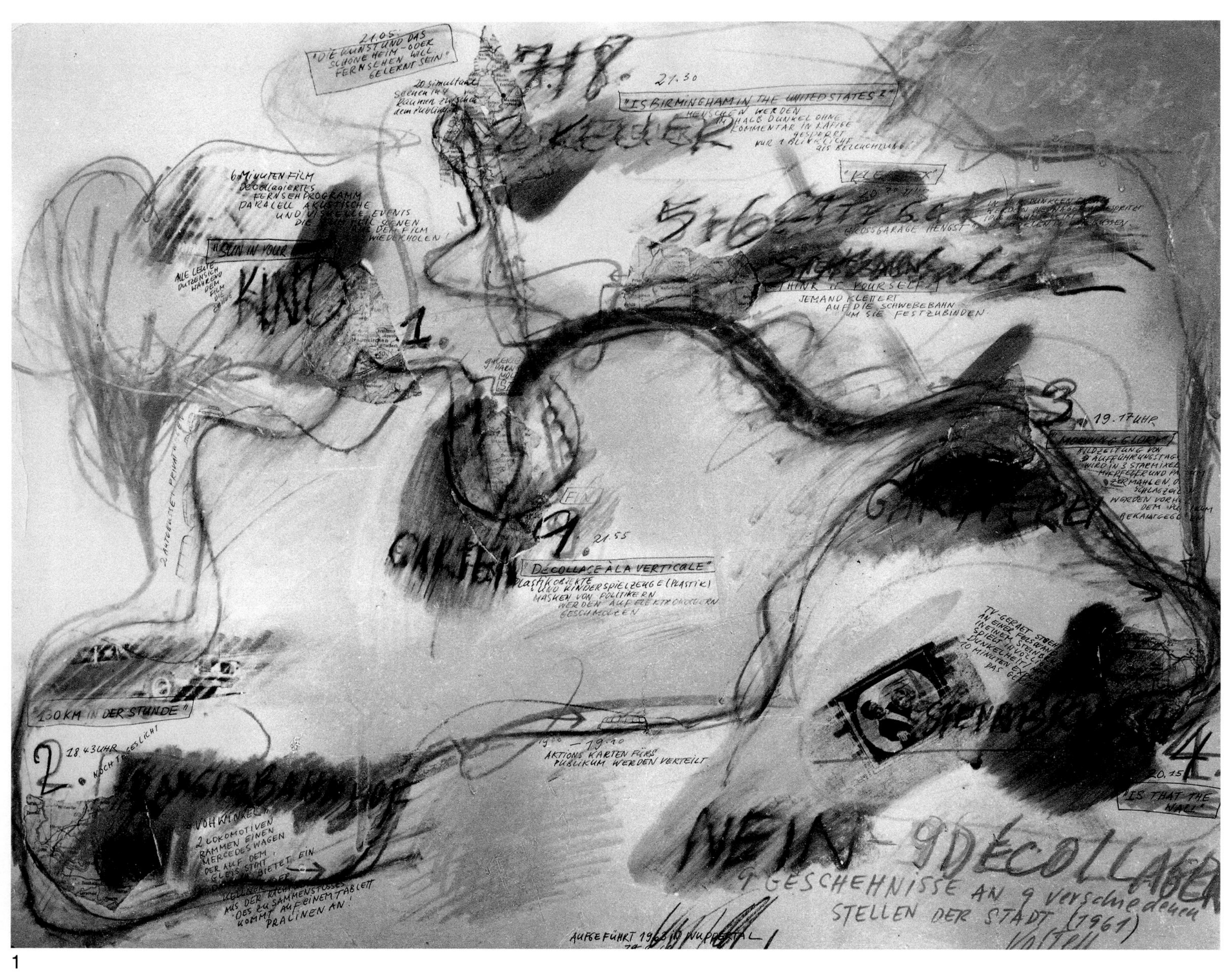

1

1 Partitur zum / Event score for Happening *9-Nein-Dé-coll/agen*, 50 × 64,5 cm, 1961/1963
Veranstalter / Event organizer Galerie Parnass, Wuppertal; Aktionen an neun verschiedenen Orten in der Stadt Wuppertal / Happenings in 9 different places in the city of Wuppertal, 14.9.1963

2 Einladungskarte zu / Invitation to *9-Nein-Décollagen*

3, 4, 5 Zusammenstoß von zwei Lokomotiven mit einem auf den Bahngleisen geparkten Mercedeswagen; Happening *9-Nein-Dé-coll/agen: 130 km in der Stunde*, 18.43 Uhr / Collision involving two coupled locomotives and a Mercedes automobile parked on the tracks; happening 9-*Nein-Dé-coll/agen: 130 km in der Stunde*, 6:43 p.m.

6 Simultane Abläufe in verschiedenen Kellerräumen der Weberei Zimmermann, Happening *9-Nein-Dé-coll/agen* / Simultaneous sequences in different basement rooms at the Zimmermann weaving mill; happening *9-Nein-Dé-coll/agen*, Wuppertal, 14.9.1963

3

2

Galerie Parnass Wuppertal ladet Sie hiermit zu der Autobusfahrt ein:

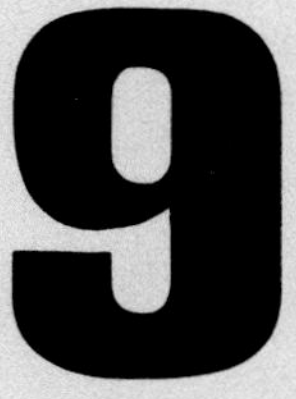

DÉCOLLAGEN
oder
(Leben als Bild)
oder
(Bild als Leben)
von
VOSTELL

1.
MORNING GLORY (Gärtnerei)

2.
SUN IN YOUR HEAD (Kino) Film von VOSTELL Kamera: Edo Jansen

3.
MORE FROM KLEENEX (Garage)

4.
FERNSEHEN WILL GELERNT SEIN oder DIE KUNST UND DAS SCHÖNE HEIM (Zimmer Mr. X)

5.
IS BIRMINGHAM IN THE UNITED STATES? (Keller)

6.
130 km IN DER STUNDE (Schrottplatz)

7.
IS THAT THE WALL? (Irgendwo)

8.
THINK IT YOURSELF (Schwebebahn)

9.
DÉCOLLAGE A LA VERTICALE (Küche)

Aufführende:
Josef Beuys, Helga Bäckerling, Eva Bigus, Jed Curtis, Dieter Hülsmanns Solo: Erotica Texte, Rudolf König, Pretzell, das Publikum, Manfred Montwé, Otfried Rautenbach, Gerd Stahl, Lotte Stahl, Jaap Spek: Akkusstik, Tsakiridis, Vostell

*

Die Teilnahme ist wegen den Autobusplätzen begrenzt.
Bitte reservieren Sie rechtzeitig Ihren Platz.
Die Autobusse starten am 14.9.63 um 18 Uhr vor der Galerie Parnass, Wuppertal Moltkestr. 67.
Anmeldung telephonisch Galerie Parnass 3 52 41.
Ab 21 Uhr Vernissage Vostell Ausstellung

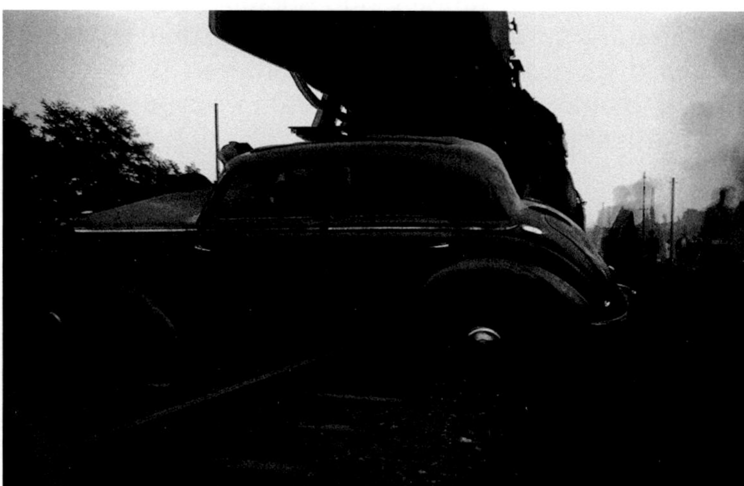
4

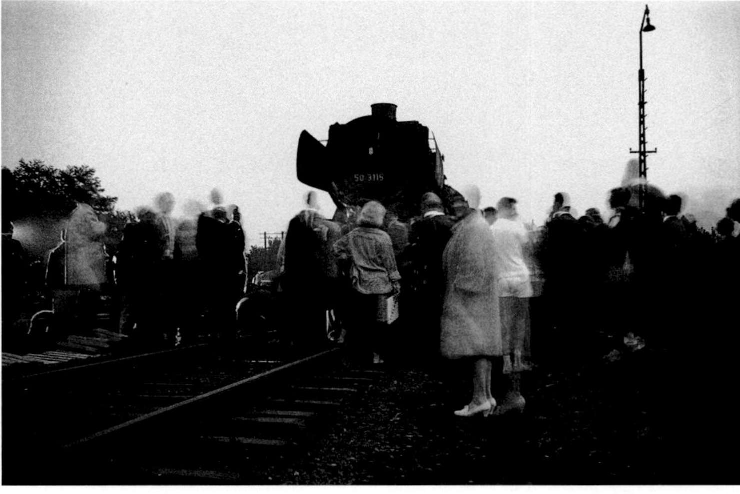
5

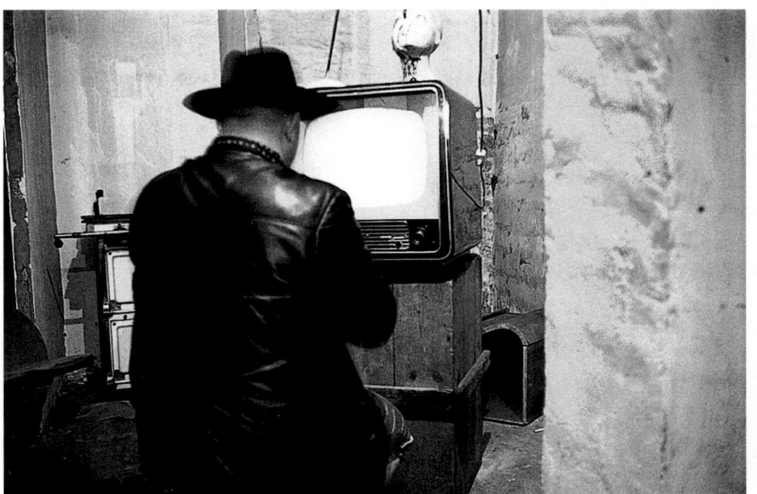
6

Die Titelseite des *New York Telegram* vom 22. November 1963 mit der Headline „President Shot Dead“. Das Siegel des Präsidenten der Vereinigten Staaten von Amerika. Immer wieder ein lachender John F. Kennedy. Seine Gattin Jacqueline Kennedy auf der Rückbank eines Cabrios. Lee Harvey Oswald. Ein offenes Fenster in einem Backsteingebäude. Ein Gewehr.

1968 veröffentlichte Andy Warhol seine Chronik des Attentats: 11 Siebdrucke in expressiven Farben, die er mit nüchternen Fernschreiber-Meldungen der Nachrichtenagenturen aus der 72-stündigen Liveübertragung rund um den Mord kombinierte. Der zeitliche Rahmen der „flash news“ des Textteils umfasst die vier Tage, die zugleich die Ära der Liveberichterstattung begründen sollten. Am Anfang steht die Ankunft des Präsidentenpaars in Dallas, der Verlauf endet mit der Beerdigung Kennedys in Washington am 25. November 1963. Sowohl neue Erkenntnisse zum Tathergang als auch die 1968 verübten Attentate auf Robert Kennedy, Martin Luther King und Warhol selbst könnten den Anstoß für eine erneute Auseinandersetzung des Künstlers mit dem Präsidentenmord gegeben haben. Als Vorlagen für Warhols Drucke dienten ihm offizielle Porträts, Pressefotos, Stills von Fernsehbildern sowie Ausschnitte aus Wahlkampfplakaten. Schlaglichtartig dokumentiert, collagiert und montiert er den Tatverlauf, indem er Tatort, Tatwaffe, den Täter und immer wieder, wie um das Fortleben in der medialen Wiederholung vorzuführen, Kennedy selbst zeigt. Interessanterweise verklammert Warhol, der sich zeitlebens mit der perfiden Transformationsmacht der Medien beschäftigte, Täter und Opfer mittels einer Regieklappe, als wären beide Darsteller in einem Film. Und wie verhalten sich der sachliche Ton des Textes und die kontrastreichen Töne der Drucke zueinander? Das zeitgenössische Publikum wird die schriftliche Rekonstruktion weniger studiert haben und eher den farbgewaltigen Bearbeitungen der fotografischen oder filmischen „Dokumente“ gefolgt sein—daran hat sich bis heute nichts geändert. In *Flash* reflektiert Warhol das Kennedy-Attentat als mediales Ereignis, dessen Akteure Teil eines Drehbuchs wurden und als dessen mächtigstes Werkzeug das Bild und nicht mehr das Wort erscheint. [MS]

Andy Warhol

The title page of *The New York Telegram* of November 22, 1963 carries the headline “President Shot Dead.” The seal of the president of the United States of America. Again and again a smiling John F. Kennedy. His wife, Jacqueline, on the back seat of a convertible. Lee Harvey Oswald. An open window in a brick building. A rifle.

In 1968, Andy Warhol published his chronicle of the assassination: 11 screen prints in expressive colors, combined by Warhol with sober news agency telex reports from the 72-hour live broadcast around the assassination. The time frame of the “flash news” from the text part embraces the four days of broadcasting that inaugurated the era of live reporting. The series opens with the president and first lady arriving in Dallas and ends with Kennedy’s burial in Washington on November 25, 1963. New insights into the course of events and the 1968 assassinations of Robert Kennedy and Martin Luther King along with the murder attempt on Warhol himself could be impulses for the artist’s renewed interest in the theme. The originals for Warhol’s prints were provided by official portraits, press photos, television stills, and excerpts from election campaign posters. He documents, collages, and arranges the event in a series of isolated flashes, showing the scene of the crime, the weapon, the perpetrator, and, repeatedly, Kennedy himself, as though manifesting his continued life in the media replication. Warhol, who spent his whole life examining the perfidious power of the media to alter reality, interestingly brackets together perpetrators and victims inside a film clapboard as though they were characters in a film. And how do the factual tone of the text and the rich, contrasting tones of the prints interact? Contemporary audiences would have devoted less time to studying the written reconstruction and would have been more concerned with the chromatic vehemence of the reworked photographs and the film “documents” —and the same applies today. In *Flash*, Warhol reflects on the Kennedy assassination as a media event whose protagonists are turned into characters in a script, the most powerful tool of which is the image and no longer the word. [MS]

Flash – November 22, 1963

Mappe mit 11 Siebdrucken und 11 Seiten mit Teletype-Text / Portfolio of 11 silkscreens with 11 pages of Teletype text, 57 × 56 × 3 cm, 1968

FIRST DAY -- 11/22/63

FIRST LEAD KENNEDY

DALLAS, NOV. 22 -- PRESIDENT AND MRS. KENNEDY ARRIVEDX HERE TODAY IN THE SECOND DAY OF THEIR SWING THROUGH TEXAS.

FOLLOWING TUMULTUOUS RECEPTION IN SAN ANTONIO, HOUSTON AND FORT WORTH YESTERDAY, THE PRESIDENT WAS XXXX SCHEDULED TO SPEAK TODAY TO A DEMOCRATIC LUNCHEON, AFTER A MOTORCADE TO THE DALLAS TRADE MART.

THOUSANDS OF TEXANS XXXXX RIMMED THE LANDING AREA AT LOVE FIELD AS THE PRESIDENT'S PLANE, AIR FORCE ONE, TOUCHED DOWN AT 11:37 A.M.(CST).

EDL152ACS

FLASH

DALLAS -- SHOTS AT KENNEDY MOTORCADE.

CJ1235PCS

BULLETIN -- PRECEDE KENNEDY

DALLAS, NOV. 22 -- THREE SHOTS WERE FIRED AT PRESIDENT KENNEDY'S MOTORCADE IN DOWNTOWN DALLAS TODAY. XXXXXXXX THE PRESIDENT'S CAR. WITH MRS. KENNEDY AND GOV. AND MRS. JOHN B. CONNALLY, JR., SPED OFF IMMEDIATELY IT WAS UNCLEAR WHETHER THERE WERE ANY CASUALTIES.XXXX XXXXXXXXXXXXXXXXX

CJ1236PCS

BULLETIN -- 1ST ADD SHOTS

XXXXXX THE SHOTS RANG OUT AS THE PRESIDENT'S CAR WAS APPROACHING AN OVERPASS EN ROUTE TO THE TRADE MART, WHERE HE WAS TO DELIVER A SPEECH. THEY APPEARED TO COME FROM BEHIND THE MOTORCADE. (PICKUP 1ST LEAD.....FOLLOWING TUMULTUOUS XXXX TO END)

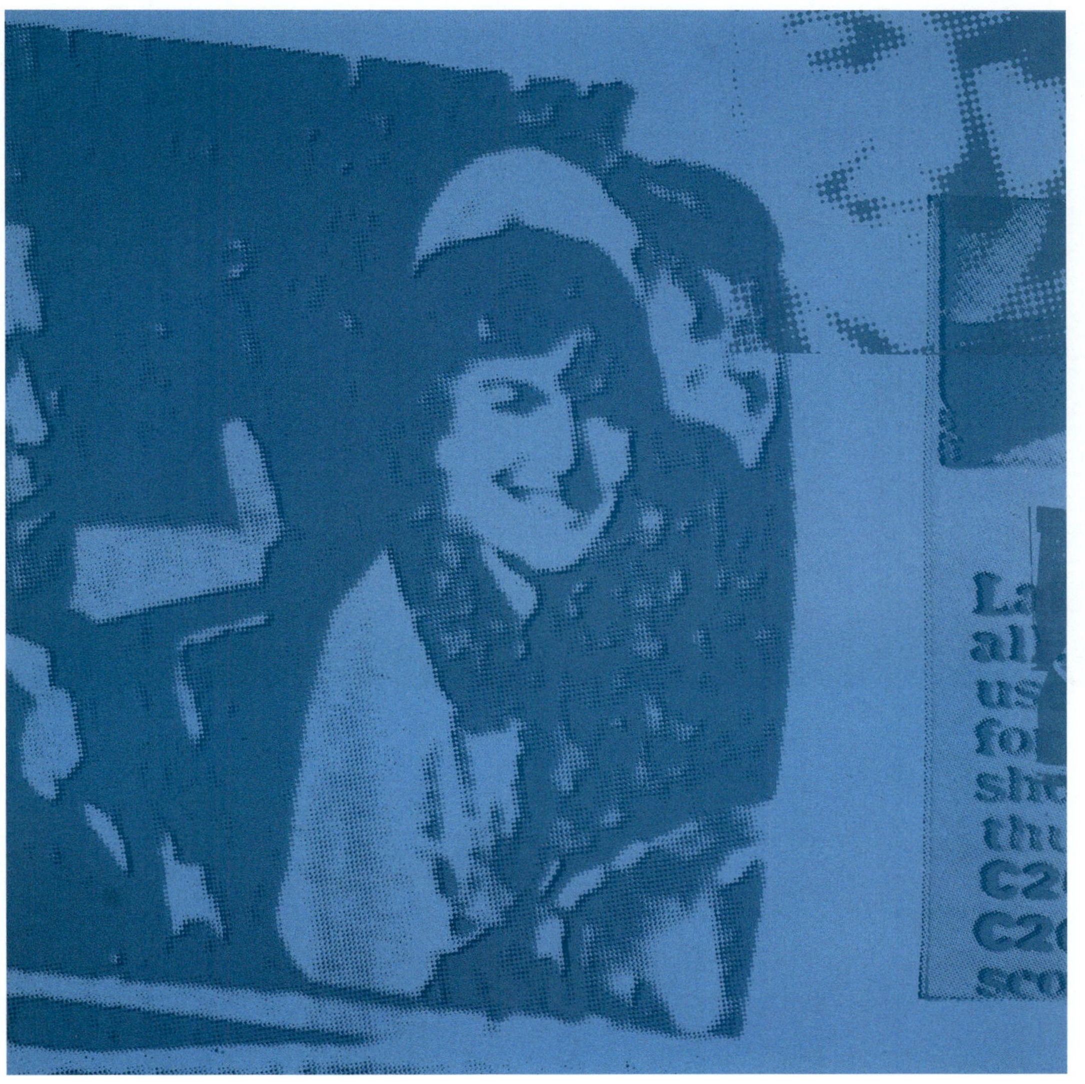

Flash –
November 22, 1963

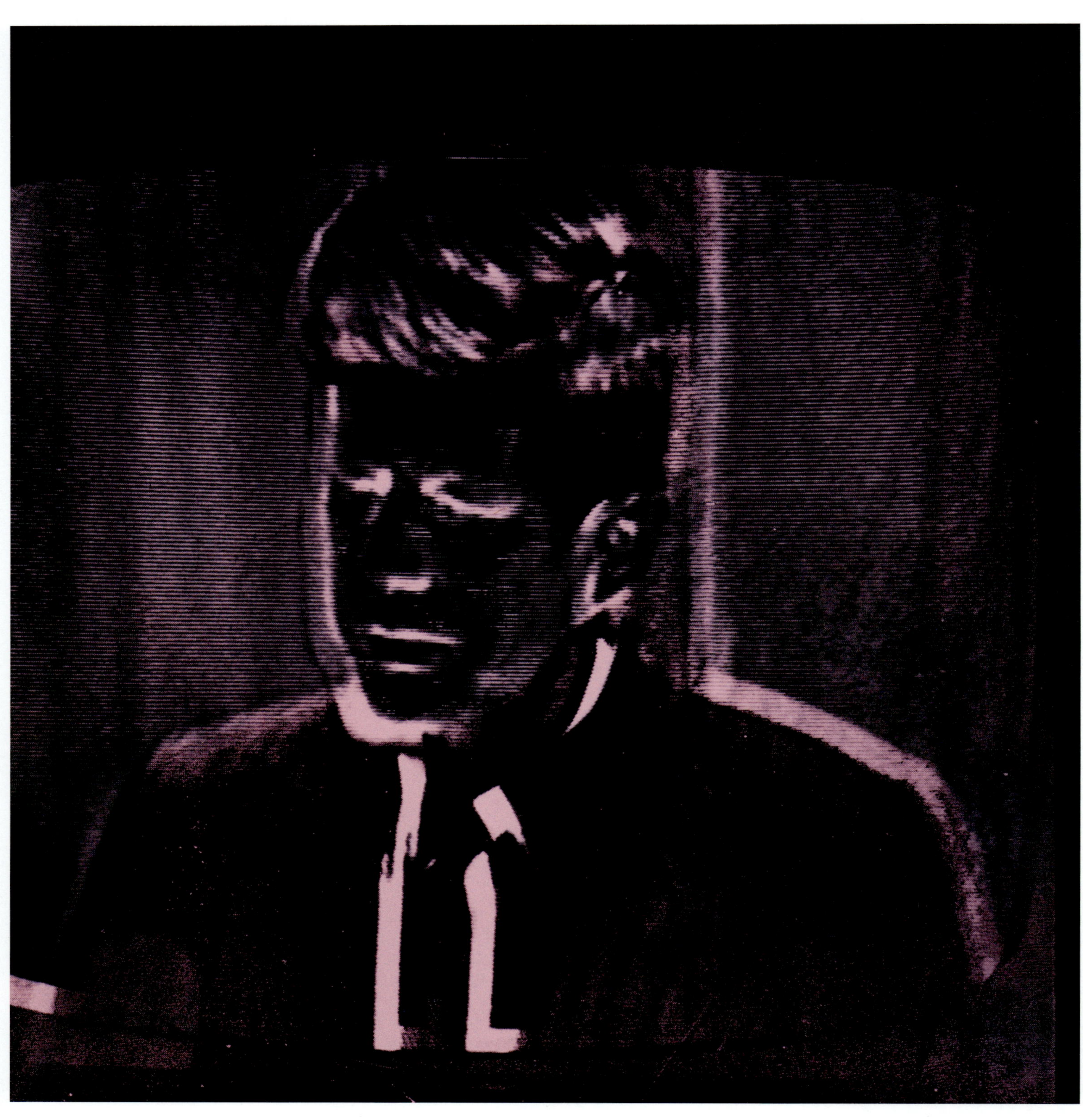

Mappe mit 11 Siebdrucken und 11 Seiten mit Teletype-Text /
Portfolio of 11 silkscreens with 11 pages of Teletype text,
57 × 56 × 3 cm, 1968

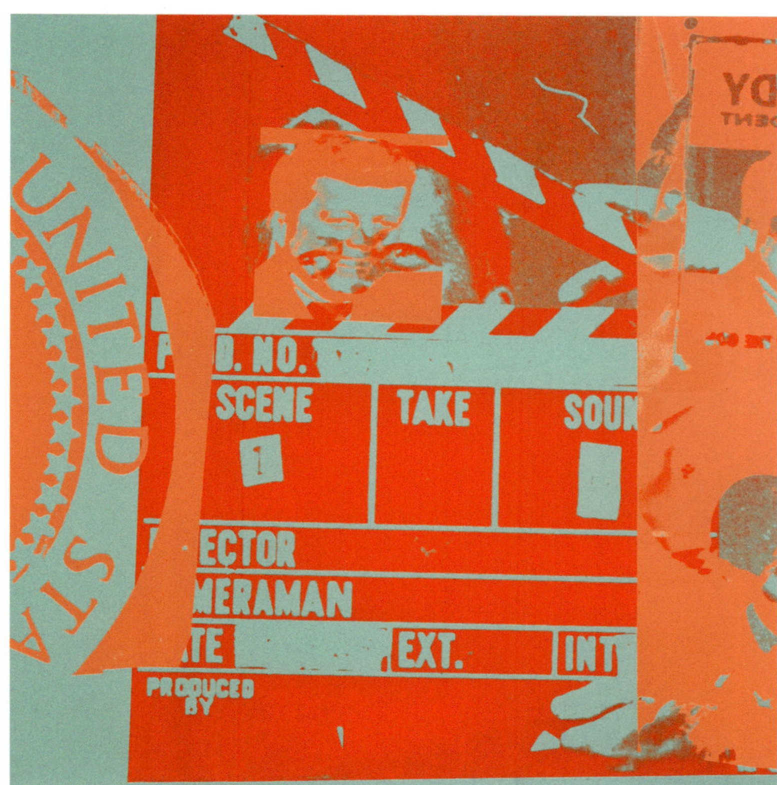

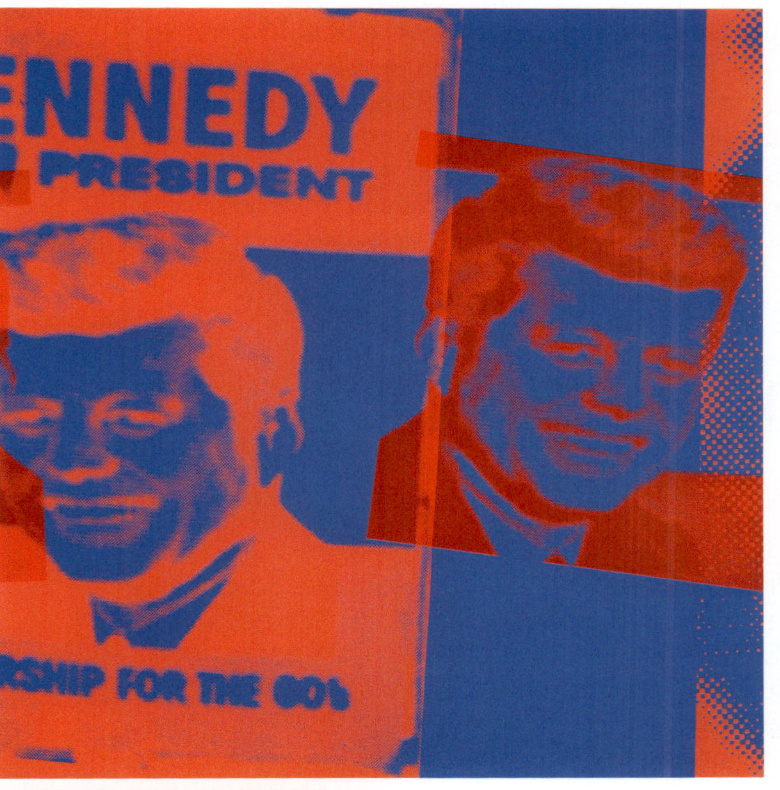

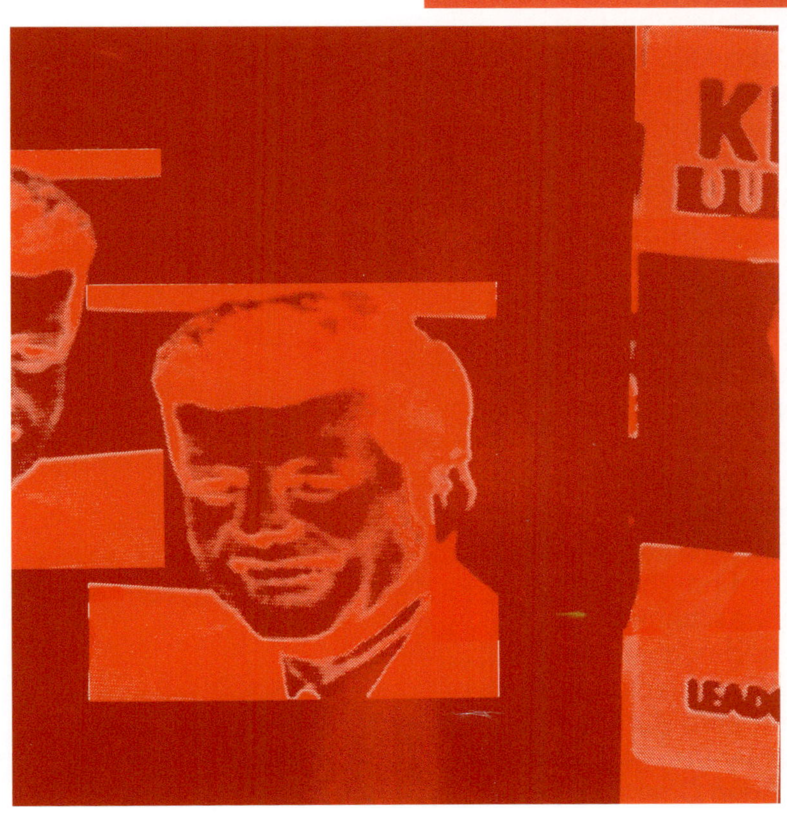

Im filmischen Werk von Andy Warhol nimmt *Soap Opera* (1964) durch die direkte Appropriation von Found Footage eine Sonderstellung ein. Warhols sonstige, in Eigenregie gedrehten Kinofilme parodieren bekannte Genres ebenso wie seine Fernsehshows vertraute Formate affirmativ überspitzen. Der Fernseh- und Filmproduzent Lester Persky überließ Warhol einige seiner alten TV-Commercials (u. a. für Pillsbury Cake Mix, Secret Deodorant und Beauty Set Shampoo), deshalb führt *Soap Opera* den Untertitel „The Lester Persky Story". Da Fernsehwerbung damals noch auf Film produziert wurde, konnte Warhol diese einfach zwischen das selbst gedrehte Filmmaterial montieren und erreichte damit die Wirkung einer Fernsehsendung mit Werbeunterbrechungen. Warhols amateurhaft gedrehte Stummfilmszenen wurden trotz der Mitwirkung des späteren Factory-Superstars Baby Jane Holzer von der aufwendigen Werbung überrollt. Die Hierarchie von Programm und Werbeunterbrechung kehrt sich um, die Werbung erscheint als die eigentliche Botschaft, zu der die handlungsarme *Soap Opera* nur den Rahmen liefert. In diesem Sinne schrieb Lynn Spigel: „Soap Opera is one of the first (if not the first) theories of television aesthetics."[1] Die Bezeichnung Seifenoper geht auf Vormittagsserien für Hausfrauen im US-amerikanischen Radio zurück, die von Herstellern für Reinigungsmittel gesponsert wurden, somit auf ein Programm, das ausschließlich zu Werbezwecken produziert wurde. Nichts anderes illustriert Warhol mit seiner *Soap Opera*. [DD]

1 Lynn Spigel, *TV by Design: Modern Art and the Rise of Network Television*, Chicago 2008, S. 252.

Andy Warhol

182

In its direct appropriation of found footage, *Soap Opera* (1964) marks an exception within Andy Warhol's filmic work. The movies directed under Warhol's name usually parodied well-known genres, and his television shows lovingly exaggerated familiar formats. For *Soap Opera*, television and movie producer Lester Persky supplied the artist with some of the TV commercials he had made (such as those for Pillsbury Cake Mix, Secret Deodorant, and Beauty Set Shampoo), which is why the film is subtitled "The Lester Persky Story." Since TV commercials were still shot on film stock, Warhol was able to simply intercut them with material he had filmed himself to achieve the effect of a television show interrupted by commercials.

Despite contributions by the future Factory superstar Baby Jane Holzer, Warhol's silent movie scenes, made under amateur conditions, were overshadowed by the lavish commercials. The usual hierarchy of content over advertising was stood on its head, and the commercials became the true message, for which the mostly actionless *Soap Opera* delivered only the background. This reversal prompted Lynn Spigel to state: "*Soap Opera* is one of the first (if not the first) theories of television aesthetics."[1] The genre was named for morning series on US radio that targeted housewives and which were sponsored by detergent manufacturers. Their programs were produced for the sole purpose of selling their products, which is exactly the state of affairs Warhol illustrates with his own *Soap Opera*. [DD]

1 Lynn Spigel, *TV by Design: Modern Art and the Rise of Network Television* (Chicago: University of Chicago Press, 2008), 252.

Soap Opera

16 mm Film, sw, Ton, unvollendet / 16 mm film, bw, sound, unfinished, 47:00 min., 1964

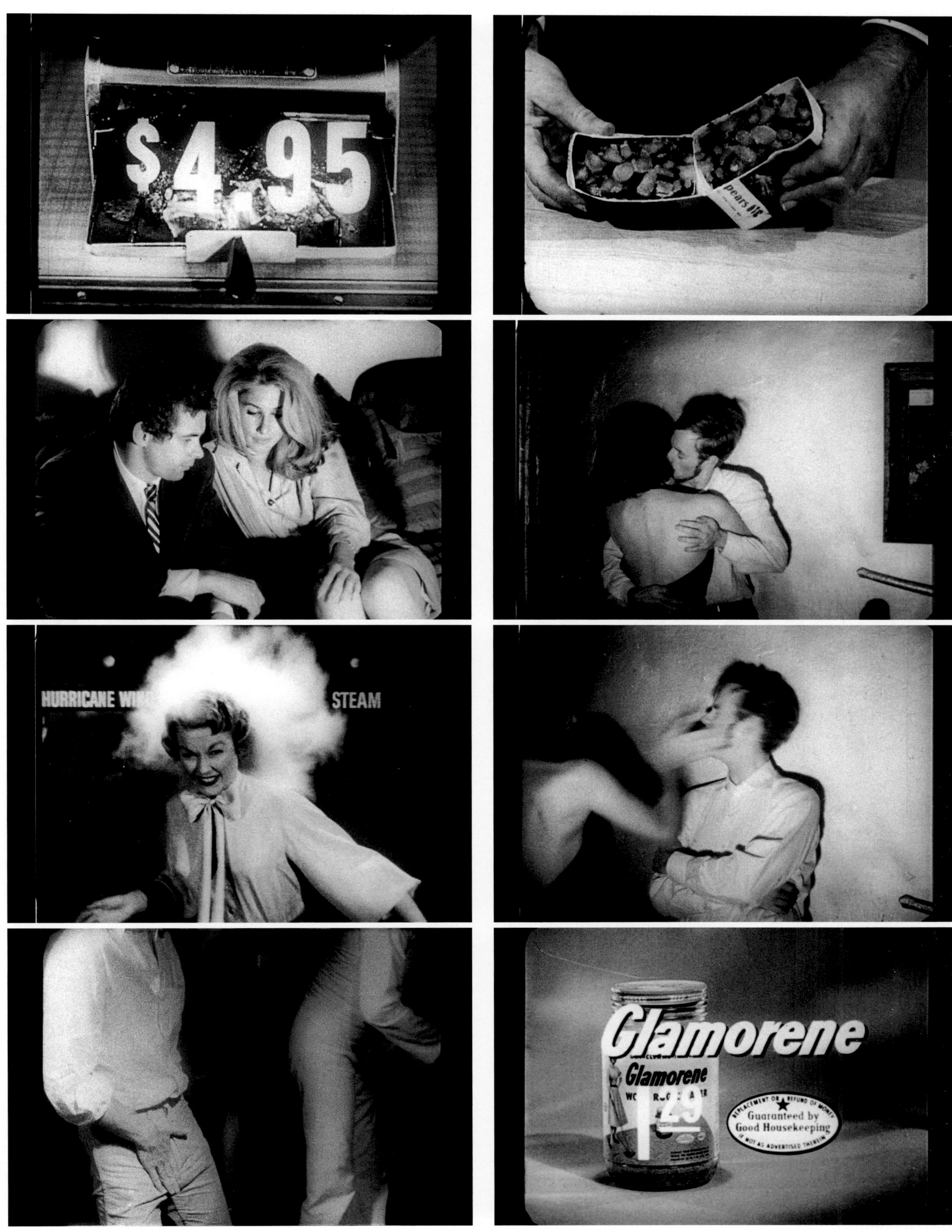

Die Serie *Propeller Paintings* (1963–65) von Lawrence Weiner kreist um ein Motiv, das für heutige Fernsehzuschauer kaum mehr alltäglich ist. Der Künstler entnahm die Form Testbildern auf einem Fernsehbildschirm, die ihn an das Flügelrad im Warnsignal für Radioaktivität erinnerten. Testbilder erscheinen heute eher wie Fußnoten der Fernsehgeschichte. Sie wurden bekanntlich vor allem nachts, wenn kein Programm gesendet wurde, ausgestrahlt. Das Testbild zeigt das Medium im Leerlauf der Kommunikation. Es verweist auf einen Ruhemodus, der kaum mehr vertraut ist, da der Informationsstrom zeitgenössischer Medien lückenlos geworden ist. Für Weiner bot das Motiv einen Ausgangspunkt seiner Beschäftigung mit Malerei. Er verwendete es als eine Art Schablone, mit der potenziell unendlich viele in Größe und Farbe variierende Bilder produziert werden konnten. Jede der Arbeiten wurde zum selben Preis angeboten und bei Ausstellungen stets über die Höhe der Materialkosten versichert. Weiner arbeitete an einer konzeptuellen Malerei, die einzelne Arbeiten weniger als einzigartige Werke, sondern vielmehr als unterschiedliche Manifestationen einer essenziellen Idee von Malerei versteht. Dabei rückt er die Erfahrung ästhetischer und kulturindustrieller Produktionen in unmittelbare Nachbarschaft. Damit untergräbt er die verbreitete Vorstellung von der Überlegenheit autonomer Kunstwerke gegenüber der Bilderflut des Fernsehens. Gleichzeitig scheinen in den Arbeiten die unterschiedlichen Oberflächen von Bildschirm und Tafelbild überblendet. Der Fernseher zeigt sich als zeitgenössisches Fenster zur Welt. Dabei kontrastiert die pastose und grobe Farbigkeit der Arbeiten mit dem typischen Fernsehbild. Diese Malerei erzeugt keine Tiefe, und ebenso wie ein Testbild stellt sie nichts dar. Es ist nicht eindeutig, ob sie Testbilder, Strahlungssymbole oder schlicht Farbe auf einer Leinwand zeigt. Sie verweist nur auf sich selbst, darauf, wie und ob sie Bedeutung herstellt. Weiner setzt der damals beklagten Passivität eines unmündigen Fernseh-Massenpublikums das dialogische Verhältnis zwischen Bild und einem Betrachter entgegen, der zum Koproduzenten ästhetischer Bedeutung wird. [BO]

Lawrence Weiner

The *Propeller Paintings* series (1963–65) by Lawrence Weiner revolve around a motif that current television viewers will no longer be so accustomed to. The artist extracted forms from television test patterns that reminded him of the propeller-shaped warning sign for radioactivity. Test patterns appear today as mere footnotes to the history of television. They were most familiar at night when no programs were being broadcast. The test pattern shows the medium in a state of empty communication. The medium is idling, something we are barely familiar with now that the stream of information has become uninterrupted.

For Weiner, the motif provided a point of departure for his engagement with painting. He employed it as a template capable of producing pictures in an infinite variety of sizes and colors. Each picture was on sale for the same price and insured at exhibitions for the cost of the raw materials alone. Weiner was developing here a concept painting in which individual works were not understood as unique but rather as differing manifestations of an essential idea of painting. This brings the experience of aesthetic production into contact with that of culture-industrial production, thereby subverting the common notion of the superiority of autonomous artworks over the flood of television images. At the same time, the different surface textures of the television screen and painting are merged. The television shows itself as the contemporary window to the world. The impasto and coarse coloration of the works contrast with the typical television image. The paintings generate no sense of depth and, like the test pattern, do not depict anything. It is unclear whether they show test patterns, radioactivity signs, or simply paint on canvas. They refer only to themselves, to the way they signify or to the question of whether they signify at all. Weiner opposes what, at the time, was the deplored passivity of captive television audiences with the dialogic relation between the image and a viewer who becomes the coproducer of aesthetic meaning. [BO]

Title Unknown

Synthetische Polymerfarbe und Sägemehl auf Leinwand / Synthetic polymer paint and sawdust on canvas, 55,9 × 62,2 cm, 1965

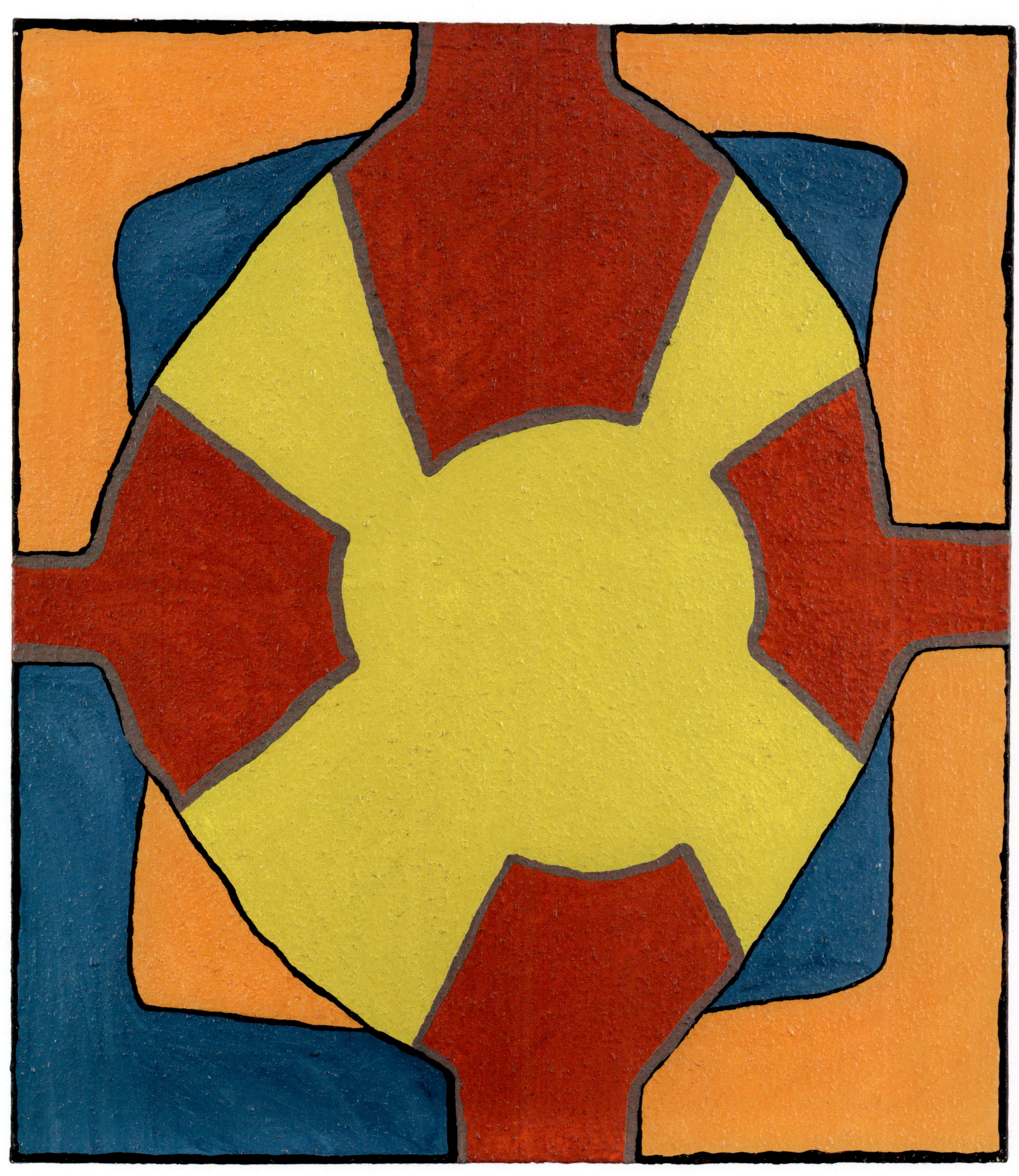

Untitled

Gouache, Tinte und Lack auf Leinwand / Gouache, ink, and varnish on canvas, 20 × 17 cm, 1964

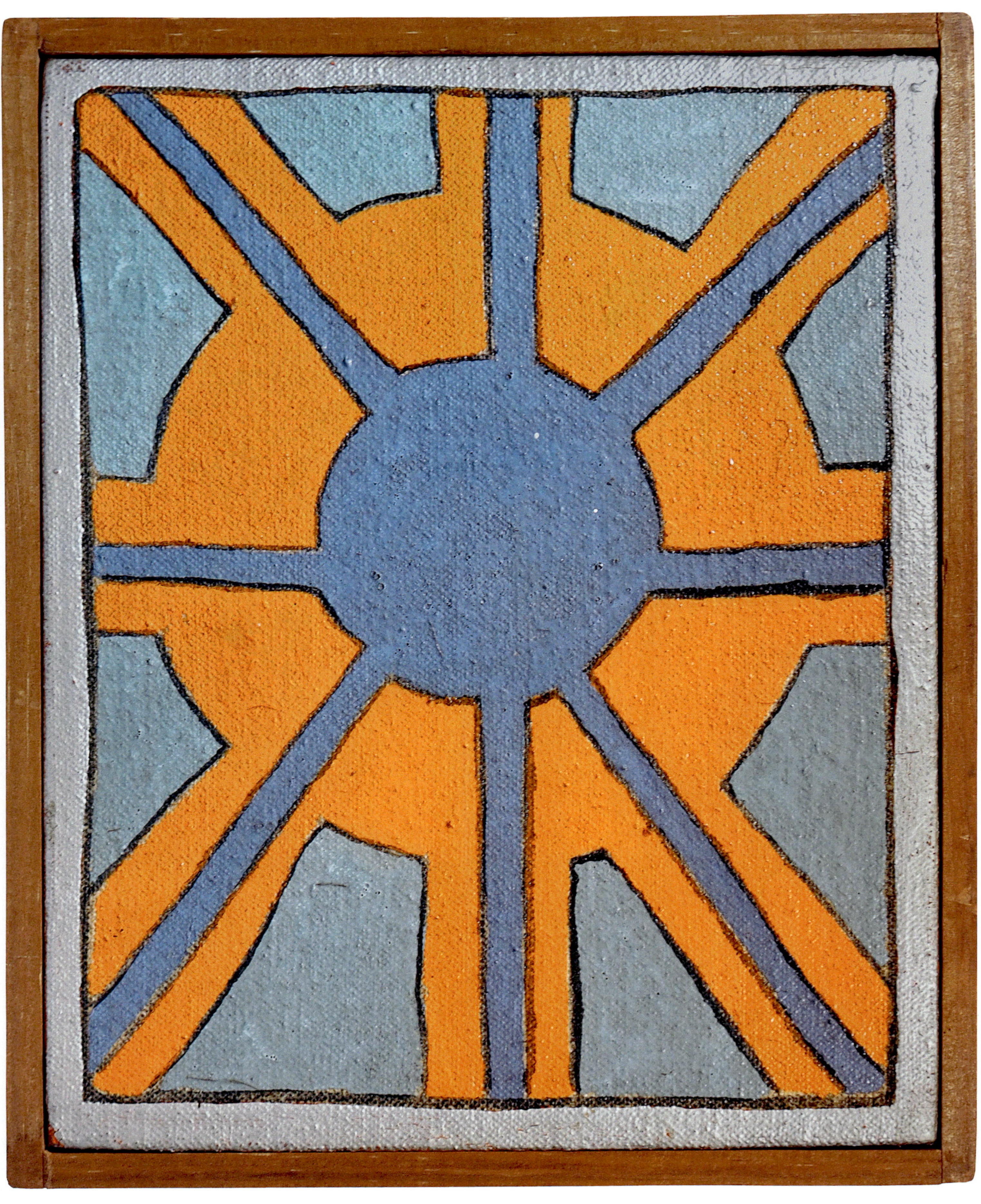

Yellow Wheel with Orange Border

Synthetische Polymerfarbe und Zeitung auf Holz / Synthetic polymer paint and newspaper on wood, 16,8 × 15,2 cm, 1963

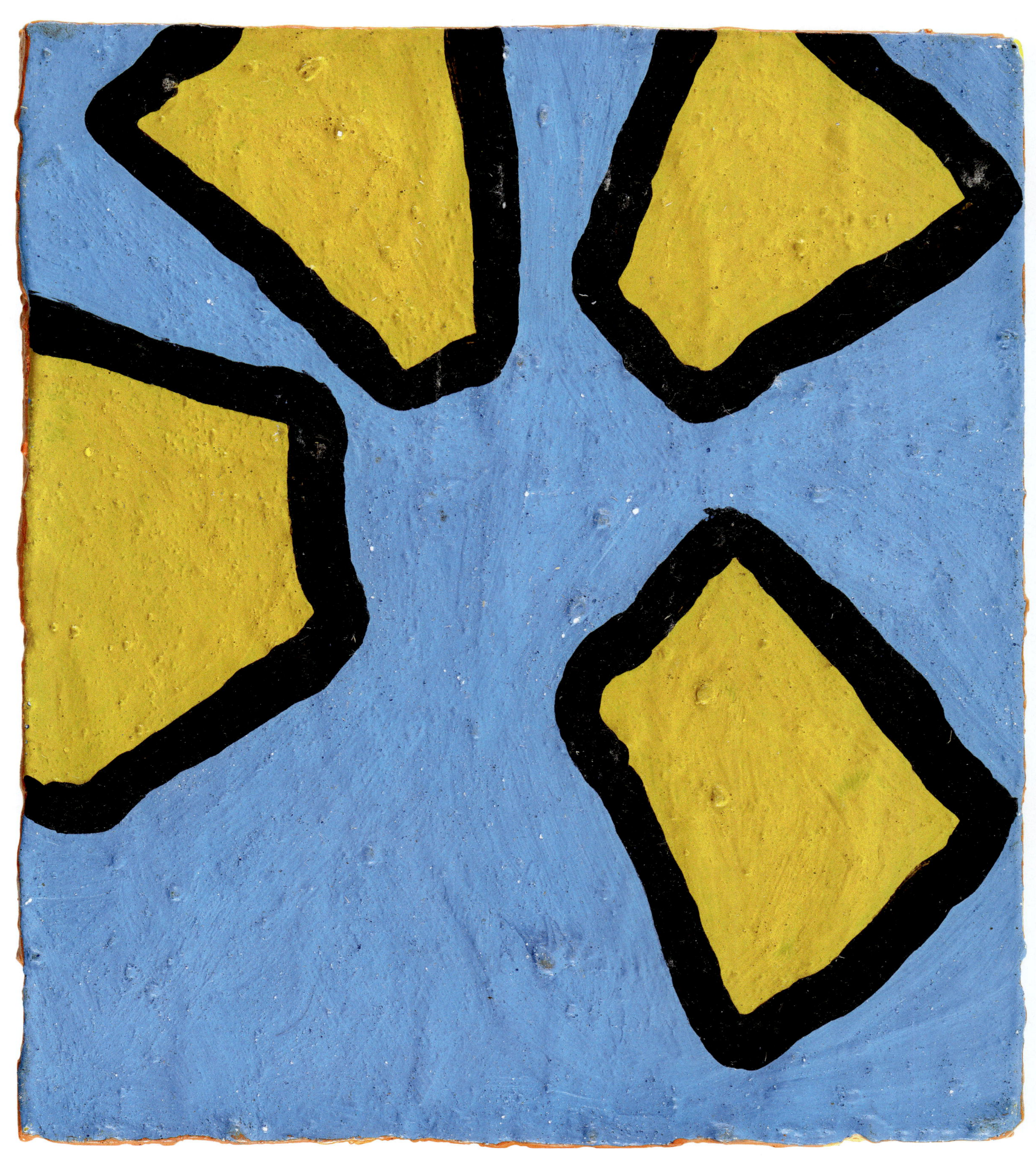

„It was a violent first show"[1], erinnert sich Malerfreund Alex Katz an Tom Wesselmanns erste Einzelausstellung in der Tanager Gallery 1961. Dort zeigt der Popkünstler die ersten *Great American Nudes*, laszive Darstellungen weiblicher Akte, garniert mit Eisbechern, Obstschalen und Zigaretten, die zum Leitmotiv seines Schaffens werden. Ästhetische Anregungen findet Wesselmann – wie auch Andy Warhol, Claes Oldenburg oder James Rosenquist – in der modernen Warenwelt und der Ikonografie der Werbung. Zu Beginn der 1960er-Jahre beginnt er, mit der räumlichen Dimension der Leinwände zu experimentieren. Er integriert Haushaltsobjekte in die Bilder, darunter sein Radio, das für den erklärten Musikliebhaber und Hobbymusiker über Jahre „ein wichtiger Begleiter"[2] war. Auch im Bild funktioniert es als Musikabspielgerät. Tief beeindruckt von John Cage, treibt Wesselmann die akustische Erweiterung des Gemäldes voran, indem er den Fensterausblick des Interieurs in *Great American Nude #54* (1964) durch einen verdeckten Lautsprecher mit Straßengeräuschen hinterlegt.[3] Etwa zeitgleich finden gemalte und echte Fernsehbildschirme Eingang in seine Werke: *T.V. Still Life* (1965) steht in der Tradition schlichter Früchtestillleben, wie sie bereits aus römischen Fresken bekannt sind. Die schematische Darstellung der Birne vor weißen Fliesen wird erweitert um den zum Alltagsobjekt avancierten Fernseher. Als Foto-Siebdruck wiedergegeben, wirkt das TV-Bild am „echtesten". Die bekannteste Arbeit Wesselmanns mit funktionsfähigem Fernseher ist *Still Life #28*. Ihr Früchte- und Blumenbouquet wird flankiert von modernen Markengetränken und – als Bild im Bild – dem Porträt Abraham Lincolns. Wesselmann hat nie eine gesellschaftskritische Intention für seine Kunst beansprucht. Dennoch schreibt er, „[es war] für mich ein überraschender [...] Augenblick, als der [...] Kopf Kennedys auf dem Bildschirm erschien, fast genau so groß wie der Kopf Lincolns an der Wand [...]. Durch diesen Augenblick hat diese Arbeit für mich [...] eine emotionale Komponente bekommen."[4] Mit seinen akustischen und televisuellen Erweiterungen weist Wesselmann auf spätere Sound- und Bewegtbild-Installationen voraus. [EG]

1 Alex Katz, zit. nach http://denverartmuseum.org/article/staff-blogs/tom-wesselmanns-first-solo-show (abgerufen am 10.4.2015).

2 Tom Wesselmann, zit. nach Nicole Fritz, „Auf gleicher Wellenlänge? Der Einfluss von Radio und TV bei Tom Wesselmann und in der Kunst der 1960er Jahre", in: *Tom Wesselmann und die Pop Art*, Ausst.-Kat. Ravensburg 2008/09, Köln 2008, S. 24.

3 Vgl. ebd., S. 26–29.

4 Tom Wesselmann, zit. nach Fritz 2008 (wie Anm. 2), S. 26.

Tom Wesselmann 188

"It was a violent first show,"[1] remembers painter friend Alex Katz with regard to Tom Wesselmann's first solo exhibition at the Tanager Gallery in 1961. There, the Pop artist displayed the first *Great American Nudes*, lascivious depictions of female nudes, garnished with sundaes, fruit bowls, and cigarettes; they would become the leitmotif of his creative output. Wesselmann – like Andy Warhol, Claes Oldenburg, and James Rosenquist – finds aesthetic inspiration in the modern world of commodities and the iconography of advertising. At the beginning of the 1960s, he begins to experiment with the spatial dimension of canvases. He integrates household objects into the pictures – including his radio, "an important companion"[2] for the self-avowed music lover and hobby musician. It also functions in the picture itself as music-playing equipment. Deeply impressed by John Cage, Wesselmann pursues the acoustic extension of the painting further in *Great American Nude #54* (1964) by having a hidden loudspeaker emit street noises behind the window view from the painting's indoor scene.[3] At about the same time, his works begin to include painted and genuine television screens: *T.V. Still Life* (1965) is in the tradition of humble still lifes with pieces of fruit such as are already familiar from Roman frescoes. The schematic representation of the pear in front of white tiles is expanded by the television set, which has advanced to the status of an everyday object. Rendered as a photo-screenprint, the television image has a "most authentic" appearance. Wesselmann's best-known work with a functioning television is *Still Life #28*. Alongside its arrangement of fruit and flowers are modern beverage brands and – as a picture within the picture – a portrait of Abraham Lincoln. Wesselmann has never laid claim to a socially critical intention for his art. Nonetheless, he writes: "It was a surprising [...] moment for me when [...] Kennedy's head appeared on the screen, almost as big as Lincoln's on the wall [...]. Because of this moment, the work acquired [...] an emotional component for me."[4] With his acoustic and televisual extensions, Wesselmann anticipates later installations involving sound and moving pictures. [EG]

1 Alex Katz, as quoted under http://denverartmuseum.org/article/staff-blogs/tom-wesselmanns-first-solo-show [accessed April 10, 2015].

2 Tom Wesselmann, as quoted by Nicole Fritz, "Auf gleicher Wellenlänge? Der Einfluss von Radio und TV bei Tom Wesselmann und in der Kunst der 1960er Jahre," in *Tom Wesselmann und die Pop Art*, exh. cat. Ravensburg 2008/09 and Cologne 2008, 24.

3 Ibid., 26–29.

4 Tom Wesselmann, as quoted by Fritz (see note 2), 26.

T.V. Still Life

Serigrafie / Serigraph, 73,6 × 96,4 cm, 1965

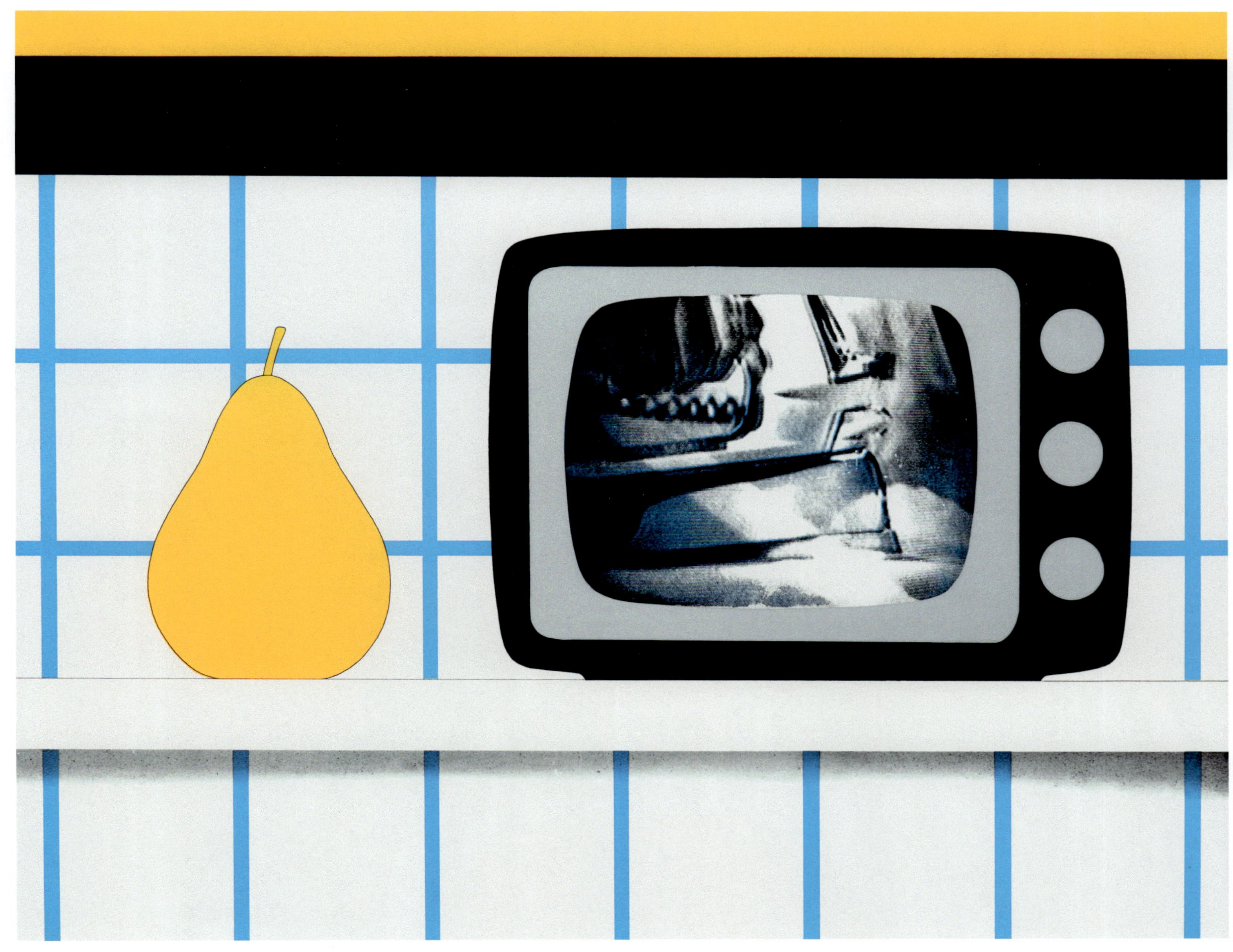

Still Life #28

Acryl und Collage auf Holz mit funktionsfähigem TV / Acrylic and collage on wood with functioning TV set, 122 × 152 × 28 cm, 1963

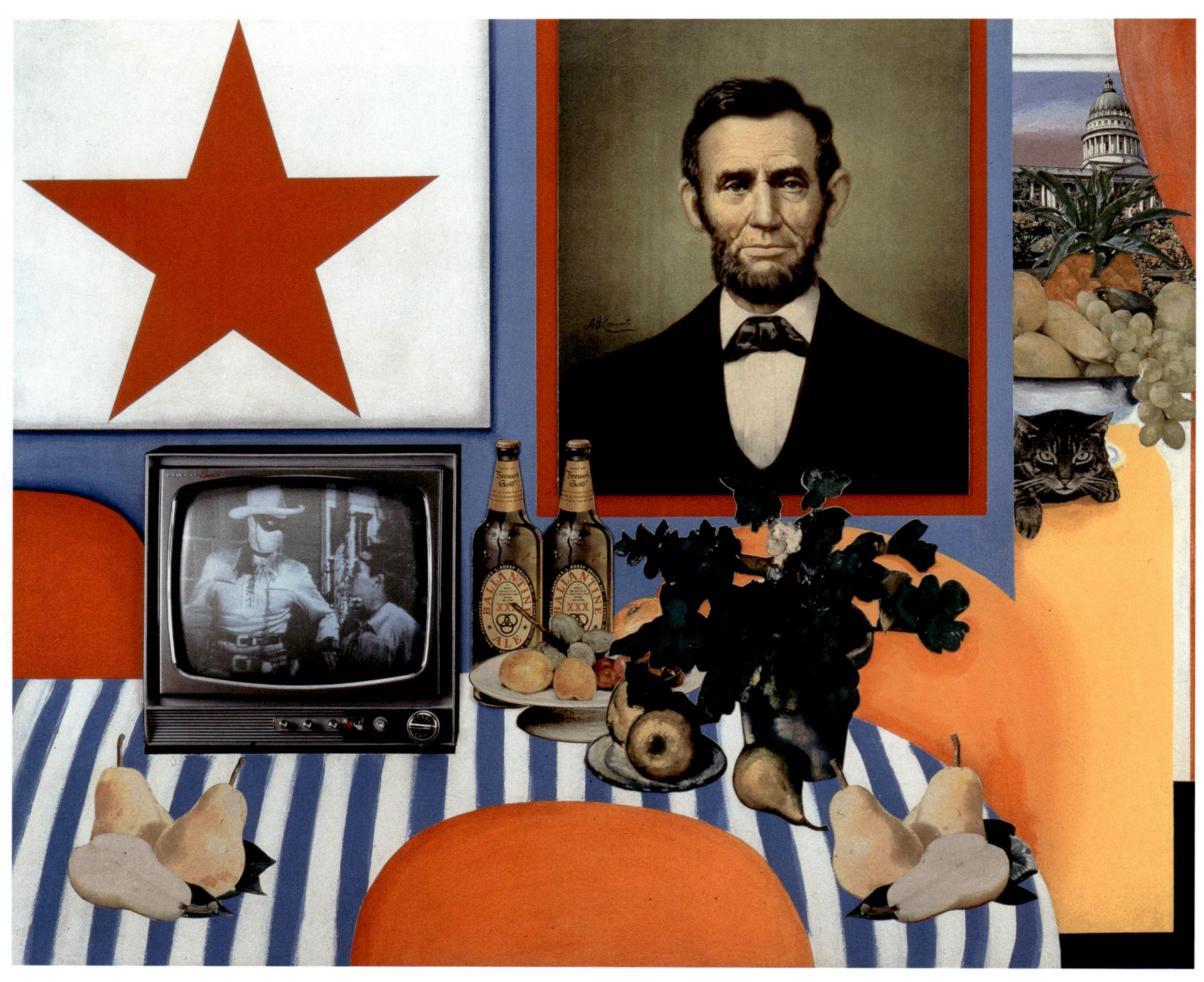

Still Life #31

Acryl und Collage auf Holz mit funktionsfähigem TV / Acrylic and collage on wood with functioning TV set, 122 × 152 × 28 cm, 1963

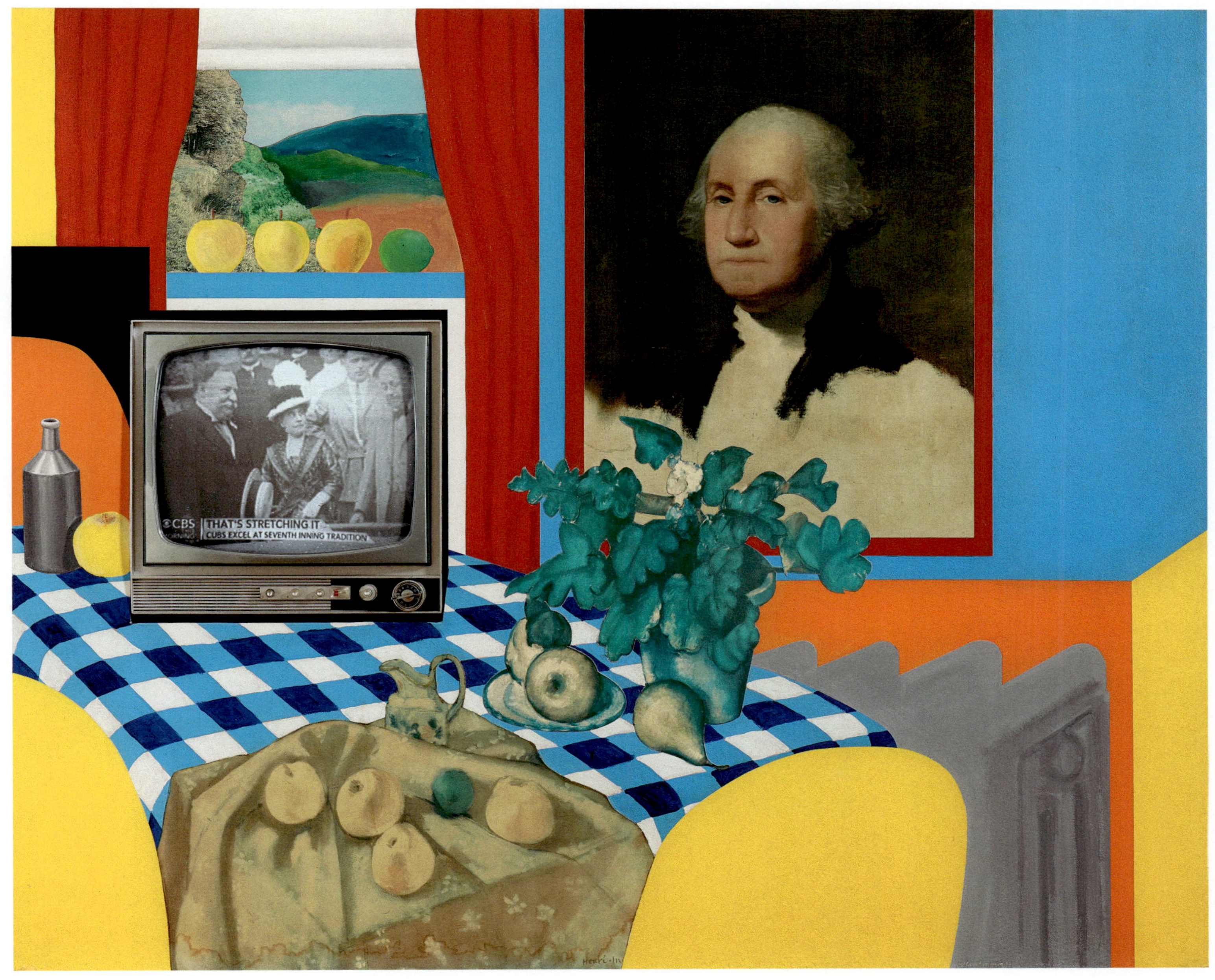

Great American Nude #39

Holzkohle, Acryl, Email, Collage und Assemblage, funktionsfähiger Fernseher / Charcoal, acrylic, enamel, collage and assemblage on board, functioning TV set, 122 × 122 × 28 cm, 1962

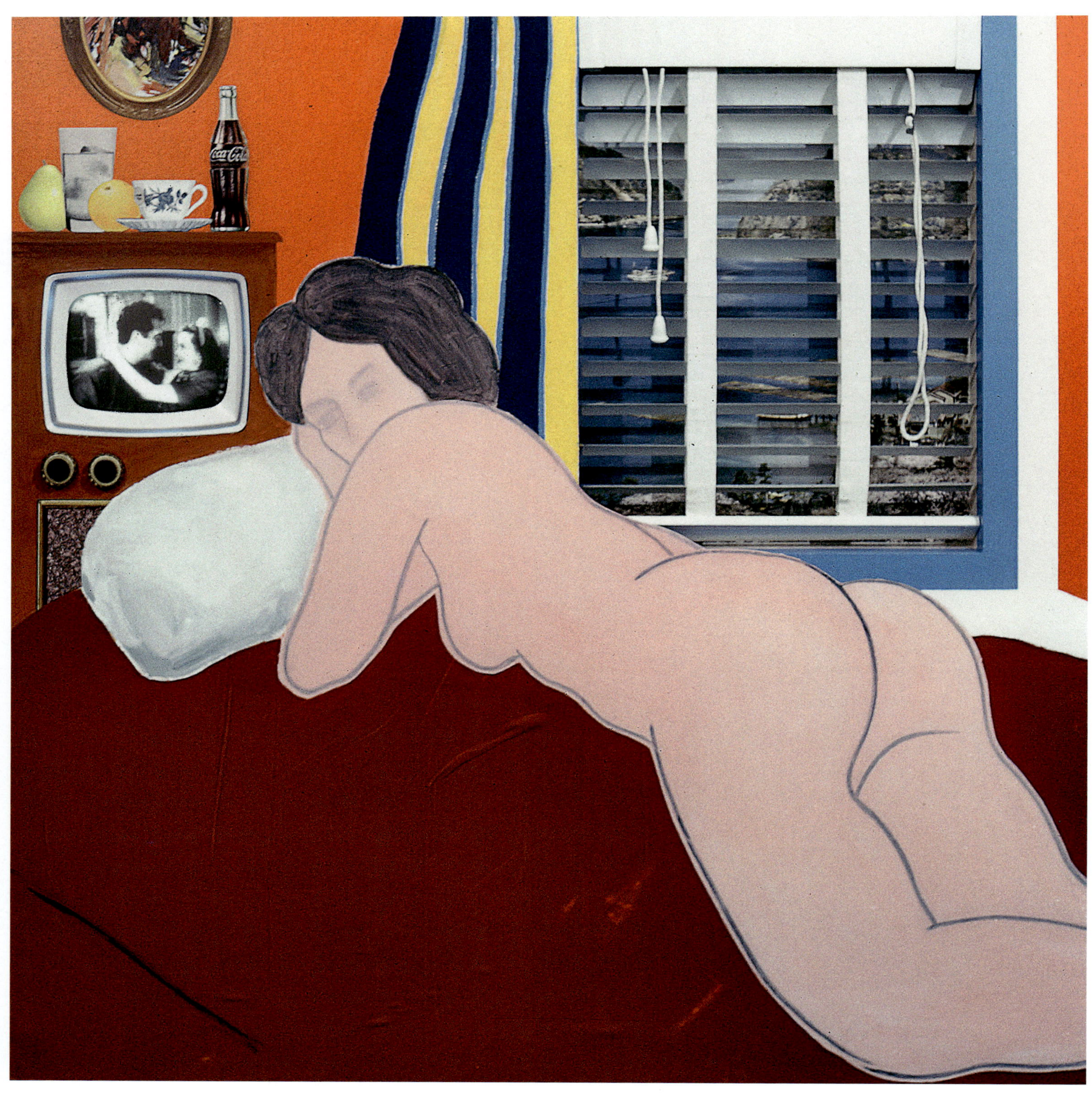

Fernsehen: Die verlorene Transparenz [1983]

TV: Transparency Lost [1983]

Paläo- und Neo-Fernsehen bei Umberto Eco

Mitte der 1950er-Jahre war Umberto Eco am Aufbau eines Kulturprogramms für das noch junge italienische Fernsehen der RAI (Radiotelevisione Italiana) beteiligt. Er gehört somit zu den wenigen Fernsehtheoretikern, die das Medium auch aus der Sicht des Praktikers kennen. Diese Erfahrung schärfte seinen analytischen Blick auf die Entwicklung des Fernsehens, der sich von den 1960er- bis in die 1980er-Jahre in Schriften niederschlägt, die Eco neben Marshall McLuhan zu einem der wichtigsten frühen Theoretiker des Fernsehens machen. Auf brillante Weise verschränkt Eco präzise und humorvolle Beobachtungen von Sendungen, Personen und Formaten mit einer tiefgehenden Strukturanalyse und Begriffsarbeit. 1961 untersucht er beispielsweise mit den Methoden der Phänomenologie einen prominenten Quizmaster („Fenomenologia di Mike Bongiorno"). Andererseits widmet er das Abschlusskapitel seines anspruchsvollen Grundlagenwerks *Das offene Kunstwerk* (*Opera aperta*, 1962) dem Live-Fernsehen als innovativer Form der Offenheit ästhetischer Erfahrung.

Der hier erstmals vollständig ins Deutsche übertragenen Text „TV: La trasparenza perduta" von 1983 dokumentiert eine Wende in der Entwicklung des Fernsehens und ebenso der Fernsehtheorie.[1] Wurde Fernsehen bis dahin zumeist als ein relativ stabiles Dispositiv beschrieben, zeigt Eco erstmals die tiefgreifenden Veränderungen des Mediums, die sich seit seinen Anfängen vollzogen hatten und die er mit den Begriffen Paläo- und Neo-Fernsehen benennt. Im Live-Fernsehen erkannte Eco 1962 noch die Öffnung eines Möglichkeitsraums, 20 Jahre später hat sich dieses im doppelten Sinne „offene" Fenster zur Welt geschlossen, und zwar aufgrund der nun konstatierten „verlorenen Transparenz" des Neo-Fernsehens, dessen visuelle Oberfläche die Aufmerksamkeit vor allem auf das Medium selbst richtet. Statt des vom Paläo-Fernsehen gebotenen Blicks auf die Realität außerhalb des Mediums formt das Neo-Fernsehen vielmehr das von ihm präsentierte Reale nach seinen Bedürfnissen.

Neben seiner ebenso präzisen wie unterhaltsamen Analyse der neuen Formate und von Strategien der Zuschauerbindung benennt Eco auch drei wesentliche äußere Faktoren für den Umbruch vom Paläo- zum Neo-Fernsehen: Die Fernbedienung, den Videorekorder und das Privatfernsehen. Ohne dass der Name genannt würde, koinzidiert Ecos Analyse mit dem Anfang der Ära Berlusconi und damit dem Beginn der Ausbreitung des Privatfernsehens in Europa, durch das sich die Ästhetik ebenso wie die Ökonomie und die Politik des Mediums grundlegend verändert hat.[2]

Die von Eco geprägten Begriffe Paläo- und Neo-Fernsehen haben eine starke Verbreitung in der Medientheorie gefunden, interessanterweise weitgehend unabhängig von der Person Ecos und ohne Bezug auf den vorliegenden Text. So greifen auch Francesco Casetti und Roger Odin in ihrem 1990 publizierten und seitdem mehrfach wiederabgedruckten und übersetzten Text „Vom Paläo- zum Neo-Fernsehen" Thesen Ecos auf und entwickeln sie weiter, erwähnen jedoch weder Urheber noch Quelle dieser Terminologie.[3] Aus heutiger Sicht kann man die „verlorene Transparenz" aufgrund der Vielzahl selbstbezüglicher Handlungsoptionen und Interaktionsangebote des Neo-Fernsehens als Vorahnung medialer Eigenwelten der User-Interfaces von Computergames und Internetbrowsern lesen, Entwicklungen, deren Vorboten Eco bereits am Ende seines Textes nennt. Im Kontext der vorliegenden Publikation *TeleGen* fungiert Ecos Essay von 1983 zur Markierung einer Differenz zwischen dem historischen und dem aktuellen Teil der Künstlerpositionen. Zugleich kann der Text als ein Scharnier zwischen Theorie und Praxis der Fernsehanalyse verstanden werden, dessen Tragweite für heutige Theoriebildung es wiederzuentdecken gilt.

1 Erstpublikation: Umberto Eco, „TV: La trasparenza perduta", in: ders., *Sette anni di desiderio. Cronache 1977–1983*, Mailand S. 163–179. Vgl. die vorherige Verwendung des Begriffs Neo-Fernsehen durch Eco in: Umberto Eco, „Stravideo! guida alla neotelevisione degli anni ‚80'", in: *L'Espresso*, 30.1.1983. Französische Übersetzung: Umberto Eco, „TV: la transparence perdue", in: ders., *La guerre du faux*, Paris 1985, S. 141–158.

2 Vgl. Vittorio Prada, „La TV commerciale di Silvio Berlusconi e la ‚neotelevisione'", in: ders., *Videocrazia e teatralizzazione della politica nell'era berlusconiana*, Berlin 2014, S. 61–130.

3 Francesco Casetti und Roger Odin, „De la paléo- à la néotelevision. Approche sémio-pragmatique", in: *Communications*, 51, 1990. Deutsche Übersetzung: „Vom Paläo- zum Neo-Fernsehen. Ein semio-pragmatischer Ansatz", in: Ralf Adelmann u. a. (Hg.), *Grundlagentexte zur Fernsehwissenschaft*, Konstanz 2001, S. 311–333.

Fernsehen: Die verlorene Transparenz [1983]

1. Das Neo-TV

Es gab einmal das Paläo-Fernsehen, das in Rom und Mailand für alle Zuschauer produziert wurde, es berichtete über die Amtseinführung von Ministern und sorgte dafür, dass dem Publikum nur harmlose Dinge vorgesetzt wurden, auch wenn es ihm dazu etwas vorlügen musste. Heute, mit der Vielzahl von Kanälen, dem Privatfernsehen und dem Aufkommen neuer elektronischer Teufeleien, leben wir in der Epoche des Neo-Fernsehens. Zum Paläo-TV hätte man ein kleines Lexikon mit den Namen der Protagonisten und den Titeln der Sendungen erstellen können. Zum Neo-TV wäre das unmöglich, nicht nur wegen der unüberschaubar gewordenen Zahl von Personen und Sparten und nicht nur, weil es niemand mehr schafft, sich an sie zu erinnern oder sie wiederzuerkennen, sondern auch, weil dieselbe Person jetzt verschiedene Rollen spielt, je nachdem, ob sie im staatlichen oder im privaten Fernsehen auftritt. Untersuchungen über die Charakteristika des Neo-TV gibt es bereits (zum Beispiel die kürzlich von einem Forscherteam der Universität Bologna für die parlamentarische Kontrollkommission durchgeführte Studie über die Unterhaltungssendungen). Das Folgende will keine Zusammenfassung der Ergebnisse dieser und anderer wichtiger Studien sein, sondern die Aufmerksamkeit auf ein neues Phänomen lenken, das bei diesen Arbeiten ans Licht gekommen ist.
Die Haupteigenschaft des Neo-TV ist, dass es immer weniger von der äußeren Welt spricht (wie das Paläo-TV es noch tat oder zu tun vorgab). Es spricht von sich selbst und von dem Kontakt, den es zu seinem Publikum herstellt. Dabei kommt es nicht darauf an, was es sagt und wovon es handelt (auch weil die Zuschauer per Fernbedienung entscheiden, wie lange sie es laufenlassen und wann sie zu einem anderen Kanal umschalten). Um sich angesichts dieser Macht des Wegschaltens zu behaupten, versucht das Neo-TV den Zuschauer zu halten, indem es ihm sagt: „Ich bin hier, ich bin ich, und ich bin du." Die wichtigste Nachricht, die das Neo-TV seinem Zuschauer liefert, gleich ob es von Raketen spricht oder von Stan Laurel, der einen Schrank fallenlässt, lautet: „Ich verkündige dir das Wunder, dass du mich gerade siehst. Wenn du es nicht glaubst, überprüf es, wähl diese Nummer und ruf mich an, ich werde dir antworten."
Endlich, nach so vielen Zweifeln, eine Gewissheit: Das Neo-Fernsehen existiert. Es ist echt, denn es ist garantiert eine Erfindung des Fernsehens.

2. Information und Fiktion

Es gibt eine grundlegende Dichotomie, auf die sich traditionell (und nicht ganz zu Unrecht) sowohl der gesunde Menschenverstand als auch viele Kommunikationstheorien beziehen. Ausgehend von dieser Dichotomie lassen sich TV-Sendungen in zwei große Kategorien unterteilen, und in der öffentlichen Meinung wird diese Unterteilung auch wirklich getroffen:
1. *Informationssendungen*, in denen das Fernsehen Aussagen über Ereignisse macht, die sich unabhängig von ihm vollziehen. Es kann diese Aussagen in mündlicher Form vorbringen, durch Live-Übertragung oder zeitversetzte Ausstrahlung, durch filmische Rekonstruktionen oder im Aufnahmestudio. Die Ereignisse können politischer, gesellschaftlicher, sportlicher oder kultureller Art sein. In jedem Fall erwartet das Publikum, dass das Fernsehen seine Pflicht tut, indem es a) die *Wahrheit* sagt, b) diese nach Kriterien der *Relevanz* und der *Verhältnismäßigkeit* vorbringt und c) die *Information* von der *Meinung* trennt. Was die Frage der Wahrheit angeht, so kann man wohl sagen, ohne sich in philosophische Spitzfindigkeiten zu

verlieren, dass der gesunde Menschenverstand eine Aussage dann als wahr anerkennt, wenn anhand anderer Prüfungsverfahren oder Aussagen aus verlässlichen anderen Quellen erkennbar ist, dass sie mit einem Sachverhalt übereinstimmt (wenn das Fernsehen meldet, dass es in Turin geschneit hat, sagt es die Wahrheit, wenn dies vom amtlichen Wetterdienst bestätigt wird). Protest erhebt sich, wenn das Fernsehen etwas berichtet, das nicht den Tatsachen entspricht. Dieses Kriterium gilt auch, wenn das Fernsehen, sei es in Berichten oder per Interview, Meinungen anderer wiedergibt (gleich ob von einem Minister, einem Literaturkritiker oder einem Sportreporter): Man bewertet das Fernsehen nicht nach der Wahrhaftigkeit dessen, was der Interviewte sagt, sondern danach, ob der Interviewte wirklich die Person ist, die dem Namen und der ihm zugeschriebenen Funktion entspricht, und ob seine Aussagen nicht verkürzt oder entstellt worden sind, um ihn etwas sagen zu lassen, was er (anderen Dokumenten zufolge) nicht gesagt hat.

Die Kriterien der Verhältnismäßigkeit und der Relevanz sind weniger klar als die der Wahrhaftigkeit; dennoch werden dem Fernsehen Vorwürfe gemacht, wenn der Eindruck entsteht, dass es bestimmte Nachrichten zu Lasten anderer privilegiert, indem es für wichtig gehaltene Meldungen vernachlässigt oder nur bestimmte Meinungen wiedergibt und andere verschweigt.

Was die Unterscheidung zwischen Information und Meinung angeht, so gilt auch sie als intuitiv, obwohl Nachrichten bekanntlich so ausgewählt und zusammengestellt werden können, dass dadurch ein impliziter Kommentar entsteht. In jedem Fall glaubt man sich im Besitz von genügend Parametern (unterschiedlicher Brauchbarkeit), um feststellen zu können, ob das Fernsehen „korrekt" informiert.

2. *Fantasiegenerierte oder fiktionale Sendungen*, gewöhnlich Aufführungen genannt, wie Dramen, Komödien, Opern, Filme oder TV-Serien. In diesen Fällen übt sich der Zuschauer in dem, was man die willentliche Aussetzung der Ungläubigkeit nennt, und willigt „zum Spaß" ein, etwas als wahr und „im Ernst" gesagt anzuerkennen, was bekanntermaßen das Ergebnis einer Fantasiekreation ist. Als abartig gilt, wer die Fiktion für Wirklichkeit nimmt (und womöglich beleidigende Briefe an den Schauspieler schreibt, der den Bösen spielt). Man räumt jedoch ein, dass auch fiktionale Sendungen eine Wahrheit in Form von *Gleichnissen* transportieren (soll heißen: moralische, religiöse oder politische Werte bestätigen). Man weiß, dass solche Gleichnis-Wahrheiten nicht der Zensur unterworfen werden können, zumindest nicht auf dieselbe Weise wie die Wahrheit der Information. Man kann höchstens kritisieren (anhand „objektiver" Beweise), wenn das Fernsehen beharrlich immer wieder fiktionale Sendungen bringt, die einseitig eine bestimmte Gleichnis-Wahrheit betonen (zum Beispiel Filme über die Schattenseiten der Ehescheidung im Vorfeld eines Referendums über das Scheidungsrecht).

In jedem Fall glaubt man, dass es bei Informationssendungen möglich ist, eine intersubjektiv akzeptable Bewertung des Zusammenhangs zwischen Nachricht und Fakten zu erreichen, während man bei fiktionalen Sendungen subjektiv über ihre Gleichnis-Wahrheit diskutiert und allenfalls nach einer intersubjektiv akzeptablen Bewertung der Ausgewogenheit sucht, mit der widerstreitende Gleichnis-Wahrheiten proportional präsentiert worden sind.

Der Unterschied zwischen diesen beiden Arten von Sendung spiegelt sich in den Formen, in denen die parlamentarischen Kontrollorgane, die Presse und die politischen Parteien Druck auf das Fernsehen ausüben. Verstöße gegen die Kriterien der Wahrhaftigkeit in Informationssendungen provozieren Schlagzeilen auf Seite eins und womöglich parlamentarische Untersuchungen. Verstöße gegen das Gebot der Ausgewogenheit bei fiktionalen Sendungen (die immer anfechtbar sind) provozieren Artikel im Feuilleton oder im Fernsehteil.

In Wirklichkeit herrscht die Überzeugung (die sich in politischen und kulturellen Verhaltensweisen ausdrückt), dass Informationssendungen eine *politische* Relevanz haben, während fiktionale Sendungen *kulturell* relevant sind (und als solche nicht in die Kompetenz der Politiker fallen). Einem Abgeordneten, der eine Nachrichtensendung anhand von ANSA-Meldungen[1] als tendenziös oder unvollständig beschuldigt, pflichtet man bei, während die Kritik eines Abgeordneten, der ein Fernsehspiel anhand der Werke von Adorno als Apologie bourgeoiser Sitten anprangert, Diskussionen auslöst.

Diese Unterscheidung spiegelt sich auch in der demokratischen Gesetzgebung wider, die falsche Angaben in öffentlichen Verlautbarungen strafbar macht, nicht aber die sogenannten Meinungsdelikte.

1 Agenzia Nazionale Stampa Associata, italienische Nachrichtenagentur.

Es geht mir hier nicht darum, diese Unterscheidung zu kritisieren oder nach neuen Kriterien zu rufen (im Gegenteil, dann wäre eine Form von politischer Kontrolle der impliziten Ideologien in fiktionalen Sendungen zu befürchten). Ich wollte nur auf eine Dichotomie hinweisen, die tief in unserer Kultur, unseren Gesetzen und Gebräuchen verwurzelt ist.

3. In die Kamera blicken

Seit den Anfängen des Fernsehens ist diese Dichotomie jedoch stets von einem Phänomen neutralisiert worden, das sowohl in Informations- wie in fiktionalen Sendungen auftauchen kann (und dort vor allem in komischen wie den *Spettacoli di rivista*[2]). Es handelt sich um den Gegensatz zwischen denen, *die beim Sprechen in die Kamera blicken*, und denen, *die ohne Blick in die Kamera sprechen*.

2 Eine beliebte Varietésendung im italienischen Fernsehen.

Wer im Fernsehen mit Blick in die Kamera spricht, repräsentiert gewöhnlich sich selbst (der Nachrichtensprecher, der Kabarettist, der einen Monolog spricht, der Moderator einer Varieté- oder Quizsendung), während einer, der ohne Blick in die Kamera spricht, jemand anderen repräsentiert (der Schauspieler, der eine Figur spielt). Der Gegensatz ist kein eherner, denn ein Schauspieler kann auf Wunsch des Regisseurs auch in die Kamera blicken, und es gibt politische und kulturelle Debatten, bei denen die Teilnehmer reden, ohne in die Kamera zu blicken. Dennoch kann man den Gegensatz sicher wie folgt beschreiben: Diejenigen, die nicht in die Kamera blicken, tun etwas, wovon man glaubt (oder zu glauben vorgibt), dass sie es auch dann tun würden, wenn das Fernsehen nicht dabei wäre, während diejenigen, die in die Kamera blicken, durch diesen Blick die Präsenz des Fernsehens unterstreichen und betonen, dass sie eben deswegen reden und handeln, weil das Fernsehen da ist.

Nicht in die Kamera blicken daher die realen Protagonisten eines Geschehens, das von Kameras aufgezeichnet wird, während es von sich aus stattfindet; nicht in die Kamera blicken die Teilnehmer eines Streitgesprächs, weil das Fernsehen sie „darstellt", wie sie ein Gespräch führen, das auch anderswo geführt werden könnte; und nicht in die Kamera blickt der Schauspieler, weil er eine Illusion von Wirklichkeit herstellen will, in der es scheint, als ob das, was er tut, Teil des wirklichen, außertelevisionären (oder außertheatralischen, außerfilmischen) Lebens wäre. So gesehen werden die Unterschiede zwischen Information und Aufführung geringer, nicht nur weil das Gespräch wie eine Aufführung inszeniert wird (und eine Illusion von Wirklichkeit erzeugen soll), sondern auch weil der Regisseur, der ein Geschehen aufnimmt, das er als spontan ablaufend zeigen will, dafür sorgt, dass die Protagonisten dieses Geschehens die Anwesenheit der Kamera nicht bemerken oder zumindest so tun, als ob sie sie nicht bemerkten, wobei er sie manchmal sogar ermahnt, nicht in Richtung der Kamera zu schauen oder ihr Zeichen zu geben. In diesen Fällen kommt es zu einem merkwürdigen Phänomen: Anscheinend will das Fernsehen als Subjekt der Aussage verschwinden, ohne dabei jedoch seine Zuschauer zu täuschen, die ja wissen, dass das Fernsehen anwesend ist, und denen durchaus klar ist, dass das, was sie sehen (ob real oder fiktional) in großer Entfernung geschieht und nur dank des Fernsehkanals sichtbar wird. Doch das Fernsehen macht sich hier eben genau und nur als Kanal bemerkbar.

In solchen Fällen nimmt man es hin, dass die Zuschauer häufig Identifikationen und Projektionen vornehmen, indem sie im dargestellten Geschehen ihre eigenen Triebe ausleben oder sich die Protagonisten als Vorbilder wählen — das wird im Fernsehen als normal empfunden (wobei die Antwort auf die Frage, wie normal die Intensität der Projektion und Identifikation einzelner Zuschauer ist, den Psychologen überlassen bleibt).

Anders verhält es sich mit dem, der beim Sprechen in die Kamera blickt. Indem er sich frontal vor dem Zuschauer aufbaut, erweckt er bei diesem den Eindruck, dass er sich durch das Medium Fernsehen ihm persönlich zuwendet. Implizit vermittelt der Sprechende ihm, dass die gerade entstehende Beziehung zwischen ihnen etwas „Wahres" enthält, unabhängig davon, ob er Informationen mitteilt oder nur eine Geschichte erzählt. Dem Zuschauer wird suggeriert: „Ich bin keine Fantasiegestalt, ich bin wirklich hier und spreche wirklich mit dir."

Dieses Verhalten, das die Präsenz des Mediums Fernsehen so offenkundig unterstreicht, erzeugt nun kurioserweise in „naiven" oder „kranken" Zuschauern die entgegengesetzte Wirkung. Sie verlieren den Sinn für die Mediation des Fernsehens und für dessen grundlegende Eigenschaft als Transmission, also dafür, dass es aus großer Ferne ausgestrahlt wird und sich an eine undifferenzierte Masse von Zuschauern richtet. Es ist eine verbreitete Erfahrung nicht nur unter Moderatoren von Unterhaltungssendungen, sondern auch unter politischen Kommentatoren, dass sie Briefe oder Anrufe von Zuschauern erhalten (die als anomal gelten), in denen sie gebeten werden: „Sagen Sie mir, ob Sie mich gestern Abend wirklich angesehen haben, und geben Sie mir morgen Abend ein besonderes Zeichen, um es mich wissen zu lassen."

Hier wird erkennbar (selbst wenn diese Fälle nicht durch abweichendes Verhalten hervorgehoben werden), dass *nicht mehr die Wahrheit der Aussage infrage steht*, also die Übereinstimmung zwischen Gesagtem und Fakten, sondern die *Wahrheit des Aussageaktes*, die den Wirklichkeitsgrad dessen betrifft, was auf dem Bildschirm geschieht (und nicht dessen, was durch den Bildschirm mitgeteilt wird). Wir stehen vor einem ganz neuen Problem, das, wie wir gesehen haben, weitgehend unterschiedslos sowohl die informativen als auch die fiktionalen Sendungen durchzieht.

Verschärft hat sich dieses Problem dann noch mit dem Aufkommen jener typischsten aller Unterhaltungsprogramme, der Quizsendung.

Sagt eine Quizsendung die Wahrheit oder inszeniert sie eine Fiktion?

Man weiß, dass in ihr einige Dinge aufgrund einer vorgegebenen Inszenierung geschehen. Aber man weiß auch, und zwar per klarer Übereinkunft, dass die Personen, die in ihr auftreten, wirkliche Personen sind (das Publikum würde protestieren, wenn bekannt würde, dass einer der Teilnehmer ein Schauspieler ist) und dass die Antworten der Konkurrenten in Begriffen von wahr und falsch (oder korrekt und unkorrekt) bewertet werden. In diesem Sinne ist der Moderator einer Quizsendung gleichzeitig Garant einer „objektiven" Wahrheit (dass Napoleon am 5. Mai 1821 gestorben ist, ist entweder wahr oder falsch) und selbst einer Kontrolle der Wahrhaftigkeit seiner Urteile unterworfen, nämlich durch die notarielle Aufsicht. Warum braucht man einen Notar als Aufseher, während man kein Bedürfnis nach einem Gewährsmann für die Wahrhaftigkeit der Behauptungen des Nachrichtensprechers verspürt? Nicht nur weil es sich um ein Spiel handelt, in dem es um große Preissummen geht, sondern auch weil der Moderator keineswegs immer die Wahrheit sagen muss. Es wäre denkbar und durchaus akzeptabel, dass der Moderator einer Quizsendung einen bekannten Sänger namentlich vorstellt und dann herauskommt, dass es sich um einen Imitator des Sängers handelt. Der Moderator darf auch „Späße machen".

Damit ist schon vor geraumer Zeit eine Art Sendung aufgekommen, in der das Problem der Verlässlichkeit der Aussagen zweideutig zu werden beginnt, während die Verlässlichkeit des Aussageaktes vollkommen außer Frage steht. Der Moderator ist da, er steht vor der Kamera und spricht mit dem Publikum, repräsentiert also sich selbst und nicht eine fiktive Person.

Die Kraft dieser Wahrheit, die der Moderator verkündet und womöglich auch unterschwellig gebietet, ist so groß, dass, wie wir schon sagten, manche Zuschauer meinen, der Moderator spreche nur für sie und zu ihnen.

Das Problem bestand also seit den Anfängen, wurde aber — wie absichtsvoll, wissen wir nicht — verdrängt, und zwar sowohl in den Informations- wie in den Unterhaltungssendungen. Erstere tendierten dazu, die Präsenz von Personen, die in die Kamera blicken, auf ein Minimum zu reduzieren. Mit Ausnahme der meist von Sprecherinnen vorgetragenen Programmansage wurden Nachrichten nicht vor der Kamera gesprochen, verlesen oder kommentiert, sondern nur als Tonspur zu Standbildern und Filmausschnitten eingespielt, auch wenn dazu Archivmaterial verwendet werden musste, das seine Herkunft nicht verleugnen konnte. Die Information tendierte dazu, sich wie fiktionale Sendungen zu verhalten. Einzige Ausnahmen waren charismatische Gestalten wie Ruggiero Orlando, dem das Publikum eine hybride Natur zwischen Chronist und Schauspieler zuerkannte und dem auch Kommentare, theatralische Gesten und Angebereien verziehen werden konnten.

Auf der anderen Seite tendierten Unterhaltungssendungen (wie vor allem *Lascia o Raddoppia* [Aufhören oder Verdoppeln]) dazu, die Charakteristika der Informationssendungen so weit wie möglich zu übernehmen. Mike Bongiorno versprach keine „Erfindungen" oder Fiktionen, er spielte den Vermittler zwischen dem Zuschauer und einem Geschehen, das von sich aus ablief.

Doch die Lage wurde immer komplexer. Schon eine Sendung wie *Specchio segreto* (Versteckte Kamera) verdankte ihren Reiz der Überzeugung, dass die Opfer etwas *Reales* machten (und dabei von der verborgenen Kamera überrascht wurden), und trotzdem amüsierten sich alle, weil sie wussten, dass es die provokanten Interventionen des Moderators Loy waren, die das Geschehen in Gang brachten und es so ablaufen ließen, *als ob* es Theater wäre. Diese Zweideutigkeit ist noch größer in Sendungen wie *Te la dò io l'America* (Ich gebe dir Amerika), in der das von Beppe Grillo präsentierte New York als „wirklich" genommen, dabei jedoch akzeptiert wird, dass Grillo sich einschaltet, um den Verlauf der Ereignisse zu bestimmen, als handle es sich um Theater.

Endgültig durcheinandergebracht wurden die Dinge schließlich, als die „Behältersendung" (*programma contenitore*) aufkam, durch die ein Moderator führt, oft mehrere Stunden lang, wobei er mal spricht, mal Musik einblendet, mal einen Sketch einleitet, dann einen Dokumentarfilm oder eine Debatte und sogar Nachrichten präsentiert. Hier verwechselt auch der erfahrenste Zuschauer die Gattungen. Er glaubt, die Bombardierung von Beirut sei eine Show und das Publikum der Jugendlichen, die Beppe Grillo im Studio applaudieren, bestehe aus menschlichen Wesen.

Kurzum, wir haben es inzwischen mit Sendungen zu tun, in denen Information und Fiktion auf unentwirrbare Weise ineinander verflochten sind und es unerheblich ist, inwieweit das Publikum noch zwischen „echten" Nachrichten und fiktiven Erfindungen unterscheiden kann. Und selbst wenn es dazu in der Lage ist, verliert diese Unterscheidung an Wert gegenüber den Strategien, die solche Sendungen einsetzen, um die Authentizität des Aussageaktes zu unterstreichen.

Zu diesem Zweck inszenieren sie sogar noch den Aussageakt selbst durch *Simulakren* der Aussage, etwa indem sie die Kameras zeigen, die das Geschehen aufnehmen. Eine komplexe Strategie der Fiktionen stellt sich in den Dienst eines Wirklichkeitseffekts.

Doch gerade die Analyse all dieser Strategien offenbart die Verwandtschaft zwischen Informations- und Unterhaltungssendungen. Man betrachte nur einmal die Nachrichtensendung *TG2* als offenes Studio, in dem sich die Information schon die Kunstgriffe zur Erzeugung von Aussagewirklichkeit angeeignet hat, wie sie typisch für Unterhaltungssendungen sind.

Wir nähern uns im Fernsehen also einer Lage, in der das Verhältnis zwischen Aussagen und Fakten immer mehr an Bedeutung verliert, während umgekehrt das Verhältnis zwischen Aussageakt und Rezeptionserfahrung des Zuschauers immer bedeutsamer wird.

In Unterhaltungssendungen (und den Auswirkungen, die sie auf die „reinen" Informationssendungen haben) kommt es immer weniger darauf an, ob das Fernsehen die Wahrheit sagt, sondern immer mehr darauf, *dass es wahr ist*, dass das Fernsehen wirklich zum Publikum spricht und dieses sich lebhaft beteiligt (wobei seine Teilnahme ebenfalls oft wie simuliert dargestellt wird).

4. Ich sende, und es ist wahr

In die Krise geraten ist also der Bezug zur Tatsachenwahrheit, auf dem die Dichotomie zwischen Informationssendungen und fiktionalen Sendungen beruhte, und diese Krise erfasst zunehmend auch das Fernsehen in seiner Gesamtheit, indem sie es von einem *Transportmittel für Tatsachen* (das als neutral galt) in einen *Apparat zur Erzeugung von Tatsachen* verwandelt, von einem Spiegel der Wirklichkeit in einen Produzenten von Wirklichkeit.

An diesem Punkt ist es interessant, die *öffentliche* und *offensichtliche* Rolle bestimmter Teile des Aufnahmeapparats zu betrachten, die im Paläo-TV vor dem Publikum verborgen werden mussten.

Der Galgen. Im Paläo-TV gab es einen Alarmruf, dem Abmahnungen, Kündigungen und das abrupte Ende glänzender Karrieren folgten: „Galgen im Bild!" Den Galgen, also das an einer langen Stange gehaltene Mikrofon, durfte man nicht sehen, nicht einmal seinen Schatten (weshalb auch der Schatten des Galgens zutiefst gefürchtet war). Das Fernsehen bestand pathetischerweise darauf, sich als Wirklichkeit zu präsentieren, und folglich musste das Artifizielle verborgen bleiben. Dann hielt der Galgen Einzug in die Quizsendung, später auch in die Nachrichten und schließlich in diverse experimentelle Formate. Das Fernsehen verhehlt seine Künstlichkeit nicht mehr, im Gegenteil, die sichtbare Präsenz des Mikrofons gewährleistet dem Zuschauer, dass er es mit einer Live-Sendung zu tun hat (auch wenn das gar nicht stimmt). Also mit einer in voller Natur. Die Präsenz des Mikrofons dient jetzt dazu, die Künstlichkeit zu verbergen.

Die Kamera. Auch die Kamera durfte nicht gesehen werden. Und auch sie sieht man jetzt. Indem das Fernsehen die Kamera zeigt, sagt es: „Ich bin da, und wenn ich da bin, heißt das: Ihr habt die Wirklichkeit vor euch, nämlich das Fernsehen, das die Wirklichkeit aufnimmt. Der Beweis: Wenn ihr in die Kamera winkt, sehen sie euch zu Hause." Das Beunruhigende daran ist: Wenn man im Fernsehen eine Kamera sieht, ist es sicher nicht die, mit der gerade aufgenommen wird (außer bei komplizierten Inszenierungen mit Spiegeln). Jedes Mal also, wenn die Kamera auf dem Bildschirm erscheint, ist es eine Lüge.

Das Telefon in der Nachrichtensendung. Das Paläo-TV zeigte gerne Personen, die telefonierten, und informierte so über wahre oder für wahr gehaltene Tatsachen außerhalb des Fernsehens. Das Neo-TV setzt das Telefon ein, um zu sagen: „Ich bin hier, mit meinem Inneren verbunden durch mein Gehirn und mit dem Außen durch euch, die ihr mich hier seht." Der Journalist in der Nachrichtensendung benutzt das Telefon, um mit der Regie zu sprechen. Dazu würde auch eine Sprechanlage genügen, doch dann wäre die Stimme der Regie zu hören, die jedoch geheim bleiben muss, das Fernsehen spricht mit seiner ihm eigenen geheimen Intimität. Doch was der Nachrichtensprecher hört, ist wahr und wichtig. Er sagt: „Warten Sie, die Einspielung kommt gleich", und rechtfertigt damit lange Sekunden des Wartens, weil die Einspielung von der richtigen Stelle und im richtigen Augenblick kommen muss.

Das Telefon von Portobello.[3] In dieser und ähnlichen Sendungen stellt das Telefon eine Verbindung zwischen dem großen Herzen des Fernsehens und dem großen Herzen des Publikums her. Es ist das Siegeszeichen der Live-Sendung, es ist ihr Nabel und Zauberstab. Ihr seid wir, ihr könnt eintreten und Teil der Schau werden. Die Welt, von der das Fernsehen spricht, ist die Beziehung zwischen uns und euch. Der Rest ist Schweigen.

3 So benannt nach der Londoner Portobello Road. In der sehr beliebten Sendung konnte das Publikum telefonisch Artikel kaufen und verkaufen, einen Partner suchen etc. Das Studiopublikum musste versuchen, einen grünen Papagei dazu zu bringen, „Portobello" zu sagen, was selten gelang.

Das Auktionstelefon. Die privaten Neo-TV-Sender haben die Fernsehauktion erfunden. Mit dem Auktionstelefon scheint das Publikum den Rhythmus der Veranstaltung selbst zu bestimmen. In Wirklichkeit werden die Anrufe gefiltert, und man darf den Verdacht hegen, dass an toten Punkten Scheinanrufe getätigt werden, um die Gebote in die Höhe zu treiben. Mit dem Auktionstelefon überzeugt der Zuschauer X mit seinem Gebot „Hunderttausend!" den Zuschauer Y, dass es sich lohnt, „Zweihunderttausend" zu bieten. Wenn nur ein Zuschauer anriefe, würde das Produkt für einen sehr geringen Preis verkauft werden. Nicht der Auktionator verführt die Zuschauer dazu, mehr auszugeben, sondern ein Zuschauer verführt den anderen dazu, beziehungsweise das Telefon. Der Auktionator ist unschuldig.

Der Applaus. Im Paläo-TV musste der Applaus echt und spontan wirken. Das Publikum im Saal applaudierte, wenn eine Aufforderung dazu aufleuchtete, aber das Publikum vor dem Bildschirm sollte das nicht wissen. Offensichtlich hat es das aber doch erfahren, und das Neo-TV verstellt sich nicht mehr. Der Moderator ruft: „Und jetzt einen schönen Applaus!", das Publikum im Saal klatscht, und das Publikum zu Hause ist zufrieden, weil es weiß, dass der Beifall nicht mehr vorgetäuscht ist. Es geht ihm nicht darum, dass er spontan ist, sondern nur darum, dass er ein echter Fernsehapplaus ist.

5. Inszenierung

Heißt dies nun, dass das Fernsehen keine *Ereignisse* mehr zeigt, also Dinge, die von sich aus vorkommen, unabhängig vom Fernsehen, und die auch vorkommen würden, wenn es das Fernsehen nicht gäbe?

Immer weniger. Gewiss ist in Vermicino *wirklich* ein Kind in einen Brunnen gefallen, und es ist *wahr*, dass es gestorben ist.[4] Aber alles, was zwischen dem Unfall und dem Tod geschah, ist so gelaufen, wie es gelaufen ist, weil das Fernsehen dabei war. Das Ereignis, das von Anfang an vom Fernsehen aufgenommen wurde, ist zur *Inszenierung* geworden.

4 Am 10.6.1981 stürzte in dem römischen Vorort Vermicino ein sechsjähriger Junge in einen 60 Meter tiefen Brunnen. Der vergebliche Rettungsversuch wurde 18 Stunden lang live übertragen.

Man braucht gar nicht die neuesten einschlägigen Studien zum Thema zu bemühen, etwa die grundlegende Publikation *Produzione del senso e messa in scena* (Sinnproduktion und Inszenierung) von Gianfranco Bettetini, es genügt, sich auf den gesunden Menschenverstand zu berufen. Ein durchschnittlich intelligenter Zuschauer weiß sehr wohl, wenn die Schauspielerin den Schauspieler auf einer grünen Wiese küsst, dass diese Wiese, selbst wenn es eine echte ist (und oft ist es nur das Umland von Rom oder die jugoslawische Küste), eine *herausgehobene* Wiese ist, eine ausgewählte, präparierte und also zum Zweck der Aufnahme in gewissem Maß *verfälschte*.

So weit der Gemeinverstand. Aber der Gemeinverstand (und oft auch die kritische Aufmerksamkeit) ist weitaus wehrloser gegenüber der sogenannten Live-Sendung. Bei ihr weiß man (auch wenn man gelegentlich argwöhnt, dass sie nur so tut und in Wirklichkeit zeitversetzt ist), dass die Kameras live von einem Ort aus senden, wo etwas geschieht, das von sich aus geschieht und auch geschehen würde, wenn die Kameras nicht zur Stelle wären.

Seit den Anfängen des Fernsehens ist bekannt, dass auch die Live-Sendung eine Auswahl voraussetzt, eine Manipulation. Als ich vor langer Zeit den Essay „Il caso e l'intreccio" schrieb (jetzt in *Opera aperta*, Mailand 1962)[5], ging es darum zu zeigen, wie eine Gruppe von drei oder mehr Kameras, die ein Fußballspiel aufnimmt (ein Ereignis, das per definitionem als sportlicher Wettkampf stattfindet und in dem der Mittelstürmer nicht bereit wäre, um des Spektakels willen ein Tor zu verschießen, und der Torhüter keinen Ball dafür durchgehen ließe), unter den Ereignissen eine Auswahl trifft, bestimmte Aktionen hervorhebt und andere vernachlässigt, die Zuschauer auf Kosten der Spieler filmt und umgekehrt, das Spielfeld aus einem bestimmten Blickwinkel aufnimmt—kurz: *interpretiert* und ein vom Regisseur gesehenes Spiel wiedergibt, nicht ein unerreichbares Spiel an sich.

5 Deutsch: Umberto Eco, „Zufall und Handlung. Fernseherfahrung und Ästhetik", in: ders., *Das offene Kunstwerk*, übersetzt von Günter Memmert, Frankfurt a. M. 1977, S. 186–211.

Aber diese Analysen stellten nicht die unbestreitbare Tatsache infrage, dass das Ereignis unabhängig von der Aufnahme stattfand. Die Aufnahme interpretierte ein Geschehen, das sich autonom ereignete, sie gab einen Teil davon wieder, einen Ausschnitt, einen Blickwinkel, aber es handelte sich dabei immer um einen Blick auf die „Wirklichkeit" außerhalb des Fernsehens.

Diese Betrachtung wird jedoch durch eine Reihe von Phänomenen erschüttert, die ziemlich rasch erkannt worden sind:

a) Das Wissen, dass das Ereignis gefilmt werden wird, beeinflusst schon seine *Vorbereitung*. Beim Fußball etwa denke man nur an den Übergang vom alten Rohlederball zum telegen schwarz-weiß gescheckten Ball oder an die Sorgfalt der Organisatoren beim strategischen Platzieren wichtiger Werbung, um die Kameras zu überlisten und den staatlichen Sender, der keine Werbung machen wollte; oder man denke an manche aus Gründen der Farbwirkung unverzichtbare Änderungen der Trikotfarben.

b) Die Präsenz der Kameras beeinflusst den *Verlauf* des Ereignisses. In Vermicino hätten die Rettungsmaßnahmen womöglich zum selben Ergebnis geführt, wenn das Fernsehen nicht 18 Stunden lang dabeigewesen wäre, aber zweifellos wäre die Anteilnahme nicht so groß gewesen, und vielleicht auch nicht die Verkehrsstaus und das allgemeine Durcheinander. Ich behaupte nicht, dass Staatspräsident Pertini nicht erschienen wäre, aber er wäre gewiss nicht so lange geblieben. Sein Auftritt war kein theatralisches Kalkül, doch es ist klar, dass er aus symbolischen Gründen gekommen war, um Millionen von Italienern die Anteilnahme

des Präsidenten zu demonstrieren, und dass diese symbolische Entscheidung „gut" war, wie ich meine, ändert nichts daran, dass sie durch die Präsenz des Fernsehens angeregt worden war. Wir können uns im Gegenteil fragen, was wohl geschehen wäre, wenn das Fernsehen dieses Ereignis *nicht* verfolgt hätte, und darauf gibt es zwei mögliche Antworten: Entweder wären die Helfer weniger selbstlos gewesen (ich rede nicht vom Ergebnis, aber denken wir nur an die Anstrengung, und wir wissen sehr gut, dass die kleinen schlanken Brunnenkletterer, die sich am Ort des Geschehens einfanden, ohne das Fernsehen nichts davon erfahren hätten), oder aber der geringere Andrang hätte rationalere und effizientere Hilfe ermöglicht.
In beiden hier geschilderten Fällen erkennen wir bereits einen Ansatz zur *Inszenierung*: Beim Fußball ist sie beabsichtigt, auch wenn sie das Ereignis nicht radikal verändert; beim Unglück von Vermicino ist sie instinktiv und unbeabsichtigt (jedenfalls auf der Bewusstseinsebene), aber sie kann den Verlauf des Ereignisses tiefgreifend verändern.
In den letzten zehn Jahren hat die Live-Sendung jedoch radikale Eingriffe im Sinne der Inszenierung erfahren: Von den päpstlichen Zeremonien bis hin zu vielen politischen und kulturellen Ereignissen wissen wir, dass sie nicht so konzipiert worden wären, wie sie konzipiert worden sind, wenn die Fernsehkameras nicht dabeigewesen wären. Wir nähern uns immer mehr der detaillierten Vorbereitung des natürlichen Ereignisses für die Fernsehaufnahme. Ein Beispiel, das diese Behauptung klar bestätigt, ist die bisher letzte Hochzeit des Kronprinzen des Vereinigten Königreichs.[6] Dieses Ereignis hätte nicht nur nicht so stattgefunden, wie es stattgefunden hat, sondern hätte vermutlich überhaupt nicht stattgefunden, wenn es nicht fürs Fernsehen hätte inszeniert werden müssen.

6 Gemeint ist die Hochzeit von Prinz Charles und Lady Diana am 29.7.1981 in der St. Paul's Cathedral.

Um die Neuartigkeit dieser sogenannten „Royal Wedding" voll zu ermessen, muss man sich eine ähnliche Episode in Erinnerung rufen, die etwa 25 Jahre zurückliegt: die Hochzeit zwischen Fürst Rainier von Monaco und Grace Kelly. Sieht man von den unterschiedlichen Dimensionen der beiden Reiche ab, so bot sich dieses Ereignis zu den gleichen Interpretationen an: Es gab den günstigen politisch-diplomatischen Zeitpunkt, den religiösen Ritus, die militärische Zeremonie und die Liebesgeschichte. Doch die Hochzeit von Monaco fand zu Anfang des Fernsehzeitalters statt und wurde unabhängig vom Fernsehen veranstaltet. Auch wenn die Organisatoren vielleicht ein Auge auf die Modalitäten der Aufnahme hatten, fehlte ihnen die einschlägige Erfahrung. So fand das Geschehen tatsächlich von sich aus statt, und es blieb dem Aufnahmeleiter nichts anderes übrig, als es zu *interpretieren*. Das tat er denn auch und bevorzugte die romantisch-sentimentalen Aspekte gegenüber den diplomatisch-politischen, das Private gegenüber dem Öffentlichen. Das Ereignis fand statt, und die Kameras richteten sich auf das, was relevant für die vom Fernsehen gewählten Themen war. Als während einer Parade von Militärkapellen auch eine der amerikanischen *Marines* aufspielte (und die Marines im Fürstentum Monaco waren immer eine Nachricht wert), richteten sich die Kameras stattdessen auf den Fürsten, dessen Hose ein bisschen Staub von der Balkonbrüstung abbekommen hatte und der sich hinunterbeugte, um den Fleck abzuklopfen, wobei er vergnügt seiner Braut zulächelte. Das war sicher eine Regie-Entscheidung, eine Option für den Liebesroman und gegen die Operette, aber sie war sozusagen *ungeachtet* des Ereignisses getroffen worden und machte sich die ungeplanten Zwischenfälle zunutze. So hielt sich der Regisseur bei der Hochzeitszeremonie an die gleiche Logik wie am Vortag: Da nun schon die Marines-Kapelle fehlte, konnte auch der Geistliche fehlen, der die Trauung durchführte. Die Kameras blieben ständig auf das Gesicht der Braut gerichtet, der Fürstin und ehemaligen Schauspielerin oder Schauspielerin und künftigen Fürstin. Grace Kelly spielte ihre letzte Liebesszene; der Regisseur lieferte die Erzählung, doch als Parasit (und gerade darum schöpferisch), indem er nach Art einer *Collage* Bruchstücke des Vorhandenen für seine Zwecke nutzte.
Ganz anders liefen die Dinge bei der königlichen Hochzeit. Hier war vollkommen klar, dass alles, was zwischen dem Buckingham Palace und der Saint Paul's Cathedral geschah, für das Fernsehen einstudiert worden war. Inakzeptable Farben waren ausgeschlossen worden, die Schneider und Modezeitschriften hatten Pastelltöne vorgeschlagen, damit alles auch farblich nicht nur einen Hauch von Frühling verströmte, sondern einen Hauch von Fernsehfrühling.

Und das Brautkleid—das dem Bräutigam so viel Mühe bereitete, weil er nicht wusste, wie er es anheben sollte, um seiner Braut beim Hinsetzen behilflich zu sein—war nicht dafür gedacht, von vorn oder von der Seite gesehen zu werden, auch nicht von hinten, sondern *von oben*, wie man in einer der Schlusseinstellungen sah, in welcher der architektonische Raum der Kathedrale auf einen Kreis reduziert war, dessen Mitte von der zentralen Kreuzform aus Quer- und Langschiff beherrscht wurde, Letzteres noch betont durch die lange Schleppe des Brautkleids, während die vier Felder rings um dieses Kreuz sich wie ein Mosaik aus den bunten Farben der Gewänder des Chors, der Geistlichen sowie der männlichen und weiblichen Gäste zusammensetzten. Wenn Mallarmé gesagt hat, „le monde est fait pour aboutir à un livre" (die Welt ist geschaffen, um in ein Buch zu münden), so sagte die TV-Aufnahme der königlichen Hochzeit, das Britische Königreich sei geschaffen, um eine bewundernswerte Fernsehsendung möglich zu machen.

Ich hatte ein paarmal Gelegenheit, Londoner Zeremonien beizuwohnen, darunter dem alljährlichen *Trooping the Colours*, bei dem ein überaus unangenehmer Eindruck von den Pferden ausgeht, die auf alles dressiert werden, nur nicht darauf, ihre Körperfunktionen zu kontrollieren. Und sei es die Emotion, sei es ein normales Naturgesetz—die Königin muss bei diesen Zeremonien stets durch einen Meer von Kot fahren, weil die Pferde der Wache nichts Besseres zu tun wissen, als entlang der gesamten Strecke ihre Exkremente zu hinterlassen. Andererseits ist der Umgang mit Pferden eine sehr aristokratische Tätigkeit, und Pferdekot gehört zu den Materialien, mit denen englische Adlige am besten vertraut sind.

Auch die königliche Hochzeit konnte dieser Gesetzmäßigkeit nicht entgehen. Doch wer sie im Fernsehen verfolgte, konnte feststellen, dass dieser Pferdekot weder dunkel noch bräunlich noch ungleichmäßig war, sondern ebenfalls immer und überall irgendwie pastellfarben erschien, halb beige, halb gelb und sehr hell, um nicht allzu viel Aufmerksamkeit auf sich zu ziehen und mit den verhaltenen Farben der Damenkleider zu harmonieren. Später konnte man lesen (aber man hatte es sich leicht vorstellen können), dass die königlichen Pferde eine Woche lang mit besonderen Pillen gefüttert worden waren, damit ihr Kot eine telegene Farbe annahm. Nichts durfte dem Zufall überlassen bleiben, alles wurde von der Fernsehübertragung beherrscht.

So sehr, dass der Regisseur in diesem Fall vermutlich nur minimalen Spielraum bei der Wahl des Bildausschnitts und der „Interpretation" hatte. Er musste aufnehmen, was geschah, und zwar genau an dem Ort und in dem Moment, die dafür vorgesehen waren. Der ganze symbolträchtige Ablauf stand bereits fest, die Inszenierung war vorgeschrieben, das gesamte Ereignis, vom Prinzenpaar bis zum Pferdekot, war detailliert vorausgeplant worden wie eine Blaupause, der das Auge der Kameras auf der vorgeschriebenen Route folgen würde, um die Gefahren einer Interpretation durch das Fernsehen zu minimieren. Mit anderen Worten, die Interpretation, die Manipulation, die Präparation fürs Fernsehen waren der Tätigkeit des Kamerateams vorausgegangen. Das Ereignis war von Anfang an zutiefst „falsch", bereit zur Wiedergabe im Fernsehen. Ganz London war zum Studio gemacht worden, eine Kulisse fürs Fernsehen.

6. Zum Abschluss ein paar Sprengsätze

Man könnte nun meinen, dass der Zuschauer, konfrontiert mit einem Fernsehen, das nur von sich selber spricht und ihm das Recht auf Durchblick verweigert, also den Kontakt mit der Außenwelt, endlich wieder zur Besinnung kommt. Doch von wegen, in diesem Prozess erkennt und genießt er sich als Fernsehzuschauer, und *basta*. Eine alte Definition des Fernsehens wird wieder passend: „Ein offenes Fenster auf eine geschlossene Welt."

Was für eine Welt „entdeckt" der Fernsehzuschauer? Einerseits entdeckt er seine eigene, archaische, prä-televisionäre Wesensart wieder, andererseits sein Schicksal als Einsiedler der Elektronik. Letzteres geschieht besonders seit dem Aufkommen der neuen Privatsender, die ursprünglich als Garanten breiterer und endlich „pluralistischer" Information gefeiert wurden. Das Paläo-TV wollte ein Fenster sein, das auch der entlegendsten Provinz die große weite Welt zeigte. Das private Neo-TV richtet die Kamera (ausgehend von dem staatlichen Modell der *Spiele ohne Grenzen*) auf die Provinz und zeigt dem Publikum in Piacenza die Leute aus Piacenza, die zusammengekommen sind, um die Werbesprüche eines Uhrmachers aus Piacenza zu hören, während ein Moderator aus Piacenza grobe Witze über den Busen einer Dame aus Piacenza reißt, die alles hinnimmt, um von ein paar Leuten aus Piacenza dabei gesehen zu werden, wie sie einen Dampfkochtopf gewinnt. Es ist, als schaue man durch ein umgekehrtes Fernglas.

Der Auktionator ist gleichzeitig Verkäufer und Schauspieler. Doch ein Schauspieler, der einen Verkäufer darstellt, wäre nicht überzeugend. Das Publikum kennt diese Verkäufer, die es auf den Dorfmärkten dazu überreden, einen Gebrauchtwagen zu kaufen, ein Stück Stoff, ein Kilo Murmeltierfett. Der Auktionator muss über ein ansprechendes Äußeres verfügen (oder dick sein oder ein Dandy mit Einstecktuch), und er muss reden wie seine Zuschauer, im Dialekt und möglichst mit grammatikalischen Fehlern, er muss ständig „genau" sagen und „ein sehr interessantes Angebot", wie die echten Verkäufer es tun. Er muss sagen: „18 Karat, Signora Ida, ich weiß nicht, ob ich mich klar ausdrücke." In Wahrheit soll er gar nichts klar ausdrücken, sondern angesichts der Waren dasselbe ungläubige Staunen an den Tag legen wie die Käufer. Im Privatleben ist er wahrscheinlich rechtschaffen und ehrlich, aber auf dem Bildschirm muss er sich ein bisschen tölpelhaft benehmen, sonst traut ihm das Publikum nicht. So machen das die Verkäufer.

Einst gab es die unanständigen Wörter, die man auf dem Schulhof, bei der Arbeit und im Bett sagte. Dann musste man sich in der Öffentlichkeit etwas beherrschen, und das Paläo-TV (das der Zensur unterworfen und für ein ideales, biederes und katholisches Publikum gedacht war) befleißigte sich einer gereinigten Sprache. Die privaten TV-Sender wollen jedoch, dass sich das Publikum in ihnen wiedererkennt und sagt: „Das sind wir!" Daher schauen dort Komiker oder Quizmaster, während sie reden, anzüglich auf den Hintern von Zuschauerinnen und benutzen Kraftausdrücke und ergehen sich in Zweideutigkeiten. Die Erwachsenen finden sich darin wieder, endlich ist der Bildschirm wie das Leben. Die Jugendlichen denken, das sei die richtige Art, sich in der Öffentlichkeit zu verhalten — was sie schon immer geahnt hatten. Es ist dies einer der wenigen Fälle, in denen das Neo-TV die volle Wahrheit sagt.

Das Neo-TV, besonders das private, beutet den Masochismus des Zuschauers voll aus. Der Moderator stellt schüchternen Hausfrauen Fragen, bei denen sie vor Scham im Boden versinken müssten, und sie spielen mit, unter vorgetäuschtem (oder echtem) Erröten, und benehmen sich wie kleine Nutten. Diese Form von TV-Sadismus hat ihren Gipfel in Amerika mit einem neuen Spiel von Johnny Carson in seiner beliebten *Tonight Show* erreicht. Carson erzählt die Handlung einer hypothetischen Serie nach Art von *Dallas*, in der idiotische, elende, missgestaltete und perverse Figuren auftreten. Während er eine solche Figur beschreibt, hält die Kamera auf das Gesicht eines Zuschauers, der sich gleichzeitig in einem Bildschirm über seinem Kopf sieht. Der Zuschauer lacht selig, während er als Sodomit und Kinderschänder beschrieben wird, die Zuschauerin findet sich erfreut in der Haut einer Drogensüchtigen oder Schwachsinnigen wieder. Männer und Frauen (die sich die Kamera übrigens listig schon vorher wegen eines Makels oder auffälligen Zuges ausgewählt hat) lachen glücklich, wenn sie vor Millionen Zuschauern durch den Schmutz gezogen werden. Warum nicht, denken sie, es ist ja nur Spaß. Doch sie werden tatsächlich durch den Schmutz gezogen.

Die heute Vierzig- bis Fünfzigjährigen wissen noch, welche Mühen es kostete, einen alten Film von Duvivier in einer entlegenen Cinemathek aufzustöbern. Heute ist die Magie der Cinematheken erloschen, das Neo-TV liefert uns am selben Abend einen Film von Totò, einen frühen von John Ford und vielleicht noch einen von Méliès. Wir legen uns eine Bildung zu. Aber manchmal müssen wir für einen alten John Ford zehn unverdauliche Schinken und viertklassige Filme schlucken. Die alten Cinemathek-Füchse wissen schon noch zu unterscheiden, aber die Folge ist, dass sie sich nur Filme heraussuchen, die sie schon kennen. So entwickelt sich ihre Bildung nicht weiter. Die Jungen sehen in jedem alten Film einen Cinemathekfilm, und so entwickelt sich ihre Bildung zurück. Zum Glück gibt es Zeitungen, die ein paar Anleitungen geben. Aber wann soll man Zeitungen lesen, wenn man doch fernsehen muss?

Fernsehen: Die verlorene Transparenz [1983]

Das amerikanische Fernsehen, für das Zeit gleich Geld ist, unterwirft alle Sendungen seinem Rhythmus, einem Rhythmus nach Art des Jazz. Das italienische Neo-TV vermengt amerikanisches mit einheimischem Material (oder solchem aus der Dritten Welt wie der brasilianischen Telenovela), das einen archaischen Rhythmus hat. Das Tempo des Neo-TV ist somit elastisch, es enthält Brüche, Beschleunigungen und Verlangsamungen.
Zum Glück kann der Zuschauer seinen eigenen Rhythmus vorgeben, indem er hysterisch auf der Fernbedienung herumdrückt. Jeder wird schon einmal versucht haben, zwischen den Nachrichtensendungen *TG1* und *TG2* der RAI[7] hin- und herzuschalten, nur um immer dieselbe Nachricht zweimal zu sehen, aber nie jene, auf die er gewartet hat. Oder um eine Szene mit fliegenden Sahnetorten genau in dem Augenblick einzublenden, in dem die alte Mutter stirbt. Oder um die Gymkhana von Starsky und Hutch durch einen langsamen Dialog zwischen Marco Polo und einen buddhistischen Mönch zu unterbrechen. So erschafft sich jeder seinen eigenen Rhythmus und schaut in die Glotze, wie wenn man sich beim Hören einer Musik die Ohren zuhält, und wir entscheiden selbst, was aus Beethovens Fünfter oder einem alten Volkslied werden soll. Unser Fernsehabend bringt uns keine vollständigen Geschichten mehr, immer heißt es „bis zum nächsten Mal“. Der Traum der historischen Avantgarden.

7 Radiotelevisione Italiana, die italienische öffentlich-rechtliche Rundfunkanstalt.

Im Paläo-TV gab es wenig zu sehen, und vor Mitternacht lagen alle im Bett. Das Neo-TV hat Dutzende von Kanälen, die bis tief in die Nacht hinein senden. Der Appetit kommt beim Essen. Zudem erlaubt es der Videorekorder, noch viele weitere Sendungen zu sehen. Sowohl gekaufte oder geliehene Filme als auch Sendungen, die ausgestrahlt werden, während wir nicht zu Hause sind. Welch ein Wunder, man kann jetzt achtundvierzig Stunden pro Tag vor dem Bildschirm verbringen, und so muss niemand mehr mit jener fernen Fiktion in Berührung kommen, welche die Außenwelt ist. Obendrein kann man ein Ereignis vorwärts und rückwärts ablaufen lassen, in Zeitlupe oder im Zeitraffer—man stelle sich vor, Antonioni im Tempo eines japanischen Manga! Hier wird die Unwirklichkeit für jeden greifbar.
Bildschirmtext (*videotel*) ist eine der neuen Möglichkeiten, doch es gibt bereits viele andere, und zahllose weitere werden folgen. Man wird den Fahrplan der Bahn, die Börsenkurse, die Theater- und Kinoprogramme, die Lexikonartikel am Bildschirm lesen. Aber wenn man eines Tages alles, wirklich alles, auch die Reden der Mitglieder des Verwaltungsrats, auf dem Bildschirm lesen kann, wer wird dann noch den Fahrplan der Bahn und die Theaterprogramme oder den Wetterbericht brauchen? Der Bildschirm wird dann Informationen über eine äußere Welt bringen, in die niemand mehr geht. Das Projekt der neuen Megalopolis Mailand-Turin (MITO) beruht zum großen Teil auf Kontakten via Bildschirm—wozu also dann noch die Autobahn und die Bahnlinie ausbauen, wenn sich niemand mehr von Mailand nach Turin oder umgekehrt wird begeben müssen? Der Körper wird überflüssig, es genügen die Augen.
Man wird elektronische Spielchen kaufen und sie auf dem Bildschirm laufen lassen, und die ganze Familie wird sich versammeln, um Darth Vaders Raumschiffflotte zu pulverisieren —nur wann, wo wir doch so viele Sendungen sehen müssen, einschließlich der aufgezeichneten? In jedem Fall wird die galaktische Schlacht, wenn wir sie nicht mehr morgens in der Bar zwischen einem Cappuccino und einem Telefonat spielen, sondern den ganzen Tag lang bis zur spastischen Zuckung (denn bekanntlich hören wir nur auf, wenn der nächste Spieler hinter uns steht und drängelt, aber zu Hause, da kann man ewig spielen), in jedem Fall wird sie folgende Auswirkungen haben: Sie wird den Jungen die besten Reflexe antrainieren, damit sie später Jagdbomber fliegen können. Sie wird uns alle, Groß und Klein, an die Vorstellung gewöhnen, dass es keine schwierige Sache ist, zehn Raumschiffe zu zerstören, und der Raketenkrieg wird uns normal und angemessen erscheinen. Wenn wir dann einen echten Krieg führen, werden wir augenblicklich von den Russen pulverisiert, die ja gegen *Battlestar Galactica* immun sind. Denn, ich weiß nicht, ob Sie es ausprobiert haben, aber wenn man zwei Stunden lang gespielt hat, sieht man nachts in unruhigem Halbschlaf blinkende Lichter und die Streifen der Leuchtspurgeschosse. Die Retina und das Hirn lösen sich auf. Man ist wie vom Blitz geblendet. Noch lange sieht man einen dunklen Fleck. Es ist der Anfang vom Ende.

(Alle Anmerkungen zum Text vom Übersetzer. Alle Kursivierungen im Original.)

Paleo-Television and Neo-Television after Umberto Eco

In the mid-1950s, Umberto Eco took part in establishing a cultural program for the recently founded Italian public television broadcaster RAI (Radiotelevisione Italiana). This makes him one of the few theoreticians of television who had practical experiences of the medium. It sharpened his analyses of the medium's development, which evolved in a series of writings from the 1960s to the 1980s that made him one of the most important early television theorists along with Marshall McLuhan. Eco brilliantly connects precise and funny observations on broadcasts, people, and formats with deeper structural analysis and a newly coined terminology. In 1961, for example, he used the methods of phenomenology to examine a popular quizmaster ("Fenomenologia di Mike Bongiorno"). The final chapter of his ambitious and seminal book *The Open Work* (*Opera aperta*, 1962) is dedicated to live television broadcasts as an innovative open form of aesthetic experience.

The essay "TV: La trasparenza perduta" from 1983, which has been translated into English in its entirety for the first time here, documents a change in the development of television and also of television theory.[1] Until then, television had been described as a comparably stable dispositif, but now Eco was the first to outline the fundamental changes that the medium had undergone since its beginnings, for which he coined the terms Paleo-television and Neo-television. If in 1962 he still saw the live broadcast as opening up an indeterminate space, 20 years later this window to the world has closed. Eco states that Neo-television has "lost transparency," that its visual surface is mainly directing attention toward the medium itself. Instead of offering a glance on reality outside of the medium, as Paleo-television did, Neo-television shapes the reality it presents after its own needs.

In his concise as well as wonderfully entertaining analysis of new formats and strategies for fostering viewer loyalty, Eco also names three important external factors for the change from Paleo-television to Neo-television: remote control, video recorder, and commercial television. Though he is not explicitly named, Eco's analysis coincides with the beginning of the era of Silvio Berlusconi and with him the proliferation of commercial TV in Europe, which would fundamentally change the aesthetics and also the economics and politics of the medium.[2]

Eco's terms Paleo-televison and Neo-television are widely used in media theory today, interestingly enough often without direct connection to Eco himself or the essay introduced here. In their text "From Paleo- to Neo-television," published in 1990 and since then reprinted and translated into several languages, Francesco Casetti and Roger Odin pick up on Eco's theses and develop them without mentioning either originator or source of the terminology.[3] Seen from today, the "lost transparency" of Neo-television, caused by a multitude of possible self-referential actions and interactions with the medium, appears like an anticipation of the medial worlds of user interfaces in computer games and net browsers. Early stages of these developments are already described by Eco at the end of his text. Within the context of the current publication, *TeleGen*, Eco's 1983 essay accentuates the difference between historical and contemporary artistic positions. At the same time, it acts like a hinge between the theory and practice of television analysis, whose importance for the current discourse around the medium needs to be rediscovered.

1 Original publication: Umberto Eco, "TV: La trasparenza perduta," in Eco, *Sette anni di desiderio. Cronache 1977–1983* (Milan: Bompiani, 1983), 163–179. For Eco's earlier use of the term Neo-television, see Umberto Eco, "*Stravideo*! guida alla neotelevisione degli anni '80," *L'Espresso*, January 30, *1983. French translation:* Umberto Eco, "TV: la transparence perdue," in Eco, *La guerre du faux* (Paris: Grasset, 1985), 141–158.

2 See Vittorio Prada, "La TV commerciale di Silvio Berlusconi e la 'neotelevisione'," in Prada, *Videocrazia e teatralizzazione della politica nell'era berlusconiana* (Berlin: Frank & Timme, 2014), 61–130.

3 Francesco Casetti and Roger Odin, "De la paléo- à la néotelevision. Approche sémio-pragmatique," *Communications* 51 (1990).

TV: Transparency Lost [1983]

1. Neo-TV

Once upon a time there was Paleo-television, which was produced in Rome and Milan for all viewers. It reported on the inauguration of ministers and ensured that the public learned only of harmless things, even if that meant telling it lies. Today, given the proliferation of channels, commercial television, and the emergence of new electronic contraptions, we are living in the era of Neo-television. With Paleo-TV, it might have been possible to compile a minidictionary listing the names of its protagonists and the titles of its programs. With Neo-TV, however, this would be impossible, not only because the protagonists and programs are now infinite in number and no one can remember or recognize them, but also because the same individuals play different roles, depending on whether they are appearing on national television or private commercial channels. Studies have already been made of Neo-TV's characteristics (an example being the recent analysis of entertainment programs conducted by a research team at the University of Bologna for the parliamentary oversight commission). The following does not aim to summarize the results of this analysis or other important studies, but wishes instead to draw attention to a new phenomenon that these works have brought to light.

The principal feature of Neo-TV is that it talks less and less about the outside world (which Paleo-TV used to do, or pretended to do). It speaks of itself and the contact it is establishing with its audience. What it says and what it talks about is not important (partly because the viewers decide by remote control when to let it speak and when to switch to another channel). In order to withstand the power contained in this switching over, Neo-TV seeks to hold on to viewers by saying to them: "I am here, I am I, and I am you." The most important piece of news that Neo-TV provides for its viewers—regardless of whether it is talking about missiles or about Stan Laurel dropping a cupboard—is this: "I announce to you a wonderful thing, that you are seeing me. If you do not believe me, prove it by calling this number; I will answer."

After so many doubts, at last a sure thing: Neo-TV exists. It is real, for it is undoubtedly an invention of television.

2. Information and fiction

When defining what is real, there is a fundamental dichotomy that is traditionally referred to (and not without good reason) both by common sense and by many theories of communication. Starting from this dichotomy, television programs can be divided into two main categories, and are in fact so divided by public opinion.

1. *Information programs*, in which television makes statements about events that are independently verifiable. It can do this in oral form, by means of a live broadcast or time-delayed transmissions, filmed reconstructions, or in the studio. The events can be of a political, social, sporting, or cultural nature. In each case, the public expects television to do its duty by: (a) telling the *truth*, (b) proffering it according to criteria of *relevance* and *proportionality*, and (c) separating *information* from *commentary*. As far as telling the truth is concerned, we can, without entangling ourselves in philosophical discourse, say that common sense acknowledges a statement as true when, in the light of other verification procedures or statements

from reliable alternative sources, that statement evidently corresponds to a fact (if, for example, the TV news says it has snowed in Turin, it is telling the truth if this is confirmed by the official weather bureau). There are protests if television says something that does not correspond to the facts. This criterion also applies when television echoes, in reports or interviews, the opinions of others (be they a minister, a literary critic, or a sports commentator): television is judged not by the veracity of what the interviewee says but by whether the interviewee really does correspond to the name and function attributed to that person, and by whether or not his statements have been shortened or distorted in such a way as to make him say something he did not in fact say (other documents being available to verify this).
The criteria of proportionality and relevance are vaguer than those of truthfulness. Nevertheless, television is reproached whenever it is perceived as having privileged some items of news over others, perhaps by by disregarding some items of news deemed to be important or by referring to some opinions to the exclusion of others.
As to the difference between information and commentary, this, too, is held to be intuitive, even though it is known that certain ways of selecting and compiling news can constitute implicit commentary. In any case, it is felt that there exist more or less incontestable parameters with which to ascertain whether television is providing "correct" information.
2. *Fantasy or fictional programs* (usually termed performances), such as dramas, comedies, lyrical operas, films, series. In such cases the viewers indulge in what is known as a willing suspension of disbelief, and agree "for fun" to accept as true and as spoken "in earnest" what is well known to be the contrary: a construction based on fantasy. Those who take the fiction for reality (perhaps even writing insulting letters to the actor playing the bad guy) are judged as abnormal. We do, however, admit that even fictional broadcasts convey a truth in the form of *parables* (that is to say, to confirm moral, religious, or political values). It is known that a parabolic truth cannot be subjected to censorship, at least not in the same way as informational truth. The most one can do is criticize television (on the basis of "objective" evidence) when it insists on broadcasting fictional programs that one-sidedly emphasize a particular parabolic truth (for example by broadcasting films on the negative effects of divorce prior to a referendum on the divorce law).
With information programs, at any rate, the general view is that it is possible to find an intersubjectively acceptable yardstick with which to measure the way the news adheres to the facts, whereas with fictional programs the discussion of their parabolic truthfulness is subjective and one seeks, at most, to reach an intersubjectively acceptable standard for impartiality when it comes to presenting conflicting parabolic truths.
The difference between these two types of program is reflected in the way parliamentary control bodies, the press, and the political parties bring pressure to bear on television. A violation of the criteria of thruthfulness for information programs can prompt questions in parliament and front-page articles, whereas a violation of the criteria of impartiality in fictional programs (always a matter of opinion) provokes articles on page three or in the television section.
In reality, there is still a deeply entrenched belief (which translates into political and cultural conduct) that information programs are of *political* relevance while fictional programs are *culturally* relevant and as such are *not* the responsibility of politicians. Indeed, a parliamentarian who, basing his criticism on a batch of ANSA[1] news bulletins, accuses a news broadcast of biased or incomplete reporting is likely to find support for his actions, whereas a parliamentarian brandishing works by Adorno and criticizing a television play as an apology for bourgeois mores will trigger debate.
This difference is also reflected in democratic legislation, which prosecutes false statements in official communiques but not opinions that constitute an offence.
The point here is not to criticize this distinction or to invoke new criteria (on the contrary, for that would raise fear of a form of political control of the ideological content implicit in fictional programs): instead, we want to highlight a deep-rooted dichotomy in our culture, laws, and customs.

1 Agenzia Nazionale Stampa Associata (ANSA), Italy's leading wire service.

3. Looking into the camera

Since the beginnings of television, this dichotomy has been constantly neutralized by a phenomenon that can occur both in information programs and entertainment shows (and particularly in those of a comic character, such as the *spettacoli di rivista*[2]).

2 A popular variety or revue show on Italian television.

The phenomenon has to do with the distinction between *someone speaking while looking into the camera* and *someone speaking without looking into the camera*.

In television, anyone who looks into the camera while speaking is usually representing himself (a TV announcer, a stand-up comic reciting a monologue, the host of a variety or quiz show), whereas a person who speaks without looking into the camera is representing someone else (an actor playing the part of a fictional character). This is not a cast-iron contradistinction since an actor in a drama may well be directed to look into the camera, and there are political and cultural debates in which the participants speak without looking into the camera. The difference can nevertheless be summed up as follows: those who do not look into the camera are doing something that we believe (or pretend to believe) they would do even if television did not exist, whereas those who do look into the camera underline the fact that television exists and that their speech is "occurring" precisely because television exists.

In that sense, the real protagonists of an incident being filmed by cameras do not look into the camera while the incident is actually happening; the participants in a debate do not look into the camera because television "represents" them as deeply engaged in a discussion that could just as well be taking place elsewhere; and an actor also does not look into the camera precisely because he wants to create an illusion of reality, as though what he is doing were part of real life outside of television (or outside of theater or film). From that perspective, the differences between information and performance diminish not only because the discussion is produced as a show (so as to create the illusion of reality), but also because the director, when filming an event that he wants to present as occurring spontaneously, will ensure that the protagonists do not notice the presence of the cameras, or at least pretend not to notice them, and will occasionally urge them not to look or signal in the direction of the camera. In such cases, a strange phenomenon occurs: television seems to want to vanish as the subject of statement but without wanting to deceive the viewers, who know that television is present and are aware of the fact that what they see (whether real or fictitious) is happening far away and is visible thanks only to the television channel. But television makes its presence felt precisely and exclusively as a channel.

In cases such as these, we accept that viewers often evince signs of identification and projection, living out in the events represented their own urges, or modeling themselves on the protagonists, but this is considered normal in television terms (and it is left to the psychologists to determine how normal the intensity of the projection or identification experienced by some viewers is).

The person looking and speaking directly into the camera is, however, another matter. By positioning himself frontally to the viewer, he signals that he is personally addressing the viewer via the medium of television. He implicitly conveys to the viewer that there is something "real" about the relationship being established between them, regardless of whether he is offering information or simply telling a story. He is saying to the viewer: "I am not a figure of fantasy. I am really here and am indeed speaking to you."

Curiously enough, this attitude, which so evidently underlines the presence of the medium of television, has the opposite effect on "gullible" or "sick" viewers. They lose the sense of the mediation of television and its fundamental character as a televisual transmission—of being transmitted from a great distance and directed at an undifferentiated mass of viewers. It is not uncommon for presenters of entertainment shows, but also for political commentators, to receive letters or phone calls from viewers (regarded as abnormal) who ask: "Tell me if it was really me you were looking at yesterday evening, and tomorrow evening let me know by giving me a special sign."

This clearly shows (even if these people display no signs of deviant behavior) that *what is at issue is no longer the truth of what has been stated*, namely its adherence to the facts, but rather *the truth of the act of stating*, which is determined by the degree of reality of what is occurring on the television screen (and not of what is said via the television screen). We are thus confronted by a radically different problem, which, as we have seen, to a large extent traverses and blurs the distinction between informationan and fictional broadcasts.
This problem was compounded from the mid-1950s on by the appearance of that most typical of entertainment programs: the quiz show.
Does a quiz show tell the truth or does it act out a fiction?
We know that some of what occurs in a quiz show is part of an arranged mise-en-scène, but we also know by established convention that the participants are real people (the audience would protest if one of the contestants proved to be an actor) and that the contestants' answers are judged in terms of true/false (or correct/incorrect). As such, the host of a quiz show is both the guarantor of an "objective" truth (it is either true or false that Napoleon died on the May 5, 1821) and is himself subject to having the veracity of his judgments monitored (under the supervision of a notary). Why is a notary necessary here, when we do not feel the need of a guarantor to verify the truthfulness of a newscaster's assertions? Not only because it is a game with large sums in prize money at stake, but also because the presenter is not required to speak the truth at all times. Indeed, it would be acceptable for a quiz show host to introduce a famous singer by name, who then turns out to be an impersonator. The host is also allowed to do things "in jest."
A type of program thus emerged a long time ago in which the problem of the reliability of statements began to be ambiguous, while the reliability of the act of stating remained beyond dispute. The presenter is there, in front of the camera, speaking to his audience and representing himself and not a made-up person.
The force of this truth, which the presenter announces, and perhaps implicitly commands, is such that some viewers might well believe, as we have seen, that the presenter is speaking for them and to them alone.
The problem has therefore existed from the beginning but was held at bay—whether intentionally or not we do not know—in both information and entertainment programs. The information programs tended to reduce to a minimum the presence of anyone looking into the camera. Except for the female announcer (with the function of linking together different programs), the news was not read, spoken, or commented in front of the camera but consisted of an audio track that was played to still images and film clips, even if this meant using what was obviously archive material. Information tended to behave like fictional programs. The only exceptions were charismatic figures like Ruggiero Orlando, who was accorded a hybrid nature between chronicler and actor by his audience, which was even able to forgive his comments, theatrical gestures, and showing-off.
As for entertainment programs (the prime example being *Lascia o Raddoppia* [Double or Nothing]), they tended to assume as far as possible the characteristics of information programs: Mike Bongiorno did not promise any "inventions" or fictions, but presented himself instead as the intermediary between the viewer and something that was happening of its own accord.
But the situation became increasingly complicated. Even a program like *Specchio segreto* [Candid Camera] owed its fascination to the conviction that what the victims did was something *real* (and that they were indeed surprised by the hidden camera), and yet everyone was amused because they knew it was the provocative interventions by [the presenter] Loy that got everything going, making it happen *as though* it were taking place on a theater stage. The ambiguity was stronger still on programs like *Te la dò io l'America* [I give you America], in which we assume that the New York shown by Grillo is "real," while at the same time accepting that Grillo interposes himself in order to influence the course of events, as though it were theater.
Finally, in order to confound things even further, there is the *programma contenitore* ["container program"], often running over several hours, during which a host speaks, presents music, introduces a sketch and then a documentary or a debate and even the news. At this

point even the most experienced viewer confuses the genres, suspecting that the bombardment of Beirut is a show and mistakenly supposing the audience of youngsters in the studio applauding Beppe Grillo to be human beings.
In the meantime, we find ourselves with programs in which information and fiction are so insolubly intermingled that it is irrelevant whether or not the viewers can distinguish between "real" news and fictive inventions. Even if the viewers were able to make the distinction, it loses its value in the face of the strategies deployed by the programs in order to sustain the authenticity of the act of stating.
To this end, such programs themselves stage the very act of utterance, by means of simulacra of enunciation, such as when cameras filming an event are shown. A complex strategy of fiction putting itself at the service of an effect of reality.
Yet precisely the analysis of all these strategies reveals the relationship between information programs and entertainment shows. We need only regard the *TG2* newscast as an open studio, in which information has already appropriated strategems for the production of statement-reality, as is typical of entertainment shows.
We are therefore moving toward a situation in television in which the relationship between statements and facts is becoming increasingly irrelevant, whereas the relationship between the truthfulness of the act of stating and the receptive experience on the part of the viewer takes on added significance.
In entertainment programs (and in the impact they have and will continue to have on programs of "pure" information), it matters less and less whether or not television is telling the truth; what really counts is *that it is true* that television is really speaking to the audience—and with the audience's participation (even if this seems to be simulated).

4. I am broadcasting, and it is true

The connection to the truth of facts, on which the dichotomy between information programs and fictional programs is based, has got into a crisis, and this crisis tends increasingly to embroil television in its own complex, transforming it from a *vehicle of facts* (regarded as neutral) into an *apparatus for the production of facts*, from a mirror held up to reality to a producer of reality.
It is therefore interesting to look at the *public* and *obvious* role played by certain aspects of the apparatus of filming—aspects that in Paleo-TV *had to* remain hidden from the audience:
The boom. In Paleo-TV there used to be a cry of alarm that heralded letters of reprimand, dismissals, and the ruin of promising careers: "Boom in shot!" The boom, namely the microphone, had to remain out of sight, not even its shadow was allowed to be seen (which is why its shadow was also a great source of dread). Television was passionately obstinate about presenting itself as reality and therefore had to conceal its artifice. Then the boom mic found its way into the quiz shows, then the news, and finally into various experimental formats. Television no longer hides its artifice. On the contrary: the boom's presence assures viewers that the show is live (even when this is not the case)—in full and natural reality, so to speak. And so the presence of the boom serves now to conceal the artifice.
The TV camera. The TV cameras were also not meant to be seen. And now they, too, are seen. By showing the camera, television is saying: "I am here, and this *I am here* means that in front of you is reality, namely television filming reality. The proof being that if you wave at the TV camera, they will see you at home." The disquieting aspect is that if you see a TV camera on television, it is with certainty not the one currently filming (except in complex stagings involving mirrors). So each time a TV camera appears on the screen, it is telling a lie.
The news desk telephone. Paleo-TV showed characters in dramas and comedies talking on the telephone, providing information on true or supposedly true events outside of television.

Neo-TV uses the telephone to say: "I am here, connected to the inside of me via my brain and to the outside via you who are seeing me right now." The news broadcaster uses the telephone to speak with the production control room. An intercom would do it too, but we would then hear the control room director's voice, which must remain mysterious; television speaking with its own secret intimacy. But what the newscaster hears is true, and decisive. He says: "Wait, the newsclip is coming" to justify long seconds of waiting because the newsclip footage must come from the right place at the right instant.

The telephone on Portobello.[3] The telephone on *Portobello* and on similar programs connects the big heart of television with the big heart of the audience. It is the triumphal sign of direct broadcasting, it is umbilical and magical. You are us, you can enter and be part of the show. The world that TV speaks to you about is the rapport between us and you. The rest is silence.

The auction telephone. The private Neo-TV stations have invented the charity auction. With the auction telephone, the audience seems to determine the rhythm of the show itself. In reality, the telephones are filtered and there are grounds for suspecting that fake calls are made in moments of lull in order to artificially up the bids. By bidding "100,000" via the auction telephone, one viewer convinces another viewer that it is worth his while to bid "200,000." If only one viewer were to call, the item would be sold for a very low price. It is not the auctioneer who persuades the viewers to spend more, but one viewer inducing another, or rather the telephone. The auctioneer is innocent.

Applause. In Paleo-TV, applause had to seem real and spontaneous. The studio audience applauded when prompted to do so by a flashing sign, but the viewers in front of their screens at home were not supposed to know that. Evidently, they did know and Neo-TV no longer pretends. The presenter says: "And now let's give a big round of applause!" The studio audience claps and the viewers at home are content because they know the applause is no longer pretend. What matters to them is not that the applause is spontaneous but that it is genuine television applause.

3 Named after London's Portobello Road market. A very popular TV show in which viewers were allowed to buy and sell goods by telephone, look for a partner, long-lost friends and relatives, etc. Candidates from the studio audience were challenged to get a green parrot called Portobello, the show's mascot, to say its own name—which seldom succeeded.

5. Mise-en-scène

Does that mean television no longer shows *events*, that is to say, things that happen of their own accord, independently of TV, and which would happen even if TV did not exist?

Less and less. Certainly, a child *really* did fall into a well in Vermicino,[4] and it is *true* that he died. But the whole turn of events between the accident and the death of the child proceeded as it did because of television. The incident, captured on television from the outset, became a *mise-en-scène*.

It is not necessary to refer to the most recent and pertinent studies on the subject, such as [Gianfranco] Bettetini's *Produzione del senso e messa in scena* [Production of Sense and Mise-en-scène]—it suffices to appeal to common sense. A viewer of average intelligence knows very well that when the actress kisses the actor in the kitchen, on a yacht, or in a meadow, even if the meadow is real (and often it is the Ager Romanus [fields surrounding Rome] or the Yugoslav coast), it is a *pre-arranged* meadow, prepared and selected and therefore in a certain measure *falsified* for the purposes of filming.

Thus far common sense. But common sense (and often critical attention as well) is much more vulnerable to what we call live television. In this case, we know (even if we are sometimes suspicious and think that the program is in fact time-delayed but masquerading as live) that the cameras are filming from a location where something is happening, something that would happen on its own even if the cameras were not present.

Ever since television began, it has been known that live broadcasting also implies a selection, a manipulation. Long ago, when I wrote the essay "Il caso e l'intreccio" (now in *Opera aperta*, Milan 1962),[5] I was attempting to show how a group of three or more cameras filming a soccer match (an event that by definition occurs for the purpose of competition, and in which the center forward would not willingly miss

4 On June 10, 1981, in Vermicino, a suburb of Rome, a six-year-old boy fell into an artesian well. The rescue attempt was televised live over an 18-hour period.

5 Umberto Eco, "Chance and Plot: Television and Aesthetics," *The Open Work*, trans. Anna Cancogni (Cambridge, MA: Harvard University Press, 1989), 105–122.

a goal, nor the goalkeeper let him score one, for the good of the spectacle) chooses from what is happening on the pitch, focuses on some actions and ignores others, shows the spectators at the cost of the game and vice versa, frames the field from a given perspective; in sum, *interprets*, rendering a game seen by a director, not an unattainable game-in-itself.

But these analyses do not call into question the irrefutable fact that the event is occurring independently of its being filmed. The act of filming interprets an event that is taking place autonomously, it renders a part of the event, a cut, a point of view, but it remains forever a point of view of the "reality" outside of television.

These considerations are compromised by a series of phenomena that can be rapidly summarized:

a) The knowledge that an event will be filmed influences its *preparation*. As for soccer, we see the transition from the old ball made of crude leather to the telegenic checkered ball, or the attention paid by the organizers to the strategic placement of important advertising, done in such a way as to outsmart the cameras and the state broadcaster, which did not want to show advertising; or some of the indispensable color changes made to soccer uniforms for reasons of color perception.

b) The presence of the camera influences the course of events. In Vermicino, the rescue attempts would perhaps have had the same result if the television had not been there for eighteen hours, but public interest would undoubtedly not have been so intense, and perhaps there would have been fewer traffic holdups and less confusion. I am not saying that [President Sandro] Pertini would not have been there, but he would certainly not have stayed for so long. It was not a question of theatrical calculation, for he was clearly there for symbolic reasons, to demonstrate the participation of the president to millions of Italians. That this symbolic move was, to my mind, "good" does not change the fact that it was prompted by the presence of television. We can, on the contrary, ask what would have happened if the television had not followed the incident, to which there are two possible answers: either the rescue workers would have been less generous (the result is not the important thing here, we are thinking of the efforts that were made and we know perfectly well that without television, the long-limbed little helpers who flocked to the scene would not have known anything about the incident), or less of an inrush of people would have made more rational and effective assistance possible.

In the two cases outlined here, we see a *mise-en-scène* taking shape: in the case of the soccer match, it is intentional, though it does not radically change the event; in the case of Vermicino, it is instinctive, unintentional (at least at the level of consciousness) but can radically change the event.

In the last decade, however, live broadcasts have been radically altered in the direction of mises-en-scène: from papal ceremonies to many political and public events, we know they would not have been conceived in the way they were if the TV cameras had not been present. Natural events have been approached more and more as something to be filmed for television. The event that fully verifies this hypothesis is the marriage of the prince and heir apparent to the British throne.[6] Not only would this event not have taken place as it did, it probably would not have taken place at all if it had not had to be conceived for television.

6 The reference is to the wedding of Prince Charles and Lady Diana Spencer at St Paul's Cathedral on July 29, 1981.

To fully measure the novelty of this "Royal Wedding," we must recall a similar episode from about twenty-five years ago, the wedding of Rainier of Monaco and Grace Kelly. Despite the difference in the dimensions of the two monarchies, this event lent itself to the same interpretation: there was the political-diplomatic moment, the religious ritual, the military liturgy, the love story. But the Monacan wedding took place at the beginning of the television age and was organized independently of television. Even if the organizers did perhaps keep an eye on the television cameras, they still lacked the relevant experience. As such, the event really took place of its own accord and the television director was left with no option but to *interpret* it. Which is what he did, privileging the romantic-sentimental values over the diplomatic-political, the private over the public. The event took place: the cameras focused on what television had chosen as relevant topics.

During a parade by a military bands, as a piece was being played by a contingent of *marines* who were there to fulfil a purely representative function (and having the *marines* in the Principality of Monaco is newsworthy in itself), the cameras were directed instead at the prince of Monaco, whose pants had become slightly soiled by dust from the balcony railings and who was secretly bending over to dust them off, all the while smiling amusedly at his fiancée. A choice, of course, a decision in favor of the romantic novel rather than the operetta, but a decision made, so to speak, *despite* the event, making the most of the unplanned incidents. So during the nuptials the director followed the same logic that had moved him on the previous day. With the band of *marines* out of the picture, it was also time to remove the prelate who had performed the wedding ceremony, and the camera remained focused on the face of the bride, princess, former actress, or actress and future princess. Grace Kelly performed her last love scene; the director delivered the story, but parasitically (and, precisely for this reason, creatively), by using, for his own purposes, fragments of things that already existed as a sort of *collage*.

With the Royal Wedding, things went very differently. It was perfectly clear that everything that happened, from Buckingham Palace to St Paul's Cathedral, had been worked out for television. The ceremony excluded unacceptable colors, the tailoring and the fashion reviews recommended a choice of pastels designed to make everything exude, chromatically, not only a breath of spring, but a breath of televisual spring.

And the bride's gown, which caused the groom so much bother because he did not know how to lift it to enable his fiancée to sit down, was not intended to be seen from the front, or from the side, or even from behind, but rather from above, as we see in one of the final shots, in which the architectonic space of the cathedral was reduced to a circle, dominated at its center by the cruciform of the transept and nave, the latter emphasized by the long train of the gown, while the four quarters which crowned this coat of arms were composed, like a primitive mosaic, by the speckled colors of the gowns of the chorus, the prelates, and the male and female guests. If Mallarmé once said that "le monde est fait pour aboutir à un livre" [The world was made to end in a book], then what the film of the Royal Wedding told us was that the British Empire was made to one day give life to a remarkable TV show.

I have had the opportunity to attend various London ceremonies, among them the annual *Trooping the Colour*, of which the most unpleasant impression is made by the horses, who are trained to do everything in the world except to control their legitimate bodily functions. Whether as a result of the excitement or a normal law of nature, the queen is always obliged to proceed in this ceremony through a sea of horse manure, because the guards' horses do not know better than to produce excrement along the entire course. On the other hand, handling horses is a highly aristocratic activity and horse manure is among the substances most familiar to an English aristocrat.

It was not possible to escape this law during the Royal Wedding. But anyone who saw it on TV noted that the equine manure in this case was neither dark nor brownish nor uneven, instead showing itself always and everywhere to be pastel-colored, between beige and yellow, and very luminous, so as not to attract too much attention and to harmonize with the restrained colors of the dresses worn by the women. We later read (although we might easily have guessed) that the royal horses had been fed special pills for a week to give their manure a telegenic color. Nothing was to be left to chance; everything was determined by the TV broadcast.

To such an extent in this case that the directors were presumably given only minimal freedom to compose the shots and scope for "interpretation": they had to film whatever happened, at the place and time it was decided that it would happen. The whole symbolic construction had already been laid out; in the predetermined mise-en-scène, the entire event, from the prince to the horse manure, had been planned in advance, like a blueprint in which the eye of the cameras would keep to the prescribed route in order to reduce to a minimum the risk of a televisual interpretation. In other words, the interpretation, the manipulation, the preparation for television preceded the activity of the camera teams. The event was, from its inception, already fundamentally "fake," and ready for filming. All London had turned into a studio, like a backdrop made for TV.

6. Some closing cannonballs

To finish off, we might be excused for thinking that viewers—having come into contact with a television that speaks only of itself, depriving them of the right to transparency and thus of contact with the outside world—are finally coming to their senses. Nothing of the sort! In this process, they recognize themselves as television viewers and enjoy that status. An old definition of TV—"An open window on a closed world"—takes on new meaning.

What kind of world does the televisionary "discover"? On the one hand, he rediscovers his own archaic, pre-televisual nature, and on the other hand, his own destiny as a recluse of electronics—a destiny that became more common with the emergence of commercial channels, welcomed from the beginning as the guarantee of an information that was broader and, finally, "pluralist."

Paleo-TV wanted to be a window that showed the big wide world to even the remotest province. Independent Neo-TV (basing itself on the state model of *Games without Frontiers*) points the camera at life in the provinces and shows the audience in Piacenza, the people of Piacenza, who have gathered to listen to the advertising slogans of a Piacenza watchmaker while a local presenter makes tasteless jokes about the breasts of a lady from Piacenza, who puts up with it all in order to be seen by a few people from Piacenza while winning a pressure cooker. It is like looking through the wrong end of a pair of binoculars.

An auctioneer is a vendor and, at the same time, an actor. But an actor playing a vendor is not very convincing. The audience knows the kind of vendors at village fetes who talk them into buying a used car, a piece of fabric, or marmot oil. An auctioneer must be presentable (or fat or dandy-like), and talk like his onlookers, with an accent and, if possible, bad grammar, and say "exactly" and "a very interesting offer" the way people do who sell for real. He must say "eighteen carat, Signora Ida, I'm not sure if I'm explaining myself properly." In fact, instead of explaining anything, he should adopt the same expression of incredulous amazement in front of the goods as the buyers. In private life he is probably upright and scrupulously honest, but on the screen he has to behave like a bit of a dolt, otherwise the audience will not trust him. That's just the way real vendors are.

There once used to be the bad words you used at school, at the workplace, and in bed. Then in public you had to control your habits, and Paleo-TV (subject to censorship, and conceived for an ideal, mild, Catholic audience) spoke in sanitized form. The private channels, however, want the audience to recognize itself and say "That's us!" Then the comic or the presenter posing a quiz question while observing a female spectator's behind will utter swearwords and make double entendres. The adults recognize themselves; after all, the screen is like life itself. The boys think this is the correct way to behave in public—as they had always suspected. It is one of the few cases in which Neo-TV tells the absolute truth.

Neo-TV, especially the private stations, exploits viewer masochism to the full. The presenter poses questions to timid housewives, questions that should make them die of shame, but they play the game, pretending to blush (or really doing so), and behave like little tarts. This form of televisual sadism has reached its zenith in America with a new game played by Johnny Carson on his extremely popular *Tonight Show*. Carson recounts the plot of a hypothetical *Dallas*-like melodrama featuring idiotic, wretched, deformed, perverted characters. While he is describing a character, the camera frames the face of a member of the studio audience, who sees himself on a screen above his head. The audience member laughs with delight while being described as a sodomite, a pederast. A woman spectator finds she enjoys rediscovering herself as a drug addict or congenital mental defective. Women and men (chosen moreover by the camera with some malice, on account of some defect or overly pronounced trait) laugh happily to see themselves humiliated in front of millions of viewers. Why not, they think, it's only a joke. But they are really made to look like fools.

People in their forties or fifties know how much effort and searching was required to find an old [Julien] Duvivier movie in some out-of-the-way cinematheque. Today, the magic of the cinematheque is over; Neo-TV gives us Totò, an early [John] Ford, and maybe even one by [Georges] Méliès all in one evening. We acquire a culture. But for one Ford we sometimes have to stomach a dozen or so cheesy and fourth-rate movies. The old cinematheque veterans certainly still know the difference, but the result is that they search the channels only for the movies they have already seen, which means that culturally, they do not learn anything new. The younger generation identifies every old film with cinematheques, so their culture regresses. Luckily, some newspapers provide help here. But who has time to read the paper when we must watch television?

Television in America, where time is money, imposes a rhythm on all its programs, a rhythm typical of jazz. Italian Neo-TV mixes American material with native Italian material (or material from the Third World, such as the Brazilian telenovela) which has an archaic rhythm. As such, the tempo of Neo-TV is an elastic tempo, with breaks, accelerations, and decelerations. Fortunately, viewers can impose their own rhythm by hysterically changing channels with the remote control. Ever tried watching RAI's[7] *TG1* and *TG2* channel newscasts by switching from one to the other, only to get the same news item twice but never the one you were expecting? Ever introduced a pie-in-the-face scene at the very moment the old mother dies? Ever interrupted a Starsky and Hutch car-chase with a slow dialogue between Marco Polo and a Buddhist monk. This way, everyone creates his own rhythm and watches television as though listening to music while pressing his hands to his ears. Now it is we who get to decide what becomes of Beethoven's *Fifth* or the [patriotic 19th-century song] *Bella Gigugin*. Our TV evening no longer provides us with complete stories. All we get is "To be continued." The dream of the historical avant-garde.

7 Radiotelevisione Italiana (RAI), Italy's state-owned broadcasting company.

With Paleo-TV there was not much to see and by midnight everyone had already gone to bed. Neo-TV has dozens of channels broadcasting into the night. Appetite comes with eating. The video recorder makes it possible to watch even more programs—even purchased and rented movies, as well as programs broadcast while we were out. What a miracle! We can now spend forty-eight hours a day in front of the TV screen, thus obviating the need to come into contact with that remote fiction that is the outside world. Furthermore, events can be watched forwards and backwards and in slow motion or speeded up. Think of it: watching Antonioni at the speed of a Japanese Manga character! Now unreality is within everyone's reach.

Videotex is one new possibility, but there are already others and endless more will follow. We will consult train timetables, stock exchange prices, show times, encyclopaedia entries on the screen. But when everything, literally everything, including the decisions of city council members, can be read on the screen, who will then still need train timetables and show lists and weather information? The screen will be providing information about an outside world that no one enters anymore. The project of the new Milan-Turin megacity MITO is largely based on contact via television screens—so then what is the point of developing roads or rail given that there will no longer be any need to travel from Milan to Turin or vice versa. The body will become useless. The eyes will suffice.

We will be able to purchase electronic games, make them appear on the television screen, and the whole family will play at atomizing Darth Vader's space fleet. But when, given that we must already watch so many shows, including the ones we have recorded? In any case, the galactic battle, no longer played at the bar between a cappuccino and a telephone call, but all day, to the point of spasm (for as we know, we stop only because someone else is breathing down our neck, waiting to play, whereas at home we can go on playing forever), will have the following effects: it will educate children to have optimal reflexes for steering a supersonic fighter plane. It will habituate us, adults and infants alike, to the idea that atomizing ten spaceships is no big deal and that war fought with missiles will seem normal and appropriate. When we do wage war for real, we will be atomized in an instant by the Russians, who are immune to Battlestar Galactica. Because, I don't know if you have tried it, but after playing for two hours, at night, in a restless half-sleep, you see intermittent little lights and the trails of tracer projectiles. The retina and the brain turn to mush. It is like when a camera flash goes off in your eyes. For a long time you see in front of you a dark form. It is the beginning of the end.

(All italics are from the original essay. Footnotes and square-bracketed comments are by the translator.)

Tauba Auerbach erprobt verschiedene Ausdrucksweisen – Schrift, Fotografie, Film oder auch Malerei –, um sie in Grenzbereiche des „Uneindeutigen“ zu führen. Schärfer formuliert: Sie provoziert Fehler. Nicht in der Kunst, in der es per definitionem keine Fehler gibt, sondern im jeweils untersuchten Medium. Dort, wo sie eine „Verwirrung“ von Codes erkennt, setzt ihr Werkprozess ein, bei dem Serien entstehen, die reduzierte Typografien, designte Objekte, poetische Oberflächen oder opulentes Bildrauschen zeigen.
In der Bildserie *Static* ist es das Rauschen, das der in New York lebenden Künstlerin als Ausgangspunkt dient. „Ich verbringe Monate damit, von meinem Fernseher Aufnahmen zu machen, um Bildstörungen festzuhalten, die Muster bilden“, erklärte sie in einem Interview. Die filmischen Aufnahmen des „kollabierenden“ Fernsehbildes werden gescannt, modifiziert und anschließend auf Fotopapier gedruckt. Somit führt Auerbach in einem Werk der Serie *Static* analoge mit digitalen, filmische mit fotografischen Bildgenerierungsverfahren zusammen. Ein *Static* ist jedoch kein „Still“: Ist der „Filmstill“ das dem filmischen Zusammenhang entnommene Einzelbild, so basieren Auerbachs Prints auf Phänomenen, die Störungen im Fluss der Bilder sind. Der Serientitel verweist dabei zwar auf etwas Stillgestelltes, Statisches, deutet aber ebenso auf elektrostatische Prozesse hin, die mit Fernseher und Bildrauschen verbunden sind.
Dass ein halbes Jahrhundert zuvor schon K. O. Götz in seinen *Rasterbildern* das „Flimmern“ in Malerei transformierte, Nam June Paik mit seinem *Magnet TV* oder Wolf Vostell mit den *TV-Dé-coll/agen* Interferenzen erzeugten, mag eine geschichtliche Parallele aufzeigen. Experimentierten die Künstler zu Beginn der 1960er-Jahre mit einem noch jungen Medium, so arbeitet Auerbach in der Wendezeit vom analogen zum digitalen Fernsehen.
Doch jenseits produktionstechnischer oder technikhistorischer Diskussionen bleibt die Frage, was wir sehen. Sind die *Statics* Bild, Abbild, gar Dokumentation eines physikalischen Ereignisses? Sind sie gegenständlich, abstrakt oder konzeptuelle Zufallsfunde? Tauba Auerbachs „Verwirrungen“ konzentrieren sich nicht nur auf das Medium, sondern bilden auch im Sehen und Denken Interferenzen. [MS]

Tauba Auerbach 218

Tauba Auerbach explores various forms of expression – writing, photography, film, and painting – drawing them into the border zone of the “nonunivalent.” To put it more radically: she provokes mistakes. Not in art, where there are per definition no mistakes, but rather in the respective medium being investigated. As soon as she recognizes a “confusion” of codes, her work process begins, involving reduced typographies, designed objects, poetic surfaces, and opulent white noise.
In the series *Static*, it is white noise that serves the artist, a resident of New York, as a point of departure. As she said in an interview: “I spent months taking pictures of my television on static – a supposedly truly random phenomenon – and patterns arose.” The film stills of “collapsing” television images are scanned, altered, and then printed on photo paper. In one work from the series, Auerbach combines analog, digital, cinematographic, and photographic methods of image production. Such *Statics* are in no way “stills.” A film still is a single image extracted from the continuum of the film, whereas Auerbach’s prints are derived from phenomena of interference within the flow of images. The series title suggests fixity but also signifies electrostatic processes in television and other images.
There may be a historical parallel here to K. O. Götz, who transformed television “flickering” into paintings in his *Rasterbilder* (grid images), or Nam June Paik and Wolf Vostell, who produced interferences with *Magnet TV* and *TV-Dé-coll/agen* respectively. While those artists were experimenting with a still young medium, Auerbach is working in the period of transition from analog to digital television.
But beyond issues of production techniques and the history of technology, the question remains: what are we looking at? Are the *Statics* images, copies, or perhaps documents of a physical event? Are they accidental found objects, and are they representational, abstract, or conceptual? Tauba Auerbach’s “confusions” not only thematize the medium but also produce interferences in seeing and thought. [MS]

Static 16

C-Print, 116,8 × 174,6 cm, 2009

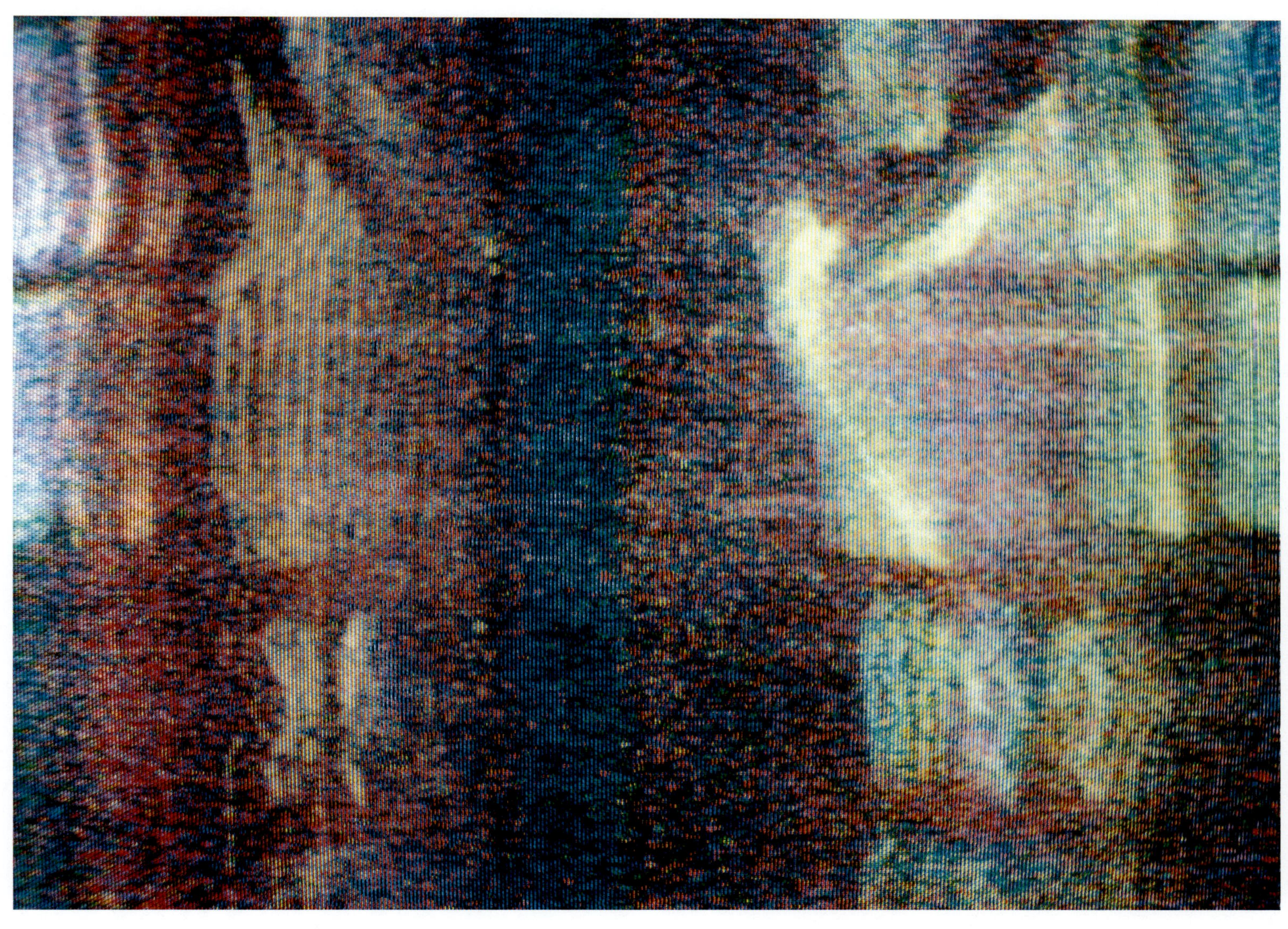

[1] Static 2 C-Print, 152,4 × 106,7 cm, 2008

[2] Static 4 C-Print, 152,4 × 106,7 cm, 2008

[3] Static 5 C-Print, 152,4 × 106,7 cm, 2008

[4] Static 9 C-Print, 152,4 × 106,7 cm, 2008

[5] Static 11 C-Print, 152,4 × 106,7 cm, 2008

[6] Static 14 C-Print, 152,4 × 106,7 cm, 2008

[7] Static 19 C-Print, 58,1 × 40,6 cm, 2011

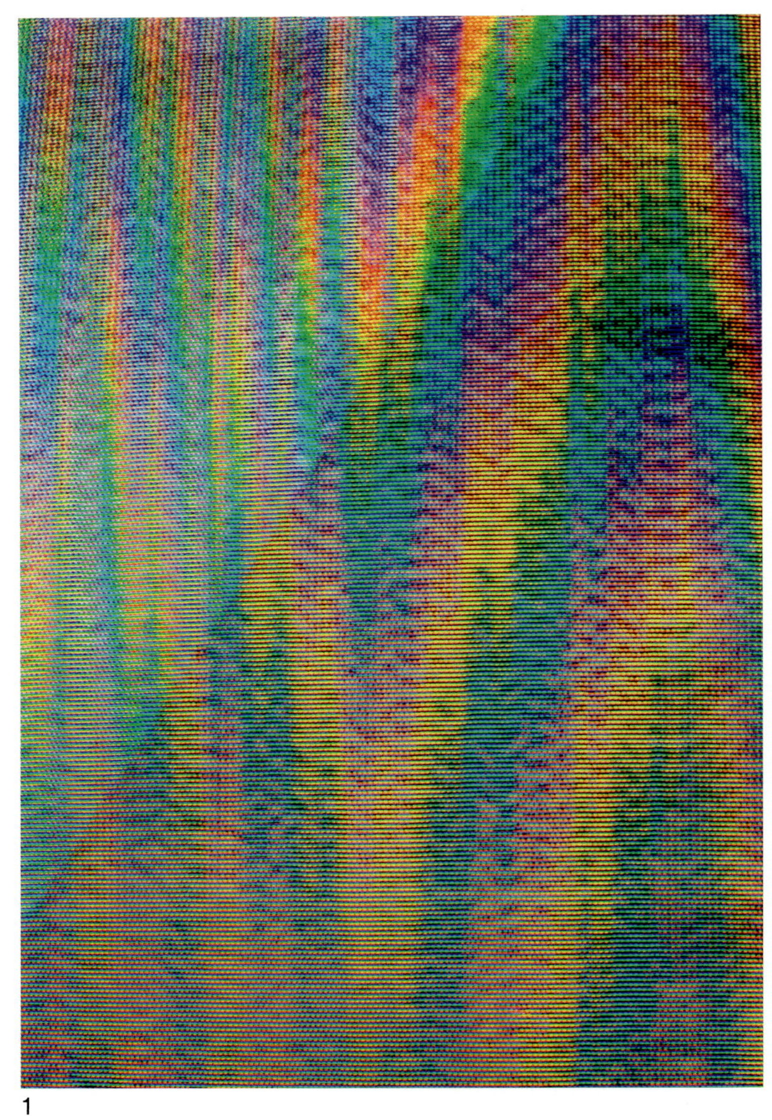

1

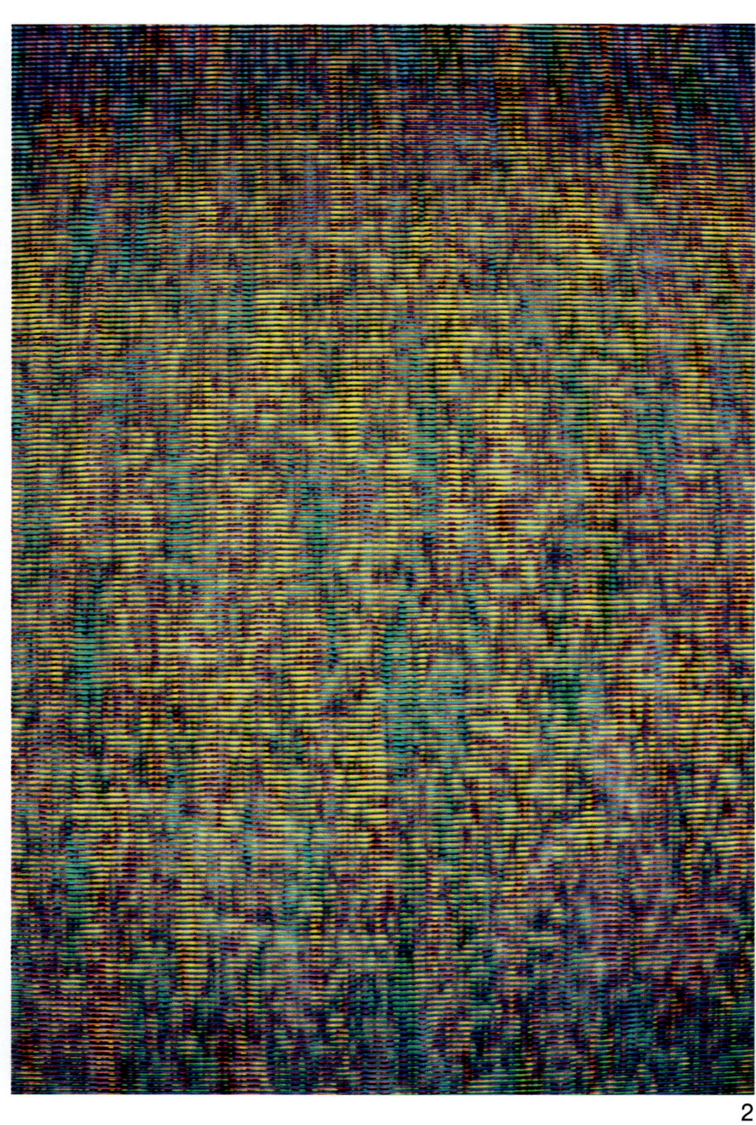

2

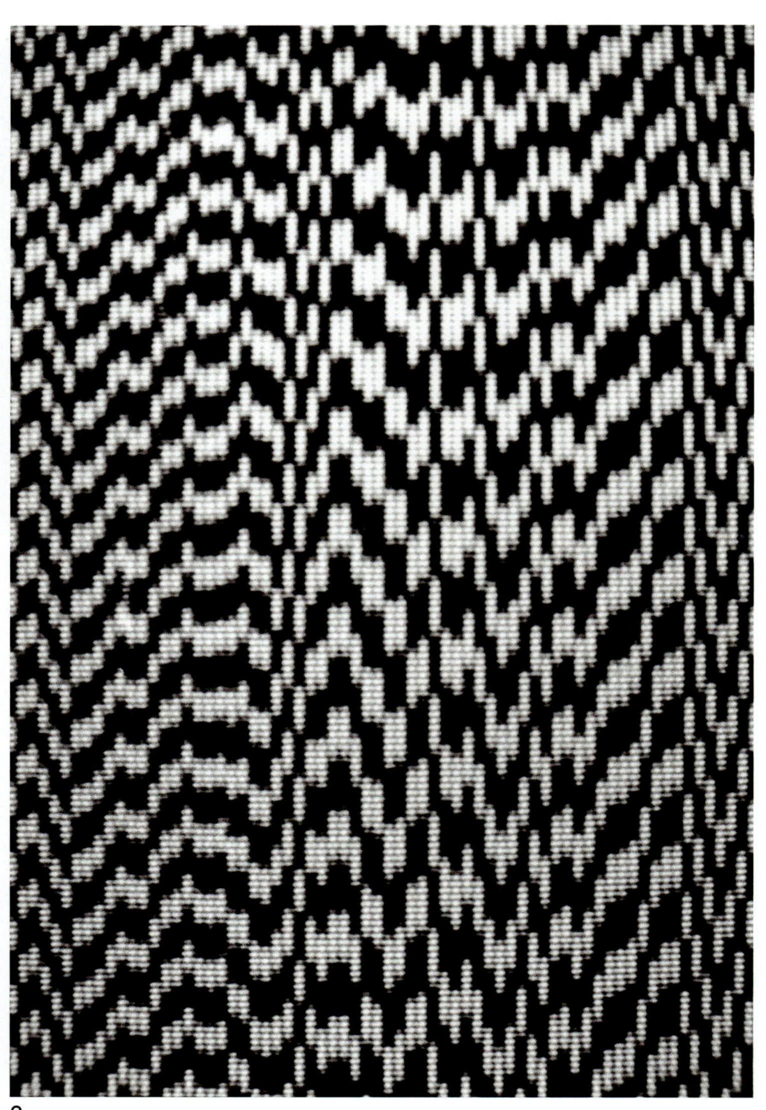

3

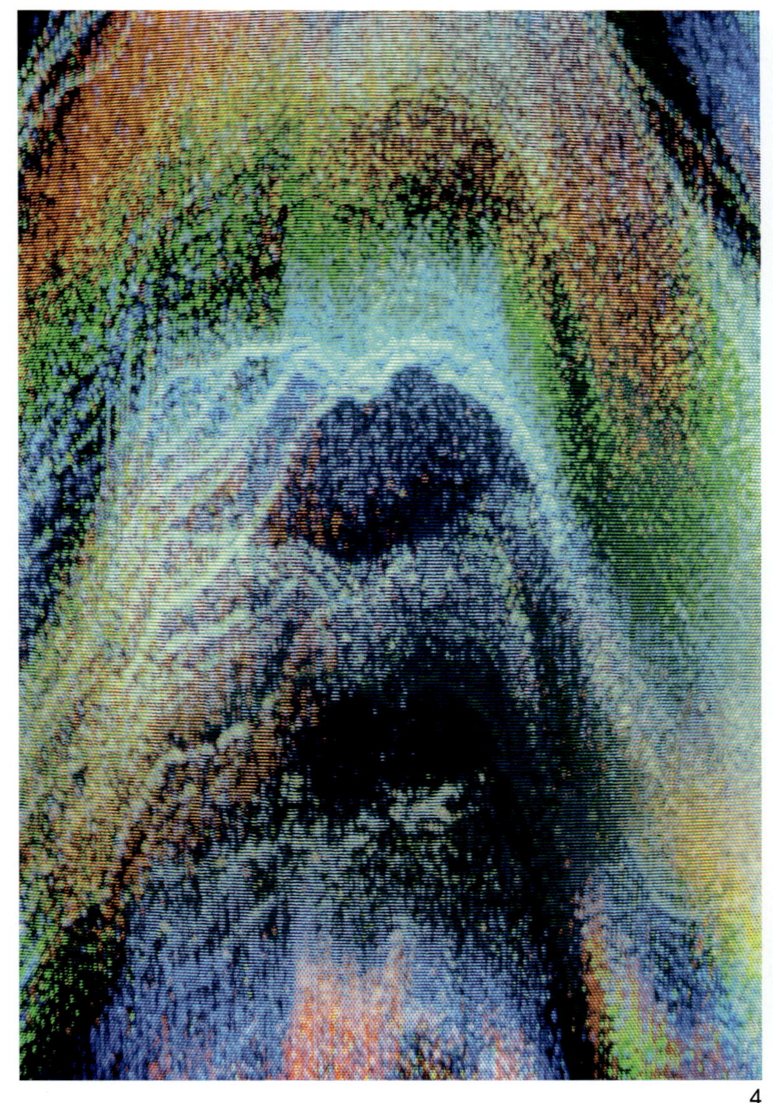
4

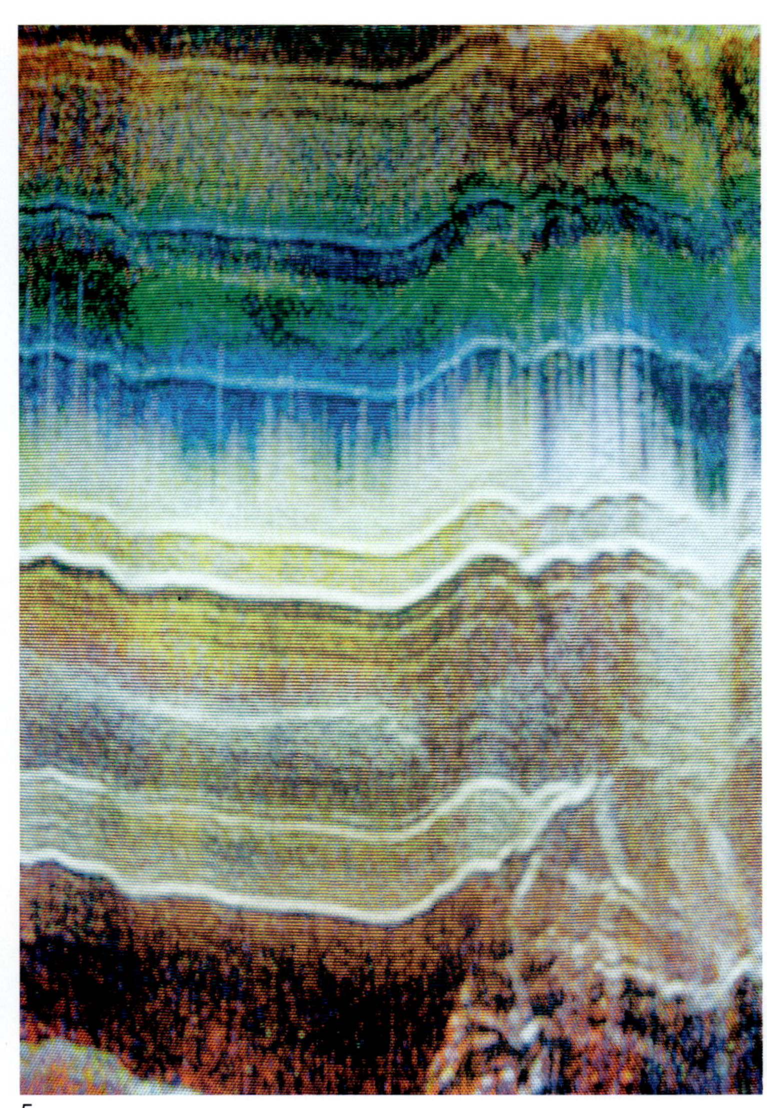
5

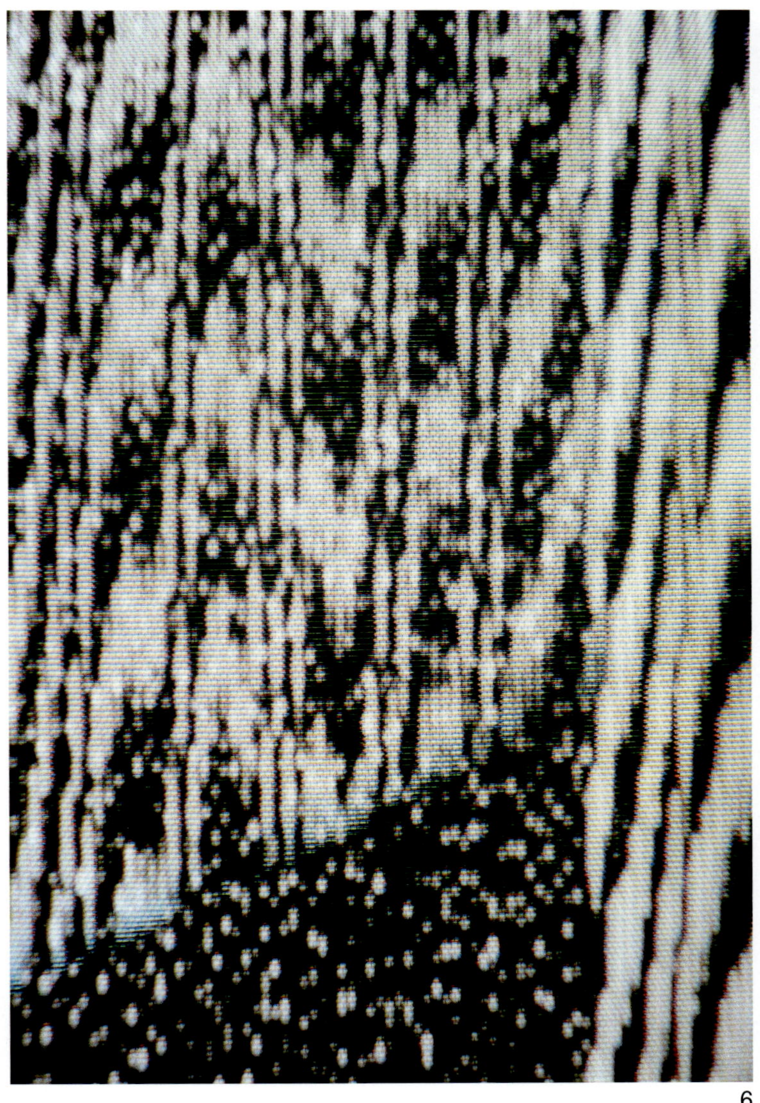
6

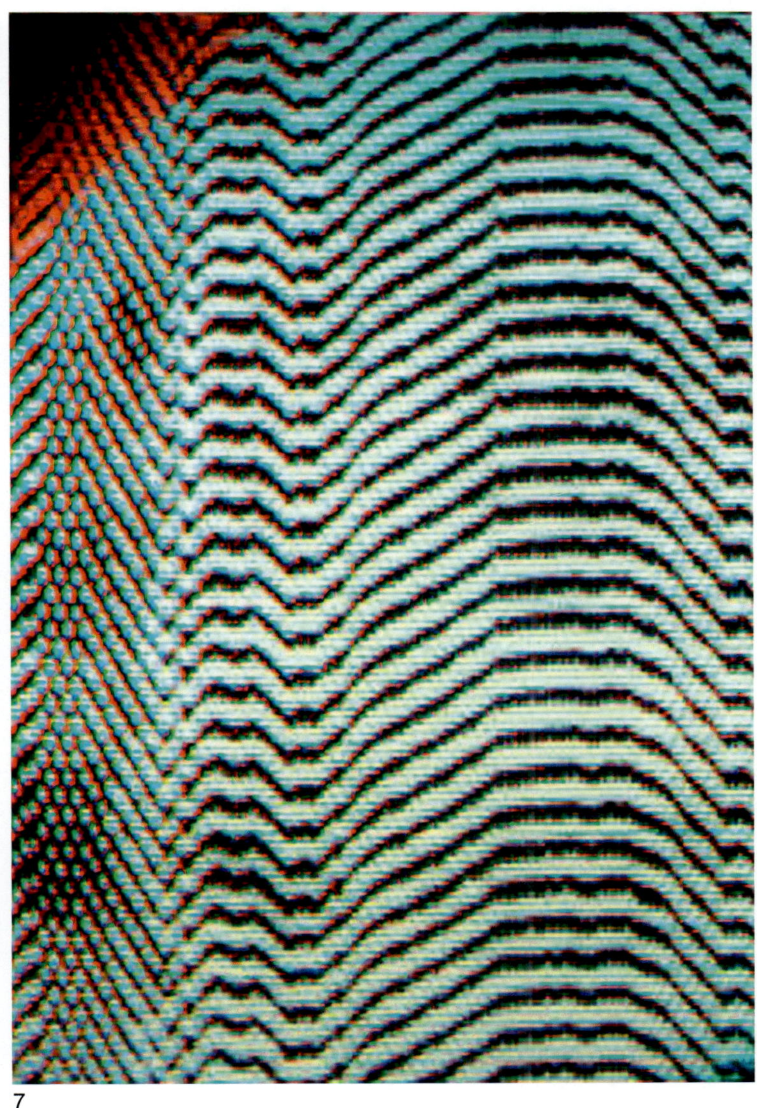
7

Die großformatigen Holzschnitte von Christiane Baumgartner basieren durchweg auf Medienbildern: Abbildungen aus der Tagespresse, eigenen Fotografien oder Videoaufnahmen und bei einer ganzen Reihe von Arbeiten auch auf Fernsehbildern. Bewusst wählt Baumgartner Vorlagen mit einer Raster- oder Zeilenstruktur aus, die sie dann in einem langwierigen, arbeitsintensiven Prozess in die traditionelle Technik des Holzschnitts übersetzt. Die manuell in den Druckstock geschnittene Linienstruktur überlagert sich im Handabzug auf Papier mit den von der Vorlage übernommenen Bildrastern zu einer fein differenzierten Abfolge von Graustufen und gelegentlichen Interferenzen, die auf die komplexe Genese dieser Motive verweisen. Bei dem Dyptichon *Trails I + II* (2008) ging die Künstlerin von einem zufälligen Fernseherlebnis aus: Bilder von den Luftkämpfen im Zweiten Weltkrieg flimmerten über den Bildschirm, was sie dazu animierte, die Videokamera einzuschalten und Ausschnitte vom Screen abzufilmen, zunächst ohne den Plan, sie weiterzuverwerten.
Eine mehrfache Revision dieser Videoaufnahmen führte zu einem vertieften Interesse an diesen Motiven. Was sagen uns heute Filmaufnahmen des Luftkriegs von vor über 70 Jahren, die damals von speziellen, in die Kampfflugzeuge eingebauten Kameras aufgenommen wurden? Was passiert, wenn diese Bilder neben die weiteren taktischen Aufnahmen von Lenkwaffen, Drohnen und ähnlichen Errungenschaften heutiger Kriegstechnik treten? Welchen Grad von Abstraktion erfahren gezielte Tötungen, ja welche grafische Faszination geht von diesen zeichenhaften, scheinbar austauschbaren Spuren eines anonymisierten Sterbens aus?
Baumgartner spricht diese Aspekte nicht explizit an, sondern untersucht sie mittels der mehrfachen künstlerischen Transformation der Bilder. Die Medientheorie kennt für solche komplexen Prozesse den Begriff der Re-Mediation, den die Künstlerin jedoch nicht nur technisch-formal versteht, sondern als eine Arbeit an der Bildgeschichte und ihrer bis heute andauernden Fortwirkung. [DD]

Christiane Baumgartner 222

Christiane Baumgartner's large-format woodcuts are all based on media images: on tabloid pictures, on her own photographs and videos, and, in a complete series of works, on television stills. For the latter, the artist deliberately chose source images offering line structures or moiré patterns, which she then transferred to traditional woodcut techniques in a long and laborious process. The structure of the lines she manually cut into the printing block overlap with raster patterns from the source images on the final hand print. One can still infer this complex development of the final motif from the subtle gradations of gray and their occasional interferences.
The artist started work on her diptych *Trails I + II* (2008) when she accidentally caught images of World War II air combat on television. She immediately turned her video camera on and began filming parts of the action on the flickering screen, at first without further plans to use the material.
When reviewing her video, Baumgartner became deeply interested in these images. What does the footage of aerial combat, shot more than 70 years ago with onboard cameras, tell us today? What happens when you see these images side by side with tactical footage of guided missiles, drones, and similar achievements of current war technology? What level of abstraction do these targeted killings have, indeed what graphic fascination emanates from the sign-like, seemingly interchangeable traces of anonymized death?
Baumgartner does not tell us what to think about these topics, but explores them through repeated artistic transformation of the images. In media theory, this complex approach is known as remediation; not merely a technical or formal concern for the artist, but an ongoing work on the history of images and their continuing influence. [DD]

Trails I + II

Holzschnitt-Diptychon auf Kozo-Papier, Auflage 6 / Woodcut diptych on kozo paper, edition of 6, Bildgröße je / Each image: 90 × 120 cm, Papiergröße je / Paper size each: 110 × 140 cm, 2008

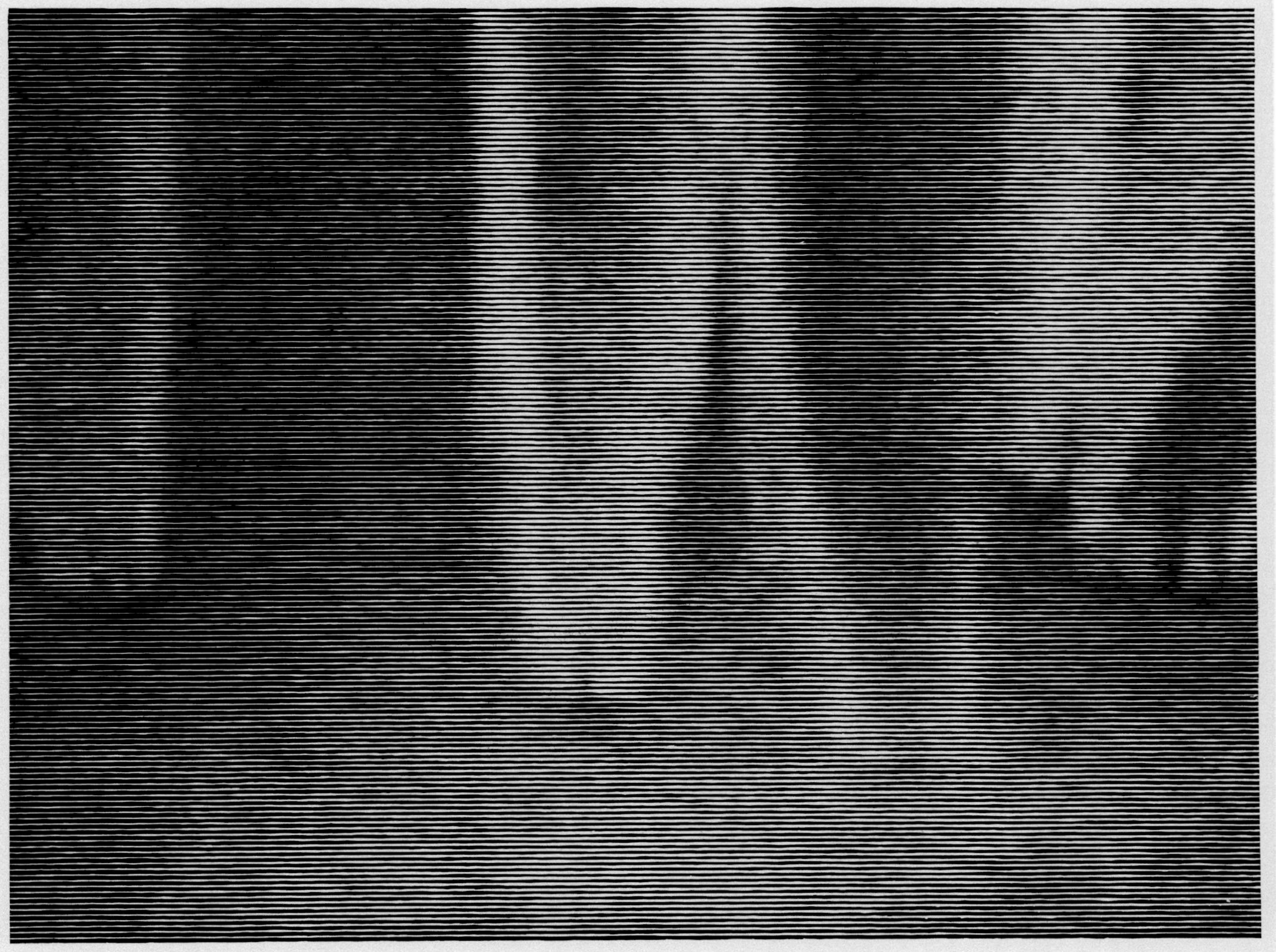

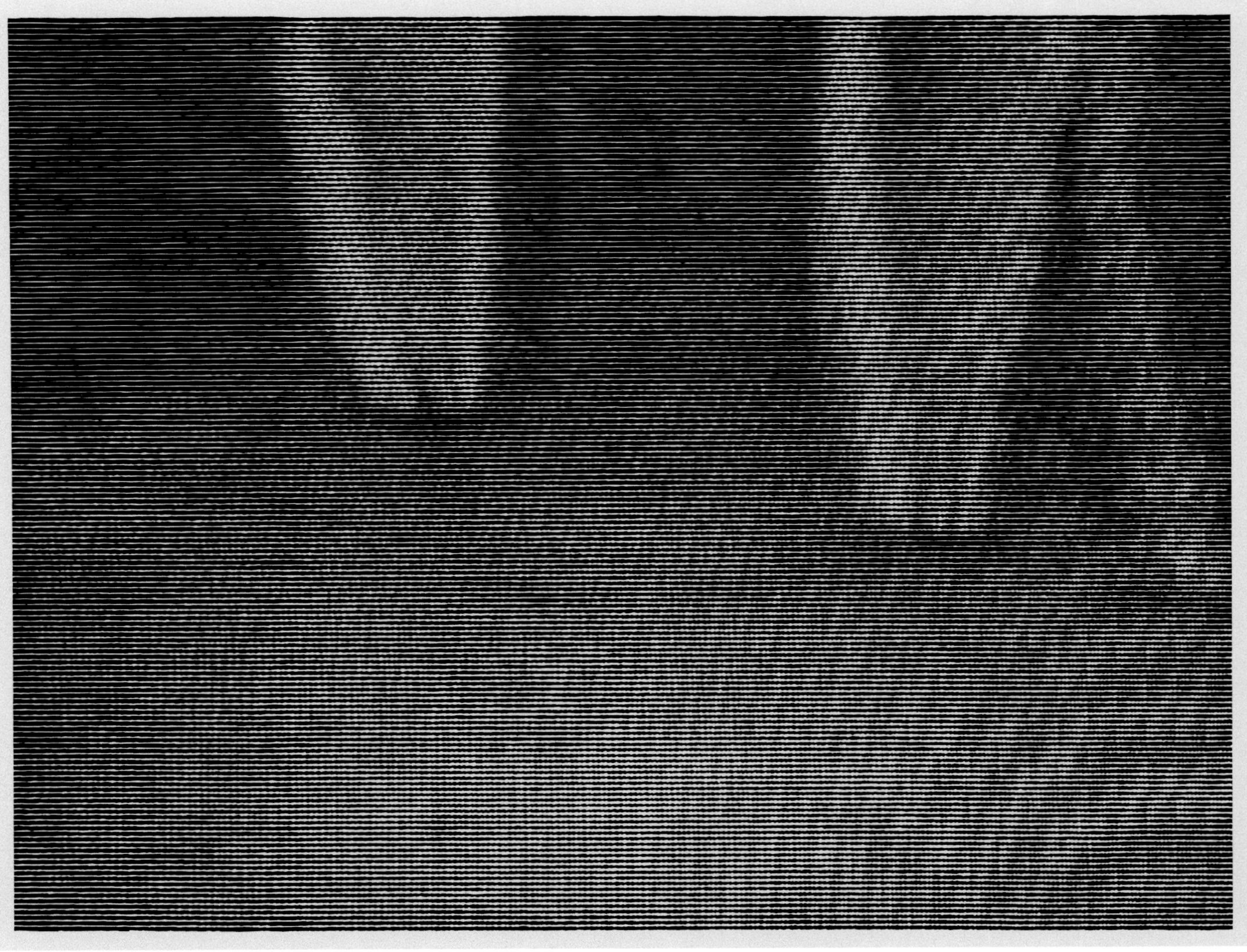

Die Inspiration, *Veil* zu zeichnen, kam Joe Biel nach eigener Aussage durch die Lektüre von James Joyces *Finnegan's Wake*, die in ihm den Wunsch auslöste, etwas „ähnlich Dichtes" zu erschaffen. Der seit 2000 in Los Angeles lebende Künstler ist vor allem als Schöpfer ebenso akribischer wie verrätselter, symbolisch aufgeladener Zeichnungswelten mit einer gewissen Nähe zu Brueghel und Bosch bekannt geworden. Im Kern geht es in seinem Werk um die (absurde) Verknüpfung zwischen Dingen, die vordergründig nichts miteinander zu tun haben. Das trifft auch auf *Veil* zu, diese fast vier Meter breite Großzeichnung, mit der Biel über einen Zeitraum von mehr als fünf Jahren so etwas wie seine persönliche, durch den Fernseher formatierte Bildenzyklopädie geschaffen hat. Über neun Monate hatte der Künstler die Motive aus einem in verschiedene Kategorien aufgeteilten, 5000 Aufnahmen umfassenden Bilderpool ausgewählt und mit Wasserfarbe und Gouache minutiös wiedergegeben, um sie auf die Bildschirme von 1124 in Türmen nebeneinander angeordneten, gezeichneten Miniatur-Fernsehgeräten zu übertragen. Neben einer breiten Auswahl an explizitem Fernsehmaterial benutzt der Künstler dabei auch weitere Quellen wie beispielsweise Fotos, Kinofilme und Motive aus der Kunstgeschichte. Homogenisiert und formal systematisiert wird all dies durch die gestapelten, altertümlichen Fernsehgeräte, in denen diese auf ewig eingefrorenen Momentaufnahmen erscheinen. Die Grafitzeichnungen der jeweils leicht variierten Fernsehgeräte beziehen sich dabei allesamt auf das Fernsehgerät, das einst im Kinderzimmer des jungen Joe Biel stand. In einem ganz buchstäblichen Sinn wird der Fernseher hier zum Kanal der Weltaneignung und verweist zugleich auf die zeitliche Distanz, die zwischen der – in den Geräten visualisierten – früheren analogen und heutigen digitalen Medienrealität liegt. Nicht zuletzt steckt in dieser überwältigend detaillierten Arbeit auch der Versuch, der Flüchtigkeit des Mediums die Dauer des Bildes entgegenzusetzen. [SB]

Joe Biel

The inspiration to draw *Veil* came to Joe Biel, he says, by reading James Joyce's *Finnegan's Wake*, which made him want to create something "similarly concentrated." The artist, who has lived in Los Angeles since 2000, became known above all as the creator of meticulous, enigmatic, and symbolically charged drawing worlds with a certain affinity to Brueghel and Bosch. At its core, his oeuvre is concerned with the (absurd) connections between things that seem superficially to have nothing to do with each other. This also applies to *Veil*, a large drawing almost four meters wide, with which Biel generated, over a period of more than five years, something like his personal, television-formatted visual encyclopedia. For nine months, the artist selected the motifs from a pool consisting of 5,000 photographs divided into various categories; then he meticulously reproduced them with watercolor and gouache, and subsequently transferred them onto the screens of 1,124 miniature television sets that he had drawn and arranged in adjoining towers. In addition to a broad selection of explicit television material, the artist also uses further sources, such as photographs, cinematic films, and motifs from art history. All this is homogenized and formally systematized by the stacked, antiquated television sets in which these eternally frozen snapshots appear. The graphite drawings of the slightly varying television sets are all related to the venerable piece of equipment that once stood in the playroom of the young Joe Biel. Here, in a quite literal sense, the television set becomes a channel for appropriating the world, and simultaneously refers to the temporal distance that lies between the former analog media-reality conveyed visually by the apparatuses and the current digital media-context. Not least of all, this overwhelmingly detailed work also represents an attempt to counter the evanescence of the medium with the permanence of the picture. [SB]

Veil

Wasserfarbe, Gouache und Grafit auf Papier / Watercolor, gouache, and graphite on paper, 147 × 376 cm, 2010–15
Detailansicht / Detail

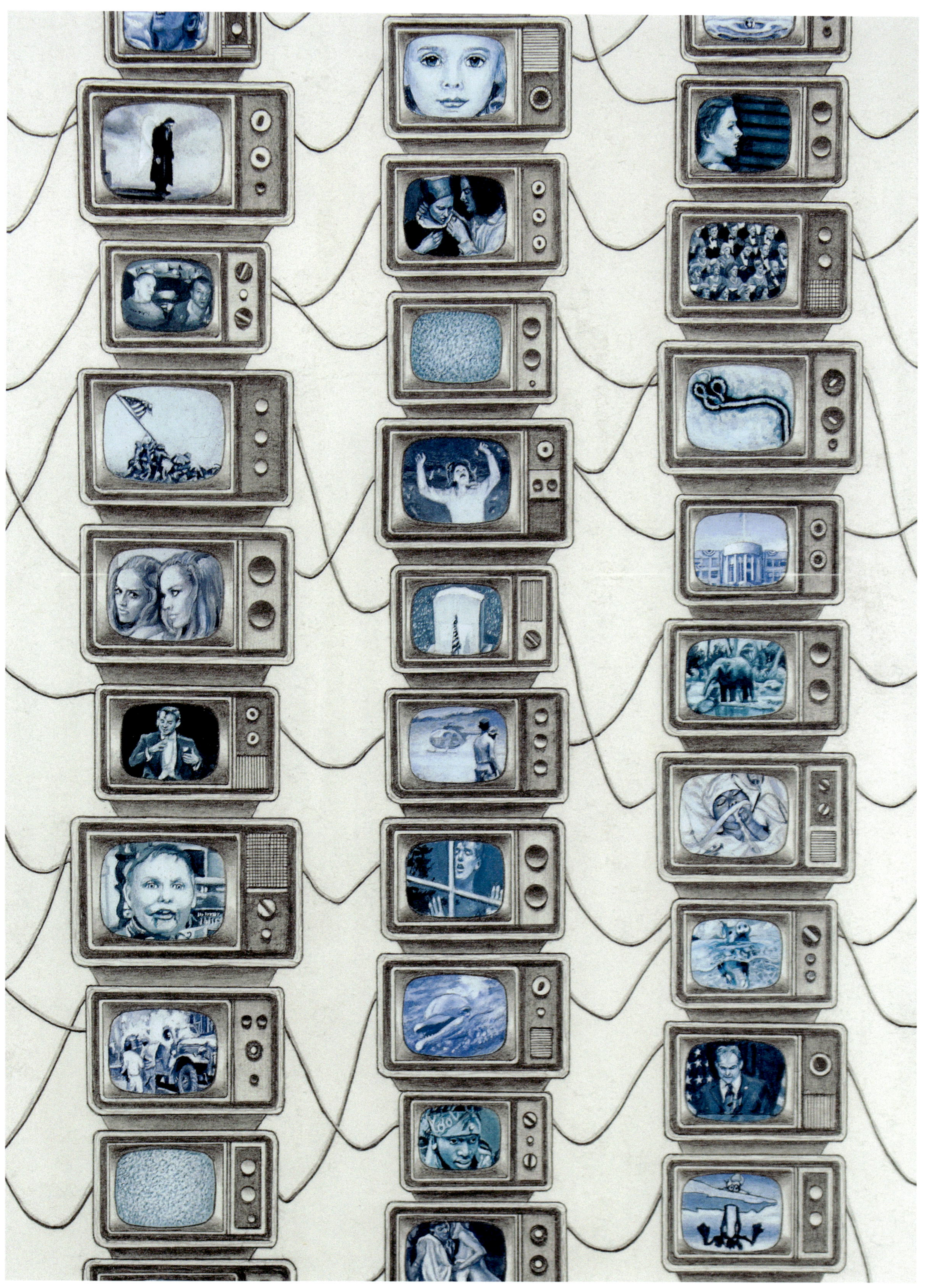

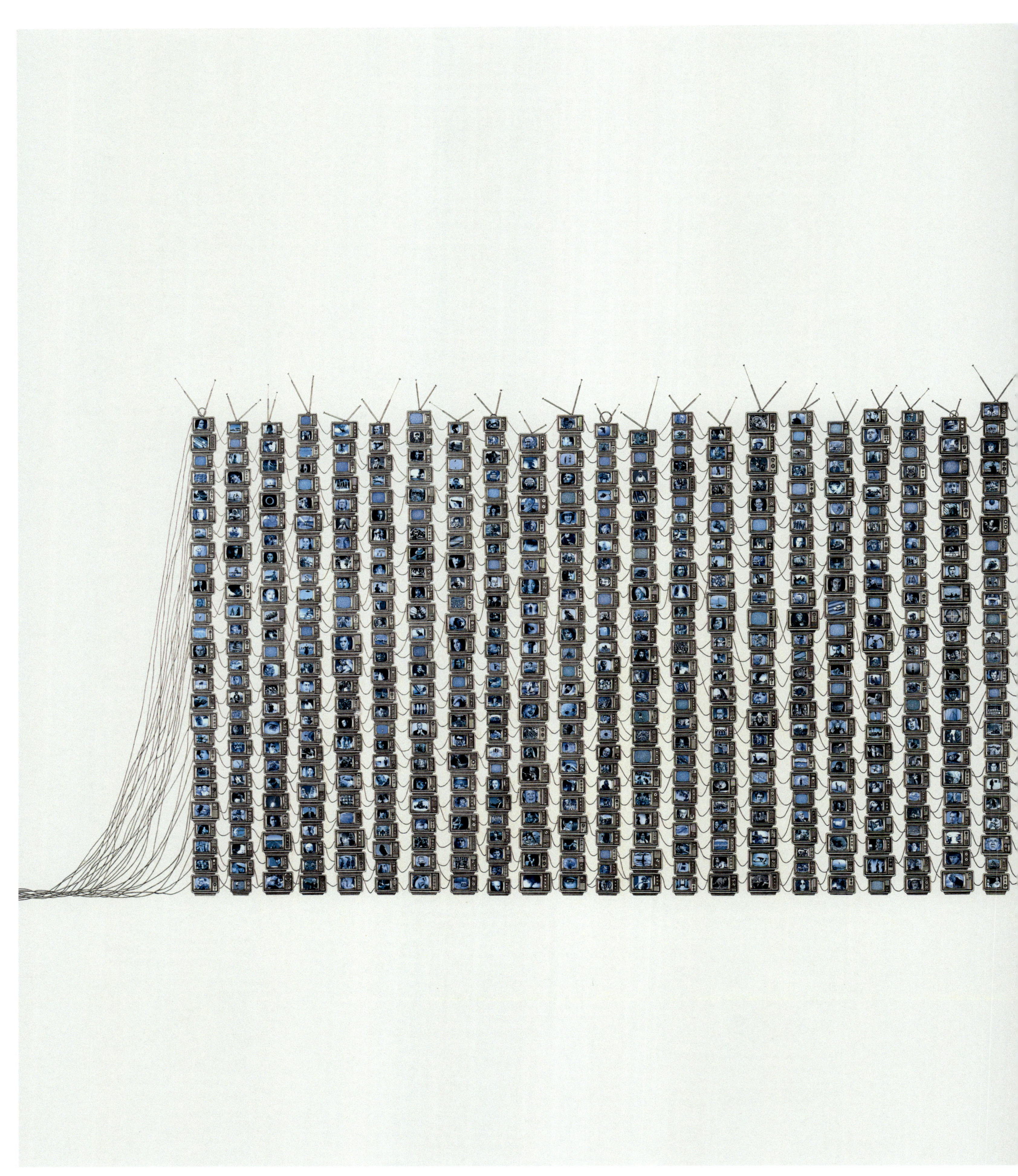

Wasserfarbe, Gouache und Grafit auf Papier / Watercolor, gouache, and graphite on paper, 147 × 376 cm, 2010–15

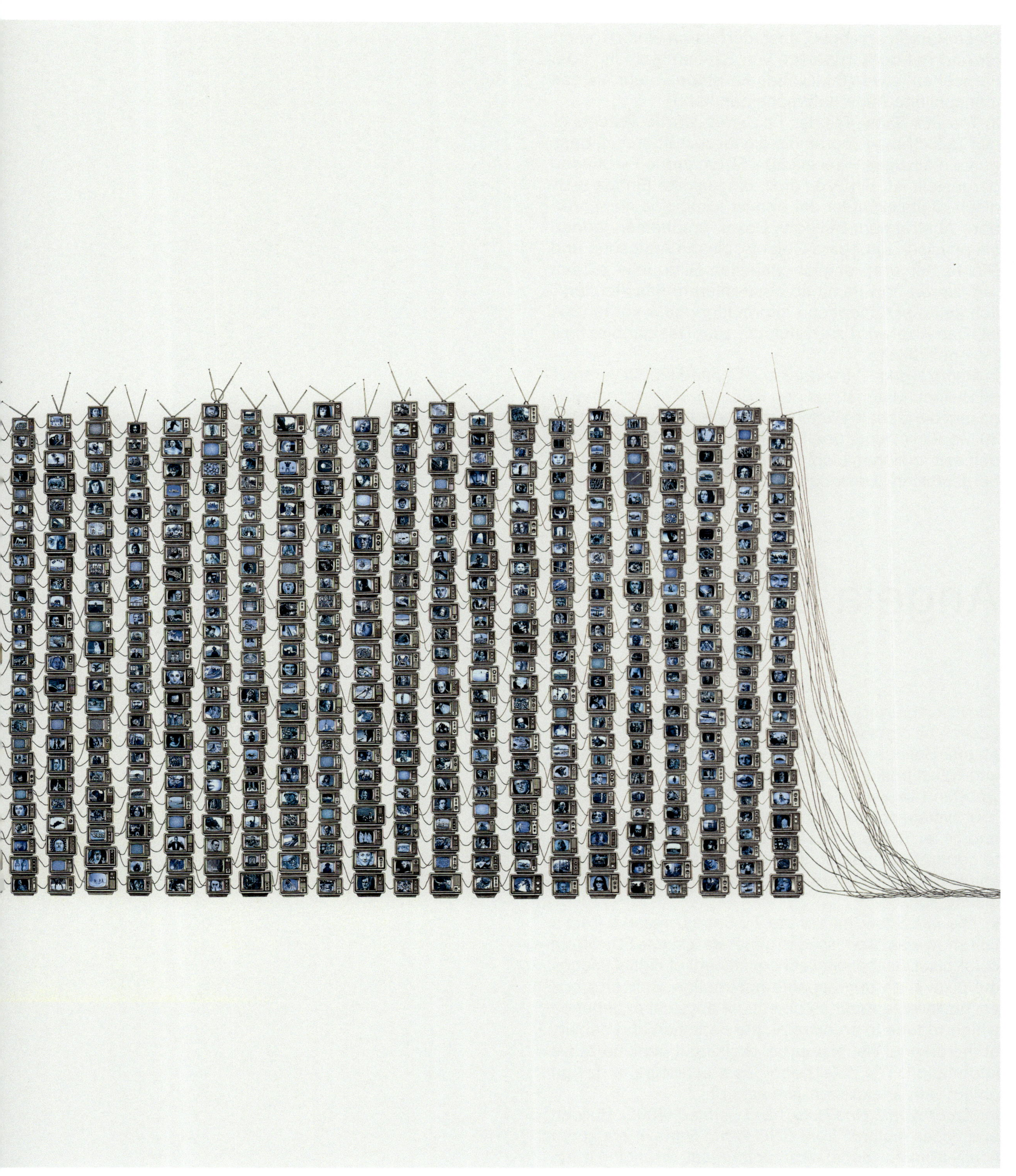

Das Fernsehen liefert eine Flut an Inhalten und Bildern, die weltweit und rund um die Uhr von Konsumenten verarbeitet werden. Angela Bulloch übersetzt eine Auswahl dieser Bilder in „Pixelboxen", überdimensionierte Bildelemente, bestehend aus einem Holzkasten mit matter Glasscheibe und einem RGB-Lichtsystem aus drei Lichtröhren in den Farben Rot, Gelb und Blau. Diese Röhren erzeugen, gesteuert durch einen Computer und auf der Grundlage von Szenen aus Film oder Fernsehen, etwa 16 Millionen Farbtöne – mehr als das menschliche Auge unterscheiden kann.
In *The Talk Show*, Teil der *TV Series*, wurde Material eines Talk-Show-Programms digital so aufbereitet, dass nun ein einziges Pixel als 50 × 50 cm große Farbfläche dargestellt ist. Ein Pixel stellt die kleinste Einheit technisch-digitaler Bilder dar und ist somit eine nicht greifbare Abstraktion. Bullochs Boxen erscheinen jedoch als physisch erlebbare Objekte, die die Auflösung und Dichte der ursprünglich visuellen Bildquelle extrem reduzieren und damit so abstrahieren, dass letztendlich keine erzählerische Information mehr vorhanden ist. Das Pixel wird zur Skulptur, zum Designobjekt mit TV-Ähnlichkeit.
In *Macro World: One Hour3 and Canned* (2002) verarbeitet Bulloch Material aus den *BBC World News*, genauer gesagt die globale Wettervorhersage, und arrangiert die 35 Module in einer über drei Meter hohen Wand. Durch den sekündlichen Lichtwechsel tauchen die industriell hergestellten „Designobjekte" den Raum in eine clubähnliche Atmosphäre, hypnotisieren den Betrachter regelrecht. Bulloch nutzt die Kraft der geringen Informationsdichte sowie den real erfahrbaren Raum als Möglichkeit, eine Verbindung herzustellen zwischen virtueller und tatsächlicher Präsenz digitalen Materials. [AS]

Angela Bulloch

Television delivers a flood of contents and images for digestion by consumers worldwide and around the clock. Angela Bulloch translates a selection of these images into "pixel boxes," oversize image elements made of a wooden box with a pane of matte glass and an RGB light system consisting of three light tubes in red, yellow, and blue. These tubes are controlled by a computer to generate, based on scenes from films or television, some 16 million colors, more than the human eye can distinguish.
In *The Talk Show*, part of the *TV Series*, material from a talk show was processed to generate a single 50×50 cm color pixel. As the smallest constituent of digital images, the pixel is an ungraspable abstraction. Bulloch's boxes, however, appear as objects of physical experience, which reduce to an extreme the definition and density of the original visual source, excising it of all narrative information. The pixel becomes a sculpture, a design object with a television-like aspect.
In *Macro World: One Hour3 and Canned* (2002), Bulloch processes material from *BBC World News*, more specifically from the global weather forecast, arranging it into 35 modules built into a wall more than three meters high. The light changes every second, immersing the industrial design objects in a club-like atmosphere, positively hypnotizing the observers. Bulloch employs the force of the low information density and the real experience of the space as a way of forging a connection between the virtual and real presence of the digital material. [AS]

TV Series: The Talk Show 4a:3u

DMX-Modul, halbgroßes Black Box Modul / DMX module, half-size Black Box module, 75 × 50 × 50 cm, (AB 645), 2006

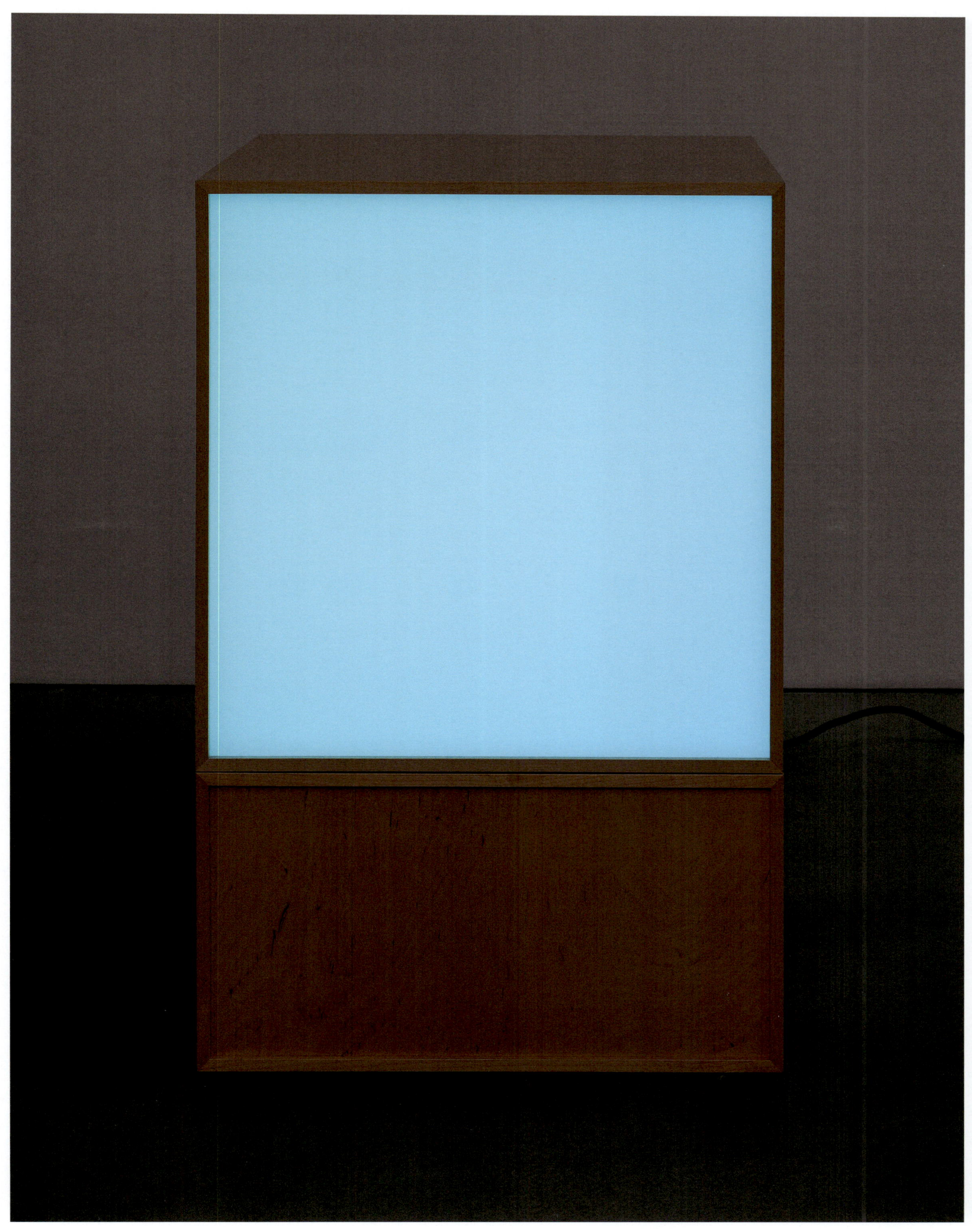

TV Series: The Talk Show 4a:3u

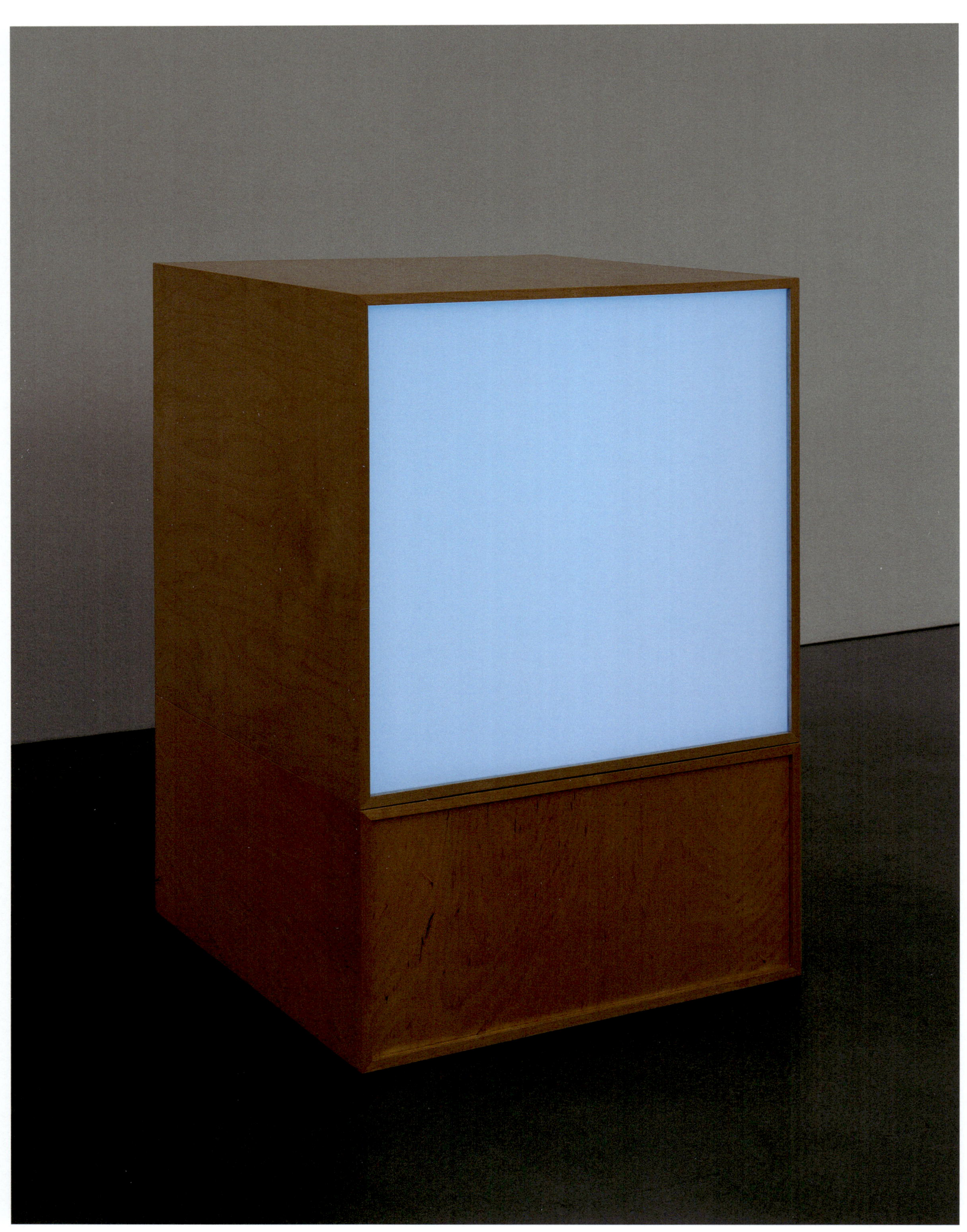

Angela Bulloch

DMX-Modul, halbgroßes Black Box Modul / DMX module, half-size Black Box module, 75 × 50 × 50 cm, (AB 645), 2006

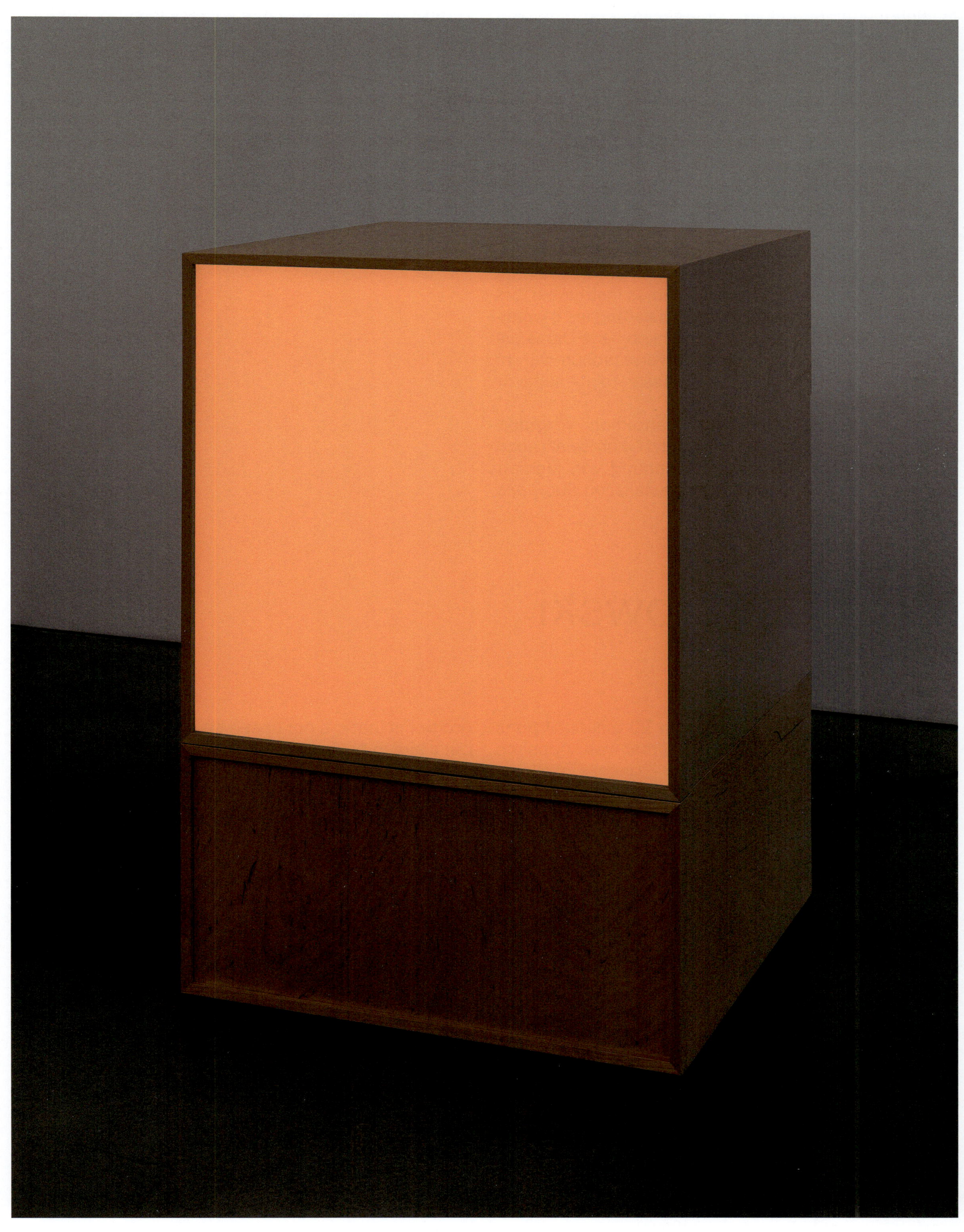

Mehr als 20 Millionen Briten verfolgten am 5. November 1995 das „Panorama-Interview", das der Princess of Wales, Lady Diana, zur Wiederherstellung ihres Ansehens dienen sollte. Themen des von Martin Bashir sehr persönlich geführten Interviews waren unter anderem Dianas gescheiterte Ehe mit Prinz Charles, ihr Wohltätigkeitsengagement und ihre Depression. Während sich das britische Könighaus schockiert zeigte, eroberte Diana die Herzen der Zuschauer zurück.
Die Videoarbeit *An Interview with H.R.H. The Princess of Wales* (2008) von Yvon Chabrowski enthüllt die Strategie Dianas mit subtilen und prägnanten Mitteln: Eine Schauspielerin reinszenierte über 63 Minuten Sprache, Gestik und Mimik Dianas. Allerdings findet das Interview nicht in dem atmosphärischen Wohnzimmer im Kensington Palace statt, sondern vor einer klinisch anmutenden Studiokulisse. Bedrückende Stille ersetzt darüber hinaus das fragende Gegenüber. Mit dieser Verfremdung lenkt Chabrowski den Blick auf das Format Interview als massenmedial wirksames Instrument, bei dem Emotionalisierung und Dramatisierung als bewusste Mittel eingesetzt werden. Tatsächlich hatte Diana die Antworten einstudiert, und selbstverständlich war ihr Makeup–dunkler Eyeliner und blasser Teint–nicht zufällig gewählt.
Strategien der Reduktion, Dekonstruktion, Vergrößerung oder Kontextverschiebung nutzt Chabrowski auch in anderen Arbeiten zur Untersuchung von Medienbildern. In der mehrteiligen Videoinstallation *Sun, Land, Diagonal* (2011–12) entlarvt die Künstlerin die emotionalisierenden Effekte von Histotainment-Sendungen, die eben nicht vom Dokumentarmaterial ausgehen, aber den Anspruch tatsachenorientierter Berichterstattung haben. Fragmente verschiedener Dokumentationen werden hierfür herausgelöst und zu kurzen Videoloops verarbeitet. Diese Sequenzen, teils kitschig-pittoresk, suggerieren dem Betrachter eine unbestimmte Vertrautheit. Das poetisch anmutende Fragment *Diagonal*–der Blick auf eine verlassene Winterlandschaft in anhaltendem Schneetreiben–erinnert unmittelbar an *Das Eismeer* von Caspar David Friedrich. In Chabrowskis konzeptueller Aufarbeitung geben sich die Bilder als romantische Versatzstücke der historischen Dokumentation zu erkennen, in denen die deutsche Nachkriegsgeschichte bewusst inszeniert wird. [SW]

Yvon Chabrowski 232

On November 5, 1995, more than 20 million Britons watched the "Panorama interview" that was supposed to restore the reputation of Diana, Princess of Wales. The topics raised during the interview, conducted by Martin Bashir on a quite personal level, included Diana's failed marriage with Prince Charles, her involvement in charities, and her depression. While the British royal house was shocked, Diana conquered the hearts of the viewers.
The video work *An Interview with H.R.H. The Princess of Wales* (2008) by Yvon Chabrowski reveals Diana's strategy with subtle and striking means: an actress reenacts Diana's language, gestures, and facial expressions for 63 minutes. The interview does not, however, take place in the cozy living room of Kensington Palace, but against a clinical studio backdrop. What is more, an oppressive silence replaces her questioning counterpart. With these distancing distortions, Chabrowski directs attention to the format of the interview as an effective instrument of the mass media in which deliberate use is made of emotionalization and dramatization. Indeed, Diana had rehearsed her responses, and of course her makeup–dark eyeliner and pale complexion–was not chosen at random.
Chabrowski also uses strategies of reduction, deconstruction, enlargement, and context shifting in other works that investigate media images. In the multi-part video installation *Sun, Land, Diagonal* (2011–12), the artist reveals the emotionalizing effects of histotainment programs that are not based on documentary material but claim to be factually oriented reporting. Fragments of various documentations are excerpted and edited into short video loops. These sequences, some of which are kitschy-picturesque, convey a vague familiarity to the viewer. The poetical fragment *Diagonal*, with its view of a desolate winter landscape amid snow flurries, is directly reminiscent of Caspar David Friedrich's *Das Eismeer*. In Chabrowski's conceptual editing, the images may be recognized as Romantic set pieces of historical documentation in which German postwar history is deliberately staged. [SW]

An Interview with H. R. H. The Princess of Wales

Video, Farbe, Ton / Video, color, sound, 63:00 min., 2008

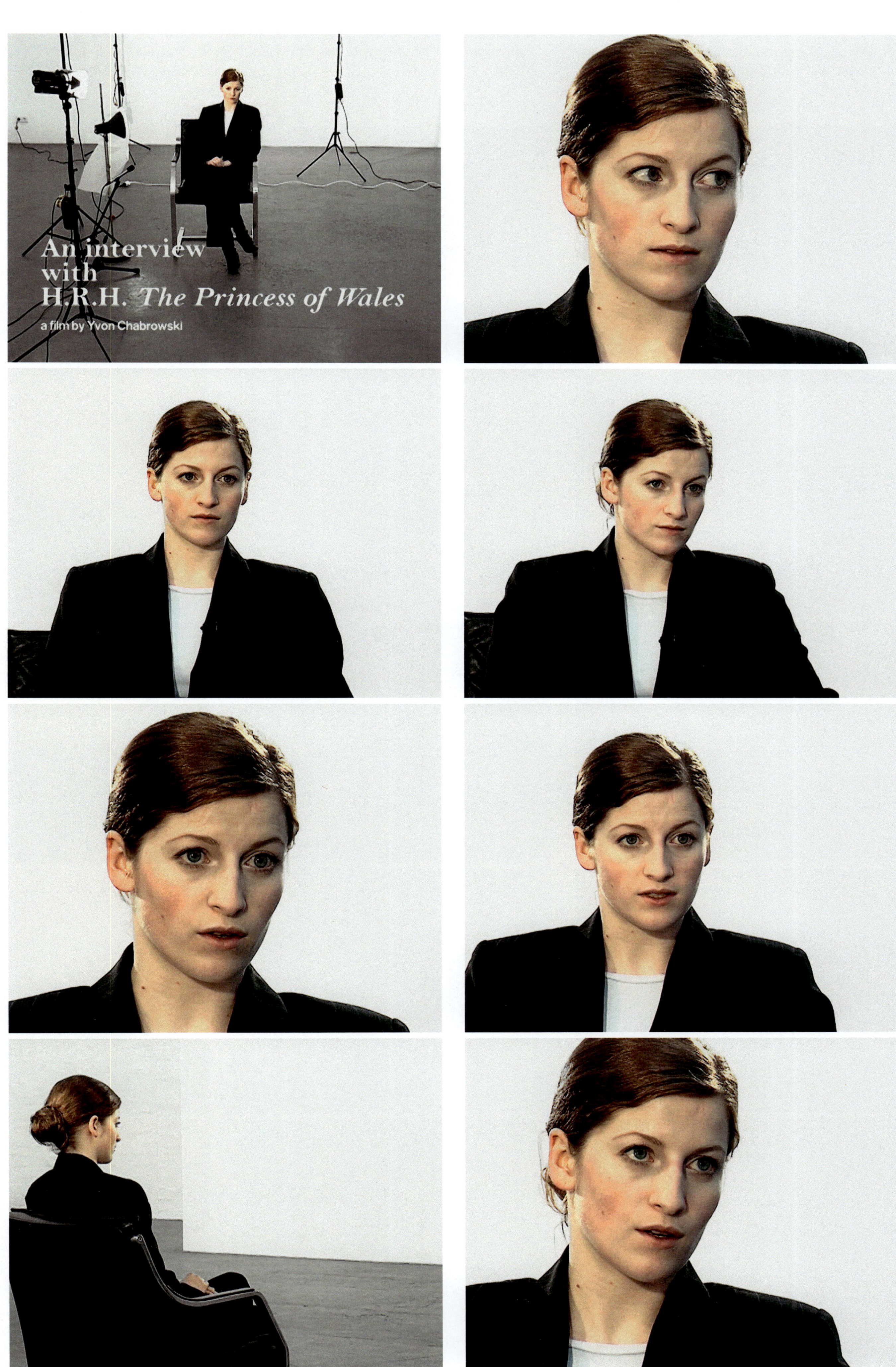

Land

Videoinstallation, Farbe, ohne Ton, Projektionsgröße variabel / Video installation, color, silent, variable projection size, 00:05 min., Loop, 2011–12

1 Installationsansicht von / Installation view of *Land*, Heidelberger Kunstverein, 2012

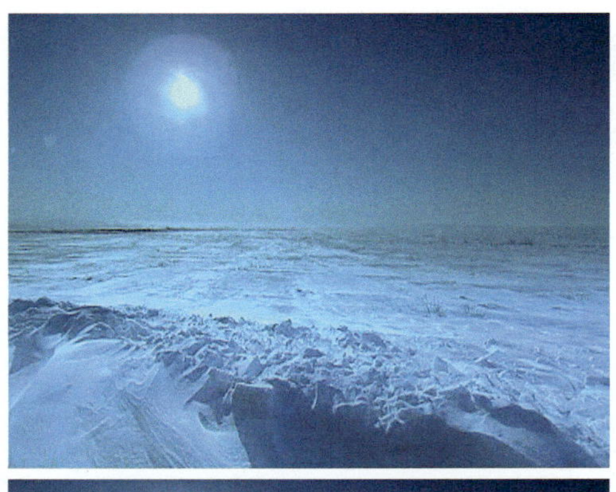
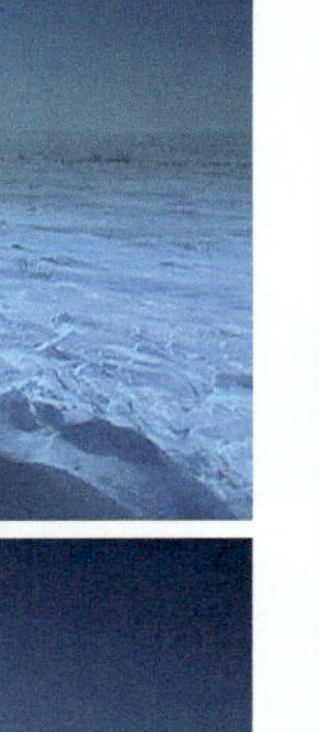

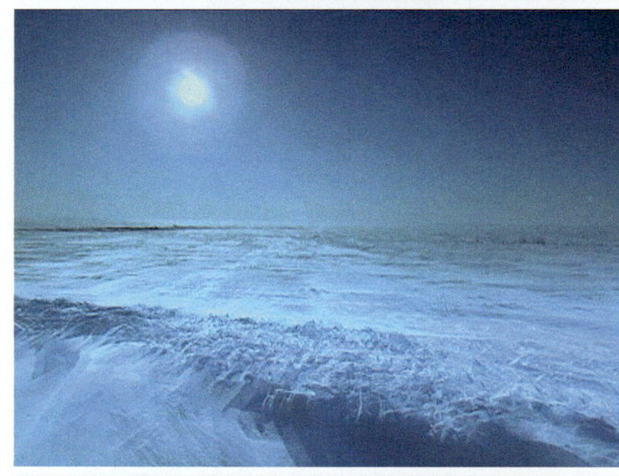
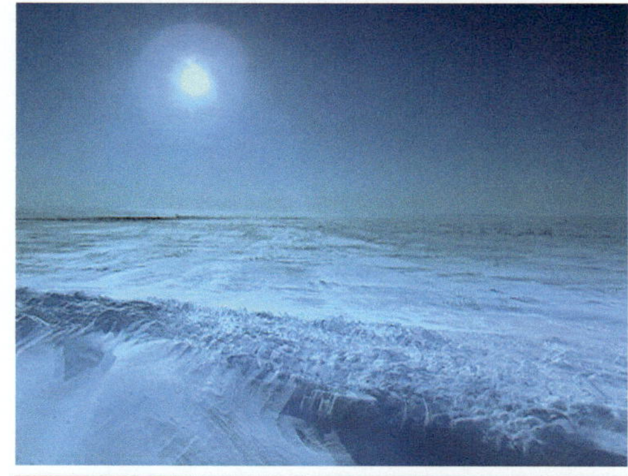
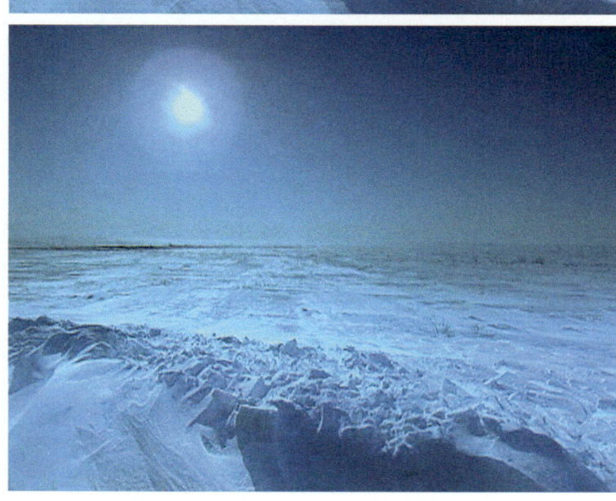

Diagonal

Videoinstallation, Farbe, ohne Ton, Monitor / Video installation, color, silent, monitor, 00:05 min., Loop, 2011–12

2 Installationsansicht von / Installation view of *Diagonal*, Heidelberger Kunstverein, 2012

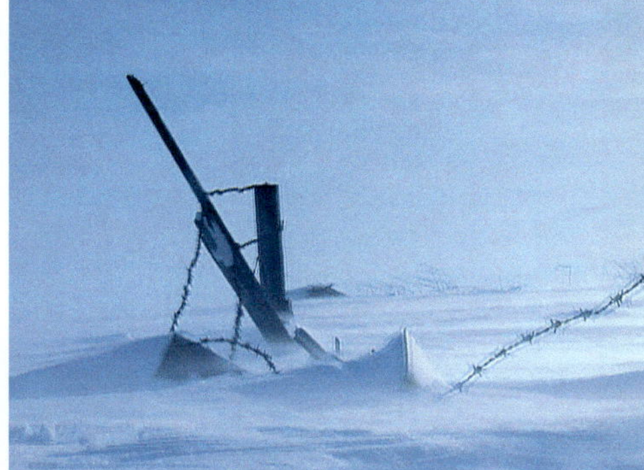
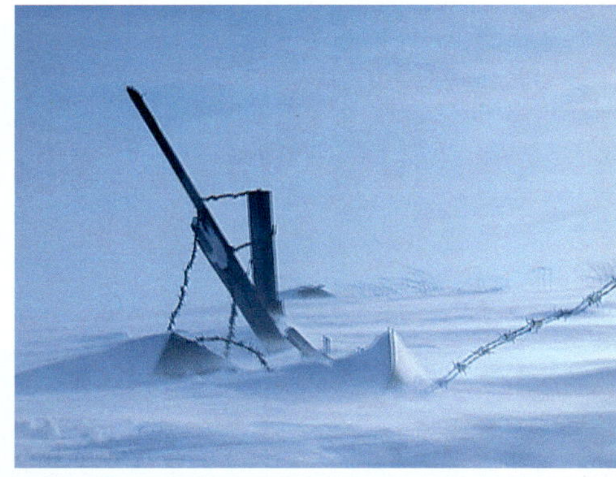
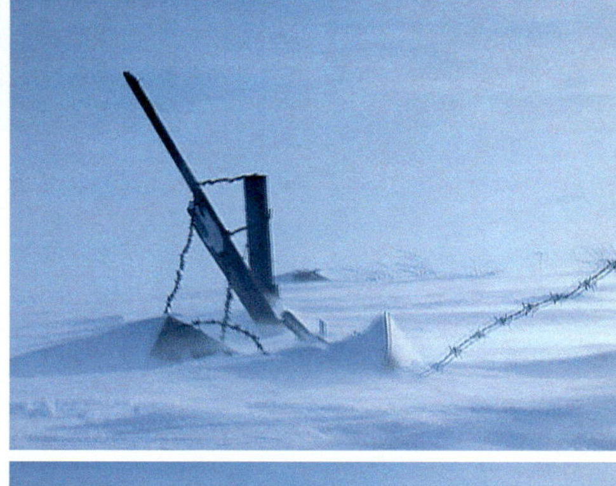
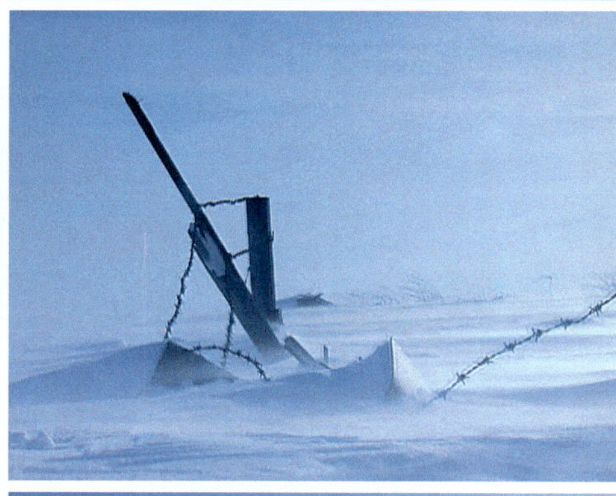
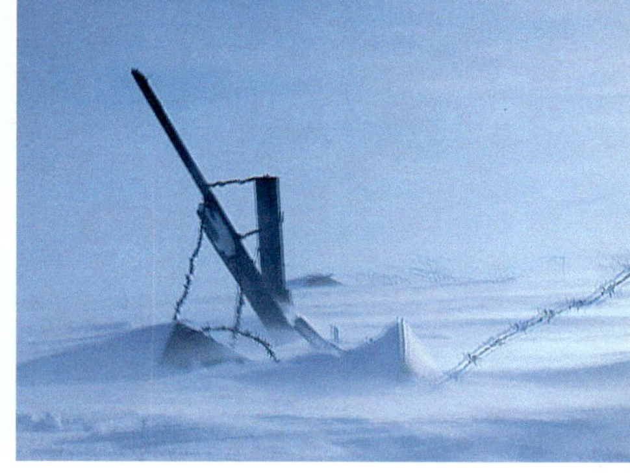

Sun

Videoinstallation, Farbe, ohne Ton, Projektionsgröße variabel / Video installation, color, silent, variable projection size, 00:42 min., Loop, 2011–12

3 Installationsansicht von / Installation view of *Sun*, Heidelberger Kunstverein, 2012

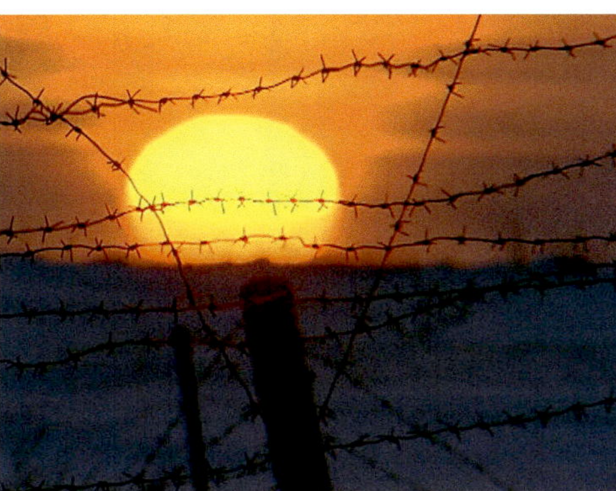
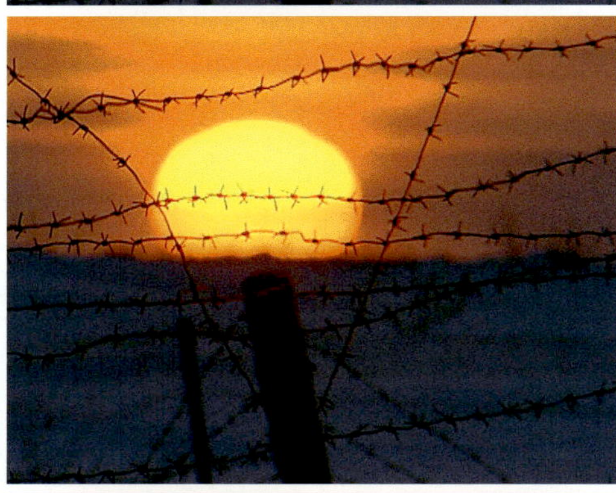
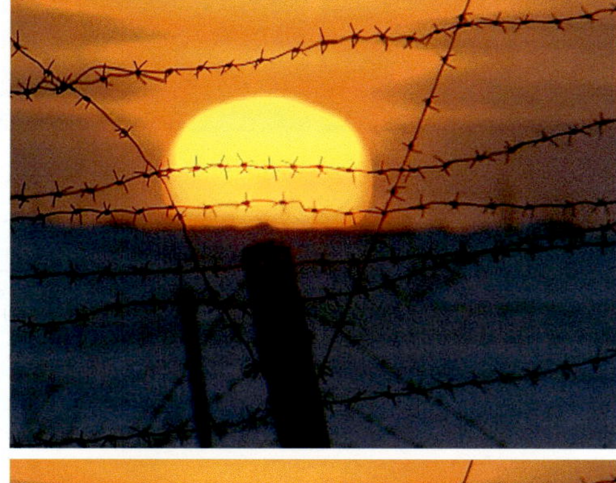
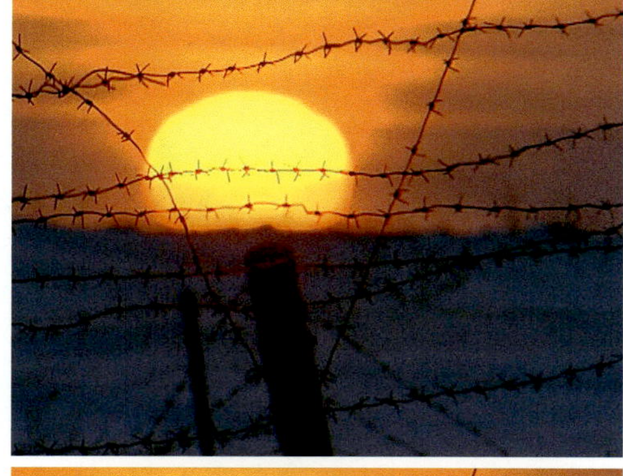
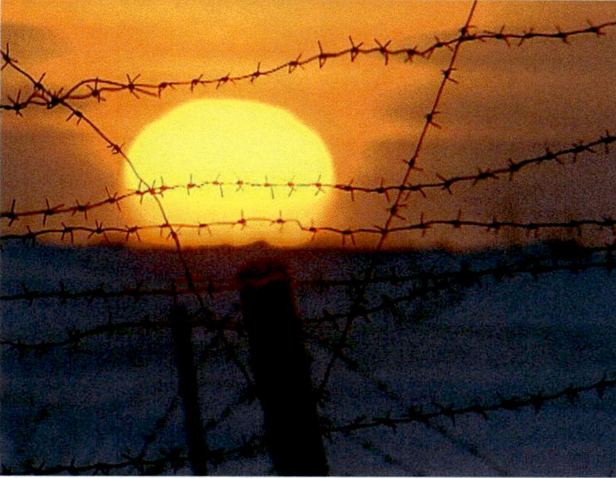

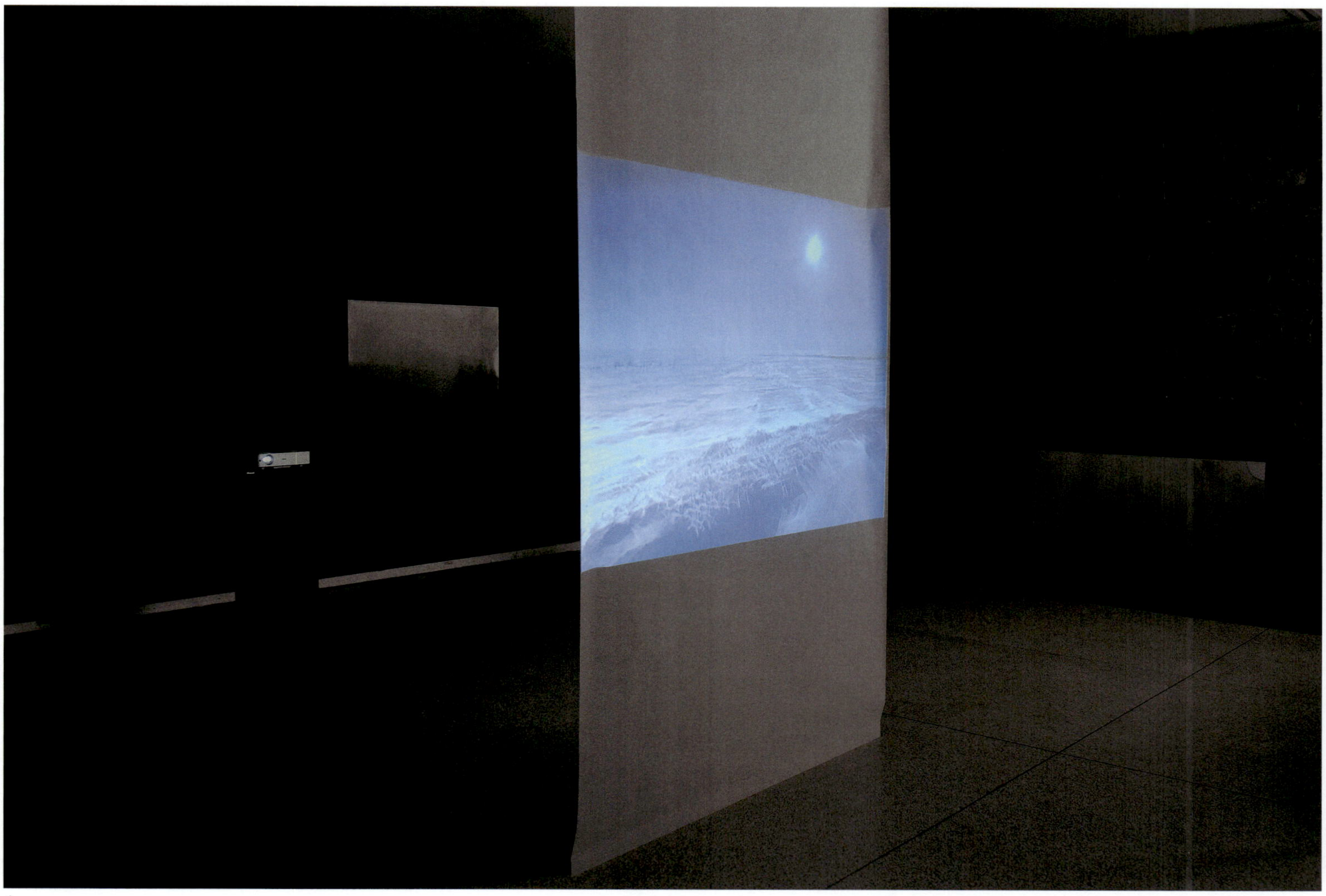

1

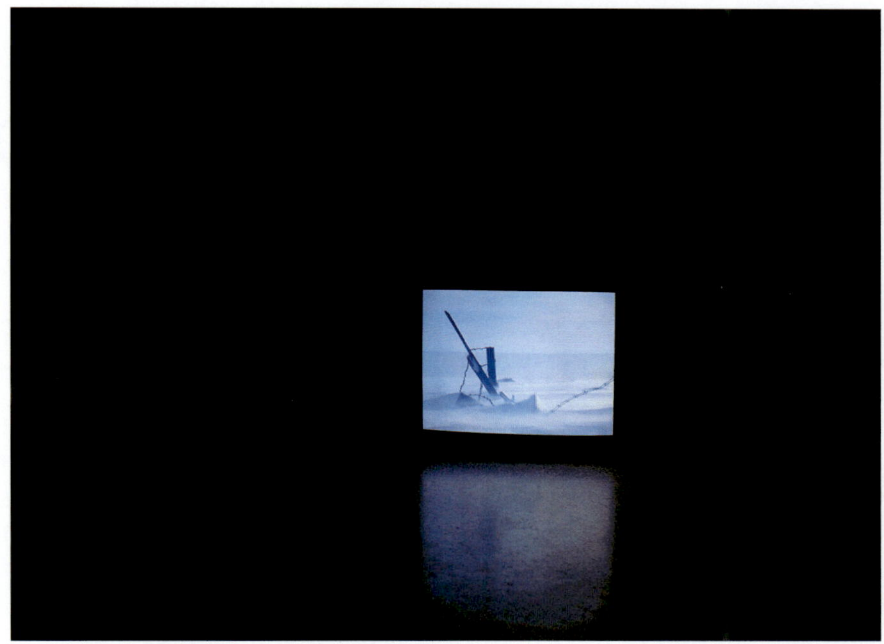

2

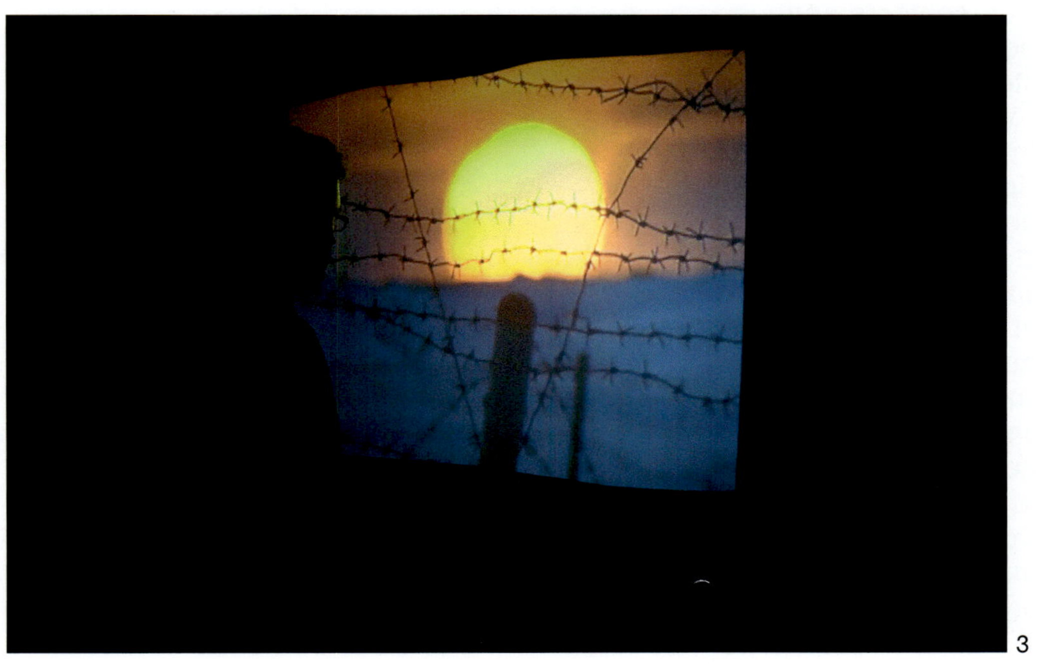

3

Von 1995 bis 1997 war die beliebte Serie *Melrose Place* Ziel einer Guerilla-Aktion des Gala Committees, einer von Mel Chin initiierten Gruppe von Künstlern und Studenten, die „von innen" in das hermetische System der kommerziellen Fernsehproduktion eingreifen wollten. Über 150 von der Gruppe entworfene „Props"–als Requisiten getarnte Kunstwerke–wurden in Folgen der vierten und fünften Staffel der Serie in das Setting geschleust, wobei zu Beginn nur die Chefdekorateurin eingeweiht war. Die Umsetzung dieser an das Wirken eines Virus angelehnten Idee sollte bewirken, dass *Melrose Place* mit humorvollen, aber auch politischen und sozialkritischen Inhalten und Ideen infiziert wurde. In diesem Zusammenhang erfand Gala die *Mosquito Brooch*, eine Referenz auf das Gelbfieber, dessen epidemische Verbreitung befürchtet wurde. Einer der beliebtesten Filmsets von *Melrose Place* ist die Shooters Bar, bei deren Gestaltung Gala unter anderem umfassend auf die amerikanische Geschichte der Produktion und des Konsums von Alkohol anspielte. Ein Mitglied veränderte zum Beispiel das Budweiser-Label zu „Dad, be wiser", ein anderes Markenzeichen spielte auf den Sklavenhandel an. Ein Handlungsstrang der fünften Staffel dreht sich um die Malerin Sam. Eines ihrer Bilder zeigt ein rosa Hündchen auf grünem Rasen vor Villen und Palmen. Das von Gala eingeschleuste, kitschig wirkende Bild bezieht sich in Wahrheit auf ein Polizeifoto von Marilyn Monroes Bungalow am Tag ihres Todes, ein anderes Bild zeigt das Ambassador Hotel, in welchem Robert F. Kennedy ermordet wurde. Die Bilder werden in einer späteren Folge versteigert, wobei sich die Form des von Gala entworfenen Auktionspaddels ironischerweise an den Körpermaßen Marilyn Monroes orientiert. Das Projekt fand 1997 mit einer Ausstellung im Museum of Contemporary Art in Los Angeles, die gleichzeitig als Drehort für eine weitere Folge diente, seinen intelligenten Höhepunkt. 1998 wurden die Props bei einer Auktion von Sotheby's in Beverly Hills versteigert, die Einnahmen gingen an wohltätige Einrichtungen. Eine vielschichtige, wechselseitige Verschränkung von Kunst und Fernsehen. [SW]

Mel Chin & the Gala Committee

From 1995 to 1997, the popular series *Melrose Place* was the target of a guerrilla action by the Gala Committee, a group initiated by Mel Chin and consisting of artists and students who wanted to intervene "from within" in the hermetic system of commercial television production. More than 150 artworks designed by the group were slipped as props into the fourth and fifth seasons of the series, at the beginning with the knowledge of only the head decorator. The realization of this idea, in imitation of the effect of a virus, was intended to infect *Melrose Place* with humorous contents and ideas that simultaneously contained political and social criticism. In this context, Gala invented the *Mosquito Brooch*, a reference to yellow fever, whose epidemic spread was feared. One of the most popular film sets of *Melrose Place* is Shooters bar, in whose design Gala made extensive reference, among other things, to the history of the production and consumption of alcohol in America. One member, for example, changed the Budweiser label to "Dad, be wiser"; another brand name made reference to the slave trade. One storyline in the fifth season concerns the painter Sam. One of her pictures shows a pink puppy on green grass in front of luxury homes and palms. The kitschy picture slipped in by Gala in fact makes reference to a police photo of Marilyn Monroe's bungalow on the day of her death; another picture shows the Ambassador Hotel, where Robert F. Kennedy was murdered. In a later episode, the pictures are auctioned off, with the form of the auction gavel ironically shaped like Marilyn Monroe's body. The project found its intelligent culmination in 1997 with an exhibition at the Museum of Contemporary Art in Los Angeles, which simultaneously served as a film location for a further episode. In 1998, the props were sold at an auction at Sotheby's in Beverly Hills; the proceeds went to charity. A complex, reciprocal linking of art and television. [SW]

In the Name of the Place

Primetime art by the Gala Committee
Video, Farbe, Ton / Video, color, sound, 15:35 min., 1997

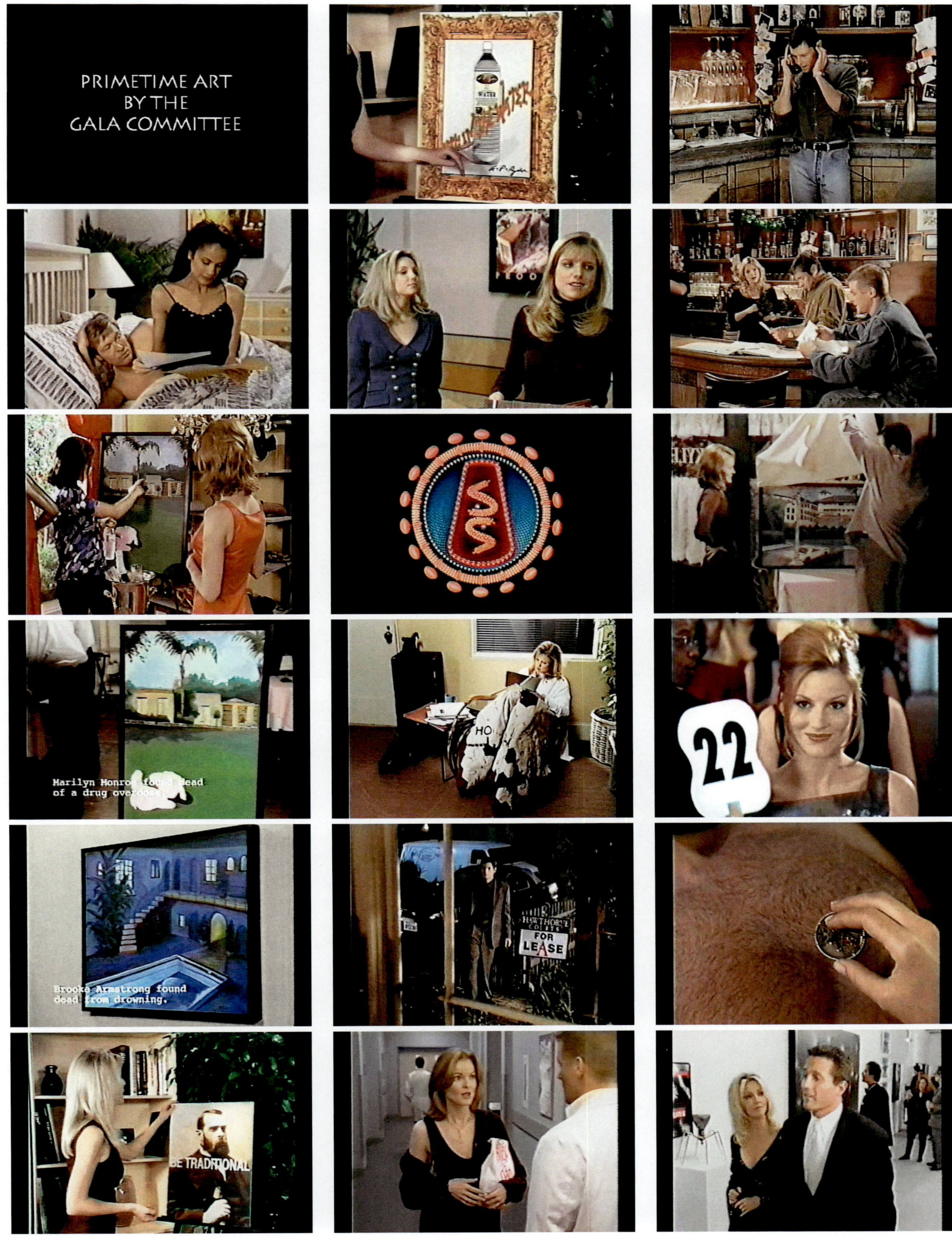

In the Name of the Place

1 *Shooters Bar with Gala insertions*
Holz, mundgeblasenes Glas, Metall, Granit, handeslsübliches Glas, Farbe, elektronische Bauteile, Glaswaren / Wood, blown glas, metal, granite, glass, paint, electric components, glassware, 365 × 488 × 244 cm, 1995–98

2 *Auction paddles*
Acryl auf Holz / Acrylic on wood, 1995–98

3 *Mosquito Brooch*
Silber, Glas, Stahl / Silver, glass, steel, 9,5 × 4,5 × 19 cm, 1995–98

4 *Sam's Late Paintings—Sunny LA series. Marilyn Monroe's House*
Acryl auf Leinwand / Acrylic on canvas, 91,4 × 61 cm (gerahmt / framed), 1995–98

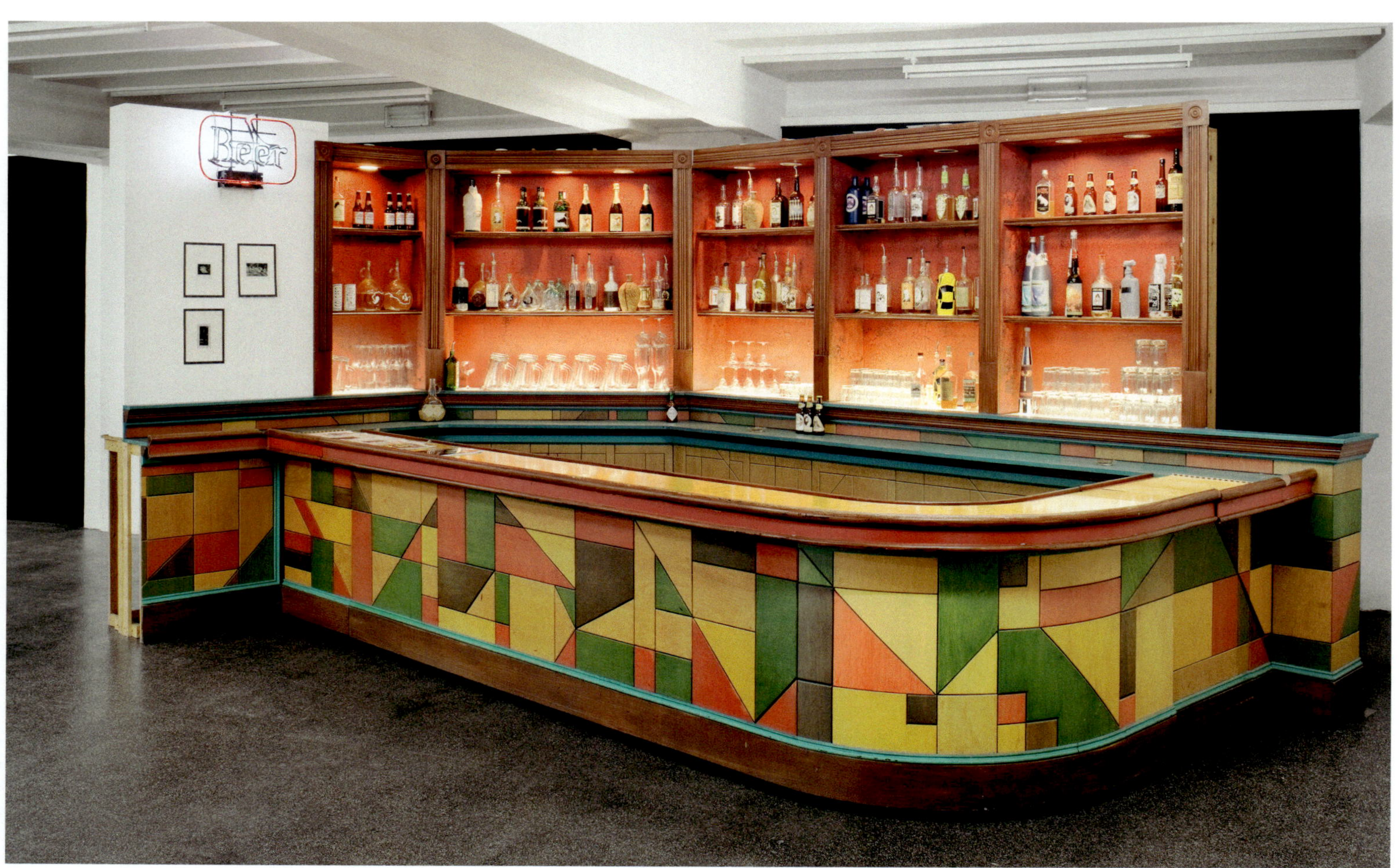

1

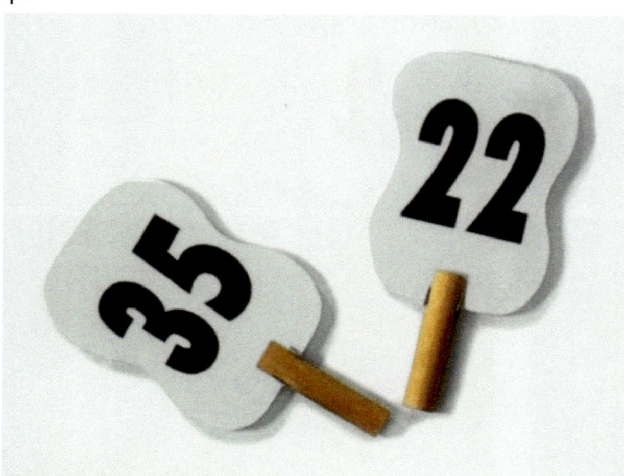

2

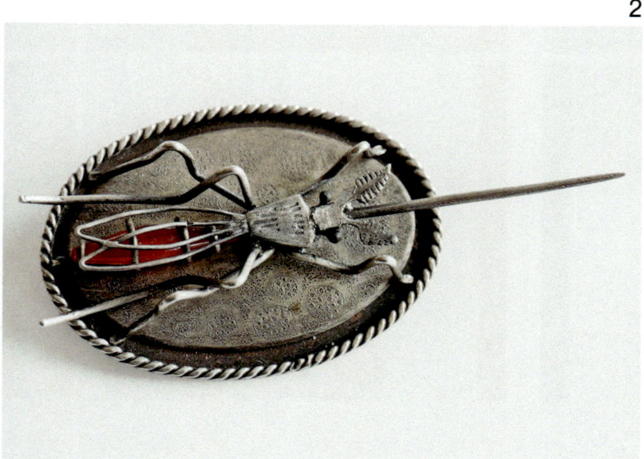

3

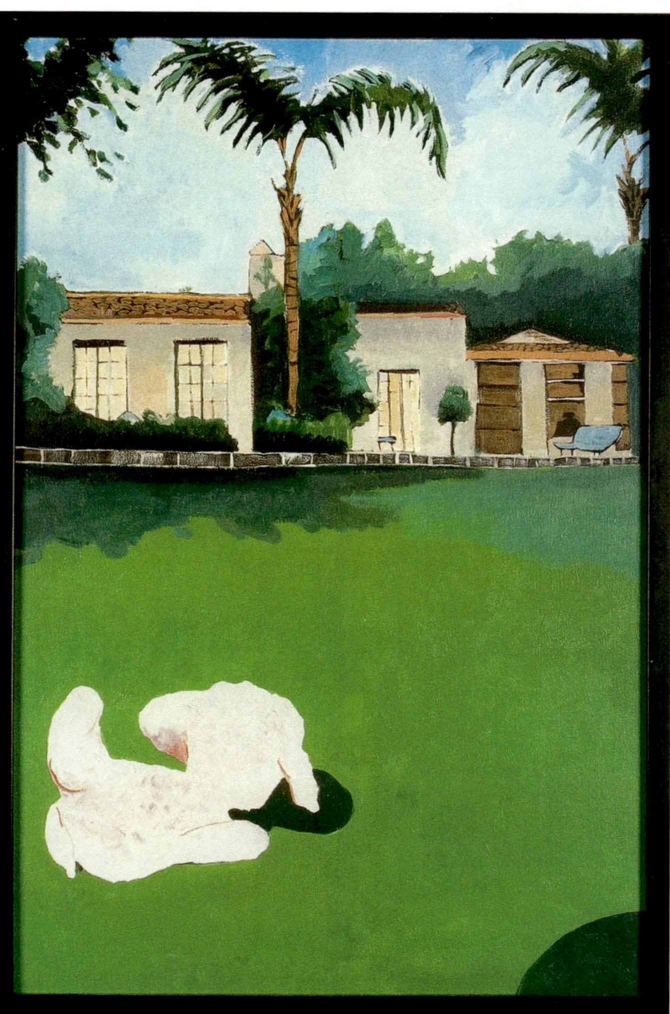

4

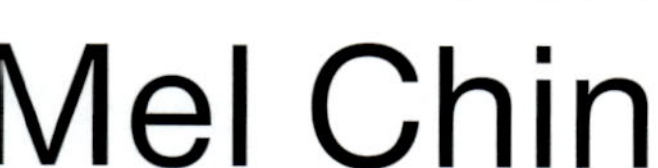

Mel Chin

5 *Cubans*
Holz (Zigarrenschachtel), Messing, Tabak / Wood (cigar box), brass, tobacco, 5 × 25,5 × 20,3 cm, 1995–98

6 *RU 486 Quilt*
Applikation auf Baumwollstoff / Appliqué on cotton fabric, 157,50 × 134,60 cm, 1996

7 Ausstellungsansicht / Exhibition view of *Verbotene Liebe. Kunst im Sog von Fernsehen*, Kölnischer Kunstverein, Cologne, 2010

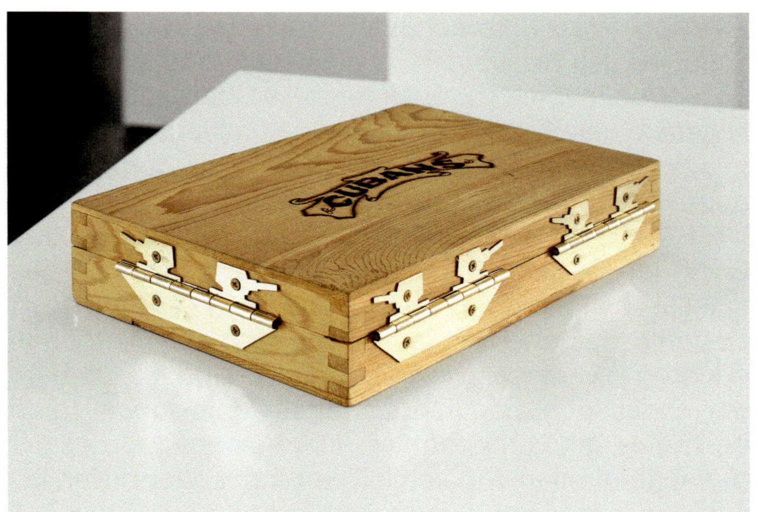

5

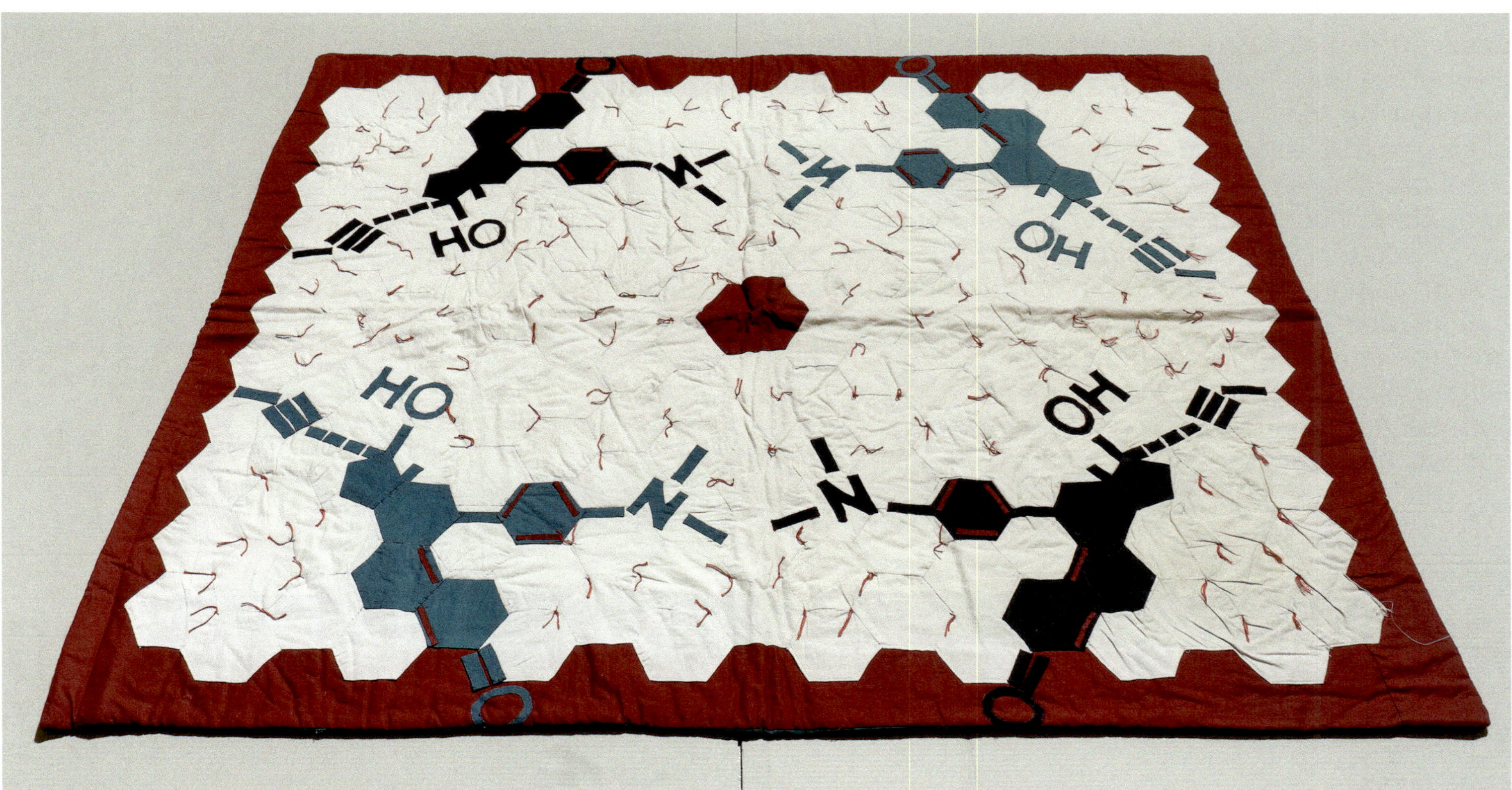
6

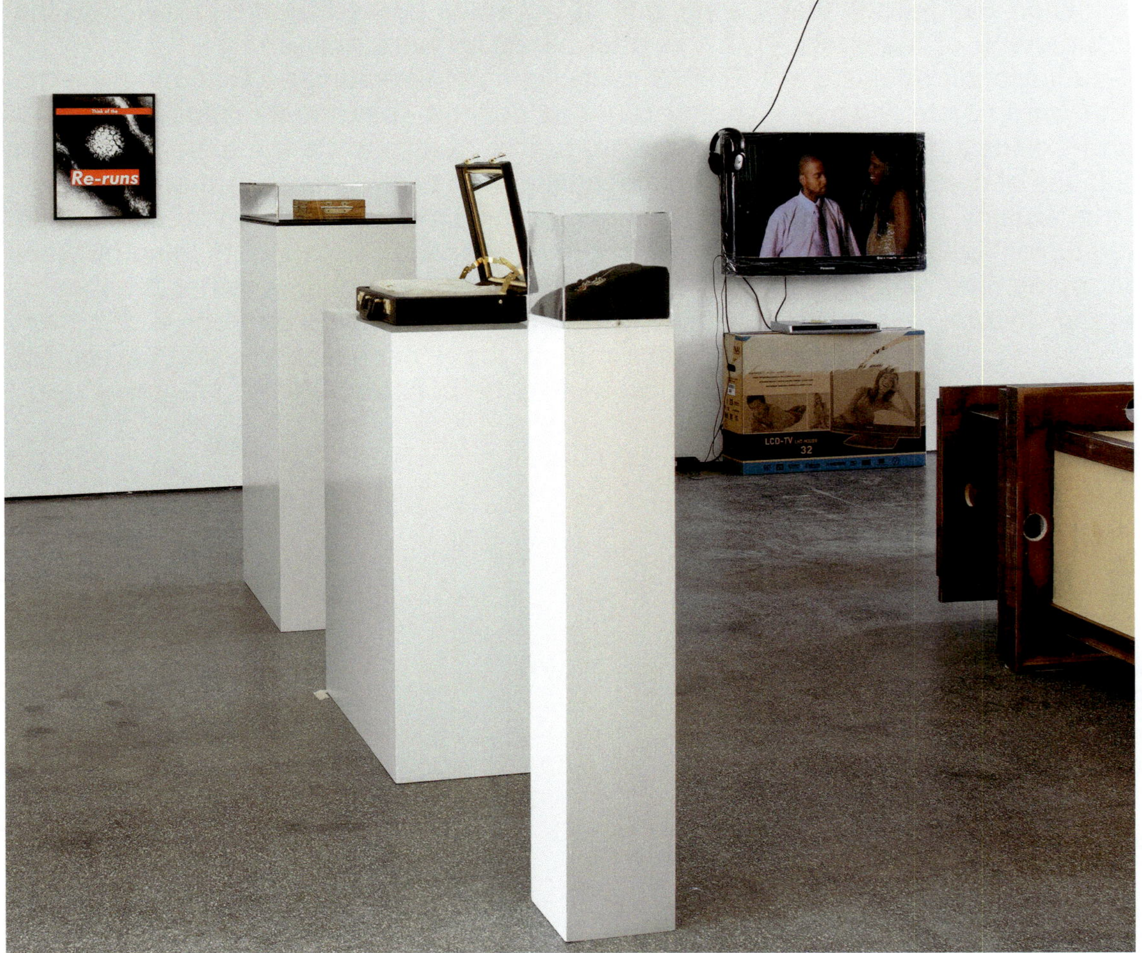

7

In den Filmen, Installationen und Live-Events von Phil Collins wird die Ambivalenz von Faszination und Parodie, wie sie die Aneignung von Massen- und Konsumkultur durch Pop-Art kennzeichnet, für eine Analyse gegenwärtiger Medienwelten produktiv gemacht, die ihrerseits mit audiovisuellen Mitteln operiert. Wie in anderen Arbeiten Collins' ist es in *This Unfortunate Thing Between Us* (*TUTBU*) das Fernsehen, und zwar in seinen Manifestationen jenseits des jüngst zur Hochkultur aufgewertenen Quality TV, dessen Verfahren der Ereigniserzeugung und Zuschaueradressierung sich Collins zu eigen macht: Die „billige" Ästhetik der Teleshopping-Kanäle fusioniert hier mit dem postdokumentarischen Wirklichkeitsanspruch der Reality Show.

Es ist „das Bedürfnis nach Erlebnis" (so der Moderator), dessen Befriedigung in den beiden TV-Sendungen in Aussicht gestellt wird, die 2011 im Berliner Theater Hebbel am Ufer (HAU) an zwei aufeinanderfolgenden Abenden vor Publikum aufgezeichnet und über den Digitalkanal ZDFkultur live ausgestrahlt wurden: Für nur 9,99 Euro können über eine Telefon-Hotline die exklusive und live übertragene Teilnahme an einem Verhör, die Mitwirkung in einem historischen Porno oder die Beschimpfung der Angehörigen am Sterbebett erworben werden. „Mehr Erlebnis geht nicht. Kauf es jetzt, erleb es morgen!" Die Anrufer, die ihre Erlebnis-Einkäufe am zweiten Abend vor laufender Kamera in Empfang nehmen, sind von den an der amateurhaft-trashigen Inszenierung beteiligten SchauspielerInnen nicht zweifelsfrei zu unterscheiden. Dass sie nicht als TV-Opfer vorgeführt werden, erweist sich nicht zuletzt als Schutzmaßnahme gegen potenzielle Überheblichkeiten seitens eines Publikums, dem die künstlerische Aufbereitung Gelegenheit gibt, sich seinerseits dem „niedrigen" Vergnügen am Teleshopping hinzugeben.

TUTBU rückt Fernsehen als Wunschmaschine in den Blick, die Begehrlichkeiten ebenso produziert – etwa mithilfe von Pseudo-Statistiken, die „Verhör, Porno, Tod" zu den meistgewünschten Erlebnissen der Deutschen erklären – wie ersatzweise befriedigt. Und als Medium par excellence, nämlich als jenes „unfortunate thing be-tween us", von dem nicht klar sein mag, ob es mit der sogenannten Wirklichkeit verbindet oder davon abschirmt, wohl aber, dass es an ihrer Konstruktion notwendig und immer schon beteiligt ist. [BW]

Phil Collins

In the films, installations, and live events of Phil Collins, the ambivalence between fascination and parody that characterizes Pop Art's appropriations of mass consumer culture fuels an (itself audiovisual) analysis of the current worlds of media. *This Unfortunate Thing Between Us* (*TUTBU*), like many of Collins's other works, appropriates television's techniques of creating events and addressing viewers – not the "Quality TV" that has recently been elevated to the status of high culture, but the "cheap" aesthetic of teleshopping channels, which is then fused with reality TV's post-documentary claim to authenticity.

The two television broadcasts, which were recorded on two successive evenings at Berlin's Hebbel am Ufer (HAU) theater and broadcast live on the digital channel ZDFkultur, promised to satisfy, in the words of the moderator, "the need to *experience something.*" For "only 9.99 euros" one could purchase via a telephone hotline the chance to be cross-examined, to participate in a historical porno, or to insult one's relatives on their deathbed – all of which would be broadcast live. "More experience is not possible. Buy it now, experience it tomorrow!" The callers who receive their experiential purchases on the second evening in front of a live camera cannot with absolute certainty be distinguished from the actors and actresses participating in the amateurish, rather trashy spectacle. They are certainly not presented as television victims, a fact that protects them against the potential arrogance of an audience that itself participates in the "base" pleasure of teleshopping – yet with its scruples curbed by the knowledge that this is, after all, an art performance.

TUTBU casts light on television as a wish machine that both produces desires – pseudostatistics declare "interrogation, porno, death" to be the experiences that Germans most wish for – and satisfies them in a surrogate manner. And it exposes television as medium par excellence, namely as that "unfortunate thing between us" of which it may not be clear whether it connects with so-called reality or shields us from it – but there can be no doubt that it necessarily is and always has been involved in the construction of that reality. [BW]

This Unfortunate Thing Between Us

Videoinstallation in zwei Wohnwagen, Farbe, Ton, Maße variabel / Video installation in two caravans, color, sound, variable dimensions, 2 × 60:00 min., 2011

1, 2 Ausstellungsansicht / Exhibition view, Tanya Bonakdar Gallery, New York, 2013
3 Ausstellungsansicht / Exhibition view, *In Every Dream Home a Heartache*, Museum Ludwig, Köln / Cologne, 2013

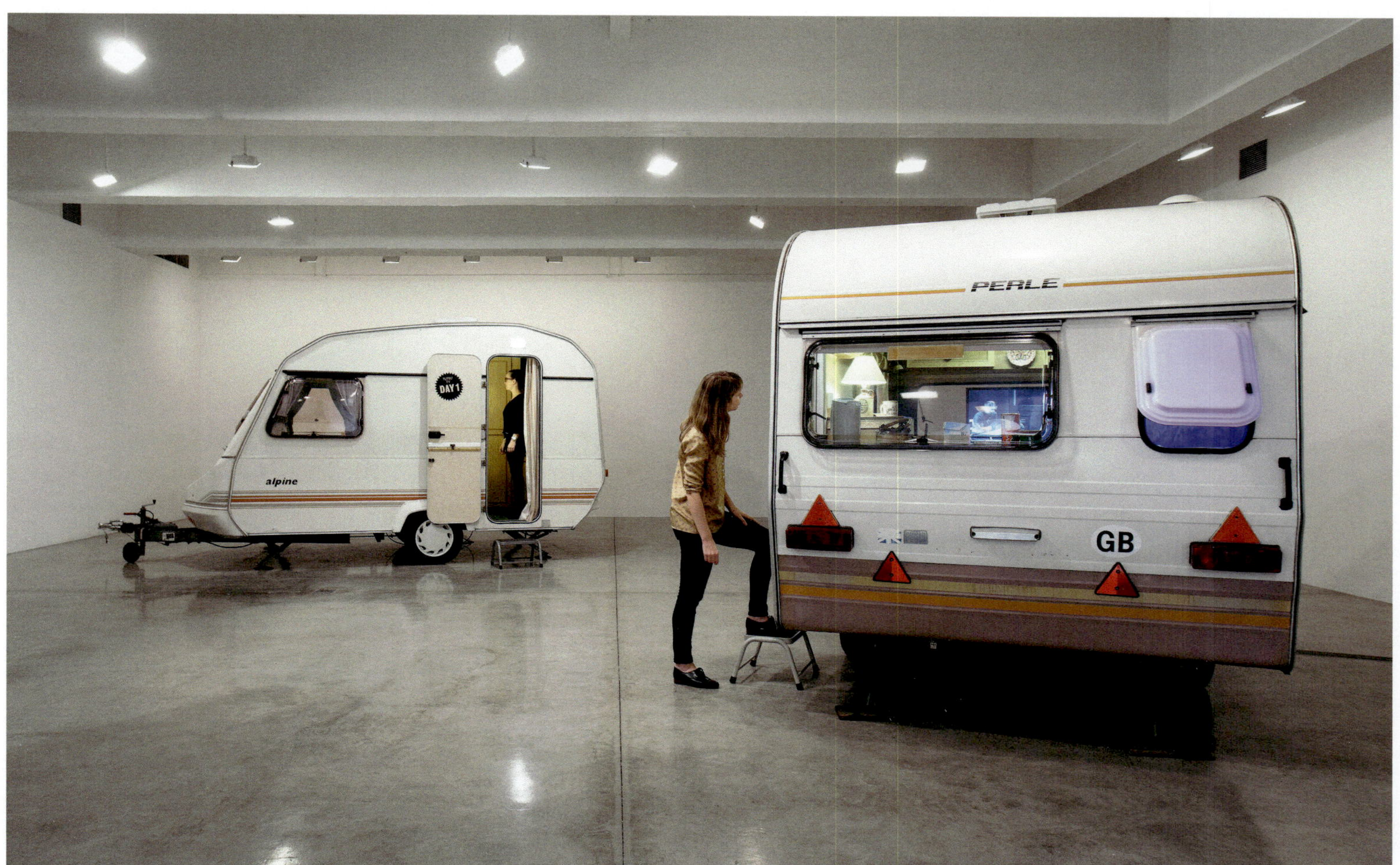

1

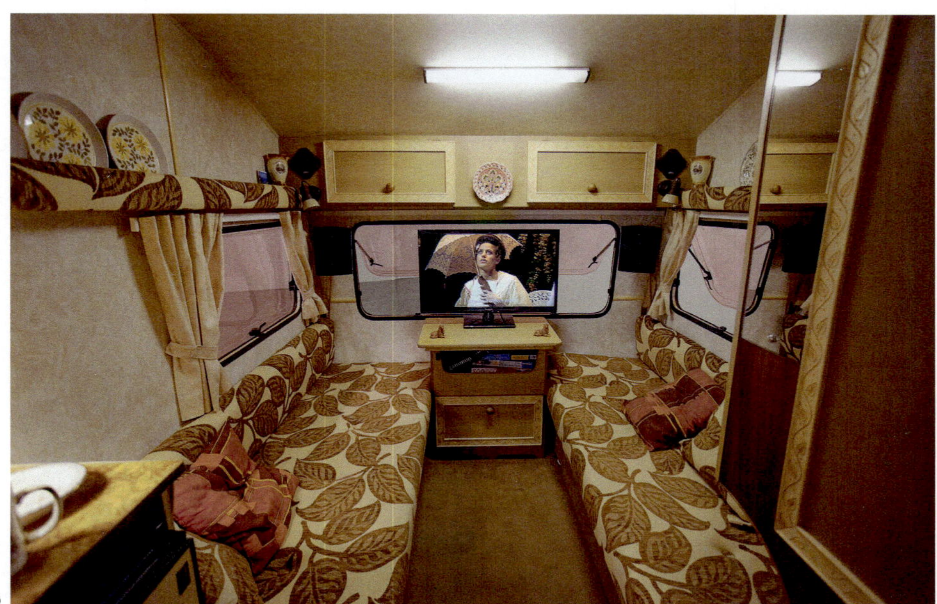

2

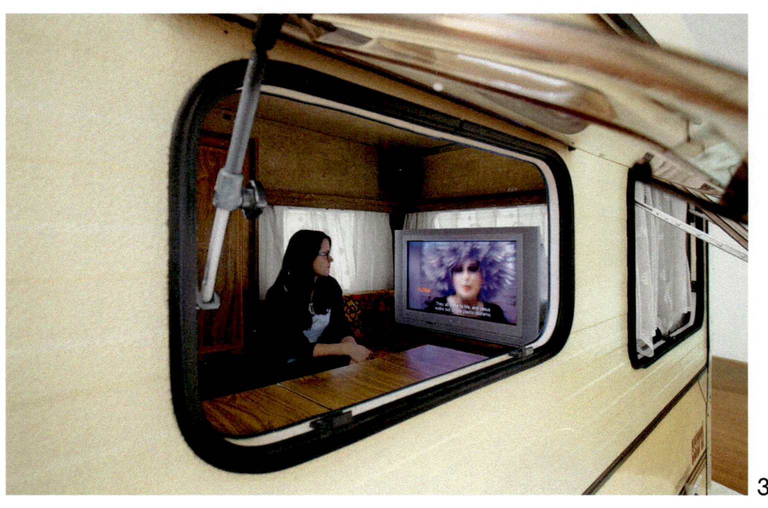

3

This Unfortunate Thing Between Us

Performance in zwei Teilen, live im öffentlichen deutschen Fernsehen / Two-part performance broadcast live on German public television, Hebbel am Ufer, Berlin, 15.–16.9.2011

1 Still von der Live-Übertragung / Still from the live TV broadcast, 60:00 min., Niels Bormann, ZDFkultur
2 Performance, Hebbel am Ufer, Berlin

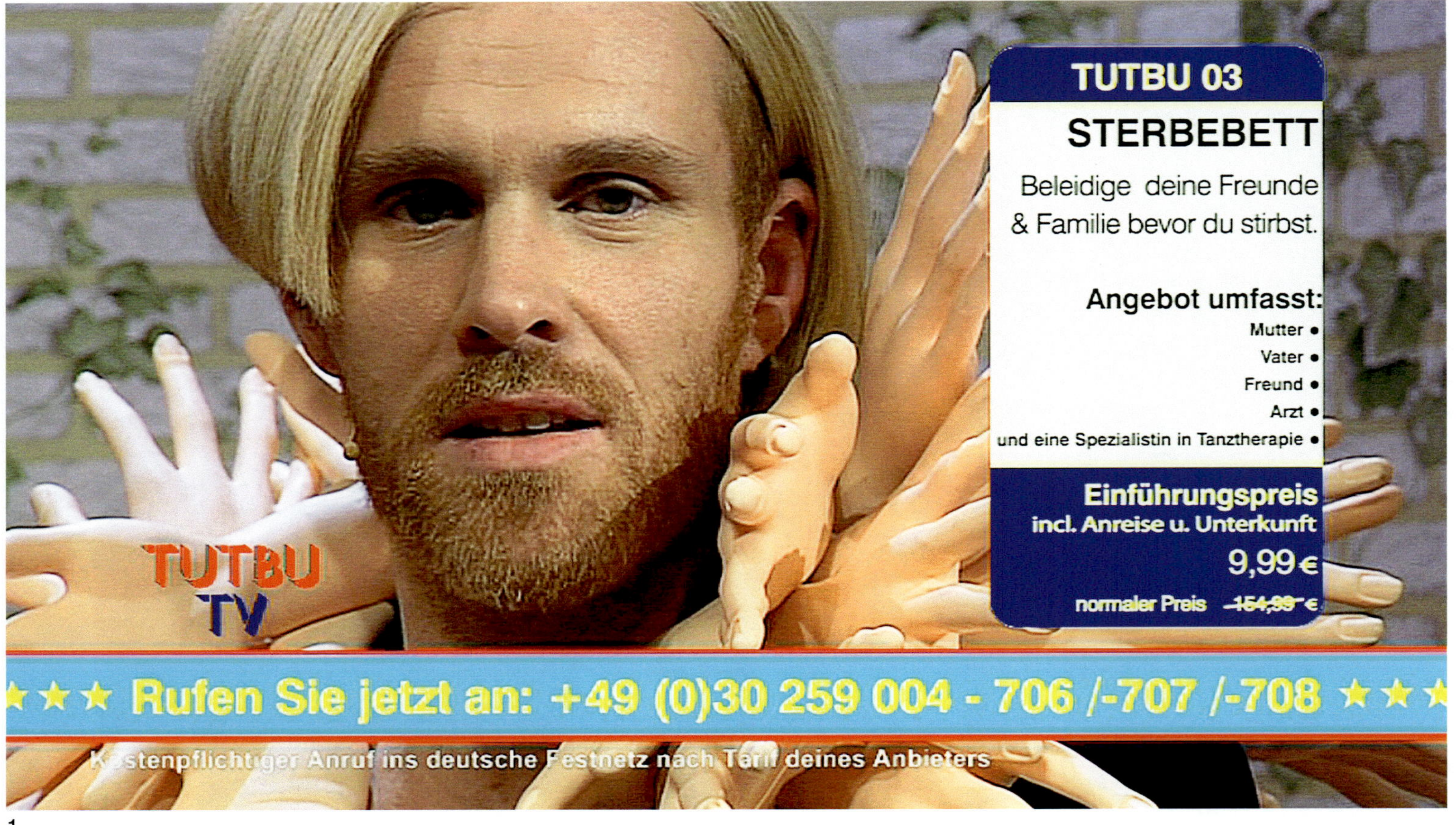

1

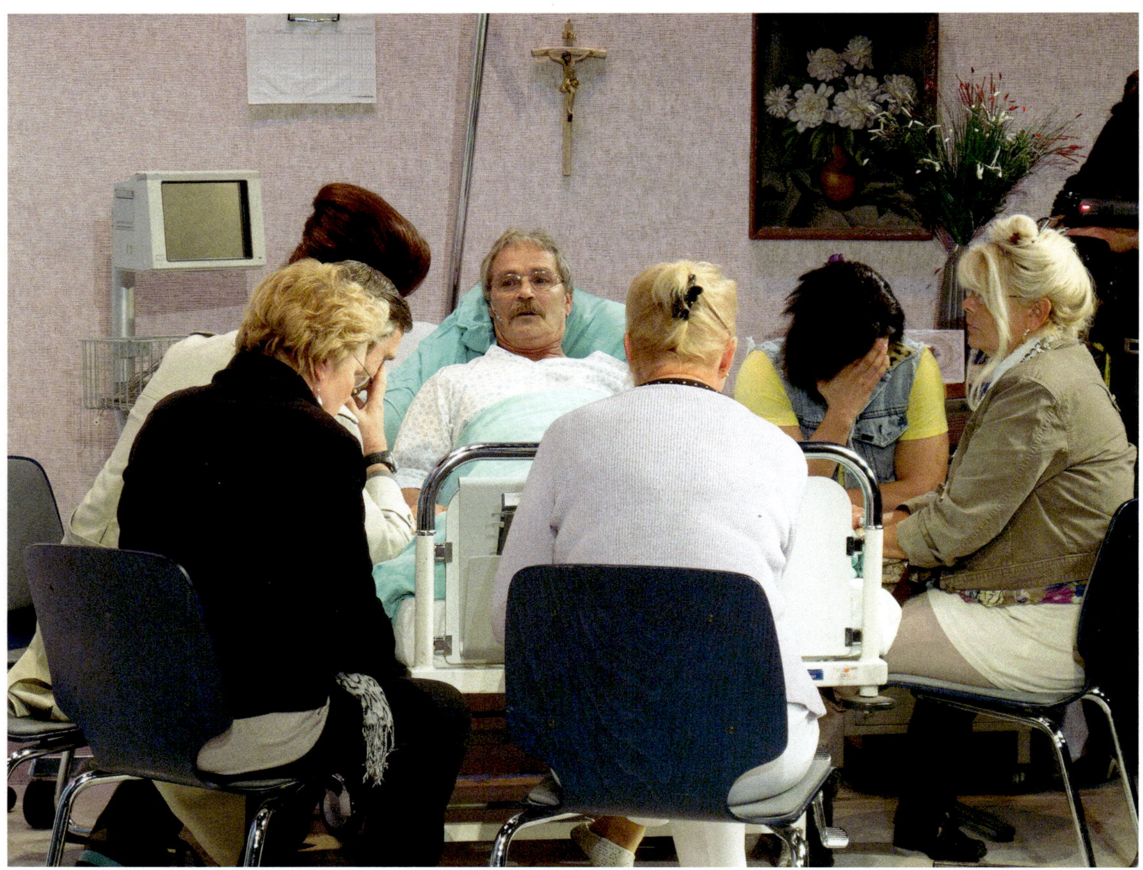

2

Performance in zwei Teilen, live im öffentlichen deutschen Fernsehen / Two-part performance broadcast live on German public television, Hebbel am Ufer, Berlin, 15.–16.9.2011

3 Still von der Live-Übertragung / Still from the live TV broadcast, 60:00 min., Sharon Smith & Susanne Sachsse, ZDFkultur
4 Performance, Hebbel am Ufer, Berlin

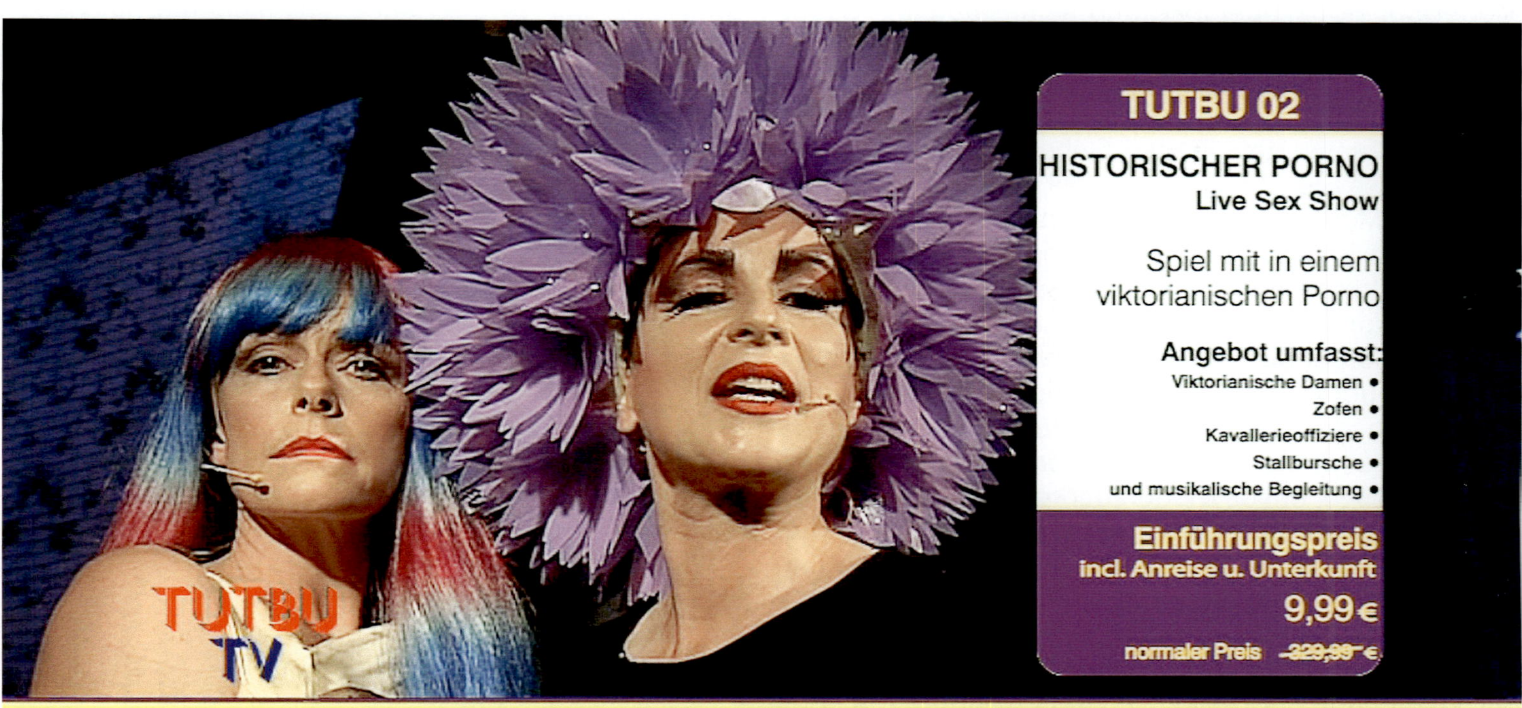

3

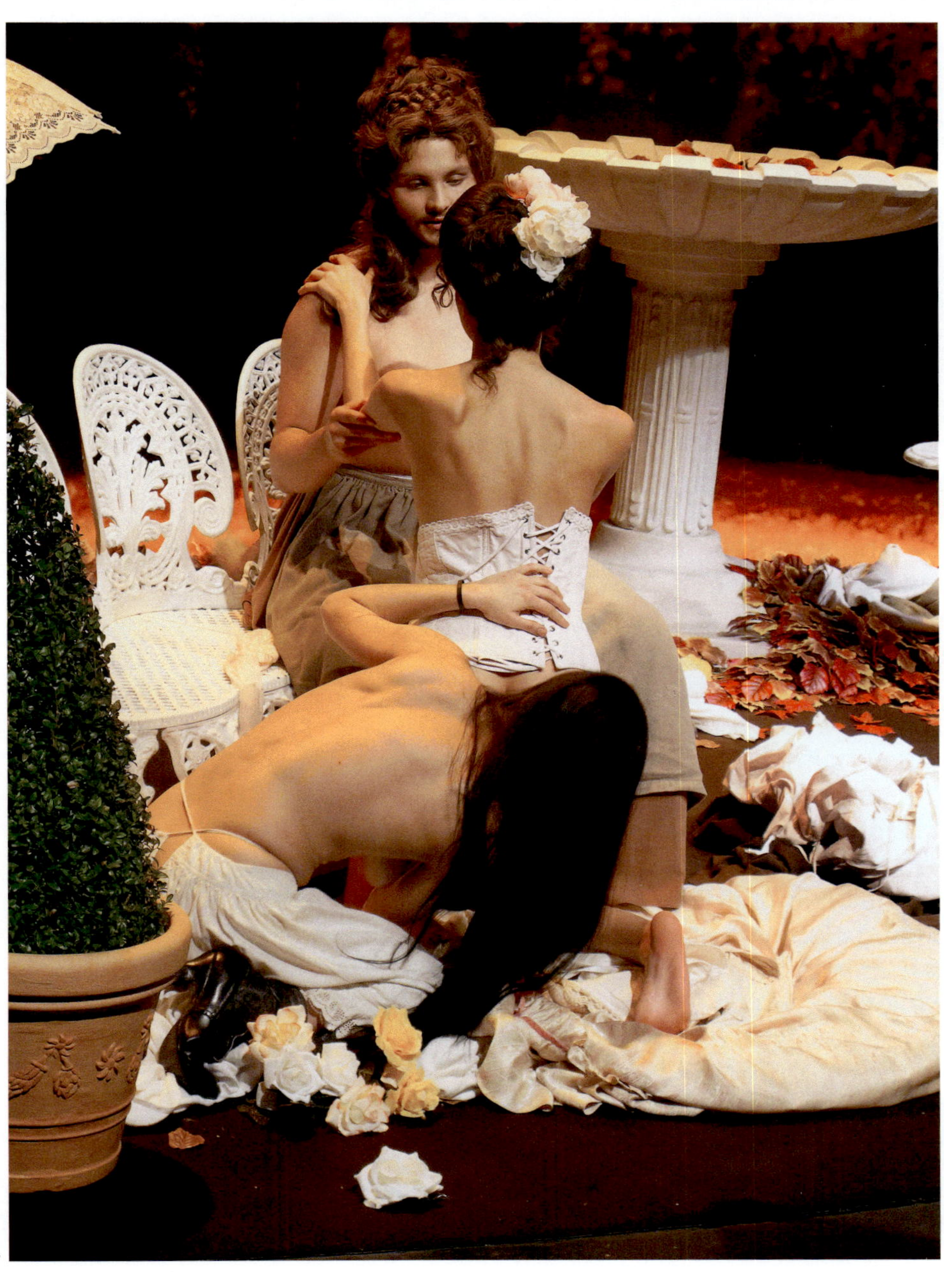
4

Nahezu jeder, der seine Fernseherfahrungen in den 1960er-, 1970er- oder 1980er-Jahren gemacht hat, wird dieses Studio schon einmal gesehen haben mit seinem langen Tisch, den vier Stühlen und der vertikal gestreiften Tapete im Hintergrund. Es handelt sich um den Spielort der Berufsrate-Show *Was bin ich?*, mit der ihr Moderator Robert Lembke und sein Rateteam, bestehend aus Annette von Aretin, Guido Baumann, Marianne Koch und Hans Sachs, Fernsehgeschichte schrieben. Und das mit den denkbar simpelsten Mitteln: Für jede mit Nein beantwortete Frage („Gehe ich recht in der Annahme, dass Sie …" [Sachs]) erhielt der jeweilige Kandidat fünf D-Mark in sein Sparschwein („welches Schweinderl hätten S' denn gern?" [Lembke]). Nach zehn mit Nein beantworteten Fragen war das Spiel aus und der Kandidat konnte das Geld mitnehmen. Mit diesem Konzept ließ sich in den späten 1960er-Jahren noch eine Einschaltquote von 75 Prozent erzielen. Dieses Studio ist tief in unserem kollektiven Bildgedächtnis verankert, so tief, dass wir nicht einmal die handelnden Personen sehen müssen, um es wiederzuerkennen. Und doch ist einiges irritierend an der von Thomas Demand hergestellten Konstellation. Zum Beispiel die farbige Streifentapete, die in Wirklichkeit nicht rote, gelbe und grüne Abstufungen aufwies, sondern einen Verlauf aus Grautönen. Zudem ist Demands *Studio*, wie alle seine Arbeiten, kein Foto einer realen Situation, sondern die Fotografie der aus farbigem Papier präzise dreidimensional nachgebauten Rekonstruktion eines historischen Fotos, also die Reproduktion der Reproduktion der Reproduktion. Die Akkuratesse der Rekonstruktion lässt das Bild auf den ersten Blick glaubwürdig erscheinen, die sterile Glätte der samtigen Papieroberflächen, ihre zeitlose, von keinerlei Gebrauchsspuren gekennzeichnete Erscheinung aber weckt Zweifel am Wirklichkeitsgehalt der Abbildung. Was wir sehen, ist nicht nur der visuell erbrachte Erweis, dass alle Bilder immer schon bereits medial vermittelt, also Konstruktionen sind, sondern auch die Verdichtung des Gesehenen zum Prototyp, zu Orten und Dingen, die ihre eigene Idee repräsentieren. [SB]

Thomas Demand 244

Almost everyone who experienced German television during the 1960s, 1970s, or 1980s will have seen this studio with its long table, four chairs, and vertically striped wallpaper in the background at least once. It was the venue of the guess-my-profession show *Was bin ich?*, with which its moderator, Robert Lembke, and his panel, consisting of Annette von Aretin, Guido Baumann, Mariannne Koch, and Hans Sachs, made German television history. And with incredibly simple means: for every question answered with "no" ("Am I correct in supposing that you …" [Sachs]), the candidate got five deutschmarks for his piggy bank ("Which little pig do you want?" [Lembke]). After ten questions answered with "no," the game was over and the candidate could take the money home. In the late 1960s, it was still possible to achieve a viewing rate of 75 percent with this concept. This studio is so deeply rooted in our collective visual memory that we Germans don't even need to see the persons taking part to recognize it. Yet there are some irritating elements in the constellation created by Thomas Demand. One example is the colored stripes on the wallpaper, which in reality did not evince shadings of red, yellow, and green, but simply a progression of gray tones. Moreover, Demand's *Studio*, just like all his works, is a photograph, not of a real situation, but of a reconstruction of a historical photo, made out of colored paper in precise three-dimensionality: in other words, the reproduction of a reproduction of a reproduction. The accuracy of the reconstruction causes the picture to appear credible at a first glance; but the sterile smoothness of the velvety paper surfaces, their timeless appearance marked by no traces of use, raises doubt as to the reality of the representation. What we see is not only a visual demonstration of the fact that all images are already media-conveyed, that is to say, constructions, but also the concentration of what is seen into a prototype, into sites and objects that represent their own idea. [SB]

Junior Suite

C-Print/Diasec, 140 × 115 cm, 2012

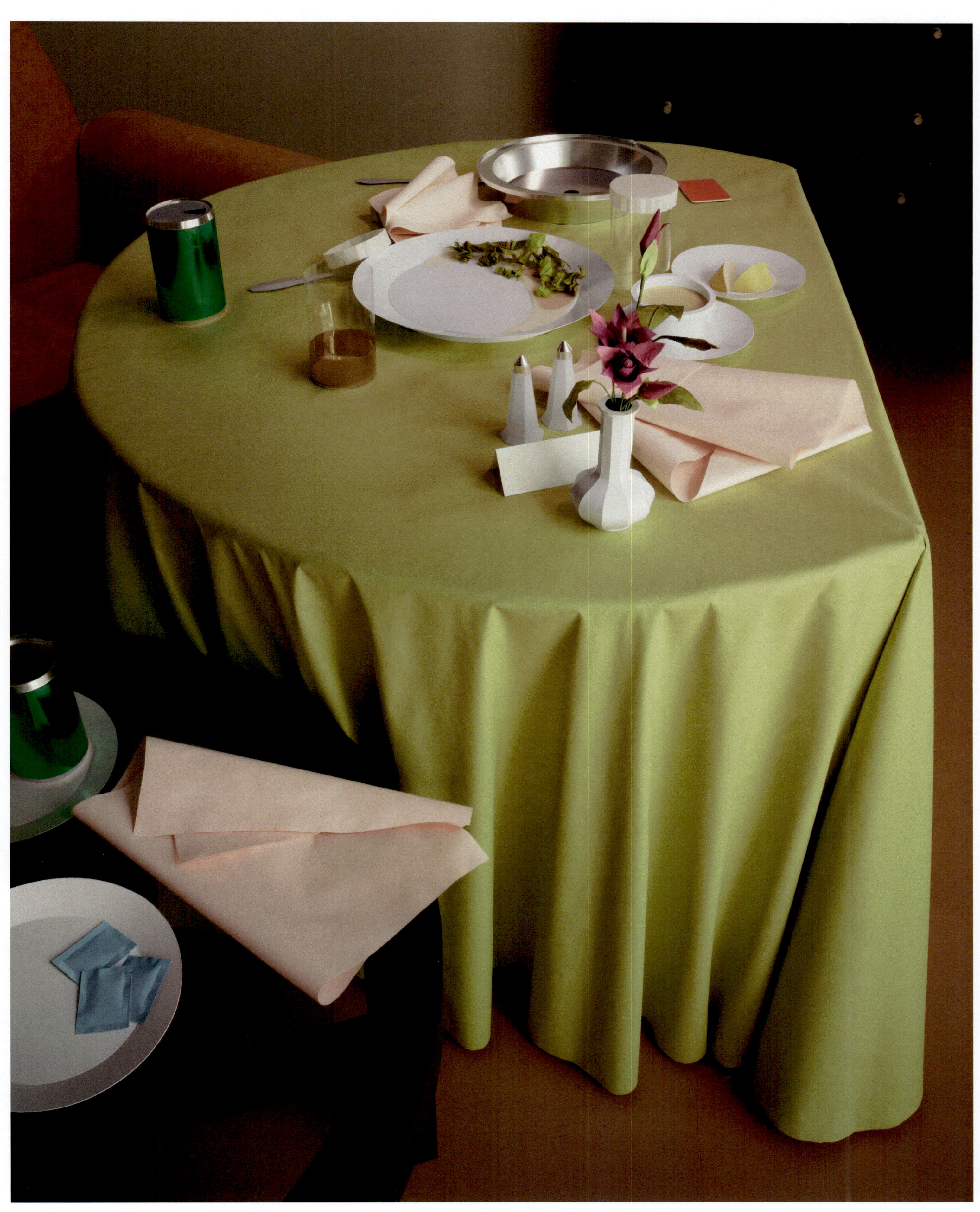

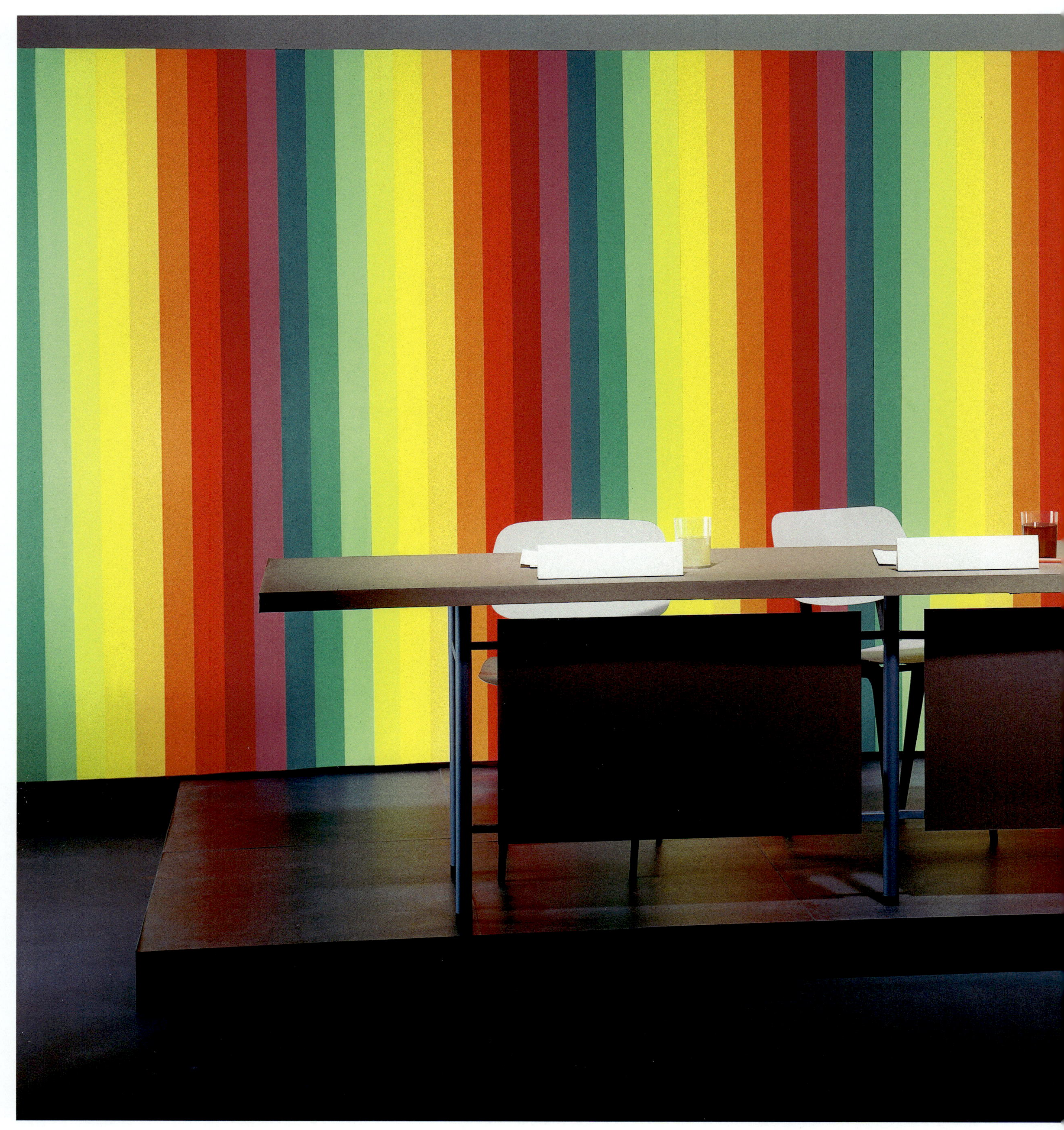

C-Print/Diasec, 183,5 × 349,5 cm, 1997

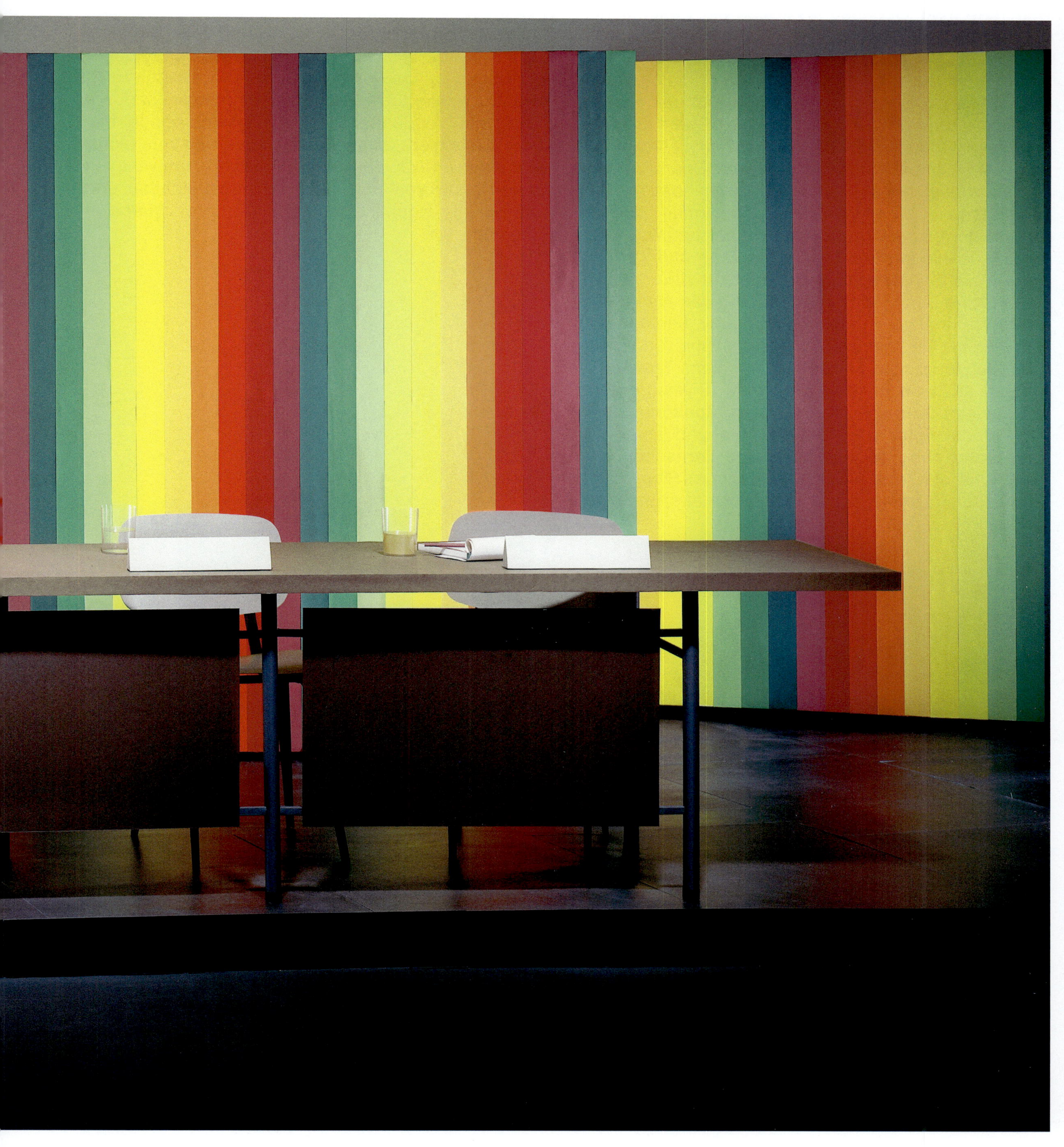

Mit der steten Weiterentwicklung der Technik und dem damit dynamisch verbundenen, permanenten Veralten eben noch aktueller Geräte beschäftigt sich der junge Neuseeländer Simon Denny.
Seine Videoinstallation *Deep Sea Vaudeo* (2009) präsentiert eine Reihe von TV-Geräten. In der abnehmenden Tiefe ihrer Gehäuse lässt sich ein wesentliches Charakteristikum des technologischen Fortschritts erkennen. Die chronologische Aufstellung erinnert an evolutionsbiologische Darstellungen von Primaten. Ironie der Zivilisation: Parallel zur „Abmagerung" der Screenmedien sieht sich der menschliche Körper nicht zuletzt aufgrund täglichen TV-Konsums mit Fettleibigkeit konfrontiert. In den Wandgrafiken greift Denny auf Werbung und Bedienungsanleitungen zu den ausgestellten Apparaten zurück. Die auf den Bildschirmen laufende Aquariumswelt dient im Fachhandel der harmlos-gefälligen Präsentation der TV-Geräte. Eine andere Spur des Ambient-Videos führt zu Videokunst-Vorläufern: Schon Nam June Paiks Installation *Video Fish* (1975) stellte 20 Monitore in einer Reihung vor, flankiert von Aquarien mit Fischen, die der Ausstrahlung von Videos über Flugzeuge und Merce Cunninghams Tanzperformances ausgesetzt waren und diese zugleich ergänzten. Dennys Turm von drei Hantarex-Monitoren zitiert die Videoskulptur der 1980er-Jahre und spielt auf das historische Spannungsfeld von Fernsehen und Videokunst an. Seine Arbeit *Double Canvas Progression* (2009) kommt ohne echte Fernseher aus und reiht kulissenhafte Drucke von TV-Geräten aneinander. Der Senderseite des Fernsehens widmet sich Dennys Installation *Channel 4 Analogue Broadcasting Hardware from Arqiva, Sudbury*, die 2012 zu der Ausstellung *Remote Control* im ICA London entstand. Über Jahrzehnte hatte die darin thematisierte Anlage ihr analoges TV-Signal auf die Bildschirme Großbritanniens gesendet. Später präsentierte Denny sie unter dem Titel *Analogue Broadcasting Hardware Compression* (2013) als Fotodrucke auf Leinwand anstelle der originalen Hardware. Die analoge Übertragungstechnologie ist durch die digitale Wende obsolet geworden und gerinnt hier durch die schiere Größe ihrer Wiedergabe zum Monument einer Ära. Doch erst im Kunstwerk, umweht von einem Hauch Nostalgie, wird sie selbst sichtbar und illustriert die eigene Obsoleszenz in ihrer musealen Ruhestätte. [EG]

Simon Denny

The young New Zealander Simon Denny focuses on the constant development of technology and the concomitant, permanent aging of equipment that only just now was still up to date.
His video installation *Deep Sea Vaudeo* (2009) presents a series of television sets. The decreasing depth of their housing brings to the fore an essential characteristic of technological progress. The chronological succession is reminiscent of representations of primates in evolutionary biology. An irony of civilization: in parallel to the "thinning down" of the screen media, the human body—not least because of daily television consumption—finds itself confronted with obesity. In the wall drawings, Denny refers back to commercials and to user guides for the apparatuses on display. The aquarium world featured on the screens serves in stores to display the television set in an innocuous, pleasing manner. Another trail of the ambient video leads back to its predecessors in video art: in his installation *Video Fish* (1975), Nam June Paik had already presented twenty monitors in a row, flanked by aquariums with fish that were exposed to the transmission of videos about airplanes and Merce Cunningham's dance performances, and simultaneously complemented them. Denny's tower of three Hantarex monitors quotes the video sculpture of the 1980s and alludes to the historical, dynamic field between television and video art. His work *Double Canvas Progression* (2009) dispenses with actual television sets and arranges prints of TV sets into rows resembling a backdrop. Denny's installation *Channel 4 Analogue Broadcasting Hardware from Arqiva, Sudbury*, which was created in 2012 for the exhibition *Remote Control* at ICA London, takes television broadcasting times as its theme. For decades, this facility broadcast its analog television signal to the screens of Great Britain. Denny later presented the installation under the title *Analogue Broadcasting Hardware Compression* (2013) as photo prints on canvas instead of the original hardware. The analog transmission technology has become obsolete through the digital transition and here, through the sheer size of its rendition, it becomes the monument to an era. But only in the work of art, suffused with a whiff of nostalgia, does it become visible itself and illustrate its own obsolescence in its final resting place in a museum. [EG]

Deep Sea Vaudeo

Verschiedene Materialien, Maße variabel / Mixed media, variable size
Installationsansicht / installation view Gallery Buchholz,
Köln / Cologne, 2009

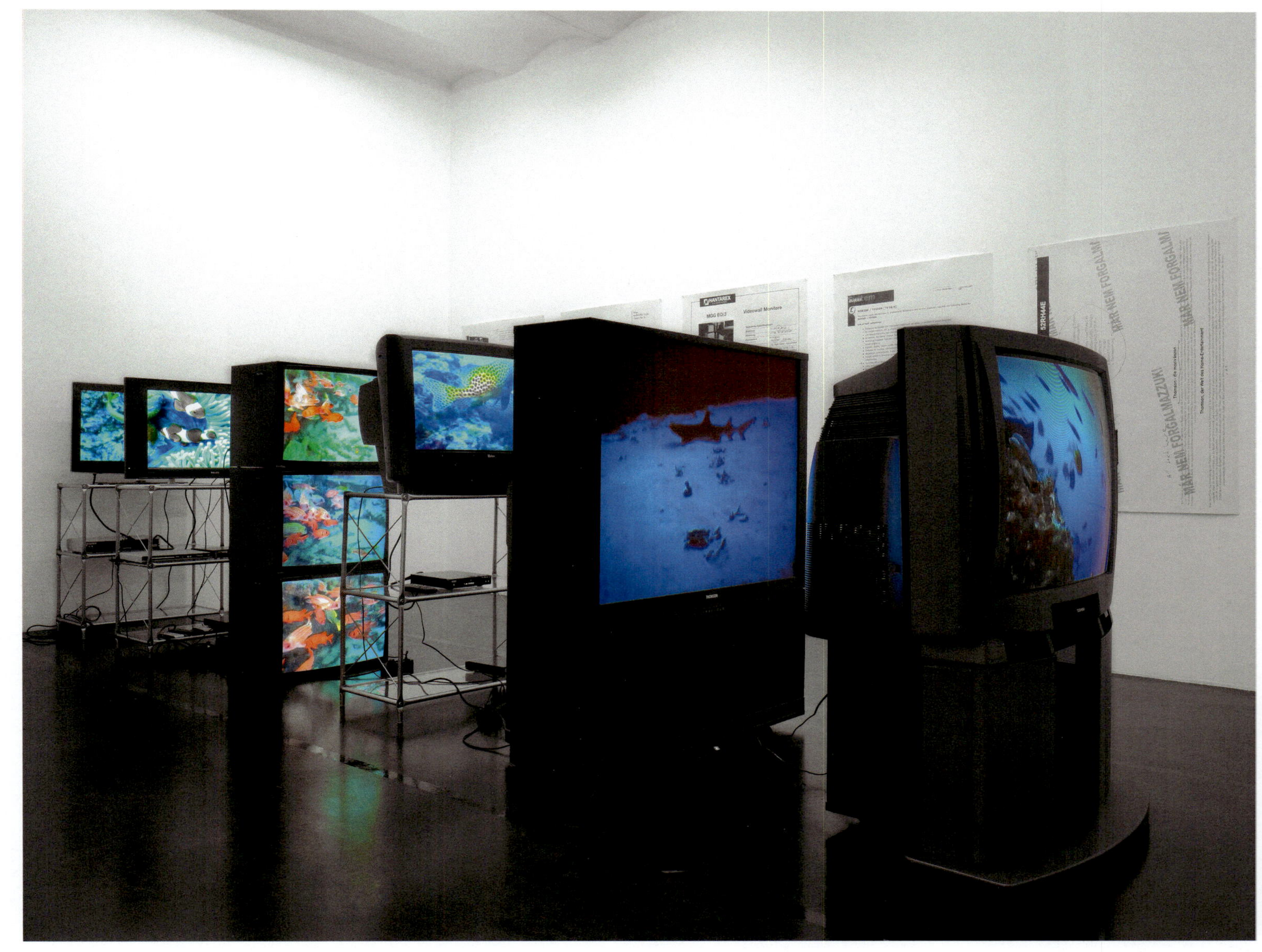

Deep Sea Vaudeo

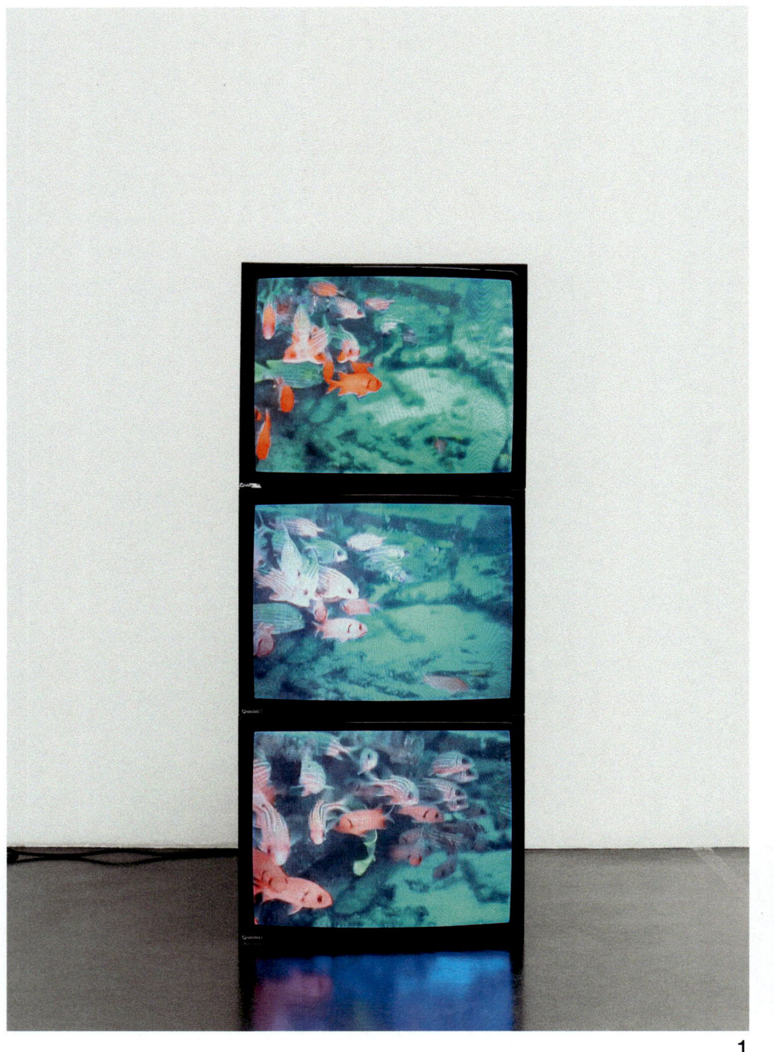

1

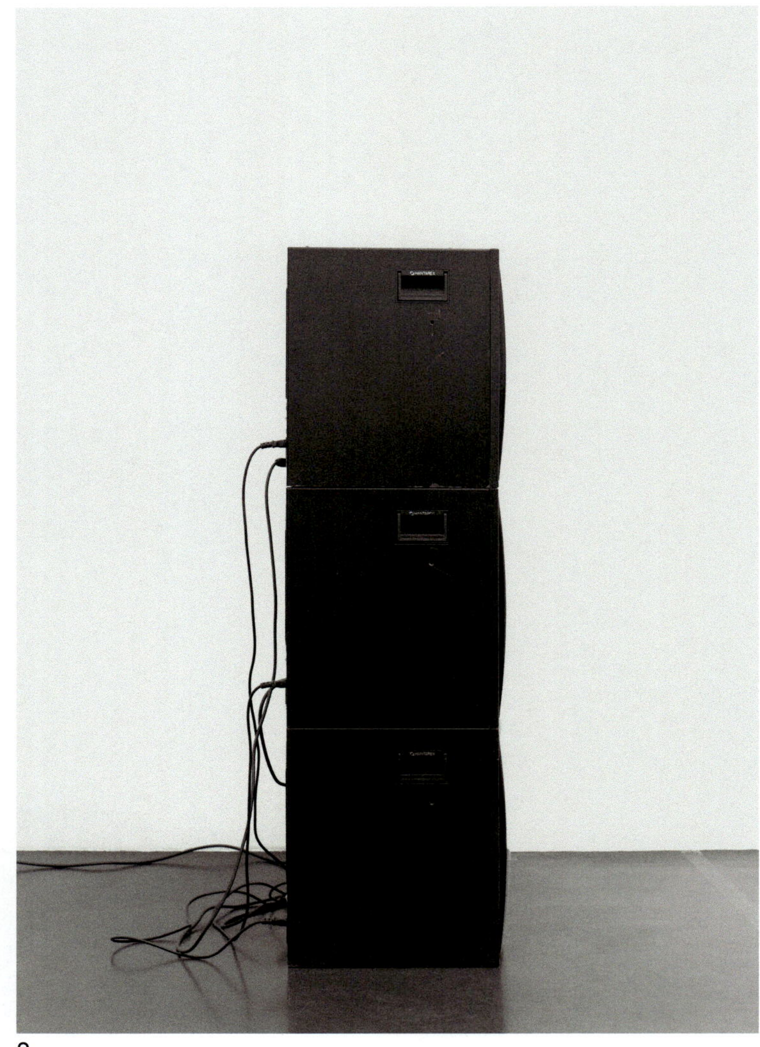

2

HANTAREX
ELECTRONIC SYSTEMS

MGG EQ/3

Videowall Monitore

- Microcontroler basierende digitale Chassiselektronik
- Bedienung, "ON Screen Display" menügeführt über lokales Tastenfeld oder IR Fernbedienung
- FBAS (Comp. Video), SVHS, RGBS und auch YUV Signaldarstellung runden die Vielfältigkeit ab
- Auswahl und auch Einstellung von Farbtemperaturwerten
- Robustes, stabiles Ganzmetallgehäuse mit integrierten Tragegriffen.
- Interner Lüfter.

21" — 8 Ø 6,2 HOLES — 2 NUTS M10

25"-28"-29"-34 — 8 Ø 6,2 HOLES — 2 NUTS M10

2 x Ø 10,5 HOLES IN THE BASE

Technische Spezifikationen

Bildröhren		21",25" 28",34"
Ablenkung		21"/90°, 25",28",34"/110°
Pixelabstand		21"/0.68mm 25",28",34" /0.82 mm
Flat Square		F.S. Black matrix - high contrast
Farbsysteme		PAL / SECAM / NTSC 3.58 / NTSC 4.43, automatic selection
Video Signal System		EIA 525 lines/ 60 fields (USA) CCIR 625 lines / 50 fields (EUROPE)
Eingangssignale	**video**	BNC in/out mit schaltbaren 75 ohm für "Loop through" Verbindungen.
	S-VHS	Mini DIN, 4 pol. Buchse Vi crominance = 300m Vpp Vi luminance = 1Vpp
	RGB	9 pol. Sub D Buchse analoger Pegel (0.7Vpp). TTL Pegel möglich durch Änderungen der Chassiselektronik. Synchronisation: positive/negative composite o. synch on green. Sync level = 0.5V÷5Vpp
	Scart Buchse	Video und Audio input/output, RGB input, fast RGB switching (1.5V12V)
	audio	RCA und SCART connector. Vi = 0.5Vrms 6W at 8 ohm
Videobandbreite		Composite video 6 MHz (-3dB) RGB 8 MHz (-3dB) SVHS 8 MHz (-3dB)
Netzanschluß		180 - 264 V a.c. 50 Hz (90-110 60 Hz vers.USA)
Leistungsaufnahme		90 W max for 21" ÷ 29" 125 W max for 34"
Temperaturbereich		5°C ÷ 40°C

dim.	A	B	C	D	E	F	G	H	I	L	M	N	O	P	Q	R	S	T	U
21"	370	466	468	436	426	403	30	20	15	30	45	283	5	9,5	15	50	105	340	--
25"	435,5	553	445	523	513	370	22	20	15	30	45	220	5	9,5	15	50	--	404,5	53
28"	465,5	591	538,8	561	551	467	39	20	15	30	45	283	5	9,5	15	50	--	435,5	42,8
34"	571	718	536	688	678	435	43	20	15	30	45	251	5	9,5	15	50	80	541	58

HANTAREX Deutschland, Vertriebsgesellschaft m.b.H. • Siegener Straße 32 • D-57636 Mammelzen
www.hantarex.de • E-Mail: info@hantarex.de • Telefon 0 26 81 / 95 20-0 • Telefax 0 26 81 / 95 20-20

3

1, 2 *Deep Sea Monitor Hantarex*
3 Hantarex Fernseher / 3 Hantarex TV sets, DVD, DVD player, 141 × 51 × 42 cm, 2009

3 *Underberg Drawing Hantarex*
Notizen aus dem Skript, technische Daten Xerox auf Papier / Notes from script, technical data, Xerox on paper, 129 × 91 cm, 2009

4, 6 *Deep Sea Monitor Thomson*
Thomson Fernseher / Thomson TV set, DVD, DVD player, 138 × 117 × 57 cm, 2009

5 *Underberg Drawing Thomson*
Notizen aus dem Skript, technische Daten Xerox auf Papier / Notes from script, technical data, Xerox on paper, 129 × 91 cm, 2009

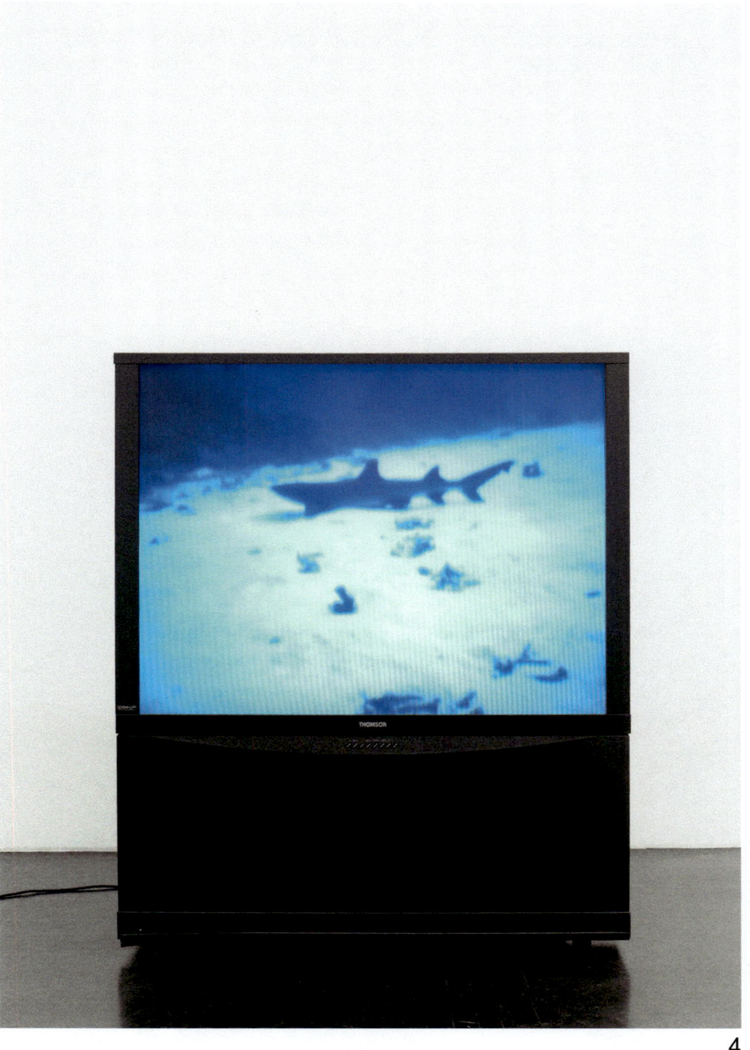

4

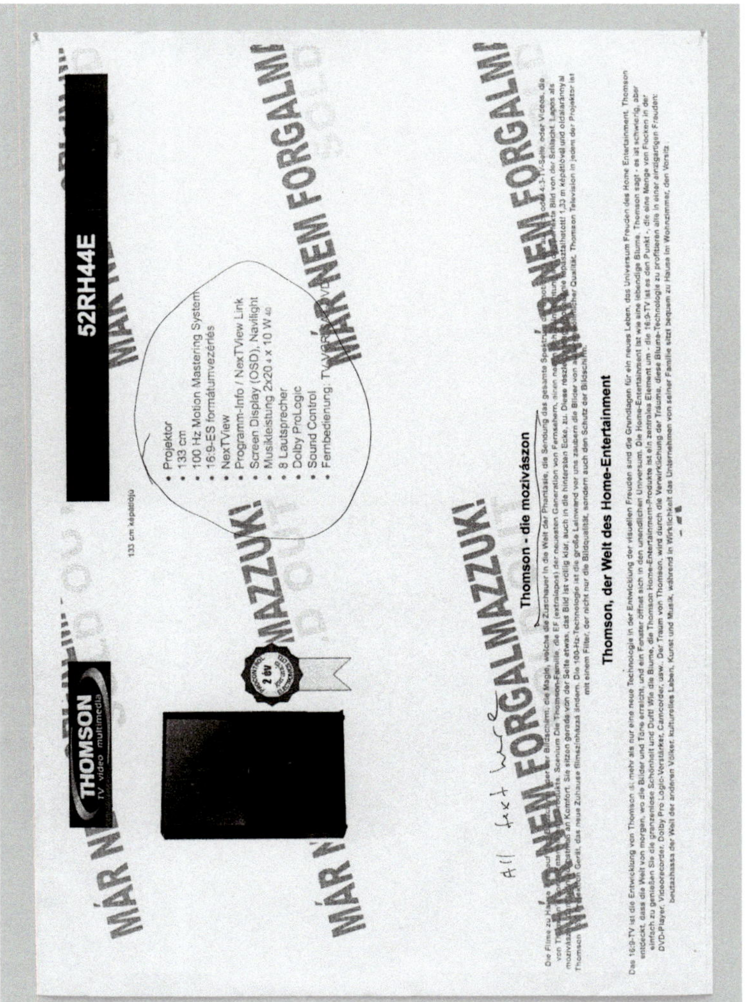

5

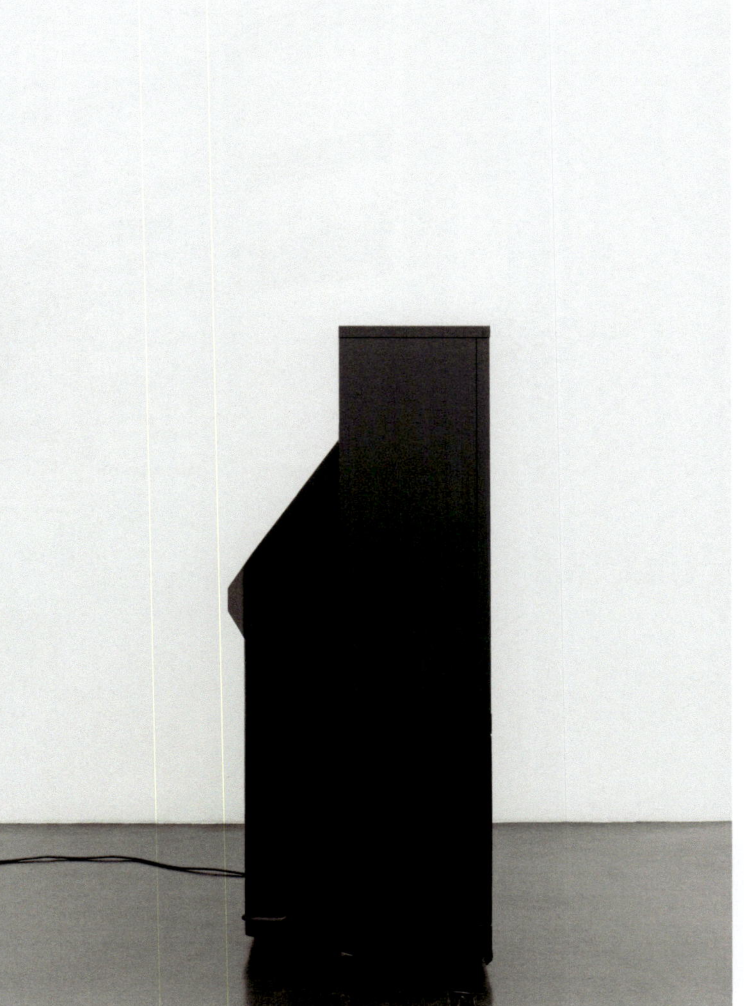

6

Channel 4 Analogue Broadcasting Hardware from Arqiva, Sudbury

Verschiedener Fernsehsender-Geräte-Schrott, nach der TV-Umschaltung von analog zu digital, April 2012, „ultra-slim"-Flachbildschirme, importiert aus China / Various broadcast transmission hardware waste, after the analog to digital TV transmission switchover, April 2012, "ultraslim" monitors imported from China, Maße variabel / variable dimensions, 2012

Ausstellungsansicht von / Exhibition view of *Remote Control*, ICA London, 2012

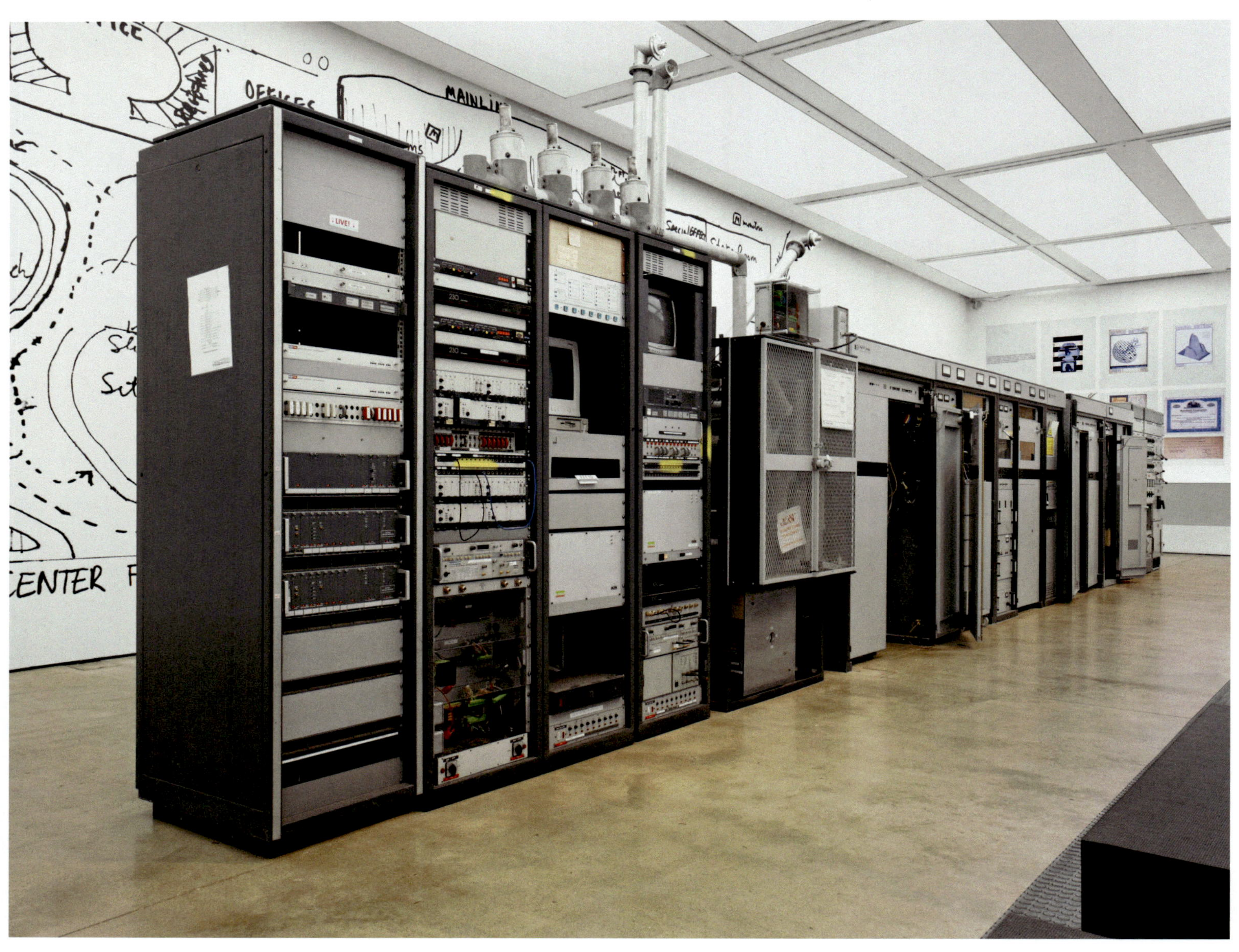

Analogue Broadcasting Hardware Compression

Inkjet auf Leinwand, Metallfassungen, zusammengepresste Fernseher, Bilder des Fernsehsenders Arqiva Channel 4 (Sudbury, England) / Ink-jet on canvas, metal fittings, compressed televisions, images of Arqiva Channel 4 television broadcasting transmitter (Sudbury, England), Maße variabel / variable dimensions, 2013

Ausstellungsansicht von / Exhibition view of Il Palazzo Enciclopedico del Mundo, 55th, Venice Biennale, 2013

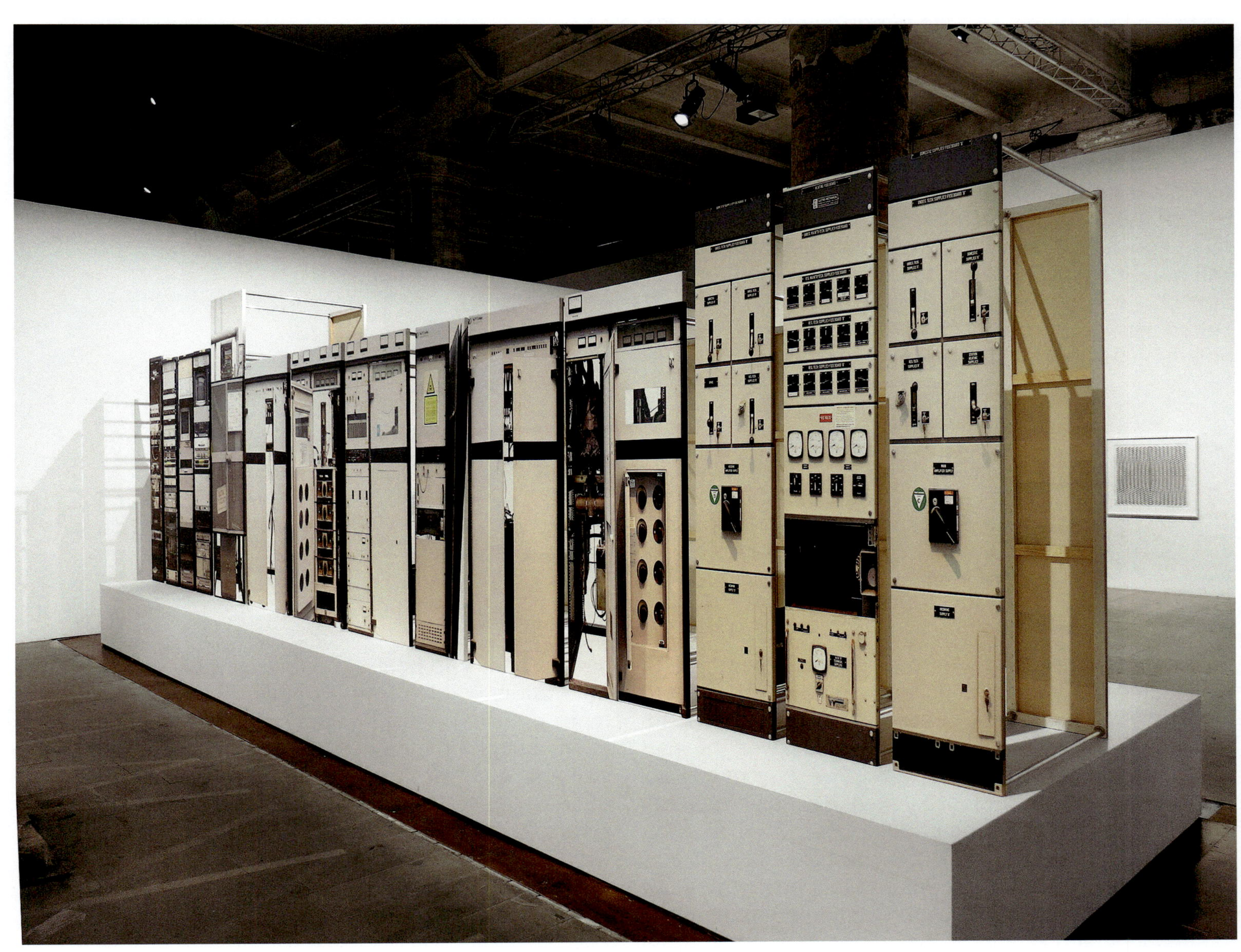

Big Ben ist zerbombt, Terroristen attackieren das Chrysler Building, und Aliens okkupieren das Weiße Haus. Es sind Szenen wie in einem Endzeit-Thriller mit Will Smith. Diesmal jedoch übernimmt die Hauptrolle Guy Smith, der Nachrichtensprecher einer fiktional-parodistischen Sendung des US-amerikanischen 24-Stunden Katastrophen- und Überlebens-Nachrichtensenders MSNBC.
Schlag auf Schlag folgt eine Hiobsbotschaft der anderen. Schnell wird klar: Objektive Berichterstattung sieht anders aus. Manipulierte Film- und Dokumentarszenen, in denen sich Reynolds und Draeger mit der Videoarbeit *The Last News* (2002) explizit auf 9/11 beziehen, sowie originales Nachrichten-Bildmaterial werden mit digitalen Tricks zu dramatischen Bildfolgen kombiniert. Angereichert durch absurde Interviews, bringt diese Flut an Eindrücken unsere Aufnahmefähigkeit bald an ihre Grenzen, verstärkt durch den affektierten Sprecher, der offensichtlich zunächst Gefallen an den erschütternden Ereignissen findet. So werden Reize gesetzt, die auf Rachegefühle oder sogar Hass abzielen, insbesondere mit Bezug auf die Terroristen als Feindbild der gesamten Nation. Zu diesen Reizen gehören Smiths alberne Gesten und eine amerikanisch-patriotische Symbolsprache, bis er schließlich handlungsunfähig kapitulieren muss.
Ähnlich einem Parasiten und seinem Wirt tritt das Fernsehen mit dem vermeintlich konsumierenden Zuschauer in eine wechselseitige Abhängigkeitsbeziehung, die auf Dauer Schaden anrichtet. Propaganda-Nachrichten und manipulative TV-Programme lassen die Realitäten verschwimmen und säen eine gefährliche Sehnsucht nach Sensation in den Köpfen der Zuschauer, die nicht mehr zwischen Wahrheit und Lüge unterscheiden können. Beim großen „Finale“, wenn eine Atombombe für Stille sorgt und Smith flehend um die Anrufe der Zuschauer als Nachweis ihrer Existenz vor dem Bildschirm bittet, wird diese Abhängigkeit deutlich. Wir sind der Nährboden für die Macht des Fernsehens. Wir sind nicht die Konsumierenden, sondern die Konsumierten, so die Aussage der Künstler. [AS]

Christoph Draeger, Reynold Reynolds

Big Ben has been bombed to pieces, terrorists are attacking the Chrysler Building, and aliens have occupied the White House: scenes reminiscent of a Will Smith type of apocalyptic thriller. This time, however, the lead role goes to Guy Smith, the news presenter of a fictional satirical program by a 24-hour US news channel broadcasting catastrophe and survival: MSNBC.
One piece of bad news follows the next in rapid succession. It is quickly apparent that this is anything but objective reporting. Manipulated film and documentary scenes in which Reynolds and Draeger, in their video work *The Last News* (2002), make explicit reference to 9/11, along with original news material, are subjected to digital tricks in order to generate dramatic suites of images. Embellished with absurd interviews, this flood of impressions quickly pushes our attention to its limits, and is amplified by the pretentious presenter taking obvious pleasure in the shocking events. This is the way to disseminate stimuli aimed at feelings of revenge and even hate, especially toward terrorists, the common enemy of the entire nation. Among these stimuli are Smith's ridiculous gestures and a patriotic American symbolism that finally ends in incapacitation and surrender.
Like the parasite and its host, television enters with its apparent consumer into a relation of mutual dependence that will cause damage to health in the long run. Propaganda news and manipulative TV programs blur reality and sow the seeds of a dangerous desire for sensation in the heads of viewers, who are no longer able to distinguish truth from lie. This dependence is made manifest in the big finale when an atom bomb has finally calmed things down and Smith begs viewers to call and confirm their continued existence in front of their screens. We are the fertile ground for television's power. The artists' message: we are not the consumers, we are the consumed. [AS]

The Last News

MiniDV auf DVD übertragen, Farbe, Ton, Auflage 5+2 / MiniDV transferred to DVD, color, sound, edition 5+2, 13:00 min., 2002

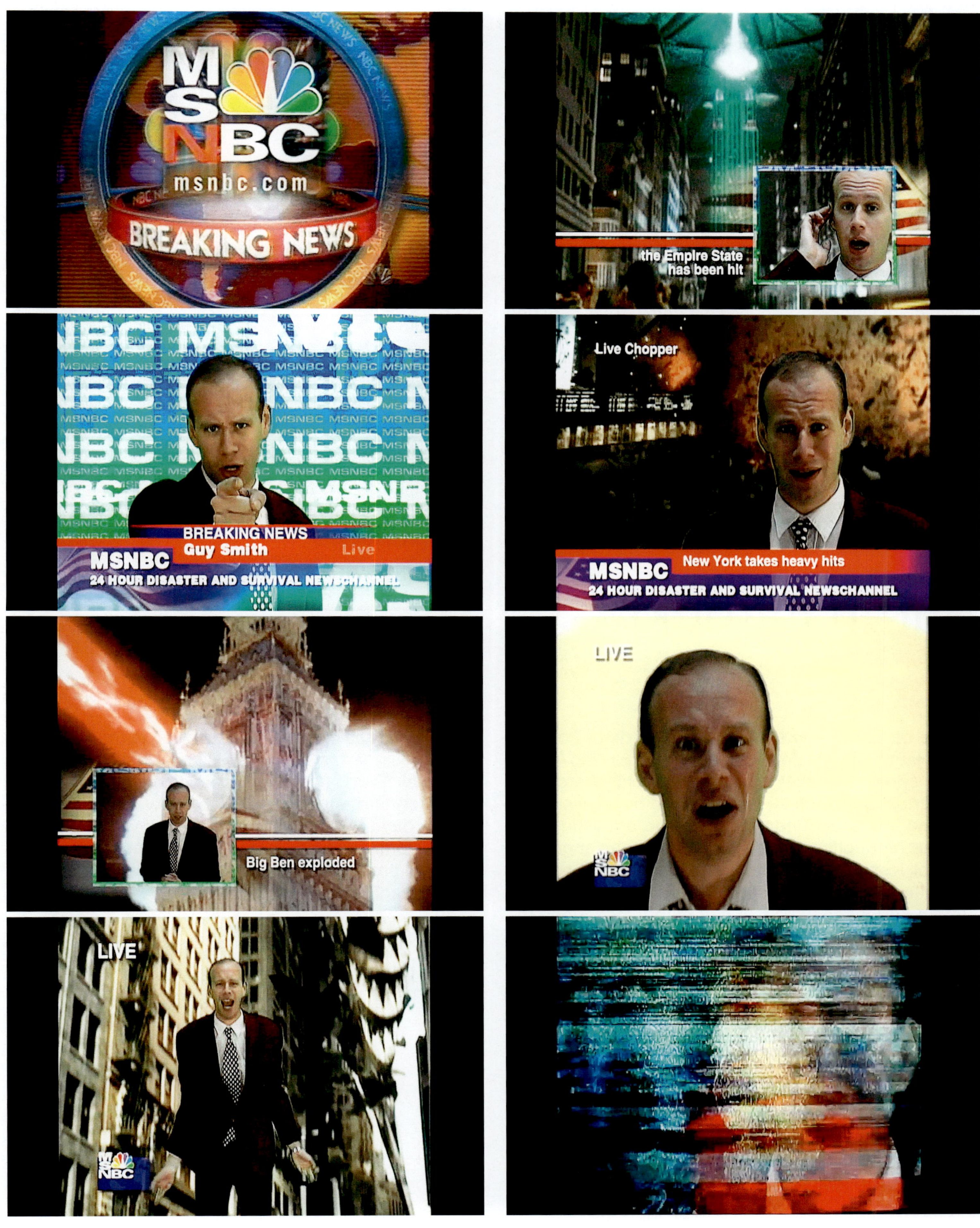

Basierend auf Ausschnitten aus Hunderten von Werbespots, entwirft Harun Farocki in dem Film *Ein Tag im Leben der Endverbraucher* (1993) ein Modell des perfekten Tagesablaufs, wie er durch die Fernsehwerbung entsprechend der Sendezeit und des jeweiligen Zielpublikums suggeriert wird. Hierfür montiert er die mehr oder minder alltäglichen, von den Werbern jedoch als besonders verheißungsvoll präsentierten Situationen zu einer Abfolge, die in ihrer Gesamtheit den Verlauf eines Tages beschreibt. Der Film schließt den Tageszyklus mit denselben Szenen im Morgengrauen ab, mit denen er auch begonnen hat. Als Überleitungen zwischen den Szenen dienen assoziative Verknüpfungen: So folgt beispielsweise der Aufnahme einer Welle ein laufender Wasserhahn, der dann wiederum eine ganze Reihe von Ausschnitten morgendlicher Badezimmerszenen nach sich zieht. Dabei tauchen einige Szenen mehrfach und in unterschiedlichen Kontexten auf. Der genannte Wasserhahn ist in den „Abendstunden" nach verschiedenen Essensszenen erneut zu sehen, diesmal in einer längeren Sequenz mit dem Verweis auf den verschwenderischen Wasserverbrauch beim Abspülen. Musik und Text sind dabei immer den Werbespots entnommen, sodass vor allem bei der Aufeinanderfolge kurzer Ausschnitte beinahe der Eindruck entsteht, man zappe durch das Programm mehrerer Fernsehkanäle. Während ein Werbefilm alleine schon einen recht stilisierten Eindruck der vermeintlichen Wirklichkeit vermittelt, ergibt sich aus der Verdichtung vieler solcher Spots ein umso kurioseres Bild des „Alltags". Das Leben des „Otto Normalverbraucher" erscheint darin durchaus nicht gewöhnlich, sondern schillernd in den unzähligen Facetten, die die Werbebranche entwirft. *Ein Tag im Leben der Endverbraucher* ist ein kurzweiliger Kommentar zur Konstruktion einer gesellschaftlichen Realität, wie sie dem Fernsehzuschauer Tag für Tag in mannigfaltiger Ausführung präsentiert wird – um Wünsche in ihm zu wecken, von denen er bislang nichts wusste, in einem Leben, das er so nicht einmal führt. [IH]

Harun Farocki 256

On the basis of segments from hundreds of commercials, Harun Farocki develops in the film *Ein Tag im Leben der Endverbraucher* (1993) a model for the course of a perfect day such as is suggested by television advertising in correspondence to the broadcasting time and the respective target audience. He arranges the more or less everyday situations – although these are presented by the advertisers as particularly promising – into a sequence which, in its entirety, describes the unfolding of a single day. The film concludes the diurnal cycle with the same scenes at dawn with which it began. Serving as transitions between the scenes are associative connections. For example, the picture of a wave is followed by a dripping faucet which, in turn, is succeeded by an entire series of shots of matutinal bathroom scenes. A few scenes appear repeatedly and in various contexts. The aforementioned faucet may be seen once again in the "evening hours" after various scenes involving food – this time in a longer sequence with reference to the wasteful consumption of water for washing dishes. Music and text are always taken from the commercials so that, especially in the succession of brief segments, one almost has the impression of zapping through the programs of several television channels.

While a single commercial already conveys a quite stylized impression of supposed reality, the concentration of many spots like this engenders an even more peculiar image of "everyday life." The life of John Doe thus seems not at all ordinary, but dazzling in the countless facets designed by the advertising industry. *Ein Tag im Leben der Endverbraucher* is a fascinating commentary on the construction of a social reality such as is presented day after day to the television viewer in multiple versions – in order to awaken desires in him about which he previously knew nothing, in a life that he does not even actually live. [IH]

Ein Tag im Leben der Endverbraucher

Video, Beta SP, Farbe, Ton / Video, Beta SP, color, sound, 44:00 min., 1993

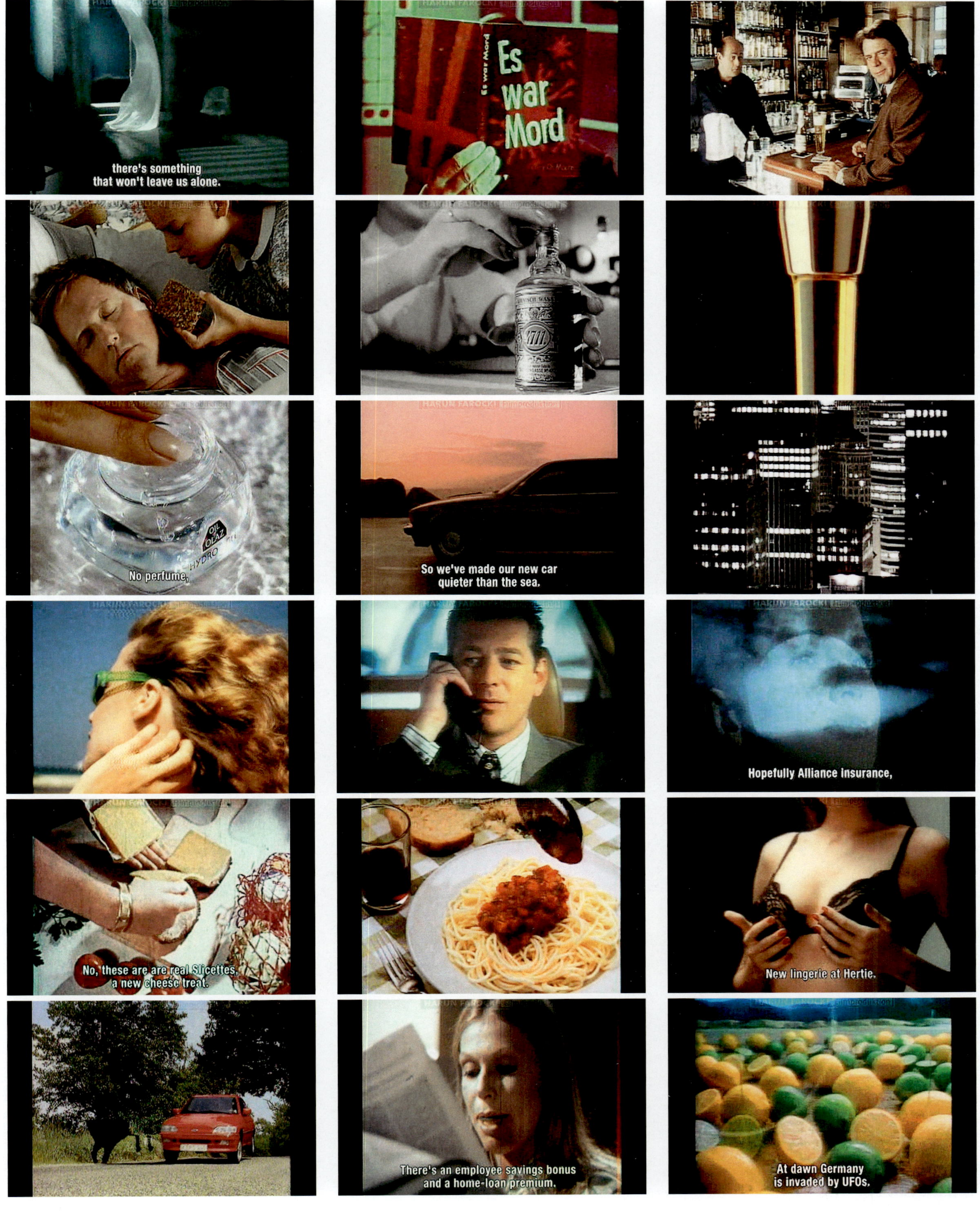

Deep Play

Multikanal-Installation, 12 Spuren à 135:00 min. / Multi-channel installation, 12 tracks, each 135:00 min., Loop, 2007

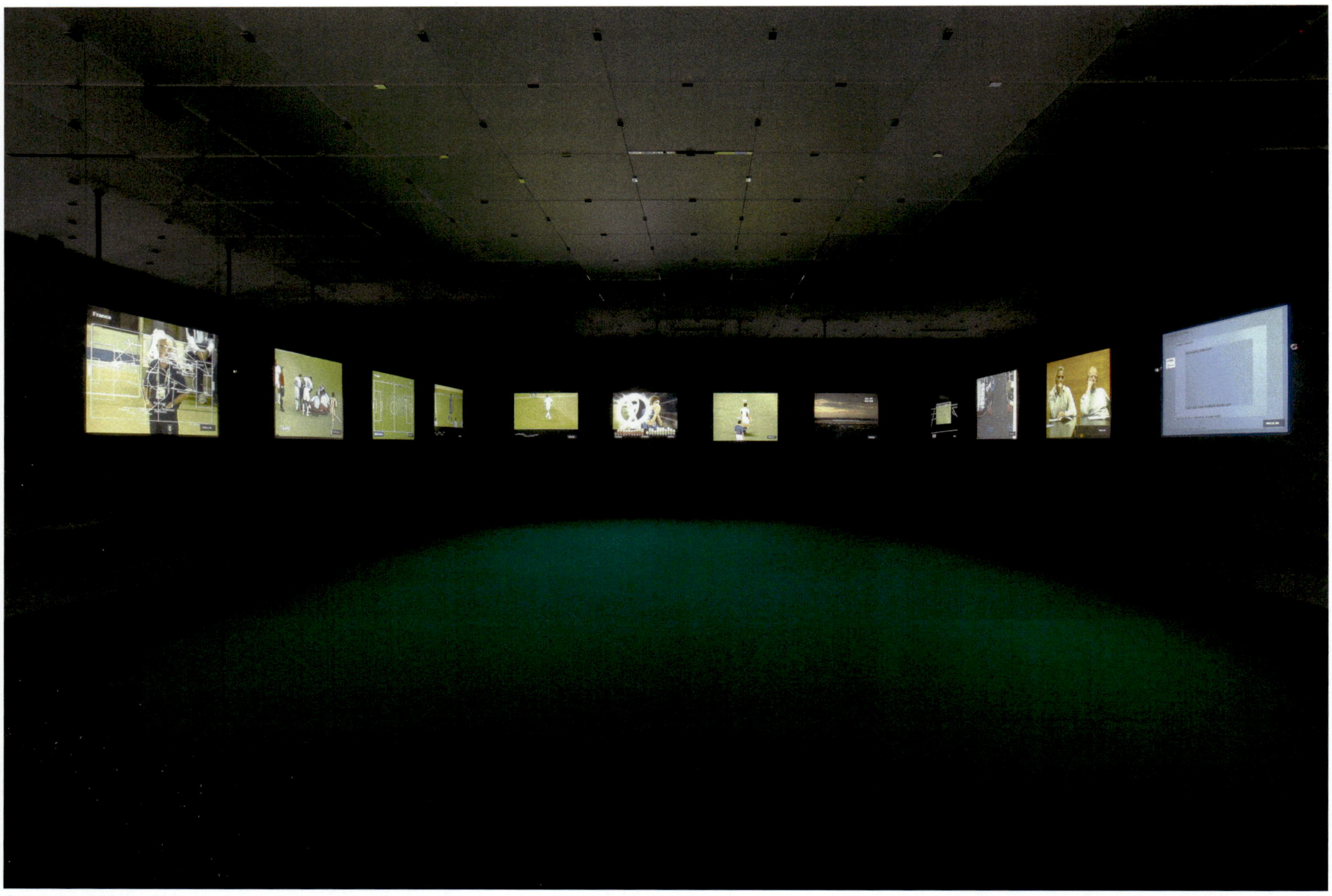

1

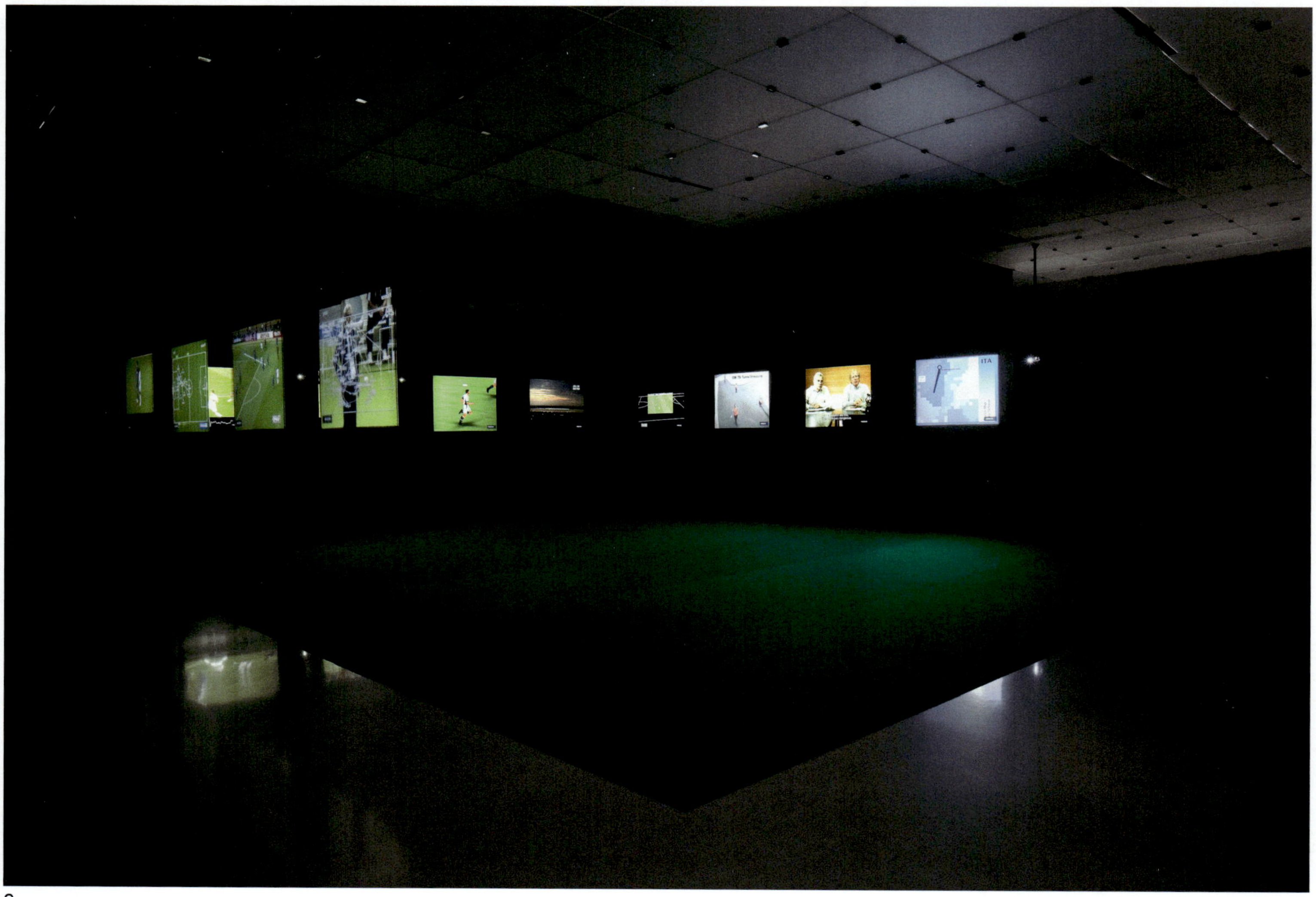

2

1, 2 Ausstellungsansicht / Exhibition view Kunsthaus Bregenz, 2011
3, 4 Ausstellungsansicht / Exhibition view Johannesburg Art Gallery, 2010

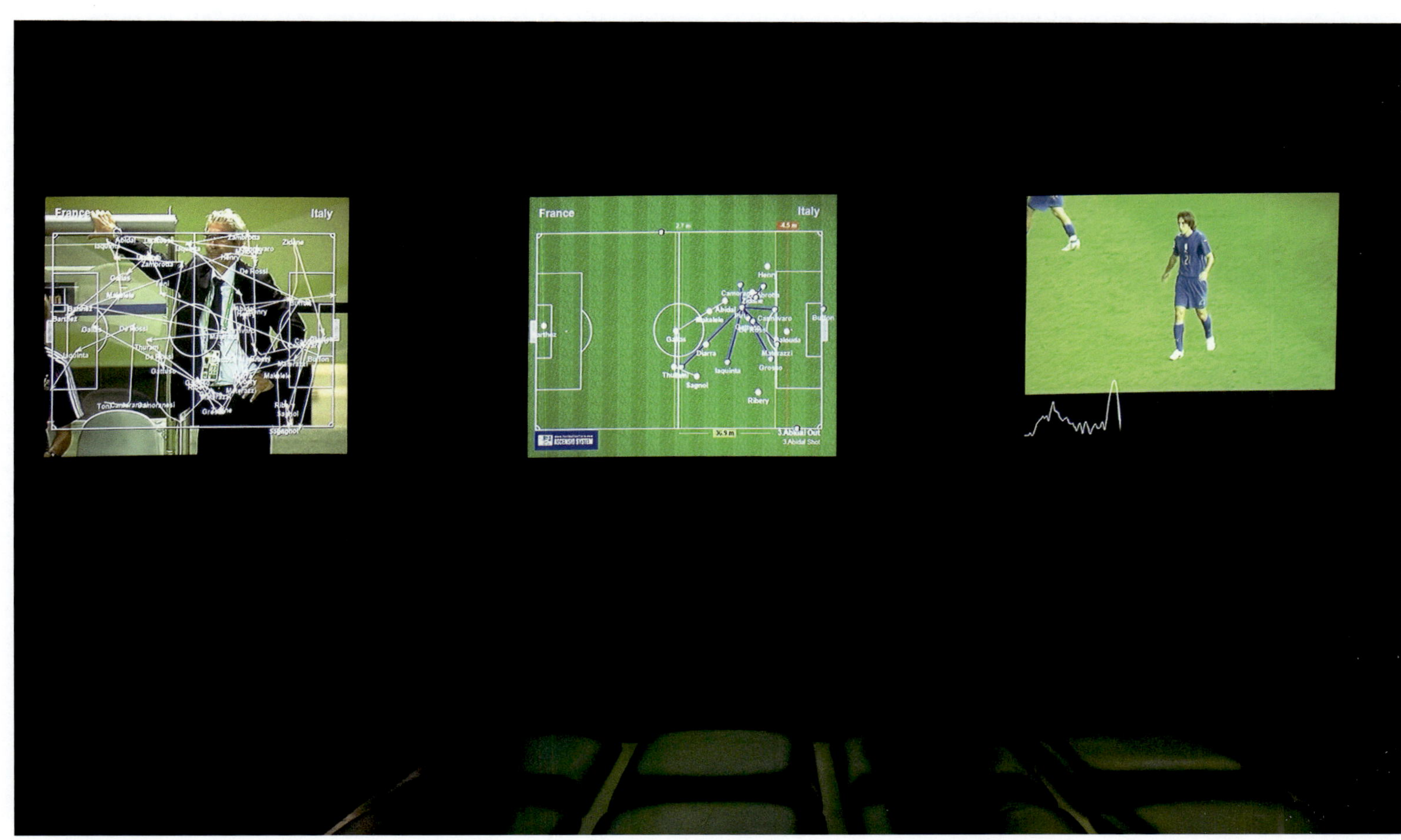

3

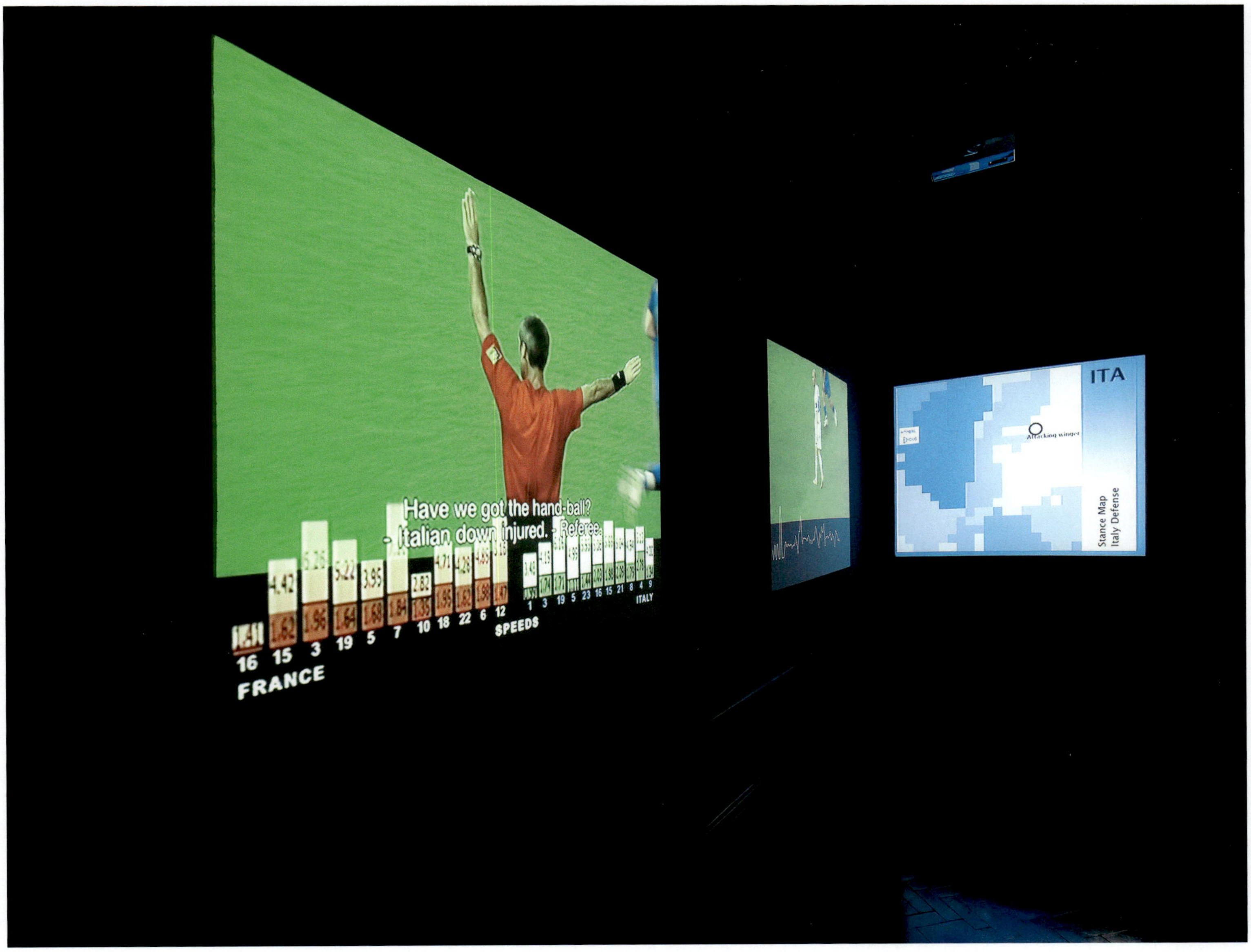

4

Ein Fernsehstudio bei Nacht. Die Kameras stehen verlassen, die Aufnahmemonitore und Studioleuchten sind abgeschaltet, die Arbeitsplätze der Redakteure unbesetzt. Ein solcher Raum scheint merkwürdig aus der Zeit gefallen, denn ein Nachrichtenstudio ist gänzlich für die Kopplung an und die Wiedergabe und Präsentation von Zeitgeschehen konzipiert. Doch Nachrichten und Welt finden hier nicht statt, sie sind stillgestellt. Die Gegenwart bleibt aus, das Nachrichtenstudio scheint neben sich zu stehen. Die Video-Arbeit filmte François außerhalb der Produktionszeit eines Aufnahmestudios des US-amerikanischen Senders FOX. Sie besteht aus einer einzigen Einstellung. Das Bild einer wackelnden Handkamera zeigt einen Schwenk durch das menschenleere Studio der 9-Uhr-Nachrichten des Senders, entlang einem Testbild, Aufnahmetechnik und Kulisse. Auf einem Monitor läuft die letzte Minute einer Folge der ebenfalls von FOX produzierten Anwaltsserie *The Practice*. Dies ist die einzige Bewegung im Raum, die dramatische Abspannmusik hallt durch die nächtliche Stille.
Das Video gewährt einen untypischen Blick auf die Kulisse des Studios. Es zeigt sie als reine Fassade aus simpler Einrichtung, schäbigen Oberflächen und billigen Paneelen, die allein aufgrund ihrer Kamerawirksamkeit dort platziert sind. Es sind Attrappen, Imitationen von Räumlichkeit, die durch eine bestimmte Ausleuchtung die standardisierte Optik der News-Ästhetik erzielen. Der Look der Kulisse, die Technik, die Computer sind zeittypisch, wirken jedoch heute schon hoffnungslos veraltet und scheinen quer zu stehen zum Gebot der Aktualität, dem die Arbeit in diesem Raum in der Regel folgt. Doch was dieses Video dabei atmosphärisch schafft, ist weniger ein entzaubernder Blick hinter die Kulissen, eine kritische Geste; es zeigt vielmehr einen neugierigen Blick darauf, was mit einem solch seltsamen, höchst artifiziellen Raum passiert, wenn er vom Alltag befreit ist, jenseits des Rituals, jenseits der Einwirkung von Menschen. Das Video ist eine Versuchsanordnung mit einem hermetischen Raum, einem Mikrokosmos, der – von Menschen verlassen – ein Eigenleben zu entwickeln scheint. [BO]

Michel François 260

A television studio at night. The cameras have been abandoned. The recording monitors and studio lights have been turned off, the directors' seats are empty. The space has the strange quality of something that has slipped out of the flow of time; after all, a newsroom exists exclusively to pick up, package, and transmit current events. Yet here, neither news nor world is to be found, for both have been shut down. The present is absent, the news studio seems to dwell outside of itself. François filmed this video piece outside of airtime in a studio belonging to FOX. It consists of a single shot. The image from a wobbling handheld camera pans over the deserted 9 o'clock news studio, across a test pattern, recording equipment, and the backdrop. A monitor shows the last minute of an episode of the FOX lawyer series *The Practice*. This is the only movement in the space; the dramatic music of the closing credits echoes in the nocturnal calm.
The video provides an unusual behind-the-scenes view of the studio, showing the set as a mere façade consisting of simple furnishings, shabby finishes, and cheap panels that have been placed there only because they look good on camera: they are mock-ups, imitations of spaciousness sustained by appropriate lighting in the standard look of the news aesthetic. The overall appearance of the set, the technology, and the computers are typical of the period but already look irremediably obsolete, at odds with the claim to being up to date that is the credo of news work. Yet this video creates an atmosphere that has less to do with the disenchanting peek behind the curtain, the gesture of critique. Instead, it provides an inquisitive look at what happens to such a strange, highly artificial space when it is freed from its daily use, beyond ritual and the impingement of humans. The video is an experimental setup with a hermetically sealed space, a microcosm, which, once abandoned by humans, appears to develop a life of its own. [BO]

Fox

Videoinstallation, Farbe, Ton / Video installation, color, sound, 3:51 min., 2005

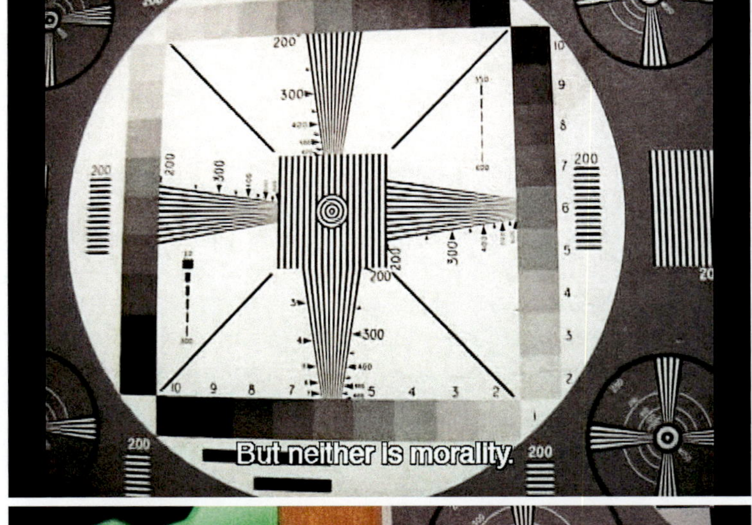

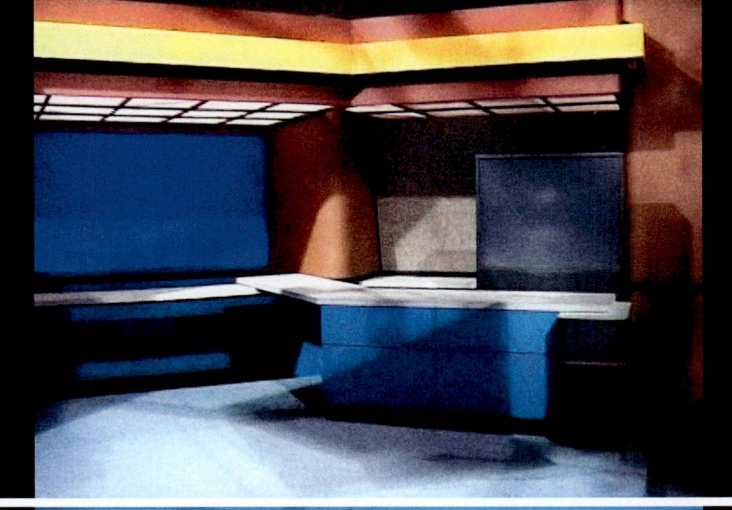

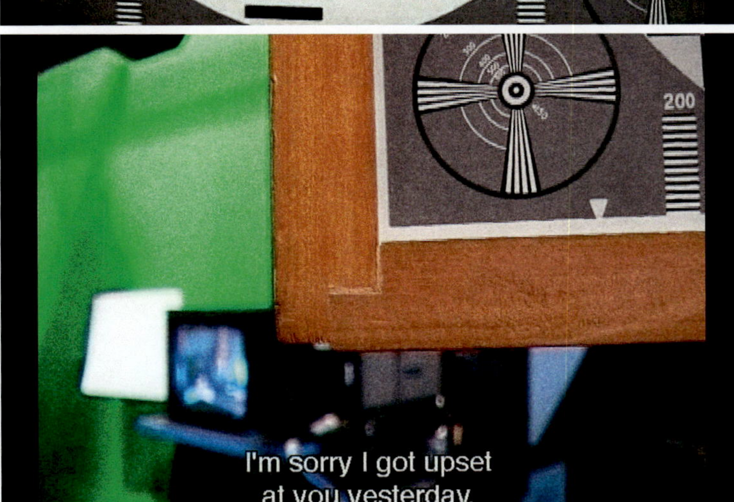

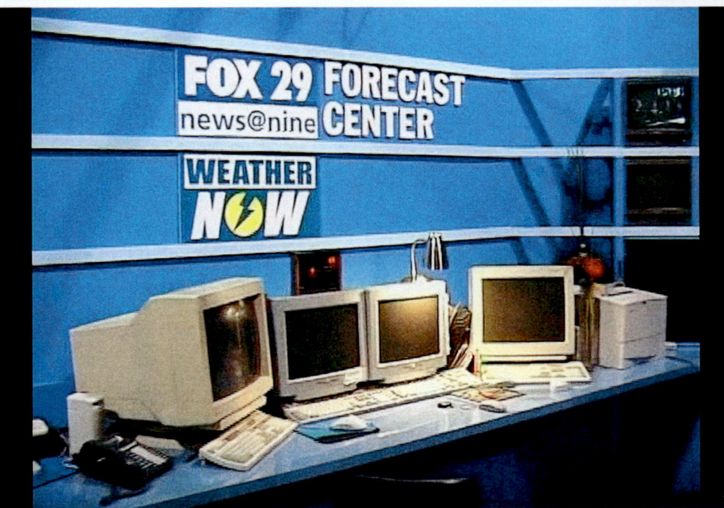

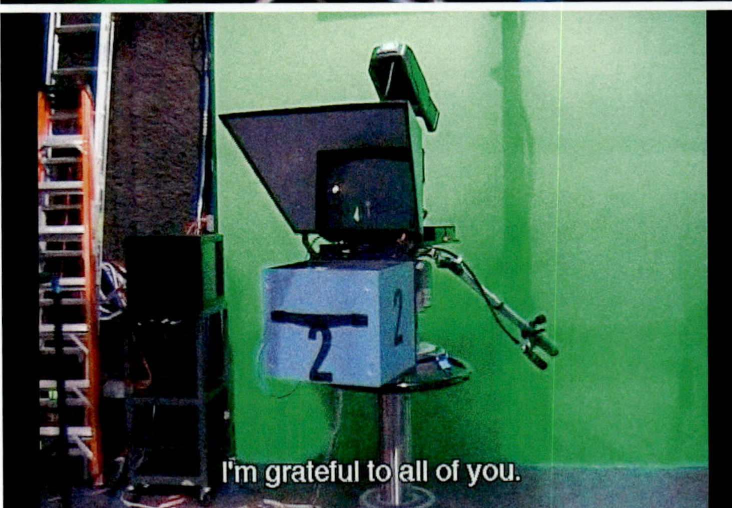

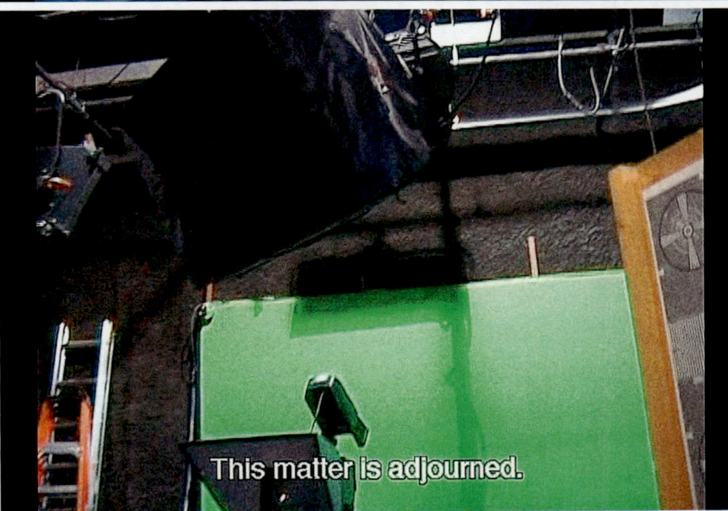

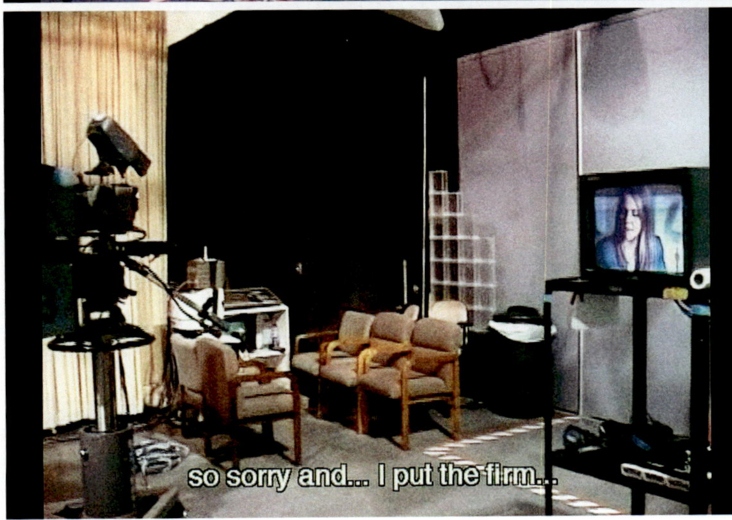

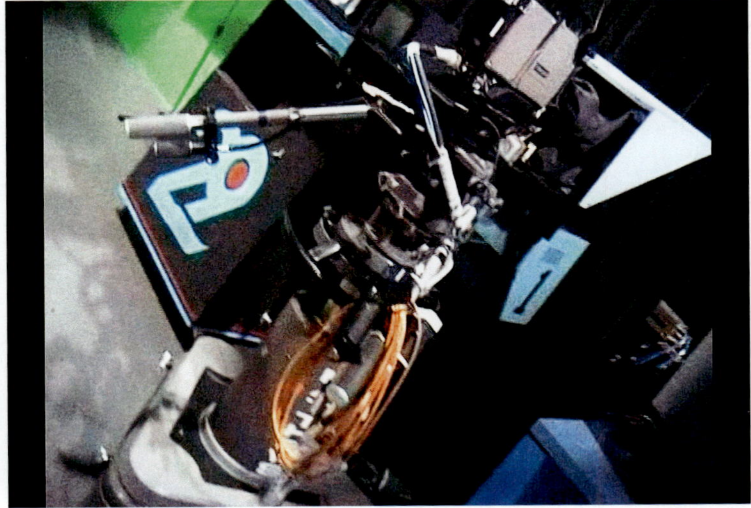

Melanie Gilligan nutzt das Format der Mini-Serie für ihr bislang umfassendstes Projekt *The Common Sense* (2014). In 15 je ca. 6-minütigen Episoden entfaltet sich ein experimentelles, narratives Drama um eine fiktive Zukunfts-Technologie: „The Patch", eine Art kleiner Prothese für den Gaumen, ermöglicht es, Gefühle und Affekte über Gehirnwellen in „Echtzeit" mit anderen Menschen zu teilen und darüber mit ihnen in eine intensive Verbindung zu treten.

The Common Sense berührt ein aktuelles Thema, denn die Frage, wie technologische Entwicklungen unter kapitalistischen Bedingungen unsere alltäglichen Handlungen und sozialen Beziehungen beeinflussen, wird zunehmend brisant. Als gegen Ende der fünften Episode das technische Netzwerk von „The Patch" zusammenstürzt, scheinen die Menschen bereits verlernt zu haben, „normal", also ohne Hilfsmittel, miteinander zu kommunizieren. Dies lässt sich ohne Weiteres auf unsere gegenwärtige Situation übertragen: Zumindest die jüngere Generation ist oft rund um die Uhr online, nutzt Smartphone und soziale Netzwerke wie Facebook und Twitter selbstverständlich zur Kommunikation. Wie abhängig wir bereits von Technik und Geräten geworden sind, wird uns meist erst dann bewusst, wenn wir diese vorübergehend nicht nutzen können. In Gilligans Geschichte wird die romantische Vorstellung, sein Gegenüber ohne große Worte zu „verstehen", durch die Reflexion auf die technische Entwicklung der Kommunikation brutal entzaubert. Denn die Möglichkeit, sich jederzeit mit jedem verbinden zu können, erzeugt auch den Zwang der ständigen Erreichbarkeit, Kontrolle und Selbstoptimierung.

Gilligan lässt die Entwicklung von „The Patch", die nach dem Zusammenbruch wieder einsetzt, bewusst offen. Ein Erzählstrang schildert eine Welt, in der die Technik zum festen Bestandteil des alltäglichen Lebens geworden ist; der andere erzählt die Geschichte des aufkeimenden Widerstandes. Das Format der Serie hat die Künstlerin intelligent in den Ausstellungsraum übertragen: Bei der ersten Präsentation von *The Common Sense* in den drei Institutionen de Appel (Amsterdam), de Hallen (Haarlem) und Casco (Utrecht) konnten die Besucher zwischen Flachbildschirmen umhergehen, die über ein komplexes Röhrensystem verbunden waren, das wiederum die Idee einer allumfassenden Vernetzung widerspiegelte. [SW]

Melanie Gilligan

In *The Common Sense* (2014), her most comprehensive project to date, Melanie Gilligan deploys the miniseries format. An experimental, narrative drama is made to unfold over 15 episodes, each six minutes long, around a fictional technology of the future, "The Patch," a miniature palate prosthesis, makes people capable of entering into intensive contact with other people by sharing feelings and affects via "real-time" brain-wave transference.

The Common Sense touches on a topic of current concern: how does technological development influence our daily conduct and social relations under the conditions of capitalism? In episode five, when the technical network "The Patch" breaks down, people appear to have already lost the ability to communicate with each other "normally," that is to say, without technical aid. This can be easily applied to our current situation, in which especially the younger generation is permanently online, taking Smartphone and social networks like Facebook and Twitter for granted as means of communication. We tend to be unconscious of the extent to which we are already dependent on technology and gadgets until we are temporarily unable to use them. Gilligan's story reflects on the development of technology, brutally demystifying the romantic notion of an immediate mutual "understanding" without words. The capacity to connect at anytime with anyone generates a pressure to be constantly accessible, controllable, and self-optimizing.

Gilligan deliberately leaves us hanging as to what becomes of "The Patch" after the collapse. One narrative strain describes a world in which technology has become a firm fixture of everyday life. Another tells of nascent resistance. The artist shrewdly transposes the series genre into the exhibition space. In the first presentation of *The Common Sense* at the three institutions de Appel (Amsterdam), de Hallen (Haarlem), and Casco (Utrecht), visitors were able to walk around among the flat screens, which were connected by a complex system of tubing, reflecting the idea of total, all-embracing interconnection. [SW]

The Common Sense

HD-Video in 15 Episoden, Farbe, Ton / HD video in 15 episodes, color, sound. Gesamtzeit / Total running time 97:05 min., 2014

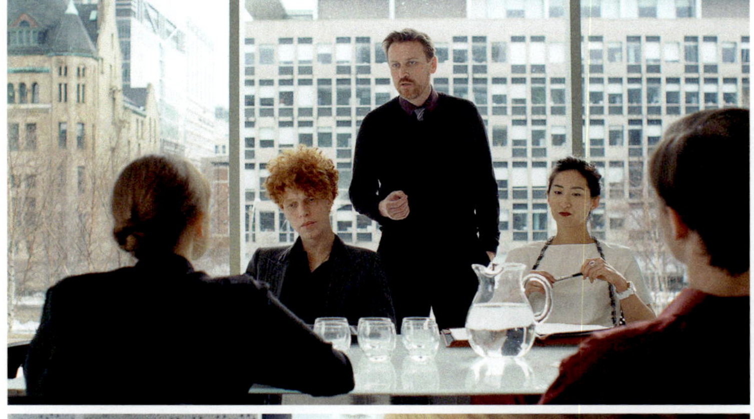

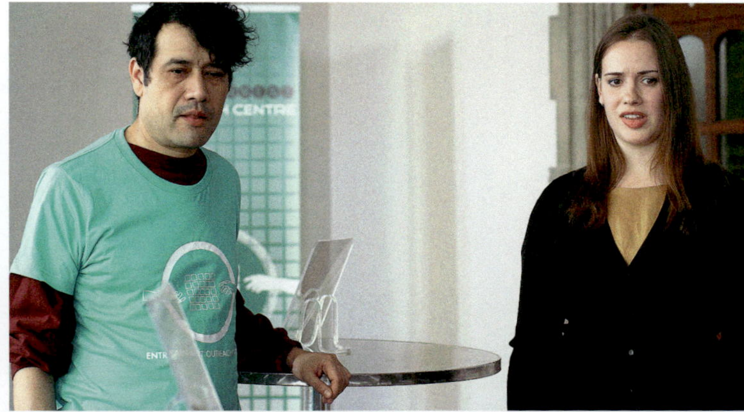

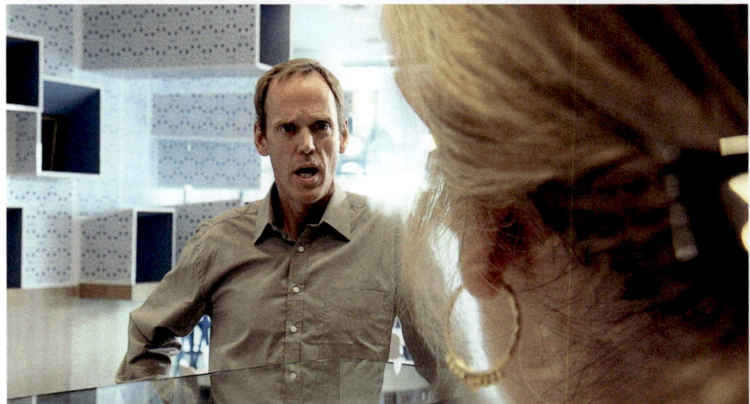

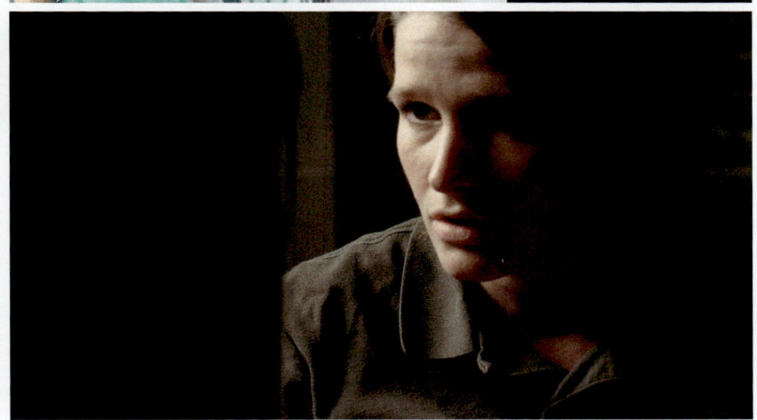

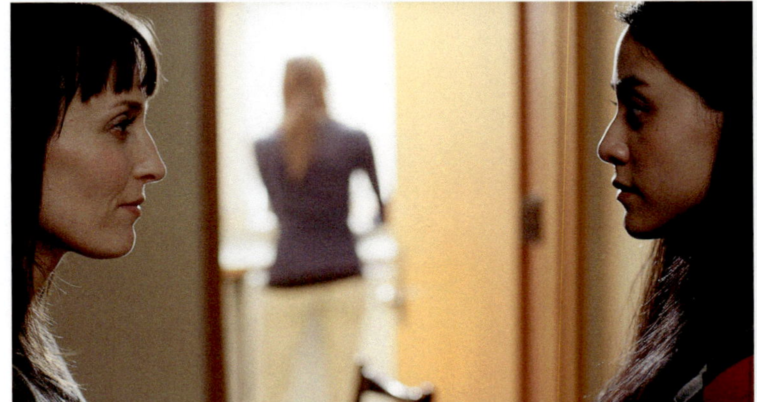

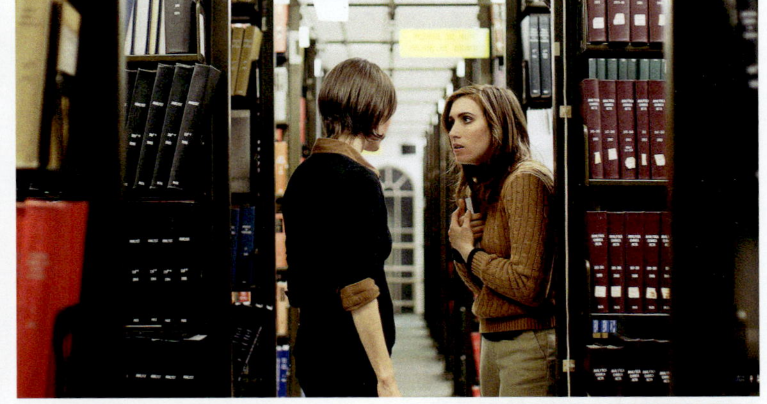

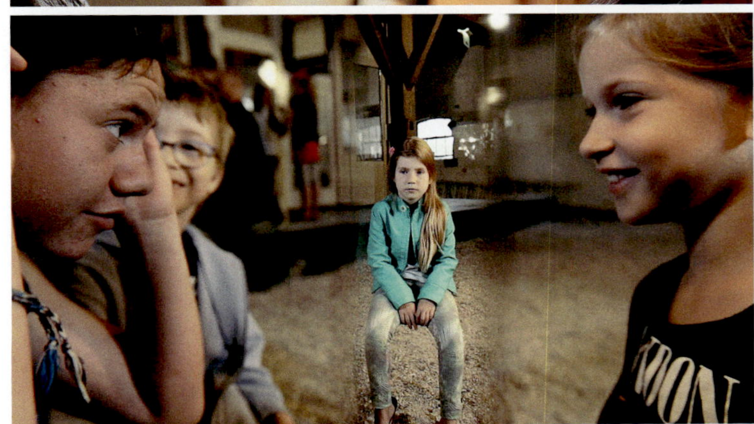

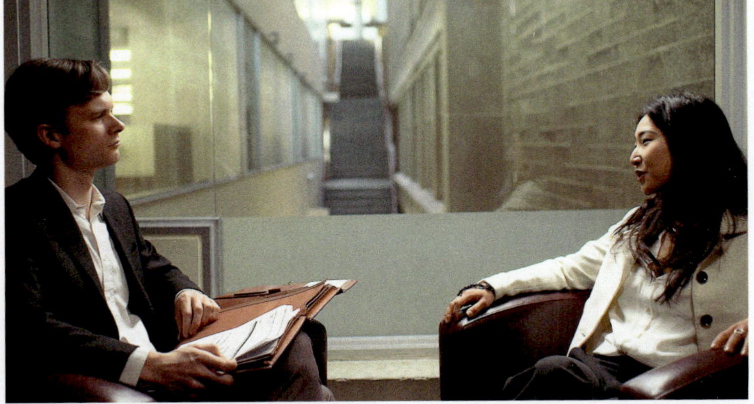

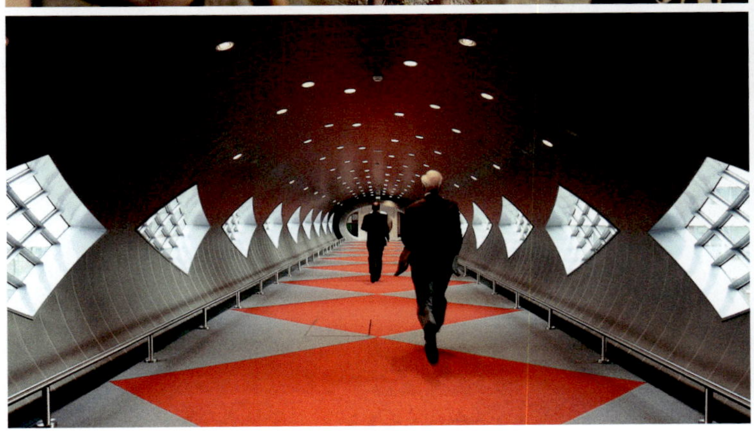

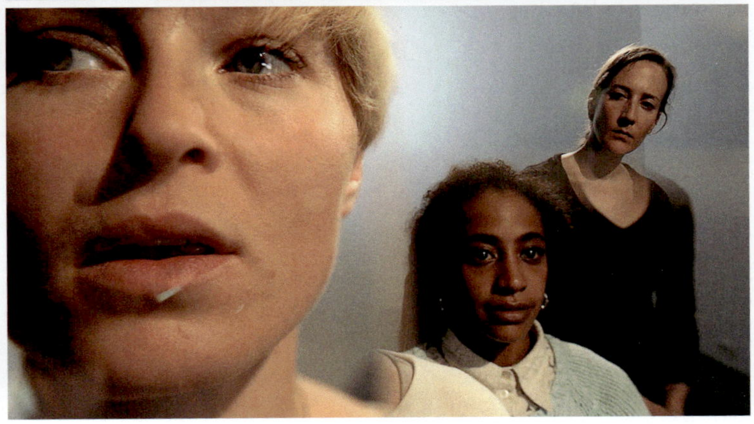

The Common Sense

1, 2 Installationsansicht / Installation view, CASCO – Office for Art, Design and Theory, Utrecht, 2014

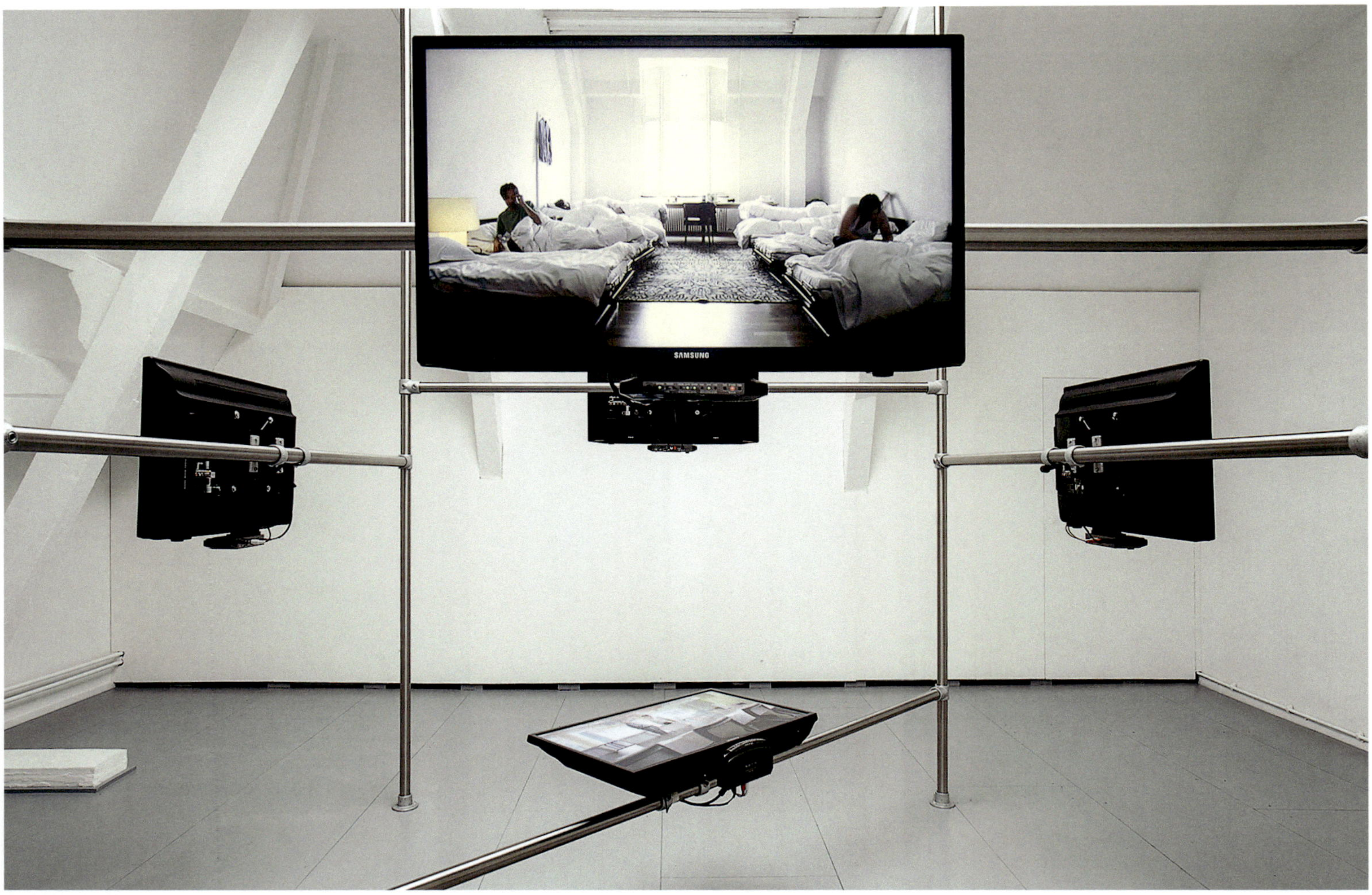

1

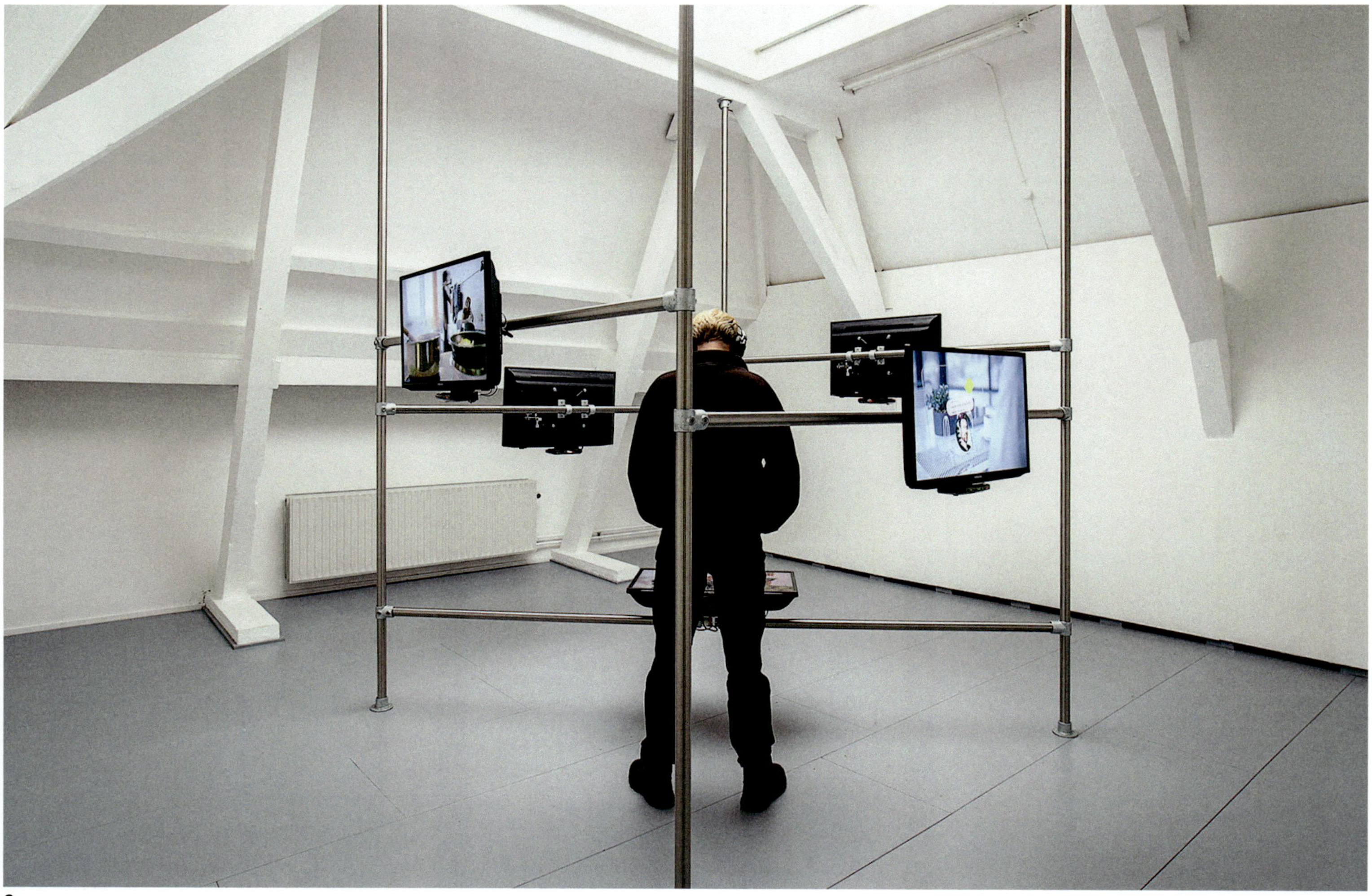

2

3, 4 Installationsansicht / Installation view, De Hallen, Haarlem, 2014
5, 6 Installationsansicht / Installation view, De Appel Arts Centre, Amsterdam, 2014

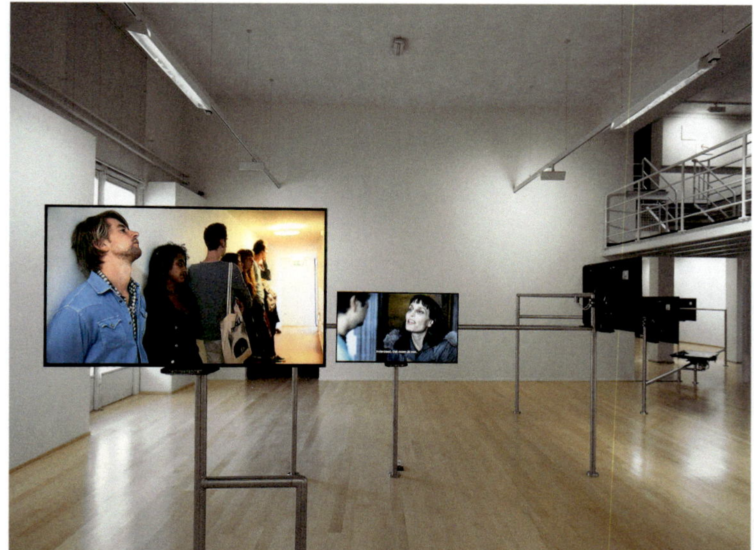

3

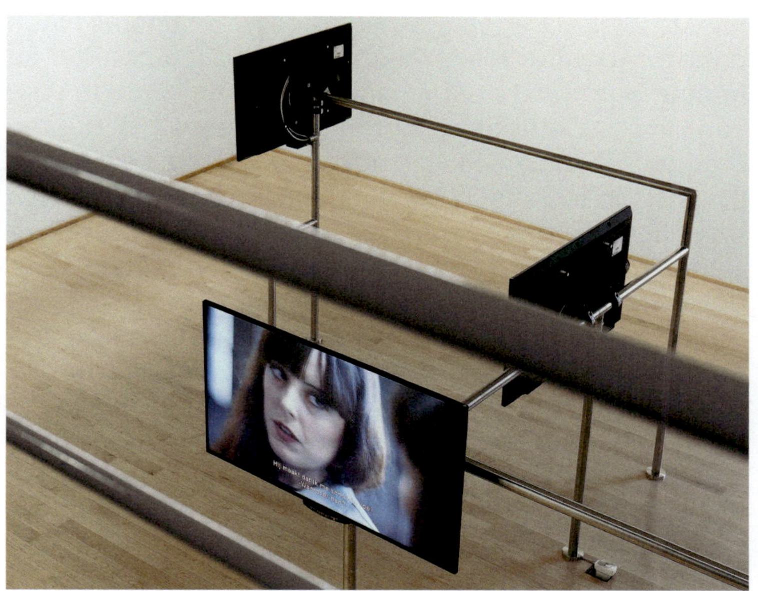

4

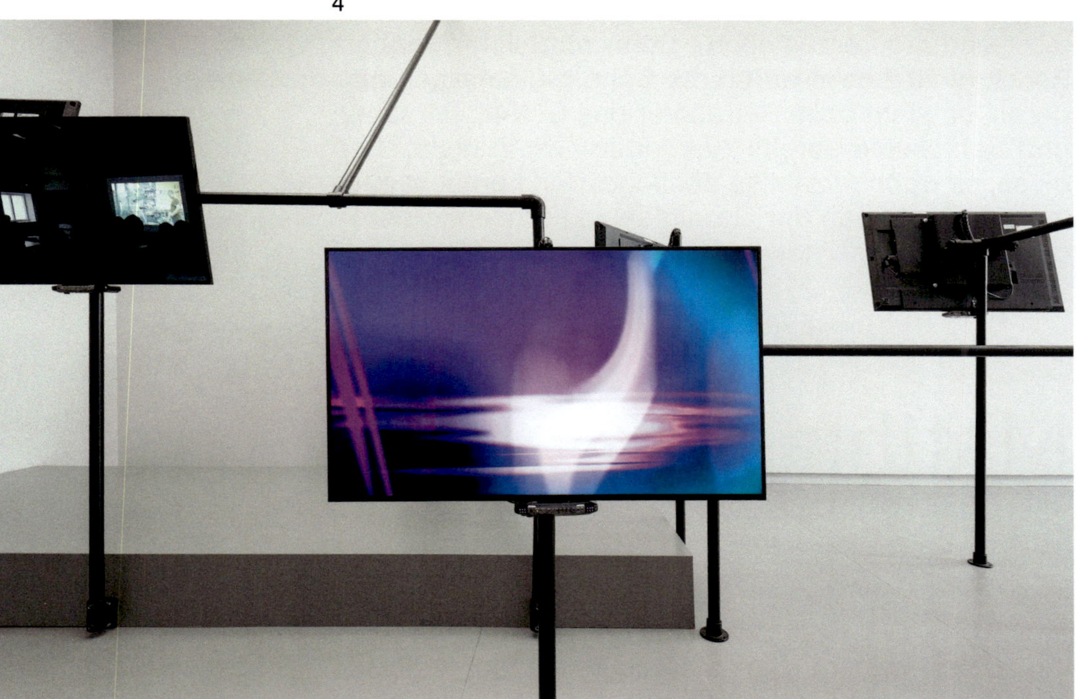

5

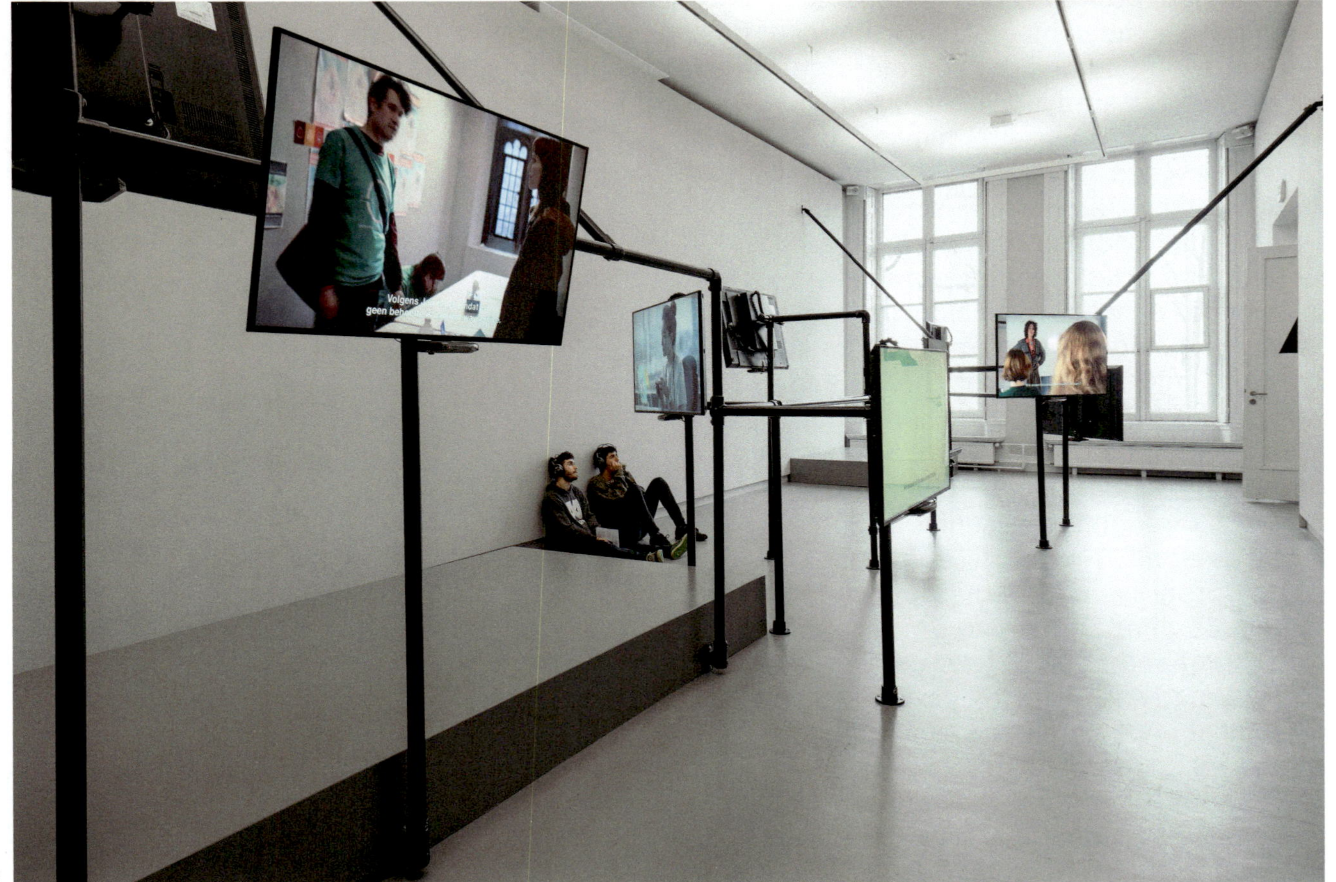

6

Platon, einer der frühesten Kritiker der Malerei, fragte um 400 v. Chr., ob es einen „Zaubermeister" gebe, der jeden Künstler in den Schatten stelle, da er alles Sichtbare augenblicklich nachbilden könne. Seine Antwort lautete: der Spiegel. Matthias Groebel scheint einen nahezu ebenbürtigen „Zaubermeister" erschaffen zu haben. Um 1990 baute er sich eine „Malmaschine", die, von einem Computerprogramm gesteuert, Bilddaten über eine Airbrush-Pistole auf quadratische Leinwände sprüht. Ein technisch aufwendiger Prozess, unter den damaligen Bedingungen „ambitioniert – und ein klein wenig irre" (M. Groebel). Im Gegensatz zu einem Spiegel muss man die Maschine jedoch gezielt füttern. Der Künstler untersuchte über mehrere Jahre das sich ausbreitende Satellitenfernsehen der 1990er-Jahre, das sowohl Sendungen aus der ganzen Welt ins heimische Wohnzimmer übertrug als auch immer preiswerter produziertes Material ausstrahlte. Als Motive wählte er keine berühmten Personen oder Sendungen, sondern wahrte in der inhaltlichen wie malerischen Unbestimmtheit die Beiläufigkeit des Gesendeten. Reicht im Grunde nicht ein „Still", um sich Ton und Ablauf der gesamten Sendung vorzustellen? Denn obgleich Groebels Bilder, nicht zuletzt durch die Schrift, Einmaliges offerieren, entsteht beim Betrachter das Gefühl, Personen und Schicksale bereits zu kennen – wenn nicht eben diese, so doch unzählige ähnliche. Das Fernsehen formatiert das Leben der Gezeigten zu Fernsehkarrieren, die in der Masse gewöhnlich werden; größtmögliche individuelle Aufladung bei beliebiger Austauschbarkeit, weltweit, 24/7. Ist Ted wirklich Ted? Gab es eine künstliche Befruchtung oder hat der Künstler bei der digitalen Aufbereitung Text hinzugefügt? Und ist es von Belang?

Indem der Künstler den Fluss der Sender anhält, das Gesendete zuspitzt und in Malerei überträgt, reflektieren die Werke die „Wirklichkeit" des Formats Fernsehen. Wie Andy Warhol durch den Rekurs auf die Zeitungen oder Gerhard Richter in der Auseinandersetzung mit der Fotografie nutzt Groebel die Malerei einmal mehr, um zeitgenössische Medien- und Bilderwelten zu spiegeln. [MS]

Matthias Groebel 266

Around 400 BC, Plato, one of the earliest critics of painting, asked: Is there a "master magician" who eclipses all artists by copying all visible things in the blink of an eye? His answer: Yes, the mirror. Matthias Groebel appears to have created a master magician of almost equal standing. Around 1990 he built a computer-controlled "painting machine" that sprayed image files onto square canvases. According to Groebel himself, this technically elaborate process was, given the means available to him at the time, "ambitious – and a little crazy." Unlike a mirror, the machine needed to be fed with specific images. The artist spent several years studying the diffusion of satellite television material during the 1990s, which included programs broadcast from around the world into private households and those made on increasingly lower budgets. For his motifs, he did not choose famous people or well-known programs, preferring instead to preserve thematic and painterly indeterminacy through the casualness of the material he selected. After all, is not a still sufficient to evoke the sound and progress of an entire program? Even though the images offer something unique, not least of all through the appearance of text, the viewer still has the feeling of already knowing the protagonists and their destinies, or at least countless similar ones. Television schematizes the lives of its personnel in the format of television careers that become ordinary by being so many: maximal individual intensity coupled with arbitrary substitutability, worldwide, 24/7. Is Ted really Ted? Was there an artificial insemination or did the artist add the text in the course of digital processing? Does it even matter?

By halting the broadcast stream, honing it, and transposing it into painting, the works reflect the "reality" of the television format. Like Warhol using newspapers or Gerhard Richter engaging with photography, Groebel employs painting to mirror contemporary media and image worlds. [MS]

o. T. / Untitled

Acryl auf Nessel / Acrylic on muslin, 95 × 95 cm, 1992

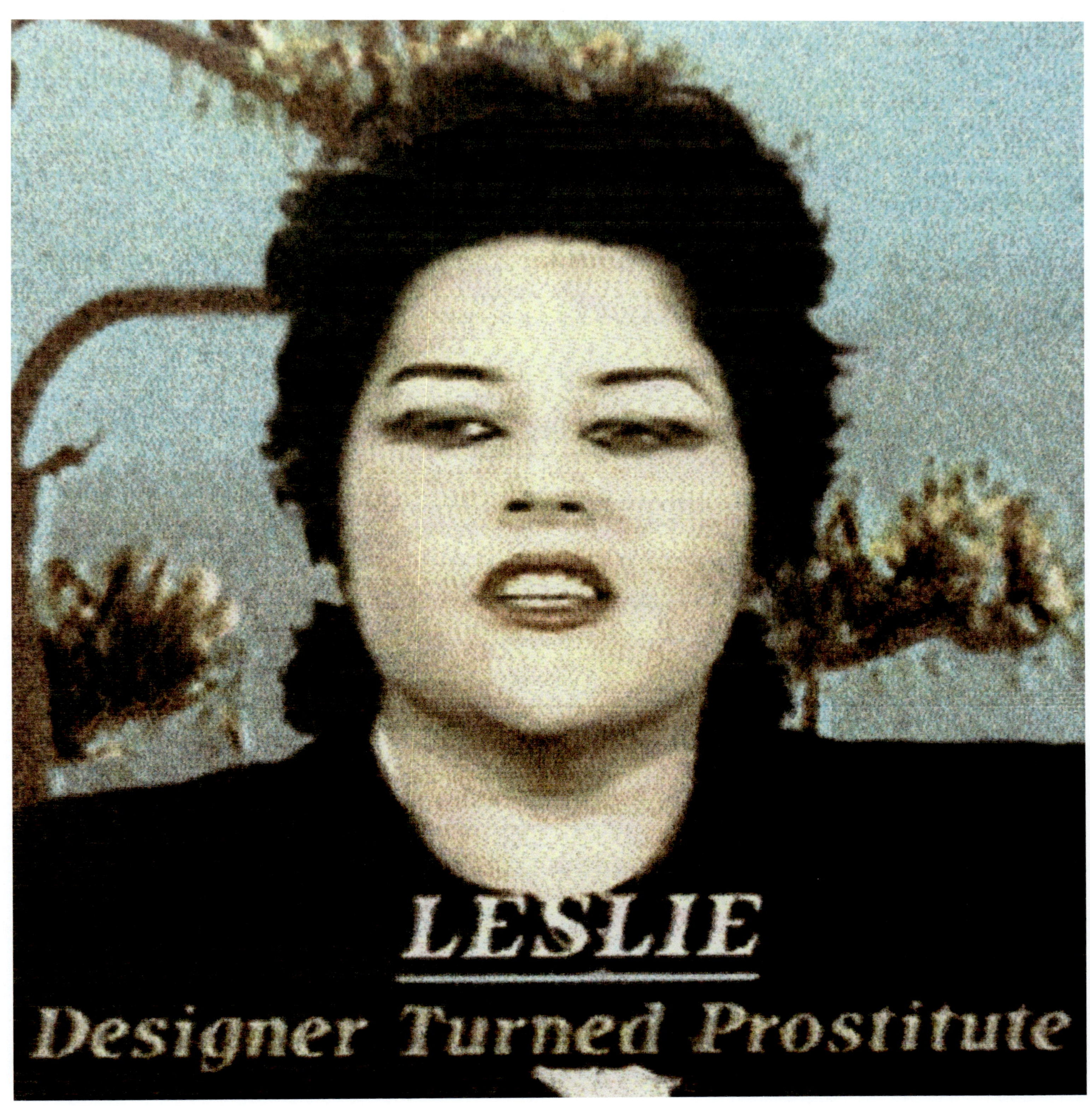

TED
Son Artificially Inseminated
Stepmother

1

"REBECCA"
Artist Turned Prostitute

2

:13

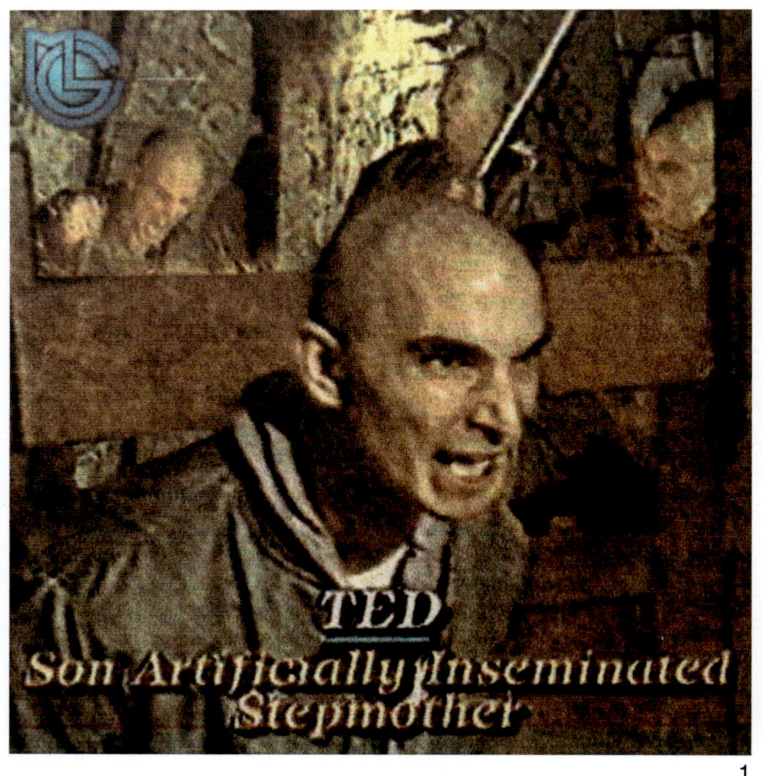

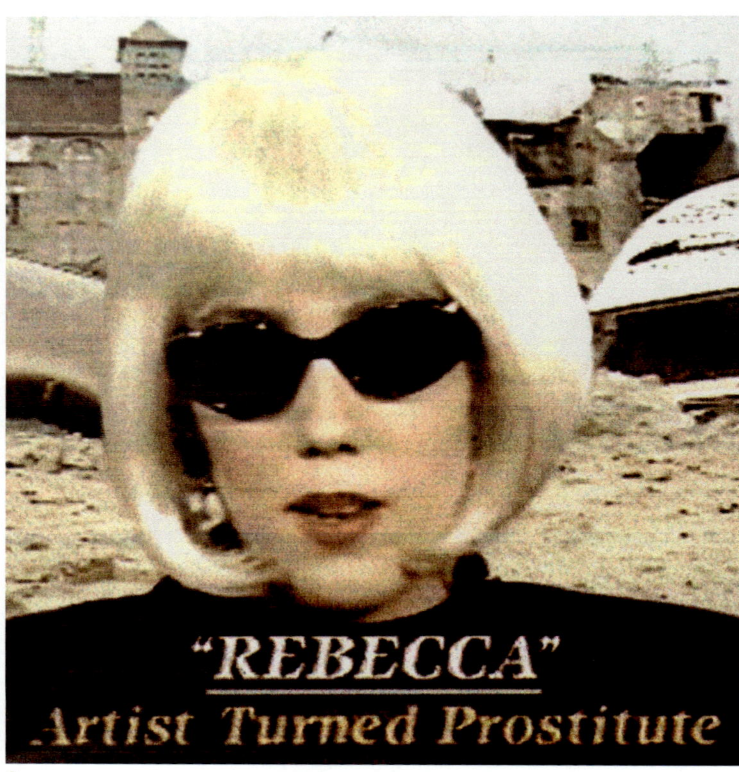

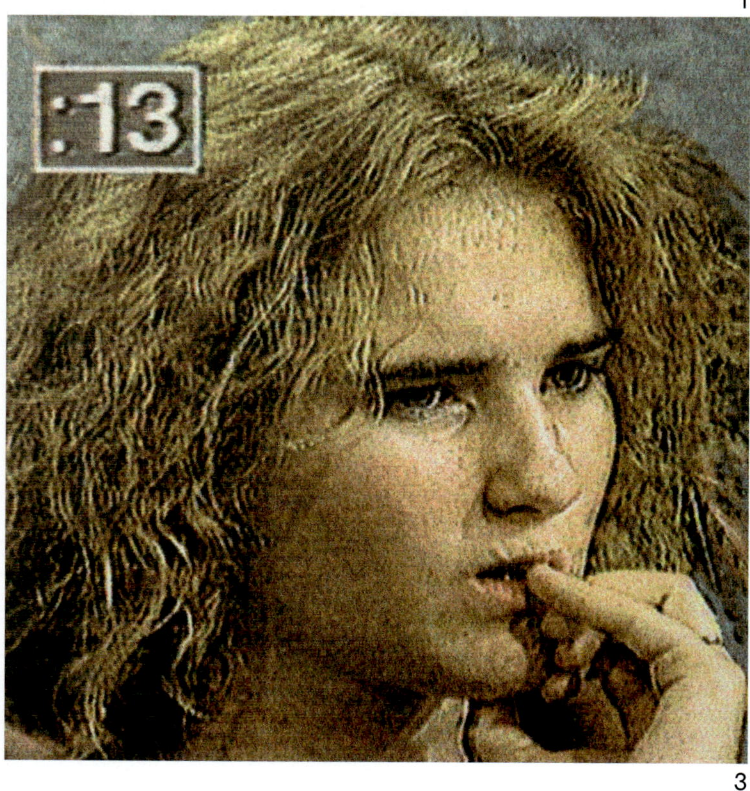

3

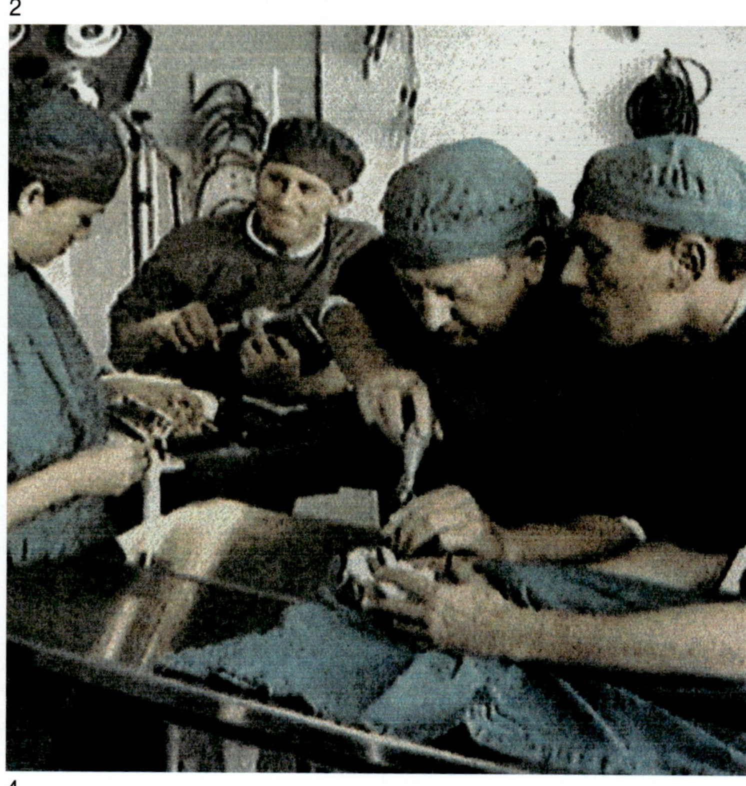

4

Alle: Acryl auf Leinwand / All: acrylic on canvas, jeweils / Each 95 × 95 cm, 1992

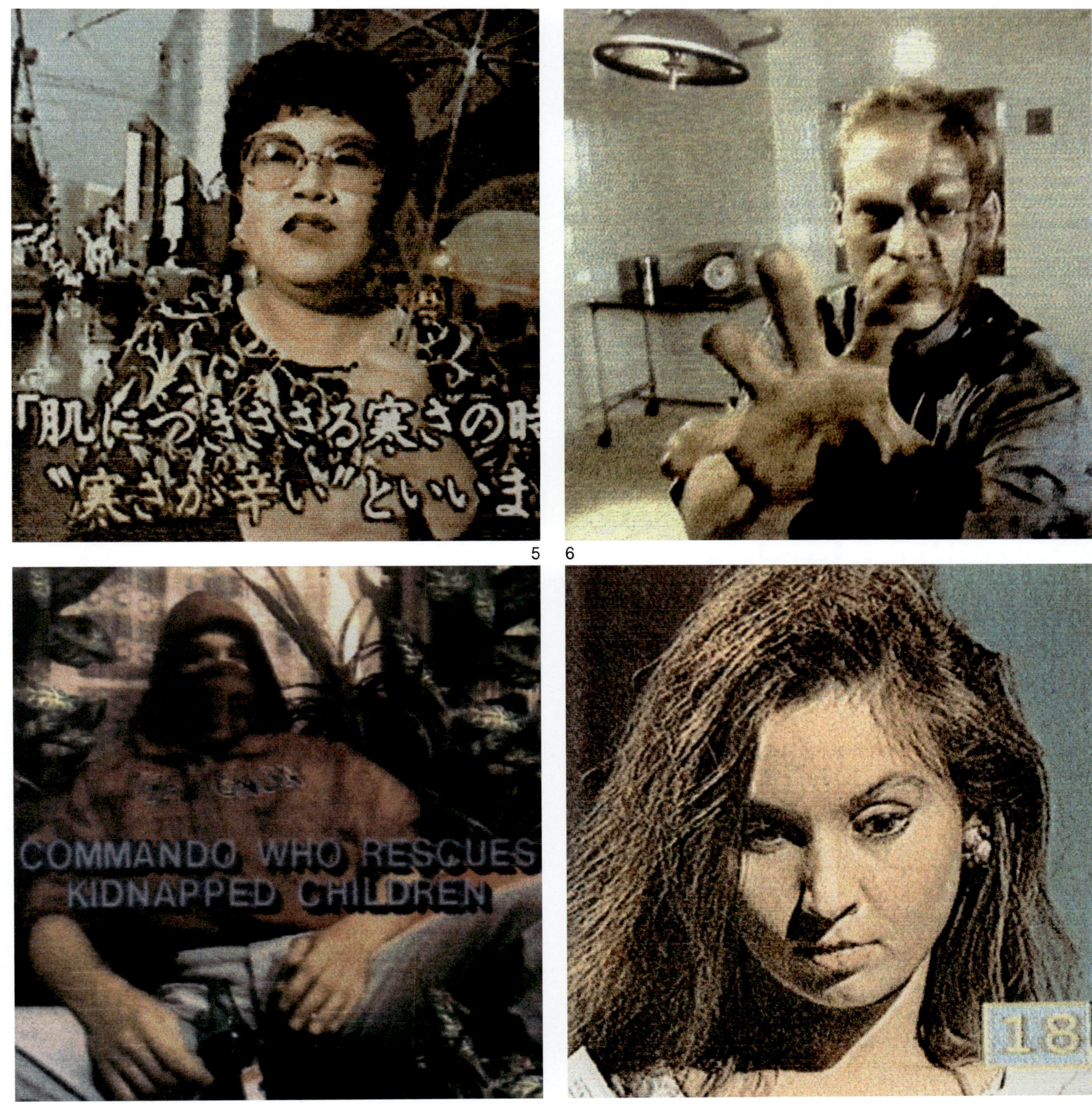

5 6

7 8

Das TV-Programm hat das Freizeitverhalten von Generationen von ZuschauerInnen und ihr ästhetisches Empfinden konditioniert. Das kulturelle Gedächtnis des Publikums manifestiert sich in einer nationalen Medienidentität, in der dem TV-Programm sinnstiftende und welterklärende Macht zukommt.
In ihrer zwölfteiligen Serie *Monitor* (1998–2003) knüpft Caroline Hake an dieses gemeinschaftliche visuelle Gedächtnis des Publikums an und hinterfragt sein habituelles Rezeptionsverhalten. Die vor Ort fotografierten Studioansichten haben einen hohen Wiedererkennungswert und rufen unmittelbar Assoziationen mit den zugehörigen Fernsehsendungen auf. Der Transfer der TV-Kulissen in die Fotografie löst zunächst ein zufriedenstellendes Wiedererkennen aus, das aber rasch gestört wird: Die Fotografien lassen sich nicht mit der gewohnten Wahrnehmung dieser seltsam vertrauten Orte in Einklang bringen. Die ModeratorInnen und Animationen fehlen, und die Stillstellung des Bildes rückt den Fokus auf die leeren Kulissen der Fernsehstudios. Man erkennt, dass sie für eine modellhafte Inszenierung geschaffen wurden, die im Fernsehen funktioniert, nun aber im Medium der Fotografie offengelegt wird. *Monitor* „kompromittiert damit einen Teil der medialen Illusion“.[1] Das Gemacht-sein der Kulissen verweist auch auf die Konstruktion medial vermittelter Wirklichkeit. Wie das filmisch bewegte Bild ist auch das Fernsehen zahlreichen Verfahren der Inszenierung, Stilisierung und Fiktionalisierung unterworfen. Hakes „Arbeit [basiert jedoch] nicht auf einer einfachen Moral, die Aufklärung und tiefere Erkenntnis verspricht. Schließlich sind die Bilder und Suggestionen, die in Fernsehanstalten [oder] Kinos […] angeboten werden, genau das, was die Welt in vielerlei Hinsicht ausmacht und was das Publikum will.“[2] [EG]

1 Maik Schlüter, „Wunsch und Wirklichkeit“, in: *Soll und Haben: Caroline Hake*, Ausst.-Kat. Wiesbaden 2006; Erfurt 2007, Frankfurt a.M. 2006, o.S.

2 Ebd.

Caroline Hake 270

The programs offered on television have conditioned the recreational behavior of generations of viewers, along with their aesthetic sensibility. The cultural memory of the audience is manifested in a national media identity in which meaningful and world-explaining power are ascribed to the television program. In her twelve-part series *Monitor* (1998–2003), Caroline Hake addresses this communal visual memory of the audience and investigates its habitual attitude of reception. The views of television studios photographed on-site have a high recognition value and summon up direct associations with the corresponding television shows. The transfer of the TV backdrops into photography first engenders a satisfying instant of recognition which, however, is soon subverted: the photographs cannot be brought into harmony with the customary perception of these strangely familiar sites. The moderators and excitement are lacking, and the immobility of the picture directs the focus to the empty backdrops of the television studios. The viewer realizes that they were created for a model staging that functions in television but is now rendered visible in the medium of photography. *Monitor* “thereby compromises a part of the media illusion.”[1] The made quality of the backdrops also refers to the construction of a reality conveyed by the media. Like the moving picture of a film, television is also subject to numerous processes of staging, stylization, and fictionalization. Hake’s “work is not [based, however,] on a simple moral that promises enlightenment and deeper awareness. Ultimately, the images and suggestions that are offered in television production facilities [or] cinemas […] are exactly what constitutes the world in many senses and what the audience wants.”[2] [EG]

1 Maik Schlüter, “Wunsch und Wirklichkeit,” in *Soll und Haben: Caroline Hake*, exh. cat. Wiesbaden 2006, Erfurt 2007, and Frankfurt am Main 2006, n.p.

2 Ibid.

Monitor I (Tageschau)

C-Print, 120 × 160 cm, 1998

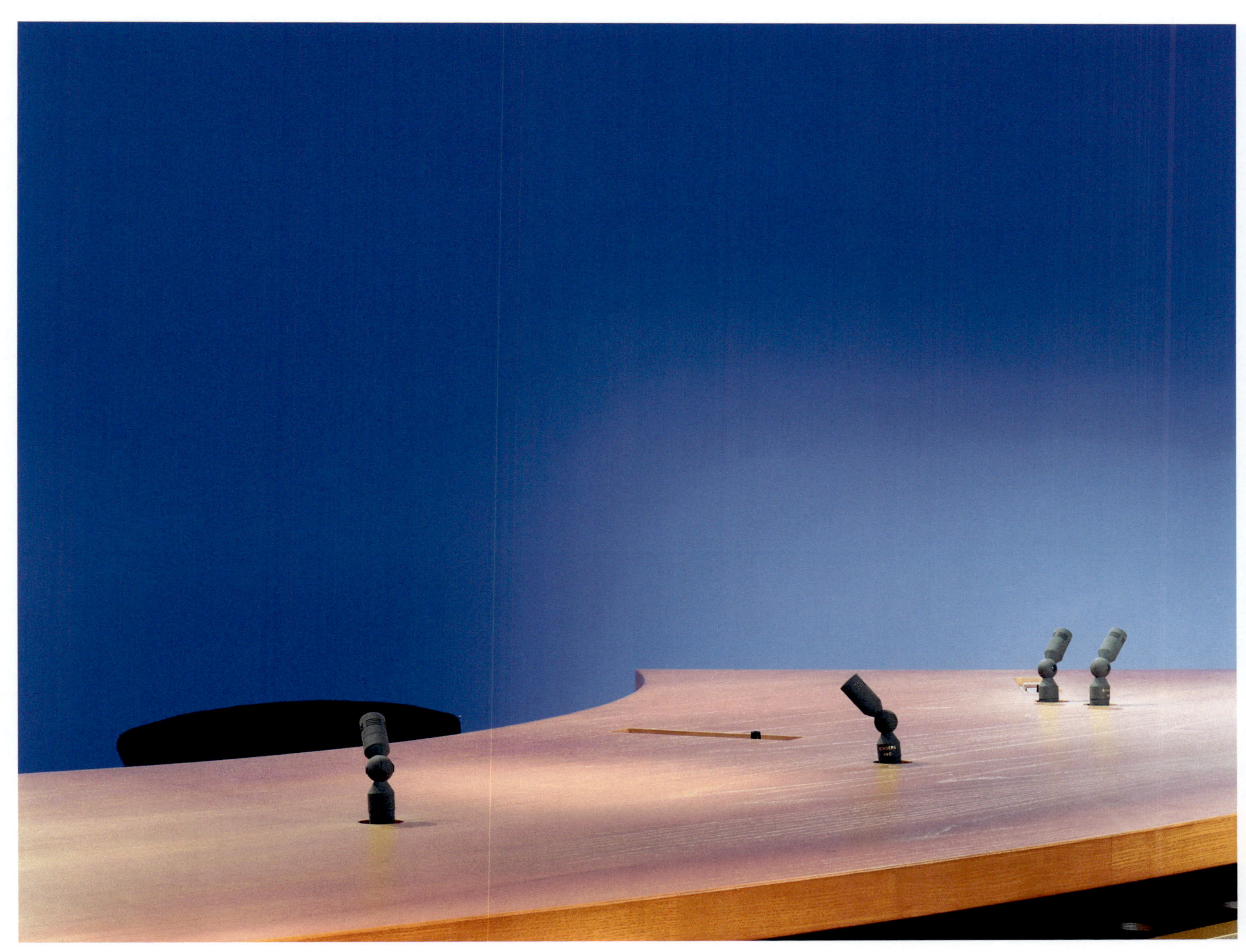

1 Monitor II (Liebe Sünde)

C-Print, 120 × 160 cm, 1999

2 Monitor III (Glücksrad)

C-Print, 120 × 160 cm, 1999

3 Monitor IV (Harald Schmidt)

C-Print, 120 × 160 cm, 1999

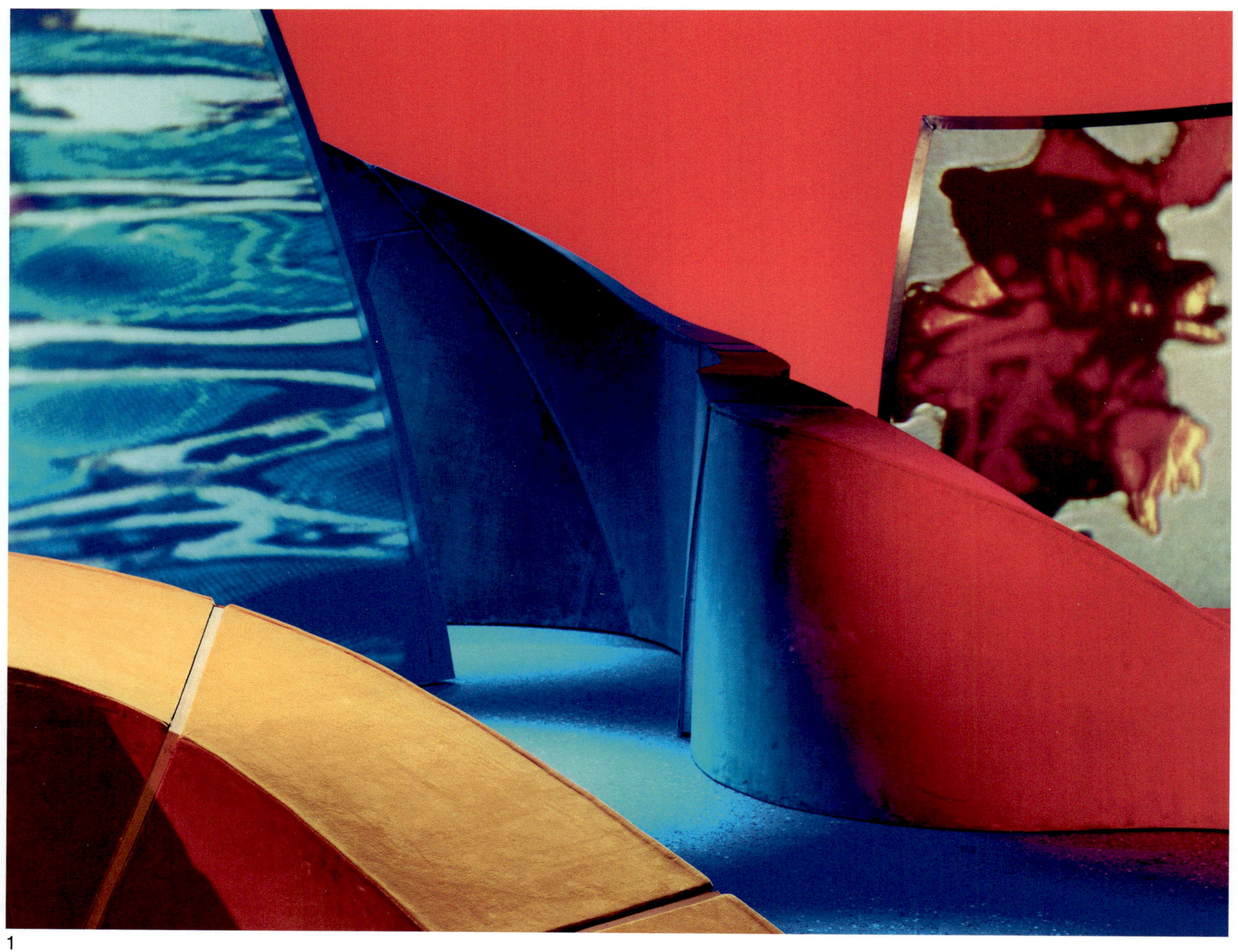
1

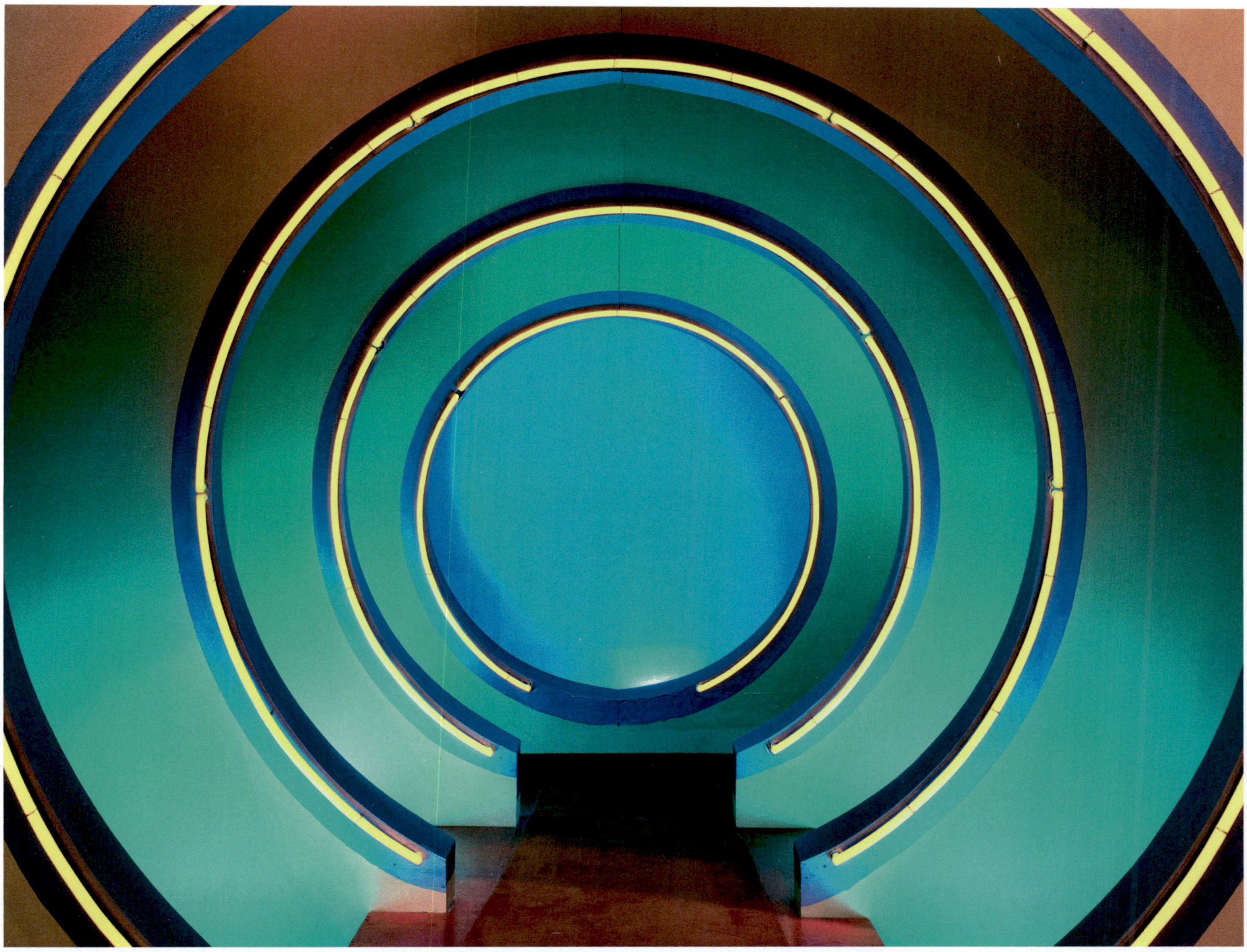

2

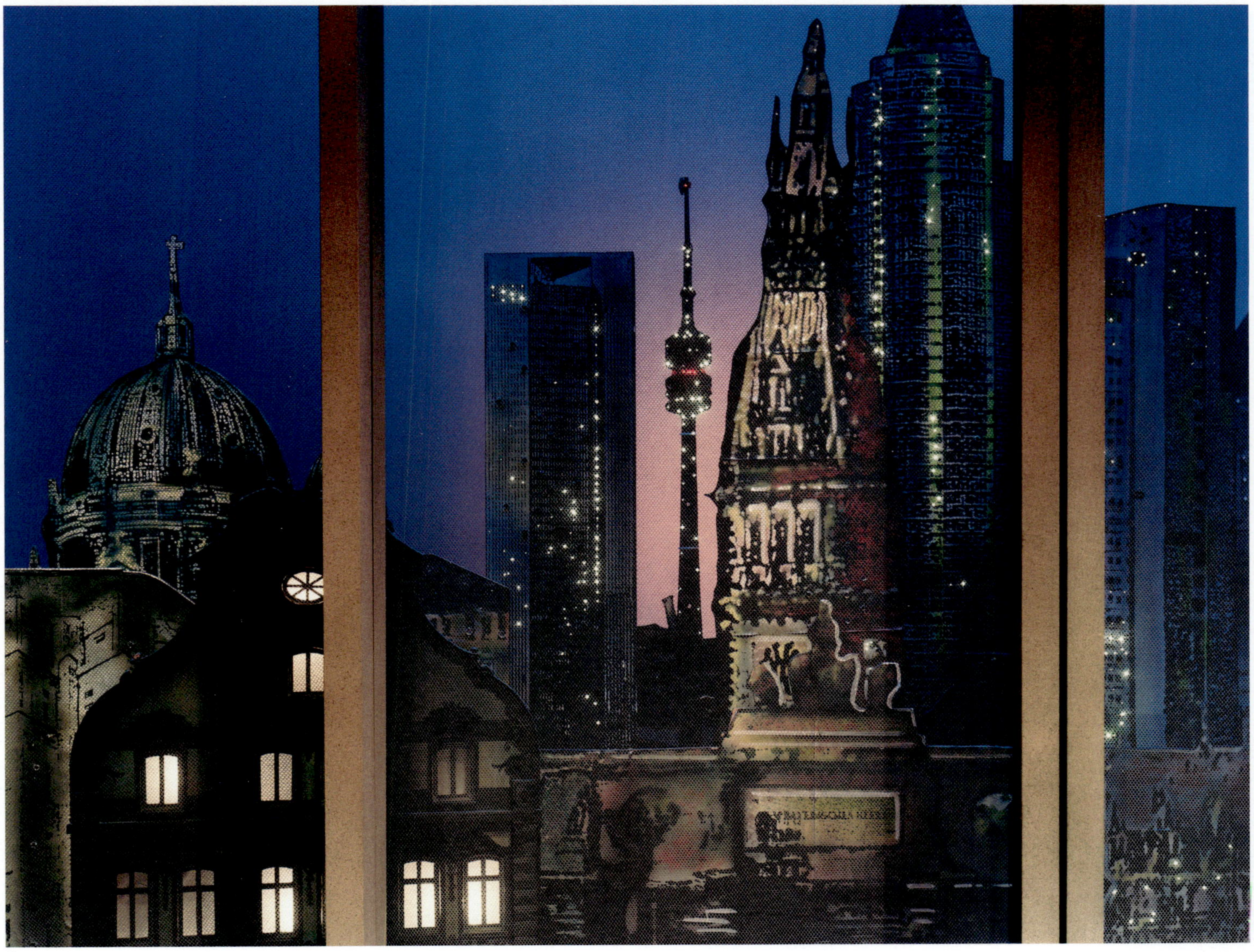

3

1 Monitor VI (Hallo Deutschland) — C-Print, 120 × 160cm, 2000

2 Monitor VIII (Herzblatt) — C-Print, 120 × 160 cm, 2001

3 Monitor XI (TV-Duell) — C-Print, 120 × 160 cm, 2002

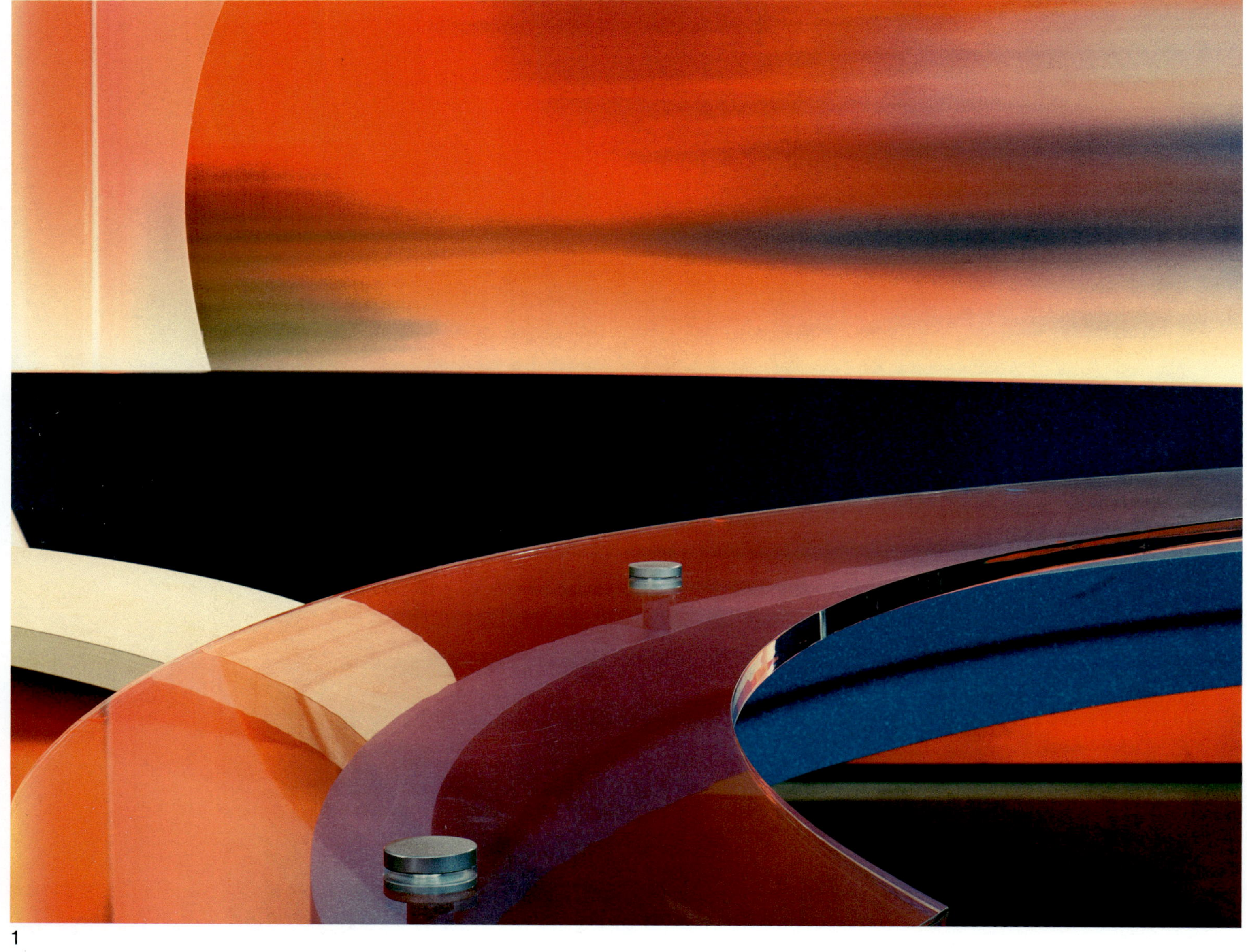

1

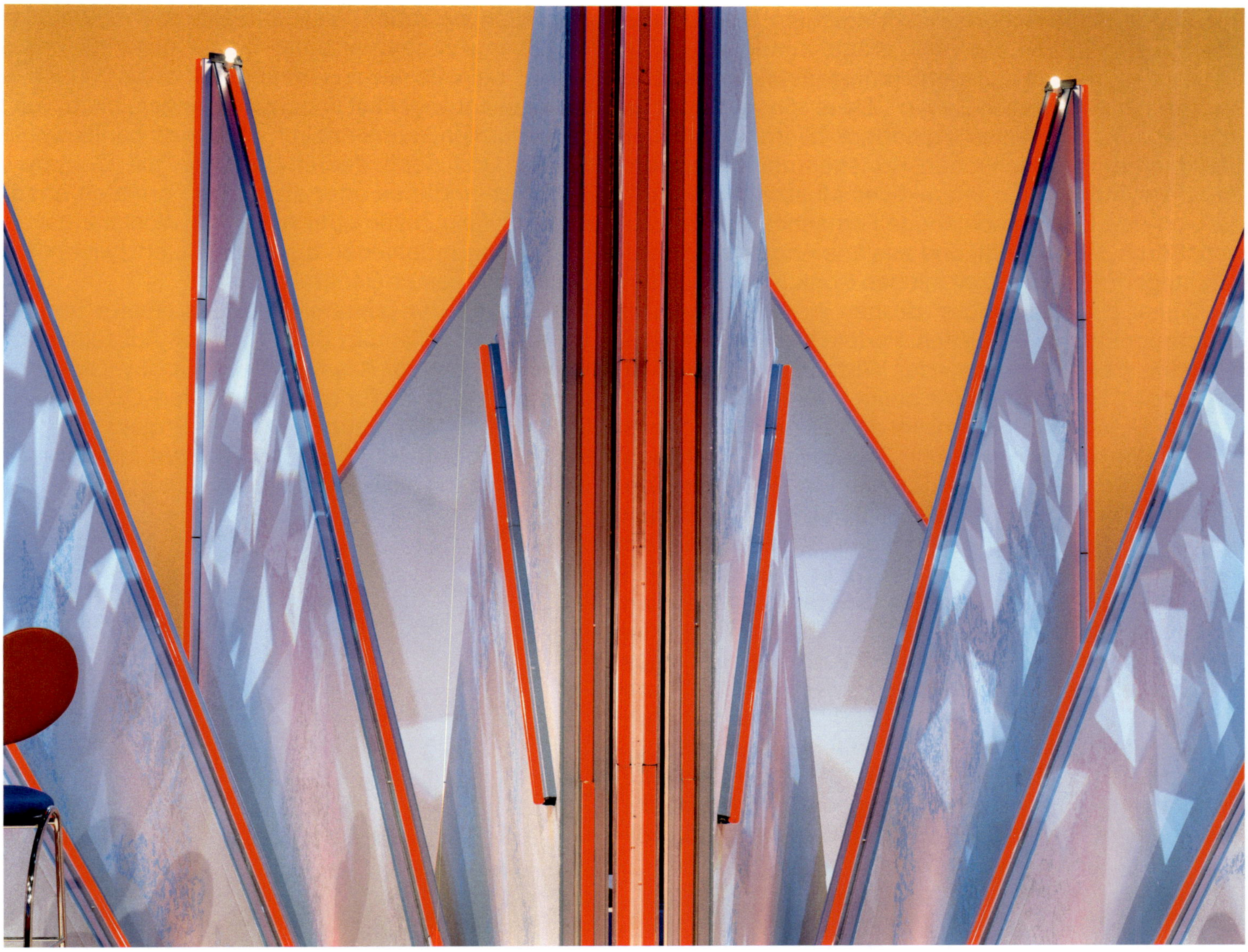

2

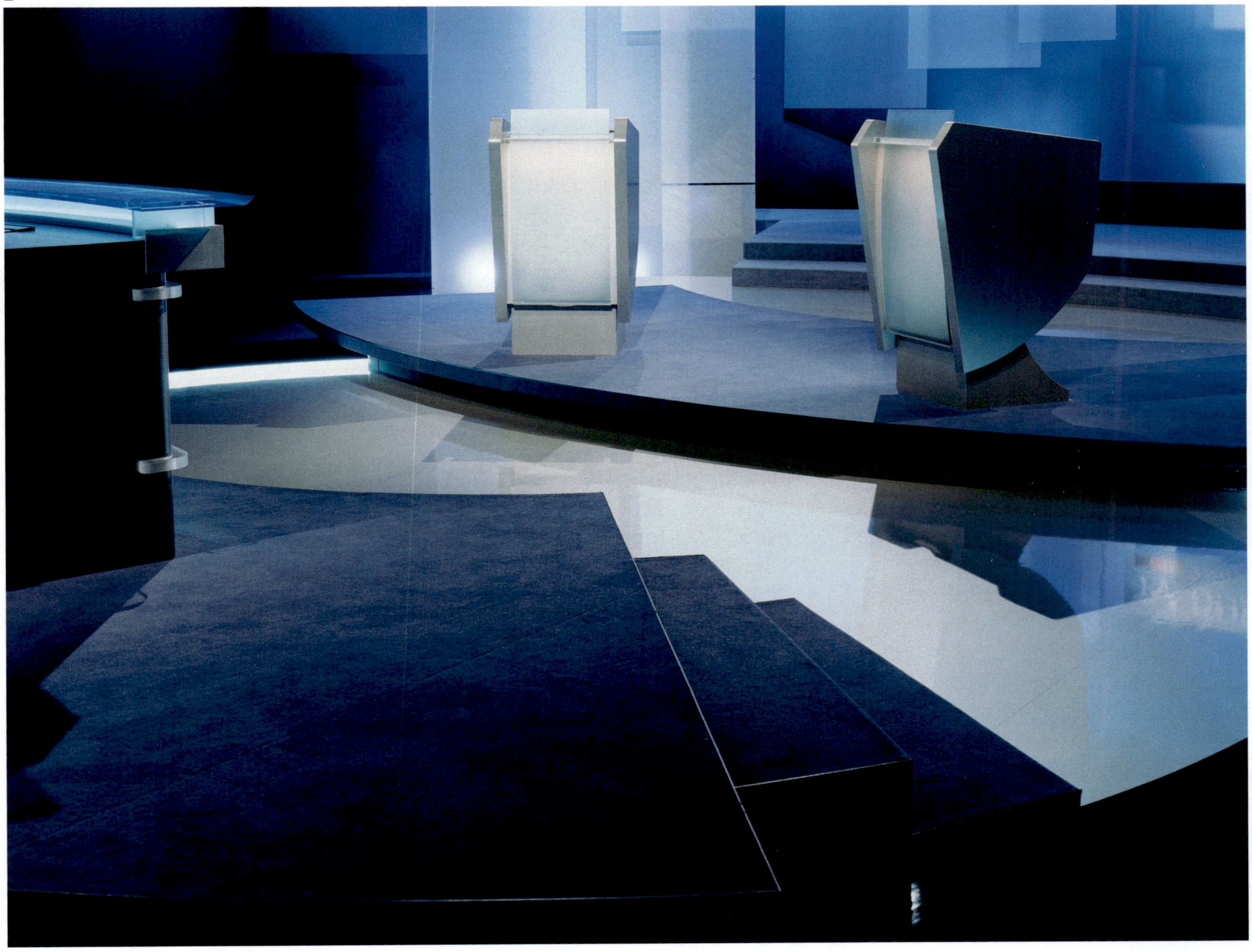

3

Vor einem halben Jahrhundert erschien Bob Dylans *Like a Rolling Stone* auf Vinyl, prägte mindestens eine Generation und gilt laut gleichnamigem Musikmagazin als „bester Song aller Zeiten". Dass dieser Song im Internet ein vielgeteiltes Comeback feiern konnte, verdankt er dem israelischen Künstler und Regisseur Vania Heymann. Sein interaktives Musikvideo erlaubt es, sich durch 16 verschiedene Fernsehsender zu zappen: Sarah, 26 Jahre alt und aus Los Angeles, ist ziemlich aufgebracht. Im Streit mit den Konkurrentinnen um die Gunst des „Bachelors" drohen ihr Schminke und Leopardenkleid zu entgleiten. Perfekt sitzt dagegen die Krawatte des Anchorman der Wirtschaftsnews. Rost-Aktien sind gesunken, FDX steigt, das reichste 1 Prozent der USA besitzt 33 Prozent des Gesamtvermögens. Bei Cuisine TV gibt es heute „Dekadenten Nachtisch" – und bei den *BCC News*? Die Occupy-Bewegung demonstriert weiter, das Wetter wird gut, und alle singen lippensynchron *Like a Rolling Stone*. Hat der Regisseur hier gefundenes Material genutzt und überarbeitet? Teils, teils: Einzelne Ausschnitte basieren auf bekannten Formaten, wie beispielsweise *The Price is Right*. Hier legt Heymann den Akteuren die Worte mittels eines softwarebasierten VFX-Effekts in den Mund. Andere sind wie Kurzfilme für ein Musikvideo gedreht worden. So verbergen sich hinter den linear hintereinandergeschalteten 6 Minuten vertikal 16 unterschiedliche Sequenzen, in denen Heymann pointiert die aktuelle Fernsehunkultur persifliert. Eine weitere Brechung vollzieht sich zwischen Text- und Bildebene: Wenn zwei schrill angezogene Afroamerikaner davon singen, wie „du dir dein Essen zusammenschnorren musst" und dabei unentwegt Fast Food verschlingen, bleibt von der mundharmonikauntermalten Straßenromantik wenig erhalten. Und doch deutet Heymann mit Occupy, der Griechenlandkrise oder absurden Formaten an, dass er mit Dylans Zeilen über Arroganz, Wohlstandsverlust und Vagabundenleben auch Parallelen zwischen den 68ern und seiner Generation zieht.

Viral wurde der gekonnte Mix aus Humor und Kritik selbst zum „rollenden Stein" und mit Auszeichnungen überhäuft. So war das Musikvideo im TV-Gewand die perfekte Werbung für eine neue Dylan-CD-Box, deren Erscheinen Anlass für Heymanns Projekt war. Eignet sich das belastete Format Werbespot mittlerweile für den Ausdruck einer engagierten Haltung? [MS]

Vania Heymann

When Bob Dylan's "Like a Rolling Stone" came out on vinyl a half century ago it influenced at least one whole generation. The eponymous music magazine claims it is "the best song of all time." The fact that the song was able to celebrate a widespread comeback on the Internet is due to the Israeli artist and director Vania Heymann. In his interactive video, the viewer can shift between 16 different television stations: Sarah, 26 years old and living in Los Angeles, is in a serious huff. In her dispute with her competitors for the favors of the *Bachelor*, both make-up and leopard dress are threatening to slip off. In contrast, the business news anchorman's tie fits perfectly; Rost shares have sunk, FDX has risen, the richest one percent in the US owns 33 percent of the country's total wealth. *Cuisine TV* is today featuring "decadent dessert." And what's happening on *BBC News*? The Occupy movement is still demonstrating, the weather will be fine. Everyone is lip-synching *Like a Rolling Stone*. Did the director use and process found material? Partly: some of the excerpts are derived from well-known shows, such as *The Price Is Right*. Here, Heymann puts the words into the players' mouths by means of VFX software. Other excerpts were made especially, like short film clips for music videos. Beneath the horizontal six-minute sequence there are thus 16 different vertical layers in which Heymann satirizes the current anticulture of television. An additional fracture occurs at the join between text and image. The two garishly attired Afro-Americans singing about "having to be scrounging your next meal" while hastily stuffing fast food into their faces tend to dispel the harmonica-accompanied street romanticism. Heymann's coupling of the Occupy movement, the Greek crisis, and absurd television genres with Dylan's talk of arrogance, the loss of wealth, and the vagabond life seem to suggest parallels between the 1960s and Heymann's own generation. His skillful mix of humor and critique went viral and snowballed, gathering prizes on its way. The clip became the perfect television-style advertisement for the new Dylan CD box which had been the occasion for Heymann's project. Has the compromised advertising genre become a site for political engagement? [MS]

Bob Dylan – Like a Rolling Stone

Interaktives Musikvideo produziert von Vania Heymann /
Interactive music video created by Vania Heymann, 2013
Musik: Geschrieben und komponiert von Bob Dylan /
Music: written and composed by Bob Dylan, © 1965 Sony Music Entertainment Inc.

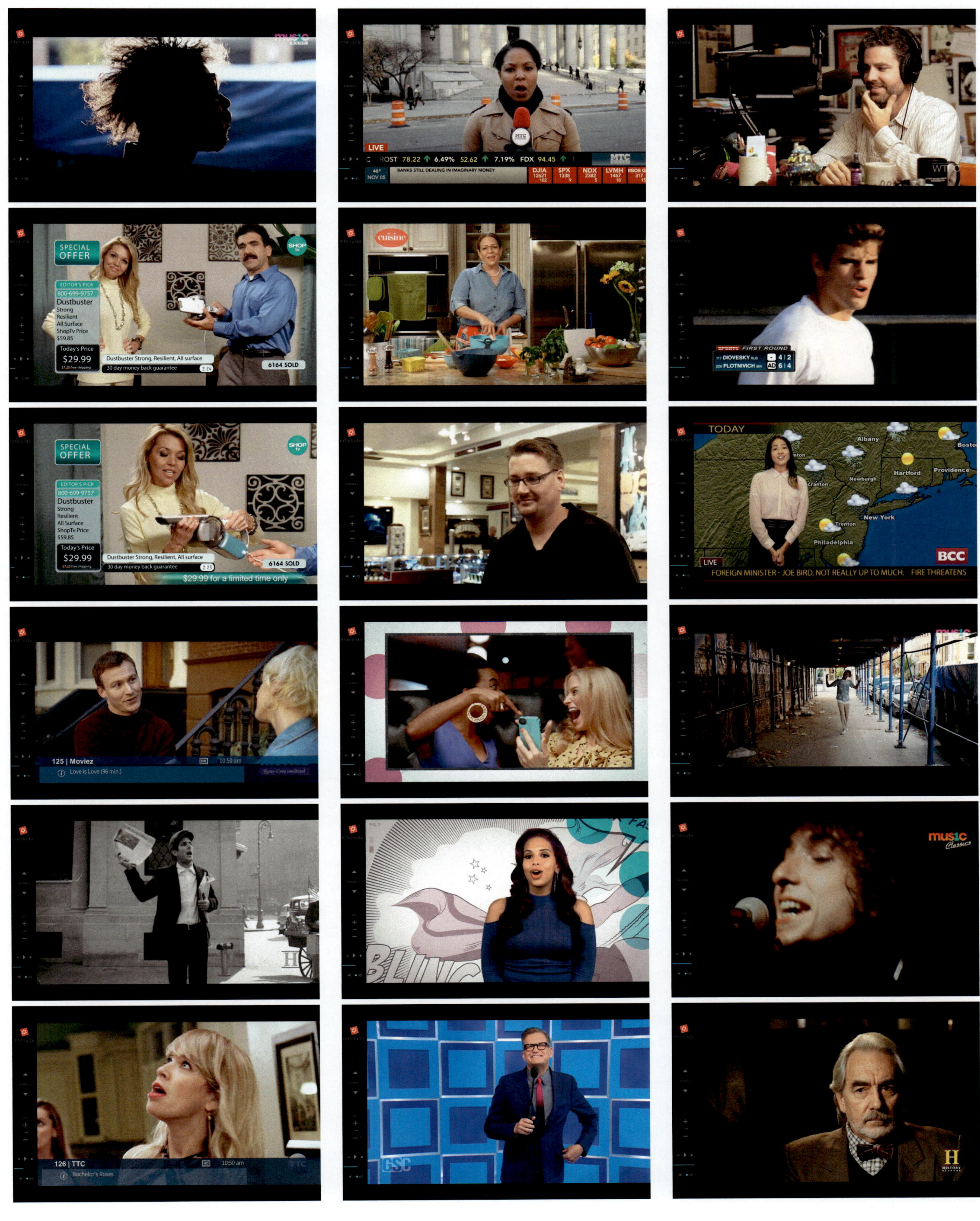

Bis zu 3,5 Millionen Zuschauer der Pro7-Sendung *Germany's Next Topmodel* begleiten an Donnerstagabendenden die auserwählten jungen Frauen zu ihren Fotojobs, erleben sie in ihren Befindlichkeiten und Streitereien, Freuden und Ängsten, bis diese zum krönenden Abschluss der Sendungen nervös vor die Jury stöckeln. In der Welt der Castingshows entscheidet die Moderatorin Heidi Klum darüber, wer in der vorausgegangenen Woche genug Potenzial bewiesen hat, um in die weitere Auswahl des angeblich schönsten Mädchens Deutschlands zu kommen. Heidi Klums mit leichten Variationen immer wiederkehrender Satz, „Ich habe heute leider kein Foto für dich", der das Ende des Modeltraums bedeutet, wurde von Stefan Hurtig als O-Ton gesammelt und collagiert. In der Videoarbeit *Challenge (Leider kein Foto)* von 2012–14 als Endlosschleife geloopt, wirken die Worte wie ein zeitloses Mantra. Das von Hurtig synchron zum Ton neu gefilmte Bild zeigt ikonisch rote Lippen, die sich vor einem schwarzen Hintergrund bewegen, wobei sich der Monitor, der an einer schwarzen Kette befestigt ist, unentwegt dreht. Ein wunderbares Bild eines in Ketten gelegten Fernsehens, gefangen in seinen eigenen Strukturen!
Die Arbeit ist ein selbstständiger Teil der 3-Kanal-Videoinstallation *Challenge* (2014). Hurtigs Sprachanalyse der Castingshow bildete die Grundlage für einen aus weiteren Zitaten von *Germany's Next Topmodel* collagierten Monolog, der mal poetisch, mal aggressiv zur Selbstoptimierung aufruft. Die Eindringlichkeit der Sprache mit den endlosen Wiederholungen und Variationen weckt beim Betrachter die Illusion, eine innere Stimme zu hören. Auf der Bildebene bleiben die androgyn erscheinenden Figuren mit ihren glänzenden Ganzkörperanzügen nur schemenhaft erkennbar, was auf die Diskrepanz zwischen dem von Heidi Klum propagierten Individualismus und den in Wirklichkeit strengen Normen des Modelbusiness verweisen mag. Durch die Abstraktion in Text und Bildsprache geht die Arbeit über die Thematik der Castingshow hinaus und hinterfragt Normen, Geschlechterrollen, Erwartungshaltungen in der Berufswelt, Selbstoptimierung und Selbstdarstellung. [SW]

Stefan Hurtig

On Thursday evenings, up to 3.5 million viewers of the Pro7 broadcast *Germany's Next Topmodel* accompany selected young women to their shootings, observe them in their sensitivities and quarrels, joys and fears until, at the culmination of each program, the models nervously teeter in their high heels in front of the jury. In the world of casting shows, the moderator Heidi Klum decides which of the girls demonstrated enough potential in the previous week to reach the next stage of selecting the supposedly most beautiful girl in Germany. Klum's constantly recurring, only slightly varied statement "Unfortunately, I don't have a photograph for you today," which means the end of the dream of being a model, was collected and collaged by Hurtig as an original sound bite. Endlessly looped in the video work *Challenge (Leider kein Foto)* from 2012–14, the words seem like a timeless mantra. The image newly filmed by Hurtig synchronously to the sound shows iconic red lips moving in front of a black background while the monitor, attached to a black chain, rotates ceaselessly. This is the wonderful image of a television set bound in chains, imprisoned in its own structures!
The work is an independent part of the 3-channel video installation *Challenge* (2014). Hurtig's linguistic analysis of the casting show forms the basis for a monologue which, collaged out of further quotations from *Germany's Next Topmodel*, sometimes poetically and sometimes aggressively issues a call for self-improvement. The insistence of the language, along with the endless repetitions and variations, creates in the viewer the illusion of hearing an inner voice. On the pictorial level, the androgynous figures in their shining, full-body suits are only dimly recognizable, which may be a reference to the discrepancy between the individualism propagated by Heidi Klum and what are in reality the strict norms of the model business. Through the abstractions in text and visual language, the work transcends the theme of casting shows and investigates norms, gender roles, expectations in the professional world, self-improvement, and self-representation. [SW]

Challenge (Leider kein Foto)

HD-Video, Ton, Monitor Motor, Ketten / HD video, sound, engine, chains, 2012–14

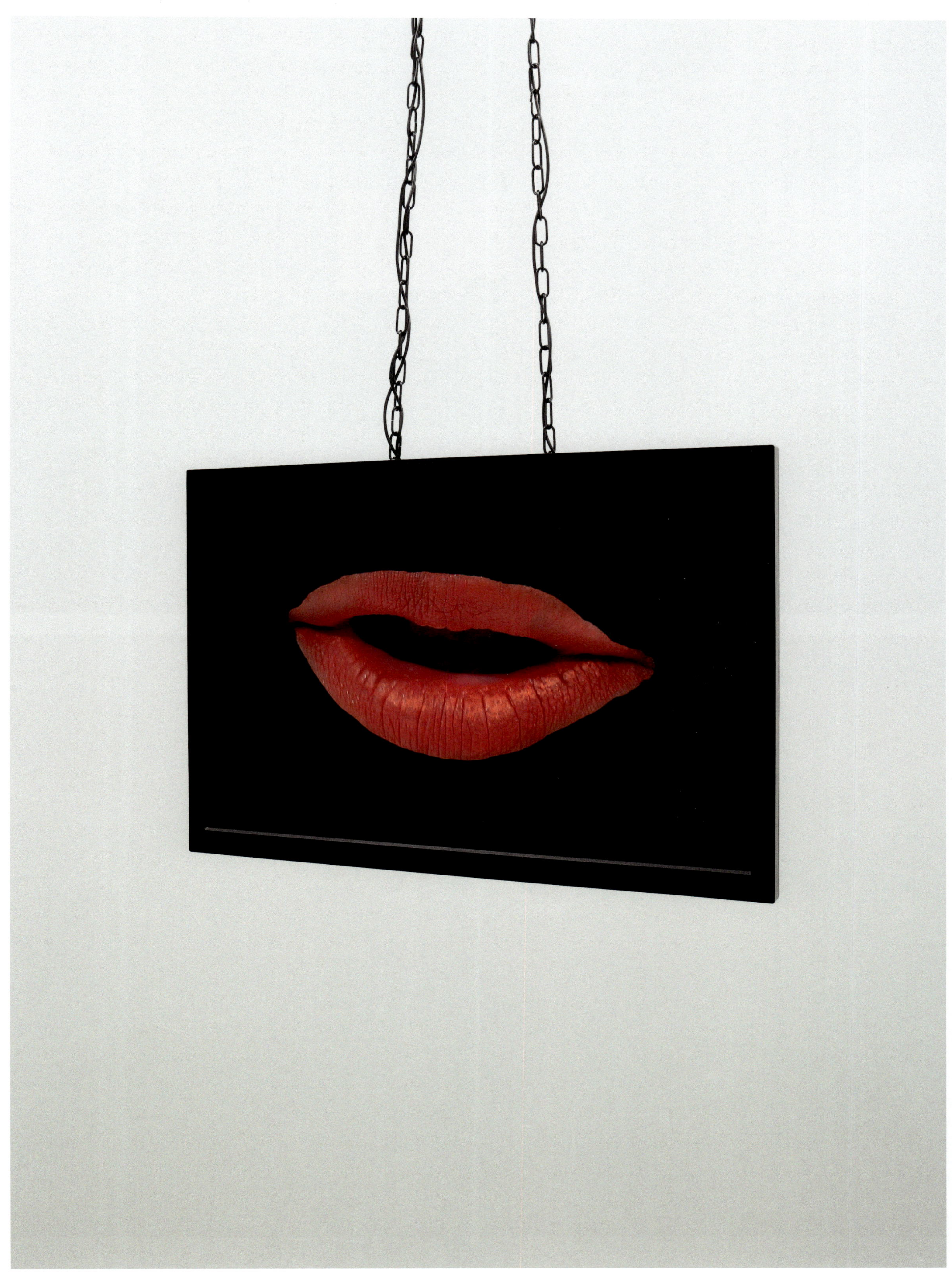

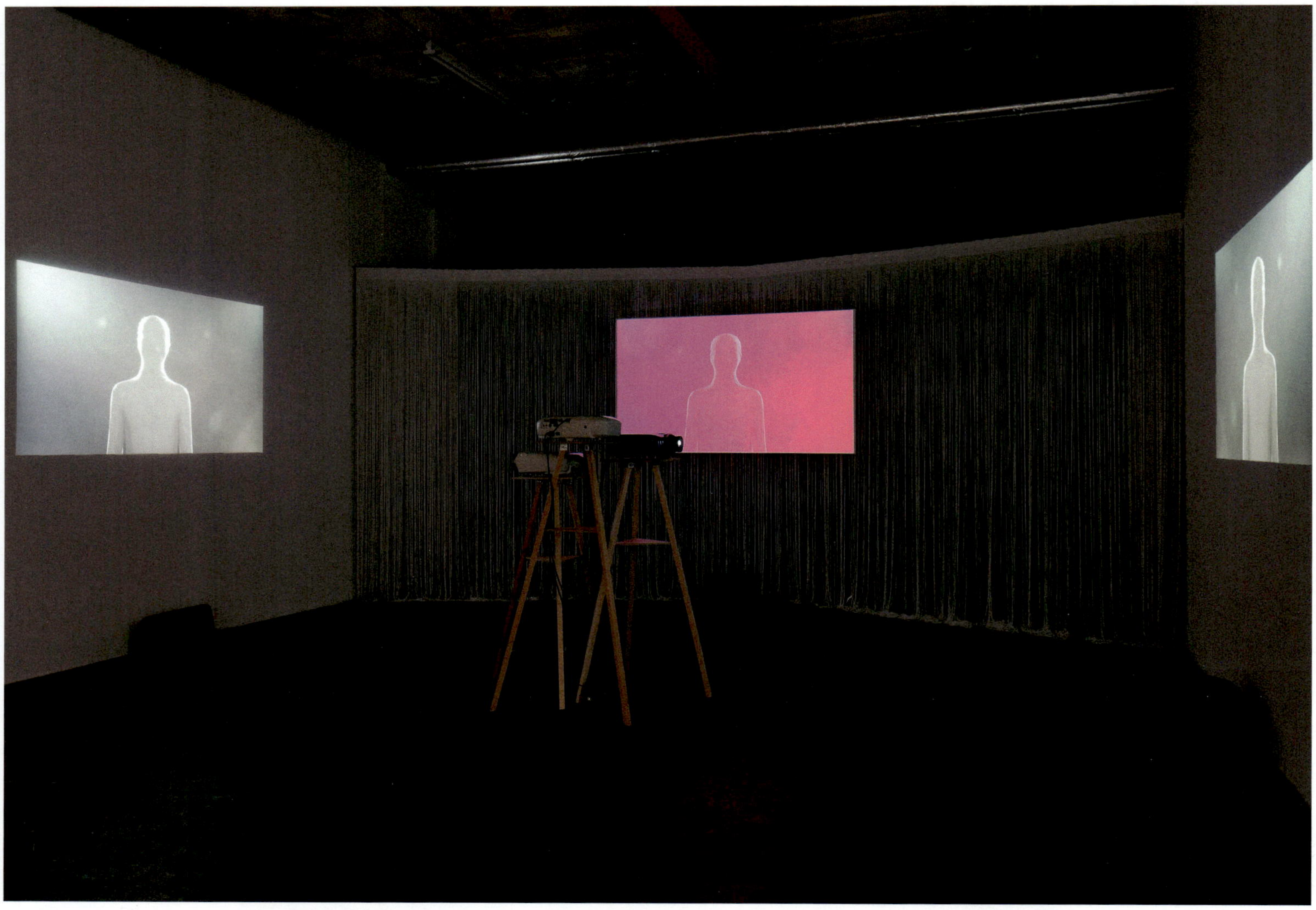

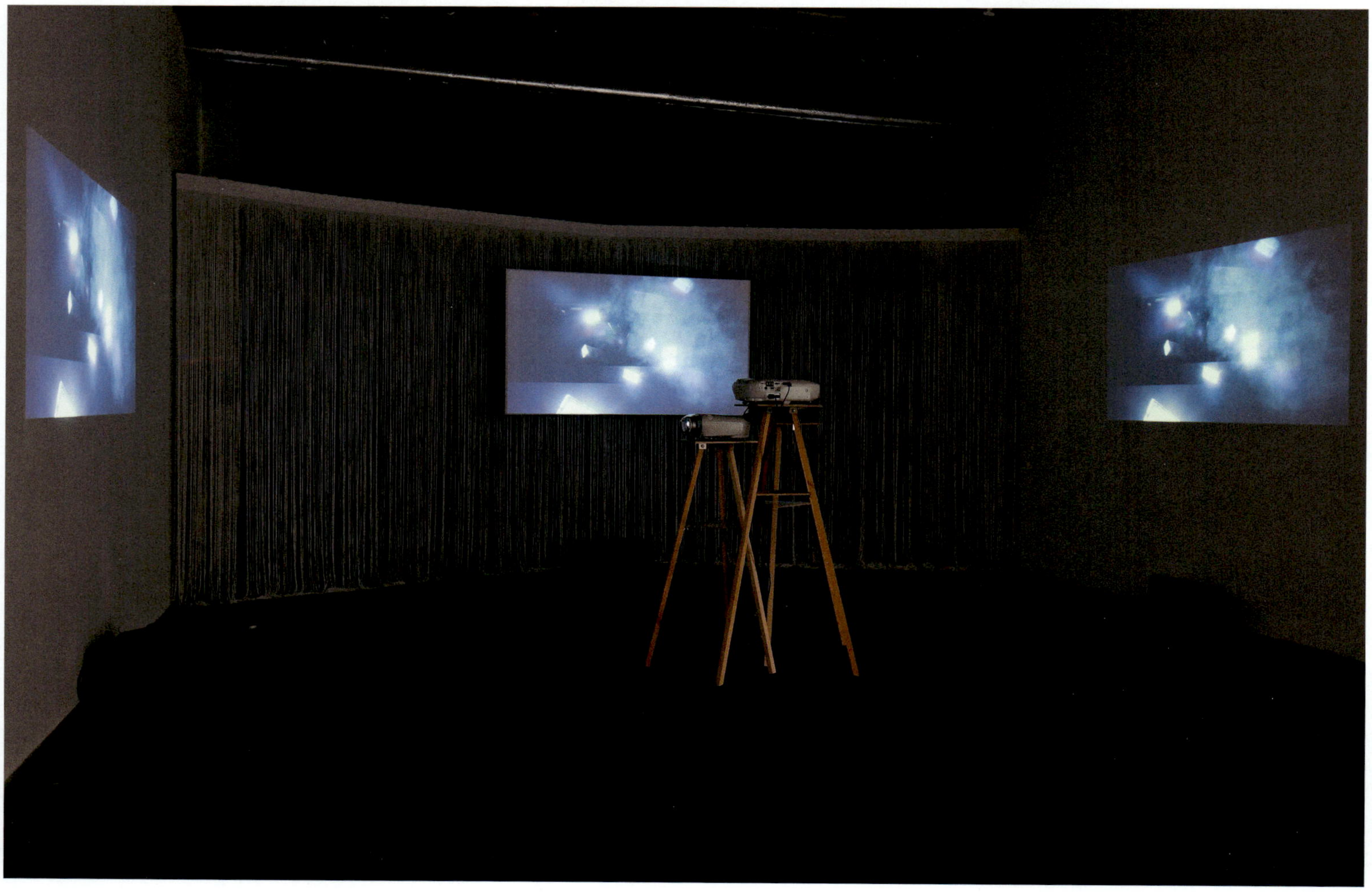

3-Kanal-Videoinstallation (HD-Video, 3-Kanal-Ton, Holz, Fadenvorhänge) / 3-channel video installation (HD video, 3-channel sound, wood, string curtains), 30:00 min., 2014

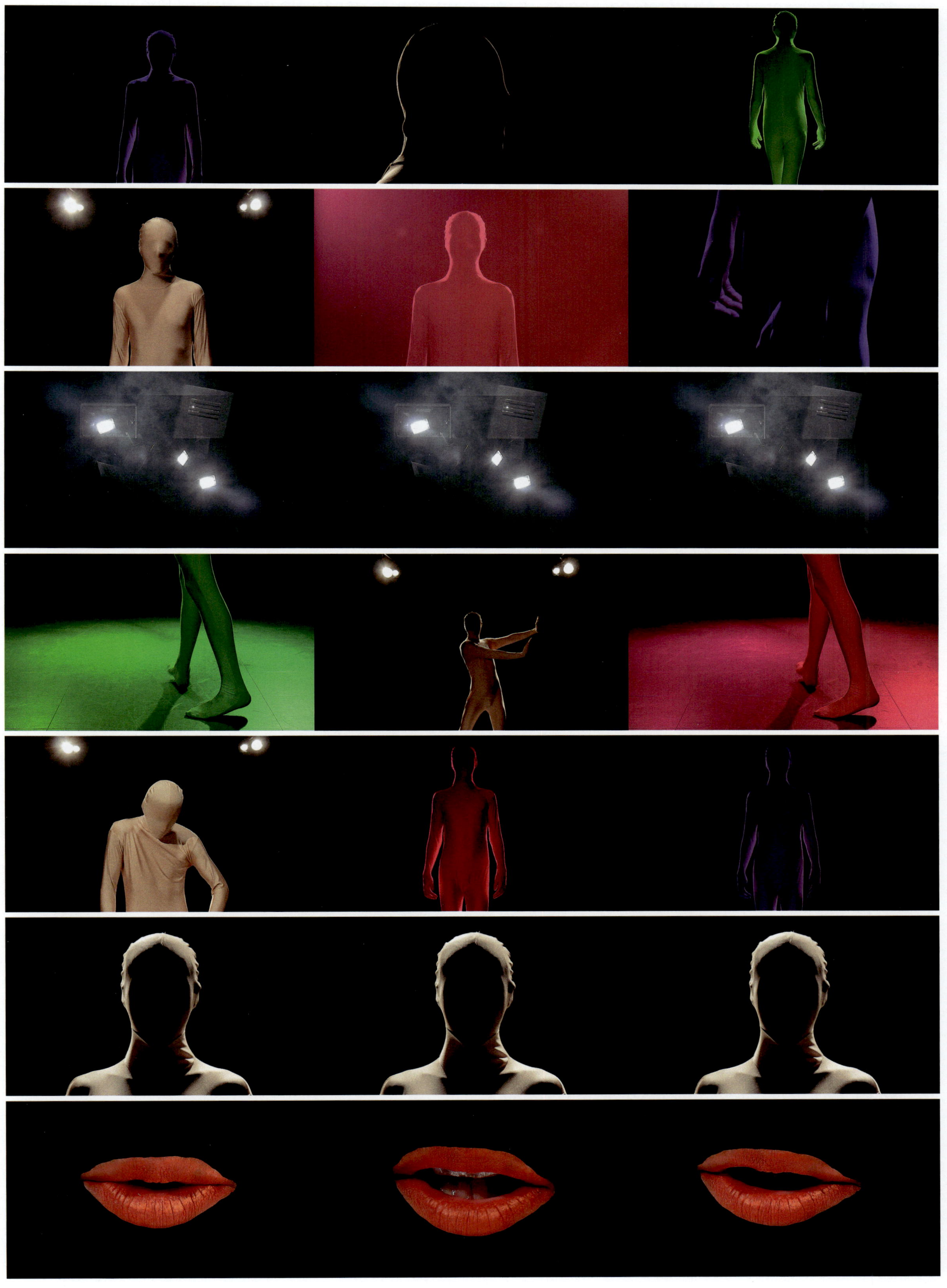

Mit der spannungsgeladenen Erkennungsmelodie werden die Nachrichten des TV-Senders NY1 eingeleitet. Hier gibt es „news all day long", lässt uns eine Stimme aus dem Off wissen. Die Moderatorin Annika Pergament sitzt im Fernsehstudio und grüßt freundlich. Sie berichtet von dem zeitgenössischen Kunstwerk *Discourse News* (2012) des deutschen Künstlers Christian Jankowski. In ihrem Beitrag versucht sie, die Thematik des Kunstwerks, dessen Teil sie selber ist, zu vermitteln. Dabei wahrt sie alle Konventionen einer Nachrichtensendung, sie liest vom Teleprompter, holt Expertenmeinungen ein, schaltet live in den leeren Ausstellungsraum einer New Yorker Galerie und aktualisiert laufend Informationen. Schließlich formuliert Pergament die zentrale Fragestellung ihrer Sendung: „Was möchte uns der Künstler mit seiner Arbeit mitteilen?"
Will Jankowski mit seiner satirischen Zuspitzung vielleicht deutlich machen, dass eine kontinuierliche Bestrahlung mit Informationen die Fernsehzuschauer nicht zwangsläufig besser informiert? Ist *Discourse News* möglicherweise eine Kritik an der Tendenz der Kunst- und Medienwelt, komplexe theoretische Zusammenhänge einfach mit dem Begriff „Kunstdiskurs" abzukanzeln? Oder vermittelt sich hier, dass Nachrichten eine Art Ware sind und lediglich der Schein von Informationen verkauft wird—so wie der Kunstmarkt eine Warenwelt ist und sich zum großen Teil aus Spekulationen speist? Bereits in *Kunstmarkt TV* (2008) hinterfragte Jankowski die Bedeutung der einschlägigen Institutionen. Grundsätzlich spielen Kontextverfremdung und Rollentausch in Jankowskis Werk eine wichtige Rolle, und auch in *Discourse News* verwandelt sich der „Kunstzuschauer" innerhalb des Ausstellungsraums zwangsläufig in einen Fernsehzuschauer.
Immer wieder zeigt Jankowski Schnittstellen zwischen der Fernseh- und der Kunstwelt auf, bedient sich der Formate und Möglichkeiten der Massenmedien, um sie mit neuen Inhalten aufzuladen und zu demaskieren. Dabei sind seine unterhaltsamen und humorvollen Videoarbeiten stets auch hochdifferenzierte, philosophische Exkurse darüber, was ein Kunstwerk und seine Bedeutung eigentlich ausmacht. [OS]

Christian Jankowski

At NY1 the news is preluded by the highly charged corporate identity music. NY1 broadcasts "news all day long," a voice-over instructs us. The newsreader Annika Pergament is seated in the newsroom and gives us a friendly welcome. She is reporting on the contemporary artwork *Discourse News* (2012) by the German artist Christian Jankowski. In her report she attempts to communicate the theme of the artwork, of which she herself is a part. In doing so, she maintains all the conventions of the news genre, reading off the teleprompter, consulting expert opinion, crossing live to the empty exhibition space of a New York gallery, and providing regular updates. Finally, Pergament poses the program's central question: "What does the artist want to tell us with his work?"
Are Jankowski's satirical exaggerations meant to demonstrate that subjecting viewers to constant waves of information does not necessarily make them better informed? Is *Discourse News* possibly a critique of the tendency in the art and media world to reduce complex theoretical states of affairs to the term "art discourse"? Or is the piece imparting to us that news is a type of commodity and what is being sold is merely the appearance of information (just as the art market is a world of commodities fueled chiefly by speculation)? Jankowski had already queried the role of the relevant institutions in 2008 in *Kunstmarkt TV*. Context displacement and role-swapping always play an important part in Jankowski's work, and in *Discourse News*, too, the "art viewer" mutates within the exhibition space inescapably into a television viewer.
Again and again Jankowski points to crossovers between the television world and the art world, making use of the formats and capabilities of mass media in order to fill them with new contents and unmask them. His entertaining and humoristic video pieces are at the same time highly nuanced philosophical excurses on what an artwork is and what constitutes its meaning. [OS]

Discourse News

Video, Farbe, Ton, Auflage 5+2 AP / Video, color, sound, edition 5+2 AP, 5:45 min., 2012

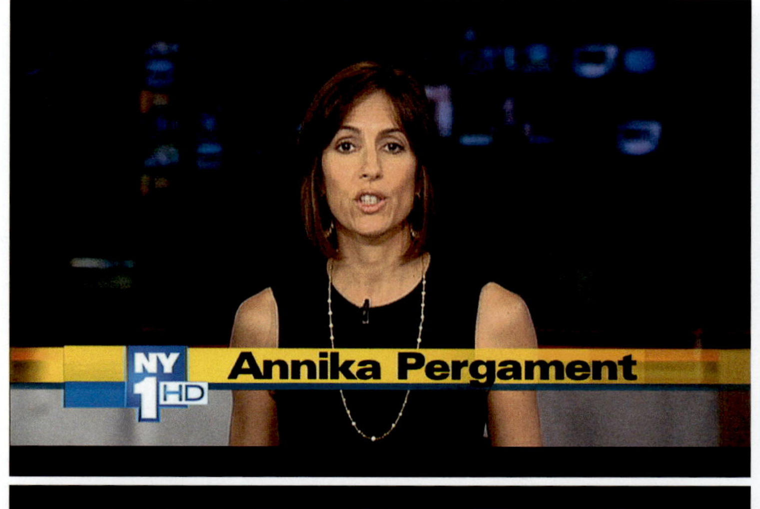

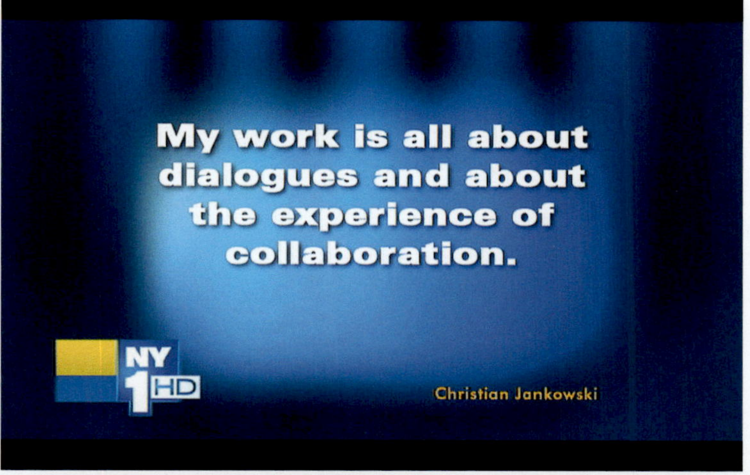

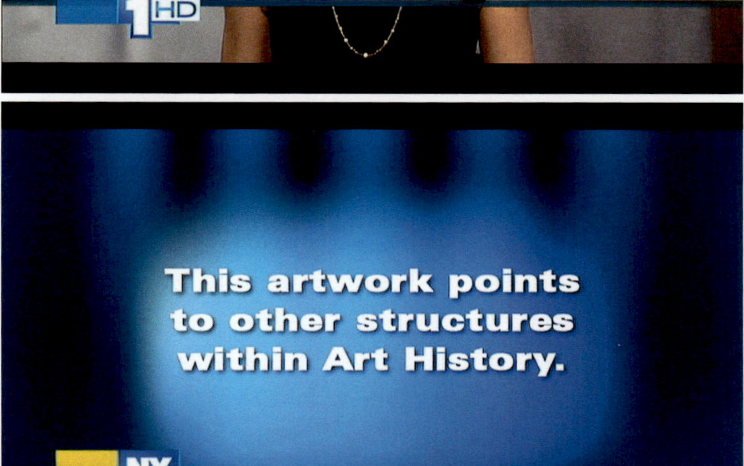

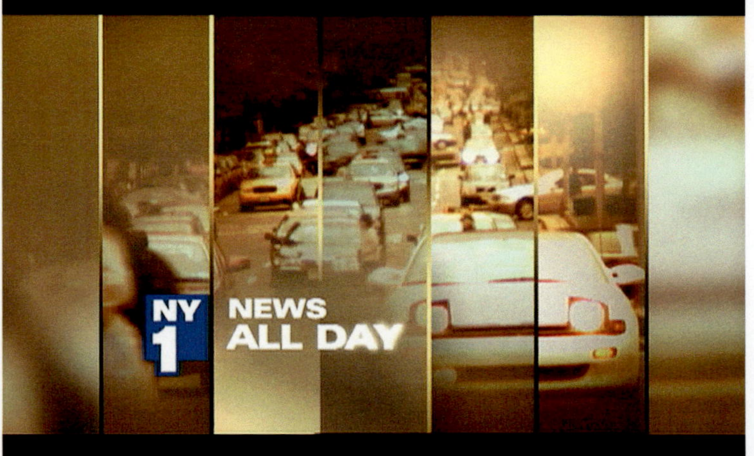

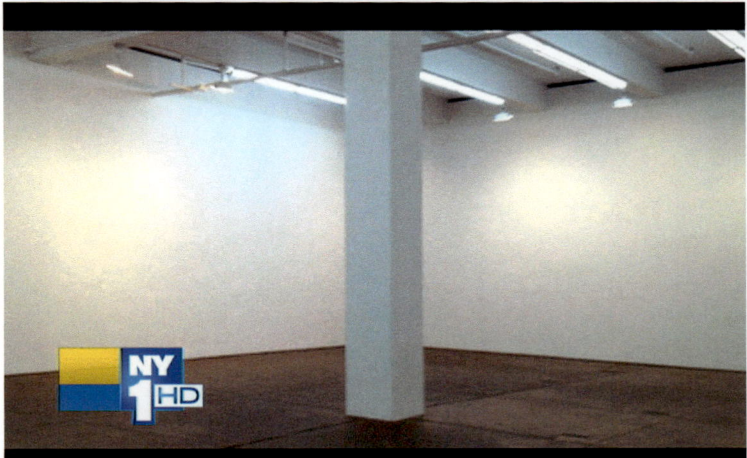

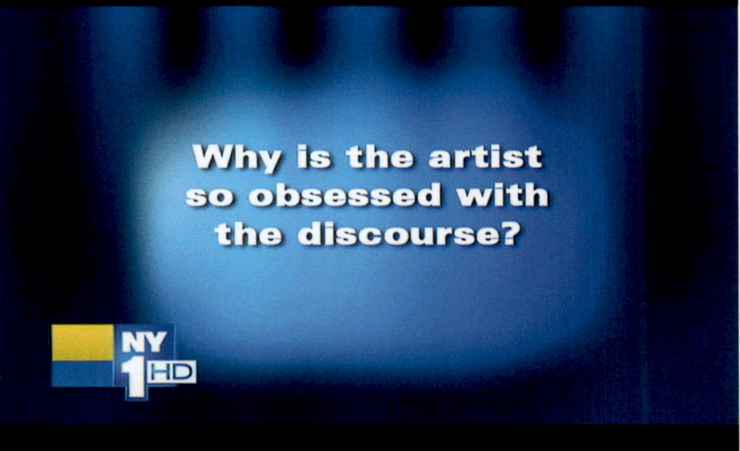

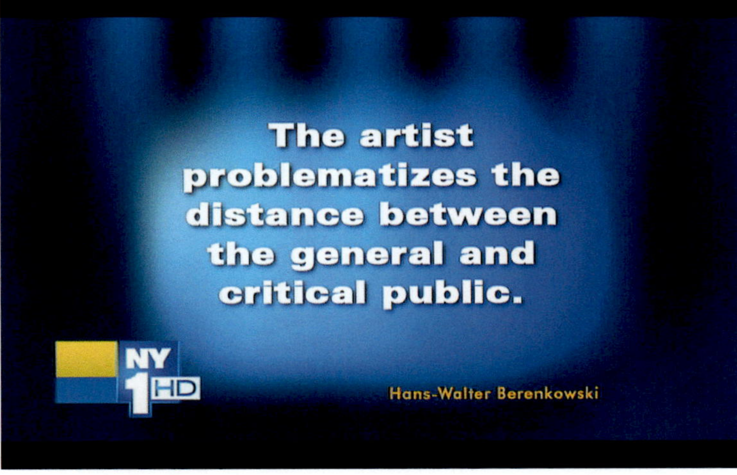

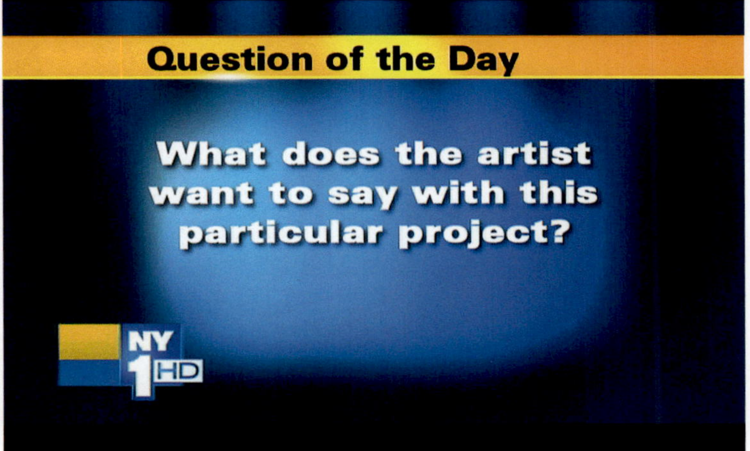

Kunstmarkt TV

Video, Farbe, Ton / Video, color, sound, 45:15 min., 2008

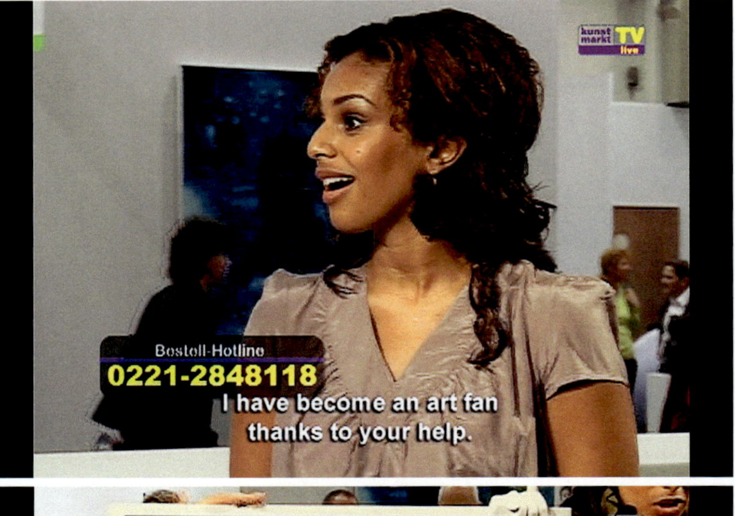

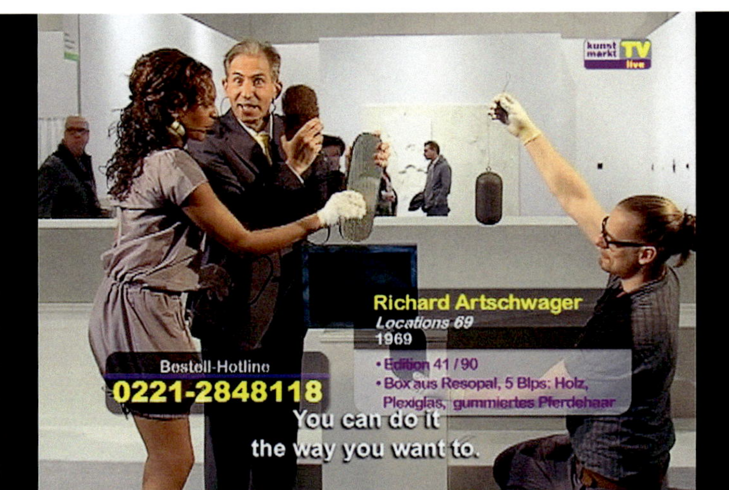

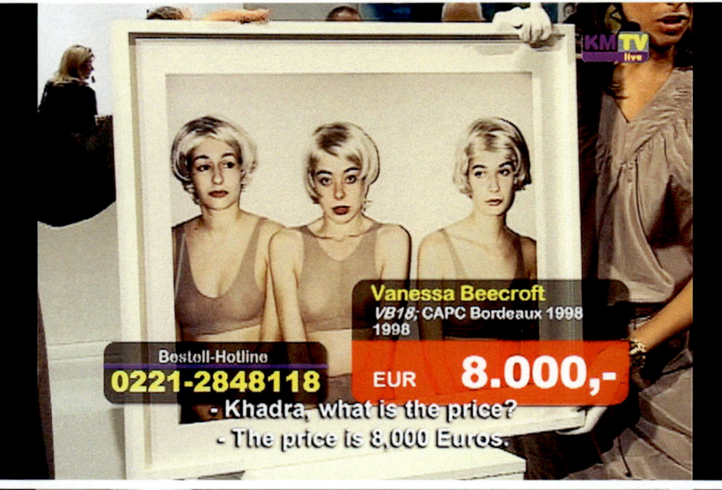

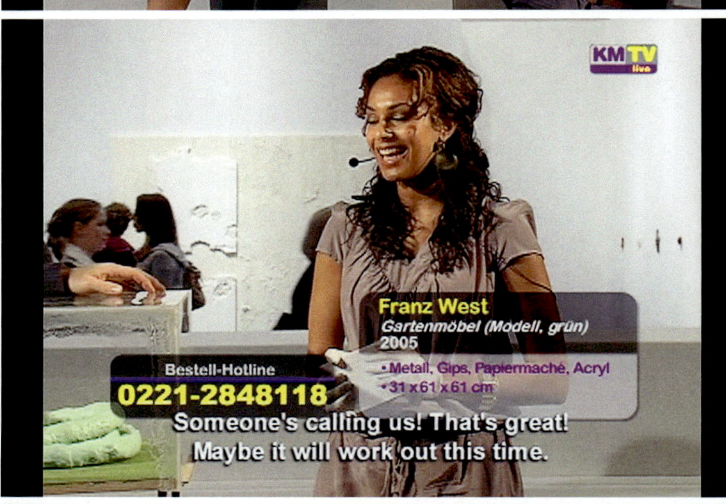

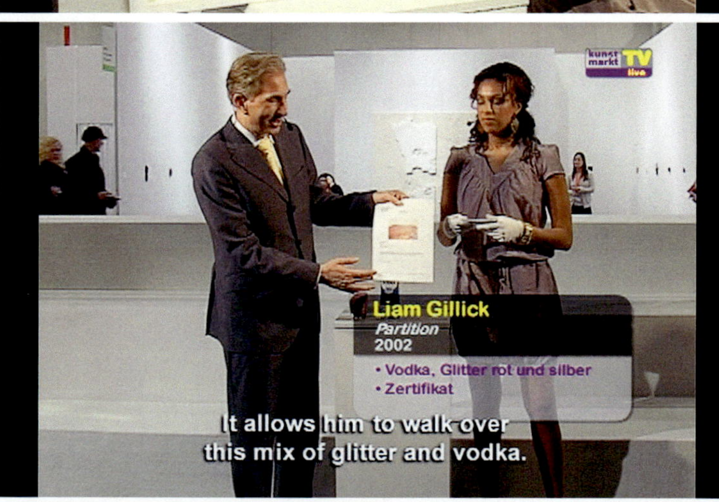

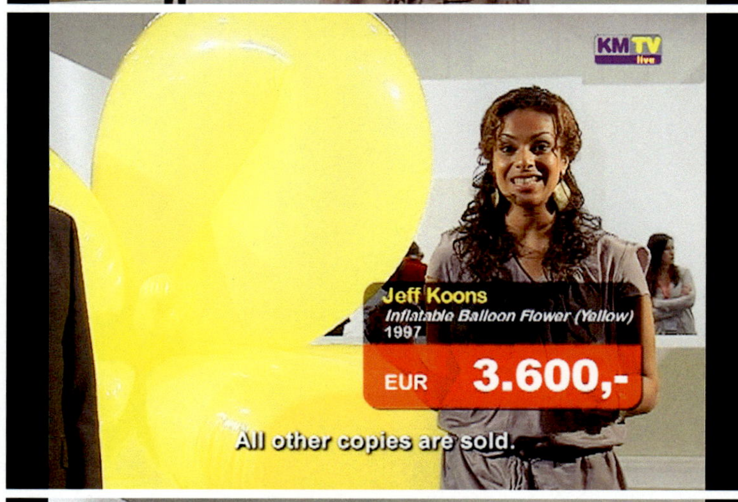

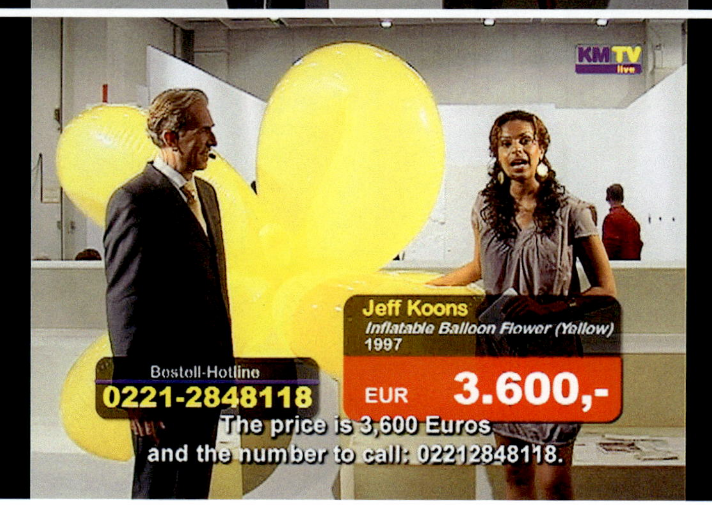

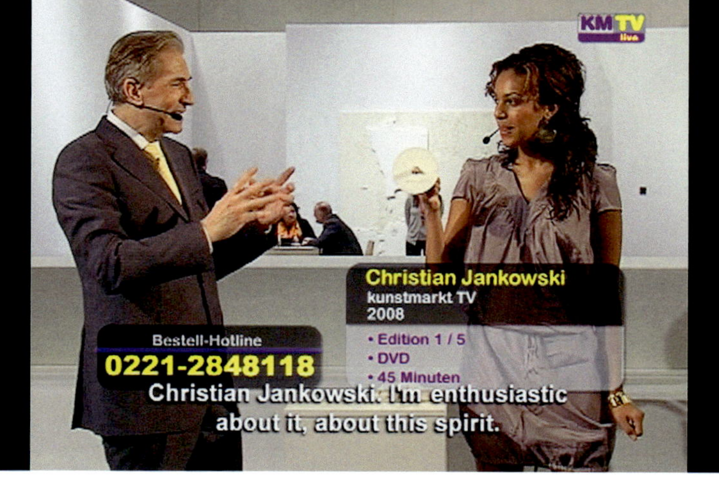

Telemistica

Video der Performance in 5 Fernsehprogrammen, Farbe, Ton /
Video of performance in 5 TV programs, color, sound, 22:00 min.,
1999

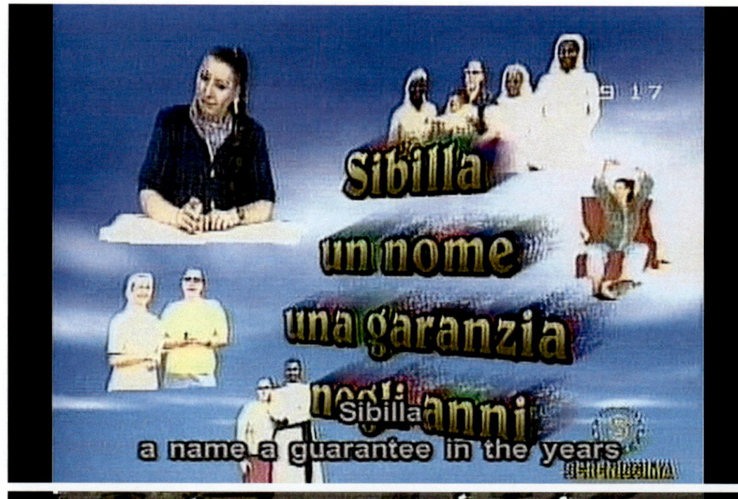

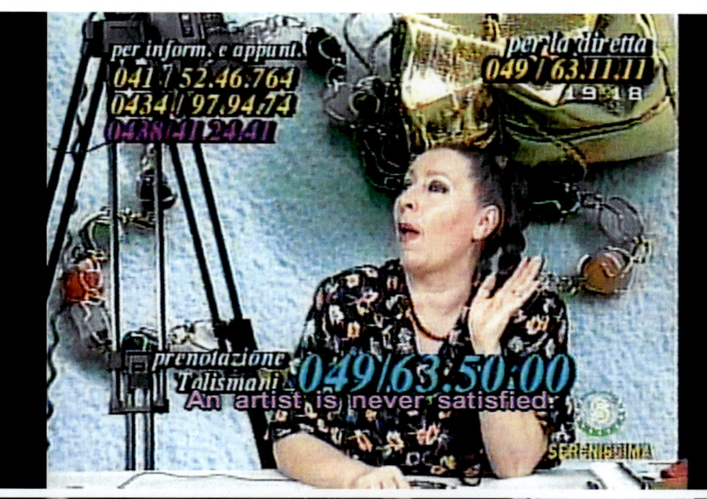

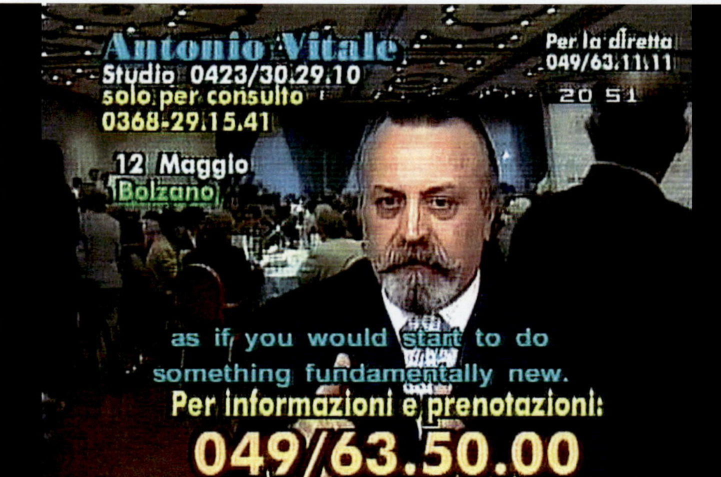

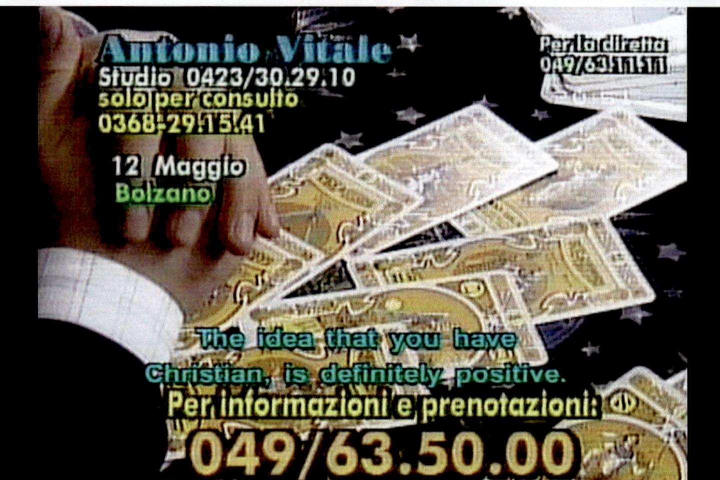

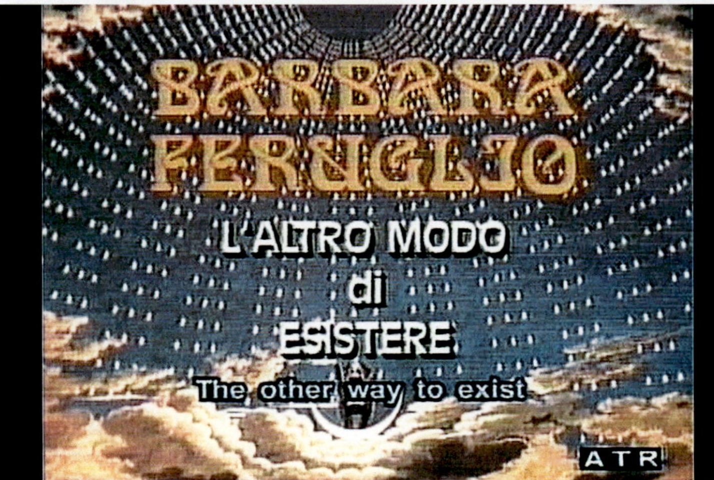

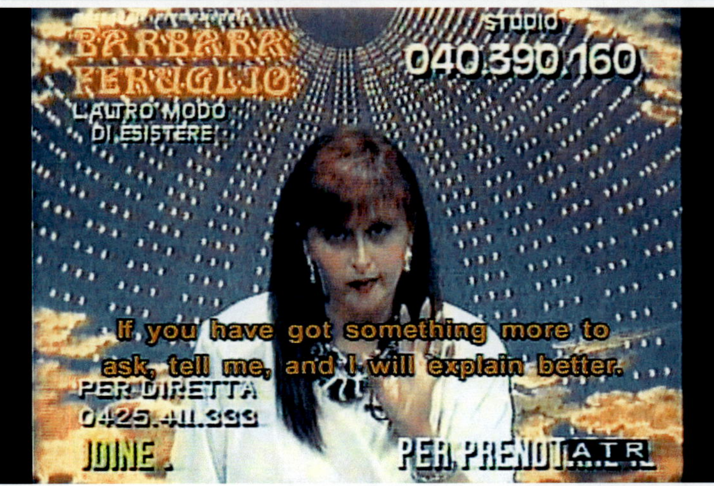

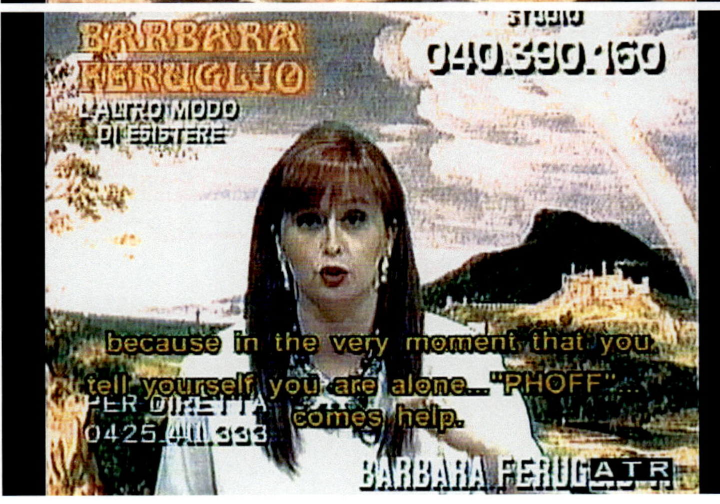

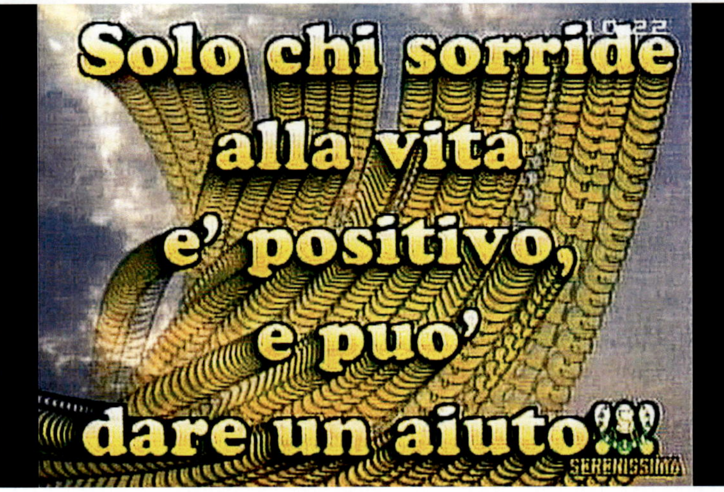

CNN begann 1980 als weltweit erster Sender, rund um die Uhr Nachrichten auszustrahlen. Das damals neue Sendeformat schaltete den Informationsfluss auf Dauer. Es setzte auf Live-Übertragungen und die Erfahrung von Weltgeschehen und Politik in Echtzeit. CNN lancierte Formate der Unmittelbarkeit und Simultaneität, die ein größeres Maß an Informiertheit, Aufklärung und Objektivität versprachen. Der Sender konnte sich vor allem seit dem Ersten Golfkrieg 1991 weltweit durchsetzen, als das Kriegsgeschehen in gewisser Weise zum medialen Event wurde. Das Chaos der Krisengebiete wie auch militärische Eingriffe ließen sich nun dank Satellitentechnologie und nicht zuletzt durch die Zusammenarbeit mit dem Militär vom Wohnzimmer aus verfolgen. Der Sender machte den Ausnahmezustand zum Alltag. CNN prägt wie kaum ein anderer Sender die transnationale Ikonografie der Kriegsberichterstattung und ist zu einem Synonym geworden für den westlichen Blick auf politische Ereignisse. CNN ist gerade deswegen zum Ziel von Medienskepsis und Anfeindungen geworden.

Mischa Kuballs Arbeit setzt sich mit dieser Repräsentationskritik auseinander. Auf einem Aktenschrank aus Stahl befindet sich ein Fernseher, der den CNN-Livestream wiedergibt. Der Bildschirm ist mit einer schwarzen Plexiglas-Blende verdeckt, in die das Logo des Senders eingefräst ist. Die Arbeit wird in einer Nische präsentiert, die mit einer als Fototapete wiedergegebenen Regalwand ausgekleidet ist. Das Programm lässt sich durch diese Schablone nur erahnen, doch der Schriftzug ruft unweigerlich bestimmte Bildeindrücke hervor. In einer Schublade des Aktenschranks befindet sich eine Audioanlage, die mehrere übereinandergelagerte Podcasts des Senders wiedergibt. Somit sind visuelle und auditive Informationen höchstens fragmentarisch wahrnehmbar – einerseits durch Selektion, andererseits durch ein unfokussiertes Zuviel an Information. Dabei steht die formale, administrative und klinische Schlichtheit der Skulptur dem zu erahnenden Chaos gegenüber. Die Arbeit verhandelt eine gesteigerte Informationsflut und das Problem ihrer Kanalisierung und Normierung entsprechend dem Corporate Design. Sie verweist auf das ethische Ungleichgewicht zwischen politischer Komplexität und ihrer medienindustriellen Standardisierung. [BO]

Mischa Kuball

In 1980, CNN became the first channel to broadcast news around the clock. The new broadcasting format turned on the stream of information on a permanent basis. It relied on live reporting, on providing a real-time experience of world affairs and politics. CNN launched programs of immediacy and simultaneity that promised a greater degree of knowledge, elucidation, and objectivity. The channel was able to assert its dominance most decisively after the first Gulf War in 1991, when the waging of the war became, in a certain sense, a media event. Thanks to satellite technology and not least to cooperation with the military, it was possible bring the chaos in the conflict areas and the military interventions into everyone's living room. The channel made the state of emergency routine. CNN influences the transnational iconography of war reporting more than just about any other channel, having become synonymous with the Western view of political events. It is precisely for this reason that CNN has become the target of media skepticism and animosity.

Mischa Kuball's piece engages with this critique of representation. A television set showing a CNN live stream is mounted atop a steel filing cabinet. The screen is covered by a sheet of black Plexiglas bearing the channel's logo. The work is presented in a niche covered with photo wallpaper of a wall shelving unit. The program is therefore somewhat obscured but the lettering inexorably evokes specific visual associations. A sound system contained in a drawer of the filing cabinet plays several overlapping CNN podcasts. The result is that the visual and aural information is at the most perceptible only in fragments; you either focus in on details or receive an unfocussed excess of information. The formal, administrative, and clinical simplicity of the sculpture stands in contrast to the intimations of chaos. The work is concerned with the rising flood of information and the resulting problem of channeling and standardizing that information according to corporate design. This shows up the ethical imbalance between political complexity and the way that complexity is standardized by the media industry. [BO]

CNN

Stahlschrank, Monitor mit CNN-Fernsehkanal, DVD-Player, Audiosystem, Plexiglasplatte / Steel cabinet, monitor with CNN channel, DVD player, audio system, Plexiglas plate, ca. 200 × 60 × 60 cm, 2009

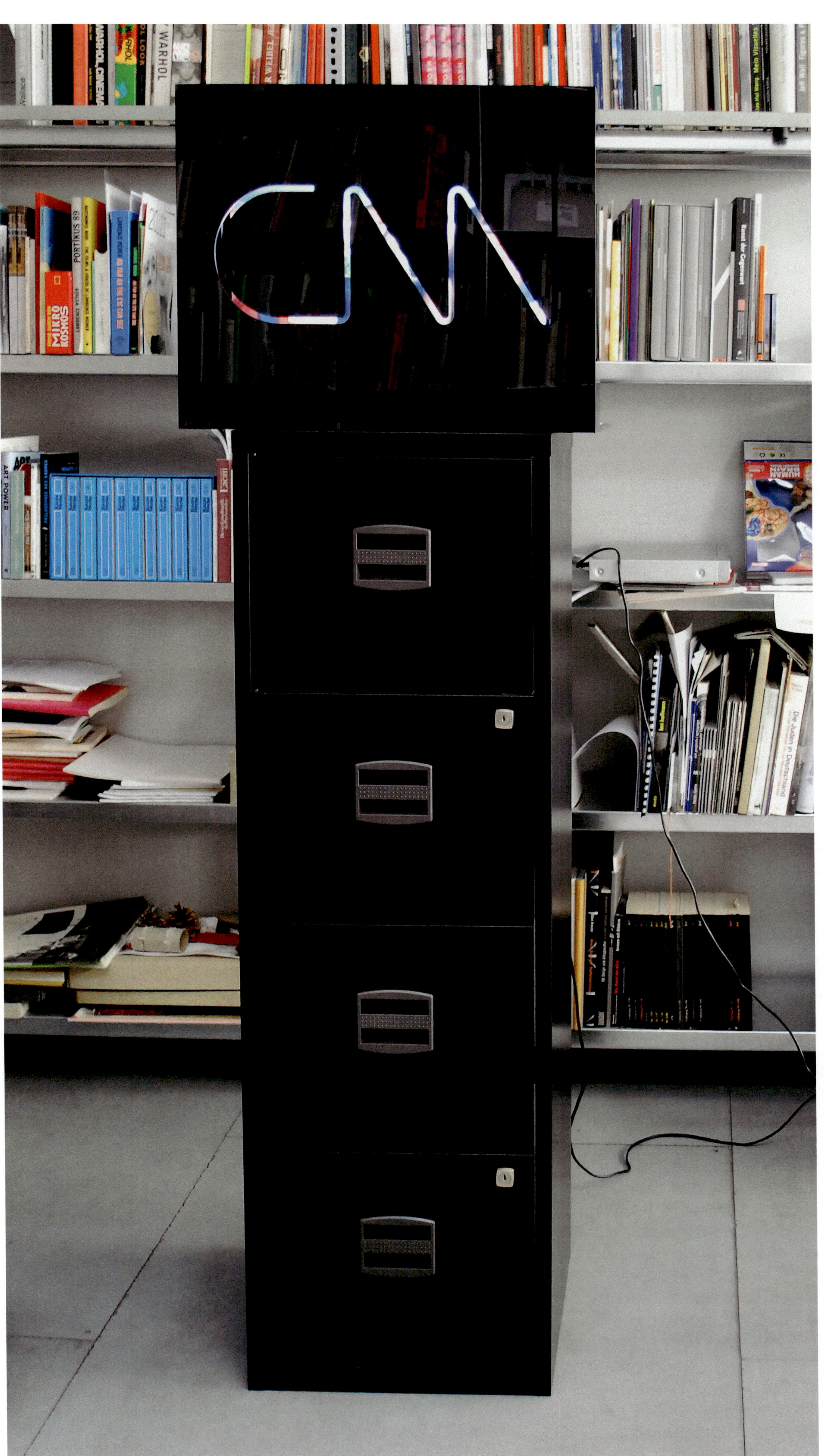

Dichte, lineare Collagen, die aus der Ferne wie eine abstrakte Reihenfolge flimmernder Horizontalen aussehen, entpuppen sich bei näherer Betrachtung als kleine, gut erkennbare Filmstills. Sobald sich das Auge vom optischen Rauschen erholt hat, identifiziert es Filmsequenzen aus Fernsehnachrichten: visuelle Informationen, zerlegt in 25 Bilder pro Sekunde. Diese kleinteiligen Stills unter Plexiglas sind Teil der Rauminstallation *Panic Room* (2007) von M+M (Marc Weis und Martin De Mattia). Die Installation wurde als *Panic Eck* (2015) für die Ausstellung im Kunstmuseum Bonn aktualisiert. Die Künstler inszenieren die Bilderflut von Massenmedien, indem sie Ereignisse aus der Nachrichtenwelt herausgreifen und miteinander in Bezug setzen. Den Hintergrund tapezierten sie mit Seiten aus einer gemeinsam mit dem Grafiker Felix Kempf entwickelten Zeitschrift, die aus Text- und Bildfragmenten berühmter Reden zusammengestellt ist – in diesem Fall ist es die Ausgabe *Putin 04*. Sie basiert auf der Rede des russischen Präsidenten, die er auf der Sicherheitskonferenz in München 2007 gehalten hat. Damals schockierte er mit einer ausgesprochen aggressiven Rhetorik und übte scharfe Kritik an den Plänen der NATO. Neben einer Nachrichtensendung zu Putins Rede finden sich in der Bonner Installation Fototableaus weiterer kristallisierter TV-Berichte der letzten Jahre, so auch über das Flüchtlingsschiff Cap Anamur, das 2004 in Italien festgesetzt und beschlagnahmt wurde. Diese Fototableaus veranschaulichen wirkungsvoll, wie durch den Einsatz unterschiedlich langer Bildsequenzen eine Gewichtung bestimmter Motive erfolgen kann, um eine besondere Lesart hervorzurufen. M+M fragmentieren die Wahrnehmung einer Situation und provozieren durch die Gleichzeitigkeit medialer Bilderwelten eine Überforderung des Betrachters. Die Künstler sammeln und archivieren Nachrichtensendungen, um dann spezifische – teilweise auch vermeintliche Randnotizen – auszuwählen und bewusst in unser „Historienbild" zu integrieren.

Auf subtile Weise spiegelt das Künstlerduo unsere Medienwirklichkeit wider und zeigt ihre Orchestrierung, ihre Macht und die Mechanismen der Einflussnahme auf geopolitische Entscheidungen. [OS]

M+M (Marc Weis / Martin De Mattia)

288

Dense linear collages that from a distance appear to be a series of abstract, flickering horizontals reveal themselves on closer inspection as small, easily recognizable film stills. As soon as the eyes have recovered from the optical disturbance, they identify film sequences from television news: visual information, broken down into 25 images per second. The miniature stills displayed under Plexiglas are part of the installation *Panic Room* (2007) by M+M (Marc Weis and Martin De Mattia). The installation was updated as *Panic Eck* (2015) for the exhibition at the Kunstmuseum Bonn. The artists put the flood of mass media images on display by picking events out of the world news and combining them. The background is wallpapered with pages from a newspaper they created jointly with the graphic designer Felix Kempf, consisting of text and image fragments from famous speeches: in this case it is issue *Putin 04*, based on the Russian president's speech at the 2007 Munich Security Conference. Putin shocked audiences with his decidedly aggressive rhetoric and strong criticism of NATO's plans. In addition to a newscast about Putin's speech, the installation in Bonn contains photo-tableaus of other crystallized TV reports from recent years, including one on the German rescue ship Cap Anamur, which was seized after it entered port in Italy in 2004. These photo tableaus are a striking illustration of the way image sequences can be cut to different lengths to distribute weight onto specific subjects in order to control their interpretation. M+M overburden the observer by fragmenting the perception of a state of affairs and presenting different medial image worlds simultaneously. The artists collect and archive newscasts from which they later select specific broadcasts – including some that are supposedly marginal notes – and then deliberately integrate them into our "image of history."

In a subtle way, the artist duo mirrors our media reality and reveals its underlying orchestration, its power, and the mechanisms by which it exerts influence on geopolitical decisions. [OS]

ISIS
Lambdabelichtung auf Endura, auf Dibond/Diaplex / Lambda exposure on Endura mounted on Dibond/Diaplex, 138 × 80 cm, 2015
Aus der fortlaufenden Fotoreihe seit 2003 / From the ongoing photo series since 2003

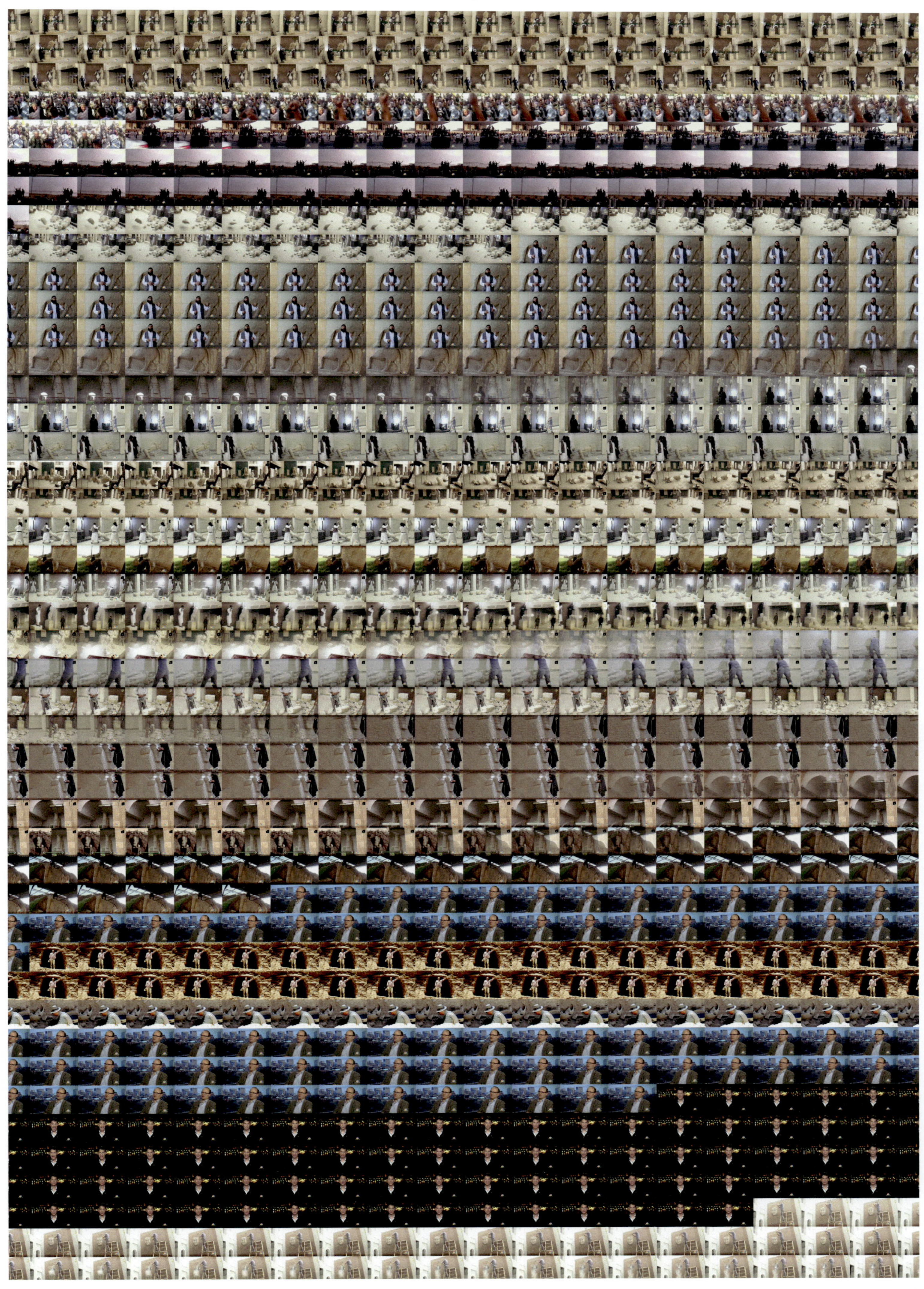

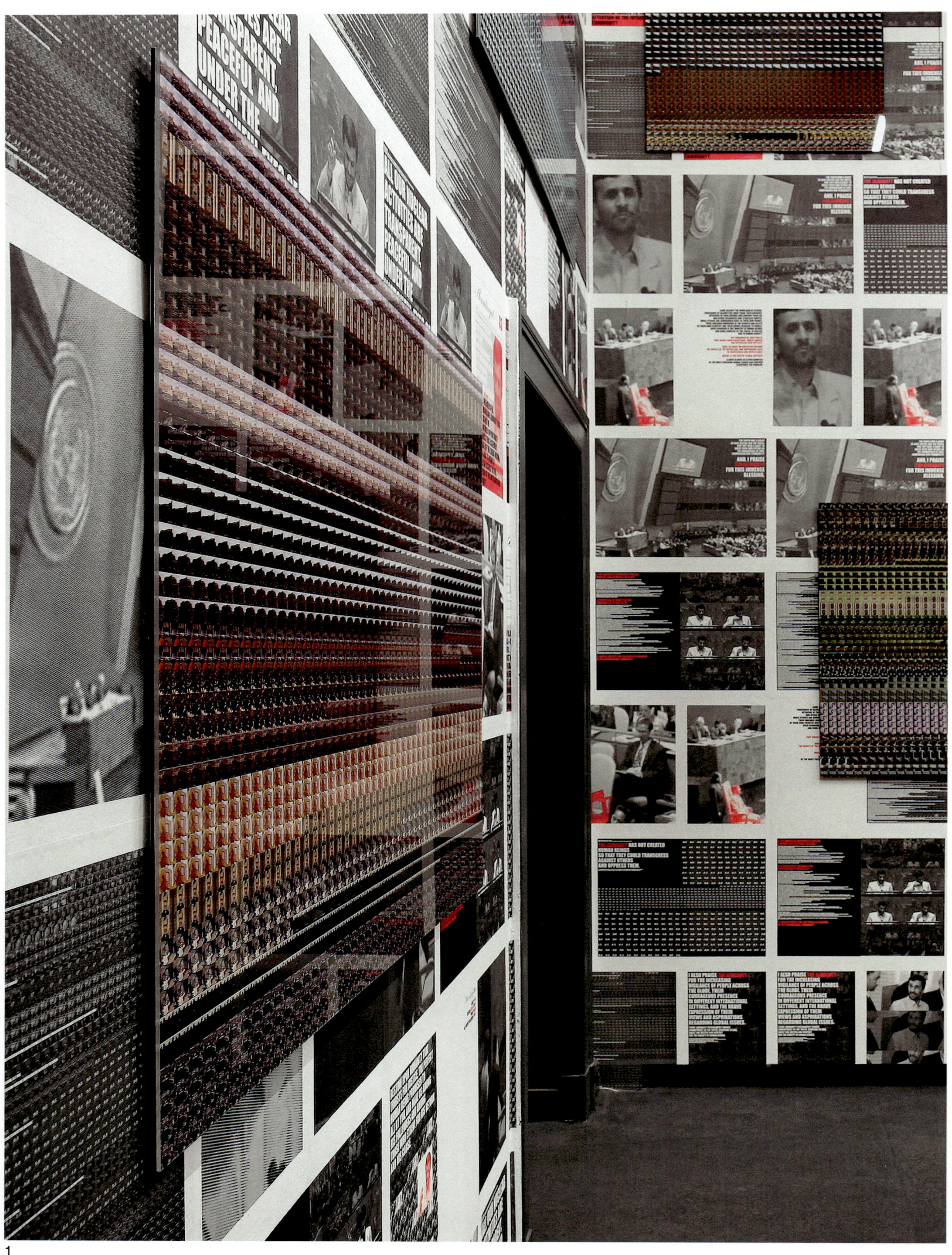
HAS NOT CREATED
HUMAN BEINGS
SO THAT THEY COULD TRANSGRESS
AGAINST OTHERS
AND OPPRESS THEM.
I ALSO PRAISE
FOR THE INCREASING
VIGILANCE OF PEOPLE ACROSS
THE GLOBE, THEIR
COURAGEOUS PRESENCE
IN DIFFERENT INTERNATIONAL
SETTINGS, AND THE BRAVE
EXPRESSION OF THEIR
VIEWS AND ASPIRATIONS
REGARDING GLOBAL ISSUES.
AND, I PRAISE
FOR THIS IMMENSE
BLESSING.

1

1 *Panic Room*, Installationsansicht / Installation view, Pergamon Museum, Berlin, 2007
2, 3 *Cap Anamour* (Detail), 2007
4 *Cap Anamour*
Lambdabelichtung auf Endura, auf Dibond/Diaplex / Lambda exposure on Endura mounted on Dibond/Diaplex, 146,9 × 107,7 cm, 2007

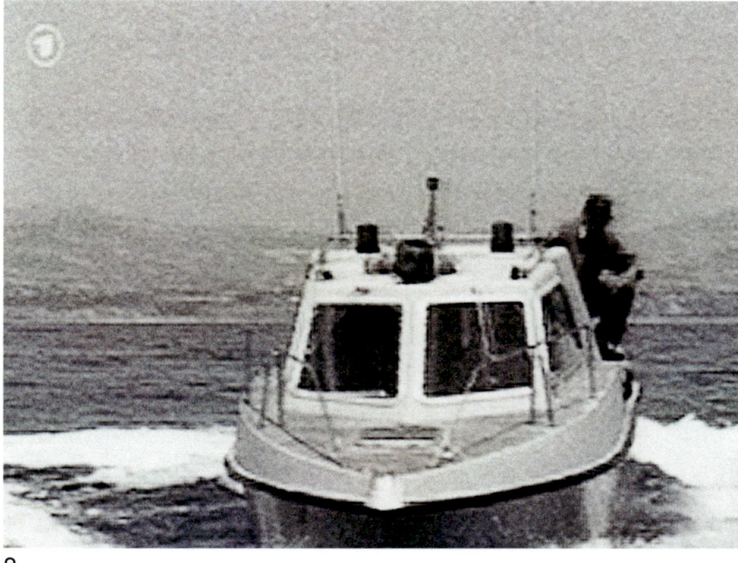

2

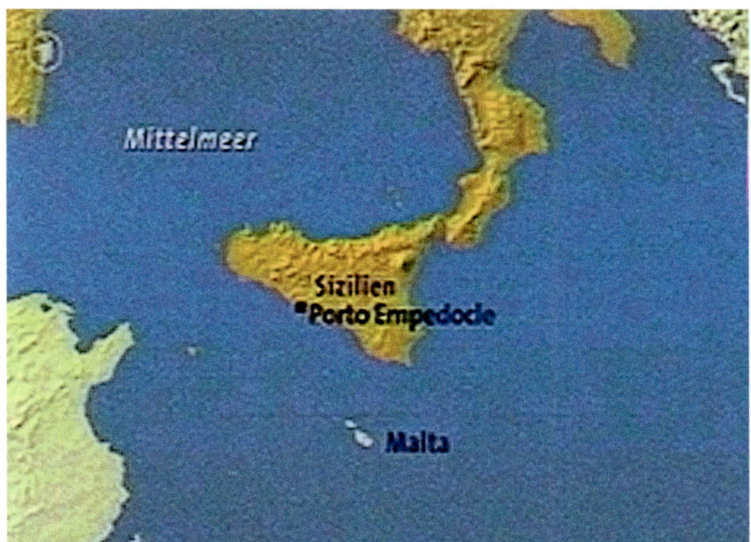

3

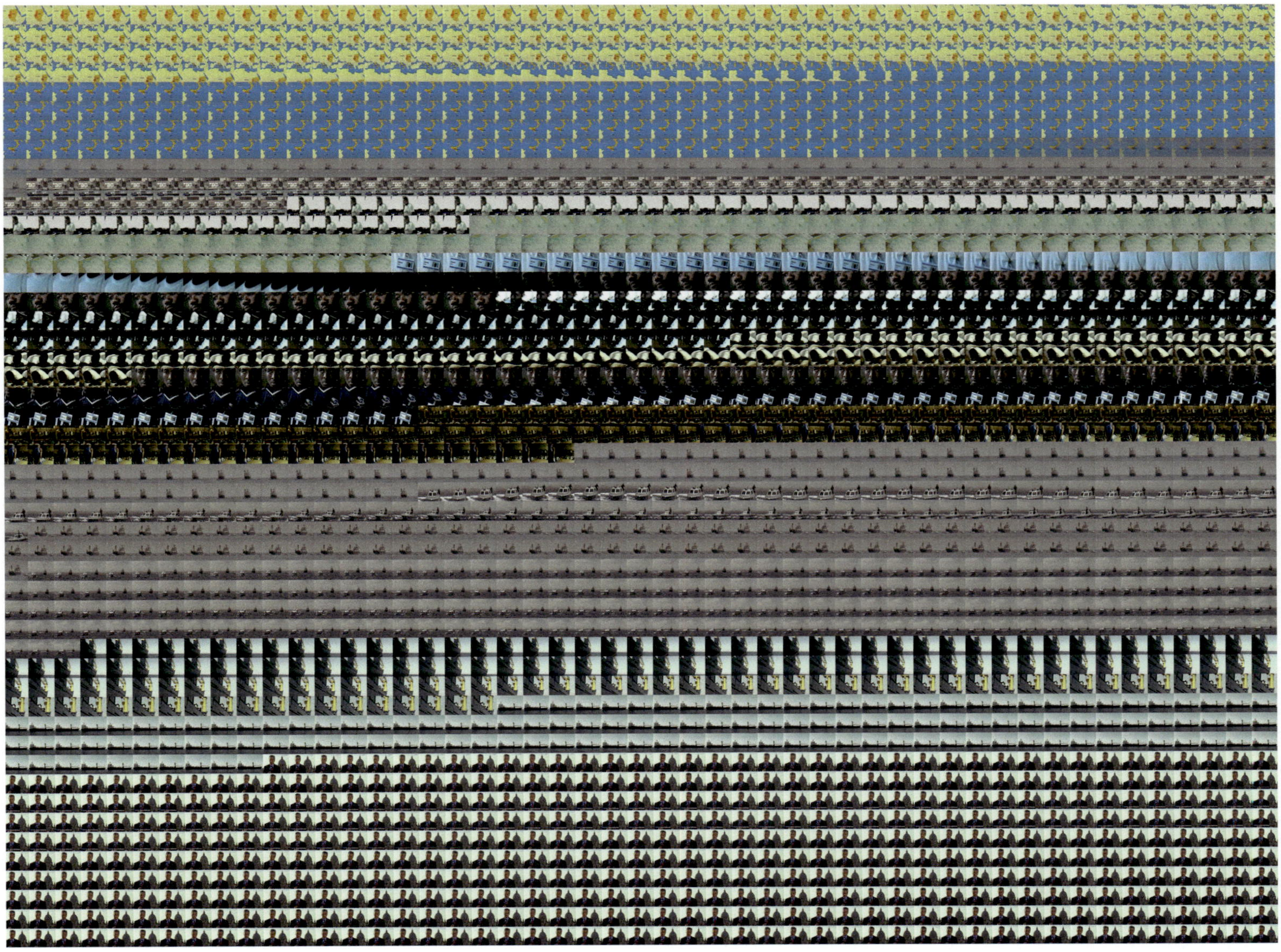

4

Bjørn Melhus gehört zu der Generation von Video- und Filmkünstlern, deren mediale Wahrnehmung schon seit der Kindheit vom Fernsehen und seinen Inhalten geprägt wurde. Seit den 1980er-Jahren hat sich das Medium dabei zunehmend seine eigene virtuelle Wirklichkeit geschaffen. Eben auf dieses Paralleluniversum bezieht sich der 1966 geborene Künstler wesentlich in seinen perfekt inszenierten Filmen und Videoinstallationen. Hauptquelle für seine in der Regel narrativ angelegten Arbeiten ist das US-amerikanische Fernsehen mit seinen unzähligen Serien-, Soap- und Talkshowformaten.
Mit *Primetime* (2001) und *The Oral Thing* (2001) hat Melhus eine gültige Form der Auseinandersetzung mit dieser Fernsehrealität gefunden, die weder auf eine rein kritische Dekonstruktion und Entlarvung des dort Gezeigten zielt noch auf pure Affirmation. Stattdessen gelingt es Melhus, der in seinen Filmen stets alle Rollen selbst verkörpert, aus den verschiedenen Elementen seiner Fernsehvorlagen (Text, Bild, Inszenierung, Sound, Personal) einen gänzlich neuen Zusammenhang zu erzeugen. Sowohl *Primetime* wie auch *The Oral Thing* beschäftigen sich inhaltlich mit amerikanischen Daytalk-Formaten, wie sie in den 1990er-Jahren durch Jerry Springer und Maury Povitch geprägt wurden. Stets geht es dabei um eine Form der Talkshow, die ihren vordergründig informativen Auftrag dazu nutzt, die möglichst abseitigen Obsessionen ihrer Kandidaten voyeuristisch auszubeuten.
Primetime setzt dies in eine große, zwei Räume umfassende Installation um, mit einer Wand voller Fernseher, die stroboskopartig flackern, und einer großen, für den Besucher begehbaren Showtreppe, auf der sich der Betrachter als Teil des Videogeschehens fühlen darf. *The Oral Thing* verwandelt den Talkmaster in eine Art extraterrestrischen Prediger, der, flankiert von einem bizarren Mönchschor, seine zwei zwergenhaften Kandidaten ebenso jovial wie genüsslich bloßstellt und damit die Sensationslust des Publikums befriedigt. Mit ihrer präzisen Rhythmisierung und der Konzentration auf die strukturellen Grundlagen des Mediums zeigen beide Arbeiten zugleich die hohe Suggestivkraft des Fernsehens und seine innere, abgründige Leere. [SB]

Bjørn Melhus

Bjørn Melhus belongs to the generation of video and film artists whose perception of the media has been marked since their childhood by television and its contents. Ever since the 1980s, the medium has increasingly created its own virtual reality. The artist, born in 1966, makes probing reference to this parallel universe in his perfectly staged films and video installations. The major source for his works, which generally have a narrative structure, is American television with its innumerable series, soap operas. and talk shows.
With *Primetime* (2001) and *The Oral Thing* (2001), Melhus found a valid form for investigating this televised reality, which is based neither on a purely critical deconstruction and revelation of what is offered to view there, nor on pure affirmation. Melhus, who always plays all the roles in his films, is instead able to use the various elements of his television models (text, image, staging, sound, personnel) to generate an entirely new context. The contents of both *Primetime* and *The Oral Thing* focus on the American day-talk formats, such as were popularized during the 1990s by Jerry Springer and Maury Povitch. This always involves a form of talk show that uses its apparently informative character to exploit its candidates' obsessions in a voyeuristic manner: the more far-fetched the better.
Primetime achieves this focus through a large installation filling two rooms, with a wall brimming with television sets flickering like a stroboscope, as well as a show staircase the visitor can mount so as to feel like a part of the video event himself. *The Oral Thing* transforms the talk show host into a sort of extraterrestrial preacher who, flanked by a bizarre choir of monks, unmasks his two dwarfish candidates with jovial glee and thereby satisfies the audience's craving for sensation. With their precise rhythms and concentration on the structural foundations of the medium, the two works present both the vivid evocative power of television and its fathomless inner vacuity. [SB]

The Oral Thing

Video, Farbe, Ton / Video, color, sound, 8:00 min., Loop, 2001

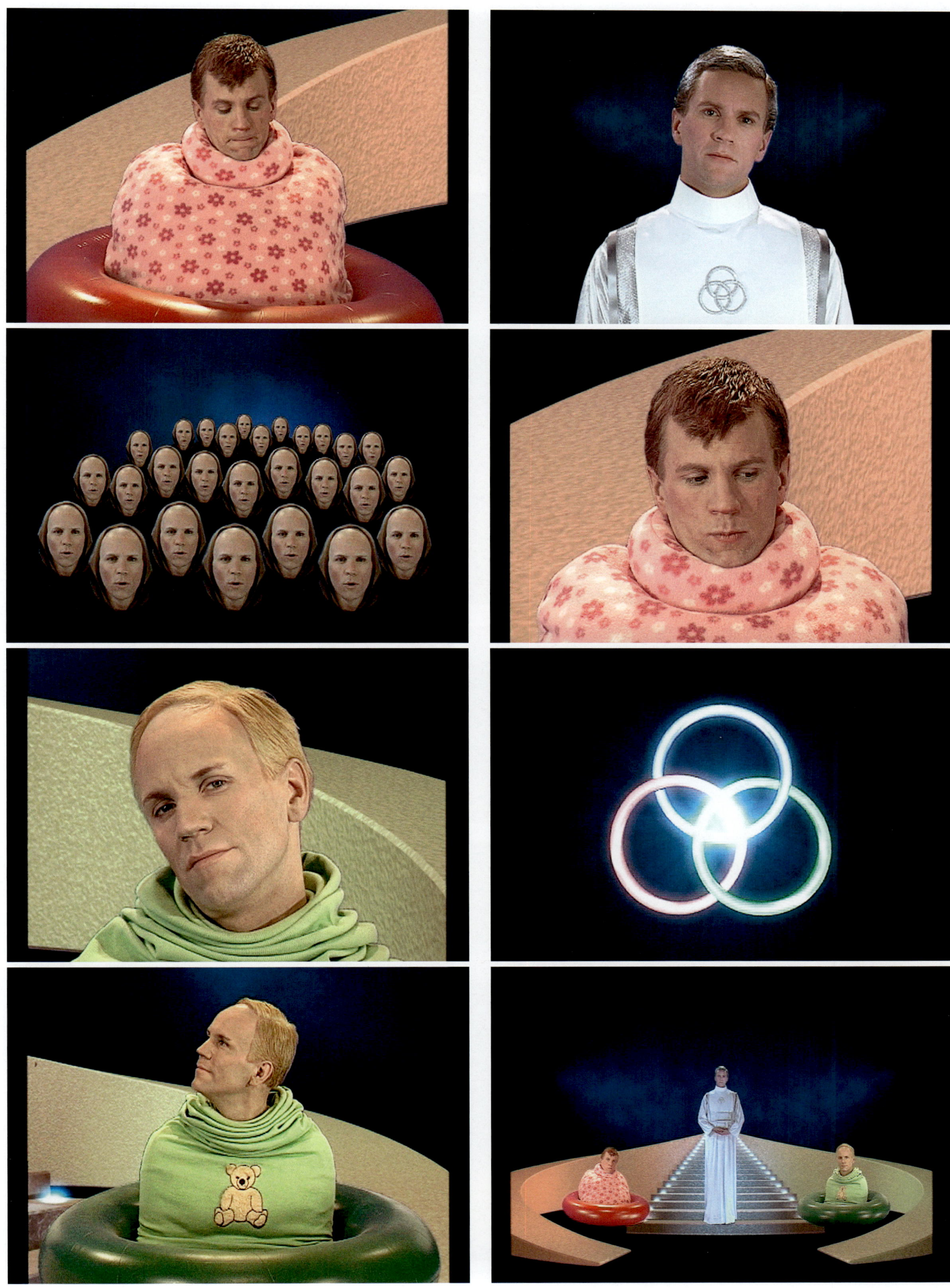

Primetime

3-Kanal-Installation für 29 Fernseher, 1 Projektion, 5 Stapelmonitore, Bühne / 3-channel installation for 29 consumer TV sets, 1 projection, 5 video cubes, stage, 10:00 min., Loop, 2001
Installationsansicht / Installation view, FACT Liverpool, 2004

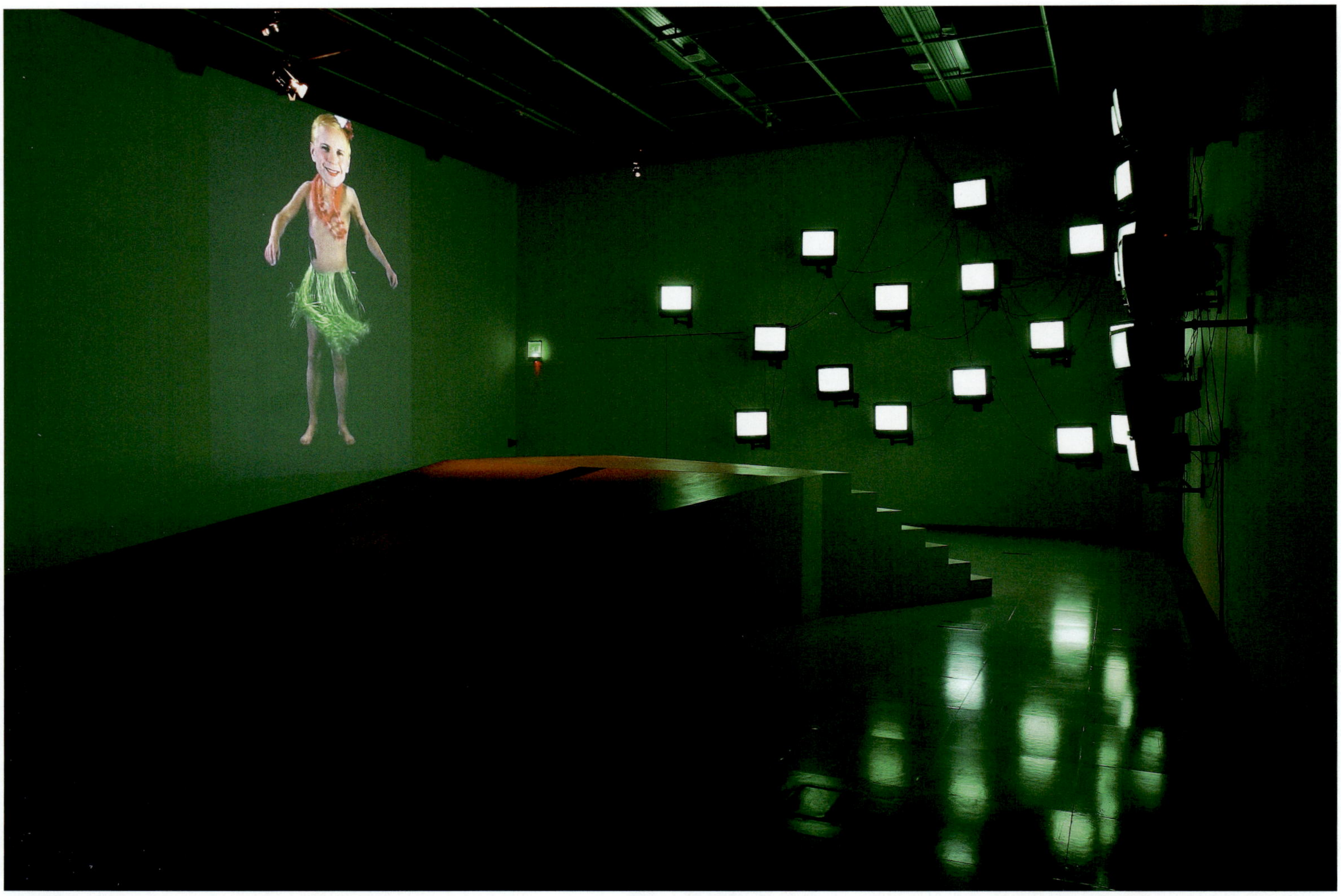

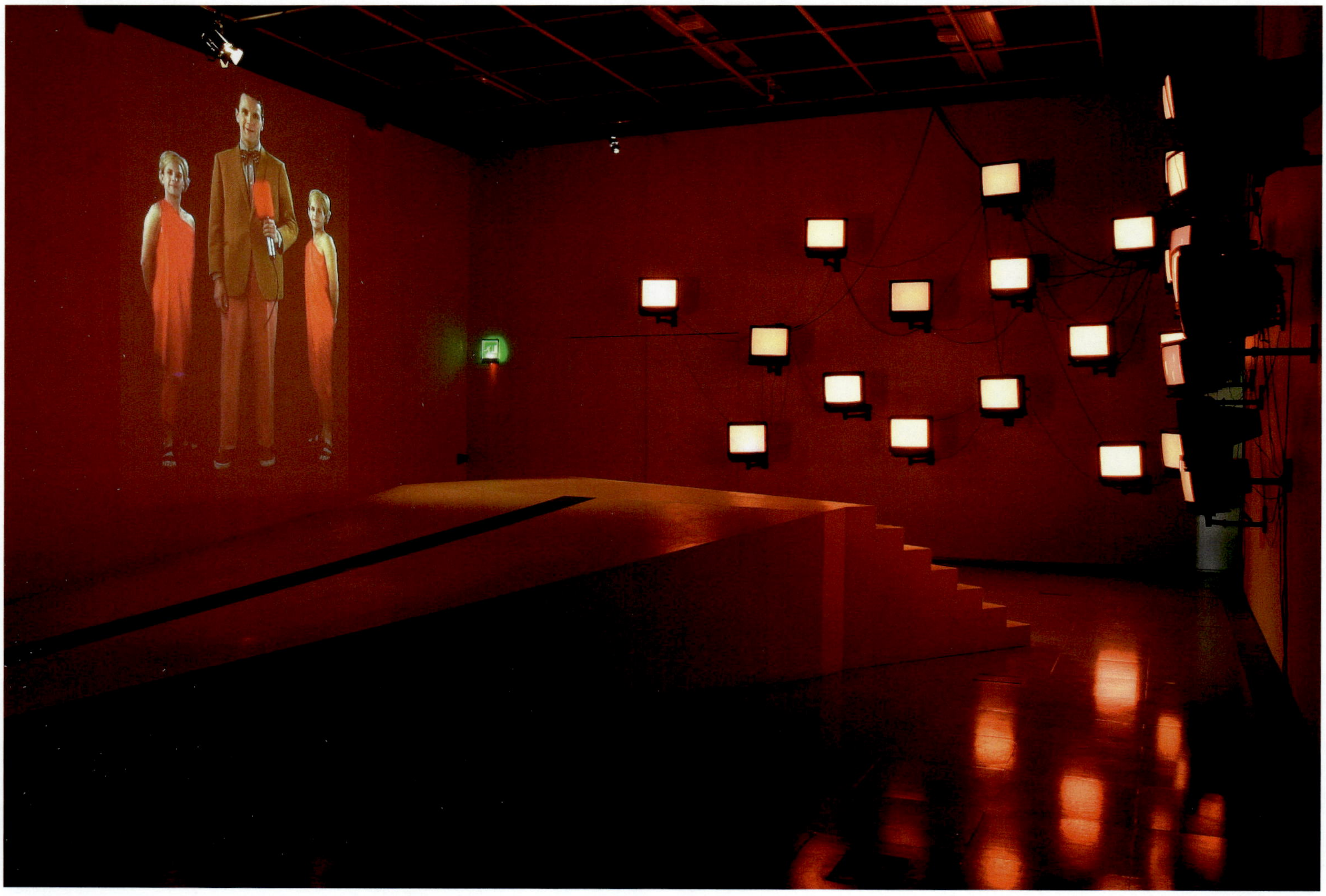

Deadly Storms

3-Kanal-Videoinstallation auf 3 vertikalen Bildschirmen, HD-Video, Farbe, Ton / 3-channel installation on 3 vertical screens, HD video, color, sound, 7:00 min., 2008

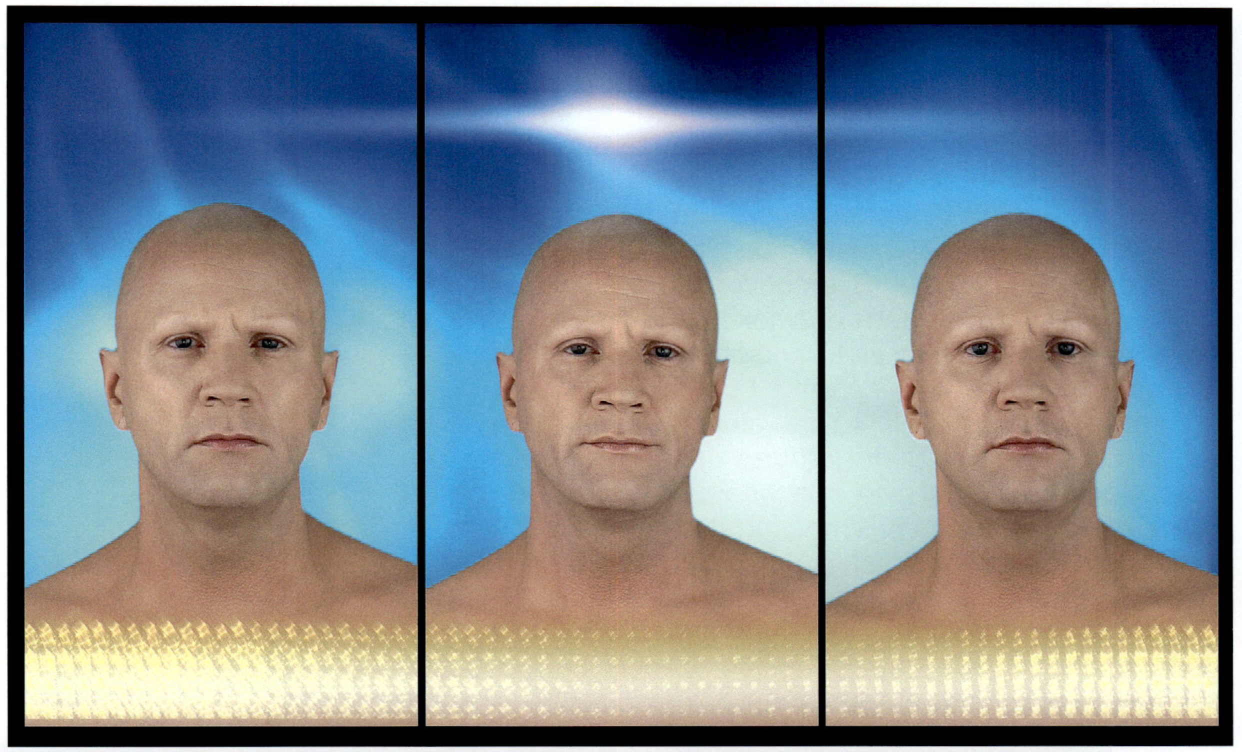

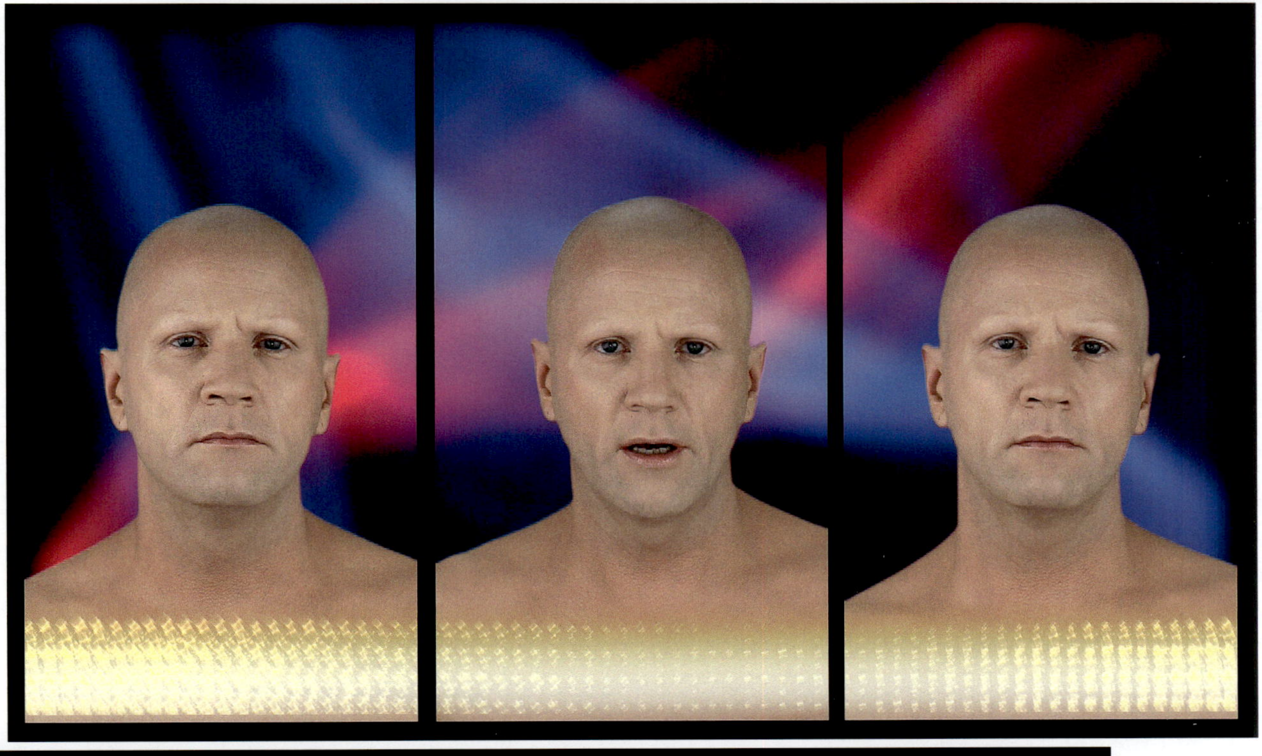

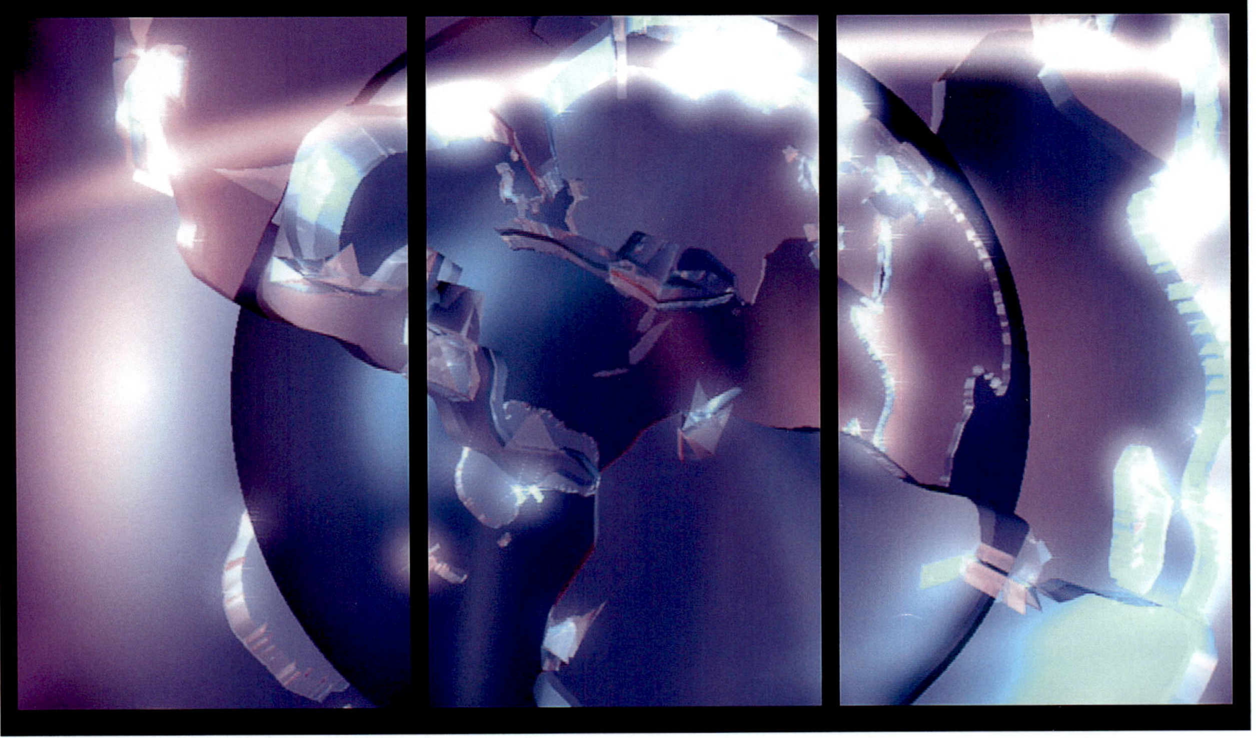

Bea Meyers Weg zu textilen Arbeiten führte über die Auseinandersetzung mit dem digitalen Bild. Sie sagt dazu: „Ich komme vom Studium der Medienkunst und arbeite mit der Technik als Impuls für Ideen oder zur Vorbereitung der Umsetzung, anders gesagt die Ideen durchlaufen mediale Filter, bevor ich sie handwerklich umsetze. Die Sehnsucht nach langwierigen, aufwendigen, manuellen Techniken resultierte ja auch aus dem Umgang mit der Technik."[1]
Sticken, Häkeln und Knüpfen gehören zu den von Bea Meyer wieder aufgegriffenen traditionellen Textiltechniken. Neben persönlichen Bildmotiven, die sie teils zusammen mit ihren Kindern entwickelt, integriert Bea Meyer auch Relikte von elektronischen Medien. Das Ursprungsmotiv von *Wolke* sind Fernsehbilder vom 11. September 2001 in New York, einem Ereignis, das sich in die kollektive Bilderfahrung des 21. Jahrhunderts eingebrannt hat wie nur wenige andere. Bea Meyer berichtet von der Schockerfahrung, die auch sie vor dem Bildschirm machte, und die zu dem Bedürfnis führte, ihre Fassungslosigkeit durch eine künstlerische Reflexion zu verarbeiten. Aus den wieder und wieder über den Bildschirm laufenden Szenen vom Einsturz des World Trade Center wählt sie eine fast abstrakt wirkende Sequenz aus. Durch die Serie von vier handgeknüpften Wandteppichen wird die unerwartete Schockwelle dieser Medienbilder in eine persönliche Entschleunigung überführt. Die Herstellung eines Teppichs folgt einer ähnlichen Zeilenstruktur wie der sequenzielle Aufbau eines Monitorbildes in Zeilenreihen. Die leichte Veränderung der Bildmuster durch die manuelle Arbeit entspricht dabei den Rasterpunkten des elektronischen Bildes und erzeugt eine Art von „textilem Rauschen" der ehemals televisuellen Information. Vielleicht ist Bea Meyer mit der *Wolke* in der „post-medium condition" angekommen, von der Rosalind E. Krauss spricht. [DD]

1 Persönliche Mitteilung der Künstlerin.

Bea Meyer

It was her occupation with digital images that led Bea Meyer to start working with textile materials. "I studied media art and used technology both as a source of ideas and a means to realize them," she explains. "In other words, ideas have to run through a medial filter before I craft them into an object. Working with technology made me long for time-consuming and laborious manual techniques."[1]
Embroidering, crocheting, and knotting are among the traditional textile crafts Meyer has taken up. While she often draws on personal imagery that she develops with the help of her children, other motifs are leftovers from the television screen. The cloud in *Wolke* goes back to televised images from New York on September 11, 2001, an event which has burnt itself into our repository of collective images as few others have done. Meyer tells of the shock that she, too, felt in front of the television screen, and the urgent need to process the experience through artistic reflection. She chose an almost abstract sequence from the scenes of the World Trade Center collapse, which on that day was aired again and again. Her series of four hand-knotted wall carpets softens the unexpected blow of the media image and slows it down to a personal, experiential flow of time. Carpets are produced following the same principles of a sequentially added structure of lines as the lines on a television monitor. Working by hand introduces slight variations to the patterns on the carpet, which relates them to the screen dots of the electronic image and results in a kind of "textile noise" within the formerly televisual information. This transfer of media-specific effects into traditional techniques might qualify Bea Meyer's *Wolke* for the "post-medium condition" as defined by Rosalind E. Krauss. [DD]

1 Personal message by the artist.

Wolke,
September 2001

4 handgeknüpfte Teppiche, Stramin, reine Schurwolle / 4 handknotted carpets, canvas, pure new wool, je / Each 70 × 65 cm, 2002

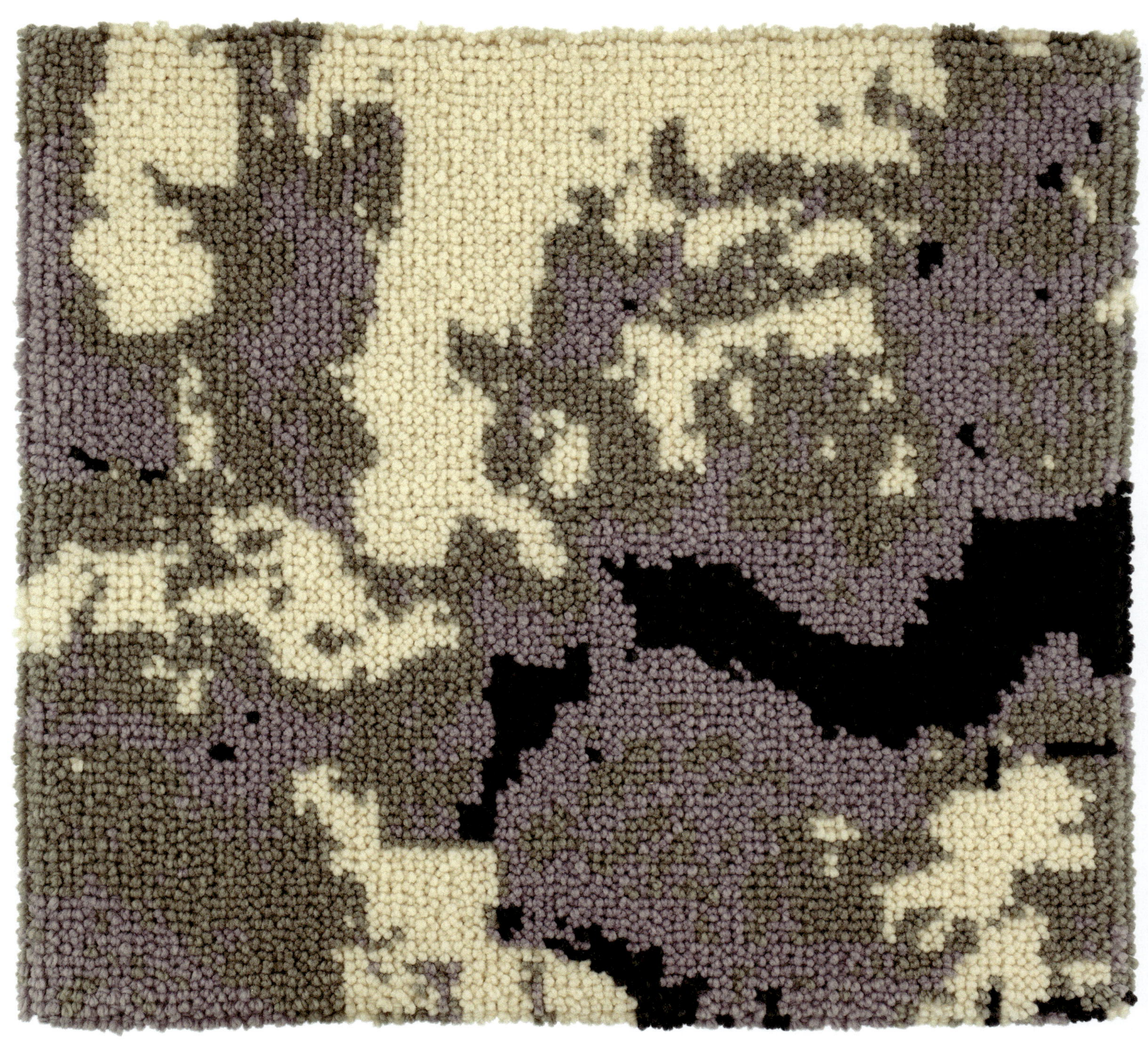

Wolke,
September 2001

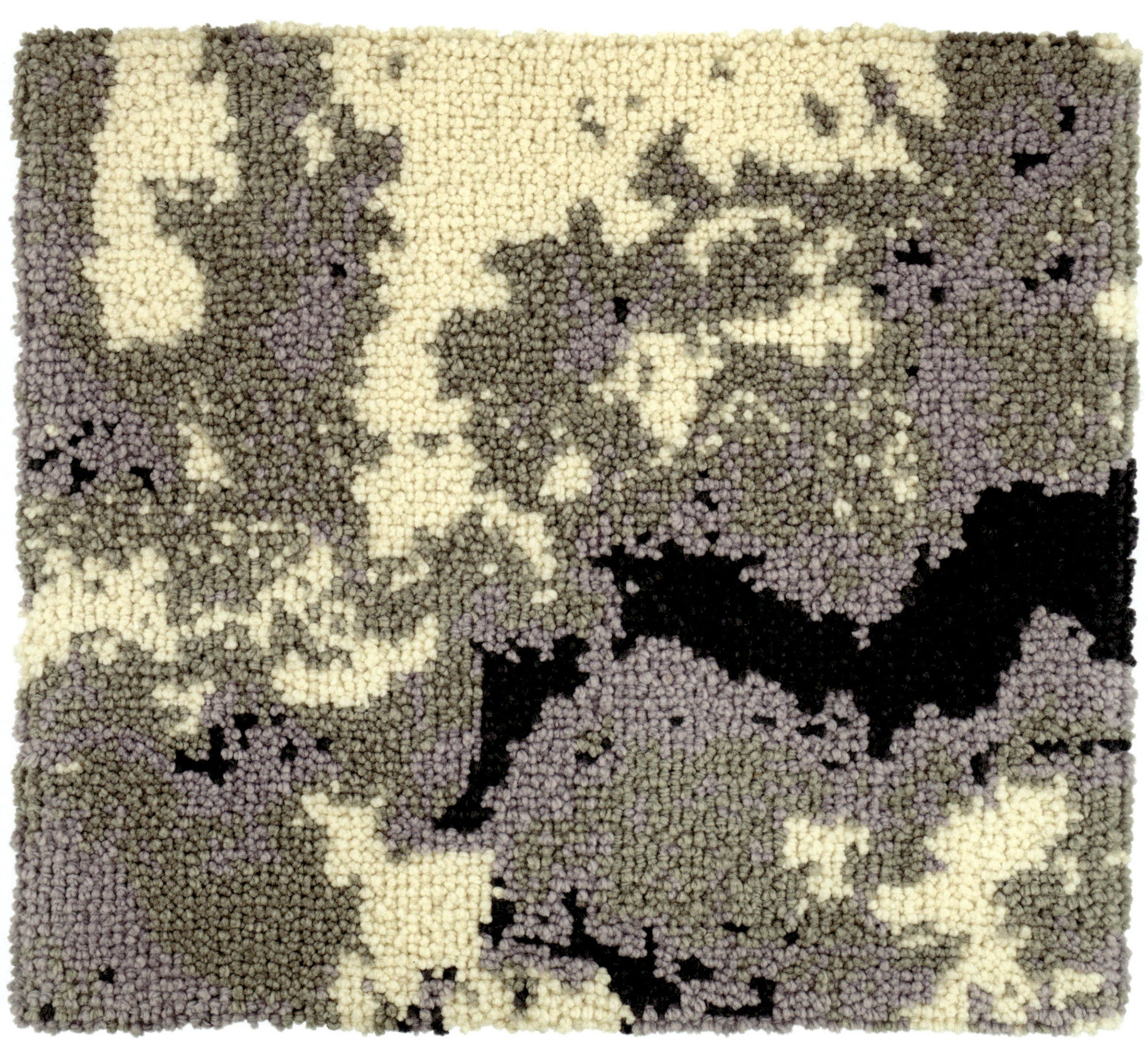

Bea Meyer

4 handgeknüpfte Teppiche, Stramin, reine Schurwolle / 4 hand-knotted carpets, canvas, pure new wool, je / Each 70 × 65 cm, 2002

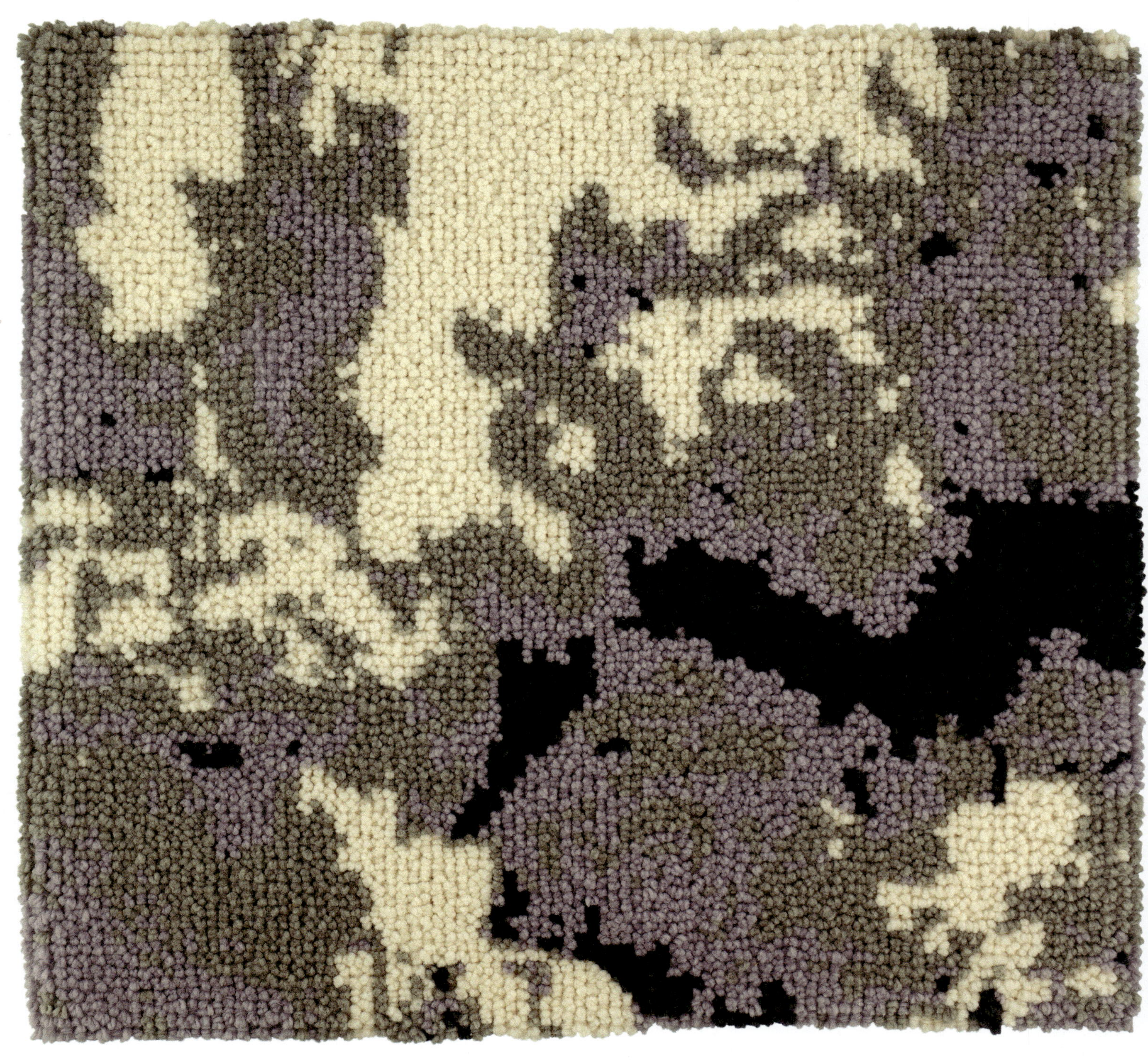

Auf sieben Monitoren laufen parallel Ausschnitte der Fernsehberichte über die Jugoslawienkriege ab dem 10-Tage-Krieg in Slowenien im Juni 1991 bis zum Massaker von Srebrenica im Juli 1995. Polster hat für diese Arbeit von Juni 2011 bis Juli 2015 einen Großteil der relevanten Wiederholungen der *Tagesschau vor 20 Jahren* des Digitalsenders tagesschau24 (bis 2012 unter dem Namen ARD EinsExtra) aufgenommen. Aus diesen rund 200 Stunden Material hat er die Berichte zu Jugoslawien herausgefiltert, um sie in einer verdichteten Montage auf sieben parallel laufende Videokanälen neu sichtbar zu machen.
Polster schreibt im nicht publizierten Konzept zu dieser Arbeit: „Ausgangspunkt meiner Beschäftigung mit dem TV Material der abendlichen Tagesschau war der Wunsch, die damaligen Ereignisse des Zerfalls Jugoslawiens und dem anschließenden Bürgerkrieg mit all seinen schrecklichen Auswirkungen zu verstehen. Bei der intensiveren Beschäftigung mit dem Nachrichtenmaterial fielen mir einige (medienspezifische) Besonderheiten des Formates auf. Erstens die unglaubliche Brutalität und Direktheit der Bilder: Allabendlich wurden die Kriegshandlungen ungefiltert zur besten Sendezeit in den Nachrichten gezeigt. In ihrer Direktheit und Schonungslosigkeit wirken die Sequenzen heute fast noch schockierender, als es damals der deutsche Fernsehzuschauer empfunden haben muss. Aus heutiger Sicht irritierend ist der Gegensatz zwischen der Intensität der Darstellung der Ereignisse und ihrer Wirkung. Immerhin hat es erst Srebrenica bedurft, ehe sich ‚die Welt' zu einem Einschreiten genötigt sah. Mir scheint, dass die Mechanismen unserer heutigen Mediendemokratie andere (politische) Reaktionen hervorrufen würde. Zweitens die ungewöhnliche Dauer der Berichterstattung: In den ersten 3 Jahren war der Fluss der Berichterstattung, trotz kleinerer Wellenbewegungen, relativ konstant. Fast schon wie eine abendliche Fortsetzungsserie. Vielleicht liegt hier auch eine der Erklärungen der Wirkungslosigkeit der Bilder. Das ‚Fortsetzungsformat' erlaubt eine innerliche Distanzierung und befördert ein Abstumpfen gegenüber dem Gezeigten.“ [DD]

Ulrich Polster

Seven monitors transmit excerpts from television reports on the Yugoslav wars, from the ten-day war in Slovenia in June 1991 up until the Srebrenica massacre in July 1995. For his work, Polster recorded relevant repeats of the German news program *Die Tagesschau* twenty years later, as transmitted by the digital station tagesschau24 (still named ARD EinsExtra until 2012). He selected the reports on Yugoslavia from roughly 200 hours of material to present them in a condensed montage on all seven monitors simultaneously.
In an unpublished conceptual note on the piece, Polster writes: “My work started from a desire to understand the events that led to the disintegration of Yugoslavia, the civil war that followed, and all the horrific consequences. I watched the nightly *Tagesschau* newscast, and as I occupied myself with the material more deeply, I began to understand some (media-specific) characteristics of the format. First of all, the images were incredibly brutal and direct: every evening, war operations were shown unfiltered in the news during prime time. Probably the images appear even more direct and unsparing than they seemed to the viewing public then. In retrospect, one is bothered by the disparity between the intense presentation of events and their meager effects. After all, it took the massacre of Srebrenica before 'the world' decided it had to intervene. It seems to me that the mechanisms of our media democracy today would provoke other (political) reactions. The second characteristic was the unusual continuity of these reports: during the first three years the flow of the reporting remained relatively constant (albeit with little fluctuations). Almost like an evening television serial. Maybe this goes some way to explain the inefficacy of the images. The sequel format allows viewers to distance themselves from the events and deadens empathy.” [DD]

Report

7-Kanal synch. SD-Video, Soundinstallation, Maße variabel /
7-channel synch. SD video, sound installation, variable dimensions,
1:22 min., Loop, 2015

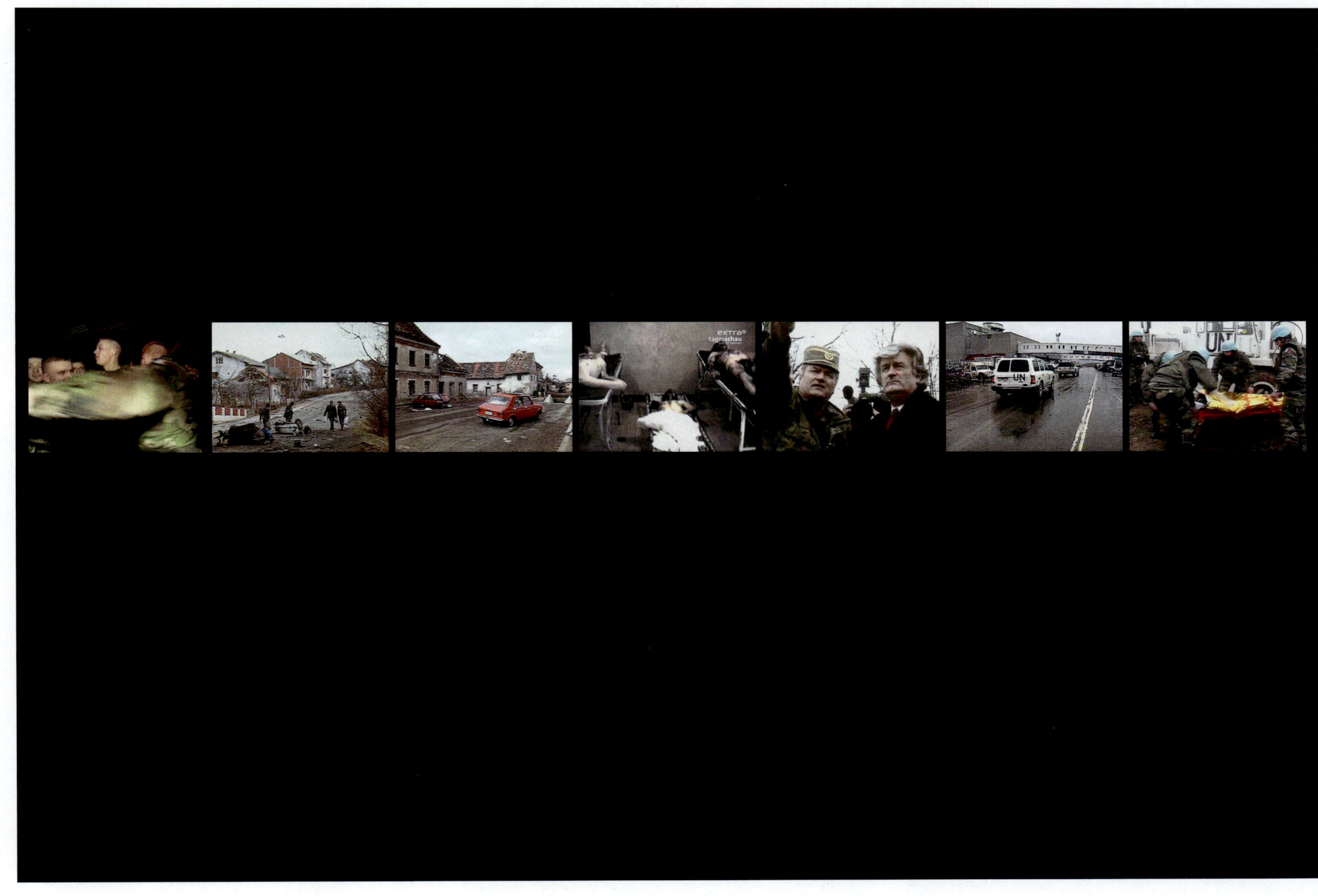

Report

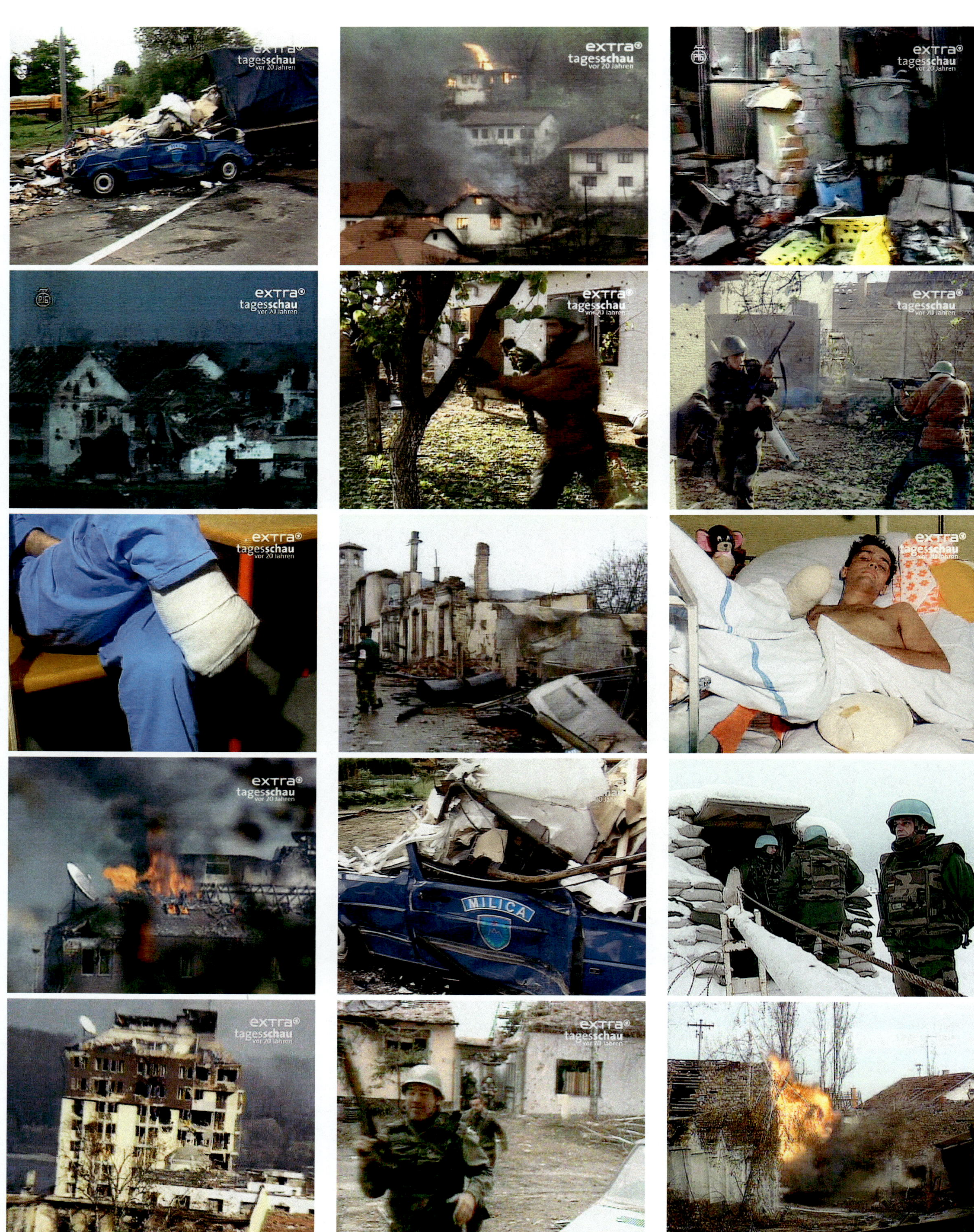

Ulrich Polster

302

7-Kanal synch. SD-Video, Soundinstallation, Maße variabel /
7-channel synch. SD video, sound installation, variable dimensions,
1:22 min., Loop, 2015

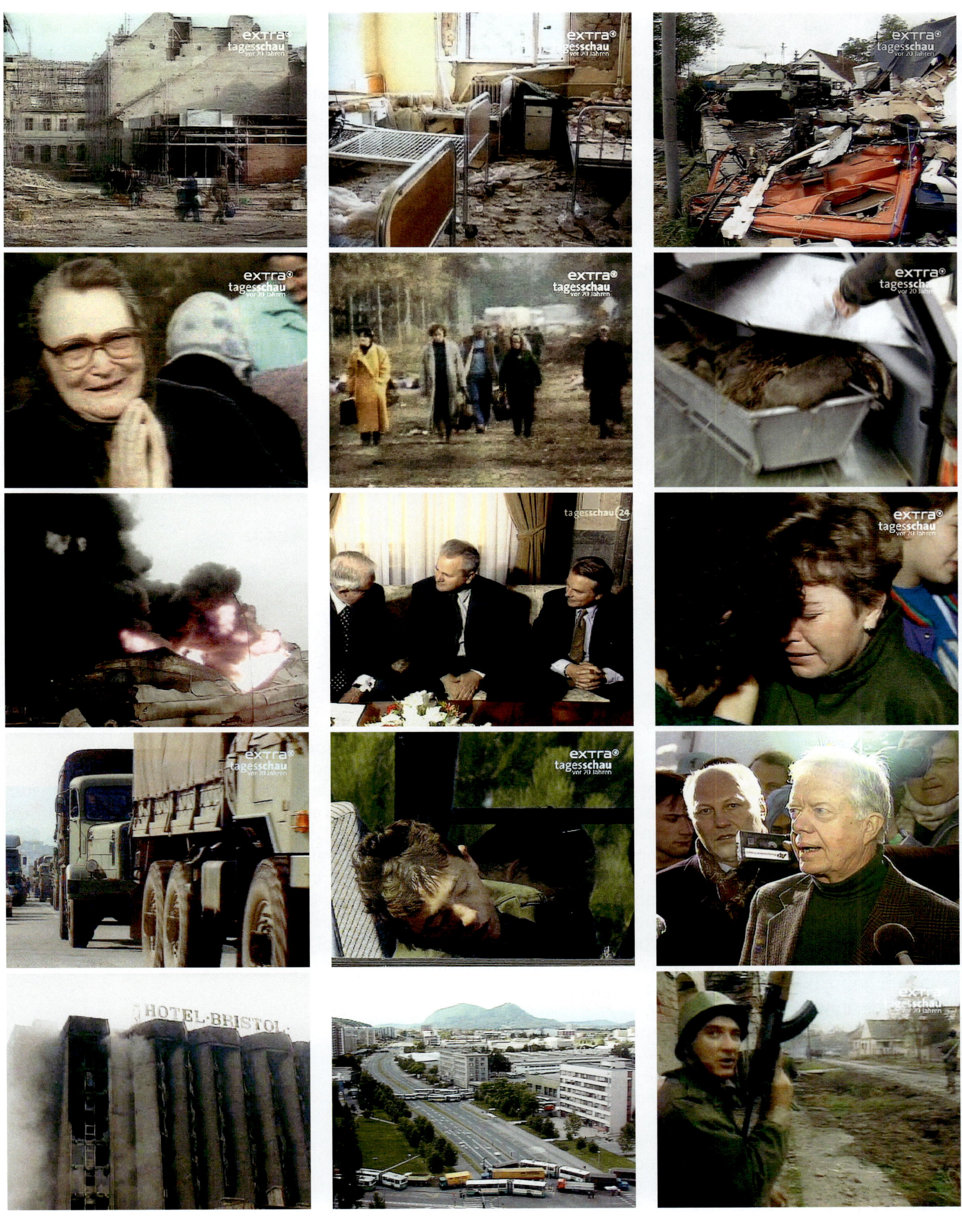

Die beiden Ensembles *Lying around lazy. Not even moving for TV, sweets, Coke and vaseline* (1996) und *No need to fight about the channel. Together. Leant back* (2009) gehören zu Tobias Rehbergers Werkgruppe *Fragments of their pleasant spaces (in my fashionable version)* (1996, 1999, 2009), stammen allerdings aus zwei verschiedenen Auflagen dieser Werkgruppe. Für die erste Ausstellung der *Fragments* 1996 in der Frankfurter Galerie Bärbel Grässlin befragte Rehberger einige seiner Freunde nach ihren Vorstellungen von einer bequemen Raumgestaltung, woraus er anschließend eine Reihe verschiedener Sitz- und Liegemöbel samt zugehöriger Ausstattung entwickelte. 1999 und 2009 fand die Ausstellung erneut statt, wobei das Design der einzelnen Objekte beide Male überarbeitet wurde: Während Farb- und Formgebung des Mobiliars 1996 noch Reminiszenzen an die 1970er-Jahre aufwies, orientierte sich das Design 1999 am Minimalismus der 1960er-Jahre, und in der Ausstellung 2009 erinnerten Neonfarben an den Disco-Trend der 1980er.

Die hier gezeigten Werke sind Beispiele von Rehbergers Entwürfen für eine optimale Fernsehumgebung, die eine maximale Konzentration auf den Fernsehgenuss erlaubt. *Lying around lazy. Not even moving for TV, sweets, Coke and vaseline* (1996) besteht aus einem braunen Veloursteppich, darauf eine mit Velours bezogene, gepolsterte Liege, umgeben von verschiedene Gefäßen, einer Lampe und einem kleinen Röhrenfernseher—alles in Reichweite angeordnet, sodass der Nutzer sich nicht bewegen muss, wie vom Werktitel in Aussicht gestellt. *No need to fight about the channel. Together. Leant back* (2009) verspricht ein konfliktfreies Fernseherlebnis für zwei: Die beiden Liegeflächen stehen nebeneinander, sind aber so ausgerichtet, dass sich ihre Fuß- und Kopfenden gegenüberliegen, genauso wie die Displays mit den integrierten Flachbildschirmen, die am jeweiligen Fußende aufgestellt sind. So können zwei Personen gleichzeitig fernsehen, ohne dasselbe sehen zu müssen.

Rehbergers Installationen beziehen sich auf eine Fernsehkultur, die vorranging Vergnügen und Entspannung verspricht. Mit einem Augenzwinkern reflektiert er über die für die Erfüllung dieses Versprechens erforderlichen räumlichen Bedingungen. [IH]

Tobias Rehberger

The two ensembles *Lying around lazy. Not even moving for TV, sweets, Coke and vaseline* (1996) and *No need to fight about the channel. Together. Leant back* (2009) belong to Tobias Rehberger's group of works *Fragments of their pleasant spaces (in my fashionable version)* (1996, 1999, 2009) but originate from two different editions of this group. For the first exhibition of *Fragments* in 1996 at the Galerie Bärbel Grässlin in Frankfurt, Rehberger asked several of his friends about their notions of a comfortably designed space, whereupon he developed a series of various pieces of furniture for sitting and reclining, along with the relevant appurtenances. In 1999 and 2009, the exhibition took place again; each time, the design of the individual objects was reworked. Whereas in 1996 the color and shape of the furniture was still reminiscent of the 1970s, the 1999 design was oriented toward the Minimalism of the 1960s, and in the 2009 exhibition, neon colors recalled the disco trend of the 1980s.

The works on display here are examples of Rehberger's designs of optimal television surroundings that allow a maximum of concentration on enjoying television. *Lying around lazy. Not even moving for TV, sweets, Coke and vaseline* (1996) consists of a brown velvet carpet upon which is an upholstered couch covered in velvet and surrounded by various receptacles, a lamp, and a small tube TV set—everything arranged within hand's reach so that the user does not have to move, as is indicated by the title of the work. *No need to fight about the channel. Together. Leant back* (2009) promises a conflict-free television experience for two: both reclining areas are situated alongside each other but placed so that their heads and feet are respectively juxtaposed, just like the displays with integrated flat screen that are placed at the foot of each reclining surface. This allows two persons to watch television simultaneously without having to look at the same program.

Rehberger's installations make reference to a television culture that promises pleasure and relaxation above all. With a wry wink of the eye, he reflects upon the spatial requirements necessary for fulfilling that promise. [IH]

No need to fight about the channel. Together. Leant back

Verschiedene Materialien / Mixed media, 240 × 320 cm
(Höhe variabel / Variable height), 2009

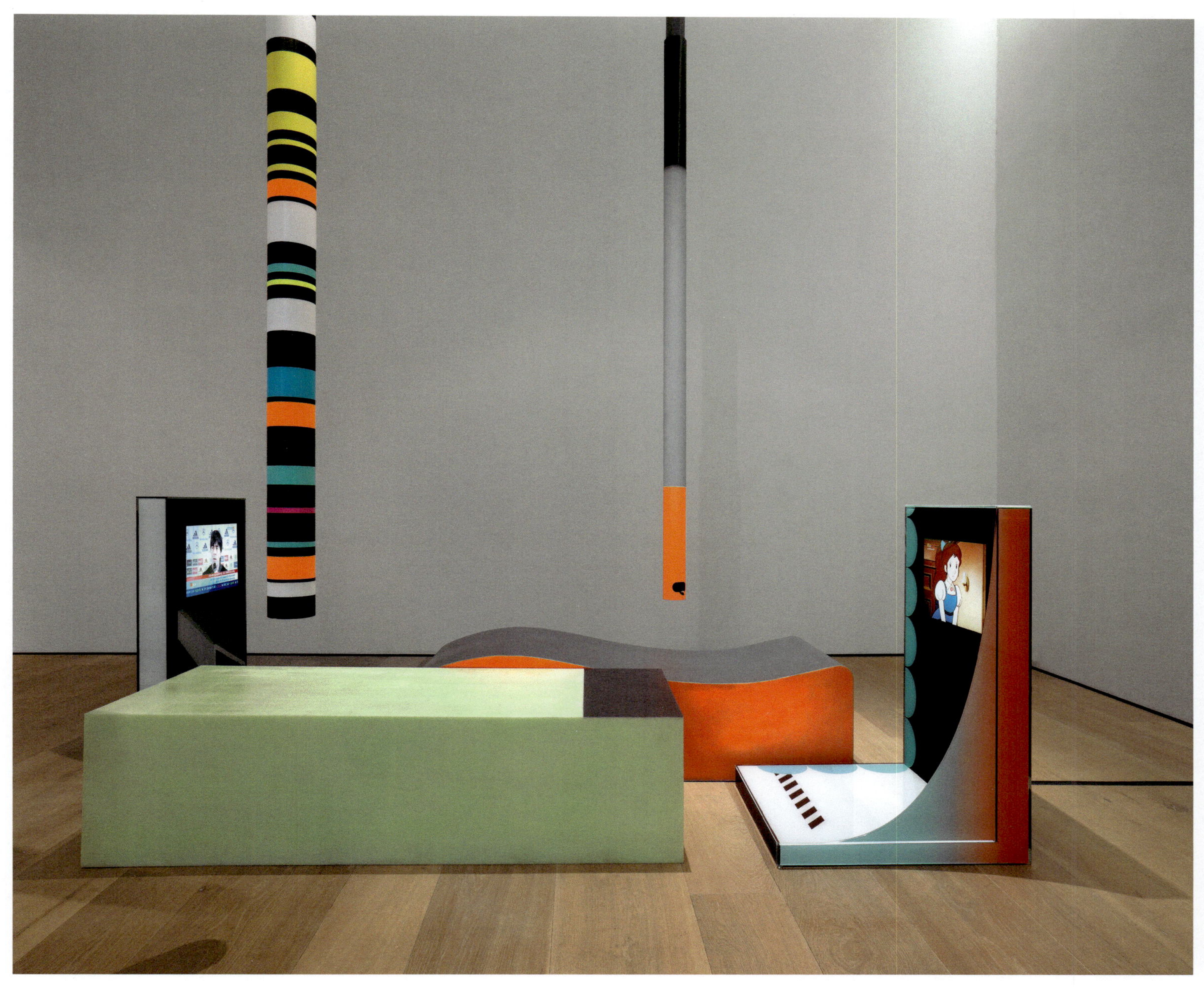

Suck.Watch. Sucked.Watched

3 Teile, Holz, Acryl, Leder, 2 Fernsehgeräte / 3 parts, wood, acrylic, leather, 2 television sets, 150 × 35 × 35 cm, 110 × 35 × 35 cm, 4 × 100 × 50 cm, Gesamtmaße / Overall dimensions: 150 × 200 × 50 cm, 1999

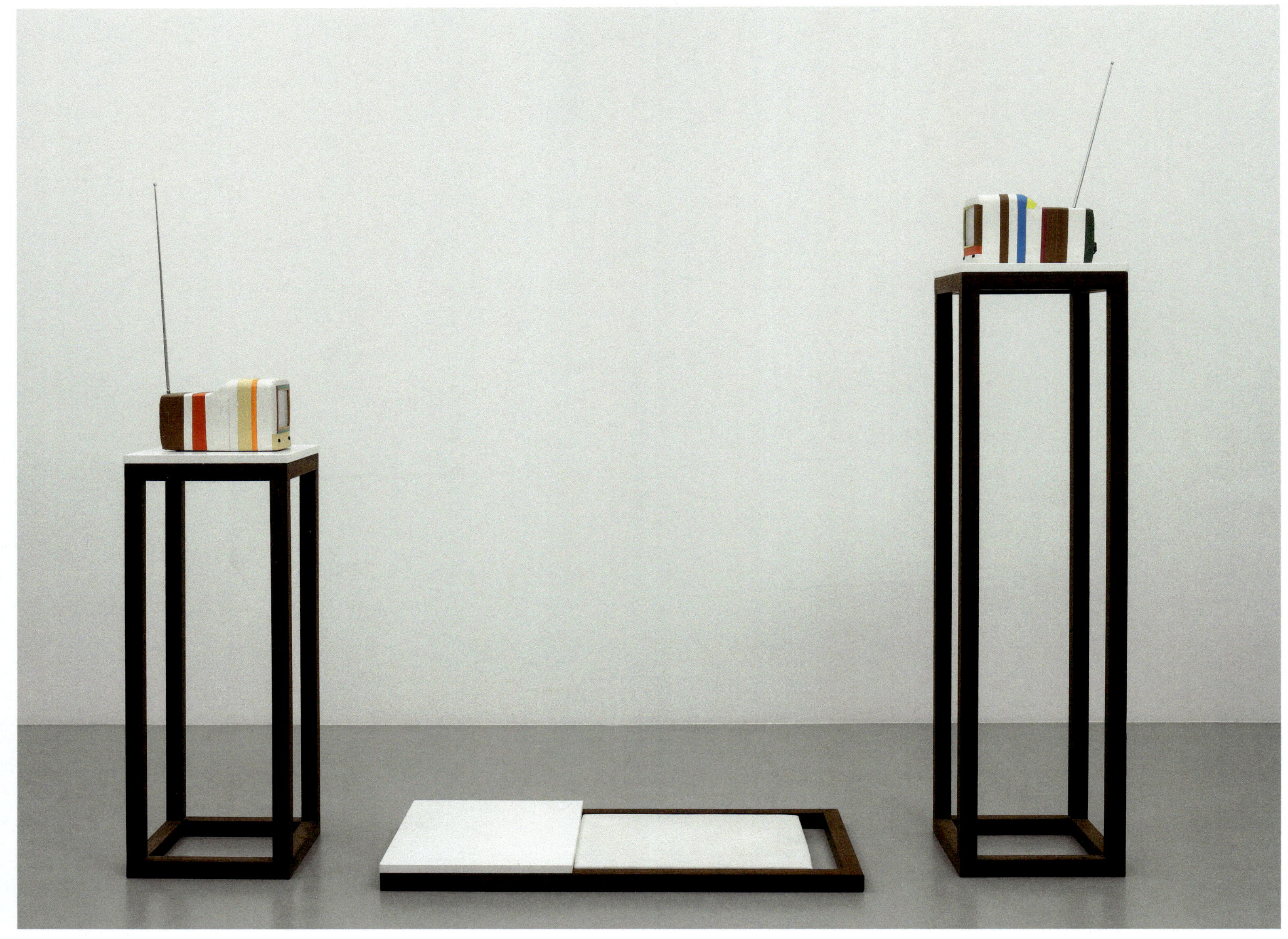

Suck.Watch. Sucked.Watched

Verschiedene Materialien / Mixed media, 360 × 160 cm (Höhe variabel / Variable height), 2009

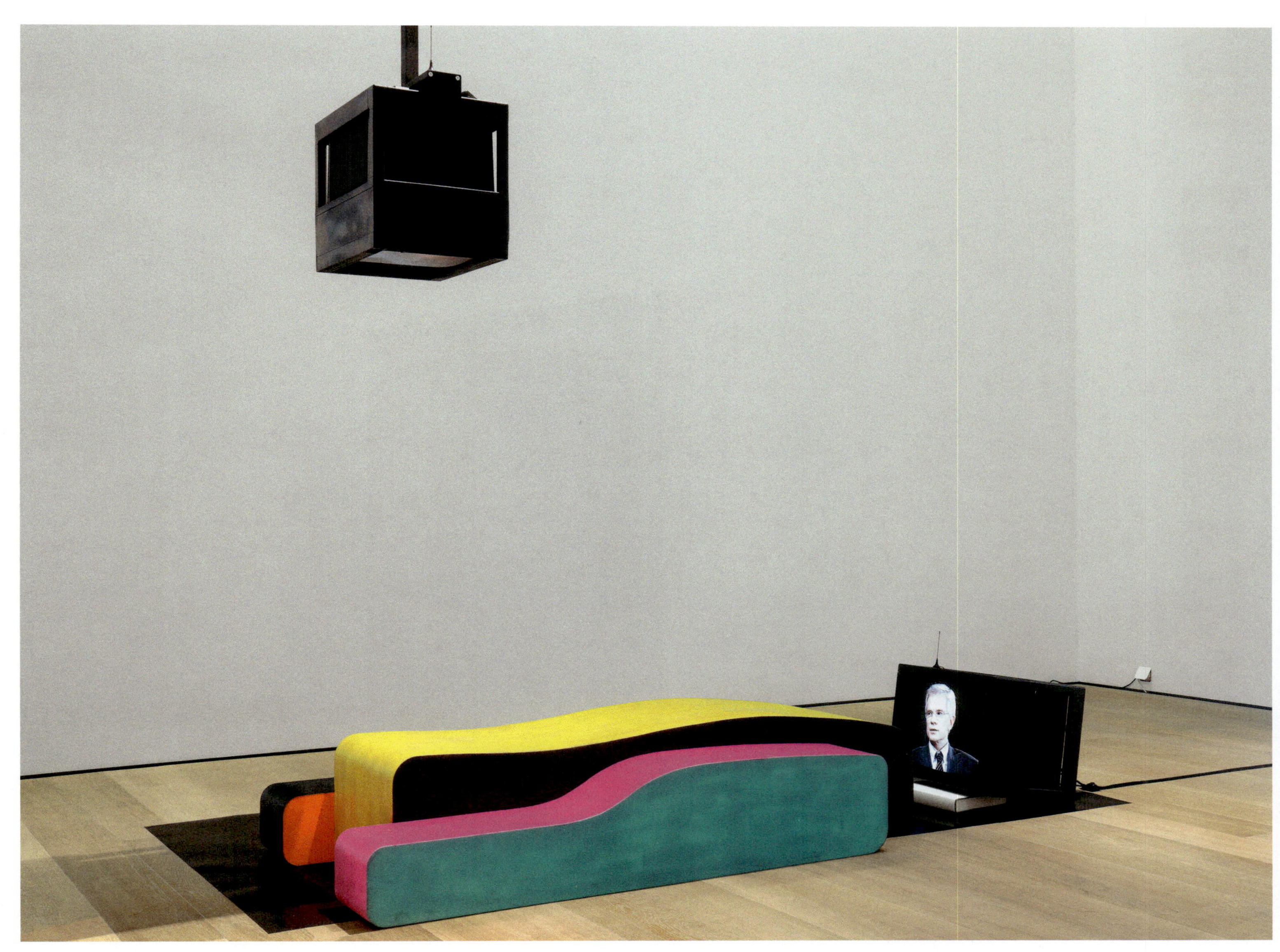

Cutting, preparing, without missing anything, and being happy about what comes next

Verschiedene Materialien / Mixed media, 181 × 250 × 245 cm, 2009

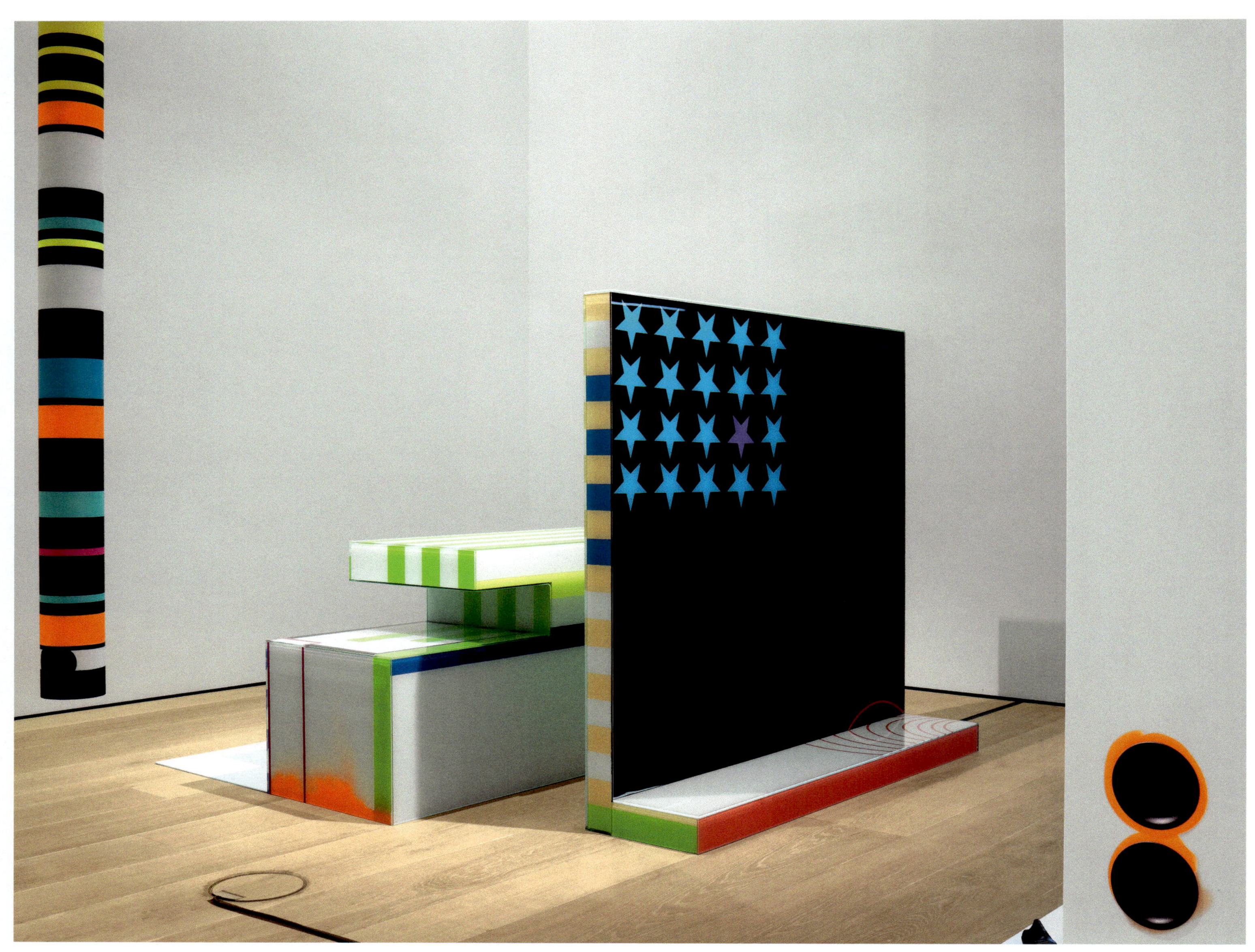

Lying around lazy. Not even moving for TV, sweets, Coke and vaseline

1 8 Teile, Velours-Teppichboden, veloursbezogene Liege, kunststoff-beschichtetes MDF, Lampe, TV / 8 parts, velours carpet, velour-covered lounger, plastic-covered MDF, lamp, TV set, 80 × 280 × 330 cm, 1996

2 18 Teile, Teppichboden, Holz, 14 Kissen mit Strickbezügen, Lampe, TV / 18 parts, carpet, wood, 14 pillows with knitted covers, lamp, TV set, 87 × 310 × 330 cm, 1999

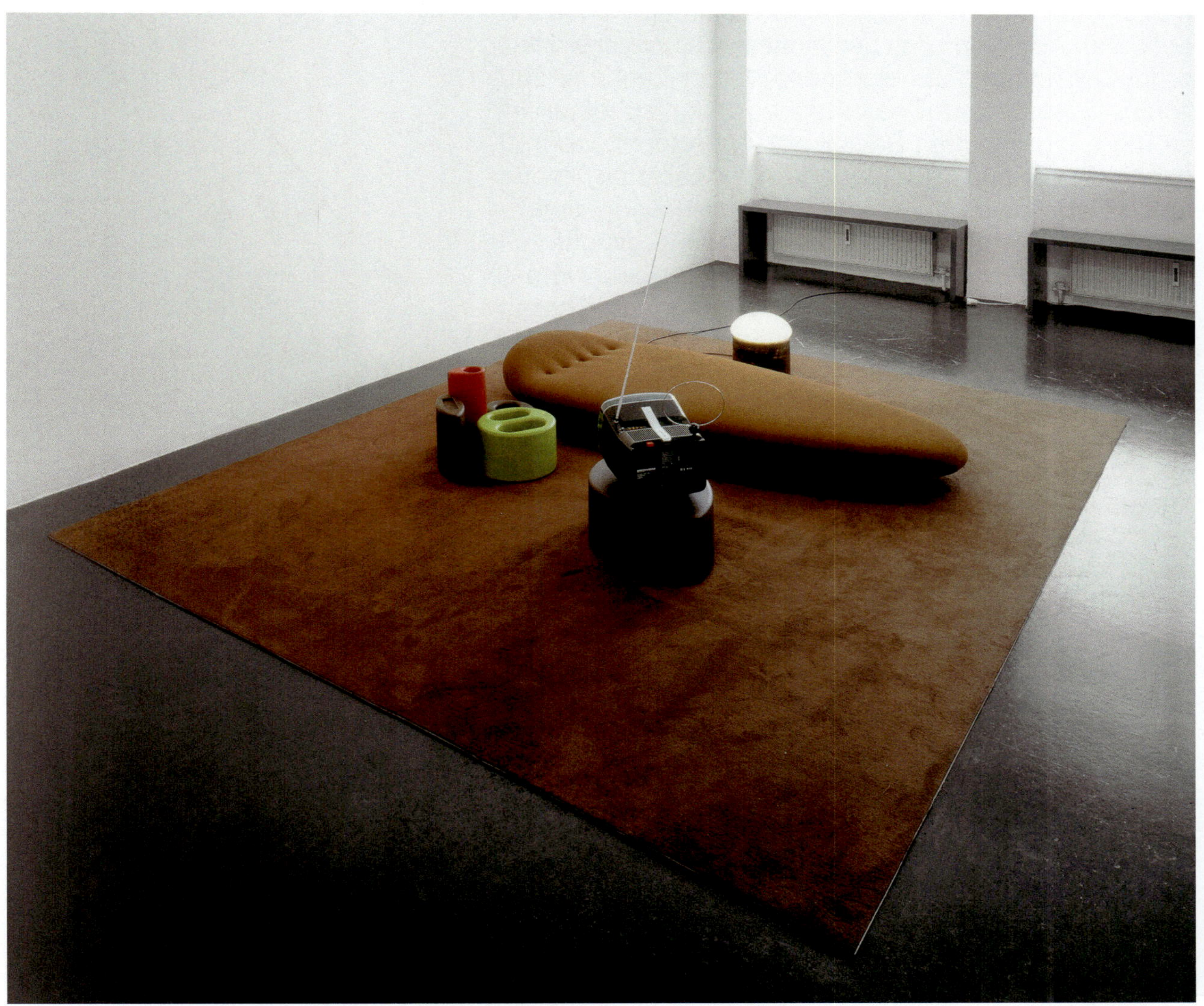

1

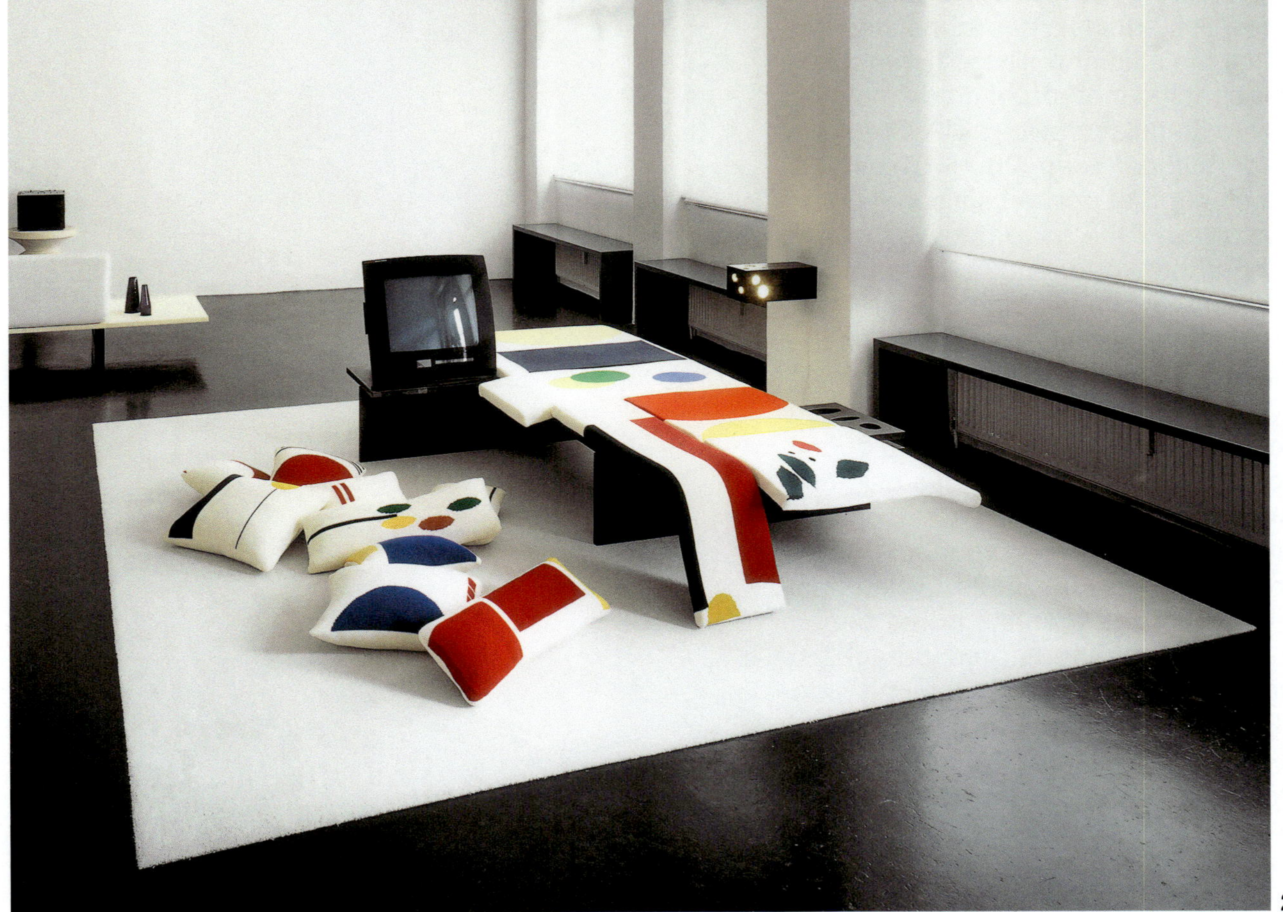

2

Die Beschäftigung mit den Klischees und Stereotypen unserer Alltags- und Populärkultur bildet eine wichtige Grundlage für das seit Anfang der 2000er-Jahre vorwiegend aus komplexen Filminstallationen entstehende Werk Julian Rosefeldts. Das Fernsehen und seine spezifische Methode der medialen Inszenierung nimmt der Künstler dabei vor allem in der Videoinstallation *News* (1998) und in der Fotoarbeit *Global Soap* (2000–01) in den Blick. *Global Soap* besteht aus einer Auswahl von Porträt-Stills, die aus den unendlichen Archiven der weltweiten Fernseh-*Soap-Operas* stammen. Formal orientiert an Aby Warburgs berühmtem Mnemoysne-Atlas, ordnet Rosefeldt das heterogene Material anhand ähnlicher Gesten und Gesichtsausdrücke zu einer im streng quadratischen Raster präsentierten ikonografischen Studie der verschiedenen eingesetzten emotionalen Codes. Aus lauter vermeintlich individuellen Erscheinungen entsteht so ein faszinierend gleichförmiges und repetitives Gesamtbild, welches das universell stereotype Vokabular und die operettenhafte Choreografie der Gesichter entlarvt. Das betrifft freilich nicht nur die Darsteller in den Serien. Im Blick auf die seriellen Reihungen von vor die Brust geschlagenen Händen, erhobenen Zeigefingern, schräg zur Seite geneigten Köpfen erkennen wir ebenso, wie sehr längst auch unsere eigenen Ausdrucksformen infiziert worden sind vom bewussten oder unbewussten Nachvollzug der medialen Inszenierungsurrogate, die wir damit aus der Fernsehillusion in die reale Welt transportieren. [SB]

Julian Rosefeldt 310

An investigation of the clichés and stereotypes of our everyday popular culture serves as an important foundation for Julian Rosefeldt's oeuvre, which, since the beginning of the new millennium, has consisted primarily of complex film installations. The artist focuses on television and its specific method of media staging, especially in the video installation *News* (1998) and in the photographic work *Global Soap* (2000–01). *Global Soap* consists of a selection of portrait stills that come from the endless archives of the soap operas that are widespread throughout the world. With a formal orientation toward Aby Warburg's famous Mnemosyne Atlas, Rosefeldt arranges the heterogeneous material on the basis of similar gestures and facial expressions into an iconographic study presented in a strict square-shaped grid and focusing on variously utilized emotional codes. Thus the supposedly individual appearances give rise to a fascinatingly uniform and repetitive overall picture that reveals the universally stereotyped vocabulary and operetta-like choreography of the faces. Admittedly, this is true not only of the protagonists in the series. Upon viewing row after row of hands pressed against chests, index fingers raised, and heads leaning sideways, we also realize to what extent our own forms of expression have come to be infected by a conscious or unconscious imitation of the media-staged surrogates that we thereby transfer from televised illusion into the real world. [SB]

Soap Sample V

Lambda Print, 130 × 130 cm, 2000–01

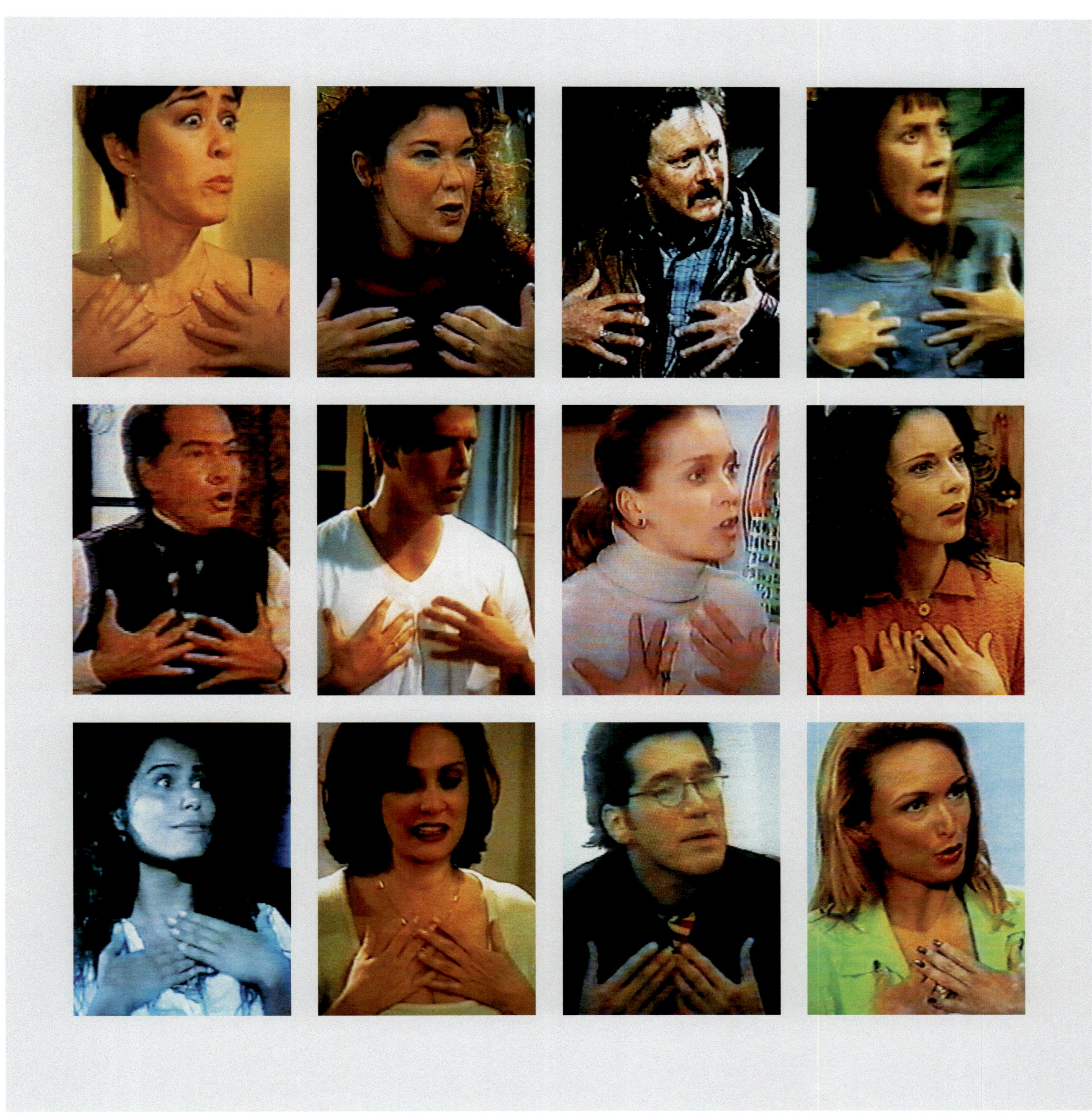

Soap Sample VI

Lambda Print, 130 × 130 cm, 2000–01

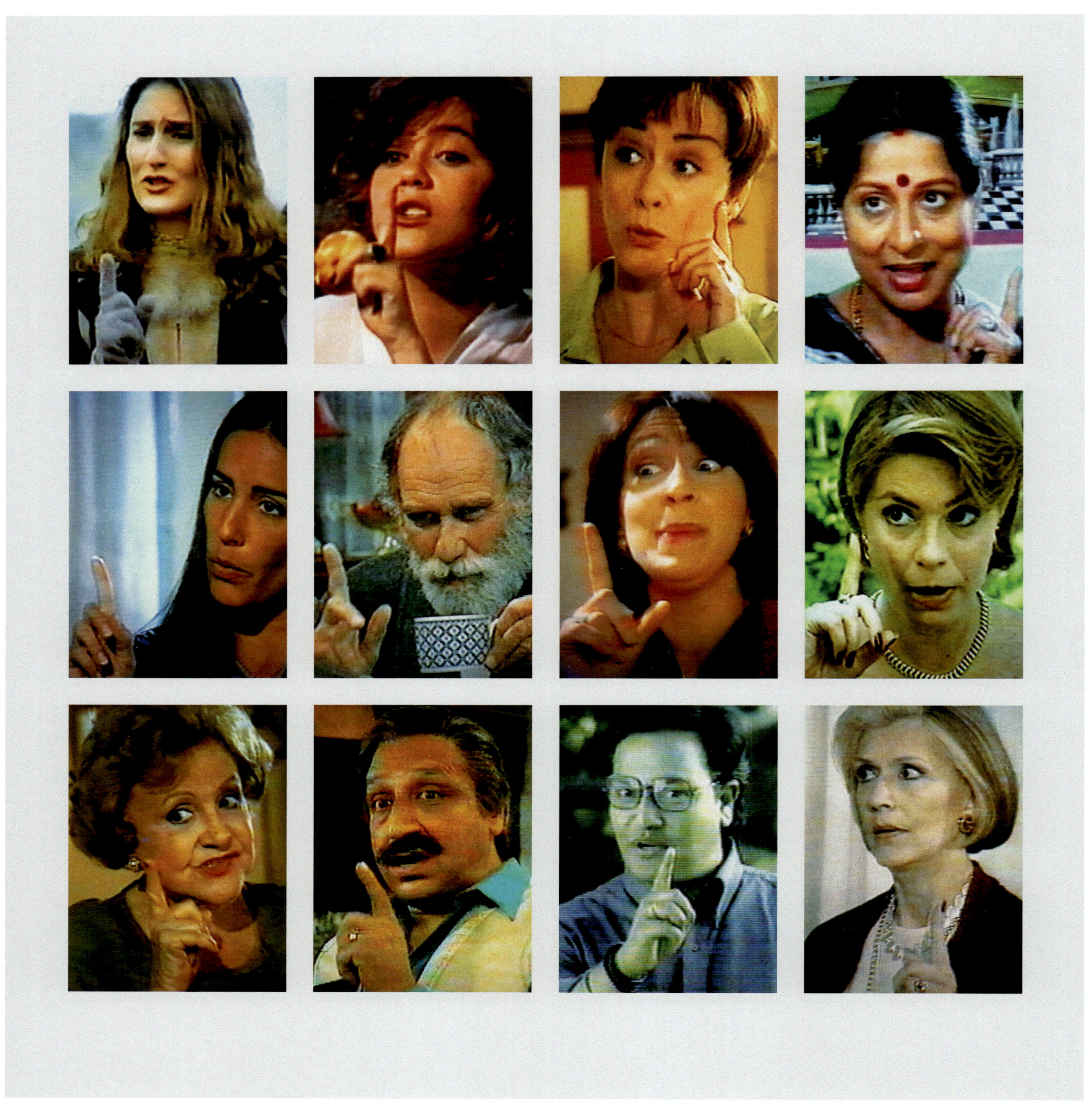

Soap Sample VIII

Lambda Print, 130 × 130 cm, 2000–01

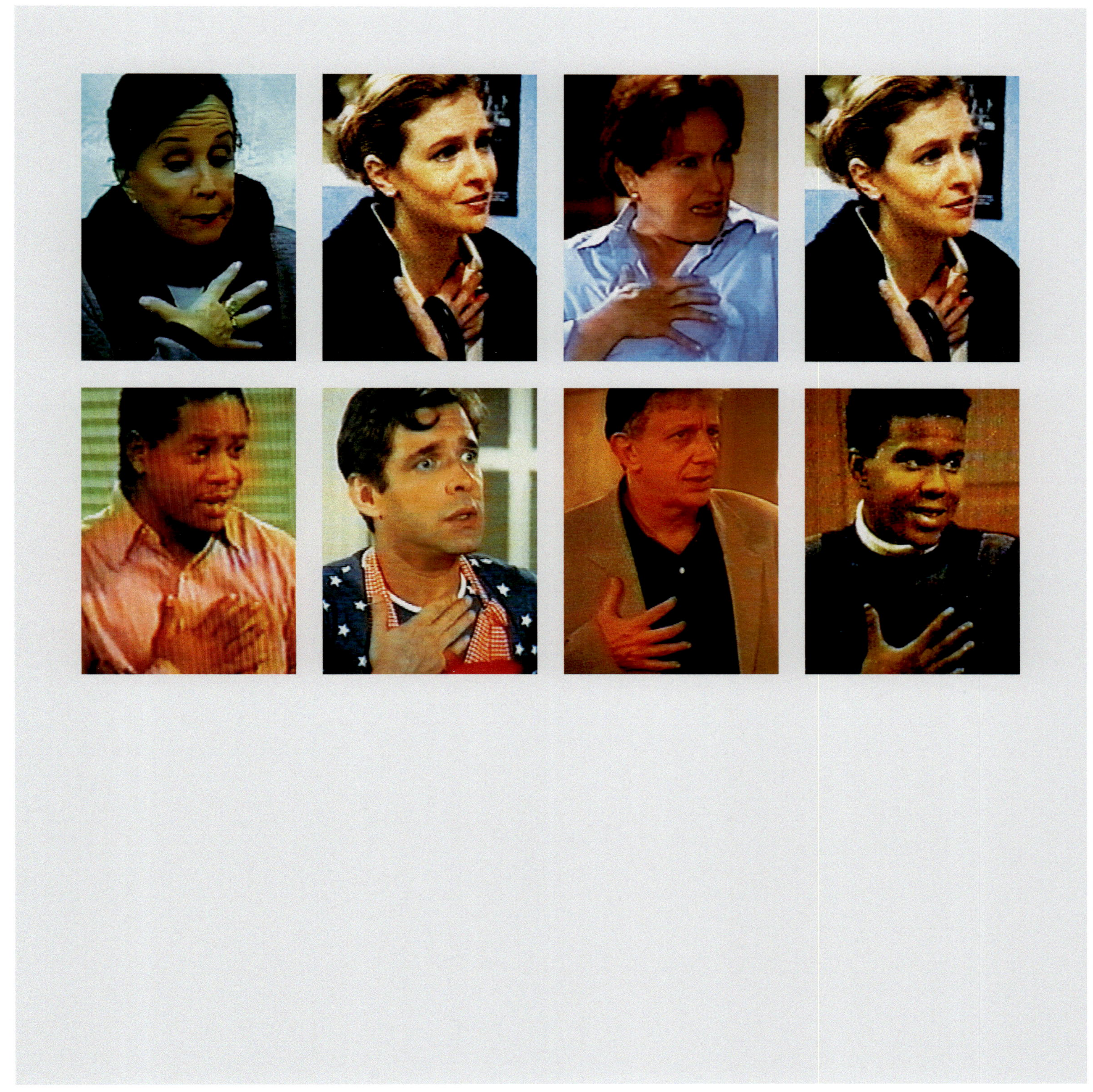

Soap Sample IX

Lambda Print, 130 × 130 cm, 2000–01

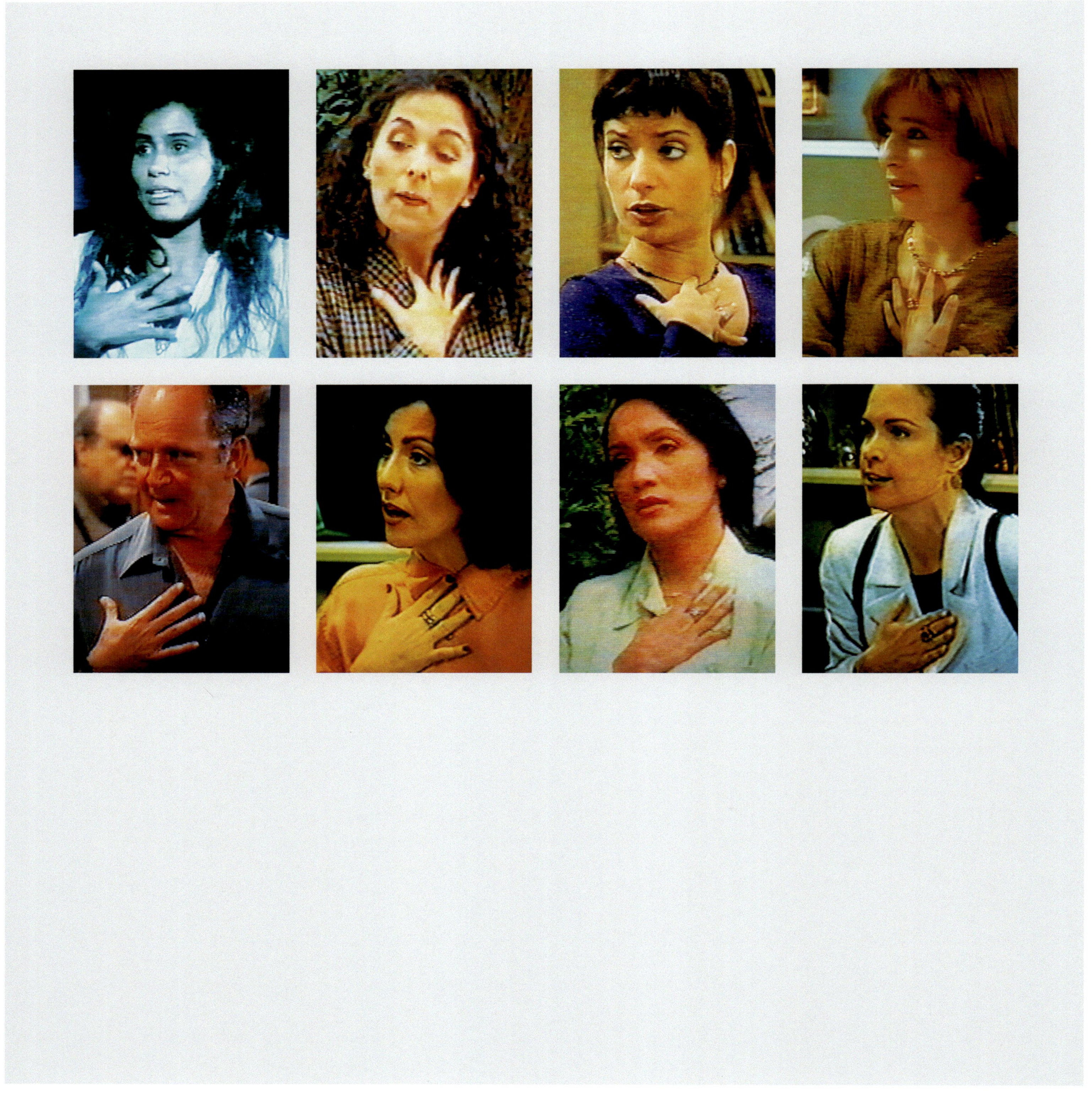

Soap Sample XI

Lambda Print, 130 × 104 cm, 2000–01

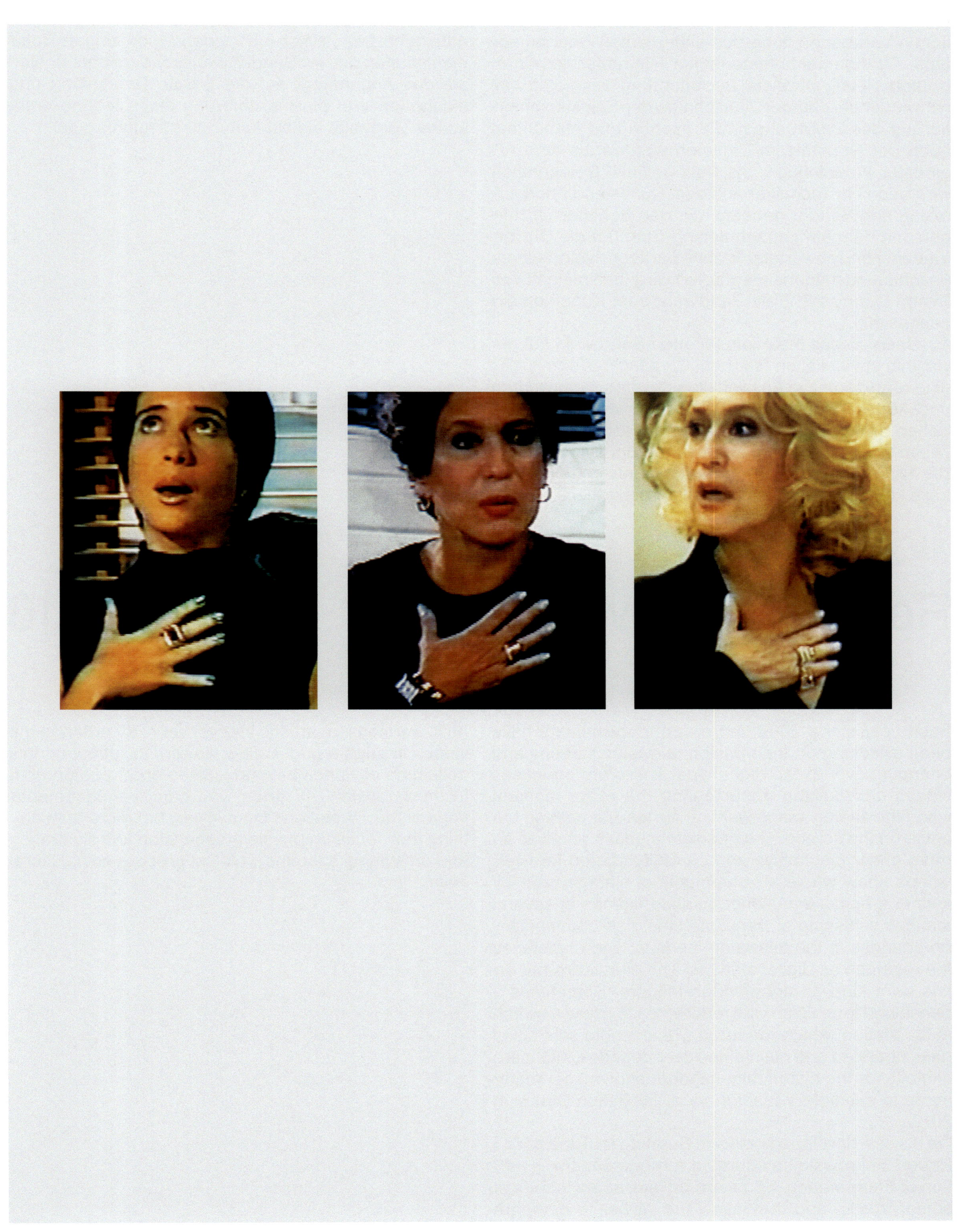

Das Ende der analogen Ausstrahlung von Fernsehsendungen und der „switchover“ zur digitalen Ära erreicht seit 2006 weltweit Jahr für Jahr mehr Nationen. Auf YouTube finden sich zahlreiche Videos, die den Moment festhalten, in dem das analoge Bild vom Schirm verschwindet und nur noch Rauschen übrig bleibt. Oftmals dienen kleine Inszenierungen zur feierlich-fröhlichen Verabschiedung des altgedienten Sendemediums: Arrangements historischer Röhrenfernseher im trauten Heim, parallele Beobachtung zeitgleich verschwindender Sender, Ausschnitte der Selbstkommentierung des Umbruchs im Fernsehen und manchmal auch der Neustart im Digitalen werden als eine Art globaler Videofolklore ins Netz gestellt. Gelegentlich wird auch ein Techniker aus dem Ruhestand noch einmal in den Sender gebeten, um den Schalter umzulegen, mit dem ein jahrzehntelang rund um die Uhr betriebener und gewarteter Technikpark zum historischem Anschauungsmaterial degradiert wird (beispielhaft von Simon Denny 2012 als Readymade im Kunstkontext ausgestellt).
Auf Basis dieses Materials kuratiert Sakrowski auf der von ihm entwickelten Plattform CuratingYouTube [CYT] eine repräsentative Auswahl von privaten, technischen und künstlerischen Videos, die ein vergleichendes Sehen dieser Momente in unterschiedlichen Ländern, Zeiten und Inszenierungsformen ermöglicht.
Die als Ergebnis dieser Recherchen entstandene Typologie kommentiert Sakrowski folgendermaßen: „Ich verstehe YouTube als ein kulturelles Weltgedächtnis. Die Video Grids sind thematisch nach Sendern, Regionen, Geräten, Präsentationsformen, Anleitungen, Warnungen und auch künstlerischen Interventionen geordnet. Mithilfe der Anordnung der Videos im Video-Grid möchte ich eine Möglichkeit zur Reflexion auf diesen Bestand eröffnen, die über seine algorithmische Verwaltung hinausgeht. Die „switch-off“ Video Grids zeigen Dokumentationen der TV-Sender, insbesondere aber richten sie das Augenmerk auf die private Darstellung und Illustration und die Inszenierung eines techno-politischen Vorgangs als ein kulturelles Ereignis.“ [DD]

Robert Sakrowski

Each year since 2006, more and more nations have been switching off their analog television stations and changing over to the digital age. There are countless videos on YouTube documenting the exact moment when the analog image went off air, leaving nothing but noise on the screen. The obsolete medium receives an often cheerfully festive and carefully staged farewell: videos show whole arrangements of vintage tube TV sets in a home; simultaneous observations of several stations vanishing at the same time; self-commentary on changes in the television medium; and sometimes the relaunch as digital stations. The clips were put online as a kind of global video folklore. Sometimes a pensioned technician was reactivated to throw a switch at the station, which rendered whole studio sets full of gear, operated and maintained over decades, into mere exhibits for the historically-minded (shown as a readymade in exemplary fashion by artist Simon Denny in 2012).
On his self-developed platform CuratingYouTube [CYT], Robert Sakrowski has curated a representative selection of these videos. Some are private, some technical, some artistic, and they allow the viewer to compare these final moments of a medium in different countries, times, and under various forms of staging. His research yields a typology, as Sakrowski points out: “I see YouTube as the cultural memory of the world. The video grids have been organized thematically according to stations, regions, TV sets, forms of presentation, tutorials, warnings, or artistic interventions. By ordering the videos in such a grid, I allow viewers to reflect on this collection of videos beyond just the order of algorithm. In these ‘switch-off’ grids, you can find documentations of the TV stations themselves, but more than anything they focus on private presentation and illustration and on staging a techno-political process as a cultural event.” [DD]

Analog Switch-off

CuratingYouTube [CYT] Multi-Channel-Video-Installation, Online Archiv, 2015

1 Transmitter – moment of digital transition
2 Australia – Melbourne – Sydney – Perth – Brisbane

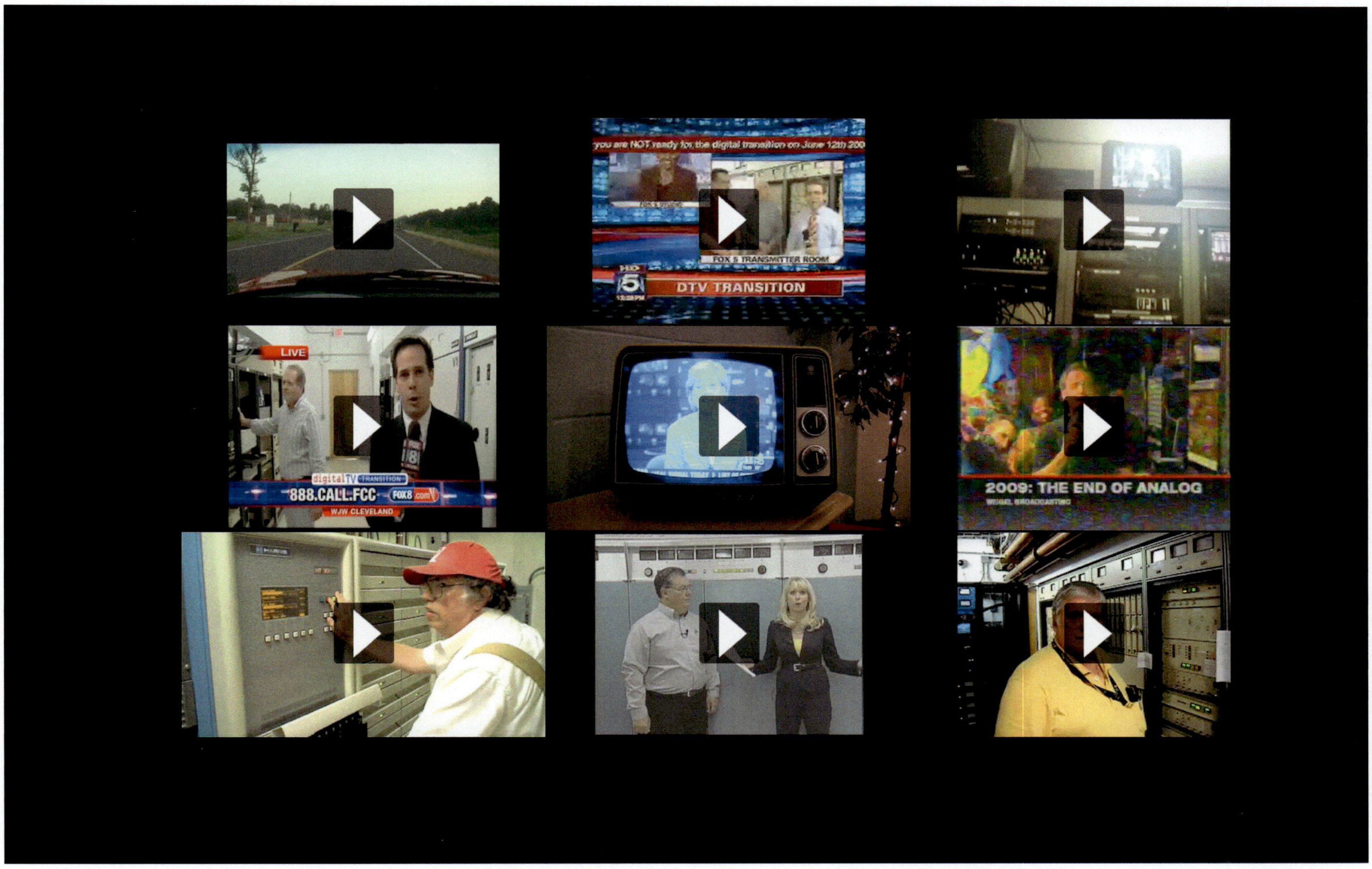

1

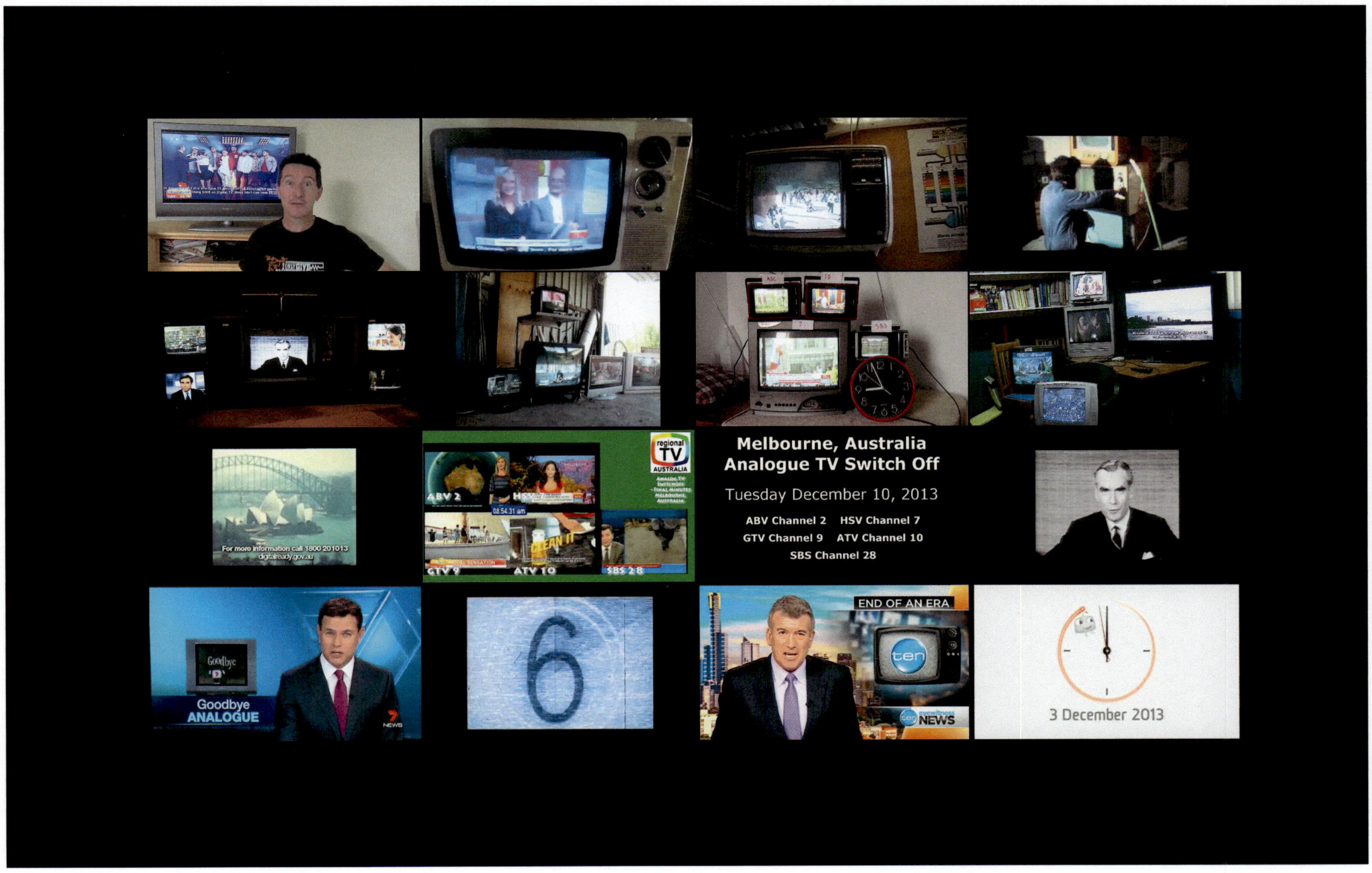

2

Analog Switch-off

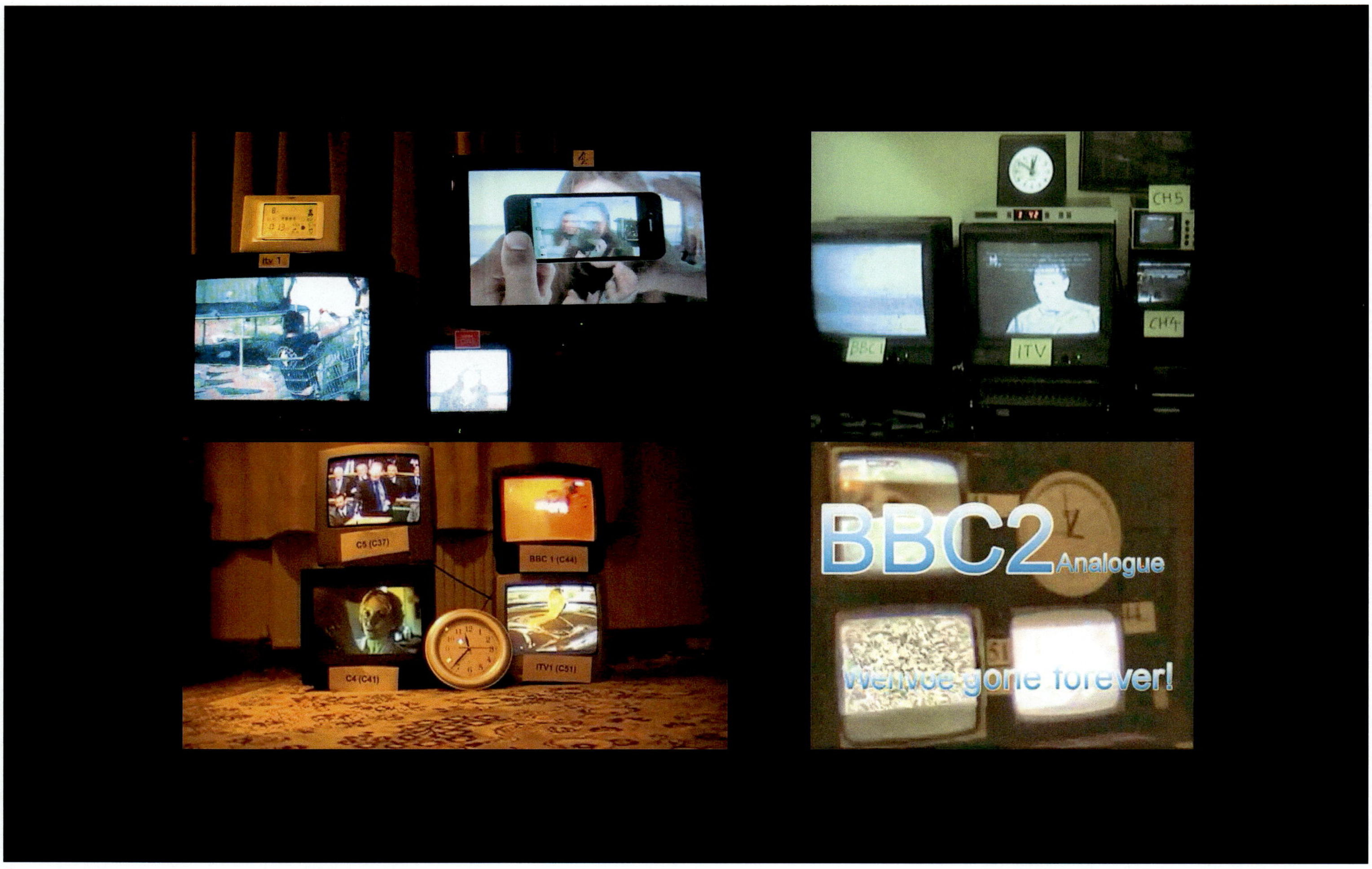

1

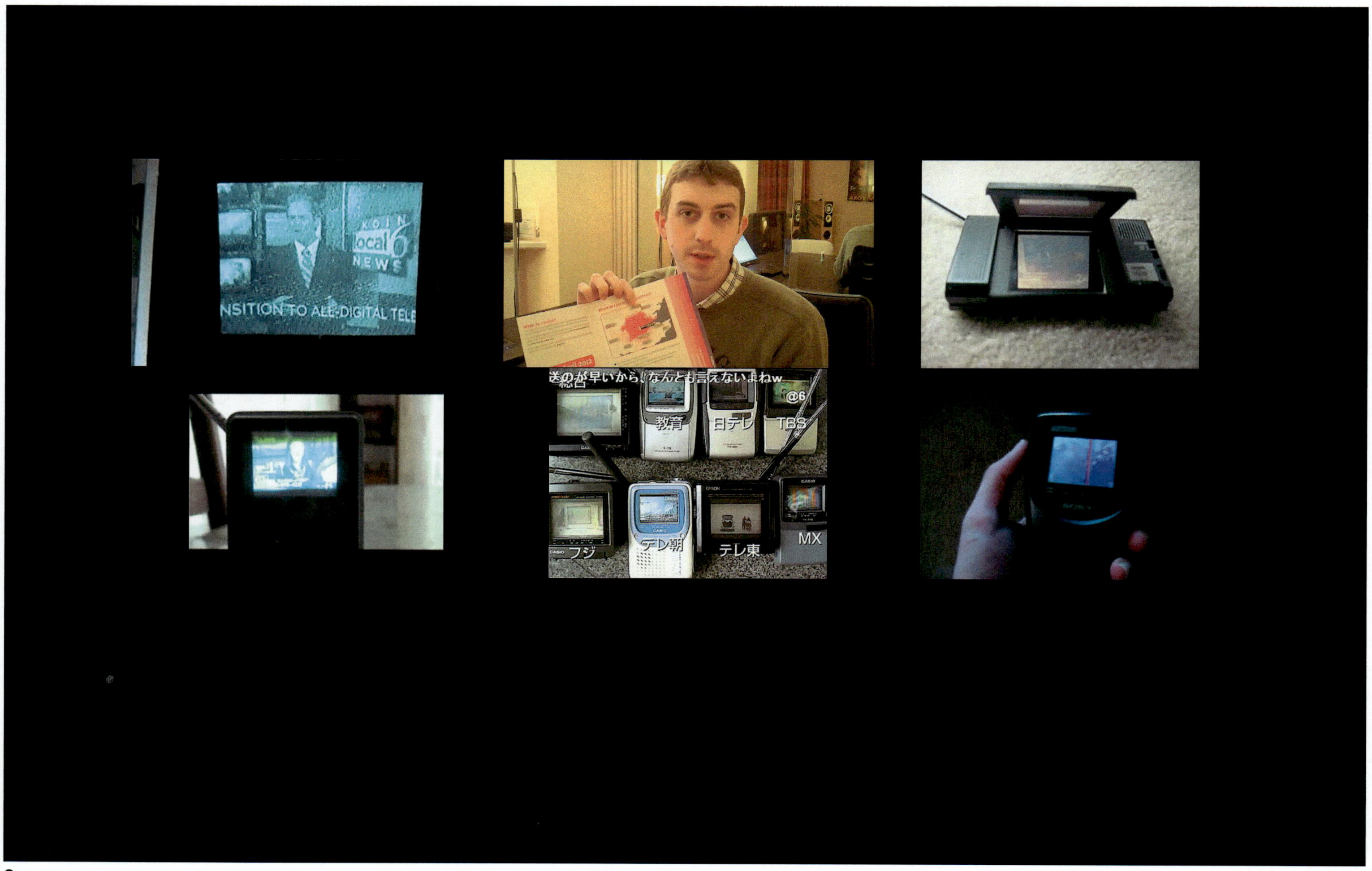

2

CuratingYouTube [CYT] Multi-Channel-Video-Installation,
Online Archiv, 2015

1 Transmitter – moment of digital transition
2 Tribute to mobile analog TV
3 Private multi-channel TV installations worldwide
4 Analog TV DXing – the day before the switch-off

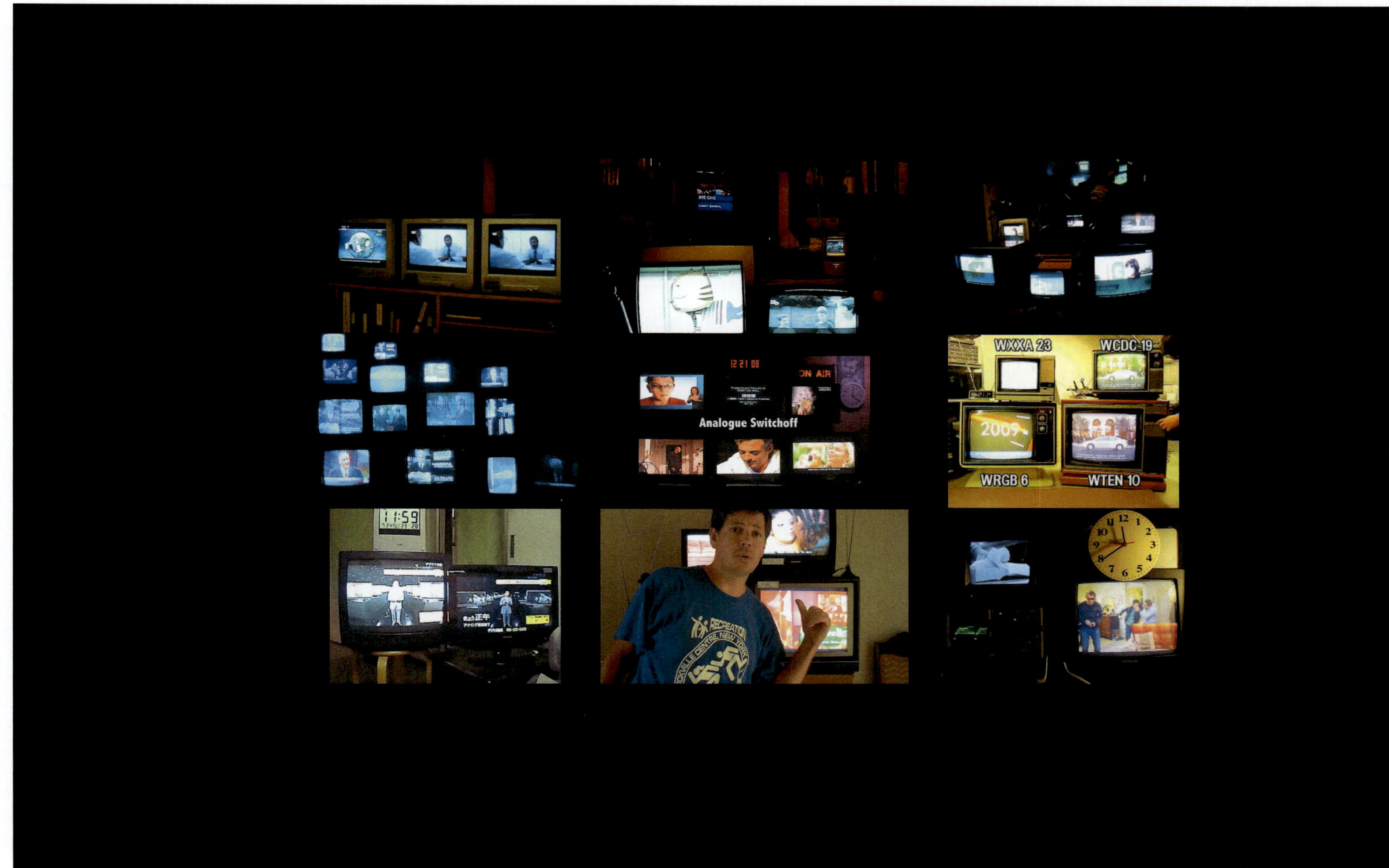

3

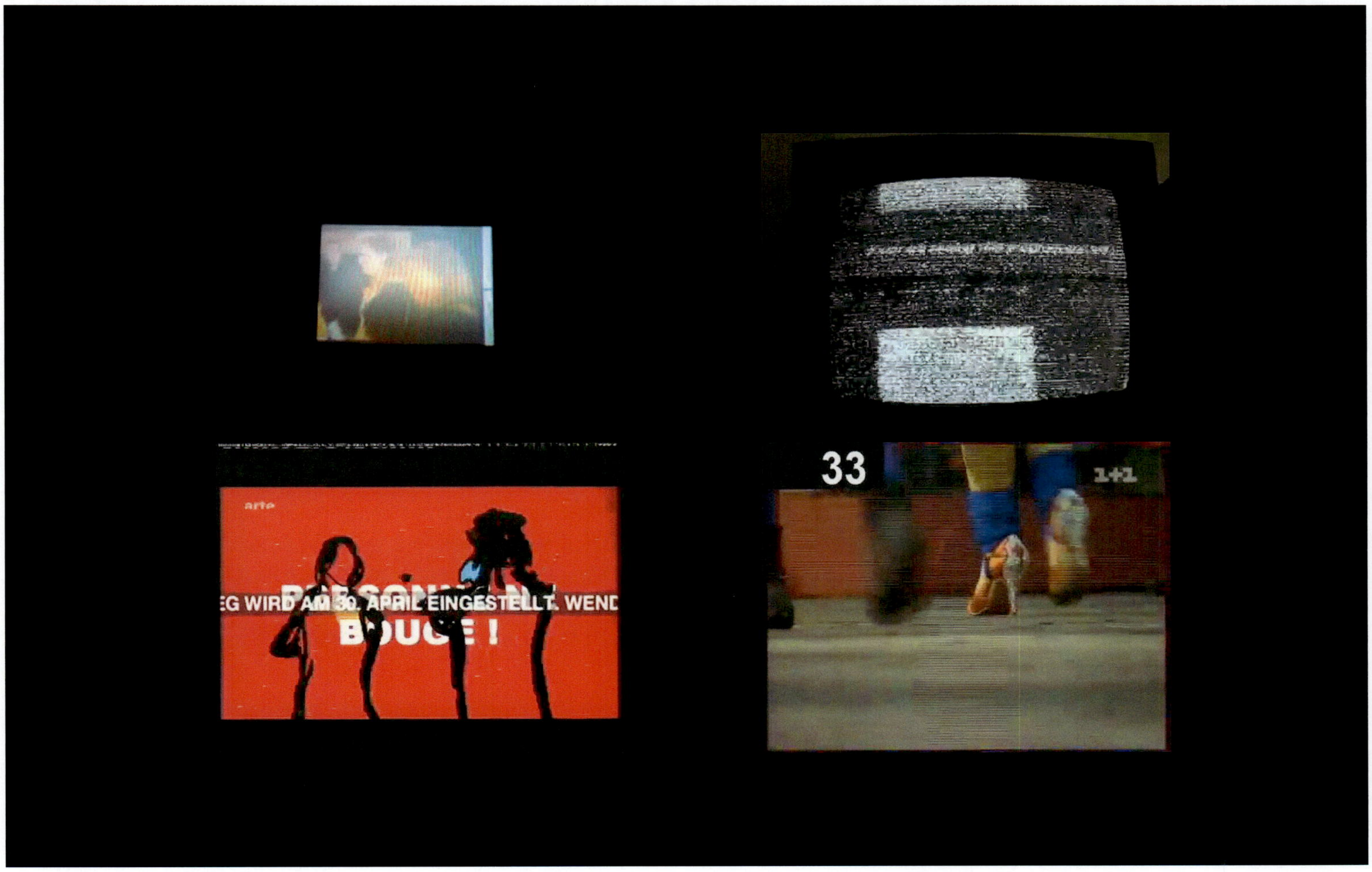

4

„Da komm ich doch nicht an, gegen den", der Moderator sitzt schwitzend vor dem Schminkspiegel. „Ich bin kein Pointen-Typ [...], ich will das auch gar nicht beweisen!" Christoph Schlingensief hatte 1997 für seine dritte Folge von *Talk 2000* Harald Schmidt eingeladen. Auf knittrigen Ledersofas sitzen sich zwei Jahrzehnte TV-Erfahrung und ein Mittdreißiger in seinem ersten Format gegenüber; die rotierende Bühne markiert die Arena. Schmidt zeigte sich in Hochform, philosophierte über Katholizismus oder Masturbation und trieb den nervös-hektischen Gastgeber durch den Ring – der Auftritt als Scheitern.
Als „Rambo" war Schlingensief von der Boulevardpresse betitelt worden, und diesen mimte der damalige Regisseur der Berliner Volksbühne auch in der achtmal ausgestrahlten Talkshow. Er prügelte sich mit dem Publikum, ließ Menschen mit Behinderung Prominente doubeln, machte gegenüber seinen Gästen – darunter Ingrid Steeger, Rudolph Moshammer, Gotthilf Fischer – Bemerkungen unter der Gürtellinie und rief, wie schon auf der documenta X, zum Mord an Helmut Kohl auf. Zugleich beschwor er zwischenmenschliche Wärme, fragte Hildegard Knef nach ihren Ängsten, inszenierte sein Scheitern im „Kampf" gegen Harald Schmidt und erzählte immer wieder von seinem Vater, dem Apotheker aus Oberhausen. Zwei Formate, der peinliche Mittagstalk und die redundanten Promirunden am Abend, flossen in der Show zusammen und ergaben einen Mix aus Betroffenheit („Darf man das?") und anarchistischer Mitmachenergie. Man könnte von einer Persiflage auf die Talkkultur der 1990er-Jahre sprechen. Was Schlingensief hier jedoch vor allem machte: Er analysierte, potenzierte und stellte die Mechanismen bloß, indem er sie beinahe ungebremst auf seine Gäste und sich selbst anwendete. Der Aktionskünstler produzierte noch weitere TV-Sendungen wie *U3000* (2000), überdrehte Agit-Prop-Fahrten in einer Berliner U-Bahn oder *Die Piloten* (2007). Der Anti-Moderator, der mit *Talk 2000* Rollenerwartungen ins Schlingern brachte, ist seitdem vielfach kopiert worden, nicht zuletzt von Kurt Krömer. Dabei wird oft übersehen, dass neben Pointen, Zynismus oder Überdrehung die stärksten Waffen Schlingensiefs seine Ehrlichkeit und gesellschaftlichen Anliegen waren. Wie sein Vorbild Joseph Beuys setzte er dabei auf den Menschen, denn „der Mensch ist nicht so dumm, wie er gehalten wird". [MS]

Christoph Schlingensief 320

"I won't be able to hold my own against him," says the host, seated sweating in front of his makeup mirror. "I'm not a punch line guy [...], I've got nothing to prove." In 1997, Christoph Schlingensief invited Harald Schmidt to the third episode of his *Talk 2000.* Seated opposite one another on creased leather sofas are the host in his mid-30s and his guest with 20 years' television experience; the rotating stage demarcates the arena. Schmidt is in excellent form, philosophizing about Catholicism and masturbation and generally mopping the floor with his nervous, hectic host – performance as failure.
Schlingensief, director of the Berlin Volksbühne at the time, had been accorded the epithet "Rambo" by the gutter press, and he lived up to the name over the eight episodes his show was aired, getting into fisticuffs with the audience, engaging handicapped people to double for celebrities, making below-the-belt comments about his guests – among them Ingrid Steeger, Rudolph Moshammer, und Gotthilf Fischer – and repeating his documenta X call to kill Helmut Kohl. At the same time, he invoked human warmth, asking Hildegard Knef about her fears, deliberately staged his own knockout in the fight against Harald Schmidt, and told stories again and again of his father, the chemist from Oberhausen. The show merged two genres: the embarrassing midday talk show and the redundant celebrity evening session. This produced a mixture of shock ("Is that allowed?") and anarchist get-involved enthusiasm. The show could be read as a parody of 1990s talk show culture. But what Schlingensief mainly did was analyze and multiply that culture and expose its mechanisms by almost unrelentingly employing them on his guests and on himself. The performance artist produced further TV programs such as *U3000* (2000), hyperactive agitprop rides on the Berlin subway, and *Die Piloten* (2007). Schlingensief the antimoderator, whose *Talk 2000* gave role expectations a lurch, has often been copied, for example by Kurt Krömer. What is often overlooked, however, is that despite his punch lines, his cynicism, and his overexcitement, Schlingensief's most powerful weapons were his honesty and social conscience. Like his role model Josef Beuys, he placed his faith in humanity when he said that "people are not as dumb as some think." [MS]

Talk 2000

7 Folgen à 25:00 min. für RTL, Sat.1, ORF / 7 episodes, 25:00 min. each, for RTL, Sat.1, ORF, 1997

1 *Forever young*, Gäste / Guests: Sophie Rois, Hildegard Knef
2 *Sind Tiere die besseren Menschen?*
Gäste / Guests: Rudolph Moshammer, Walter Bockmayer

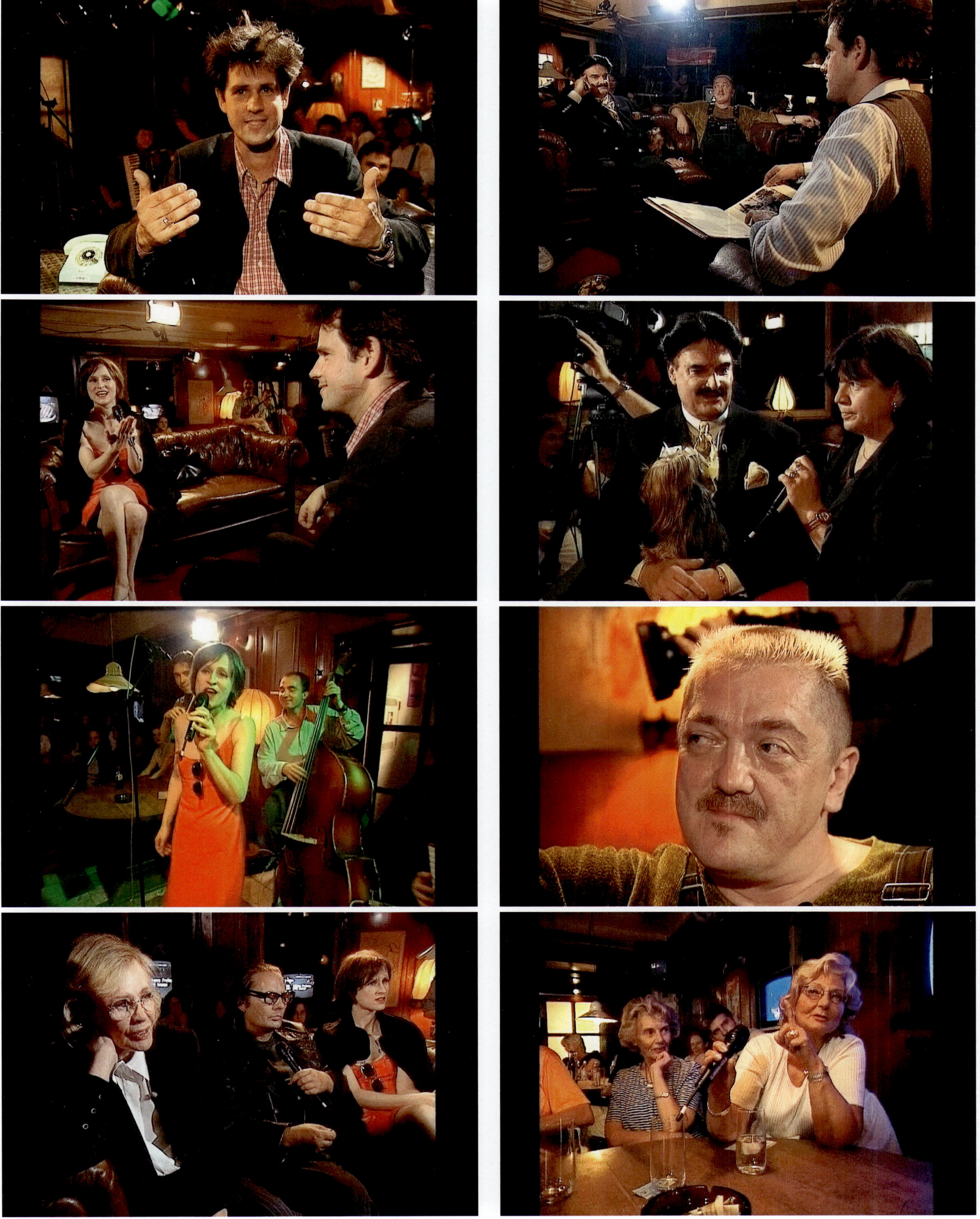

1 2

Talk 2000

7 Folgen à 25:00 min. für RTL, Sat.1, ORF / 7 episodes, 25:00 min. each, for RTL, Sat.1, ORF, 1997

1 *Deutscher Humor*, Gast / Guest: Harald Schmidt
2 *Neuanfänge*, Gäste / Guests: Ingrid Steeger, Konrad Kujau

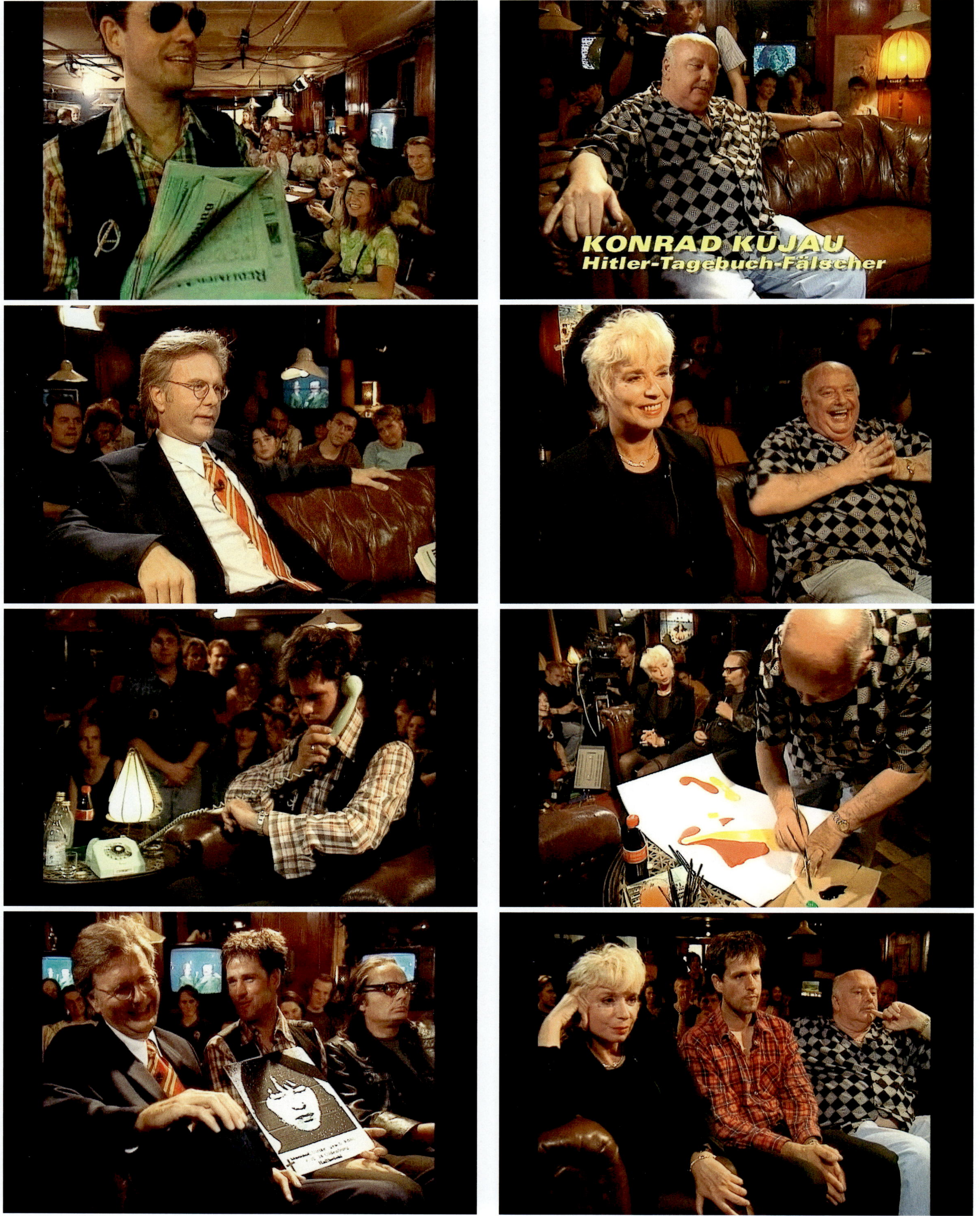

1 2

7 Folgen à 25:00 min. für RTL, Sat.1, ORF / 7 episodes, 25:00 min. each, for RTL, Sat.1, ORF, 1997

3 *Körperkult*, Gäste / Guests: Lilo Wanders, Rolf Eden
4 *Leben mit Legenden*, Gäste / Guests: Alexander Prinz von Hohenzollern, Udo Kier

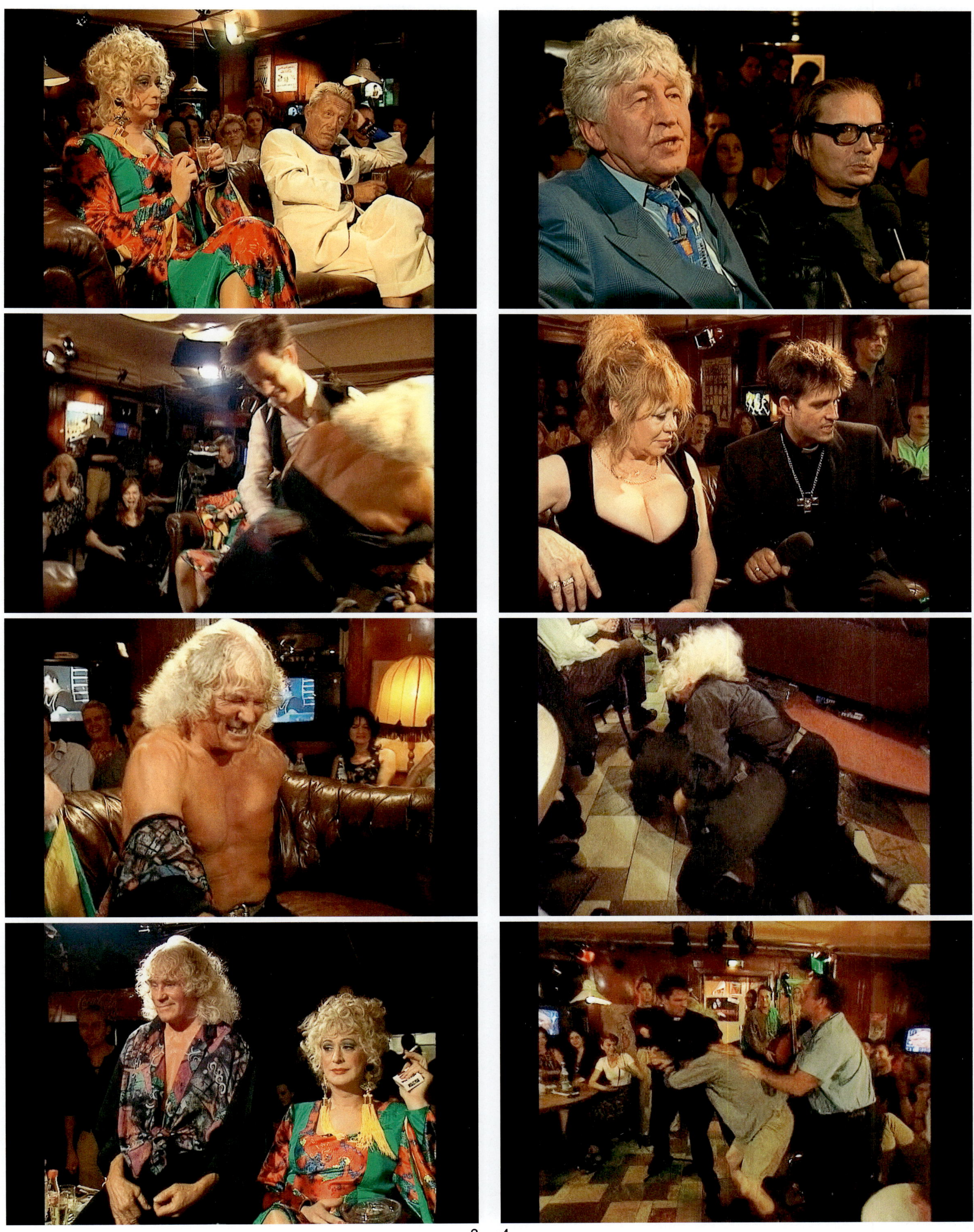

3 4

Das 1992 zur documenta 9 entstandene Projekt der seit 1986 zusammenarbeitenden Künstlergruppe Van Gogh TV war ein mediales und kollektives Gesamtkunstwerk (offene Plattform, offenes Atelier, 100 Tage Performance, manifestiert im Fernsehen). Zugleich war es Vorbote des Übergangs von der Ära des traditionellen Fernsehens über das 1992 noch browserlose Internet zum heute realisierbaren IPTV.
Besucher der documenta konnten sich dank der selbst gebauten „Van Gogh TV Fernsehmaschine" über Bildtelefone und Kameras, die an verschiedenen Orten in Kassel und in den vernetzten „Piazzettas" installiert waren, in die live ausgestrahlten Sendungen der *Piazza virtuale* einschalten. Ebenso war es möglich, sich per Telefon, Fax oder Computermodem in die Sendung einzuwählen. Von zu Hause steuerbare Roboter- und Überwachungskameras machten das Studiogeschehen transparent.
An den 100 documenta-Tagen konnten sich Zuschauer täglich mehrere Stunden auf 3sat über vier Satelliten selbst darstellen und das Programm mitgestalten. Ziel des Projekts war die Transformation des Massenmediums Fernsehen in ein interaktives Medium, das die Relation von einem Sender zu vielen Empfängern umkehrt.
Der TV-Bildschirm wurde zu einem per Telefontastatur steuerbaren Interface, und die Zuschauer wurden zu Gestaltern, die hier gemeinsam zeichnen, musizieren, chatten und talken konnten. Trotz des aus heutiger Sicht einfachen Interfaces setzte ein solcher Andrang ein, dass Zuschauer stundenlang hartnäckig versuchten, sich einzuwählen, um für ein paar Minuten zum Programmgestalter zu werden.
Die seinerzeit von der Telekom genannte Zahl von bis zu 110 000 Anrufversuchen pro Stunde bezeugt das breite Interesse an dem Projekt. Doch diese Menschen lockte vermutlich die Faszination, von zu Hause aus plötzlich sozusagen im Fernsehen zu sein, selber Teil der Regie, des Geschehens zu sein.
Die Entwicklungen zum Social TV und den per Second Screen vernetzten Zuschauer-Usern wurden damit bereits vorweggenommen. Deshalb könnte man *Piazza virtuale* als „soziale Skulptur" interpretieren. „Hallo, hallo ist da jemand", ruft ein Zuschauer und lotet damit ein für ihn neues und unbekanntes Medium aus. So wurde denn auch die Frage des verantwortlichen 3sat-Intendanten Dr. Walter Konrad „Was werden wir eigentlich sehen?" von Van Gogh TV beantwortet mit: „Wir wissen es nicht." [DD]

Van Gogh TV

324

This project by the artist group Van Gogh TV, founded in 1986, was a collective media art *gesamtkunstwerk* (open platform, open studios, 100 days of TV screenings, performances), made for documenta 9 in 1992. It was also a precursor of the transition from traditional TV, through the Internet (which in 1992 still had no web browsers), to the IPTV technology of today. Thanks to the self-constructed "Van Gogh TV machine," visitors to documenta could—by means of videophones and cameras installed all over Kassel and in the interconnected "piazzettas"—virtually dial themselves into the programs being transmitted live. They could also dial into the show using a telephone, fax, or computer modem. Robot and surveillance cameras could be controlled by the caller to make events in the studio transparent.
During the 100 days of documenta, viewers had several hours airtime per day on the German 3sat station via four satellites, where they could introduce themselves and participate in the program. The project aimed to transform television from a mass medium into an interactive medium, reversing the common relation between a single transmitter and many receivers. The TV screen became an interface that could be controlled by a telephone keypad, and viewers became creators who made drawings and music, who chatted and conversed. Compared with today's standards, the interfaces were simple and the rush was so great that viewers had to keep dialing for hours just to become programming directors for a couple of minutes. German Telekom cited numbers of up to 110,000 attempted calls per hour, which amply proves the popularity of the project. Most callers were probably attracted by the opportunity of being on TV, of taking part in the direction and the action.
The project anticipated the developments of social television with viewers/users interconnected by a second (computer) screen. In this respect one could interpret *Piazza Virtuale* as a "social sculpture." "Hello, hello, is there anybody out there?" in a first exploration of the as yet unknown medium. And when Dr. Walter Konrad, the 3sat director responsible for the project, asked the artists: "So what are we going to see?", Van Gogh TV had to answer: "We don't know." [DD]

Piazza Virtuale

Interaktive Fernsehsendung / Interactive television program, 1992
Screenshots der Sendemodule / Screenshots of the program modules

1, 2 Interactive Classic Orchestra
3 Coffeehouse censored
4 Muskart Robocam Sendebild
5 Media Landscape
6 Moby Dick's Eye
7 Coffeehouse
8 Atelier

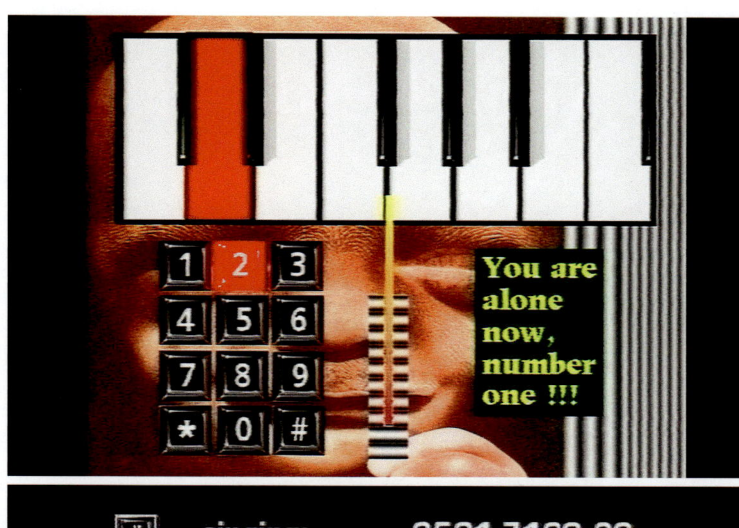

1

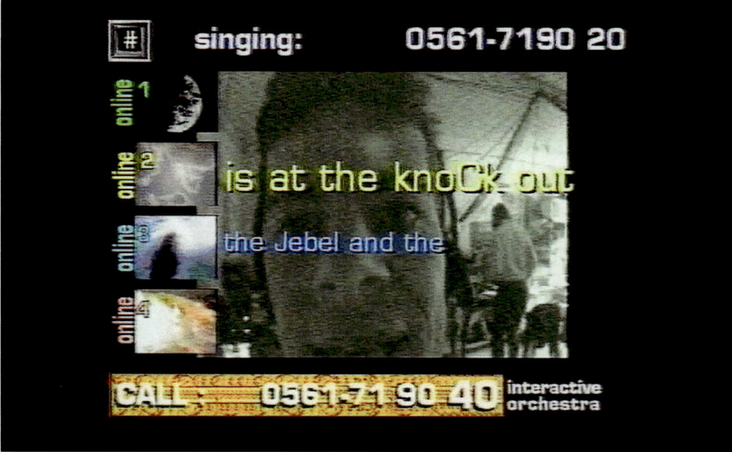

2

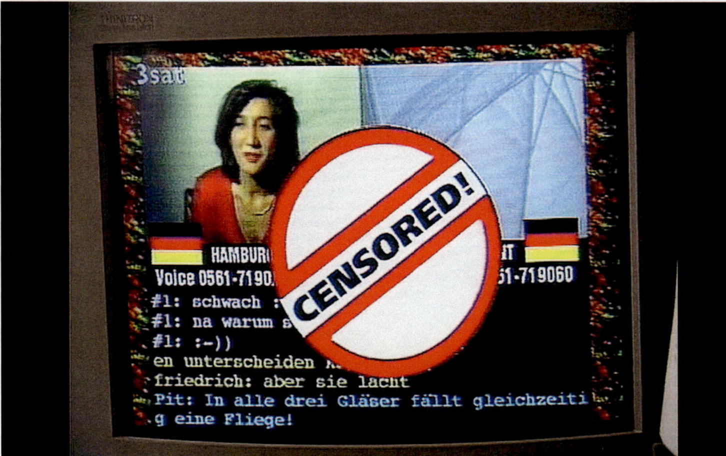

3

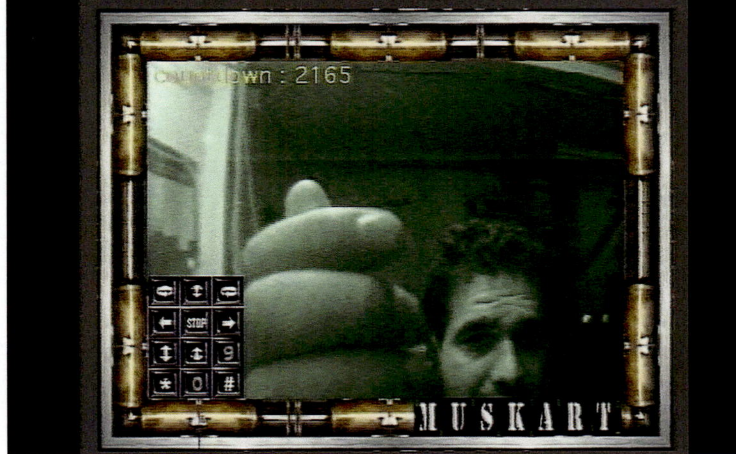

4

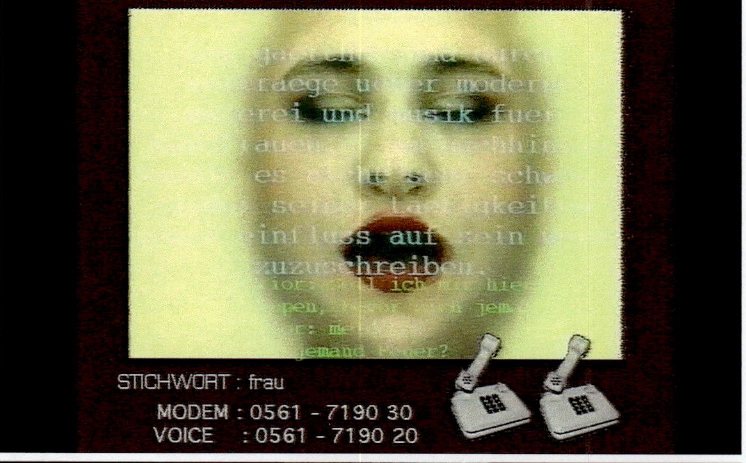

5

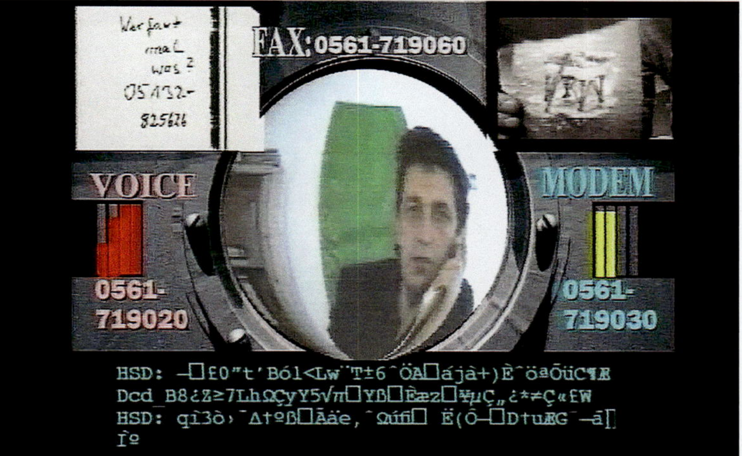

6

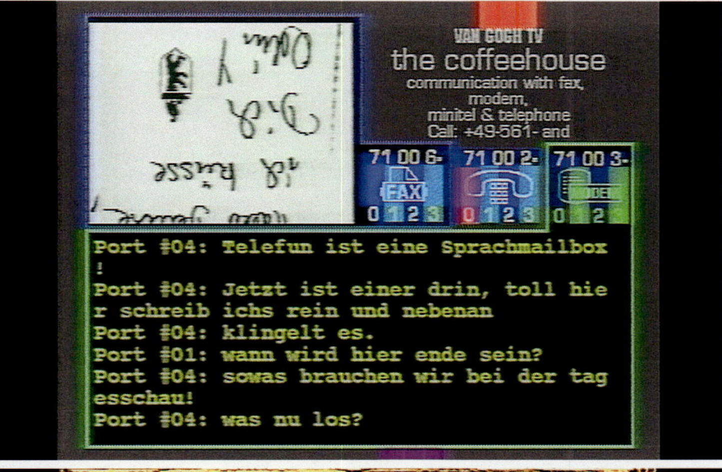

7

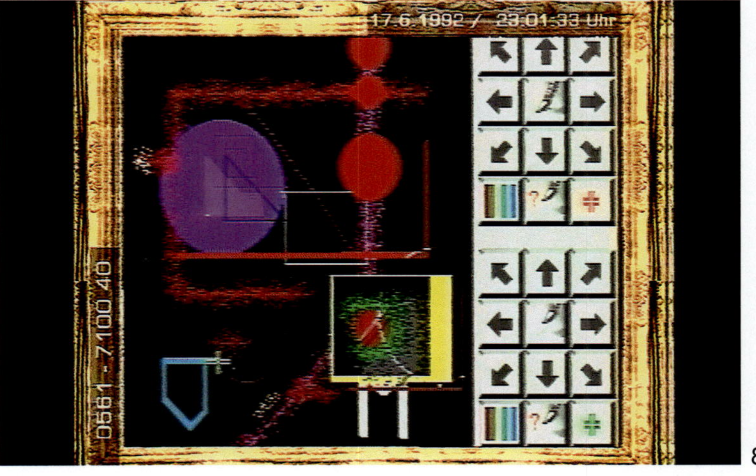

8

1 Logo van Gogh TV
2 Funktionsgrafik / Function diagrams

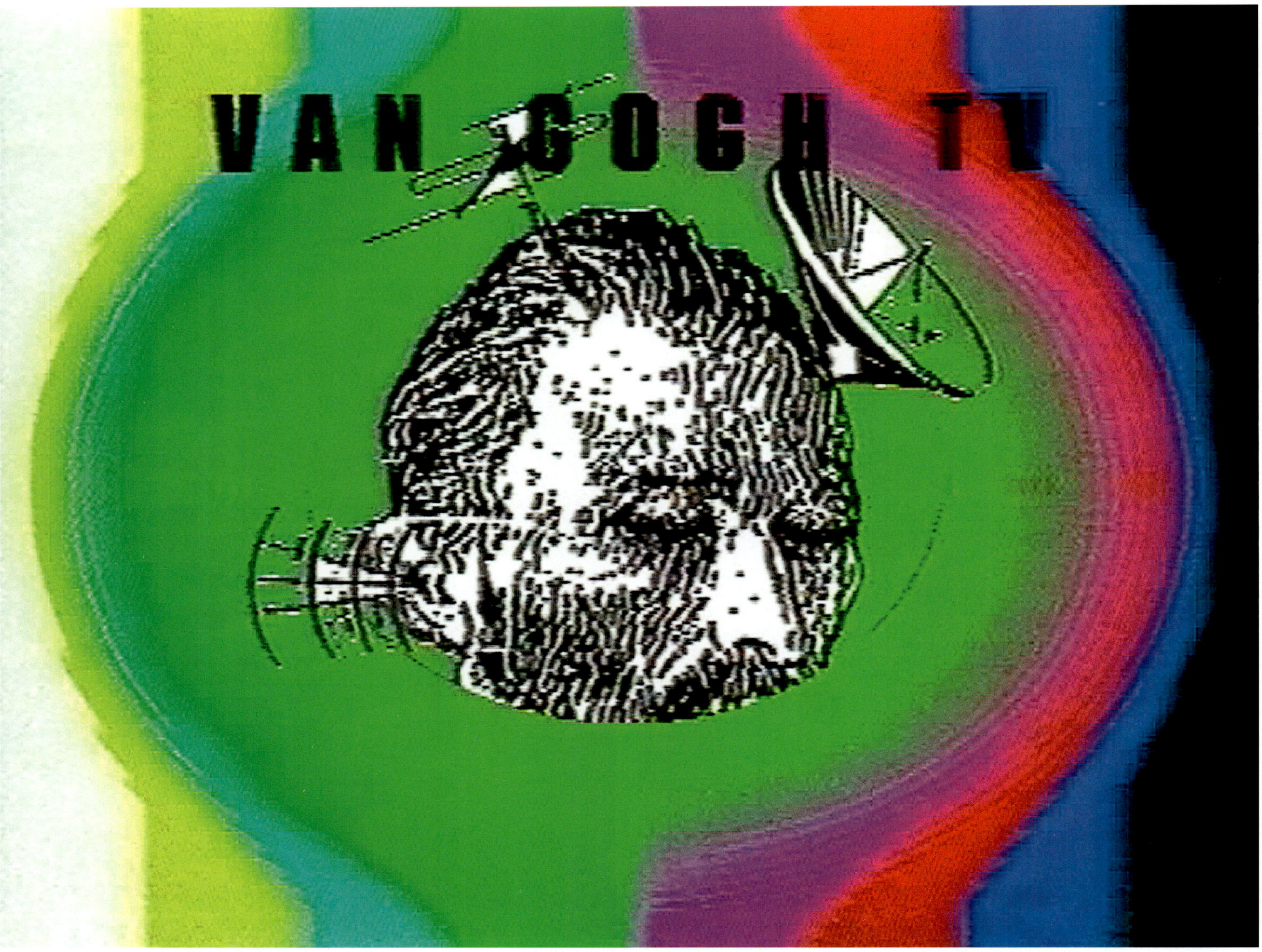

1

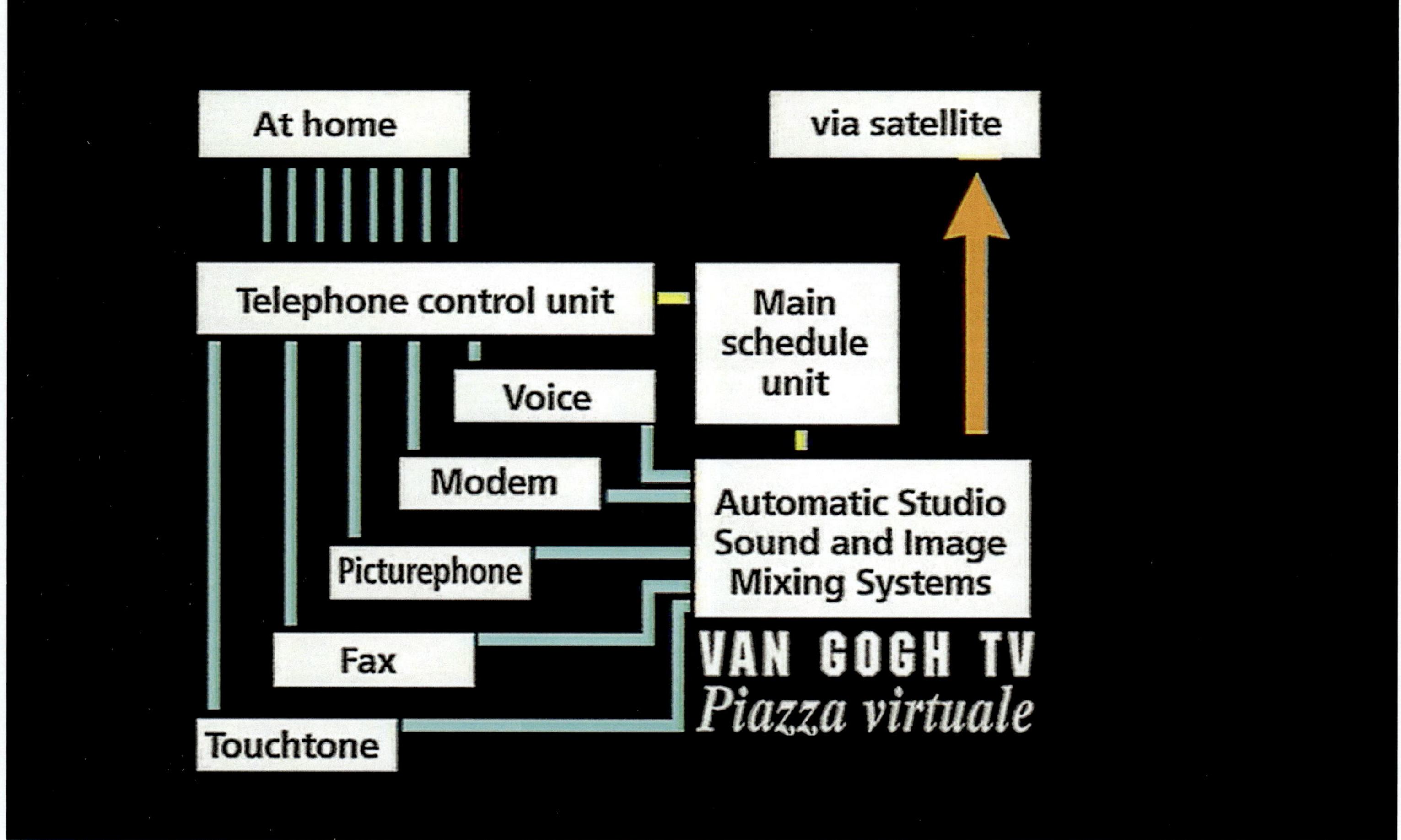

2

3 Sendezentrale / Master control room
4 Telefoninterface / Telephone interface
5 *Piazza virtuale* in Kassel mit Satellitenschüssel / *Piazza virtuale* in Kassel with satellite dish
6 Piazza reale

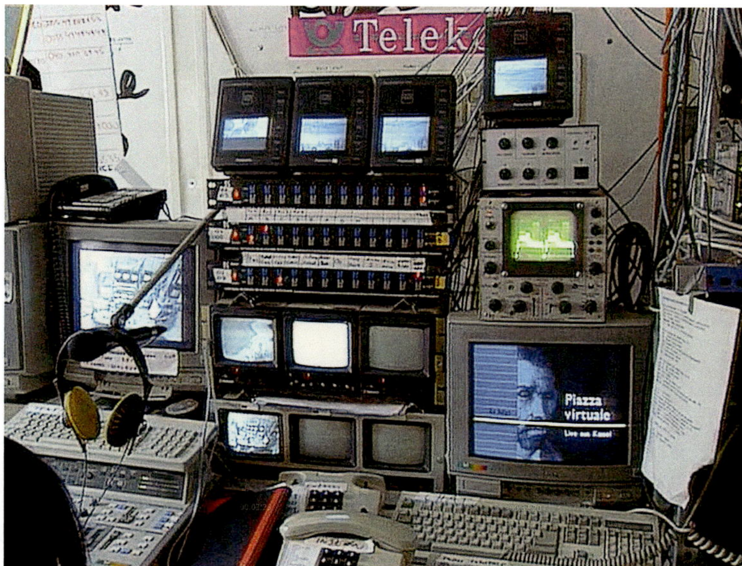

3

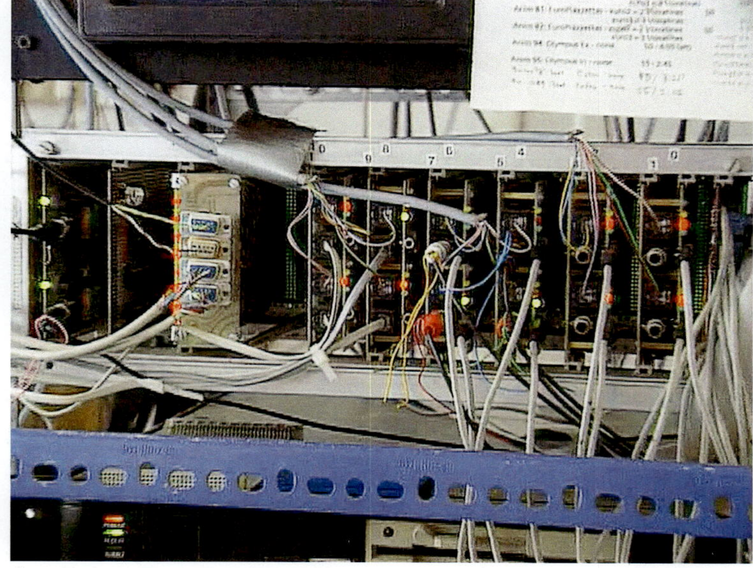
4

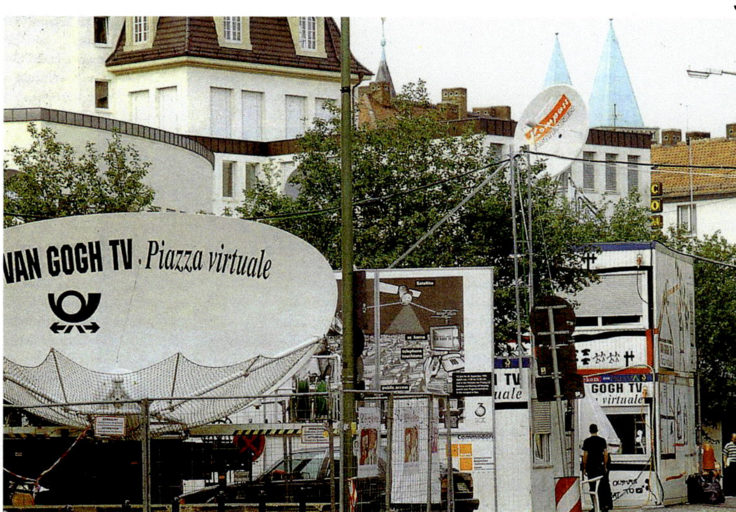

5

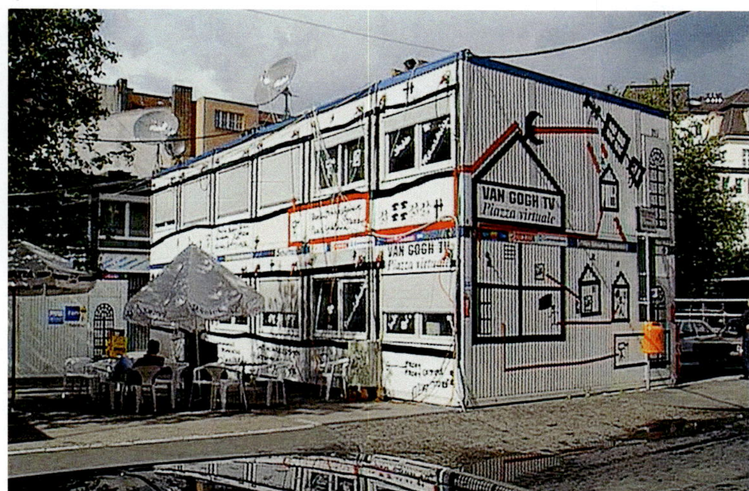

6

Ponton / Van Gogh TV
Karel Dudesek, Benjamin Heidersberger, Mike Hentz, Salvatore Vanasco

Mitwirkende bei der / Participants at documenta 9 in Kassel:
Ali Altschaffel, Nicolas Anatol Baginsky, Katharina Baumann, Tim Becker, Julian Boyd, Kathrin Brinkmann, Wu San Chuan, Gérard Couty, Fritz Groß, Daniel Haude, Jan Holthusen, Kathy Rae Huffman, Christiane Klappert, Cory McLeod, Kaspar Lüthi, Ole Lütjens, Silke Mauritius, Laurence Maury, Jendo Neversil, Insa Riske, Holger Rix, Axel Roselius, Hinnerk Schmidt, Karlheinz Schmidt, Dieter Sellin, Ludwig Seyfarth, Sybille Steinfartz, Manuel Tessloff, Michael Ulrich, Wolfgang Werner, Heinz Widmer, Laura Windrath, Sascha Windrath, Christian Wolff, Katja Zapadlová, Andreas Zierdt

Verantwortliche der mit Kassel vernetzten „Piazzettas“/
Persons in charge of the “piazzettas” connected to Kassel:
Belgrade: Peter Lukavic; Berlin: Rudolf Stört; bmukk: Robert Fleck; Bremen: Ronald Gonko; Earth: Andrew Work; Freiburg: Micky Remann; Geneva: Philippe Coeytaux; Göttingen: Harald Weisser; Graz: Gerfried Stocker, Horst Hörtner; Hamburg: Frauen und Technik; Cologne: Bernd von den Brincken; Lithuania: Valdis Martinsons; Ljubljana: Marco Kosnik Virant; Lyon: Rene Sanglard; Macworld Berlin: Eric Gersh; Milan: Shake Decoder + Sabine Reiff; Moby Dick’s Eye: Hermann Josef Hack; Moscow: Kirill Preobrazhenski; Nagoya: Eiichi Kubota; Paris: Christian Vanderborght; Poitiers: Jean Louis le Tacon; Prague: Michael Bielicky; Riga: Baiba Ripa; Salzburg: Wolf Dieter Aichberger; Sant Arcangelo: Giacomo Verde; Siggraph: Brian Wallace; Stuttgart: Jan van Krogh; Vienna: Oskar Obereder, Rosa von Suess; Zurich: Hans Wermelinger

Der italienische Ex-Premierminister Silvio Berlusconi sitzt mit aufgeplatzter Lippe in einem Auto. Dort versteckt er sich vor der wütenden Menge auf der Straße, die ihn bei einer Demonstration in Mailand angegriffen und verletzt hat. Die Kamera fährt auf sein blutüberströmtes Gesicht zu und verweilt kurz, bevor das Bild zu einer anderen Nachrichtensequenz wechselt. Nach wenigen Sekunden erscheint eine Hand, die Farbe auf eine Glasscheibe vor dem bewegten Bild auf dem Monitor strichelt und tupft. Es ist die Hand des belgischen Künstlers Angel Vergara, die mit scheinbar willkürlich gesetzten Farbpunkten den Konturen der schnell wechselnden Szenen mit dem Pinsel folgt und die Bilder damit in abstrakte Farbmalerei verwandelt. Es entstehen Ölmalereien auf Glas, die Vergaras Versuch dokumentieren, den schnelllebigen, flüchtigen Bewegtbildern zu folgen. Die in der Ausstellung präsentierten Bilder gehören zu der Arbeit *Feuilleton. Berlusconi. Pasolini* (2011). Auf großflächigen Leinwänden stellt der Künstler in diesen Videos zwei Persönlichkeiten einander gegenüber, die unterschiedlicher nicht sein könnten. Der Filmregisseur und politische Denker Pier Paolo Pasolini war ein erklärter Medienkritiker, der das Fernsehen in seinen *Freibeuterschriften* als „Instrument und Träger von Herrschaft" bezeichnete und eine kollektive Verdummung als Folge seines Konsums prophezeite. Mit dieser Polarisierung von Standpunkten gegenüber dem Medium gelingt Vergara die geradezu dramaturgische Veranschaulichung einer virulenten Problematik.
Diese Gegenüberstellung wird noch pointiert durch die Wahl der künstlerischen Ausdrucksformen, indem er dem bewegten Fernsehbild mit Malerei begegnet und damit die ephemere Qualität des TV-Bildes mit der Dauerhaftigkeit des gemalten Bildes konfrontiert. Der Künstler spielt zudem gleichzeitig mit der Spannung, die entsteht, wenn er sich selbst öffentlich präsentiert und im Akt dieser Live-Malerei den Betrachter in den Entstehungsprozess seiner Kunst integriert. [OS]

Angel Vergara 328

The former prime minister of Italy Silvio Berlusconi is sitting in a car with a broken lip. He is hiding from an angry mob on the street that has attacked and injured him at a demonstration in Milan. The camera hones in on his blood-covered face and hovers there briefly before the image switches to another news sequence. A few seconds later, a hand appears applying paint over a pane of glass in front of the monitor. It is the hand of the Belgian artist Angel Vergara, whose apparently arbitrary touches of color follow the contours of the rapidly changing scenes, transforming the video images into abstract painting. The result is a series of oil paintings on glass documenting Vergara's attempt to follow the fast-paced and fleeting moving images. The images shown in the exhibition are from the work *Feuilleton. Berlusconi. Pasolini* from 2011. In these videos, the Belgian shows, on large screens, two personalities who could not be more disparate. The filmmaker and political thinker Pier Paolo Pasolini was an avowed critic of the media, designating television in his *Scritti corsari* (1975) as an "instrument and vehicle of domination," and prophesying collective stupidity as a result of its consumption. By polarizing these two stances toward the media, Vergara achieves a dramaturgical manifestation of a virulent set of problems.
The juxtaposition is sharpened by the choice of artistic forms of expression, the confrontation of the ephemeral, moving television image with the permanence of the painted image. The artist also plays with the tension generated by his own public appearance, integrating the viewer into the production process of his art. [OS]

Feuilleton. Berlusconi. Pasolini

2-Kanal-HD-Video, Farbe, ohne Ton / 2-channel HD video, color, silent

Farbe, ohne Ton / Color, silent, 5:33 min., Loop, 2011

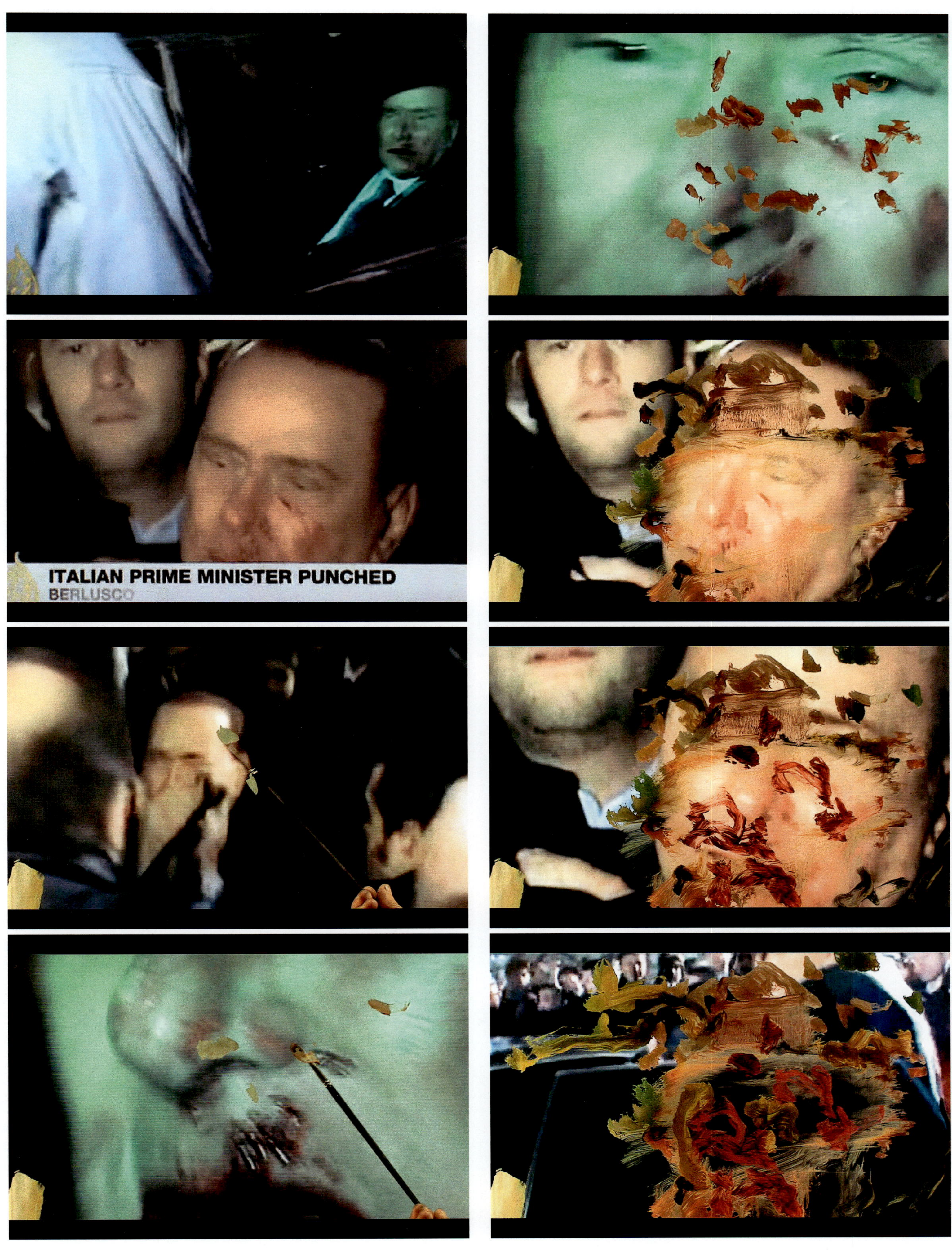

Feuilleton. Berlusconi. Pasolini

2-Kanal-HD-Video, Farbe, ohne Ton / 2-channel HD video, color, silent

Farbe, ohne Ton / Color, silent, 3:27 min., Loop, 2011

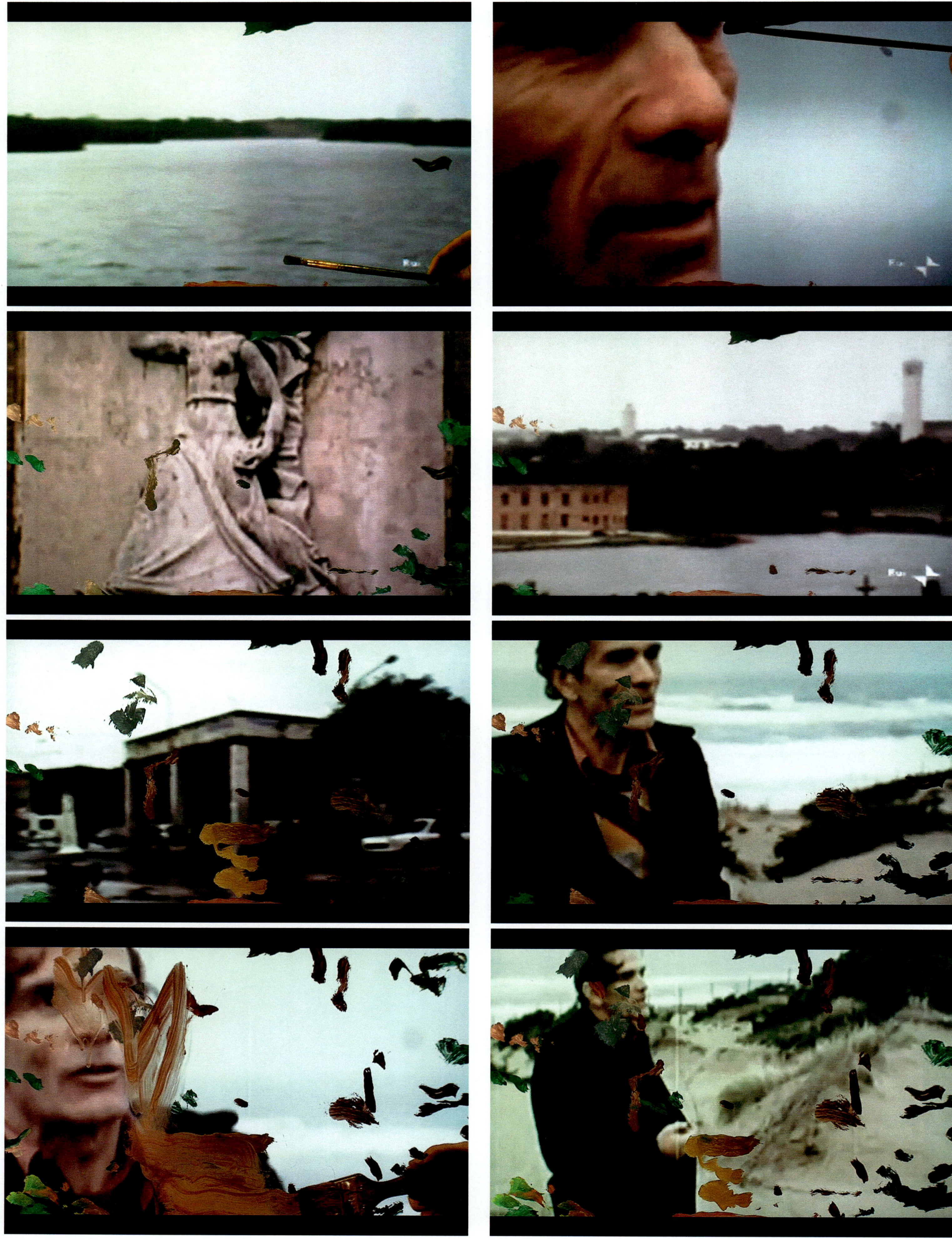

Television News

1 B.P. TV 1 (superposed diptych)
Öl auf Plexiglas / Oil on Plexiglas, 43,7 × 73,8 × 5 cm, 2015
2 B.P. TV 2 (superposed diptych)
Öl auf Plexiglas / Oil on Plexiglas, 43,7 × 73,8 × 5 cm, 2015
3 B.P. TV 3 (superposed diptych)
Öl auf Plexiglas / Oil on Plexiglas, 43,7 × 73,8 × 5 cm, 2015

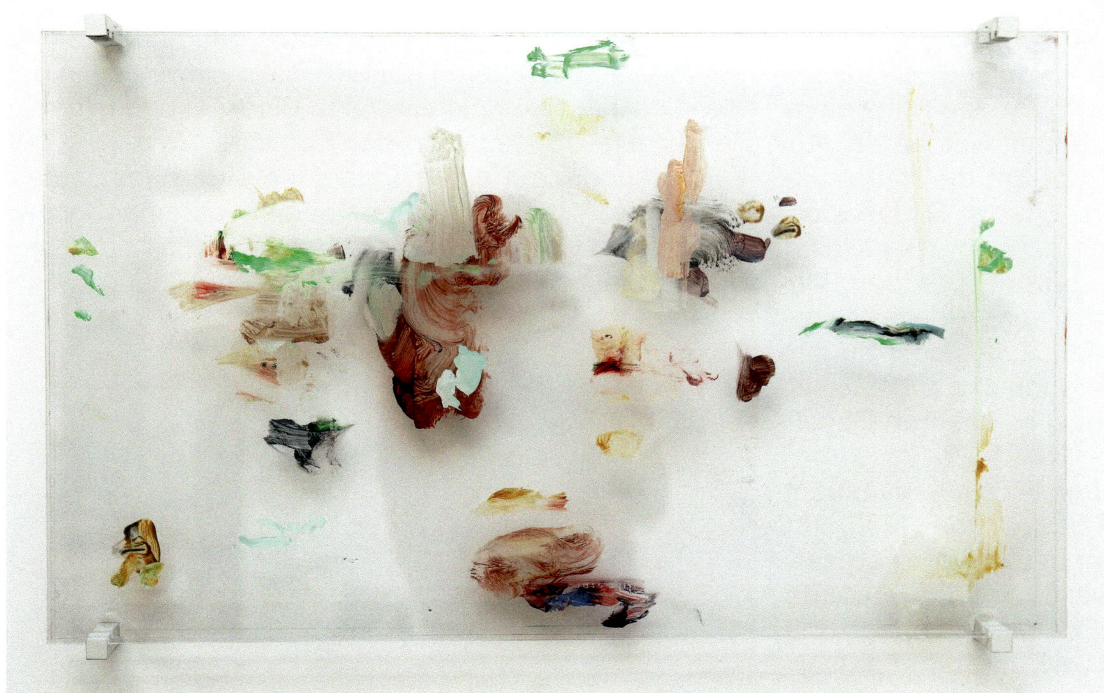

1

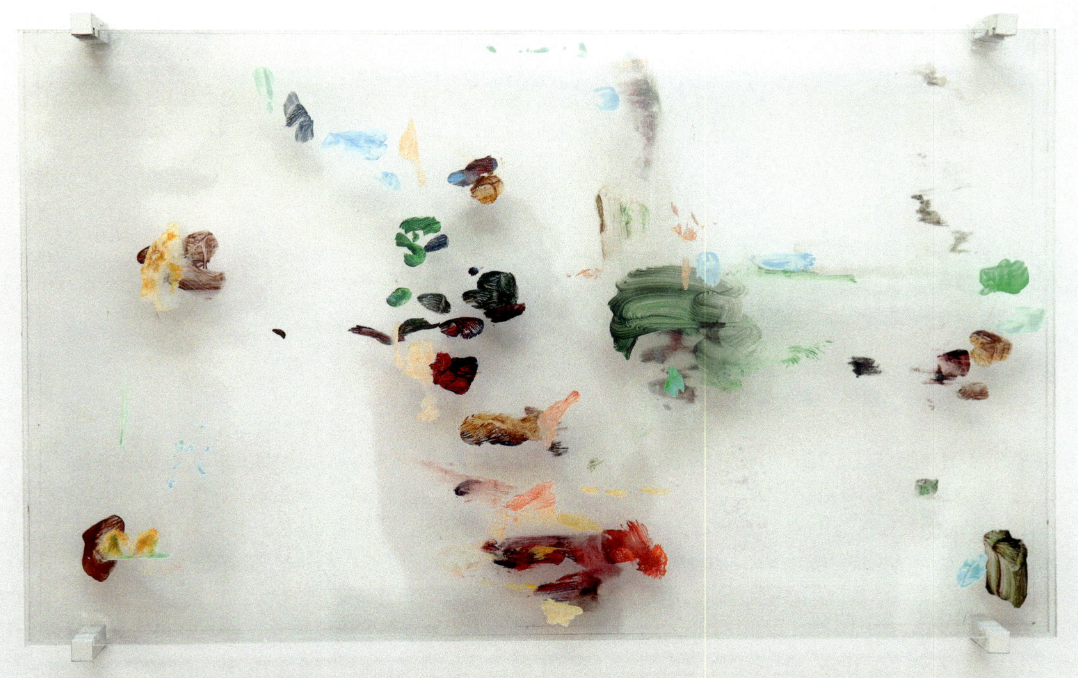

2

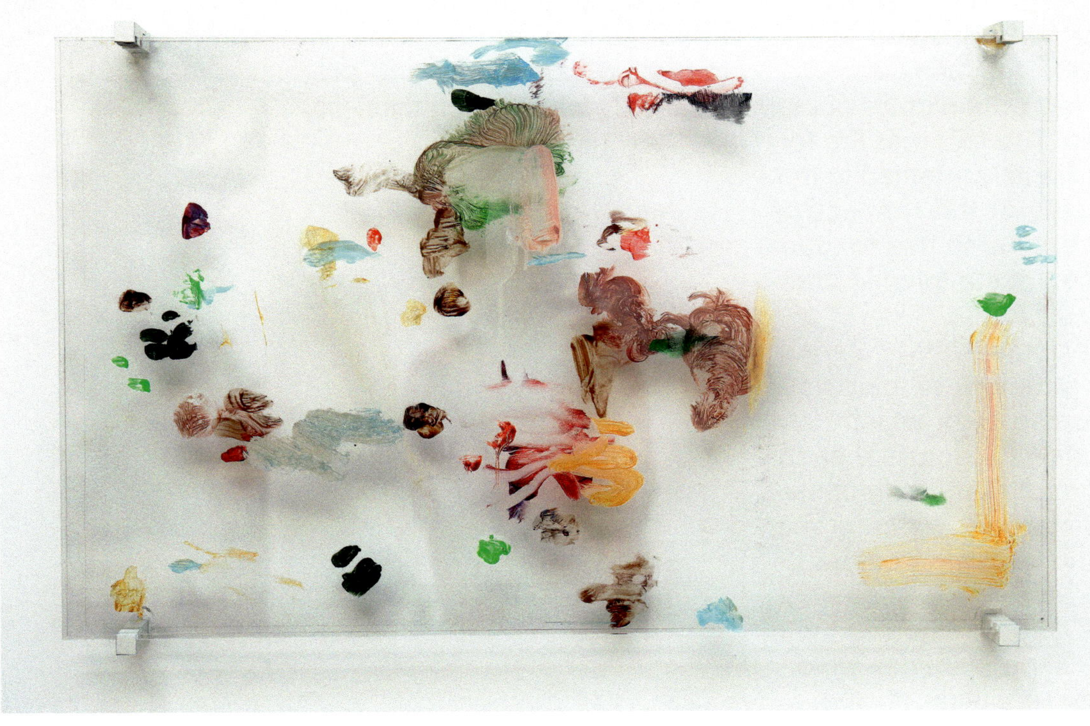

3

Joseph Zehrers grundsätzlich medienanalytischer und medienkritischer Ansatz manifestiert sich, bezogen auf das Fernsehen, vor allem in zwei Arbeiten aus den 1990er-Jahren. *TV-Ecken in Junggesellenwohnungen* (1997), ein Werk, das den von Zehrer fotografierten Blick in Wohnungen befreundeter Künstler in Köln und Berlin zeigt, bezieht sich nicht etwa auf die Inhalte des Fernsehens, sondern führt ebenso lakonisch wie hintergründig den räumlichen Kontext vor, in den Nutzer ihre Geräte einbetten. Statt um die Bilder, welche der Apparat produziert, geht es also hier um die räumliche Inszenierung des Fernsehgeräts, um das Bild des gesamten Interieurs, das dadurch entsteht. Dass sich das Format der Fotos dabei proportional an den Bildschirmgrößen der Fernseher in den abgebildeten Wohnungen orientiert, erhöht noch den Reiz dieser augenzwinkernd soziologischen Untersuchung zur totemistischen Präsenz des Fernsehens in unserer Gesellschaft.
Tief in die technische Struktur des Fernsehens taucht Zehrer mit *S/W-Sekunde* und *Farbsekunde* (1990) ein. Indem er die aus 25 Einzelbildern bestehende Fernseh-Sekunde tatsächlich in 25, jeweils mit 1/25 Sekunde Belichtungszeit fotografierte Einzelbilder zerlegt und diese gleichzeitig in Schwarz-Weiß und den Fernsehfarben Rot, Grün und Blau zu sechs Meter langen, kreisförmigen Folien-Loops arrangiert, enthüllt er zum einen die apparative Mechanik hinter den Bildern und verwandelt zum anderen deren Flüchtigkeit in eine fragile materielle Dauerhaftigkeit, die zudem von der unaufhörlichen Wiederholung des immer Gleichen geprägt ist. In ironischer Erfüllung der eigentlich von Marshall McLuhan stammenden, aber durch Andy Warhol popularisierten These, durch das Fernsehen könne jeder in Zukunft für 15 Minuten berühmt werden, zeigen die 25 Fernsehporträts vorwiegend unbekannte Personen. Selbst deren Konterfeis verschwinden in der die Installation komplettierenden Blocksekunde, für die Zehrer alle 25 Negative, der Schwarz-Weiß- wie der Farbsekunde, auf einen Stapel legte und gesamthaft belichtete. Vor der Fülle der negativ aufeinander geschichteten Information kapituliert der Apparat und produziert statt Inhalt nur mehr weiße Leere. [SB]

Joseph Zehrer

Joseph Zehrer's fundamental approach to an analysis and critique of the media becomes clear, in relation to television, above all in two works from the 1990s. *TV-Ecken in Junggesellenwohnungen* (1997), a work that features Zehrer's photographs of apartments in Cologne and Berlin inhabited by his artist friends, makes no reference to the screen contents of the depicted television sets but presents, in a both laconic and profound manner, the spatial context in which the users embed their electronic equipment. So instead of the images generated by the apparatus, the focus is on the spatial staging of the television set, on a picture of the entire interior that thereby arises. The fact that the format of the photographs is proportionally oriented to the screen sizes of the television sets in the respective apartments imparts even more appeal to this tongue-in-cheek sociological investigation of the totemic presence of television in our society.
With *S/W-Sekunde* and *Farbsekunde* (1990), Zehrer dives deeply into the technical structure of television. By actually dividing the television second (which consists of 25 individual images) into 25 pictures, each taken with 1/25 second of exposure, and simultaneously arranging them into six-meter-long, circular foil loops in black-and-white and the television colors of red, green, and blue, he both reveals the technical mechanism behind the images and transforms their evanescence into a fragile, material permanence which, moreover, is marked by constant repetition of what is always the same. In ironical fulfillment of the thesis—actually formulated by Marshall McLuhan but popularized by Andy Warhol—that in the future everyone can be famous for fifteen minutes on television, the 25 television portraits primarily feature unknown persons. Even their likenesses disappear in the blocking second completing the installation, for which Zehrer stacked all 25 negatives, both black-and-white and colored, then photographed them all together. Confronted with an abundance of negatively layered information, the apparatus capitulates and produces, instead of contents, only white emptiness. [SB]

S/W-Sekunde

2 Bänder mit je 25 s/w-Folienkopien, in Folie geschweißt / 2 bands, each with 25 bw foil copies, foil-laminated, je / Each 37,5 × 35 cm
2 Fotos / 2 photos, je / Each 40 × 30 cm, 1990

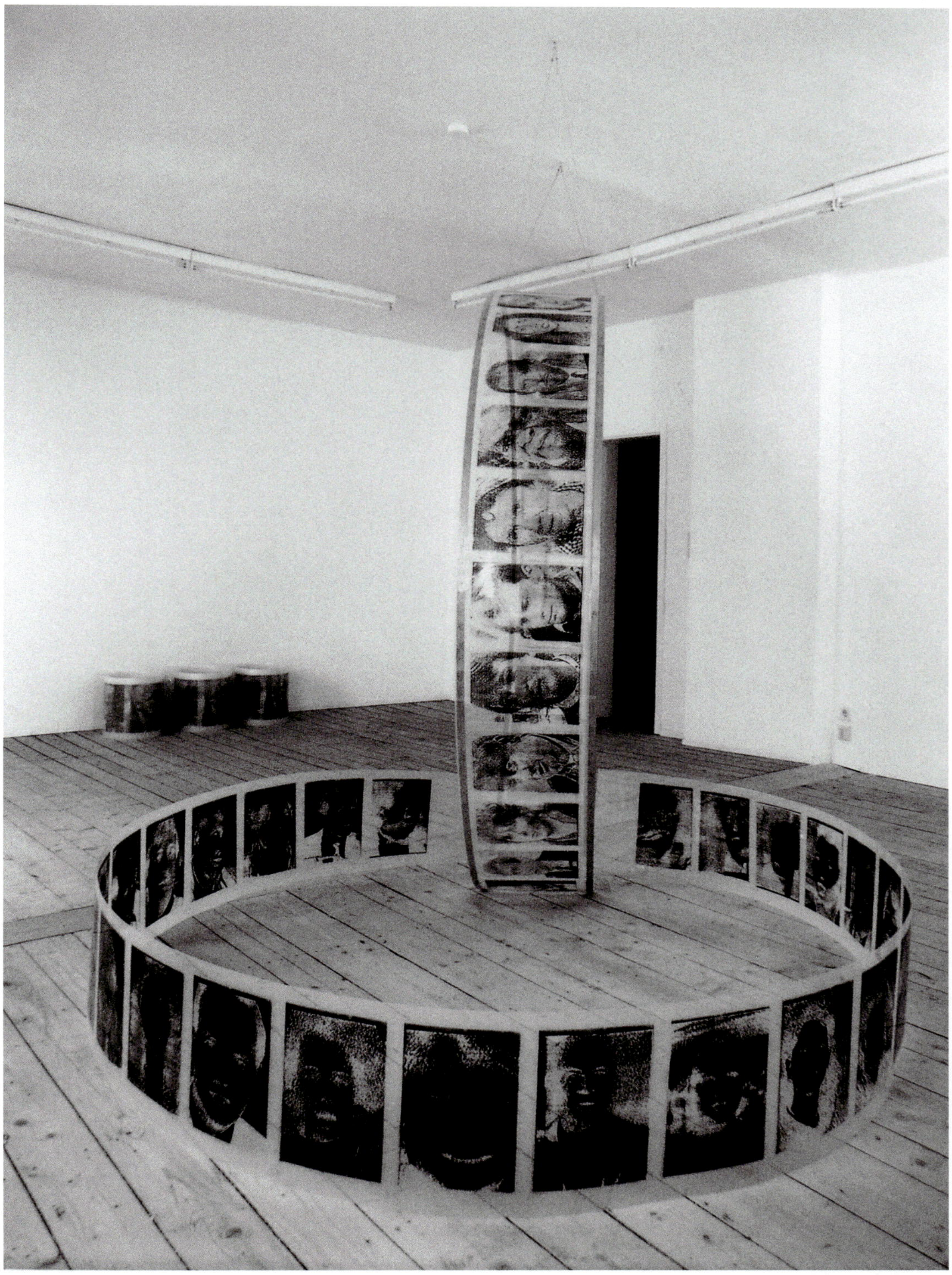

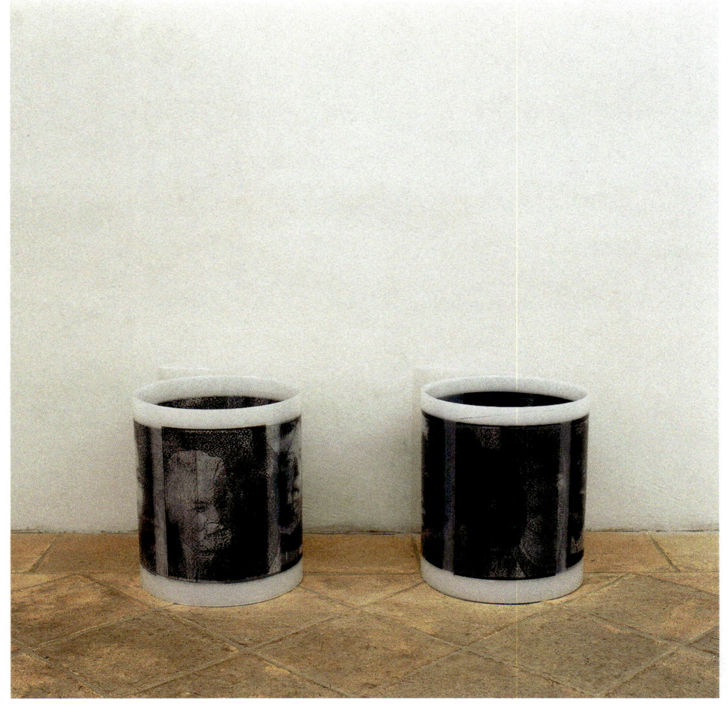

Farbsekunde

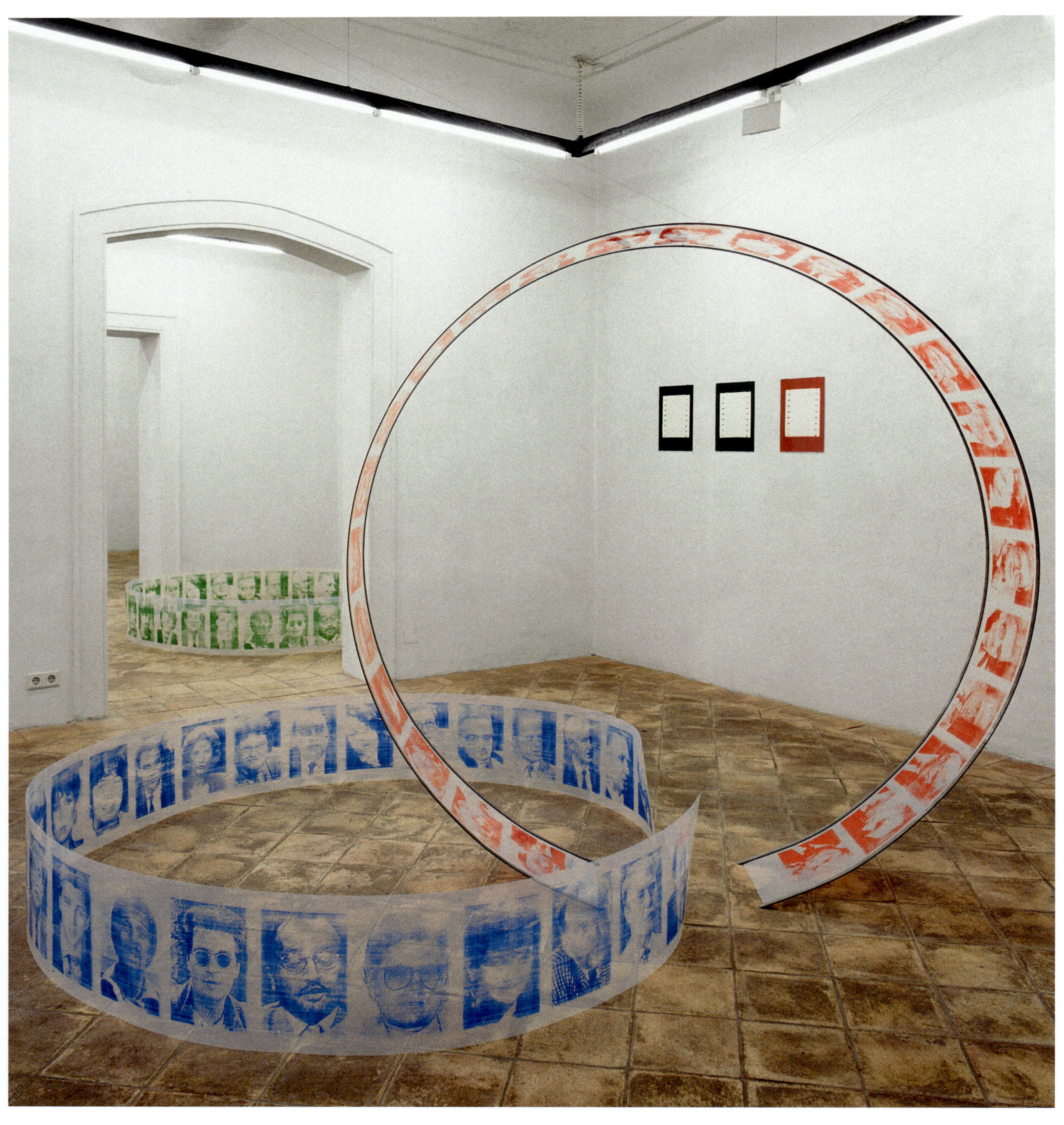

Joseph Zehrer

3 Bänder mit je 25 Folienkopien, in Folie geschweißt / 3 bands, each with 25 foil copies, foil-laminated, je / Each 650 × 37,5 cm
3 Farbfotos / 3 color photos, je / Each 40 × 30 cm, 1990

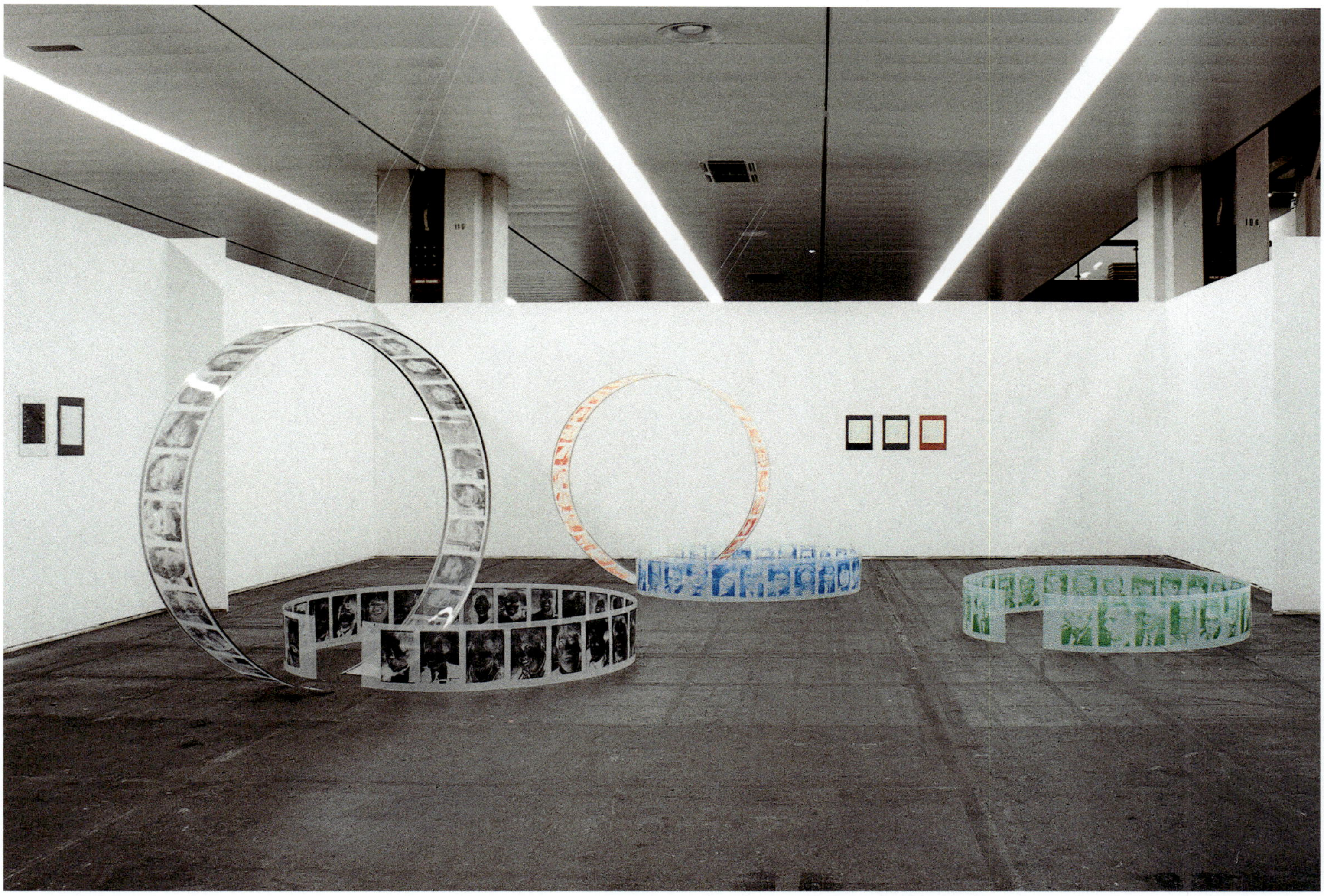

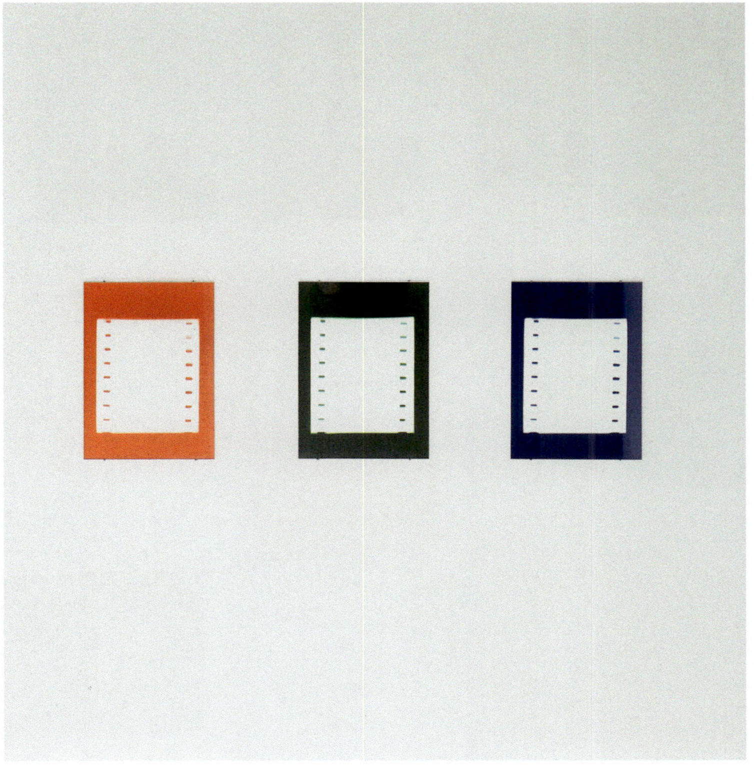

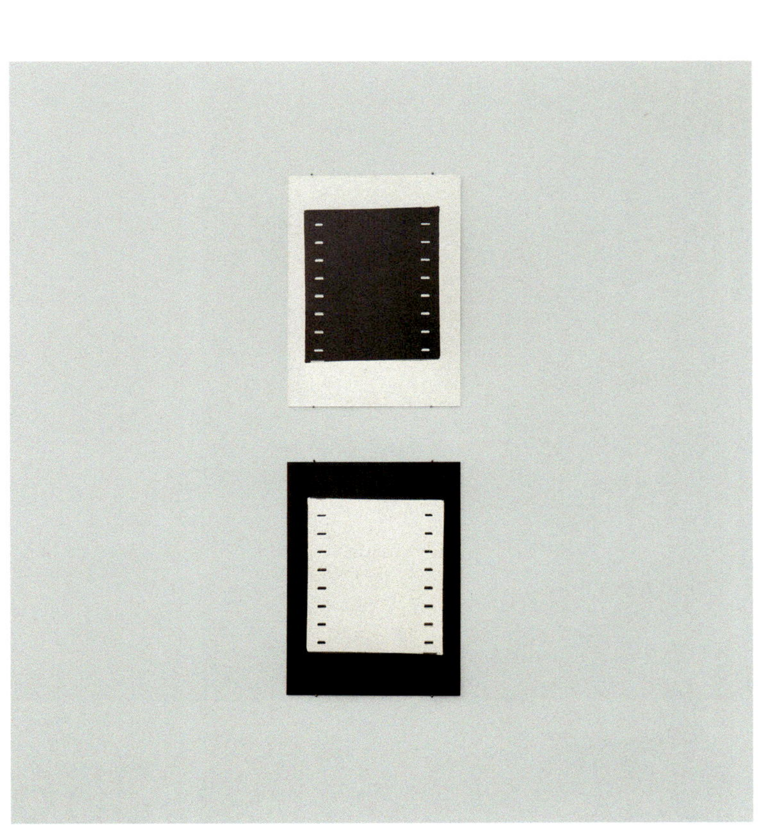

TV-Ecken in Junggesellenwohnungen

Farbfotografie, Papier auf Karton, Installationsmaße variabel /
Color photo, paper on cardboard, variable dimensions, 1997

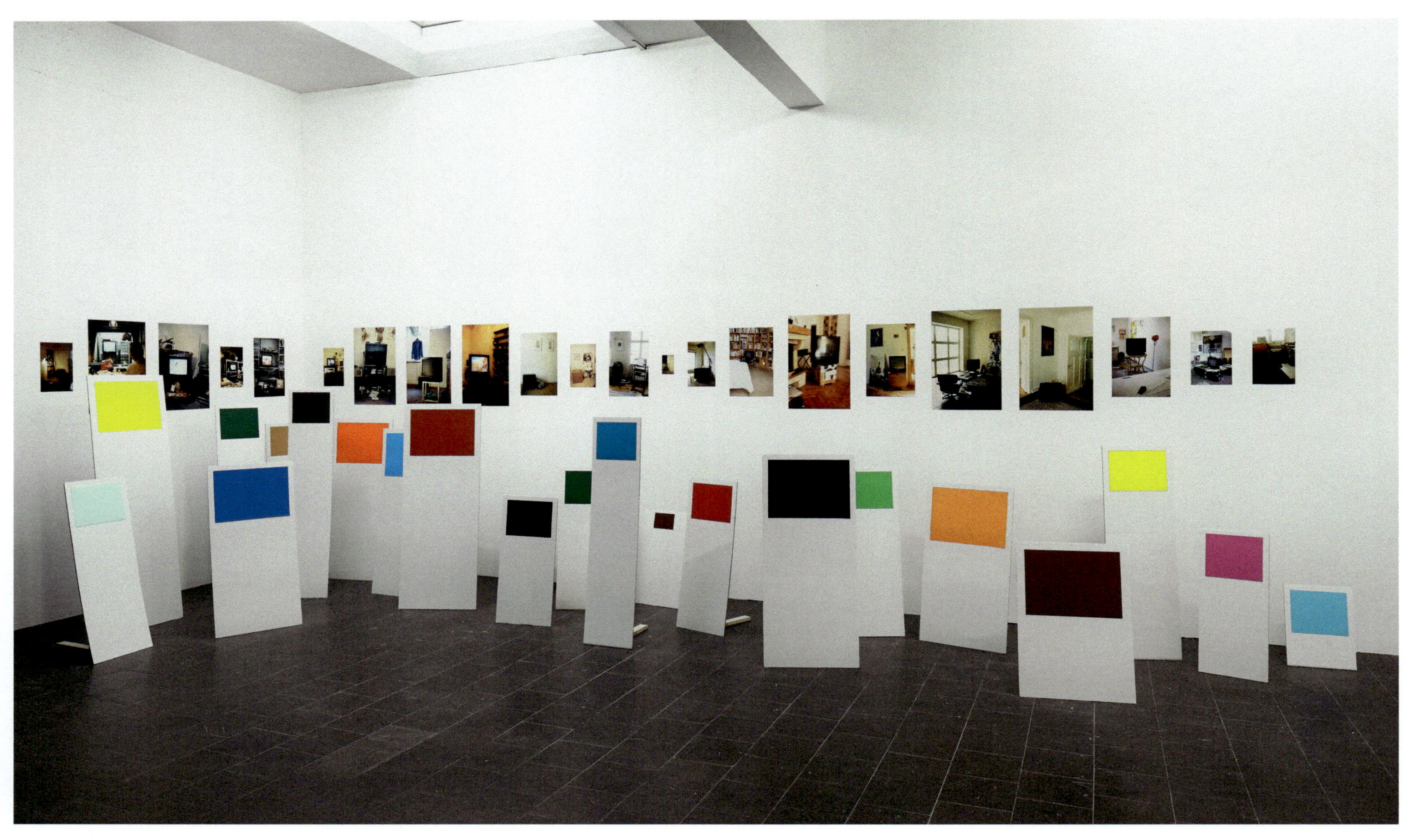

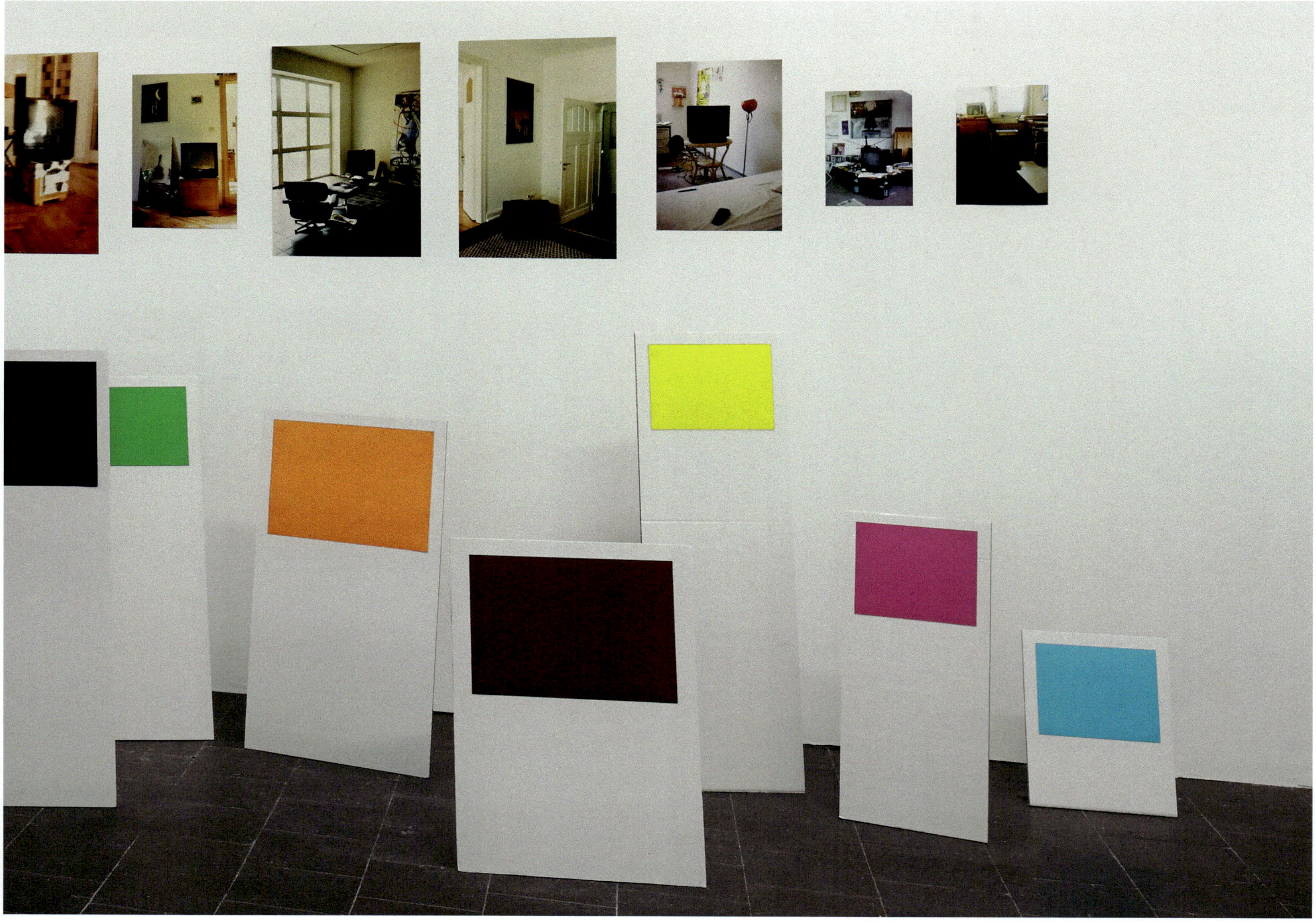

Joseph Zehrer

Tauba Auerbach

Geboren / born in 1981 in San Francisco, Kalifornien / California, USA
Lebt / lives in New York City, USA

Einzelausstellungen / Solo Exhibitions

2014 *Tauba Auerbach: The New Ambidextrous Universe*, Institute of Contemporary Arts, London
2013 *Tauba Auerbach, Standard (Oslo)*, Oslo
2012 *Float*, Paula Cooper Gallery, New York
2011 *Tetrachromat*, Bergen Kunsthall; Malmö Konsthall, 2012; Wiels Contemporary Art Center, Brüssel, 2013

Gruppenausstellungen / Group Exhibitions

2014 *DECORUM: Carpets and tapestries by artists*, Musée d'Art Moderne de la Ville de Paris
2013 *Test Pattern*, Whitney Museum of American Art, New York
2012 *Ecstatic Alphabets*, Museum of Modern Art, New York
2012 *Lifelike*, Walker Art Center, Minneapolis; New Orleans Museum of Art, 2012; Museum of Contemporary Art, San Diego, 2013; Blanton Museum of Art, University of Texas at Austin, 2013

Christiane Baumgartner

Geboren / born in 1967 in Leipzig, Deutschland / Germany
Lebt / lives in Leipzig, Deutschland / Germany

Einzelausstellungen / Solo Exhibitions

2015 *Prix de Gravure Mario Avati – Académie des beaux-arts 2014*, Palais de l'Institut de France, Paris
2015 *Christiane Baumgartner, White Noise*, Museum Kunstpalast, Düsseldorf 2014; Musée d'Art et d'Histoire de Genève, Genf, 2015
2011 *Schnitte ins Herz und in die Augen*, Museum Franz Gertsch, Burgdorf

Gruppenausstellungen / Group Exhibitions

2015 *Fresh Prints: The Nineties to Now*, Cleveland Museum of Art
2012 *Albertina Contemporary*, Wien
2009 *60 Jahre. 60 Werke*, Martin-Gropius-Bau, Berlin
2006 *Eye on Europe: Prints, Books & Multiples, 1960 to Now*, Museum of Modern Art, New York

Joe Biel

Geboren / born in 1966 in Boulder, Colorado, USA
Lebt / lives in Los Angeles, Kalifornien / California, USA

Einzelausstellungen / Solo Exhibitions

2014 *Short Stack*, Kuckei + Kuckei, Berlin
2013 *Sentry – Works by Joe Biel*, UCR Sweeney Art Gallery, Riverside
2011 *New Work*, Greg Kucera Gallery, Seattle
2009 *Lexicon*, Nettie Horn Gallery, London

Gruppenausstellungen / Group Exhibitions

2014 *oge Horizon, Bruegelland, vroeg 21ste eeuw*, Stedelijk Museum Wuyts-Van Campen en Baron Caroly, Lier
2013 *PLURAL*, WW Gallery, London
2013 *Tierstücke – der Sammlung SØR Rusche Oelde / Berlin*, Museum Abtei Liesborn, Wadersloh
2011 *ALPTRAUM!*, Blank Projects, Kapstadt

Angela Bulloch

Geboren / born in 1966 in Rainy River, Kanada / Canada
Lebt / lives in Berlin, Deutschland / Germany

Einzelausstellungen / Solo Exhibitions

2012 *Short Big Drama*, Witte de With, Rotterdam
2011 *Time & Line*, Städtische Galerie, Wolfsburg
2011 *Information, Manifesto, Rules and other leaks ...*, Vattenfall Contemporary Art Prize, Berlinische Galerie, Berlin
2008 *The Space That Time Forgot*, Städtische Galerie im Lenbachhaus, Kunstbau, München

Gruppenausstellungen / Group Exhibitions

2014 *1984–99. La Décennie*, Centre Pompidou-Metz, Metz
2014 *Datascape*, LABoral Centro de Arte y Creación Industrial, Gijón
2013 *The Whole Earth*, Haus der Kulturen der Welt, Berlin
2008 *Theanyspacewhatever*, Solomon R. Guggenheim Museum, New York

John Cage

Geboren / born in 1912 in Los Angeles, Kalifornien / California, USA
Gestorben / died in 1992 in New York City, USA

Einzelausstellungen / Solo Exhibitions

2012 *Membra Disjecta for John Cage. Wanting to Say Something About John*, Gallery of Fine Arts, Ostrava
2010 *Every Day Is a Good Day. The Visual Art of John Cage*, BALTIC Centre for Contemporary Art, Gateshead; Kettle's Yard, Cambridge, 2010; Museum and Art Gallery, Huddersfield, 2011; Hunterian Art Gallery, Glasgow, 2011; De La Warr Pavilion, Bexhill on Sea, 2011; Project Space, Hayward Gallery Southbank Centre, London, 2011

Gruppenausstellungen / Group Exhibitions

2012 *John Cage und ... – Bildender Künstler – Einflüsse, Anregungen*, Akademie der Künste, Berlin
2012 *Sounds like Silence. John Cage – 4′33″ – Silence Today*, HMKV im Dortmunder U, Dortmund
2014 *1990 / 2014 Strategies of Non-Intention: John Cage and Artists He Collected*, Sandra Gering Inc., New York
2009 *The Anarchy of Silence – John Cage and Experimental Art*, Museu d'Art Contemporani de Barcelona

César

Geboren / born in 1921 in Marseille, Frankreich / France
Gestorben / died in 1998 in Paris, Frankreich / France

Einzelausstellungen / Solo Exhibitions

2013 *César*, Luxembourg & Dayan, New York
2011 *Gold Spirit*, Sorry we're closed, Brüssel
1997 *Retrospektive*, Jeu du Paume, Paris
1998 *César*, Malmö Konsthall; Suite Milanaise, Musée d'Art Moderne et d'Art Contemporain, Nizza, 1999

Gruppenausstellungen / Group Exhibitions

2014 *Formes simples*, Centre Pompidou-Metz, Metz
2014 *Existenzielle Bildwelten*, Sammlung Reinking; Weserburg Museum für moderne Kunst, Bremen
2013 *From Picasso to Koons: The Artist as Jeweler*, Bass Museum of Art, Miami
2012 *Temi e Variazioni*, Peggy Guggenheim Museum Venedig

Yvon Chabrowski

Geboren / born in 1978 in Ost-Berlin, Deutschland / Germany
Lebt / lives in Leipzig und / and Berlin, Deutschland / Germany

Einzelausstellungen / Solo Exhibitions

2013 *Dramatische Funde im Schutthaufen*, Raum für Zweckfreiheit, Berlin; Kunstraum Michael Barthel, Leipzig, 2012
2010 *An Interview with H.R.H. The Princess of Wales*, George Polke Gallery, London

Gruppenausstellungen / Group Exhibitions

2014 *Still (not) moving*, EIGEN + ART Lab, Berlin
2014 *Civil Disobedience / Ziviler Ungehorsam*, Kreuzberg Pavillon, Berlin
2014 *A Time for Dreams*, Moscow International Biennale for Young Art
2013 *Still White Shut*, Perla Mode, Zürich
2011 *Angry*, Nederlands Fotomuseum, Rotterdam

Mel Chin

Geboren / born in 1951 in Houston, Texas, USA
Lebt / lives in New York City und / and Burnsville, North Carolina, USA

Einzelausstellungen / Solo Exhibitions

2014 *Mel Chin: Rematch*, New Orleans Museum of Art; Contemporary Art Museum St. Louis, 2014; Blaffer Art Museum, Houston, 2015; Contemporary Arts Museum Houston, 2015
2013 *Mel Chin – Best Laid Plans and Unauthorized Collaborations*, Thomas Rehbein Galerie, Köln
2012 *High, Low and In Between*, Ashville Art Museum
2011 *The Funk and Wag from A to Z*, Nave Museum, Victoria, Texas

Gruppenausstellungen / Group Exhibitions

2014 *Carbon 14: Climate Is Culture Exhibition*, Institute for Contemporary Culture, Royal Ontario Museum, Toronto
2012 *ARTIFACTUAL realities*, Station Museum of Contemporary Art, Houston
2012 *How Much Do I Owe You?*, No Longer Empty, Long Island City
2010 *Verbotene Liebe: Kunst im Sog von Fernsehen*, Kölnischer Kunstverein, Köln; Kunstverein Medienturm, Graz

Phil Collins

Geboren / born in 1970 in Cheshire, England
Lebt / lives in Berlin und / and Wuppertal, Deutschland / Germany

Einzelausstellungen / Solo Exhibitions

2015 *Tomorrow Is Always Too Long*, Gallery of Modern Art, Glasgow
2015 *Cinema Sayyara!*, 5th Riwaq Biennale, Ramallah
2013 *In Every Dream Home a Heartache*, Museum Ludwig, Köln
2011 *Marxism Today*, British Film Institute, London

Gruppenausstellungen / Group Exhibitions

2015 *Strange Pilgrims*, The Contemporary Austin, Austin
2014 *Really Useful Knowledge*, Museo Nacional Centro de Arte Reina Sofia, Madrid
2012 *Artes Mundi 5: Wales International Visual Art Exhibition and Prize*, National Museum of Art and Chapter Art Centre, Cardiff
2010 *Was draußen wartet*, 6. Berlin Biennale für zeitgenössische Kunst, Berlin

Bruce Conner

Geboren / born in 1933 in McPherson, Kansas, USA
Gestorben / died in 2008 in San Francisco, Kalifornien / California, USA

Einzelausstellungen / Solo Exhibitions

2014 *Bruce Conner: Somebody Else's Prints*, Ulrich Museum of Art, Wichita
2013 *Bruce Conner*, Paula Cooper Gallery, New York
2012 *Bruce Conner and the Primal Scene of Punk Rock*, Museum of Contemporary Art, Denver
2010 *Bruce Conner: 1970s*, Kunsthalle Wien

Gruppenausstellungen / Group Exhibitions

2011 *September 11*, MoMA PS1, New York
2010 *Image by Image: Film and Contemporary Art*, Museum Ostwall im Dortmunder U, Dortmund; Centre Pompidou, Paris
2010 *Pictures in Motion*, Museum Ludwig, Köln
2010 *Abstract Resistance*, Walker Art Center, Minneapolis

Thomas Demand

Geboren / born in 1964 in München / Munich, Deutschland / Germany
Lebt / lives in Berlin, Deutschland / Germany

Einzelausstellungen / Solo Exhibitions

2013 *Animations*, DHC Art Center, Montréal
2012 *Thomas Demand*, Museum of Contemporary Art, Tokio
2012 *The Dailies*, Kaldor Public Art Project #25, Commercial Travellers' Association, Sydney
2009 *Nationalgalerie*, Neue Nationalgalerie, Berlin

Gruppenausstellungen / Group Exhibitions

2015 *Covert Operations: Investigating the Known Unknowns*, Scottsdale Museum of Contemporary Art
2014 *Schwindel der Wirklichkeit*, Akademie der Künste, Berlin
2013 *Damage Control: Art and Destruction Since 1950*, Hirshhorn Museum and Sculpture Garden, Washington, D.C.
2012 *Lifelike*, Walker Art Center, Minneapolis

Simon Denny

Geboren / born in 1982 in Auckland, Neuseeland / New Zealand
Lebt / lives in Berlin, Deutschland / Germany

Einzelausstellungen / Solo Exhibitions

2015 *New Zealand National Pavillon*, 56th Venice Biennale, Venedig
2015 *Simon Denny: The Innovator's Dilemma*, MoMA PS1, New York
2014 *New Management*, Portikus, Frankfurt
2013 *The Personal Effects of Kim Dotcom*, mumok – Museum Moderner Kunst Stiftung Ludwig, Wien

Gruppenausstellungen / Group Exhibitions

2013 *Speculations on Anonymous Materials*, Kunsthalle Fridericianum, Kassel
2013 *Preis der Nationalgalerie für Junge Kunst*, Hamburger Bahnhof, Berlin
2013 *Il Palazzo Enciclopedico*, 56th Venice Biennale, Venedig
2012 *ars viva 2012/13 SYSTEME*, Kunstmuseum Vaduz; Neues Museum Nürnberg, 2012; Kunsthalle Kiel, 2013

Christoph Draeger

Geboren / born in 1965 in Zürich, Schweiz / Switzerland
Lebt / lives in New York City, USA, und / and Wien / Vienna, Österreich / Austria

Einzelausstellungen / Solo Exhibitions

2014 *Unforced Errors*, Lokal 30, Warschau
2013 *Zero*, Kunstzeughaus Rapperswil
2012 *Tsunami Architecture*, OK Centrum for Contemporary Art, Linz
2011 *Temporary Wall of Voodoo*, West Gallery, Den Haag

Gruppenausstellungen / Group Exhibitions

2014 *El Teatro Del Mundo*, Museo Tamayo, Mexiko-Stadt
2013 *Portable Nation*, 55th Venice Biennale, Pavilion of the Maldives, Fondazione Gervasuti, Venedig
2012 *History is mine!*, Printemps de Septembre, Les abattoirs musée d'art contemporain et le Lieu Commun, Toulouse
2011 *Unheimlich Vertraut: Bilder / Medien / Terror*, C/O Berlin

Harun Farocki

Geboren / born in 1944 in Nový Jičín, Tschechoslowakei / Czechoslovakia
Gestorben / died in 2014 in Berlin, Deutschland / Germany

Einzelausstellungen / Solo Exhibitions

2014 *Unlimited: Harun Farocki – Kurzfilme 1967–83,* Museum Ludwig, Köln
2014 *Harun Farocki: Ernste Spiele,* Hamburger Bahnhof, Berlin
2013 *Harun Farocki: Imagination at Work,* Tel Aviv Museum of Modern Art
2011 *Harun Farocki: Images of War (at a Distance),* MoMA, New York

Gruppenausstellungen / Group Exhibitions

2015 *Eine Einstellung zur Arbeit*, Haus der Kulturen der Welt, Berlin
2014 *Playtime*, Städtische Galerie im Lenbachhaus und Kunstbau München
2014 *Next-Gen Art: New Horizons*, Fries Museum, Leeuwarden
2014 *The Disasters of the War*, Museé du Louvre-Lens, Lens

Michel François

Geboren / born in 1956 in Saint-Trond, Belgien / Belgium
Lebt / lives in Brüssel / Brussels, Belgien / Belgium

Einzelausstellungen / Solo Exhibitions

2014 *Pieces of Evidence*, Ikon Gallery, Birmingham
2012 *Pièces à conviction*, CRAC, Centre Régional d'Art Contemporain Languedoc-Roussillon, Sète
2011 *45.000 affiches. 1994–2011*, MAC's, Musée des Arts Contemporains – Site du Grand Hornu, Boussu
2009 *Plans d'évasion*, SMAK, Gent; IAC, Villeurbanne, 2010

Gruppenausstellungen / Group Exhibitions

2015 Havana Biennial 12, Havanna
2015 *Philaetchouri*, La Verrière, Hermès, Brüssel (mit / with Ann Veronica Janssens)
2014 *Une histoire, art, architecture et design, des années 80 à aujourd'hui*, Centre Pompidou, Paris
2011 *We are all Astronauts – Universe Richard Buckminster Fuller reflected in contemporary art*, MARTa Herford

Lee Friedlander

Geboren / born in 1934 in Aberdeen, Washington, USA
Lebt / lives in New York City, USA

Einzelausstellungen / Solo Exhibitions

2013 *Lee Friedlander: The Cray Photographs*, Cantor Arts Center, Stanford University
2012 *America by Car. The New Cars 1964*, Multimedia Art Museum Moscow, Moskau
2010 *Lee Friedlander: 1960–2010 or How I Got from There to Here in 100 Pictures or Less*, Fraenkel Gallery, San Francisco
2008 *Friedlander*, San Francisco Museum of Modern Art

Gruppenausstellungen / Group Exhibitions

2014 *Lee Friedlander – Photographs & Pierre Bonnard – Drawings*, Galerie Thomas Zander, Köln
2013 *American Street – Seventy years of a photographic tradition*, National Gallery of Australia, Canberra
2010 *EXPOSED – Voyeurism, Surveillance, and the Camera since 1870*, Tate Modern, London; San Francisco Museum of Modern Art 2011; Walker Art Center, Minneapolis 2011

Karl Gerstner

Geboren / born in 1930 in Basel, Schweiz / Switzerland
Lebt / lives in Basel, Schweiz / Switzerland

Einzelausstellungen / Solo Exhibitions

2010 *Karl Gerstner*, Galerie Denise René – Espace Marais, Paris
2004 *Karl Gerstner – Künstler, Grafiker, Autor*, Museum Haus Konstruktiv, Zürich
2000 *Karl Gerstner – Genesis*, Weserburg Museum für moderne Kunst, Bremen

Gruppenausstellungen / Group Exhibitions

2014 *Spielobjekte – Die Kunst der Möglichkeiten*, Museum Tinguely, Basel
2013 *Homage to Denise René – Past, Present and Future of a Vision*, Espace Expression, Miami
2012 *Ghosts in the Machine*, New Museum of Contemporary Art, New York
2011 *Hirschfaktor. Die Kunst des Zitierens*, ZKM – Zentrum für Kunst und Medientechnologie, Karlsruhe

Melanie Gilligan

Geboren / born in 1979 in Toronto, Kanada / Canada
Lebt / lives in New York City und / and London, England

Einzelausstellungen / Solo Exhibitions

2014 *Melanie Gilligan – The Common Sense*, Casco, Utrecht; De Hallen, Haarlem; de Appel arts centre, Amsterdam
2014 *4 × exchange / abstraction*, Galerie Max Mayer, Düsseldorf
2010 *Melanie Gilligan*, Kölnischer Kunstverein, Köln
2010 *Melanie Gilligan*, Chisenhale Gallery, London

Gruppenausstellungen / Group Exhibitions

2015 *Inhuman*, Fridericianum, Kassel
2014 *The Little Things Could Be Dearer*, MoMA PS1, New York
2013 *and Materials and Money and Crisis*, mumok – Museum Moderner Kunst Stiftung Ludwig, Wien
2013 *Descartes' Daughter*, The Swiss Institute, New York

K. O. Götz

Geboren / born in 1914 in Aachen, Deutschland / Germany
Lebt / lives in Niederbreitbach-Wolfenacker, Deutschland / Germany

Einzelausstellungen / Solo Exhibitions

2014 *K. O. Götz: Eine Retrospektive zum 100. Geburtstag*, Neue Nationalgalerie, Berlin; Museum Küppersmühle, Duisburg; Museum Wiesbaden
2014 *K. O. Götz – zum 100. Geburtstag*, Kunstsammlungen Chemnitz, Deutschland
2014 *Hommage à K. O. Götz*, Museum Kunstpalast, Düsseldorf
2014 *Karl Otto Götz – Gemälde und Nebenwege*, Suermondt-Ludwig-Museum, Aachen

Gruppenausstellungen / Group Exhibitions

2014 *Die frühen Jahre: Britische und deutsche Kunst nach 1945*, Sprengel Museum Hannover
2013 *Himmel auf Erden – 20 + 21. Jahrhundert*, Von der Heydt-Museum Wuppertal
2012 *geteilt | ungeteilt – Kunst in Deutschland 1945 bis 2010*, Galerie Neue Meister, Albertinum, Dresden
2011 *Die Kunst der Entschleunigung. Bewegung und Ruhe in der Kunst von Caspar David Friedrich bis Ai Weiwei*, Kunstmuseum Wolfsburg

Matthias Groebel

Geboren / born in 1958 in Aachen, Deutschland / Germany
Lebt / lives in Köln / Cologne, Deutschland / Germany

Einzelausstellungen / Solo Exhibitions

2007 *save from demons*, livingroom, Köln
2003 *collective memories*, UCU Gallery, New York
2002 *vanishing points*, UCU Gallery, New York
1997 *new.clear_wave*, Galerie Berndt, Köln

Gruppenausstellungen / Group Exhibitions

2011 *Human Frames*, Kunst im Tunnel, Düsseldorf
2005 *Vital Signs*, Maya Stendhal Gallery, New York
1995 *Redefining Convention*, Haines Gallery, San Francisco
1993 *Compkuenstlerg*, Künstlerwerkstatt Lothringerstraße, München

Caroline Hake

Geboren / born in 1968 in Wiesbaden, Deutschland / Germany
Lebt / lives in Braunschweig und / and Leipzig, Deutschland / Germany

Einzelausstellungen / Solo Exhibitions

2015 *Work and Progress*, Galerie b2, Leipzig
2007 *Soll und Haben*, Kunsthalle Erfurt
2006 *Neuroplan*, Nassauischer Kunstverein, Wiesbaden
2003 *Mögliche Welten*, Fotoforum Innsbruck

Gruppenausstellungen / Group Exhibitions

2013 *Vom Hier und Jetzt*, Kunstverein und Städtische Galerie Hannover
2013 *Why | Gray*, Werkschauhalle der Spinnerei, Leipzig
2010 *Noir Complex*, Magazin 4, Bregenzer Kunstverein
2008 *This Land Is Your Land*, Museum of Contemporary Photography, Chicago

Vania Heymann

Geboren / born in 1986 in Jerusalem, Israel
Lebt / lives in New York City, USA

Ausgewählte Musikvideos / Selected Music videos

2014 Roy Kafri – *Mayokero*
2013 Bob Dylan – *Like a Rolling Stone*
2012 Asaf Avidan – *Different Pulses*
2012 Roy Kafri and Tal Tirangel – *Yes I Did Approach Ido*
2012 TYP – *Young Professionals*
2012 Adi Ulmansky – *A.D.I*

Dennis Hopper

Geboren / born in 1936 in Dodge City, Kansas, USA
Gestorben / died in 2010 in Los Angeles, Kalifornien / California, USA

Einzelausstellungen / Solo Exhibitions

2014 *Dennis Hopper – Scratching the Surface*, Gagosian Gallery, Rom
2014 *Part of Being an Artist: The Dennis Hopper Collection. Selected Artwork and Ephemera*, The SCA Gallery, USC School of Cinematic Arts Complex, Los Angeles
2013 *Dennis Hopper. On The Road*, Picasso Museo, Málaga
2012 *Dennis Hopper – The Lost Album. Vintage-Fotografien aus den 1960er Jahren*, Martin-Gropius-Bau, Berlin

Gruppenausstellungen / Group Exhibitions

2014 *Dennis Hopper and Russell Young: Lost Angels*, Mead Carney Fine Art, London
2014 *Road Trip: Photography of the American West*, Musée des Beaux-Arts de Bordeaux
2013 *More Than a Likeness*, McClain Gallery, Houston
2011 *Analog to Digital*, Los Angeles Center for Digital Art, Los Angeles

Stefan Hurtig

Geboren / born in 1981 in Zwickau, Deutschland / Germany
Lebt / lives in Leipzig, Deutschland / Germany

Einzelausstellungen / Solo Exhibitions

2014 *Challenge*, Spinnerei, Leipzig
2013 *Freedom of Sleep*, Stellwerk, Kassel
2009 *Facing the Eye*, D21 Kunstraum Leipzig

Gruppenausstellungen / Group Exhibitions

2013 *Up Till Now*, Galerie für Zeitgenössische Kunst Leipzig
2012 *Natur 3d*, Museum der bildenden Künste Leipzig
2011 *Eine Art Aufruhr*, Haus am Lützowplatz, Berlin
2008 *Utopie des Raumes*, Kyrgyz National Museum of Fine Arts, Bishkek

Isidore Isou

Geboren / born in 1925 in Bukowina / Bukovina, Rumänien / Romania
Gestorben / died in 2007 in Paris, Frankreich / France

Einzelausstellungen / Solo Exhibitions

2015 *Presenting: Lettrism*, Johns Hopkins University, Baltimore
2011 *Isidore Isou: Hypergraphic novels 1950–84*, The Romanian Cultural Institute in Stockholm
2007 *Isidore Isou*, Rumänisches Kulturinstitut, Paris

Gruppenausstellungen / Group Exhibitions

2013 *Schriftfilme – Schrift als Bild in Bewegung*, ZKM – Zentrum für Kunst und Medientechnologie, Karlsruhe
2011 *Stille Schätze – Mappenwerke von Matisse bis Twombly aus der Sammlung Marzona*, MARTa, Herford
2011 *Erre, variations labyrinthiques*, Centre Pompidou-Metz, Metz
2010 *Zelluloid. Film ohne Kamera*, Schirn Kunsthalle Frankfurt

Christian Jankowski

Geboren / born in 1968 in Göttingen, Deutschland / Germany
Lebt / lives in Berlin, Deutschland / Germany

Einzelausstellungen / Solo Exhibitions

2013 *Heavy-weight History*, CCA Ujazdowski Castle, Warschau
2012 *Casting Jesus*, Museum of Contemporary Art, Rom
2011 *The Finest Art on Water*, Frieze Art Fair, London
2010 *Strip the Auctioneer*, Friedrich Petzel Gallery, New York

Gruppenausstellungen / Group Exhibitions

2013 *Privat*, Schirn Kunsthalle Frankfurt
2012 *Stage Presence: Theatricality in Art and Media*, San Francisco Museum of Modern Art
2011 *Berlin 2000–09*, Museum of Contemporary Art, Tokio
2010 *The Beauty of Distance*, 17th Biennale of Sydney

Uwe Johnson

Geboren / born in 1934 in Cammin, Pommern / Pomerania
Gestorben / died in 1984 in Sheerness on Sea, England

Ausgewählte Werke / Selected Works

Mutmaßungen über Jakob.
Suhrkamp, Frankfurt/Main 1959

Das dritte Buch über Achim.
Suhrkamp, Frankfurt/Main 1961

Der 5. Kanal.
Suhrkamp, Frankfurt/Main 1987

Ingrid Babendererde. Reifeprüfung 1953.
Suhrkamp, Frankfurt/Main 1985

Jahrestage.
Aus dem Leben von Gesine Cresspahl.
4 Bände, Suhrkamp, Frankfurt/Main 1970, 1971, 1973, 1983

Skizze eines Verunglückten.
Suhrkamp, Frankfurt/Main 1982

Edward Kienholz

Geboren / born in 1927 in Fairfield, Washington, USA
Gestorben / died in 1994 in Hope, Idaho, USA

Einzelausstellungen / Solo Exhibitions

2012 *Kienholz Before Lacma*, L.A. Louver Gallery, Venedig
2011 *Ed Kienholz – Five Car Stud 1969–72*, LACMA – Los Angeles County Museum of Art
2011 *Kienholz – Die Zeichen der Zeit*, Schirn Kunsthalle Frankfurt
2005 *Kienholz*, Museum of Contemporary Art, Sydney

Gruppenausstellungen / Group Exhibitions

2014 *The Avant-Garde Collection*, Orange County Museum of Art, Newport Beach
2012 *Sinister Pop*, Whitney Museum of American Art, New York
2012 *Pacific Standard Time – Kunst in Los Angeles 1950–80*, Martin-Gropius-Bau, Berlin
2010 *Bild für Bild – Film und zeitgenössische Kunst*, Museum Ostwall im Dortmunder U, Dortmund

Mischa Kuball

Geboren / born in 1959 in Düsseldorf, Deutschland / Germany
Lebt / lives in Düsseldorf, Deutschland / Germany

Einzelausstellungen / Solo Exhibitions

2014 *Pott*, Lehmbruck Museum, Duisburg
2011 *platon's mirror*, Artspace Sydney
1994 *refraction house*, Synagoge Stommeln, Pulheim
1990 *Megazeichen*, Mannesmann-Hochhaus, Düsseldorf

Gruppenausstellungen / Group Exhibitions

2013–15 *public preposition / solidarity grid*, SCAPE 7 + SCAPE 7, Biennale Christchurch
2013 *platon's mirror*, CAN Foundation, Seoul
2002 *Mirroring Evil – Nazi Imagery / Recent Art*, The Jewish Museum, New York
1998 *Private Light / Public Light*, Beitrag zur 24. Biennale São Paulo

Konrad Lueg

Geboren / born in 1939 in Düsseldorf, Deutschland / Germany
Gestorben / died in 1996 in Düsseldorf, Deutschland / Germany

Einzelausstellungen / Solo Exhibitions

2013 *Konrad Lueg*, Greene Naftali Gallery, New York
2000 *Konrad Lueg*, Stedelijk Museum voor Actuele Kunst, Gent

Gruppenausstellungen / Group Exhibitions

2014 *German Pop*, Schirn Kunsthalle Frankfurt
2013 *Leben mit Pop – Eine Reproduktion des Kapitalistischen Realismus*, Kunsthalle Düsseldorf
2011 *Arp, Beckmann, Munch, Kirchner, Warhol... Klassiker in Bonn*, Bundeskunsthalle, Bonn
2010 *Hyper Real – Kunst und Amerika um 1970*, mumok – Museum Moderner Kunst Stiftung Ludwig, Wien

M+M

Marc Weis: Geboren / born in 1965 in Daun, Deutschland / Germany
Lebt in / lives in München / Munich, Deutschland / Germany

Martin De Mattia: Geboren / born in 1963 in Duisburg, Deutschland / Germany
Lebt in / lives in München / Munich, Deutschland / Germany

Einzelausstellungen / Solo Exhibitions

2015 *7 Tage*, Galerie im Taxispalais, Innsbruck
2015 *Bitter Sweet Harmony*, VT Artsalon, Taipeh
2015 *7 Tage*, Casino Luxembourg, Forum d'art contemporain, Luxemburg
2011 *Komm erst mal zu mir*, Kunstpalais Erlangen

Gruppenlausstellungen / Group Exhibitions

2014 *Der Stachel des Skorpions*, Villa Stuck, München; Institut Mathildenhöhe, Darmstadt
2013 *Kino der Kunst*, Kunstverein München
2013 *Emscherkunst 2013*, öffentlicher Raum, Ruhrgebiet
2010 *Hacking the City*, Museum Folkwang, Essen

Fabio Mauri

Geboren / born in 1926 in Rom / Rome, Italien / Italy
Gestorben / died in 2009 in Rom / Rome, Italien / Italy

Einzelausstellungen / Solo Exhibitions

2015 *Fabio Mauri. I was not new*, Hauser & Wirth, New York
2014 *Fabio Mauri*, Fundación PROA, Buenos Aires
2013 *Fabio Mauri. Picnic o Il buon soldato*, Galleria Michela Rizzo, Giudecca, Venedig
2012 *Fabio Mauri: THE END*, Palazzo Reale, Mailand

Gruppenausstellungen / Group Exhibitions

2014 *Allegory of the Cave Painting*, Extra City Kunsthal, Antwerpen
2013 *Anni '70. Arte a Roma*, Palazzo delle Esposizioni, Rom
2012 *Lo sguardo Espanso – Cinema d'Artista Italiano 1912–2012*, Complesso Monumentale del S. Giovanni, Catanzaro
2011 *When in Rome – Thirty Works of Art between Now and Then*, Italian Cultural Institute Los Angeles

Bjørn Melhus

Geboren / born in 1966 in Kirchheim unter Teck, Deutschland / Germany
Lebt / lives in Berlin, Deutschland / Germany

Einzelausstellungen / Solo Exhibitions

2015 *The Theory of Freedom*, Kunsthal Rotterdam
2013 *I Love You*, Kunstsammlung Jena
2013 *Liberty Park*, DIRIMART Gallery, Istanbul
2011 *Bjørn Melhus – Live Action Hero*, Haus am Waldsee, Berlin

Gruppenausstellungen / Group Exhibitions

2015 *Das Hybris-Projekt: Hochmut und sisyphale Vergeblichkeit*, HALLE 14, Leipzig
2014 *Schwindel der Wirklichkeit*, Akademie der Künste, Berlin
2014 *Good Morning, Mr. Orwell 2014*, Nam Jun Paik Art Center, Yongin-si
2013 *Vision vs Confrontation*, Mondriaanhuis, Amersfoort

Bea Meyer

Geboren / born in 1969 in Karl-Marx-Stadt, Deutschland / Germany
Lebt / lives in Leipzig, Deutschland / Germany

Einzelausstellungen / Solo Exhibitions

2014 *was zählt*, Kunstverein Weltecho, Chemnitz
2014 *Eine Frage der Zeit*, Galerie b2, Leipzig
2010 *Kreuze und Haken*, Galerie für Zeitgenössische Kunst, Leipzig
2008 *Mama aus Spass bin ich jetzt mal eine Frau*, kjubh Kunstverein, Köln

Gruppenausstellungen / Group Exhibitions

2014 *Saxonia Paper II*, Kunsthalle der Sparkasse, Leipzig
2014 *Artists against Aids*, Bundeskunsthalle, Bonn
2013 *Statusabfrage / Im Grünen mit K. Immekus*, Statusklub, Leipzig
2009 *Utopia: Bauhausinterventionen*, Stiftung Bauhaus Dessau

Nam June Paik

Geboren / born in 1932 in Seoul, Südkorea / South Korea
Gestorben / died in 2006 in Miami, Florida, USA

Einzelausstellungen / Solo Exhibitions

2014 *Nam June Paik Archives: Rheinland, my artistic Heimat*, National Museum of Contemporary Art Korea, Seoul
2012 *Nam June Paik: Global Visionary*, Smithsonian American Art Museum, Washington, D.C.
2011 *In the Tower: Nam June Paik*, The National Gallery of Art, Washington, D.C.
2010 *Nam June Paik*, Museum Kunstpalast, Düsseldorf

Gruppenausstellungen / Group Exhibitions

2014 *The Future Is Now*, MAXXI – Museo nazionale delle arti del XXI secolo, Rom
2014 *From Horse to Christo*, Nam June Paik Art Center, Yongin-si
2012 *Fluxus! „antikunst" ist auch Kunst*, Staatsgalerie Stuttgart
2010 *Das im Entschwinden Erfasste, Videokunst im Museum Folkwang*, Museum Folkwang, Essen

Ulrich Polster

Geboren / born in 1963 in Frankenberg, Deutschland / Germany
Lebt / lives in Leipzig, Deutschland / Germany und / and Berlin, Deutschand / Germany

Einzelausstellungen / Solo Exhibitions

2015 *Stalker / Material*, Neue Sächsische Galerie, Museum für zeitgenössische Kunst, Chemnitz
2014 *Made in USA*, Wild West Active Space, Maastricht
2013 *Shaoxing Lu*, Westwerk, Hamburg
2013 *Notturno (2013)*, Galerie Jocelyn Wolff, Paris

Gruppenausstellungen / Group Exhibitions

2015 *A Model of the World*, Galerie Jocelyn Wolff, Paris
2012 *What about the ghosts in town*, Haus der Kunst, Brünn
2011 *Fotografie seit 1839*, Museum der bildenden Künste, Leipzig
2010 *The Year We Make Contact*, Museum of Contemporary Art, Zagreb

Martial Raysse

Geboren / born in 1936 in Golfe Juan, Frankreich / France
Lebt / lives in Issignac, Frankreich / France

Einzelausstellungen / Solo Exhibitions

2015 *Martial Raysse*, François Pinault Foundation, Palazzo Grassi, Venedig
2014 *Martial Raysse*, Centre Pompidou, Paris
2013 *Martial Raysse: 1960–74*, Luxembourg & Dayan, New York
2005 *Dieu merci, un tableau de Martial Raysse*, Galerie de France, Paris

Gruppenausstellungen / Group Exhibitions

2013 *Farbenfroh. Graphik aus der Sammlung Kemp*, Museum Kunstpalast, Düsseldorf
2013 *La Belle et la Bête*, Institut Culturel Bernard Magrez, Bordeaux
2012 *Salon du Dessin 2012*, Palais de la Bourse, Paris
2012 *Néon, Who's afraid of red, yellow and blue?*, La Maison Rouge, Paris

Tobias Rehberger

Geboren / born in 1966 in Esslingen am Neckar, Deutschland / Germany
Lebt / lives in Frankfurt / Main, Deutschland / Germany

Einzelausstellungen / Solo Exhibitions

2015 *On Shunga*, Galeria Pedro Cera, Lissabon
2014 *Wrap it up! Deutsche Bank Collection + recent works on paper*, MACRO, Rom
2014 *and Away and Outside*, Schirn Kunsthalle Frankfurt
2011 *Tobias Rehberger*, Museum Dhondt-Dhaenens, Deurle

Gruppenausstellungen / Group Exhibitions

2013 *Forever Young. Über den Mythos der Jugend*, Kunsthalle Nürnberg
2012 Gwangju Biennial
2011 *OUR MAGIC HOUR*, Yokohama Triennale 2011, Yokohama
2010 *My Noon,* Luci d'Artista, Turin

Edgar Reitz

Geboren / born in 1932 in Morbach, Deutschland / Germany
Lebt / lives in München / Munich, Deutschland / Germany

Ausgewählte Filme / Selected Movies

2011–13 *Die andere Heimat – Chronik einer Sehnsucht*
1982–2004 *Die Heimat (Trilogie).* Spielfilm-Zyklus in 30 Teilen
1978 *Der Schneider von Ulm*
1976/77 *Stunde Null*
1973 *Die Reise nach Wien*
1968/69 *Cardillac*

Reynold Reynolds

Geboren / born in 1966 in Central, Alaska, USA
Lebt / lives in Berlin, Deutschland / Germany und / and New York, USA

Einzelausstellungen / Solo Exhibitions

2015 *Reynold Reynolds: Almost Six Pieces*, Dazibao, Montreal
2014 *Reynold Reynolds: Six or Seven Pieces*, Kunstpalais Erlangen
2014 *Reynold Reynolds: The Lost*, Museo Universitario Arte Contemporáneo, Mexiko-Stadt
2011 *Labor Berlin #4: Reynold Reynolds: The Secrets Trilogy*, Haus der Kulturen der Welt, Berlin

Gruppenausstellungen / Group Exhibitions

2014 *Inside*, Palais de Tokyo, Paris
2013 *EXPO 1: NEW YORK*, MoMA PS1, New York
2012 *9 + 1 Ways of Being Political*, MoMA, New York
2012 *Made in Germany Zwei*, Kestnergesellschaft Hannover / Sprengel Museum, Hannover

Gerhard Richter

Geboren / born in 1932 in Dresden, Deutschland / Germany
Lebt / lives in Köln / Cologne, Deutschland / Germany

Einzelausstellungen / Solo Exhibitions

2014 *Gerhard Richter: Streifen und Glas*, Kunstmuseum Winterthur
2012 *Gerhard Richter*, Museo de Arte de Lima – MALI, Lima
2012 Δ, Kunstgewerbemuseum Dresden
2012 *Gerhard Richter: Panorama*, Tate Modern, London

Gruppenausstellungen / Group Exhibitions

2014 *German Pop*, Schirn Kunsthalle Frankfurt
2014 *Formes simples*, Centre Pompidou-Metz, Metz
2013 *Leben mit Pop – Eine Reproduktion des Kapitalistischen Realismus*, Kunsthalle Düsseldorf
2013 *Im Fokus! Zeitgenössische Fotografie und Videokunst aus der Sammlung*, Kunsthalle Bremen

Julian Rosefeldt

Geboren / born in 1965 in München / Munich, Deutschland / Germany
Lebt / lives in Berlin, Deutschland / Germany

Einzelausstellungen / Solo Exhibitions

2014 *My home is a dark and cloud-hung land*, Kunstmuseum Magdeburg
2012 *The Ship of Fools*, Kunsthalle Wien
2012 *Julian Rosefeldt. World-Making*, Taipei Fine Arts Museum
2010 *Living in Oblivion*, Berlinische Galerie, Berlin

Gruppenausstellungen / Group Exhibitions

2014 *Conflict, Time, Photography*, Tate Modern, London
2014 *Der Stachel des Skorpions*, Institut Mathildenhöhe, Darmstadt; Museum Villa Stuck, München
2013 *Crescendo*, ACCA Australian Center for Contemporary Art Melbourne
2012 *1. Biennal de Montevideo*, Montevideo

Robert Sakrowski

Geboren / born in 1966 in Berlin, Deutschland / Germany
Lebt / lives in Berlin, Deutschland / Germany

Gruppenausstellungen / Group Exhibitions

2015 *The Darknet – From Memes to Onionland. An Exploration*, Kunst Halle Sankt Gallen
2013 *Hello World!*, Kasseler Kunstverein e.V. Fridericianum, Kassel
2013 *Sónar + D*, Palau de Congressos in Fira Montjuic, Barcelona
2011 *Radio As an Art Space*, skuc gallery, Ljubljana

Christoph Schlingensief

Geboren / born in 1960 in Oberhausen, Deutschland / Germany
Gestorben / died in 2010 in Berlin, Deutschland / Germany

Einzelausstellungen / Solo Exhibitions

2014 *Christoph Schlingensief*, MoMA PS1, New York
2013 *Christoph Schlingensief*, KW Institute for Contemporary Art, Berlin
2012 *Christoph Schlingensief: Fear at the Core of Things*, BAK, Utrecht
2008 *Christoph Schlingensief – Der König wohnt in mir*, Kunstraum Innsbruck

Gruppenausstellungen / Group Exhibitions

2014 *THE ALIEN WITHIN – A Living Laboratory of Western Society*, Malmö Konsthall
2014 *Der subversive Geist – Fotografien, Filme, Aktionen, Installationen*, Kunstmuseum Mülheim an der Ruhr
2014 *Playtime*, Städtische Galerie im Lenbachhaus und Kunstbau München
2013 *Besser scheitern – Film + Video*, Hamburger Kunsthalle

Paul Thek

Geboren / born in 1933 in Brooklyn, New York, USA
Gestorben / died in 1986 in New York, USA

Einzelausstellungen / Solo Exhibitions

2012 *Paul Thek in Process*, Lehmbruck Museum, Duisburg
2010 *Paul Thek: Diver, A Retrospective*, Whitney Museum of American Art, New York
2009 *Paul Thek*, Museo Nacional Centro de Arte Reina Sofía, Madrid
2005 *Paul Thek 1973/2005 Exemplarische Präsentation*, Kunstmuseum Luzern

Gruppenausstellungen / Group Exhibitions

2012 *Art is Liturgy. Paul Thek und die anderen*, Kolumba Kunstmuseum, Köln
2012 *Lifelike*, Walker Art Center, Minneapolis
2011 *Kompass – Zeichnungen aus dem Museum of Modern Art New York*, Martin-Gropius-Bau, Berlin
2008 *Traces du Sacré*, Haus der Kunst, München

Günther Uecker

Geboren / born in 1930 in Wendorf, Deutschland / Germany
Lebt / lives in Düsseldorf, Deutschland / Germany

Einzelausstellungen / Solo Exhibitions

2015 *Uecker*, Kunstsammmlung Nordrhein-Westfalen K20, Düsseldorf
2014 *Heridas – Conexiones / Injuries – Connections*, Museo Nacional de Bellas Artes, Havanna
2011 *Sandmühle*, Schirn Kunsthalle Frankfurt
2009 *Günther Uecker, Papierarbeiten*, Galerie am Dom, Frankfurt / Main

Gruppenausstellungen / Group Exhibitions

2014 *Weiß – Aspekte einer Farbe in Moderne und Gegenwart*, Museum im Kulturspeicher, Würzburg
2013 *Weltreise. Kunst aus Deutschland Unterwegs*, ZKM – Zentrum für Kunst und Medientechnologie, Karlsruhe
2012 *Enrico Castellani und Günther Uecker*, Museum of Modern Art Ca' Pesaro, Venedig
2008 *Sound of Art*, Museum der Moderne Salzburg

Van Gogh TV

Karel Dudesek
Geboren / born in 1954 in Prag / Prague, Tschechoslowakei / Czechoslovakia
Lebt / lives in Wien / Vienna, Österreich / Austria und / and Shenzen / China

Benjamin Heidersberger
Geboren / born in 1957 in Braunschweig, Deutschland / Germany
Lebt / lives in Berlin, Deutschland / Germany

Mike Hentz
Geboren / born in 1954 in Irvington, New Jersey, USA
Lebt / lives in Berlin, Deutschland / Germany

Salvatore Vanasco
Geboren / born in 1960 in Montalbano Elicona, Sizilien / Sicily
Lebt / lives in Berlin, Deutschland / Germany

Gruppenausstellungen / Group Exhibitions

1989 *RePublic TV*, Ars Electronica, Linz
1990 *Hotel Pompino*, Ars Electronica, Linz
1992 *Piazza virtuale*, Documenta 9, Kassel
1994 *Service area a.i.*, Ars Electronica, Linz

Angel Vergara

Geboren / born in 1958 in Mieres, Spanien / Spain
Lebt / lives in Brüssel / Brussels, Belgien / Belgium

Einzelausstellungen / Solo Exhibitions

2014 *Fin'Amor*, Centre d'art contemporain Le LAIT, Albi
2014 *El Pintor*, Musée des Arts Contemporains (MAC's); La Fédération Wallonie-Bruxelles, Anciens Abattoirs de Mons
2011 *Feuilleton*, Belgium Pavilion, 54th Venice Biennale, Venedig
2010 *Monday: Firework; Tuesday: Illuminations; Wednesday: Revolution*, ARGOS Centre for Art and Media, Brüssel

Gruppenausstellungen / Group Exhibitions

2015 *CONTOUR 7 A Moving Image Biennale*, Contour Mechelen vzw, Mechelen
2015 *The Importance of Being*, Museo Nacional de Bellas Artes, Havanna
2013 *Material Traces*, Gallery Leonard & Bina Ellen, Concordia University, Montreal
2012 *Art and Press*, Martin-Gropius-Bau, Berlin

Wolf Vostell

Geboren / born in 1932 in Leverkusen, Deutschland / Germany
Gestorben / died in 1998 in Berlin, Deutschland / Germany

Einzelausstellungen / Solo Exhibitions

2014 *Wolf Vostell – Endogen Depression*, Galerie Anne de Villepoix, Paris
2013 *Wolf Vostell: TV Montparnasse*, Rooster Gallery, New York
2010 *Wolf Vostell*, Auditorium Parco della Musica, Rom
2010 *Das Theater ist auf der Straße – Die Happenings von Wolf Vostell*, Museum Morsbroich, Leverkusen

Gruppenausstellungen / Group Exhibitions

2015 *Poesie der Großstadt. Die Affichisten*, Schirn Kunsthalle Frankfurt
2015 *Pliure*, Fondation Calouste Gulbenkian, Paris
2014 *German Pop*, Schirn Kunsthalle Frankfurt
2014 *Beuys, Brock, Vostell*, ZKM – Zentrum für Kunst und Medientechnologie Karlsruhe

Andy Warhol

Geboren / born in 1928 in Pittsburgh, Pennsylvania, USA
Gestorben / died in 1987 in New York, USA

Einzelausstellungen / Solo Exhibitions

2014 *Andy Warhol. Death and Disaster*, Kunstsammlungen Chemnitz
2014 *Transmitting Andy Warhol*, Tate Liverpool
2014 *Andy Warhol – Shadows*, Museum of Contemporary Art, Los Angeles
2014 *Warhol Mania*, Montreal Museum of Fine Arts

Gruppenausstellungen / Group Exhibitions

2014 *Ludwig Goes Pop*, Museum Ludwig, Köln
2014 *Pop to Popism*, Art Gallery of New South Wales, Sydney
2013 *American Idols: From Basquiat to Warhol*, Kunsthalle Weishaupt, Ulm
2012 *Regarding Warhol: Sixty Artists, Fifty Years,* Metropolitan Museum of Art, New York

Lawrence Weiner

Geboren / born in 1942 in New York City, USA
Lebt / lives in Amsterdam, Niederlande / the Netherlands und / and New York City, USA

Einzelausstellungen / Solo Exhibitions

2014 *Lawrence Weiner: All in Due Course*, South London Gallery, London
2014 *Lawrence Weiner: Written on the wind*, Stedelijk Museum, Amsterdam
2013 *Written on the Wind – Lawrence Weiner Drawings*, MACBA, Barcelona
2012 *Lawrence Weiner: NO TREE NO BRANCH*, The Jewish Museum, New York

Gruppenausstellungen / Group Exhibitions

2015 *Too Early, Too Late. Middle East and Modernity*, Pinacoteca Nazionale, Bologna
2014 *Blue Times*, Kunsthalle Wien
2014 *The Space Where I Am*, Blain Southern, London
2014 *Love Story – The Anne & Wolfgang Titze Collection*, 21er Haus, Belvedere, Wien

Tom Wesselmann

Geboren / born in 1931 in Cincinnati, Ohio, USA
Gestorben / died in 2004 in New York City, USA

Einzelausstellungen / Solo Exhibitions

2012 *Beyond Pop: Tom Wesselmann*, Montreal Museum of Fine Arts
2012 *Pop Art and Beyond: Tom Wesselmann*, Virginia Museum of Fine Arts, Richmond
2012 *Tom Wesselmann. Objects of Desire*, Maxwell Davidson Gallery, New York
2011 *Tom Wesselmann Draws*, The Kreeger Museum, Washington, D.C.

Gruppenausstellungen / Group Exhibitions

2014 *Pop Art Myths*, Museo Thyssen-Bornemisza, Madrid
2014 *Pop Art Prints*, Smithsonian American Art Museum, Washington, D.C.
2013 *American Pop Art: From the John and Kimiko Powers Collection*, The National Art Center, Tokio
2012 *Pop and the Sixties*, mumok – Museum Moderner Kunst Stiftung Ludwig, Wien

Joseph Zehrer

Geboren / born in 1954 in Perbing, Deutschland / Germany
Lebt / lives in Köln / Cologne, Deutschland / Germany

Einzelausstellungen / Solo Exhibitions

2015 *Cut it*, Galerie Nagel Draxler, Berlin
2014 *s/w in Farbe*, Kunstverein Leverkusen Schloß Morsbroich e. V.
2014 *Pool*, Galerie Binder München
2012 *Strom*, Galerie Nagel Draxler, Köln

Gruppenausstellungen / Group Exhibitions

2014 *Klotz am Bein*, Kunstraum Grässlin, St. Georgen
2013 *A market preference for*, frontviews gallery, Berlin
2012 *Paraphantoms*, Temporary Gallery, Köln
2011 *Hirschfaktor. Die Kunst des Zitierens*, ZKM – Zentrum für Kunst und Medientechnologie, Karlsruhe

Tauba Auerbach

• 219 *Static 16*, 2009, C-Print, 116,8 × 174,6 cm
220 *Static 2*, 2008, C-Print, 152,4 × 106,7 cm
220 *Static 4*, 2008, C-Print, 152,4 × 106,7 cm
220 *Static 5*, 2008, C-Print, 152,4 × 106,7 cm
221 *Static 9*, 2009, C-Print, 152,4 × 106,7 cm
221 *Static 11*, 2009, C-Print, 152,4 × 106,7 cm
221 *Static 14*, 2009, C-Print, 152,4 × 106,7 cm
221 *Static 19*, 2011, C-Print, 58,1 × 40,6 cm
– Alle / All: Courtesy of the artist and Paula Cooper Gallery, New York

Christiane Baumgartner

• 223 *Trails I + II*, 2008, Holzschnitt-Diptychon auf Kozo-Papier, Auflage 6 / Woodcut diptych on kozo paper, edition of 6, Bildgröße je / Each image: 90 × 120 cm, Papiergröße je / Paper size each: 110 × 140 cm
– Courtesy of the artist and Alan Christea Gallery, London

Joe Biel

• 225 *Veil*, 2010–15, Wasserfarbe, Gouache und Grafit auf Papier / Watercolor, gouache, and graphite on paper, 147 × 376 cm
– Courtesy Galerie Kuckei + Kuckei, Berlin

Angela Bulloch

• 229 *TV Series: The Talk Show 4a:3u*, 2006, DMX-Modul, halbgroßes Black Box Modul / DMX module, half-size Black Box module, 75 × 50 × 50 cm, (AB 645)
– Courtesy of the artist and Esther Schipper, Berlin

John Cage

• 107 *Water Walk*, 1959, Aufgeführt anlässlich der amerikanischen Game Show *I've Got a Secret*, 24.2.1960 / Performed on the American game show *I've Got a Secret*, Feb. 24, 1960, Video, sw, Ton / Video, bw, sound, 9:22 min.
– John Cage Trust
• 108 *Water Walk: for solo television performer*, 1959, Partitur / Musical score, 30 × 23 cm; C. F. Peters No. 6771

César

• 111 *Ensemble de télévision*, 1962 Bemaltes und geschweißtes Blech, Fernseher hinter Plexiglas, Rollen / Painted and welded sheet, TV set behind Plexiglas, rolls, 166 × 76 × 50 cm, Antenne / antenna: 45,5 cm
– Centre Pompidou, Paris. Musée National d'art modern / Centre de creation industrielle, Schenkung Baron Elle de Rothschild 1980

Yvon Chabrowski

• 233 *An Interview with H.R.H. The Princess of Wales*, 2008, Video, Farbe, Ton / Video, color, sound, 63:00 min.
234 *Land*, 2011/12, Videoinstallation, Farbe, ohne Ton, Projektionsgröße variabel / Video installation, color, silent, variable projection size, 00:05 min., Loop
234 *Diagonal*, 2011/12, Videoinstallation, Farbe, ohne Ton, Monitor / Video installation, color, silent, monitor, 00:05 min., Loop
234 *Sun*, 2011/12 , Videoinstallation, Farbe, ohne Ton, Projektionsgröße variabel / Video installation, color, silent, variable projection size, 00:42 min., Loop
– Alle / All: Courtesy of the artist

Mel Chin & the Gala Committee

• *Think of the Re-runs*, 1995–98 Computergeneriertes Bild / Computer-generated image, 59,60 × 49,50 cm (gerahmt / framed)
– Sammlung Gaby und Wilhelm Schürmann, Herzogenrath; Berlin
• *TV-Phage*, 1995–98, Kathodenstrahlröhre, Ablenkspule, Fernsehantennen / cathode ray tube, deflection yoke, TV antennas geschlossen / closed: 30,5 × 35,5 × 35,6 cm, geöffnet / extended: 53,4 × 81,3 × 81,3 cm
– Sammlung Schmeer
• 237 *Primetime art by the Gala Committee*, 1997, Video, Farbe, Ton / Video, color, sound, 15:35 min.
– Gala Committee
• 238 *Shooters Bar with Gala insertions*, 1995–98, Holz, mundgeblasenes Glas, Metall, Granit, handelsübliches Glas, Farbe, elektronische Bauteile, Glaswaren / Wood, blown glas, metal, granite, glass, paint, electric components, glassware, 365 × 488 × 244 cm
– Sammlung Gaby und Wilhelm Schürmann, Herzogenrath; Berlin
• 238 *Auction paddles*, 1995–98, Acryl auf Holz / Acrylic on wood Technik und Maße unbekannt / Size and material unknown
– Sammlung Gaby und Wilhelm Schürmann, Herzogenrath; Berlin
• 238 *Mosquito Brooch*, 1995–98, Silber, Glas, Stahl / Silver, glass, steel, 9,5 × 4,5 × 19 cm
– Sammlung Gaby und Wilhelm Schürmann, Herzogenrath; Berlin
• 238 *Sam's Late Paintings – Sunny LA series. Marilyn Monroe's House*, 1995–98, Acryl auf Leinwand / Acrylic on canvas, 91,4 × 61 cm (gerahmt / framed)
– Sammlung Gaby und Wilhelm Schürmann, Herzogenrath; Berlin
239 *Cubans*, 1995–98, Holz (Zigarrenschachtel), Messing, Tabak / Wood (cigar box), brass, tobacco, 5 × 25,5 × 20,3 cm
– Sammlung Gaby und Wilhelm Schürmann, Herzogenrath; Berlin
239 *RU 486 Quilt*, 1996, Applikation auf Baumwollstoff / Appliqué on cotton fabric, 157,50 × 134,60 cm
– Sammlung Gaby und Wilhelm Schürmann, Herzogenrath; Berlin

Phil Collins

241 *This Unfortunate Thing Between Us*, 2011, Videoinstallation in zwei Wohnwagen, Farbe, Ton, Maße variabel / Video installation in two caravans, color, sound, variable dimensions, 60:00 min.
– Courtesy Shady Lane Productions, Berlin
242 *This Unfortunate Thing Between Us*, 2011, Performance in zwei Teilen, live im öffentlichen deutschen Fernsehen / Two-part performance broadcast live on German public television, 15.–16.9.2011, Hebbel am Ufer, Berlin / ZDFkultur
– Courtesy Shady Lane Productions, Berlin

Bruce Conner

• 113 *Report*, 1967, 16 mm Film, sw, Ton / 16 mm film, bw, sound, 13:00 min., auf Video übertragen / Transferred to video
– Courtesy Kohn Gallery and Conner Family Trust
114 *Television Assassination*, 1963–64/1975, 8 mm Film, sw, ohne Ton, Bolex Filmprojektor, Filmrolle, Zenith Fernseher mit bemaltem Bildschirm, Stromkabel / 8 mm film, bw, silent, Bolex film projector, film reel, Zenith TV set with painted screen, electric cord
– Collection Walker Art Center, Minneapolis, Gift of Robert Shapazian, 1992

Thomas Demand

245 *Junior Suite*, 2012, C-Print / Diasec, 140 × 115 cm
– Courtesy Sprüth Magers
• 246 *Studio*, 1997, C-Print/ Diasec, 183,5 × 349,5
– Collection Fondation Cartier pour l'art contemporain, Paris

Simon Denny

• 249 *Deap Sea Vaudeo*, 2009 Einzelne Teile, zu denen jeweils ein Xerox Papier mit Notizen aus dem Skript gehört / Individual parts, each accompanied by a Xerox sheet of notes from the script
• *Deep Sea Monitor Toshiba + Underberg Drawing Toshiba*, 2009, Toshiba Fernseher, DVD, DVD-Player / Toshiba TV set, DVD, DVD player, 129 × 103 × 63 cm; 129 × 91 cm (Xerox Papier / Xerox paper)
• *Deep Sea Monitor Tevion + Underberg Drawing Tevion*, 2009, Tevion Fernseher, Regal (Glas, Metall), DVD, DVD-Player / Tevion TV set, shelf (glass, metal) DVD, DVD player, 146 × 79 × 55 cm; 131 × 91 cm (Xerox Papier / Xerox paper)
• *Deep Sea Monitor Philips + Underberg Drawing Philips*, 2009, Philips Fernseher, Regal (Glas, Metall) und Underberg Drawing Philips, DVD, DVD-Player / Philips TV set, shelf (glass, metal) and Underberg Drawing Philips, DVD, DVD player, 138 × 92 × 39 cm; 127 × 91 cm (Xerox Papier / Xerox paper)
• *Deep Sea Monitor Samsung + Underberg Drawing Samsung*, 2009 Samsung Fernseher, Regal (Glas, Metall), DVD, DVD-Player / Samsung TV set, shelf (glass, metal) DVD, DVD player, 142 × 80 × 39 cm; 127 × 91 cm (Xerox Papier / Xerox paper)
• 250 *Deep Sea Monitor Hantarex + Underberg Drawing Hantarex*, 2009 3 Hantarex Fernseher, DVD, DVD-Player und „Underberg Drawing Hantarex" / 3 Hantarex TV sets, DVD, DVD player and "Underberg Drawing Hantarex," zusammen / together 141 × 51 × 42 cm; 129 × 91 cm (Xerox paper)
• 251 *Deep Sea Monitor Thomson + Underberg Drawing Thomson*, 2009 Thomson Fernseher, DVD, DVD-Player / Thomson TV set, DVD, DVD player, 138 × 117 × 57 cm; 129 × 91 cm (Xerox Papier / Xerox paper)
– Vereinigung Zürcher Kunstfreunde, Gruppe Junge Kunst
252 *Channel 4 Analogue Broadcasting Hardware from Arqiva, Sudbury*, 2012, Verschiedener Fernsehsender-Geräte-Schrott (Channel 4, Arqiva communications infrastructure and media service company) nach der TV-Umschaltung von analog zu digital, April 2012, „ultra-slim"-Flachbildschirme, importiert aus China / Various broadcast transmission hardware waste (Channel 4, Arqiva communications infrastructure and media services company) after the analog / digital TV transmission switchover, April 2012, "ultraslim" monitors imported from China, Maße variabel / Variable dimensions
253 *Analogue Broadcasting Hardware Compression*, 2013, Inkjet auf Leinwand, Metallfassungen, zusammengepresste Fernseher, Bilder des Fernsehsenders Arqiva Channel 4 (Sudbury, England) / Ink-jet on canvas, metal fittings, compressed televisions, images of Arqiva Channel 4 television broadcasting transmitter (Sudbury, England), Maße variabel / Variable dimensions

Christoph Draeger & Reynold Reynolds

• 255 *The Last News*, 2002, MiniDV, auf DVD übertragen, Farbe, Ton, Auflage 5 + 2 / MiniDV transferred to DVD, color, sound, edition 5 + 2, 13:00 min., Credits: Digital animation by Gary Breslin / PanOptic Starring: Guy Richards Smit
– Courtesy of the artists, Lokal30, Warschau and Galerie Zink, Berlin

Harun Farocki

• 257 *Ein Tag im Leben der Endverbraucher*, 1993, Video, Beta SP, Farbe, Ton / Video, Beta SP, color, sound, 44:00 min.
258 *Deep Play*, 2007, Multikanal-Installation, 12 Spuren à 135:00 min., Loop / Multi-channel installation, 12 tracks, 135:00 min., Loop

Michel François

• 261 *Fox*, 2005, Videoinstallation, Farbe, Ton / Video installation, color, sound, 3:51 min.
– Courtesy of the artist and Xavier Hufkens, Brussels

Lee Friedlander

• 117 *The Little Screens*, 1961–70, 34 Silbergelatineabzüge / Gelatin silver prints, 35 × 27,9 cm und / and 27,9 × 35 cm
– Deichtorhallen Hamburg / Sammlung Falckenberg

Karl Gerstner

• 123 *Auto-Vision*, 1965, Dokumentation eines Vortrags von Karl Gerstner an der Universität von Hawaii, Honolulu, im Rahmen des *Festival of Arts and Music* / documentation of a lecture by Karl Gerstner at the University of Hawaii in Honolulu at the *Festival of Arts and Music* 16 mm Film übertragen auf DVD, sw, Ton / 16 mm film, transferred to DVD, bw, sound, 11:16 min.
– Im Besitz des Künstlers / In the artist's possession
• 124 *Auto-Vision*, 1964, sw-Fernseher, verschiedene Materialien / bw TV set, mixed media, 54 × 61,5 × 34 cm ohne Fuß / without pedestal, Kiste mit 8 unterschiedlich geformten Plexiglas-Brillen / Box with 8 differently formed Plexiglas glasses
– Im Besitz des Künstlers / In the artist's possession

Melanie Gilligan

• 263 *The Common Sense*, 2014, HD-Video in 15 Episoden, Farbe, Ton / HD video in 15 episodes, color, sound. Gesamtzeit / Total running time 97:05 min.
– Courtesy of the artist and Galerie Max Mayer

K.O. Götz

• 127 *Density 10:3:2:1*, 1961, Filzstift und Tusche auf Bristolkarton, aufgezogen auf Leinwand / Felt-tip pen and tusche on Bristol board, 200 × 260 cm
– Privatbesitz / Privately owned
• 128 *Density 10:2:2:1*, 1962/63, 8 mm Film, digitalisiert, sw, ohne Ton / 8 mm film, transferred to digital, bw, silent, 15:57 min.
– Archiv K.O. Götz
129 *Statistisch metrische Modulation*, 1961, Tempera auf Leinwand / Tempera on canvas, 100 × 130 cm
– Privatbesitz / Privately owned
129 *Statistisch metrische Modulation*, 1961, Filzstift auf Karton / Felt-tip pen on cardboard, 50 × 65 cm
– Privatbesitz / Privately owned

Matthias Groebel

• 267 *o. T. / Untitled*, 1992, Acryl auf Nessel / Acrylic on muslin, 95 × 95 cm
• 268 fig. 1: *o. T. / Untitled*, 1992, Acryl auf Leinwand / Acrylic on canvas, 95 × 95 cm
268 fig. 2: *o. T. / Untitled*, 1992, Acryl auf Leinwand / Acrylic on canvas, 95 × 95 cm
• 268 fig. 3: *o. T. / Untitled*, 1992, Acryl auf Leinwand / Acrylic on canvas, 95 × 95 cm
• 268 fig. 4: *o. T. / Untitled*, 1992, Acryl auf Leinwand / Acrylic on canvas, 95 × 95 cm
269 fig. 5: *o. T. / Untitled*, 1992, Acryl auf Leinwand / Acrylic on canvas, 95 × 95 cm
269 fig. 6: *o. T. / Untitled*, 1992, Acryl auf Leinwand / Acrylic on canvas, 95 × 95 cm
• 269 fig. 7: *o. T. / Untitled*, 1992, Acryl auf Leinwand / Acrylic on canvas, 95 × 95 cm
• 269 fig. 8: *o. T. / Untitled*, 1992, Acryl auf Leinwand / Acrylic on canvas, 95 × 95 cm
– Alle / All: Im Besitz des Künstlers / In the artist's possession. Ausnahme / With the exception of: S. / P. 268, fig. 2: Privatbesitz / Privately owned

Caroline Hake

• *Monitor III* (Glücksrad), 1999
• 271 Monitor *I (Tagesschau)*, 1998
272 Monitor *II (Liebe Sünde)*, 1999
• 273 Monitor *III (Glücksrad)*, 1999
273 Monitor *IV (Harald Schmidt)*, 1999
274 Monitor *VI (Hallo Deutschland), 2000*
275 Monitor *VIII (Herzblatt)*, 2001
275 Monitor *XI (TV-Duell)*, 2002
Alle / All: C-Print, 120 × 160 cm
– Alle / All: Im Besitz der Künstlerin / In the artist's possession

Vania Heymann

• 277 *Bob Dylan – Like a Rolling Stone*, 2013 , Geschrieben und komponiert von Bob Dylan / Written and composed by Bob Dylan, 1965 Sony Music Entertainment Inc. Produziert von Vania Heymann / Created by Vania Heymann. Regie & weitere Bearbeitung, visuelle Effekte und Kamera / Director & additional editing, VFX and cinematography: Vania Heymann Drehbuch, Aufnahmeleitung / Writer, Associate Producer: Natan Schottenfels Ausführende Produzenten / Executive Producers: Lihu Roter, Tamara Harel-Cohen Produziert von Pulse Films and Walter Pictures / Produced by Pulse Films and Walter Pictures Produzenten / Producers: Lia Mayer-Sommer, Stacy Vaughan. // Interlude Ausführende Produzenten / Executive Producers: Yoni Bloch, Alon Benari WWP Strategie Produzent & Leiter / WPP Strategy Director & CEO: Mark Read Design: Tal Baltuch, Alizarin Zroob Programmierer / Programmers: Eric Baukhages, Patrick Griffith Kreativtechnologie / Creative Technologist: Austin Beer Interaktive Leitung / Interactive Supervising: Hilah Almog, Therese Moriarty Interaktiver Produzent / Interactive Director: Tal Zubalsky Interaktive Technik / Interactive Engineer: Tomer Lahav Kreativleitung / Creative: Daniel Barak

Dennis Hopper

• 131 *JFK Funeral Suite*, 1961, Silbergelatineabzug / Gelatin silver print, 40 × 60 cm
– Courtesy The Hopper Art Trust

Stefan Hurtig

• 279 *Challenge (Leider kein Foto)*, 2012/2014, HD-Video, Ton, Monitor Motor, Ketten / HD video, sound, engine, chains
– Im Besitz des Künstlers
280 *Challenge*, 2014, 3-Kanal-Videoinstallation (HD-Video, 3-Kanal-Ton, Holz, Fadenvorhänge) / 3-channel video installation (HD video, 3-channel sound, wood, string curtains), 30:00 min.
– Ermöglicht durch ein Stipendium der Kulturstiftung des Freistaates Sachsen

Isidore Isou

• 133 *La Télévision déchiquetée ou L'Anti-crétinisation*, 1962 (Rekonstruktion / Reconstruction, 1987), Schwarzes Canson-Papier, geschnitten, sw-Fernseher / Cut black Canson paper, bw TV set, 49 × 68,5 × 39 cm, Auflage / Edition: 1/3
– Privatbesitz Brüssel / Private collection, Brussels

Christian Jankowski

• 283 *Discourse News*, 2012, Video, Farbe, Ton, Auflage 5 + 2 AP / Video, color, sound, edition 5 + 2 AP, 5:45 min.
– Courtesy of the artist and Petzel Gallery; NY1 News
284 *Kunstmarkt TV*, 2008, Video, Farbe, Ton / Video, color, sound, 45:15 min.
– Courtesy of the artist
285 *Telemistica*, 1999, Video der Performance in 5 Fernsehprogrammen, Farbe, Ton / Video of the performance in 5 TV programs, color, sound, 22:00 min.
– Courtesy of the artist

Edward Kienholz

139 *The Big Eye (Homage to H.S.)*, 1961, Bemalte Fernsehkonsole, Zeitung, Figur und Plastik / Painted TV console, newspaper, figurine and plastic, 142 × 64 × 76 cm
– Privatbesitz / Private collection, Courtesy Hauser & Wirth

Mischa Kuball

• 287 *CNN*, 2009, Stahlschrank, Monitor mit CNN-Fernsehkanal, DVD-Player, Audiosystem, Plexiglasplatte / Steel cabinet, monitor with CNN channel, DVD player, audio system, Plexiglas plate, ca. 200 × 60 × 60 cm
– Courtesy of the artist

M+M (Marc Weis / Martin De Mattia)

• *In front*, fortlaufende Fotoreihe seit 2003, Lambdabelichtung auf Endura, auf Dibond / Diaplex, Maße variabel / Ongoing photo series since 2003, Lambda exposure on Endura mounted on Dibond/Diaplex, variable dimensions.
Für die Präsentation *Panik Eck* im Kunstmuseum Bonn werden folgende Motive verwendet / The following motifs are used for the presentation *Panick Eck* in Bonn:
• *Erfurt*, 2003, 138 × 101 cm
– M+M
• *Kahn*, 2004, 78 × 57 cm
– M+M
• *Opus dei*, 2004, 135,1 × 99,1 cm
– M+M
• *Kannibale*, 2004, 147,1 × 107,9 cm
– M+M
• *Jassin*, 2004, 42,1 × 30,9 cm
– M+M
• *Karatschi*, 2003, 133 × 102 cm
– M+M
• *Hussein*, 2005, 125,9 × 92,3 cm
– M+M
• *Schweiz-Türkei*, 2006, 143,9 × 105,4 cm
– M+M
• *Putin Tiger*, 2008, 65,9 × 42,1 cm
– M+M
• *Canisius-Kolleg*, 2010, 132 × 79 cm
– M+M
• *Bush*, 2004, 123 × 90 cm
– Institut Mathildenhöhe, Darmstadt
• *Putin*, 2008, 138 × 101 cm
– Institut Mathildenhöhe, Darmstadt
Palästina, 2004, 117 × 86 cm
– Institut Mathildenhöhe, Darmstadt
289 *ISIS*, 2015, 138 × 80 cm
– M+M
• 290 *Cap Anamur*, 2007, 146,9 × 107,7 cm
– M+M

Fabio Mauri

• 141 *Schermo*, 1960er-Jahre / 1960s, Verschiedene Materialien auf Papier / Mixed media on paper, 58 × 59 cm
• 142 *Il televisore che piange*, 1972, *Happening*, RAI TV2, Rom / Rome
143 *Schermo*, 1960er-Jahre / 1960s, Verschiedene Materialien auf Papier / Mixed media on paper, 70 × 100 cm
143 *Disegno schermo fine*, 1962, Tempera auf Papier / Tempera on paper, 70 × 100 cm
– Alle / All: Courtesy the Estate of Fabio Mauri and Hauser & Wirth

Bjørn Melhus

• 293 *The Oral Thing*, 2011, Video, Farbe, Ton / Video, color, sound, 8:00 min., Loop
– Courtesy of the artist
294 *Primetime*, 2001
3-Kanal-Installation für 29 Fernseher, 1 Projektion, 5 Stapelmonitore und Bühne / 3-channel installation for 29 consumer TV sets, 1 projection, 5 video cubes, and stage, 10:00 min., Loop
– Courtesy of the artist
295 *Deadly Storms*, 2008, 3-Kanal-Videoinstallation auf 3 vertikalen Bildschirmen HD-Video, Farbe, Ton / 3-channel installation on 3 vertical screens, HD video, color, sound, 07:00 min.
– Courtesy of the artist

Bea Meyer

• 297 *Wolke, September 2001*, 1–4, 2002, 4 handgeknüpfte Teppiche, Stramin, reine Schurwolle / 4 hand-knotted carpets, canvas, pure new wool, je / Each 70 × 65 cm
– Courtesy of the artist and Galerie _b2, Leipzig

Nam June Paik

• Kleines Plakat zur Ausstellung / Small poster of the exhibition *Exposition of Music. Electronic Television*, Galerie Parnass, Wuppertal, 1963
Offsetdruck auf Papier / Offset print on paper, 30 × 40 cm,
– Museum Ostwall im Dortmunder U, Dortmund
• 145 Plakat zur Ausstellung / Poster of the exhibition *Exposition of Music. Electronic Television*, Galerie Parnass, Wuppertal, 1963, Siebdruck / Silkscreen, 57,6 × 42 cm
– Zentralarchiv des internationalen Kunsthandels (ZADIK), Köln
• 150 *Sound Wave Input on Two TV Sets (vertical / horizontal)*, 1963/1995, 2 modifizierte Fernseher Daewoo 20, 2 Tonbandkassetten TS 256 LG / 2 modified Deawoo 20 TV sets, 2 TS 256 LG audio cassettes, 174 × 51 × 51 cm
– Collection du Musée d'art contemporain de Lyon
• 150 *Zen for TV*, 1963/1995 , modifizierter Fernseher Samsung 20 CT 2073 / Modified Samsung 20 CT 2073 TV set, 50 × 48 × 50 cm
– Collection du Musée d'art contemporain de Lyon
• 150 *Magnet TV*, 1965/1995, modifizierter Fernseher Samsung 20, Magnet, Temperaturregler, Spiegel / Modified Samsung 20 TV set, magnet, thermostat, mirror, 105 × 60 × 120 cm
– Collection du Musée d'art contemporain de Lyon

• 150 *TV Experiment (Mixed Microphones)*, 1969/1995, modifizierter Fernseher Samsung 25, 2 Verstärker Delta, 2 Mikrofone Sennheiser, 2 Tongeratoren GAG 808G, Temperaturregler Antonics T3S, Mischpult KH-JeTEEI, 2 Ventilatoren / Modified Samsung 25 TV set, 2 Delta amplifiers, 2 Sennheiser microphones, 2 GAG 808G audio generators, Antonics T3S thermostat, KH-JeTEEI mixer, 2 ventilators, 185 × 50 × 55 cm
– Collection du Musée d'art contemporain de Lyon

• 153 *Study I – Mayor Lindsay*, 1965, Video, NTSC, sw, Ton / Video, NTSC, bw, sound, 4:33 min.
– Courtesy Video-Forum des Neuen Berliner Kunstvereins (n.b.k.)

Ulrich Polster

• 301 *Report*, 2015, 7-Kanal synch. SD-Video, Soundinstallation, Maße variabel / 7-channel synch. SD video, sound installation, variable dimensions, 1:22 min., Loop

Martial Raysse

155 *À propos de New York en peinturama*, 1965, Assemblage: Flocking auf Leinwand und Super-8-Film / Assemblage: flocking on canvas and Super 8 film, 103 × 167,5 cm
– Collection Natalie et Léon Seroussi

Tobias Rehberger

• 305 *No need to fight about the channel. Together. Leant back*, 2009, verschiedene Materialien / Mixed media, 240 × 320 cm (Höhe variabel / Variable height)
– Courtesy Galerie Bärbel Grässlin, Frankfurt/Main

306 *Suck.Watch.Sucked.Watched*, 1999 3 Teile, Holz, Acryl, Leder, 2 Fernsehgeräte / 3 parts, wood, acrylic, leather, 2 TV sets, 150 × 35 × 35 cm, 110 × 35 × 35 cm, 4 × 100 × 50 cm, Gesamtmaße / Overall dimensions: 150 × 200 × 50 cm
– Private collection

307 *Suck.Watch.Sucked.Watched*, 2009, verschiedene Materialien / Mixed media, 360 × 160 cm (Höhe variabel / Variable height)
– Courtesy Galerie Bärbel Grässlin, Frankfurt/Main

308 *Cutting, preparing, without missing anything, and being happy about what comes next*, 2009, verschiedene Materialien / Mixed media, 181 × 250 × 245 cm
– Courtesy Galerie Bärbel Grässlin, Frankfurt/Main

• 309 *Lying around lazy. Not even moving for TV, sweets, Coke and vaseline*, 1996, 8 Teile, Velourstеppichboden, veloursbezogene Liege, kunststoffbeschichtetes MDF, Lampe, TV / 8 parts, velours carpet, velour-covered lounger, plastic-covered MDF, lamp, TV set, 80 × 280 × 330 cm
– Sammlung Grässlin, St. Georgen

309 *Lying around lazy. Not even moving for TV, sweets, Coke, and vaseline*, 1999, 18 Teile, Teppichboden, Holz, 14 Kissen mit Strickbezügen, Lampe, TV / 18 parts, carpet, wood, 14 pillows with knitted covers, lamp, TV, 87 × 310 × 330 cm
– Privatsammlung / Private collection

Edgar Reitz

157 *Geschwindigkeit*, 1963 Regie, Drehbuch, Kamera, Schnitt / Direction, screenplay, camera, editing: Edgar Reitz, Musik / Music: Josef Anton Riedl, Produzent / Producer: Norbert Handwerk, 1:1,35 (CinemaScope) sw / bw (35mm), Ton / Sound 5.1 (Stereo), Uraufführung / Premiere: Mai / May 1963 Internationale Filmfestspiele Cannes / Cannes Film Festival
– Edgar Reitz Filmstiftung Mainz

158 Partitur von / Film score (excerpt) for *Geschwindigkeit*. Diese von Edgar Reitz entwickelte „Notation“ für den Filmschnitt liegt der gesamten Gestaltungsarbeit des Kurzfilms zugrunde / The entire design of this short film is based on a "notation" which was developed by Edgar Reitz for film editing
– Edgar Reitz Filmstiftung Mainz

Julian Rosefeldt

• 311 *Soap Sample V*, 2000–01
• 312 *Soap Sample VI*, 2000–01
313 *Soap Sample VII*, 2000–01
• 314 *Soap Sample VIII*, 2000–01
• 315 *Soap Sample IX*, 2000–01
Alle / All: Lambda Print, 130 × 130 cm
– Alle / All: Courtesy Saatchi Gallery, London

Robert Sakrowski

• 317 *Analog Switch-off*, 2015, CuratingYouTube [CYT] Multi-Channel-Video-Installation | Online Archiv
– Robert Sakrowski / CuratingYouTube

Christoph Schlingensief

• 321 *Talk 2000*, 1997, 7 Folgen à 25 Min. für RTL, Sat.1, ORF / 7 episodes, 25 min. each, for RTL, Sat.1, ORF

Paul Thek

• 165 *Untitled* (from the series *Television Analyzations*), 1963, Öl auf Leinwand / Oil on canvas, 104 × 104 cm
– Mr. Parker Washburn

166 *Untitled (Woman with Pearl and Ruby Necklace)*, ca. 1963, Acryl auf Leinwand / Acrylic on canvas, 150 × 150 cm
– Caldic Collectie, Rotterdam

167 *Study – Rama*, ca. 1963 Öl auf Leinwand / Oil on canvas, 76 × 76 cm
– Privatsammlung / Private collection

Günter Uecker

• 269 *TV*, 1963, Holz, Fernseher, Nägel, Klebstoff / Wood, TV, nails, glue, Höhe / Height: 120 cm, Ø 100 cm
– Skulpturenmuseum Glaskasten Marl

Van Gogh TV

• 325 *Piazza Virtuale*, 1993, *Die Dokumentation / The documentation*. PAL, color, stereo, 32:30 min.
– Ponton / Van Gogh TV

Angel Vergara

• 329 *Feuilleton. Berlusconi. Pasolini*, 2011, 2-Kanal-HD-Video, Farbe, ohne Ton / 2-channel HD video, color, silent
329 *Feuilleton. Berlusconi*, 5:33 min., Loop
330 *Feuilleton. Pasolini*, 3:27 min., Loop
• 331 *Television News*
B.P. TV 1 (superposed diptych), 2015
B.P. TV 2 (superposed diptych), 2015
B.P. TV 3 (superposed diptych), 2015
Je / Each: Öl auf Plexiglas / Oil on Plexiglas, 43,7 × 73,8 × 5 cm
– Alle / All: Angel Vergara

Wolf Vostell

• 171 *Deutscher Ausblick*, 158/59, aus dem Environment / From the environment *Das schwarze Zimmer*, Dé-coll/age, Holz, Stacheldraht, Blech, Zeitung, Knochen, Fernseher mit Haube / Dé-coll/age, wood, barbed wire, metal sheet, newspaper, bone, TV set with hood, 115 × 130 × 30 cm
– Berlinische Galerie – Landesmuseum für Moderne Kunst, Fotografie und Architektur, Berlin

• 175 *Sun in your head*, 1963, Dé-coll/age-Film, Ton, sw / Dé-coll/age film, sound, bw, 5:30 min., übertragen auf DVD / Transferred to DVD
– The Wolf Vostell Estate

• 176 Partitur zum Happening *9-Nein-Dé-coll/agen* / Event score for Happening *9-Nein-Dé-coll/agen*, Veranstalter / Event organizer Galerie Parnass, Wuppertal; Aktionen an neun verschiedenen Orten in der Stadt Wuppertal / Happenings in 9 different places in the city of Wuppertal, 14.9.1963, 50 × 64,5 cm, 1961/1963
– Zentralarchiv des internationalen Kunsthandels (ZADIK), Köln

177 Einladungskarte zu / Invitation to *9-Nein-Dé-coll/agen*, Wuppertal, 14.9.1963
– Zentralarchiv des internationalen Kunsthandels (ZADIK), Köln

Andy Warhol

• 179 *Flash – November 22, 1963*, 1968, Mappe mit 11 Siebdrucken und 11 Seiten mit Teletype-Text von Philipp Greer / Portfolio of 11 silkscreens with 11 pages of Teletype text by Philipp Greer, Mappe / Portfolio: 57 × 56 × 3 cm
– Bayrische Staatsbibliothek München

183 *Soap Opera*, 1964, 16 mm Film, sw, Ton, unbeendet / 16 mm film, bw, sound, unfinished, 47:00 min.
– The Andy Warhol Museum, Pittsburgh, PA, a museum of Carnegie Institute. All rights reserved.

Lawrence Weiner

185 *Title Unknown*, 1965, Synthetische Polymerfarbe, Sägemehl auf Leinwand / Synthetic polymer paint, sawdust on canvas, 55,9 × 62,2 cm
– The Museum of Modern Art, New York. Gift of Seth Siegelaub and the Stichting Egres Foundation, Amsterdam, 2010, Acc. N.: 397.2010

186 *Untitled*, 1964, Gouache, Tinte und Lack auf Leinwand / Gouache, ink, and varnish on canvas, 20 × 7 cm
– Lawrence Weiner

187 *Yellow Wheel with Orange Border*, 1963, Synthetische Polymerfarbe und Zeitung auf Holz / Synthetic polymer paint and newspaper on wood, 16,8 × 15,2 cm
– The Museum of Modern Art, New York (MoMA). The Seth Siegelaub Collection. Gift of James Thrall Soby (by exchange), Acc. N.: 396.2010

Tom Wesselmann

• 189 *T.V. Still Life*, 1965, Serigrafie / Serigraph, 73,6 × 96,4 cm
– Museum Folkwang, Essen

190 *Still Life #28*, 1963, Acryl und Collage auf Holz mit funktionsfähigem TV / Acrylic and collage on wood with functioning TV set, 122 × 152 × 28 cm
– Private collection

191 *Still Life #31*, 1963, Acryl und Collage auf Holz mit funktionsfähigem TV / Acrylic and collage on wood with functioning TV set, 122 × 152 × 28 cm
– Frederick R Weisman Art Foundation, LA, California

192 *Great American Nude #39*, 1962, Holzkohle, Acryl, Email, Collage und Assemblage, funktionsfähiger TV / Charcoal, acrylic, enamel, collage, and assemblage on board, functioning TV set, 122 × 122 × 28 cm
– Naoshima Contemporary Art Museum, Japan

Joseph Zehrer

333 *S/W-Sekunde*, 2 Bänder mit je 25 s/w-Folienkopien, in Folie geschweißt / 2 bands with 25 copies on film, each covered in film / je / Each 37,5 × 35 cm, 2 Fotos / 2 photos, je / Each 40 × 30 cm

• 334 *Farbsekunde*, 1990, 3 Bänder mit je 25 Folienkopien, in Folie geschweißt / 3 bands with 25 copies on film, each covered in film je / Each 650 × 37,5 cm, 3 Farbfotos / 3 color fotos, je / Each 40 × 30 cm

336 *TV-Ecken in Junggesellenwohnungen*, 1997, Farbfotografie, Papier auf Karton, Installationsmaße variabel / Color photo, paper on cardboard, variable dimensions
– Alle / All: Courtesy Galerie Nagel Draxler, Köln, und Joseph Zehrer

17 fig. A: Courtesy the Estate of David Hall and LUX, London
24 © 2015 The Andy Warhol Museum, Pittsburgh, PA, a museum of Carnegie Institute. All rights reserved. Film still Courtesy The Andy Warhol Museum
26 © Nam June Paik Estate
35 fig. A: Junta de Extremadura. Archivo Happening Vostell
38 fig. C, D: Electronic Arts Intermix (EAI), New York
46 fig. A: © The Estate of Tom Wesselmann / VG Bild-Kunst, Bonn 2015, Foto: Jeffrey Sturges
49 fig. B: Foto: Egbert Haneke, Hamburg
60 fig. A: Foto: Matthew Gush, Courtesy Galerie Kuckei + Kuckei, Berlin
61 fig. B, C: © The Estate of Tom Wesselmann / VG Bild-Kunst, Bonn 2015, Foto: Jeffrey Sturges
62 fig. D: Foto: Berlinische Galerie
62 fig. E: © bpk / Centre Pompidou
64 fig. F: Foto: Peter Brötzmann, digitales Bild: museum moderner kunst stiftung ludwig wien
66 fig. G: Foto: Wolfgang Günzel
69 Foto: Manfred Montwé, digitales Bild: museum moderner kunst stiftung ludwig wien
73 fig. A, B: Electronic Arts Intermix (EAI), New York
84 fig. D: Foto: Howard Sheronas, Courtesy of the artist and Micheline Szwajcer, Antwerpen
85 fig. E: Musée d'Art Moderne de la Ville de Paris, 2002, Courtesy Air de Paris
85 fig. F: Foto: Jens Ziehe
89 fig. A (links / left): Kunsthaus Bregenz; Foto: Markus Tretter
89 fig. A (rechts / right): Johannisburg Art Gallery, Foto: Goethe Institut 2010
96 fig. B: Courtesy Sprüth Magers
107 © John Cage Trust
108, 109 © John Cage Trust, Abdruck mit freundlicher Genehmigung von C. F. Peters Musikverlag Leipzig / London / New York
111 © bpk / Centre Pompidou
113 © Conner Family Trust, Courtesy the Conner Family Trust
114 Walker Art Center, Minneapolis
117–121 Foto: Egbert Haneke, Hamburg
124, 125 Foto: Johannes Gfeller
127, 129 Foto: Joachim Lissmann
131 Courtesy of Hopper Art Trust
133 Foto: Thierry Domage, Archives Éric Fabre
135–137 Universität Rostock: Uwe Johnson-Archiv (Depositum der Johannes und Annitta Fries Stiftung)
139 © Estate of Edward Kienholz, Courtesy Hauser & Wirth
145 Zentralarchiv des interantionalen Kunsthandels (ZADIK), Köln
146 fig. 2: Foto: Peter Brötzmann, digitales Bild: museum moderner kunst stiftung ludwig wien
146 fig. 1, 3: Foto: Rolf Jährling, © Anneliese Jährling, Köln, The Gilbert and Silverman Fluxus Collection Detroit, Zentralarchiv des internationalen Kunsthandels (ZADIK), Köln, digitales Bild: ZADIK
147 fig. 4: New York, Museum of Modern Art (MoMA), The Gilbert and Lila Silverman Fluxus Collection Gift, Acc. N.: 2396.2008, © 2015, Digital image The Museum of Modern Art, New York / Scala, Florence, Foto: George Maciunas
147 fig. 5, 6: Foto: Rolf Jährling, © Anneliese Jährling, Köln, The Gilbert and Silverman Fluxus Collection Detroit, Zentralarchiv des internationalen Kunsthandels (ZADIK), Köln, digitales Bild: ZADIK
148 Foto: Manfred Montwé, digitales Bild: museum moderner kunst stiftung ludwig wien
149 Foto: Peter Brötzmann, digitales Bild: museum moderner kunst stiftung ludwig wien
150 fig. 1: Nam June Paik, Ausstellungsansicht / Exhibition view *Poèmes à petite vitesse*, macLYON, 1998 © Nam June Paik Estate, macLYON Collection, Foto: Blaise Adilon
150 fig. 2, 3: © Nam June Paik Estate, macLYON Collection, Foto: Blaise Adilon
151 fig. 4, 5, 6: © Nam June Paik Estate, macLYON Collection, Foto: Blaise Adilon
153 © Nam June Paik Estate
155 Foto: Adam Reich
157–159 Edgar Reitz Filmstiftung Mainz
161–163 Foto: Reiner Ruthenbeck, digitales Bild: Archiv künstlerischer Fotografie der rheinischen Kunstszene (AFORK), Museum Kunstpalast – ARTOTHEK
165–167 © The Estate of George Paul Thek, Courtesy Alexander von Bonin, New York, Foto: D. James Dee
169 Skulpturenmuseum Glaskasten Marl
171 Foto: Berlinische Galerie
172, 173 Junta de Extremadura. Archivo Happening Vostell
176 Zentralarchiv des interantionalen Kunsthandels (ZADIK), Köln
177 fig. 2: Zentralarchiv des internationalen Kunsthandels (ZADIK), Köln
177 fig. 3, 4, 5, 6: Foto: Günter Krings, Wuppertal, digitales Bild: Zentralarchiv des internationalen Kunsthandels (ZADIK), Köln
179–181 © 2015 The Andy Warhol Foundation for the Visual Arts, Inc. / Licensed by ARS
183 © 2015 The Andy Warhol Museum, Pittsburgh, PA, a museum of Carnegie Institute. All rights reserved. Film still Courtesy The Andy Warhol Museum
185, 187 © 2015 Digital image Mies van der Rohe / Gift of the Arch. / MoMA / Scala
189 Foto: Museum Folkwang
190–192 © The Estate of Tom Wesselmann / VG Bild-Kunst, Bonn 2015, Foto: Jeffrey Sturges
219–221 Courtesy Paula Cooper Gallery, New York
223 Courtesy of the artist and Alan Cristea Gallery, London
225, 226 Foto: Matthew Gush, Courtesy Galerie Kuckei + Kuckei, Berlin
229–231 Foto: Andrea Rossetti, Courtesy of the artist and Esther Schipper
238 fig. 1: Foto: Simon Vogel, Köln
238 fig. 2, 3, 4: Foto: Ulrike Baumgart, art-documentation.com
239 fig. 5, 6, 7: Foto: Ulrike Baumgart, art-documentation.com
241 fig. 1, 2: Foto: Jean Vong, Courtesy Shady Lane Productions, Berlin
241 fig. 3: Courtesy Shady Lane Productions, Berlin
242 fig. 1: Courtesy Shady Lane Productions, Berlin
242 fig. 2: Foto: Ivana Kličković. Courtesy Shady Lane Productions, Berlin
243 fig. 3: Courtesy Shady Lane Productions, Berlin
243 fig. 4: Foto: Ivana Kličković. Courtesy Shady Lane Productions, Berlin
245, 246 Courtesy Sprüth Magers
249–253 Courtesy Buchholz + Buchholz
258 Kunsthaus Bregenz; Foto: Markus Tretter
259 Johannisburg Art Gallery, Foto: Goethe Institut 2010
264 fig. 1, 2: Foto: Niels Molenaar, CASCO Office for Art, Design and Theory, Utrecht
265 fig. 3, 4: Foto: Gert Jan van Roij, De Hallen Haarlem
265 fig. 5, 6: Foto: Cassander Eeftinck Schattenkerk, de Appel arts centre, Amsterdam
287 Foto: Mischa Kubal
289–291 M+M (Weis / De Mattia)
297–299 Foto: Carsten Humme
305–309 Foto: Wolfgang Günzel
327 fig. 4: Foto: Daniel Haude
333 (oben / top): Installationsansicht / Installation view Galerie Christian Nagel, Köln, Foto: Andrea Stappert, Courtesy der Künstler und Galerie Nagel Draxler, Köln / Berlin
333 (unten / below): Galerie Bleich-Rossi, Graz, Foto: Krottmaier, Graz, Courtesy der Künstler und Galerie Bleich-Rossi, Graz
334 Galerie Bleich-Rossi, Graz, Foto: Krottmaier, Graz, Courtesy der Künstler und Galerie Bleich-Rossi, Graz
335 Installationsansicht / Installation view S/W-Sekunde und Farbsekunde, art sculpture, Art Basel, 1998, Foto: Simon Vogel, Courtesy der Künstler und Galerie Nagel Draxler, Köln / Berlin
335 (unten / below): Galerie Bleich-Rossi, Graz, Foto: Krottmaier, Graz, Courtesy der Künstler und Galerie Bleich-Rossi, Graz

Digitale Stills wurden von Lamm & Kirch angefertigt: 22, 27, 36, 54, 74, 75, 107, 123, 128, 142, 153, 175, 233, 237, 255, 257, 261, 277, 321–323,

Hier nicht nachgewiesene Abbildungen wurden uns freundlicherweise von den einzelnen Museen, öffentlichen Institutionen, Galerien, Künstlern und privaten Leihgebern zur Verfügung gestellt / Photos that are not credited in this section were kindly provided by the museums, public institutions, galleries, artists, and private lenders.

Nicht in allen Fällen war es möglich, Rechteinhaber der Abbildungen ausfindig zu machen. Berechtigte Ansprüche werden selbstverständlich im Rahmen der üblichen Vereinbarungen abgegolten / Despite our best efforts, it has not been possible to trace all the owners of the rights to the pictures. Any justified claims in this regard will of course be settled under the usual agreements.

Ausstellungen zum Thema Kunst und Fernsehen seit 2000 / Exhibitions since 2000 on the Subject of Art and Television

Amuse Me / Zabavaj me
Mestna galerija Ljubljana,
27.6.–22.9.2013
Kuratorin / Curator: Alenka Gregorič

Remote Control
ICA – Institute of Contemporary Arts, London,
3.4.–10.6.2012
Kurator / Curator: Matt Williams

Experimentelles Fernsehen der 1960er und 70er Jahre
Deutsche Kinemathek – Museum für Film und Fernsehen, Berlin,
19.5.–24.7.2011
Kuratorin / Curator: Gerlinde Waz

Are you ready for TV?
Macba – Museu d'Art Contemporani de Barcelona,
5.11.2010–25.4.2011
Kuratorin / Curator: Chus Martínez

TV ARTS TV – The Television Shot by Artists
Arts Santa Mònica, Barcelona,
15.10.–5.12. 2010
Kuratorin / Curator: Valentina Valentini

Verbotene Liebe: Kunst im Sog von Fernsehen
Kölnischer Kunstverein, Cologne,
25.9.–19.12.2010
Konzipiert von / Produced by:
Simon Denny, Kathrin Jentjens und / and Anja Nathan-Dorn

Changing Channels – Kunst und Fernsehen 1963–1987
mumok – Museum Moderner Kunst Stiftung Ludwig, Wien / Vienna,
5.3.–6.6.2010,
Kurator / Curator: Matthias Michalka mit / with Manuela Ammer

Broadcast Yourself: Artists' interventions into television and strategies for self-broadcasting from the 1970s to today
Konzipiert von / Produced by AV Festival 08 und / and Cornerhouse in Zusammenarbeit mit / in collaboration with the Hatton Gallery, Manchester,
13.6.–10.8.2008
Kuratorinnen / Curators: Sarah E. Cook und / and Kathy Rae Huffman

Satellite of Love
Witte de With – Center for Contemporary Art, Rotterdam,
26.1.–26.3.2006
Kurator / Curator: Edwin Carels

Televisions – Kunst sieht fern
Kunsthalle Wien, Vienna,
18.10.2001–6.1.2002
Kurator / Curator: Joshua Decter

The Search for a Personal Vision in Broadcast Television
Patrick and Beatrice Haggerty Museum of Art, Marquette University, Milwaukee,
7.9.–2.12. 2001
Kurator / Curator: Fred Barzyk

The New Frontier: Art and Television 1960–1965
Austin Museum of Art,
1.9.–26.11.2000
Kurator / Curator: John Alan Farmer

Impressum / Imprint Ausstellung / Exhibition

Dieser Katalog erscheint anlässlich der Ausstellung / This book has been published on the occasion of the exhibition

TeleGen
Kunst und Fernsehen

Kunstmuseum Bonn
1.10.2015–17.1.2016

Kunstmuseum Liechtenstein, Vaduz
19.2.–16.5.2016

Kunstmuseum Bonn
Museumsmeile
Friedrich-Ebert-Allee 2
D-53113 Bonn
kunstmuseum@bonn.de
www.kunstmuseum-bonn.de

KUNST
MUSEUM
BONN

Ausstellung / Exhibition

Kuratoren / Curators:
Dieter Daniels,
Stephan Berg

Projektmanagement / Project Management:
Sarah Waldschmitt

Intendant / Director:
Stephan Berg

Stellvertretender Direktor / Deputy Director:
Christoph Schreier

Kuratoren / Curators:
Volker Adolphs, Stefan Gronert

Wissenschaftliche Volontärin / Curatorial Assistant:
Sally Müller

Öffentlichkeitsarbeit / Press and Public Relations:
Anne Fischer

Bildung und Vermittlung / Museum Education:
Sabina Leßmann

Verwaltung / Administration:
Gabriele Kuhn, Vera Scheel

Sekretariat / Office:
Kristina Georgi / Iris Lölsberg

Registrar / Registrar:
Barbara Weber

Leitung der Werkstätten / Heads of Workshops:
Reinhard Behrenbeck, Martin Wolter

Ausstellungstechnik / Exhibition Technology:
Josef Breuer, Eberhard Wagner

Konservatorische Betreuung / Art Conservation:
Antje Janssen, Nicole Nowak

Ausstellung und Katalog wurden gefördert durch / Exhibition and catalog kindly sponsored by

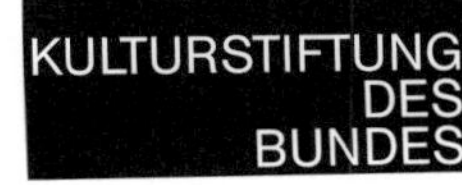

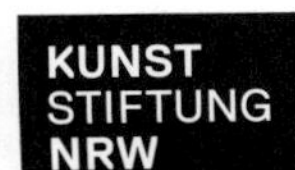

Kunstmuseum Liechtenstein
Städtle 32
FL-9490 Vaduz
mail@kunstmuseum.li
www.kunstmuseum.li
hiltiartfoundation.li

KUNSTMUSEUM LIECHTENSTEIN

Ausstellung / Exhibition:
Friedemann Malsch

Koordination / Coordination:
Fabian Flückiger

Ausstellungsrealisation / Exhibition Realization:
Daniel Biedermann (Leitung / Management), Roland Adlassnigg, Rita Frommelt-Dörig, Stephan Sude

Direktor / Director:
Friedemann Malsch

Konservatorin / Conservator:
Christiane Meyer-Stoll

Kaufmännische Leitung / Commercial Manager:
Thomas Soraperra

Ausstellungsassistenz / Exhibition Assistant:
Fabian Flückiger

Öffentlichkeitsarbeit / Press and Public Relations:
Melanie Büchel, Franziska Hilbe

Museumstechnik und Depot / Museum Technology and Depot:
Daniel Biedermann

Kunstvermittlung / Art Education:
Christina Jacoby (Leitung / Management), Doris Defranceschi, Ingeborg Hilty, Doris Fend, Barbara Redmann

Registrar / Registrar:
Robin Hemmer

Sekretariat / Secretariat:
Elfi Schädler, Marion Malin

Aufsichtsteam / Museum Attendants:
Deniz Atay-Wohlwend, Jeanine Daucher, Marie-Luise Falz-Fein, Lars Fischer, Christine Gärtner, Manuela Hoch, Agripina Kieber, Pasqualina Lo Russo, Hubert Malin, Ewa Mathies, Claudia Ming, Lucia Romero Quintero, Sirkit Schächle, Ayako Tamura-Flickner, Wilfried Zilian

Impressum / Imprint Katalog / Catalog

Herausgeber / Edited by:
Dieter Daniels, Stephan Berg

Redaktion / Editing:
Sarah Waldschmitt

Projektleitung Verlag / Project Director for Publisher:
Kerstin Ludolph

Textmanagement, Lektorat Deutsch / Text Management, German Copyediting:
Barbara Delius, Berlin

Lektorat Englisch / English Copyediting:
Danko Szabó, München / Munich

Übersetzung ins Englische / Translation into English:
Steven Black (Ries, Eco, div. Werktexte / various work texts), Lutz Eitel (Daniels, div. Werktexte / various work texts), George Frederick Takis (Berg, Frohne / Katti, Waldschmitt, div. Werktexte / various work texts)

Übersetzung ins Deutsche / Translation into German:
Burkhart Kroeber (Eco),
Steven Black / Barbara Delius (Blom)

Grafische Konzeption, Layout und Satz / Graphic Design Concept, Layout and Typesetting:
Lamm & Kirch, Leipzig
Florian Lamm, Jakob Kirch, Tim Wetter
www.lamm-kirch.com

Bildbearbeitung / Image Editing:
Carsten Humme
www.humme.com

Produktion / Production:
Lamm & Kirch, Katja Durchholz

Papier / Paper:
100 g/m^2 TauroOffset,
150 g/m^2 ProfiGloss

Druck und Bindung / Printing and Binding:
DZA Druckerei zu Altenburg GmbH

Printed in Germany

Bibliografische Information der Deutschen Nationalbibliothek:
Die Deutsche Nationalbibliothek verzeichnet diese Publikation in der Deutschen Nationalbibliografie; detaillierte bibliografische Angaben sind im Internet über http://www.dnb.de abrufbar.

Bibliographical data of the Deutsche Nationalbibliothek:
The Deutsche Nationalbibliothek lists this publication in the Deutschen Nationalbibliografie; detailed bibliographic information is available online at http://www.dnb.de.

ISBN 978-3-7774-2444-6

www.hirmerverlag.de
www.hirmerpublishers.com

Essays von / Essays by:
Stephan Berg
Ina Bloom
Umberto Eco
Dieter Daniels
Ursula Frohne, Christian Katti
Marc Ries
Sarah Waldschmitt

Autoren Werktexte / Authors of work texts:
Stephan Berg [SB]
Dieter Daniels [DD]
Erec Gellautz [EG]
Irene Horn [IH]
Baptist Ohrtmann [BO]
Anna Schimke [AS]
Michael Stockhausen [MS]
Olga Sviridenko [OS]
Sarah Waldschmitt [SW]

Umschlag Vorderseite / Front Cover:
Caroline Hake, *Monitor III (Glücksrad)*, 1999 (S./P. 273, fig. 2)

Umschlag Rückseite / Back cover:
Exposition of Music. Electronic Television. *Kuba TV* mit / with Nam June Paik, Karl Otto Götz. Foto: Manfred Leve, digitales Bild: museum moderner kunst stiftung ludwig wien

Leihgeber / Lenders:

- Archiv K. O. Götz
- Christiane Baumgartner und Alan Christea Gallery, London
- Bayrische Staatsbibliothek München
- Berlinische Galerie – Landesmuseum für Moderne Kunst, Fotografie und Architektur
- Galerie Buchholz, Berlin / Cologne
- John Cage Trust
- Collection du Musée d'art contemporain de Lyon
- Collection Fondation Cartier pour l'art contemporain, Paris
- Paula Cooper Gallery, New York
- Deichtorhallen Hamburg / Sammlung Falckenberg
- Christoph Draeger / Reynold Reynolds, Lokal30, Warschau and Galerie Zink, Berlin
- Estate of Fabio Mauri and Hauser & Wirth
- Melanie Gilligan and Galerie Max Mayer
- Galerie Bärbel Grässlin, Frankfurt/Main.
- Galerie Xavier Hufkens, Brussels
- Institut Mathildenhöhe, Darmstadt
- Interlude
- Kohn Gallery und / and Conner Family Trust
- Galerie Kuckei + Kuckei, Berlin
- M+M
- Bea Meyer and Galerie _b2, Leipzig
- Museum Folkwang, Essen
- Museum Ostwall im Dortmunder U, Dortmund
- Galerie Nagel Draxler, Köln, und Joseph Zehrer
- Petzel Gallery, New York
- Ponton / Van Gogh TV
- Saatchi Gallery, London
- Sammlung Gaby und Wilhelm Schürmann, Herzogenrath, Berlin
- Sammlung Grässlin, St. Georgen
- Sammlung Schmeer
- Esther Schipper, Berlin
- Skulpturenmuseum Glaskasten Marl
- The Hopper Art Trust
- The Wolf Vostell Estate
- Video-Forum des Neuen Berliner Kunstvereins (n.b.k.)
- Parker Washburn
- Zentralarchiv des internationalen Kunsthandels ZADIK, Köln

sowie die Künstler und Leihgeber, die nicht genannt werden möchten / as well as the artists and lenders who prefer to remain anonymous.

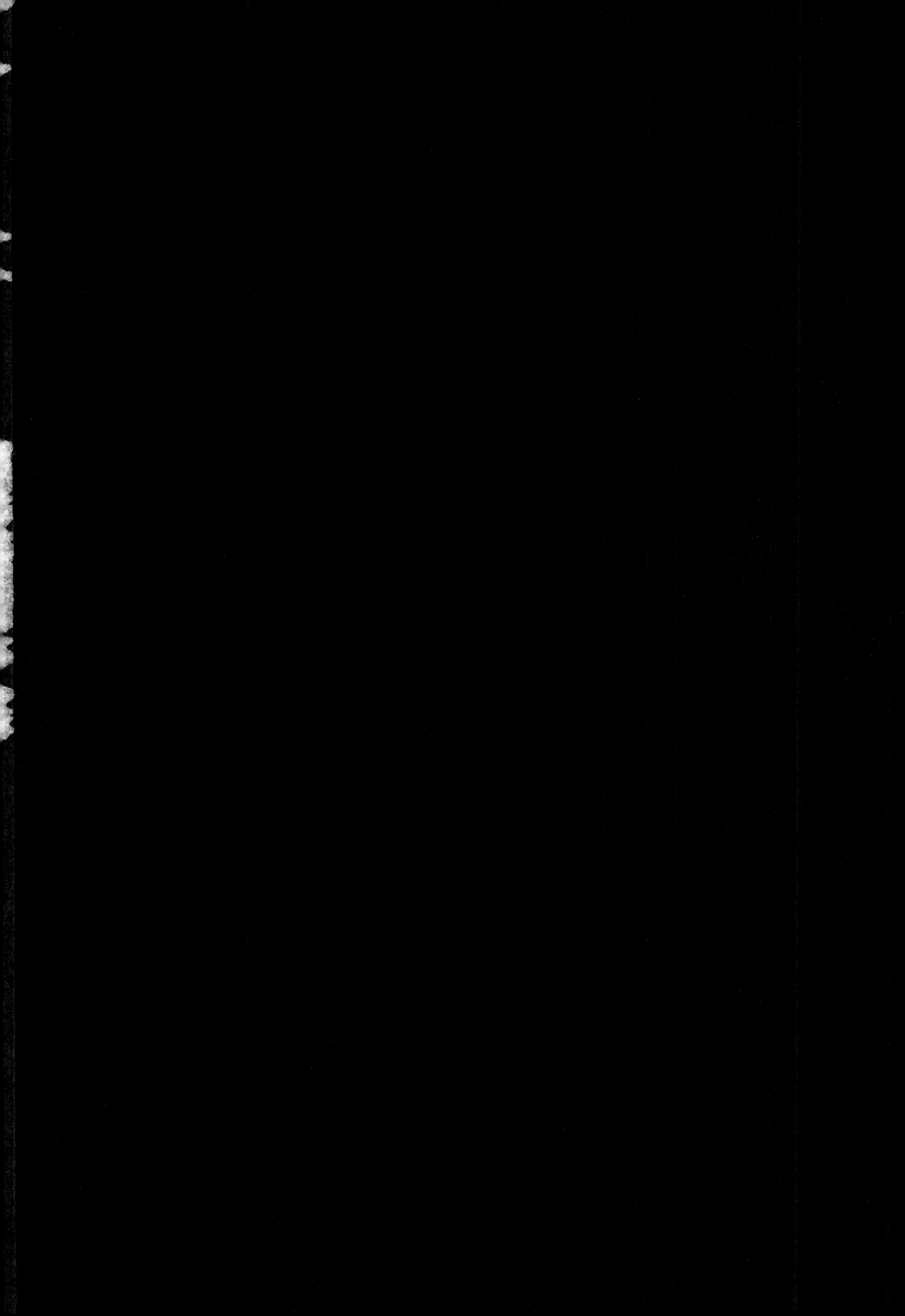